Diese Studie wurde gefördert durch die
Deutsche Bundesstiftung Umwelt

Gefördert durch die
Gregor Louisoder Umweltstiftung

Gefördert von der GLS Bank

Gefördert durch die
Selbach-Umwelt-Stiftung

Selbach Umwelt Stiftung

Bund für Umwelt und Naturschutz Deutschland
und
Brot für die Welt, Evangelischer Entwicklungsdienst
Herausgeber

Zukunftsfähiges Deutschland in einer globalisierten Welt

Ein Anstoß zur gesellschaftlichen Debatte

Eine Studie des Wuppertal Instituts
für Klima, Umwelt, Energie

Fischer Taschenbuch Verlag

Gesamtredaktion Wolfgang Sachs
Koordination Michael Kopatz
Lektorat Manfred Linz
Wuppertal Institut für Klima, Umwelt, Energie

Verlagslektorat Tino Heeg

Eine Übersicht über die Autorinnen und Autoren
sowie das Herausgeberteam finden Sie auf Seite 612 f.

www.bund.net
www.eed.de
www.brot-fuer-die-welt.de
www.wupperinst.org

2. Auflage: Dezember 2008

Originalausgabe
Veröffentlicht im Fischer Taschenbuch Verlag,
einem Unternehmen der S. Fischer Verlag GmbH,
Frankfurt am Main, November 2008

© 2008 Fischer Taschenbuch Verlag
in der S. Fischer Verlag GmbH,
Frankfurt am Main

Grafik, Typografie und Satz Farnschläder & Mahlstedt, Hamburg
Druck und Bindung CPI – Clausen & Bosse, Leck
Printed in Germany
ISBN 978-3-596-17892-6

Unsere Adressen im Internet:
www.fischerverlage.de
www.hochschule.fischerverlage.de

Inhalt

Vorwort der Herausgeber

1992 verpflichteten sich auf der Weltkonferenz für Umwelt und Entwicklung in Rio de Janeiro 178 Staaten auf die Agenda 21, die Agenda für eine umweltverträgliche, sozial gerechte und ökonomisch tragfähige Entwicklung im 21. Jahrhundert. Es bestand Konsens, dass Umwelt und Entwicklung zusammen gedacht werden müssen und gemeinsame Lösungen brauchen. Es bestand Konsens, dass die Produktions- und Konsummuster der Industrieländer sich ändern müssten. Was bedeutet dieser Konsens praktisch für ein westliches Industrieland wie die Bundesrepublik Deutschland? Die Studie »Zukunftsfähiges Deutschland – Ein Beitrag zu einer global nachhaltigen Entwicklung« beantwortete 1996 diese Frage mit Fakten, Zielen, Maßnahmen und Leitbildern, eine Studie, die die Umweltorganisation Bund für Umwelt und Naturschutz Deutschland (BUND) und die katholische Entwicklungsorganisation Misereor gemeinsam herausgaben und die vom Wuppertal Institut für Klima, Umwelt, Energie erarbeitet wurde.

Die Herausgeber brachten mit der Studie eine breite gesellschaftliche Diskussion – mit allein 1000 Veranstaltungen im Jahr 1996 – und viele lokale Agenda-21-Prozesse auf den Weg. Die Studie hat die Diskussion um Nachhaltigkeit geprägt, mit dem Konzept des Umweltraums, dem ethischen Anspruch aller Menschen auf gleiche Nutzungsrechte an den globalen Umweltgütern. Dieses Konzept ist heute Basis der internationalen Klimaverhandlungen.

Warum haben sich erneut eine Umweltorganisation, der BUND, und die Entwicklungsorganisationen Brot für die Welt sowie Evangelischer Entwicklungsdienst zusammengetan und eine neue Studie beim Wuppertal Institut in Auftrag gegeben? Ist nicht Nachhaltigkeit in aller Munde, in der Wissenschaft, bei Politik und Wirtschaft? Und haben nicht der Klimawandel spätestens seit Al Gores Kinofilm und die Armut in Afrika mit Bob Geldorfs Konzerten das Bewusstsein der breiten Massen erreicht? Gibt es nicht ernsthafte nationale politische Anstrengungen mit der nationalen Nachhaltigkeitsstrategie, dem Klimaschutzprogramm, der Biodiversitätsstrategie und international mit der Klima- und Biodiversitätskonvention?

Eine Seite der Medaille. Die andere Seite: Grundlegende Veränderungen wurden nicht erreicht. Die Vielfalt an Tieren und Pflanzen schwindet weiter in Deutschland, Europa und weltweit. Der CO_2-Gehalt in der Atmosphäre steigt weiter an, der Klimawandel ist in Gang und seine Folgen sind sichtbar.

Dennoch gab es etwa im Verhältnis von Nord und Süd bemerkenswerte Entwicklungen, etwa in der Diskussion um den Schuldenerlass, im Zusammenhang mit der Erkenntnis der negativen Wirkungen unserer Subventions- und Handelspolitik bis zur politischen Aufmerksamkeit für die Millenniumsentwicklungsziele. Aber auch hier sprechen die Fakten eine nüchterne Sprache: Armut kennzeichnet die meisten Entwicklungsländer. Der wirtschaftliche Aufschwung in den Schwellenländern geht einher mit massiver Umweltzerstörung und wachsender sozialer Ungleichheit.

Darüber hinaus gibt es Anzeichen, dass beim Kampf gegen den Klimawandel Strategien ergriffen werden, die unsere Probleme in die Länder des Südens verlagern und dort die Naturzerstörung und die sozialen Probleme verschärfen. Beispiele hierfür sind der Anbau von Biomasse für Agrotreibstoffe oder die Nutzung gentechnisch veränderter Energiepflanzen, die neue, untragbare Risiken mit sich bringen.

Es gibt auch positive Entwicklungen. Der Boom der erneuerbaren Energien etwa, aber auch die vielen gesellschaftlichen Initiativen vor Ort, bei uns wie in den Ländern des Südens, in den Städten und auf dem Land, die Zeichen setzen, dass Nachhaltigkeit nicht nur ein theoretisches Konzept bleibt, sondern praktisch umsetzbar ist.

Doch die Wende zu einer Politik der Nachhaltigkeit ist offenkundig noch nicht gelungen, weder national noch international. Es zeigt sich immer deutlicher: Kleine Kurskorrekturen reichen nicht. Größere Kursänderungen sind von der Politik offenbar nicht gewollt. Nachhaltigkeit wird als weiteres Qualifizierungsmerkmal unseres bisherigen

Wirtschafts- und Politikkurses assimiliert und domestiziert: Von der Nachhaltigkeitsstrategie für die Politik, Corporate Social Responsibility für die Wirtschaft, bio-faire Produkte für die Konsumenten. Das zeigt die gute Absicht, und die tut nicht weh. Die Hoffnung, die damit verbunden wird, heißt, dass die ökologische Modernisierung der Industriegesellschaft die Umweltprobleme über technische Innovationen lösen wird, unsere Exportwirtschaft davon profitieren wird und die Länder des Südens durch verstärkte Integration in den Globalisierungsprozess auf den Wachstumspfad gebracht werden. Die Industrieländer, so die Botschaft der Politik, werden weiter wirtschaftlich wachsen, die Schwellenländer und die Entwicklungsländer ebenso – Umwelt- und Armutsprobleme werden dadurch gleichzeitig auch noch gelöst.

Diesen Spaziergang in die schöne, heile Welt des nachhaltigen Wirtschaftswachstums stellt die Studie »Zukunftsfähiges Deutschland in einer globalisierten Welt« infrage. Das Modell grenzenlosen materiellen Wachstums in einer physisch begrenzten Welt ist überholt. Die Studie wagt einen Blick auf einen grundlegenden Wandel: Welche Veränderungen sind nötig, damit Deutschland zukunftsfähig wird und seinen Beitrag zur Zukunftsfähigkeit der Welt leisten kann? Welche internationalen und nationalen Regeln und Institutionen sind nötig, welche Veränderungen in Politik, Wirtschaft, Konsum, Produkten und Lebensstilen, in Arbeitswelt und Freizeit, in Technik, sozialem Zusammenleben sowie in unserer Kultur? Die Studie gibt Anregungen, macht Vorschläge, entwickelt Konzepte, skizziert Visionen. Dabei wird die Dimension der Aufgabe deutlich, aber auch die Möglichkeiten zum Handeln. Deshalb ist es ein nüchternes und kritisches Buch – aber auch ein motivierendes.

Die Herausgeber möchten mit der Studie »Zukunftsfähiges Deutschland in einer globalisierten Welt« den Anstoß für eine breite gesellschaftliche Diskussion geben, die der historischen Dimension der Herausforderung der Nachhaltigkeit gerecht wird und für die Zukunft entschiedenes gesellschaftliches Handeln auf allen Ebenen voranbringt. Das Zeitfenster für Maßnahmen, um den Klimawandel auf ein einigermaßen vertretbares Maß zu begrenzen, umfasst 10 bis 15 Jahre. Es ist also höchste Zeit für einen Kurswechsel.

Die Erarbeitung der Studie wurde begleitet von einem intensiven Diskussionsprozess in und zwischen den herausgebenden Verbänden. Die Übereinstimmung mit den Grundaussagen der Studie schließt unterschiedliche Sichtweisen zu einzelnen Punkten nicht aus. Die wissenschaftliche Verantwortung für die Inhalte der Studie liegt beim Wuppertal Institut.

Viele Menschen haben haupt- und ehrenamtlich die Entstehung der Studie mit Hinweisen, Kritik und Anregungen fachlich begleitet. Ihnen gilt der Dank der Herausgeber.

Danken möchten wir auch den Mitgliedern des wissenschaftlichen Projekt-Beirats, der vor allem in der Startphase wichtige Hinweise auf Spuren gab, die es mit Blick auf ein zukunftsfähiges Deutschland zu verfolgen gab: Prof. Dr. Martin Jänicke, Dr. Reinhard Loske, Dr. Konrad Raiser und Prof. Dr. Klaus Töpfer.

BUND für Umwelt und Naturschutz Deutschland
Prof. Dr. Hubert Weiger, Vorsitzender
Dr. Angelika Zahrnt, Ehrenvorsitzende

Brot für die Welt
Cornelia Füllkrug-Weitzel, Direktorin

Evangelischer Entwicklungsdienst
Dr. Konrad von Bonin, Vorstandsvorsitzender

1 Einleitung

Es hat sich ein Gezeitenwechsel vollzogen. Auf den Kommandohöhen von Politik und Wirtschaft sind lange gehegte Gewissheiten ins Wanken gekommen. Vorbei sind die Zeiten neoliberaler Euphorie und auftrumpfender Globalisierung. Jahrelange Verdrängung ist, so scheint es, an ihr Ende gekommen. Denn mit Hurrikan Katrina und schmelzenden Eisbergen, Hitzewellen und verwirrten Zugvögeln werden die Völker mitsamt ihren Lenkern von einer abgründigen Ahnung heimgesucht: Die Natur schlägt zurück. Solange es den Anschein hatte, dass die Weltwirtschaft nur die Stabilität des Klimas bedrohte, konnte man diese Sorge getrost den Umweltschützern überlassen. Als hingegen der Stern-Report, beauftragt von der britischen Regierung, in seiner Bewertung der ökonomischen Folgen eines Klimawandels darlegte, dass das Klima seinerseits die Stabilität der Weltwirtschaft bedroht, begannen die Alarmglocken zu schrillen. Wie fasste die Bundeskanzlerin Angela Merkel beim Weltwirtschaftsforum 2007 in Davos die neue Beunruhigung zusammen? »Der Klimawandel ist die größte Herausforderung der Menschheit.«

Nachdem die kollektive Verdrängung vorüber ist, scheint aber nun kollektive Schizophrenie um sich zu greifen. Viele Anzeichen deuten darauf hin, dass eine zweideutige Zeit bevorsteht – ausgerüstet mit Wissen, doch untüchtig zum Handeln. Einerseits ist die Gesellschaft zu der Einsicht erwacht, dass das drohende Klimachaos eine Umkehr erfordert. Und auch die Politik hat sich zu großen Schritten durchgerungen, mit einschneidenden Emissionsminderungszielen bis 2020 auf europäischer Ebene und einem Klimaschutzpaket – die Meseberger Beschlüsse vom August 2007 – auf nationaler Ebene. Namentlich die Europäische Kommission hält das Banner der Klimaschutzes hoch, sitzt den säumigen Regierungen im Nacken und scheut auch nicht den

Zwist mit den eingesessenen Interessen der Energie- und Automobilindustrie.

Andererseits jedoch geht vieles weiter seinen gewohnten Gang. Die Flughäfen in München und Frankfurt projizieren ansteigenden Flugverkehr und planen eine weitere Start- und Landebahn, die Deutsche Bahn möchte zum globalen Logistikunternehmen aufsteigen und investiert ihr Kapital im Ausland statt im Inland, die Stromkonzerne möchten unter Androhung einer Stromlücke 25 Kohlekraftwerke bauen, Billigflieger stärken sich durch Fusionen und rüsten für den Interkontinentalverkehr, vor Restaurants sprießen Heizpilze aus dem Boden, an Ausfallstraßen siedeln sich weiter Discounter und Zweigniederlassungen an, und mit nachlassender Konjunktur werden schon bald wieder Mahnungen an den Verbraucher ergehen, seinen Dienst an der Inlandsnachfrage zu leisten. Die Eigenlogik eines jeden Bereichs hintertreibt das für alle proklamierte Ziel. Was bislang allenfalls läuft, ist eine Diversifizierung des Angebots, um der aufkommenden Ökosensibilität zu entsprechen: Auf dem Flughafen München fahren Wasserstoff-Busse, die Stromkonzerne verkaufen im Nischensegment auch grünen Strom, der internationale Konzern Deutsche Bahn bietet Leihfahrräder an, die Billigflieger werben mit Öko-Ferien, und unter den Heizpilzen werden Gerichte aus Biolebensmitteln serviert. Insgesamt sieht es so aus, als sei in Klimasachen mit einer Art systemischer Bewusstseinsspaltung zu rechnen: Im Überbau sind alle – von Bild (»Wer rettet die Pinguine?«) bis zur Kanzlerin – Fürsprecher eines konsequenten Klimaschutzes, im Unterbau der materiellen Verhältnisse jedoch geht die Expansion der Energieansprüche weiter.

Doch nicht nur die Natur, auch die Globalisierung schlägt zurück. Der Aufstieg der Schwellenländer in Asien und Lateinamerika, allen voran das Riesenreich China und der Subkontinent Indien, ist ein welthistorisches Großereignis. Damit erfüllt sich für diese Nationen jene Verheißung, die für mehr als ein halbes Jahrhundert den Süden der Welt begleitet hatte: eines Tages zu den westlichen Ländern aufzuschließen. Doch dem Jubel folgt auf dem Fuße der Katzenjammer. Denn nachholende Entwicklung vergrößert den Druck auf die Biosphäre. Weil die Atmosphäre schon übervoll ist mit den fossilen Ausdünstungen der reichen Länder, bringt sie nun der rasante Zuwachs von Treibhausgasemissionen aus den Schwellenländern vollends zum Überlaufen.

Auch hier ist die offizielle Rhetorik voll von Besorgnis, aber in der Realität gehören die Industrieländer nach wie vor zu den Treibern der Umweltgefährdung. Denn in den Jahren der Verdrängung war die Wirtschaftsklasse vollauf damit beschäftigt, die ökologische Raubökonomie weltweit auszudehnen. Unterstützt vom einheimischem Entwicklungsehrgeiz, haben Unternehmen aus den OECD-Ländern mitgeholfen, China und andere Länder Asiens und Lateinamerikas in die Liga der Klimakiller aufsteigen zu lassen. Aktionäre konnten auf hohe Wertsteigerungen hoffen, wenn billige Arbeit und neue Märkte zur Verfügung standen. Und die Verbraucher zuhause freuten sich, wenn sie für Kleidung, Elektrowaren und Unterhaltungselektronik weniger Geld ausgeben mussten. Überdies haben liberalisierungsfreudige Regierungen auf breiter Front die weltwirtschaftlichen Bedingungen so eingerichtet, dass die Fossilwirtschaft wie Automobil-, Bau- und Agroindustrie sich in allen Ländern eines freien Zugangs erfreuen. Vor dem Hintergrund unverdrossener Globalisierung sind es Krokodilstränen, die über die Beanspruchung der Biosphäre durch China und andere vergossen werden.

Dramatisch hat jedoch der Aufstieg der Schwellenländer die biosphärische Unverträglichkeit des herkömmlichen Entwicklungsmodells sichtbar werden lassen. »Was ist, wenn alle Chinesen ein Auto wollen?« Während vor Jahrzehnten nur eine Öko-Minorität sich diese Frage zuraunte, ist sie heute zum Alptraum der aufgeklärten globalen Elite geworden. Niemand will den Südländern den Auszug aus der Armut verweigern, doch gleichzeitig fürchten alle die heranrollenden Umweltkrisen. So spitzt sich Jahr für Jahr der Konflikt zwischen Entwicklungshoffnungen und Naturgrenzen weiter zu. Weil aber die Naturgrenzen nicht abzuschaffen sind, kommt damit das herrschende Modell von Entwicklung an sein Ende. Entwicklung wohin und mit welchen Mitteln? Politik, Wirtschaft und Wissenschaft beginnen um Lösungen zu wetteifern; aus der Logik der Dinge heraus müssen sie nunmehr in Frage stellen, was sie ein halbes Jahrhundert gepredigt haben.

Dass nachholende Entwicklung nicht zu größerer Gerechtigkeit in der Welt beiträgt, hatte sich zwar schon seit längerem abgezeichnet, doch mit dem einsetzenden Klimachaos ist obendrein mit zusätzlicher Armut zu rechnen. Es sind besonders die Länder der südlichen Hemisphäre und in ihnen vor allem die armen Bevölkerungsgruppen, welche die bitteren Folgen der globalen Klimaveränderung zu spüren bekommen. Die Unschuldigen werden vor allen anderen die Opfer sein. Dies ist nicht nur ein eklatantes Unrecht, sondern auch ein Angriff auf das heiligste Ziel in der Rhetorik der internationalen Staatengemeinschaft: die Überwindung der Armut. Jahrzehntelange Kampagnen gegen die Armut bis hin zu den Millenniumsentwicklungszielen werden zu Makulatur, wenn aufgrund der Erderwärmung hunderte Millionen Arme mit Fluten oder Dürren, Nahrungsmangel oder Krankheiten zu kämpfen haben. Entwicklungspolitik für den Süden ist zuallererst Klimapolitik im Norden. Wer für Armutslinderung eintritt, ohne in Reichtumslinderung einzuwilligen, betreibt nichts weiter als Spiegelfechterei.

Wer sich bewegt und nicht bewegt

Im November 1996 haben BUND und Misereor die Studie »Zukunftsfähiges Deutschland« des Wuppertal Instituts der Öffentlichkeit vorgestellt. Es erregte damals Aufsehen, dass ein Umweltverband in Verein mit einer Entwicklungsorganisation – der eine aus dem nichtkonfessionellen und die andere aus dem kirchlichen Bereich – eine Perspektive für Deutschland und seinen weiteren Weg entwickelten. Das Bündnis war die Konsequenz aus Rio de Janeiro: Unter dem Zuckerhut war im Jahre 1992 die Konferenz der Vereinten Nationen für Umwelt und Entwicklung zusammengetreten und hatte, angetrieben von der massenhaft anwesenden internationalen Zivilgesellschaft, das Ende der Industriemoderne festgestellt und zu einer »nachhaltigen Entwicklung« auf dem Globus aufgerufen. Ohne Umwelt, so die Botschaft, keine Entwicklung, und ohne Entwicklung keine Umwelt. Das Schicksal der Natur und das Erlangen internationaler Gerechtigkeit sind als miteinander verschränkt erkannt worden. Was lag da näher, als gemeinsam zu versuchen, für Deutschland die Ziele und Wege einer nachhaltigen Entwicklung zu beschreiben?

Das Buch hat den globalen Umweltraum umschrieben, es hat umwelt- und entwicklungspolitische Ziele für Deutschland formuliert, es hat eine Kombination aus Effizienz- und Suffizienzideen für den Weg dorthin vorgeschlagen. Und es unterstrich die Botschaft, dass Zukunftsfähigkeit nicht nur als Naturliebe, sondern auch als Option für die Armen buchstabiert werden muss. Was ist daraus geworden? Was hat die erste Studie bewirkt? Darauf lässt sich keine direkte Antwort geben, denn Bücher und Kampagnen hinterlassen keine eindeutigen Spuren im Zeitgeschehen. Und doch tritt im Rückblick hervor, dass die Initiative vor zwölf Jahren Teil jener untergründigen Veränderung war, welche Deutschland zu einem der Vorreiter für ressourcenschonende Technik und Politik in Europa und in der Welt hat werden lassen. Anders und vielleicht genauer ausgedrückt: Die Initiative war Teil eines transnationalen Transformationsprozesses, der von Minderheiten her Praktiken und Leitbilder entstehen lässt, um auf die Herausforderungen des 21. Jahrhunderts eine Antwort zu geben. Deutliche Umbrüche in der öffentlichen Meinung auch in langjährigen Trutzburgen des Plünderkapitalismus wie den USA, Australien oder China deuten darauf hin, dass diese Transformation an vielen Orten im Gange ist.

Vorangetrieben wird diese Veränderung nicht durch Regierungen. Kein Staat, und auch nicht Europa, hat bis vor kurzem die Beschlüsse von Rio ernst genommen. Es war ein verlorenes Jahrzehnt. Glücklicherweise jedoch sind Bürgerinnen und Bürger, Wissenschaftler, Unternehmer, zivilgesellschaftliche Gruppen und Verbände nicht untätig geblieben, sondern haben in zahlreichen Ländern die Praxis und das Wissen hervorgebracht, um Gesellschaft und Wirtschaft grüner und gerechter werden zu lassen. Konflikte sind dabei die Regel, von Demonstrationen gegen Kern- und Kohlekraftwerken zu Streit über Produktkonzepte in den Entwicklungsabteilungen großer Unternehmen, von Menschenketten bei Weltwirtschaftsgipfeln zu Gutachten über die Reform des Welthandels, vom Aufbau öko-fairer Wirtschaftssektoren bis zu Gesetzesdebatten in Parlamenten. Dabei wächst das Neue im Schoße des Alten heran: Mit Initiativen dieser Art entstehen und reifen Denkstile und Kompetenzen in einer Vielzahl gesellschaftlicher Bereiche. Es ist das Reservoir an Engagement und Wissen, aus dem sich der Wandel zur Zukunftsfähigkeit speist. So ist in

Deutschland mit den erneuerbaren Energien ein neuer Wirtschaftszweig gewachsen, ungezählte Firmen experimentieren mit einem öko-effizienteren Design für Produkte und ihre Herstellung, so wie Kommunen Maßnahmen zur Verkehrsberuhigung und zur energiebewussten Bausanierung realisieren. Fairer Handel, Biolandbau und ökologische Lebensmittelwirtschaft haben enorm an Boden gewonnen, und aufgrund des Widerstands der Verbraucher sind die Lebensmittel in den Regalen weitgehend gentechnikfrei geblieben. In vielen Bereichen sind Alternativen im Kleinformat gewachsen, die darauf warten, ins Großformat übertragen zu werden.

Doch da hält eine Allianz aus Gleichgültigkeit und Eigennutz dagegen. Während Erstere ein stummes Hindernis für Veränderung darstellt, tritt Letzterer meist organisiert auf. So sind allerlei Lobbykräfte im Namen von Industrieverbänden am Werk, um die Übertragung von Alternativen ins Großformat zu verhindern. Das wird immer wieder augenfällig im Wirken der Energieriesen, die ihr Monopol auf Stromerzeugung hartnäckig verteidigen. Das ist jedem Zeitungsleser geläufig, wenn er das Verhalten der deutschen Automobilindustrie verfolgt, die unbelehrbar ihr Luxus- und Temposegment im Markt ausbaut. Das erschließt sich im Agieren der Chemiewirtschaft auf europäischer Ebene, die sich keine Kosten für den Nachweis der Harmlosigkeit ihrer Substanzen auferlegen möchte. Und das ist geradezu sprichwörtlich bei Agrarindustrie und Bauernvertretung, die im Abschied von Düngemitteln und Pestiziden nur den Einstieg in wirtschaftlichen Niedergang zu erkennen vermögen. Vor diesem Hintergrund wundert es nicht, dass die Energiewende nicht recht vorankommt, von einer Verkehrswende weit und breit keine Spur zu sehen ist und die Agrarwende im Sande verläuft. Alle zusammen sind die Lobbys schließlich ziemlich einig, wenn es in Brüssel bei der EU oder in Genf bei der Welthandelsorganisation darum geht, die Position der hiesigen Industrien gegenüber den Volkswirtschaften der südlichen Hemisphäre auszubauen.

Aber jenseits aller Händel der Interessenvertreter und Seelenverkäufer sind grundständige Gegenkräfte wirksam. Da ist zum einen der kapitalistische Wettkampf, welcher Unternehmen bei Strafe des Untergangs – Aktiengesellschaften mehr als Personengesellschaften –

zwingt, Renditen auf das eingesetzte Kapital zu erwirtschaften. Für börsenorientierte Unternehmen sind die Investoren (Shareholders) die einzig relevanten Anspruchsberechtigten (Stakeholders), nicht die Belegschaft und schon gar nicht die weitere Gesellschaft oder zukünftige Generationen. Unternehmen müssen tun, was sich lohnt, nicht was richtig ist – und nicht selten lohnt es sich, das Falsche zu tun. Ferner bringen überkommene Strukturen oft ihre eigenen Sachzwänge hervor, weil im Laufe ihrer Geschichte alternative Lösungen bereits abgeräumt wurden oder abgestorben sind. Es reicht, an das Autobahnnetz zu denken, an dem die weiträumige wirtschaftliche Arbeitsteilung hängt, oder an die Suburbanisierung, die das Auto erzwingt, oder auch an die Auflösung des Familienverbands, welche die Nachfrage nach Wohnfläche in die Höhe treibt. Diese Strukturen stellen Tatsachen dar, welche den Schwung der Veränderung bremsen. Und schließlich blockiert eine gewisse kulturelle Hilflosigkeit den Wandel. Denn die fossil getriebenen Weisen der Bedürfnisbefriedigung, obwohl erlernt, sind in den Menschen auch körperlich-emotional verankert. Das liegt auf der Hand bei Erwartungen nach Beleuchtung und Hygiene, Heizung und Mobilität, ist aber auch wirksam bei Freuden des Alltags wie Shopping oder Restaurantbesuchen.

Wofür das Buch steht

Viele ahnen es, aber wenige sagen es: Der Klimawandel ruft nach einem Zivilisationswandel. Der Übergang zu einer postfossilen Zivilisation wird das bestimmende Vorhaben dieses Jahrhunderts sein – vor allem für die Industriegesellschaften. Er umfasst erstens ein technologisches Projekt, nämlich die Umgestaltung der gesellschaftlichen Hardware – von Gebäuden über Kraftwerke zu Textilien – zu ressourcenleichten und naturverträglichen Systemen. Das ist im Kern die Herausforderung für die Ingenieurs-, Verfahrens- und Designwissenschaften sowie für Planer und Manager. Zu ihm gehört zweitens ein Institutionenprojekt, nämlich der Aufbau von Regelwerken und Einrichtungen, welche die Achtung der Menschenrechte gewährleisten und die Entwicklungsdynamik der Wirtschaft innerhalb der Regenerationsgrenzen der Biosphäre halten. Das sind die Baustellen der Wirtschaftswissenschaft und der Politologie, aber vor allem ein Großthema für Konfrontation, Disput und Entscheidung in der politischen Öffentlichkeit und den Parlamenten. Und drittens umgreift ein solcher Wandel die Leitbilder für Handeln und Sein, von der persönlichen Lebensführung über das professionelle Ethos zu den Prioritäten des Gemeinwesens. Es werden Leitbilder sein, welche eine ganzheitliche Wahrnehmung zum Ausdruck bringen und um die rechte Balance zwischen Mensch und Natur kreisen. Und es werden Leitbilder sein, welche eine kosmopolitische Verantwortung widerspiegeln und die persönliche Lebensführung mit dem globalen Kontext in Verbindung bringen.

Eine solche Perspektive muss zuerst mit einer konzeptuellen Nachlässigkeit aufräumen, die sich im politischen Raum durchgesetzt hat. Seit der 1998er Enquete-Kommission des Bundestags zum »Schutz des Menschen und der Umwelt« hat sich, übrigens eingebracht vom Verband der Chemischen Industrie, die Rede vom »Dreieck der Nachhaltigkeit« eingebürgert. Sie fordert, dass wirtschaftliches Wachstum, soziale Sicherheit und ökologische Verträglichkeit als gleichberechtigte Ziele zu betrachten seien, die miteinander in Balance zu bringen sind. Doch diese Gleichstellung verkennt die Absolutheit sowohl ökologischer Grenzen als auch der Menschenrechte. Deshalb wird eine Politik der Zukunftsfähigkeit vordringlich die Grenzen der Tragfähigkeit der Ökosysteme beachten und von dort aus Leitplanken für Wirtschaft und soziale Sicherheit formulieren. Ein ähnlicher Unbedingtheitsanspruch kommt den Menschenrechten zu; die kosmopolitische Verpflichtung, sie zu gewährleisten, kann nicht gegen andere Ziele wie Wettbewerbsfähigkeit oder Besitzstandswahrung verrechnet werden. Die Wirtschaftsdynamik innerhalb von ökologischen und menschenrechtlichen Leitplanken zu halten ist als das Kernprogramm der Nachhaltigkeit zu begreifen.

Ein solches Programm ist offensichtlich nicht mit dem Anspruch vereinbar, die Wirtschaft sei der Motor für gesellschaftliche Entwicklung. In jedem Fall verlangt der Kurswechsel auf Zukunftsfähigkeit den endgültigen Abschied vom Neoliberalismus. Der britische Historiker Eric Hobsbawm hat gezeigt, wie die Leitidee eines Sozialkontrakts zwischen Wirtschaft und Staat, welche die Geschichte der Nachkriegszeit geprägt hatte, seit den späten 1970er Jahren abgelöst wurde durch die Leitidee der Deregulierung des Wirtschaftsgeschehens. Im Kontext dieses Wechsels errang das Ziel der ökonomischen Effizienz eine weitgehende Dominanz über andere gesellschaftliche Ziele wie Ökologie oder Gerechtigkeit. Die Liberalisierung der Märkte und die Privatisierung öffentlicher Grunddienste wurden zu beherrschenden Kampagnen, was vor allem transnationalen Unternehmen einen enormen Machtzuwachs bescherte. Diese ideologische Konstellation hat sich nach bald 30 Jahren erschöpft. Ein wichtiger Grund dafür ist ihre bewiesene Impotenz gegenüber der globalen Armuts- und Umweltkrise.

Die Stärke des Marktes liegt darin, über den Wettbewerb alle Teilnehmer zu veranlassen, beständig auf den bestmöglichen Einsatz von Kapital, Material, Menschen und Zeit zu achten. Er soll so für die optimale Allokation wirtschaftlicher Mittel sorgen. Es ist ihm aber nicht in die Wiege gelegt, die beiden anderen Aufgaben einer funktionstüchtigen Ökonomie zu gewährleisten: Weder ist er imstande, den Naturverbrauch auf einem zuträglichen Niveau zu halten, noch kann er eine faire Verteilung der Güter unter den Marktteilnehmern und darüber hinaus herstellen. Er ist blind für die Sache der Ökologie wie auch der Gerechtigkeit. Deshalb ist es im weiten Sinne die Politik, welche dafür die Regeln zu setzen hat. Gemeinwohl vor Markt, anders geht es gar nicht, um ökologischen Leitplanken und fairer Teilhabe gegenüber dem Ziel der Wettbewerbsfähigkeit Geltung zu verschaffen. Im Übrigen stecken darin auch neue Chancen für den Markt. Neue Spielregeln treiben Innovationen in eine neue Richtung, erschließen neue Bereiche des Wettbewerbs, ja können der Wirtschaft eine neue Glaubwürdigkeit verschaffen. Schon zeichnet sich ab, wie eine neuartige Generation von Spar- und Solartechnologien bislang unbekannte Geschäftsfelder mitsamt Verdienstmöglichkeiten und Arbeitsplätzen eröffnet. Und im Hinblick auf Gerechtigkeit ist seit langem bekannt, dass eine ausgeglichenere Einkommensverteilung sowohl national wie international der Nachfrage guttut.

Dennoch sind die Zeiten vorbei, in denen man sich von mehr Wirtschaftswachstum ein besseres Leben erwarten konnte – jedenfalls in den wohlhabenden Ländern. Zwar war man noch nie gut beraten, eine hohe Produktionsmenge mit einer zivilisierten Gesellschaft zu verwechseln, doch ist unterdessen der Wachstumsimperativ zu einer öffentlichen Gefahr geworden. Dabei ist der Punkt nicht nur, dass Wachstum weitgehend zum Selbstzweck verkommen ist und meist nur Lösungen für Bedürfnisse vermarktet, die vorher niemand verspürt hatte. Sondern es mehren sich die Anzeichen, dass Wachstum mehr Nachteile als Vorteile produziert, also in der Gesamtheit die Grenzkosten des Wachstums schneller zunehmen als sein Grenznutzen. Ist es damit aber nicht zur selbstzerstörerischen Veranstaltung geworden? Die Destabilisierung des Klimas sowie die soziale Aufspaltung vieler Gesellschaften sind dafür die herausragenden Beispiele. Deshalb steht der Wachstumszwang im Widerspruch zur Nachhaltigkeit. Erst wenn Wachstum zu einer Option unter anderen zurückgestuft wird, kann man einen Kapitalismus mit sozialem und ökologischem Mehrwert erwarten.

Schließlich wird die Rettung der Biosphäre nicht ohne Abschied von der Hegemoniestellung des Nordens in der Weltpolitik zu haben sein. Es ist unübersehbar, dass eine Weltordnungspolitik (Global Governance) in Sachen Ökologie nur in einer gemeinsamen Anstrengung der reichen und der armen Länder gelingen kann. Bislang aber ist eine ernsthafte Kooperation zwischen Nord und Süd in der Umweltpolitik daran gescheitert, dass der Norden ungebrochen seine strukturelle Macht in der Finanz-, Handels- und Entwicklungspolitik zuungunsten des Südens ausspielt. Weil das immer wieder so weit geht, dass die Stärkeren Abmachungen systematisch nicht einhalten, sieht sich der Süden an die Wand gedrängt und antwortet mit Misstrauen und Vergeltungsgelüsten. Umweltpolitik, die nicht gleichzeitig Solidaritätspolitik ist, wird darum erfolglos bleiben. Ohnehin wird sich die Zeitbombe des globalen Elends erst dann entschärfen lassen, wenn Solidaritätspolitik zum Herzstück der internationalen Beziehungen wird. Entwicklungsförderung, nicht Wirtschaftsförderung muss die Architektur der Weltgesellschaft auszeichnen. Ohne eine Wende in der Hegemonialpolitik, vor allem was Schulden, Patente und Handelsverträge angeht, ist eine ernsthafte Kooperation der Südländer für den Auszug aus der fossilen Ökonomie nicht zu erwarten.

Wie das Buch aufgebaut ist

Es gliedert sich in 21 Kapitel, die in sechs Teile geordnet sind. Abbildungen und Kästen mit Schlaglichtern unterstützen die Aussagen. Darüber hinaus sind »Zeitfenster 2022« über die Kapitel verteilt. Sie laden den Leser ein, seine Einbildungskraft zu gebrauchen. Sie stellen Erfolgsberichte aus dem Jahr 2022 auf dem Weg zu einem zukunftsfähigen Deutschland dar, Miniszenarien, die zeigen, wie und auf welchem Wege die notwendigen Veränderungen vonstatten gehen können.

Die **Ausgangslagen** rufen den Lesern den historischen Moment in Erinnerung. Die Leser werden eingeführt in die globale Konfliktlage von Ökologie und Gerechtigkeit, vor deren Hintergrund Zukunftsfähigkeit zum Überlebensprogramm wird. Denn die Gegenwart ist mit einer dramatischen Alternative konfrontiert: Nachhaltigkeit oder Selbstzerstörung. Unübersehbar hat die Destabilisierung des Klimas eingesetzt. Das Ende des billigen Öls kündigt sich an, und tragende Naturräume wie Wälder, Meere und Feuchtgebiete sind im Niedergang begriffen. Damit aber tritt das Grunddilemma der Gerechtigkeit auf einem begrenzten Planeten scharf hervor: Das Entwicklungsverlangen der weniger industrialisierten Länder kollidiert mit der Endlichkeit der Biosphäre. In dieser Lage haben die Industrieländer im Wesentlichen nur ein Universalrezept anzubieten, nämlich die Kräfte des Wachstums zu entfesseln. Doch kann man das Gebot des Wirtschaftswachstums als zukunftstauglich bezeichnen?

In den **Bilanzen** wird die Lage Deutschlands und Europas angesichts der dargelegten Herausforderungen skizziert. Insbesondere ist von Interesse, wie sich die Umweltbilanz Deutschlands in den vergangenen 15 Jahren entwickelt hat und wieweit das Land heute vom Ziel der Nachhaltigkeit entfernt ist. Wieweit trägt Deutschland zum globalen ökologischen Verhängnis bei und wieweit zu seiner Eindämmung? Da überdies Deutschland und Europa vielfältig in die Weltwirtschaft verflochten sind, ist zu prüfen, welche Güter- und Investitionsströme in welchen Richtungen die Grenzen überqueren. Die Exportabhängigkeit Deutschlands ist zu bedenken, denn seine Exporte entsprechen allzu oft nicht den Erfordernissen der Nachhaltigkeit.

Nach vorne wendet sich dann der Blick der **Leitbilder**. Sie möchten die oft unausgesprochenen Visionen sichtbar machen, welche das Engagement für eine zukunftsfähige Welt beflügeln. Was streben wir an? Wo liegen die Grundüberzeugungen? Vier Leitbilder werden ausgearbeitet: ein kosmopolitisches Leitbild, welches auf die Verwirklichung der Weltbürgerrechte abzielt, ein ökologisches, welches die Umrisse eines ressourcenleichten und naturverträglichen Wohlstands nachzeichnet, ein sozialpolitisches, welchem es um Teilhabe und Einfluss aller Bürger in der Gesellschaft zu tun ist, und schließlich ein wirtschaftspolitisches, das den institutionellen Aufbau für eine ganzheitliche Wirtschaftsweise entwirft. Damit geben die Leitbilder die Richtung für den weiteren Fortgang des Buches an.

Im vierten Teil, **Kurswechsel in Deutschland und Europa,** werden Gestaltungsperspektiven für Politik und Wirtschaft in der deutschen und europäischen Gesellschaft entworfen. Sie veranschaulichen vor allem den nötigen Paradigmenwechsel im Management der Produktions- und Dienstleistungssysteme. Dafür werden Richtungen und Wege auf eine ressourcenleichte und naturverträgliche Ökonomie hin vorgestellt, die übergreifend von Bedeutung sind: der Umstieg auf die Solarwirtschaft sowie der kluge Umgang mit allen mobilisierten Stoffen und Energien. Diese Umgestaltung erfordert sodann neue Prioritäten in der Politik. Deregulierung und Globalisierung hießen die Losungen der 1990er Jahre, Zukunftsfähigkeit dagegen verlangt Regulierung und Regionalisierung. Eine regulierende Architektur für das Marktgeschehen zielt vor allem darauf ab, Firmen an der Externalisierung der ökologischen wie auch sozialen Kosten zu hindern. Auch wird sie Leitplanken festlegen, welche die Dynamik des Marktes in eine dem Gemeinwohl förderliche Richtung lenken. Regionalisierung indessen verfolgt das Ziel, Ressourcenkreisläufe auf regionaler Ebene zu schließen, eine transportsparende Wirtschaftsweise zu begründen und die regionale Ökonomie zu stärken. Schließlich wird Umweltpolitik, die sich nicht gleichzeitig um Sozialpolitik kümmert, keinen Erfolg haben. Denn ein ernsthaftes Umsteuern stellt höchste Ansprüche an die Kooperationsfähigkeit der Gesellschaft. Deswegen werden eine neue Arbeits- und Teilhabepolitik sowie Maßnahmen zur Umverteilung von Einkommen und Vermögen dringlich.

Übereinkünfte global nimmt die internationalen Verbindungen in den Blick. Der Übergang zu einer öko-fairen Wirtschaftsweise ist ohne multilaterale Kooperation nicht zu bewerkstelligen, ja er bedarf gleichgerichteter Initiativen und Strategien vielerorts auf der Welt. Gerade von einem machtvollen und wohlhabenden Kontinent wie Europa ist zu erwarten, dass er seine Verantwortung zum Schutz der Biosphäre wie zum Schutz der Menschen- und Bürgerrechte auch außerhalb seines Territoriums wahrnimmt. Das fordert Europa hauptsächlich in drei Arenen. In der internationalen Umweltpolitik wird vieles davon abhängen, ob Europa in der Lage ist, seine Vorreiterrolle durchzuhalten und die Welt auf einen Pfad der geteilten Verpflichtung zu ziehen. Für die europäischen Unternehmen heißt das, ihren transnationalen Bürgerpflichten gerecht zu werden und auf eine öko-faire Gestaltung globaler Produktketten hinzuwirken. Und in der Handels- und Außenwirtschaftspolitik ist es notwendig, dass Europa von seinen Hegemonialbedürfnissen ablässt und die Tugend der kooperativen Zurückhaltung zugunsten Schwächerer erlernt.

Der fünfte Teil, **Engagement vor Ort,** beleuchtet Handlungsfelder auf lokaler Ebene. Im Mittelpunkt stehen Optionen für Bürger, um ihren Lebensraum zu gestalten – im Bewusstsein der epochalen Herausforderungen, aber auch mit einem gewandelten Sinn von Lebensqualität. Denn entweder wird es ein starkes zivilgesellschaftliches Engagement geben, oder die Wende zur Nachhaltigkeit findet nicht statt. Neben der politischen Arbeit im engeren Sinne gehört dazu, Auseinandersetzungen in Energie-, Verkehrs- und Naturschutzfragen voranzutreiben, die den ökologischen Fußabdruck der Kommune verkleinern. Außerdem gilt es, mit kommunaler Entwicklungsarbeit und fairem Handel lokale Fenster zur globalen Verflechtung zu öffnen. Was die persönliche Lebensführung hingegen anlangt, so hat sich erwiesen, dass strategisch eingesetzte Kaufentscheidungen imstande sind, Märkte zu verändern. Auch experimentieren nicht wenige Bürger mit Lebensstilen, die eine neue Balance zwischen materiellem und immateriellem Wohlstand suchen. Gut leben statt viel haben lautet die Losung für eine Wende zum Weniger.

Im **Ausblick** schließlich werden die Erörterungen des Buches zu einer Richtungsbestimmung zusammengezogen: Deutschland ist in den kommenden Jahrzehnten dazu aufgerufen, sich zu einer solar-solidarischen Gesellschaft zu wandeln. Eine 2000-Watt-Gesellschaft zu schaffen ist das erste Feld, und öko-faire Weltwirtschaftsbeziehungen durchzusetzen ist das zweite Feld der Auseinandersetzung. In beiden Feldern stoßen Kapitalinteressen und Zivilgesellschaft aufeinander, aber in beiden Feldern zeichnen sich auch die Umrisse eines neuen Gesellschaftsvertrags ab, der Grund für die Hoffnung geben könnte, dieses Jahrhundert in Würde zu überstehen.

A Ausgangslagen

2 Klimachaos, Peak Oil und die Krise der Biodiversität

Für die moderne Wirtschaft muss die Natur als Mülldeponie, als Bergwerk und als Standort herhalten. Globale Erwärmung, erschöpfte Lagerstätten und verschlissene Naturräume demonstrieren, dass die Menschen ihr Konto überzogen haben. Alle drei Krisen hängen zusammen, und alle drei Krisen rufen nach einer gemeinsamen Lösung: dem Einstieg in die Solar-Spar-Gesellschaft.

Dass der Mensch in der Lage sein soll, das Weltklima drastisch zu verändern, klingt ebenso unglaublich wie die Behauptung, dass der Schwanz mit dem Hund wedeln könne. Denn der natürliche Wandel des Klimas gehört zur Geschichte der Erde wie das Auf- und Untergehen von Sonne und Mond. Er prägte sich aus im Vorstoß wie im anschließenden Rückzug eiszeitlicher Gletscher und formte damit Natur und Landschaft, also den Bedingungsrahmen für menschliches Handeln. Das Klima war die Voraussetzung, und der Mensch die Variable. Und nun soll dieses Verhältnis auf einmal vertauscht sein? Und doch sagt der Nobelpreisträger Paul Crutzen: Lasst uns Farbe bekennen; nennen wir das jetzige erdgeschichtliche Zeitalter, das vor 200 Jahren begonnen hat, nach seiner dominanten Macht: Anthropozän. »Anthropos« ist der Mensch.[1]

2.1 Homo industrialis als Klimamacher

Der natürliche Wandel des Klimas ist, wie man seit etwa 50 Jahren weiß, ein Effekt der sich rhythmisch wandelnden räumlichen Beziehungen von Erde, Sonne und den großen Nachbarplaneten Venus, Jupiter und Saturn. Er führt zum Wechsel von Eiszeiten und Warmzeiten. Deren Taktung zählt in jeweils etwa 100 000 Jahren. Neben dieser Hauptschwankung treten nach etwa 40 000 und etwa 20 000 Jahren weitere periodische Schwankungen auf. Sie werden dadurch angestoßen, dass die Anziehungskräfte der Sonne und der großen Nachbarplaneten nicht im Massenmittelpunkt der Erde angreifen, sondern seitlich davon und somit ein Drehmoment auf die kreiselnde Erde ausüben, das die Erde im Weltall periodisch »taumeln« lässt. Im Rhythmus der Hauptschwankung fanden in den vergangenen knapp 800 000 Jahren acht Eiszeit-Warmzeit-Zyklen statt: 10 000 bis 12 000 Jahre etwa währten die Warmzeiten und circa 90 000 Jahre die Eiszeiten. Dieser rhythmische Wandel vollzieht sich außerhalb menschlichen Zeitempfindens, und er scheint sich in einer dem Menschen unzugänglichen Dimension von Macht abzuspielen.

Die Atmosphäre im Industriezeitalter

In dieses erdgeschichtliche Geschehen ist der Mensch hineingestoßen. Seit dem Beginn des Industriezeitalters vor 200 Jahren ist sein Einfluss auf die Naturzyklen, welche das (Klima-)System der Erde steuern, in einer Weise gewachsen, dass nunmehr gleichsam die menschlichen Wirkungskräfte jene der Natur übersteigen.[2] Anlass für diesen Übergang in eine »gleichsam«-Formulierung ist die Tatsache, dass der menschengemachte Klimawandel zu einer um bis zu einem Faktor 100 schnelleren Temperaturänderung führt, als sie in den Warmzeitphasen aufgrund des natürlichen Klimawandels stattfanden. Der entscheidende Schritt zu dieser evolutionären Umstülpung vollzog sich mit dem doppelten Zugriff der Menschen (a) auf diejenigen Flächen der Erde, die große Kohlenstoffspeicher sind, insbesondere den Wald, sowie (b) auf die fossilen Lagerstätten, zuerst die Kohle, bald gefolgt von Erdöl und Gas. Fossile Energieträger sind auszugrabende und abzupumpende Energieträger – nämlich der über Jahrmillionen aus Biomasse gebildete und dann in der Erdkruste abgelagerte Kohlenstoff. Mit seiner Nutzung geht ein epochaler Umbruch einher: Während davor die Menschheit mit der Energie auskommen musste, welche die Sonnenstrahlung zur Verfügung stellt, ist sie jetzt dazu übergegangen, gespeicherte Bestände auszubeuten, welche Energie in hoher Dichte bereithalten. Dieser Vorrat war es, auf den der Mensch zugriff, zunächst in Großbritannien[3] und alsbald auch auf dem europäischen Kontinent. Die Kohle kam ins Spiel, als in vielen Landstrichen Europas die Holznot herrschte, insbesondere weil Wälder neben dem Schiffs- und Häuserbau auch zunehmend zur Energiegewinnung genutzt wurden. Es war die Erschließung des »unterirdischen Waldes« der Kohle, welche damals die Endlichkeit der biologischen Ressourcen überwunden hat, und es war ihre erfolgreiche Umwandlung in Arbeitsenergie, die den steten Aufstieg des industriellen Wirtschafts- und Zivilisationsmodells begründete.

So kam es, dass gegenwärtig die Menschheit innerhalb eines Jahres etwa ebenso viel fossile Energieträger verbraucht, wie die Erde innerhalb einer Million Jahren herausgebildet hat. Verbrauchen heißt dabei im Wesentlichen: verbrennen. Das Abfallprodukt der Verbrennung ist CO_2. Es ist das prominenteste Abfallprodukt der Industriegesellschaft. Weil jedoch die Erde diesen Abfall nicht ebenso schnell wieder in die Ozeane, in die Vegetation, in mineralische Verbindungen aufnehmen und damit »verwerten« kann, steigt der CO_2-Gehalt der Erdatmosphäre an – und steigt und steigt. Das hat inzwischen zu einem Wert von über 380 ppmv geführt – von etwa 270 ppmv[4] aus vorindustrieller Zeit ein Anstieg um fast die Hälfte. Hinzu kommt eine Reihe weiterer energetisch nichtneutraler Spurengase wie Methan, Lachgas und FCKW.

Solche Gase werden Treibhausgase genannt – was keinesfalls heißt, dass sie nur als solche, also energetisch, wirken. Man tut gut daran zu beachten, dass der Anstieg der Konzentration dieser Treibhausgase keine (alleinige) Funktion der Emissionen ist, sondern, vergleichbar dem Pegelstand des Wassers in einer Wanne, eine Funktion einer Differenz, nämlich jener von Zufluss und Abfluss. So war im Jahre 2004 ein Zufluss von knapp 50 Gigatonnen pro Jahr (Gt/a) – 1990 waren es noch lediglich 40 Gigatonnen pro Jahr – zu verzeichnen[5], während die Abflusskapazität der Erdatmosphäre bei einem Wert von unter, ja möglicherweise weit unter zehn Gigatonnen pro Jahr liegt. Bleibt man in diesem Bild, so kann man sagen, dass der menschengemachte Klimawandel erst dann zu einem Ende kommt, wenn das Zuflussniveau auf die Ablaufkapazität verringert worden ist. In der Klimarahmenkonvention der Vereinten Nationen steht die Verabredung, dass der menschengemachte Klimawandel gestoppt werden solle, und zwar, ganz im Geiste dieses Bildes, unterhalb des »gefährlichen Klimawandels«; oberhalb dieses Zuflussniveaus beginnt somit der Bereich völkerrechtswidrigen Handelns. Im Jahre 2005 hat die Europäische Union ihre Auffassung von diesem Niveau genauer festgelegt. Vertretbar ist danach nur ein Zufluss an Emissionen, der zu keiner höheren Treibhausgaskonzentration führt als der, welche einen Temperaturanstieg um höchstens zwei Grad Celsius gegenüber vorindustrieller Zeit erwarten lässt.

Unterschätzter Wandel

Bei alldem ist unterstellt, dass die Ablaufkapazität so funktionsfähig bleibt, wie sie sich in der Vergangenheit gezeigt hat. Wird das Leben auf dem Land und in den Ozeanen gestört, so hat dies einen verschärfenden Einfluss auf den Klimawandel. Um präzise zu sein: auf die zukünftige Wirkung des bereits in der Vergangenheit erreichten Konzentrationsniveaus. Störung bedeutet, dass die potenten kohlenstoffspeichernden Ökosysteme an Land, also vor allem die Wälder, meist direkt vom Menschen beseitigt werden, während den Ozeanen das Kohlendioxid mit seiner chemischen Wirkung als Säure zusetzt.[6] Auch aus der Sorge um die Absorptionsfähigkeit von Land und Meeren ist die Erhaltung der Biodiversität von entscheidender Bedeutung – und lässt die Zusammengehörigkeit der beiden Großprobleme Klimawandel und Biodiversitätszerstörung erkennen.

Der vom Menschen herbeigeführte Klimawandel hat Folgen, die tückische Charakteristika aufweisen, von denen im Folgenden nur zwei angeführt werden. Erstens: Zwischen der Emission von Treibhausgasen und dem Eintritt ihrer Auswirkungen liegt ein beträchtlicher

Abb. 2.1 **Entwicklung der mittleren Erdtemperatur 1870–2007**[7]

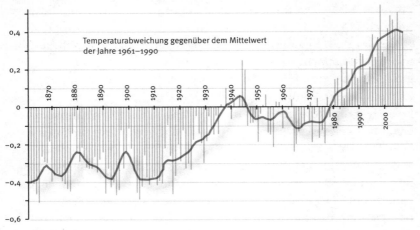

Temperaturabweichung gegenüber dem Mittelwert der Jahre 1961–1990

Zeitverzug. Die direkteste und am unmittelbarsten eintretende Wirkung ist die Erhöhung der (erdnahen) Lufttemperatur. Bereits diese Verzögerung hinsichtlich der Temperatur beträgt etwa 30 bis 40 Jahre. Denn jene Wärme, die sich im unteren Teil der Atmosphäre aufgrund des Treibhauseffekts verfängt, erwärmt zum überwiegenden Teil zunächst einmal die Oberfläche der Meere und wird darum für einige Jahrzehnte nur begrenzt als Temperaturerhöhung über Land spürbar. Erst danach, wenn der Ausgleich zwischen Meer und Land erreicht ist, kommt der gesamte Effekt der Erwärmung überall zur Geltung. Aus diesem Grund ist der Temperaturanstieg der nächsten drei bis vier Jahrzehnte keineswegs mehr offen. Der Temperaturanstieg, der dem bereits heute erreichten Anstieg der Konzentration langlebiger anthropogener Treibhausgase gegenüber vorindustrieller Zeit entspricht, beträgt 2,1 Grad Celsius, also etwa das Dreifache des Wertes, der heute als Temperaturveränderung gemessen wird. Würde man ab sofort nur noch eine so kleine Menge an Treibhausgasen in die Atmosphäre blasen, dass der Konzentrationsanstieg zum Ende kommt, so stiege die globale Mitteltemperatur noch um 1,4 Grad Celsius. Denn es sind ja bereits 0,7 Grad Celsius realisiert.

Zweitens: Der Temperaturanstieg ist ein sich selbst verstärkender

Prozess – nur ein gutes Drittel ist dem direkten Temperaturerhöhungseffekt des Treibhausgases CO_2 zuzurechnen, der überwiegende Teil stammt von der durch diese anfängliche Temperaturerhöhung ausgelösten erhöhten Wasserdampf- und Wolkenbildung –, der dann eine Reihe weiterer sich selbst verstärkender Prozesse in Gang setzt. So steigt zum Beispiel mit zunehmender Lufttemperatur die Wasserhaltefähigkeit der Luft, und das in progressiver Weise, was zu häufigem und/oder ergiebigem Starkniederschlag führt. Permafrostböden tauen bei einem Temperaturanstieg auf und geben ihrerseits ein weiteres Treibhausgas, Methan, frei, was wiederum den Anstieg der Treibhausgaskonzentration beschleunigt. Eismassen schrumpfen mit der Erwärmung und strahlen damit weniger Sonnenlicht in den Weltraum zurück, was wiederum die Erwärmung (und regional die Schmelzprozesse) verstärkt. Beide Faktoren – die Zeitverzögerung und die Selbstverstärkung führen dazu, dass das Ausmaß des bereits in Gang gesetzten Klimawandels oft unterschätzt wird.

Die Spitze des Eisbergs

Um die Größenordnung der Machtausübung des Homo industrialis gegenüber dem natürlichen Klimawandel anschaulich zu machen, lohnt sich ein kurzer Ausflug in eines der vielen Felder, in denen sich der Klimawandel manifestiert, nämlich die Eissphäre. Gegenwärtig lebt die Menschheit in einer Warmzeit, die bereits 12 000 Jahre andauert. Sie wird in Geologie und Anthropologie Holozän genannt. Eine Warmzeit macht die nördlichen und südlichen Breiten jenseits des Äquators gastlich – so zeigen es die bisherigen Erdzeiten. Die aktuelle Warmzeit ist besonders stabil. Sie würde wahrscheinlich noch etwa drei bis vier Jahrzehntausende erhalten bleiben – wenn nicht der Mensch einer Naturgewalt gleich in das Klimasystem hineingefahren wäre und, als eine erdgeschichtliche Neuheit, einer natürlichen Warmzeit eine weitere zusätzliche Warmzeit aufsattelte.

Schon die Klimamodelle der 1970er Jahre haben ausgewiesen, dass der durchschnittliche Anstieg der Erdmitteltemperatur im Detail der Effekt einer sich spreizenden Charakteristik ist: Polnah ist die Erwärmung zwei bis dreifach stärker als in Äquatornähe, und im Sommer,

Abb. 2.2 Die Folgen des Klimawandels für Mensch und Ökosysteme entlang verschiedener Temperaturanstiege[8]

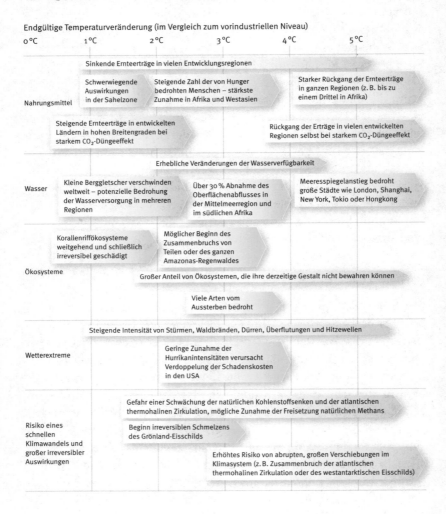

der empfindlichen Phase des Eises, doppelt so hoch wie im Winter. Während der bisherigen Warmzeit vor der Industrialisierung haben die Gletscher der Hochgebirge, wie die der Alpen, der Anden und des Himalaja, sich zurückgezogen, aber immer noch ewiges Eis gebildet, so wie auch die Eisbedeckung an den Polkappen. Der Mensch ist dabei, einen gigantischen Schmelzvorgang zu provozieren. In der Folge ist bis zum Jahre 2100 ohne Klimaschutz nicht etwa lediglich ein halber Meter globaler Meeresspiegelanstieg zu erwarten, wie das IPCC in seinem jüngsten Bericht vorhersagt[9], es ist vielmehr deutlich mehr zu erwarten, weil die frühen Effekte des Schmelzens an den polnahen Eiskappen mit ins Bild zu nehmen sind.[10] So sind der Grönländische Eisschild (etwa sieben Meter Meeresanstiegspotenzial) und der Westantarktische Eisschild (sechs Meter) durch die menschengemachte Erwärmung akut gefährdet. Dass die Regierung von Tuvalu, einer Inselgruppe im Pazifik, für seine knapp 12 000 Bewohner schon vorsorglich um Asyl in Neuseeland und Australien gebeten hat – Australien hat abgelehnt –, kann unter diesen Umständen als Vorbote eines Megatrends gelten.

Das Beispiel zeigt: Der Mensch hat in nur 200 Jahren das bedrohliche Format einer planetarischen Gewalt erreicht, welches in der Lage ist, die Küstenlinien auf dem Globus massiv zu verschieben – mit schlimmen Folgen für Gebäude, Sachgüter und die küstennah lebende Bevölkerung. Kaum etwas ist heute irreführender als die Rede vom »ewigen Eis«.

2.2 Die Endlichkeit von Erdöl und Erdgas

In zwei Schlagworten gesagt, besteht das ökologische Verhängnis darin, dass der Mensch die Natur im Übermaß einerseits als Bergwerk und andererseits als Müllhalde nutzt. Die Klimakrise kann mit dem Überlaufen einer globalen Müllhalde, die Peak-Oil-Krise dagegen mit der Erschöpfung eines Bergwerks verglichen werden. Es ist einer seltsamen Laune der Geschichte geschuldet, dass beide Krisen in denselben Jahren über die Welt hereinbrechen. Ob diese Gleichzeitigkeit als glückliche oder als unglückliche Fügung zu werten ist, wird sich in naher Zukunft herausstellen. Eine glückliche Fügung mag sie sein, wenn die Verknappung fossiler Ressourcen einen starken Anreiz für die Weltökonomie bildet, sich aus Öl- und Gasnutzung zurückzuziehen. In diesem Fall können sich die Lösungswege aus der Peak-Oil-Krise und jene aus der Klimakrise wechselseitig verstärken. Oder aber sie kann sich als unglückliche Fügung erweisen, wenn die Verknappung von Öl und Gas zu einer Flucht in die Kohle führt, was die Klimakrise noch einmal intensivieren würde. In jedem Fall aber gehört die Erschöpfungstendenz der fossilen Energieträger Öl und Gas zum Krisenpanorama des 21. Jahrhunderts. Jene Voraussetzungen, auf denen die Glorie der Industriegesellschaft beruht, werden in Bälde verschwunden sein – und sie verschwinden bereits heute.

Am Scheitelpunkt der Produktion

Lange Zeit schien es, als ob die fossilen Ressourcen Erdöl, Erdgas, Kohle und Ölsande so reichlich vorhanden seien, dass ihre Begrenzung erst lange nach dem Klimaproblem auftreten würde. Inzwischen ist eine Situation eingetreten, die dieser Erwartung widerspricht: Die fossilen Energieträger wurden seit Ende der 1990er Jahre wegen des starken globalen Wirtschaftswachstums viel stärker verbraucht als erwartet. Daher hat sich bereits jetzt bei einem der fossilen Energieträger, dem Erdöl, die Situation grundlegend geändert. Rekordpreise für Öl auf dem Weltmarkt, auch wenn Spekulation und Kriegsrisiken eine Rolle spielen, weisen darauf hin, dass die Zeit des billigen Öls der Vergangenheit angehört. Die Weltölproduktion erreicht einen Scheitelpunkt, jenseits dessen sich eine Schere zum weiter wachsenden Bedarf auftut. Kurz: Es handelt sich um ein Strukturproblem, nicht um ein Tagesphänomen. Zeitversetzt trifft dies auch für die anderen fossilen Energieträger Erdgas und Kohle zu.

Gegen diese Erwartung wird oft der Hinweis auf die sogenannte statische Reichweite der Ölreserven (Quotient aus Reservengröße und aktueller Produktion) ins Feld geführt. Als gebrechliche Argumentationshilfe dient sie der OPEC, den Ölkonzernen, sogar lange Zeit der Internationalen Energieagentur in Paris, die ähnlich einer Gebetsmühle immer und immer wieder dasselbe Lied von den noch lange ausreichenden Vorräten herunterbeten. Diese Reichweite, so das Diktum, läge seit Jahrzehnten im Bereich von etwa 40 Jahren und wäre somit eher eine »Konstante«, und deshalb das beunruhigende Fazit. Das beruhigende Fazit: weit und breit keine Erschöpfungstendenzen, keine Knappheiten erkennbar. In der Tat, mathematisch mag dieser Quotient zutreffen; aber er ist nicht realitätstüchtig. Erstens sprechen alle Anzeichen dafür, dass der Verbrauch weiterhin so steil in die Höhe geht wie in der Vergangenheit. Und zweitens, wichtiger noch, kann die Ölproduktion nicht 40 Jahre auf gleichem Niveau verbleiben, um dann im 41. Jahr ins Nichts abzustürzen. Das ist weder geologisch-physikalisch noch produktionstechnisch möglich. Vielmehr verläuft die Produktion grob in Form einer Glockenkurve, die bis zu einem Scheitelpunkt ansteigt, um anschließend – eventuell nach Durchschreiten eines Plateaus – unweigerlich zu sinken (▸ Abbildung 2.3). Dabei entsteht das Produktionsmaximum etwa am Erschöpfungsmittelpunkt der Gesamtreserven, also wenn die Hälfte der förderbaren Menge entnommen ist. Die meisten Beobachter erwarten das globale Produktionsmaximum innerhalb der nächsten zehn bis fünfzehn Jahre, die deutsche Energy Watch Group geht gar davon aus, das es bereits im Jahr 2006 erreicht wurde.[11] Die Internationale Energieagentur hat in jüngster Zeit bezüglich der Steigerung der globalen Ölproduktion kritischere Töne angeschlagen und endlich auch die Knappheit von Erdöl thematisiert.[12] Fakt ist: Von knapp hundert Erdöl produzierenden Staaten hat die Hälfte ihr Fördermaximum bereits überschritten. Zu ihnen zählen so bedeutende Länder wie die USA (Produktionsmaximum/Peak 1970), Norwegen (2001), Großbritannien (1999) und Mexiko (2002). Indonesien, ein großer Produzent innerhalb der OPEC, ist inzwischen ein Nettoimporteur von Erdöl geworden! Einige Länder können ihre Produktion weiterhin noch steigern; zu diesen gehören zum Beispiel Angola und einige weitere afrikanische Länder, ebenso einige Staaten im Kaspischen Raum. Doch diese Produktionssteigerungen werden die sinkende Förderung der klassischen Erdölländer nicht ausgleichen können.

Auch nimmt die Menge neu entdeckter Felder rapide ab. Seit den 1980er Jahren werden für jedes neu gefundene Barrel Öl etwa vier Barrel entnommen, obwohl die Technologien bei der Suche nach Erdöl stetig präziser geworden sind. Diese Tendenz ist allerdings in vielen der bisherigen Statistiken nicht sichtbar, da alte Öl- und Gasfelder höher bewertet und als neue Reserven gerechnet werden. Nun kön-

Abb. 2.3 Verlauf der Welterdölproduktion[13] in Mrd. Barrel/Jahr

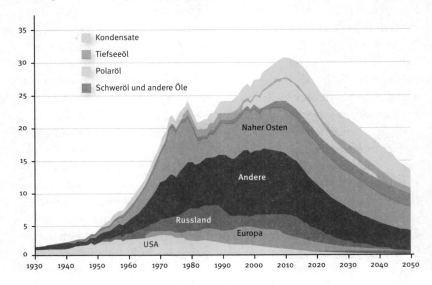

nen gewiss Fortschritte in den Fördertechnologien die Grenzen der Expansion noch einmal ein kleines Stück verschieben; die grundsätzliche Tendenz zur Erschöpfung können sie nicht verändern. Das gilt auch für die in jüngster Zeit intensiv in die Ausbeutung genommenen Teersande in Kanada. Abgesehen von den massiven Zerstörungen von Umwelt und Ökosystemen und dem exorbitant hohen Energieverbrauch bei der Aufbereitung von Teersanden: Selbst Vertreter von Unternehmen, welche in diese Produktion einsteigen, erwarten davon im globalen Maßstab lediglich geringe Produktionszuwächse. So gab der Vorstandsvorsitzende des Unternehmens Canadian Natural Resources im Jahr 2004 zu Protokoll: Öl aus Teersanden »hilft ein wenig. Und das ist alles.«[14]

Eine ähnlich glockenförmige Produktionskurve wie beim Erdöl ist auch für die Vorkommen an Erdgas zu erwarten, nur dass das Maximum mit einer Verzögerung von etwa zwei Jahrzehnten erreicht wird. In einem Vierteljahrhundert werden aller Voraussicht nach sowohl die Ölproduktion als auch die Gasproduktion in den großen Abschwung eingemündet sein.

Dieser Entwicklung steht die ständige Steigerung der Nachfrage gegenüber: Während die Tagesproduktion aus erschlossenen Ölquellen jedes Jahr um etwa zwei bis vier Millionen Barrel sinkt, steigt die Nachfrage jährlich um zwei bis drei Millionen Tagesbarrel. Summa summarum müssen also jedes Jahr neue Quellen im Umfang von vier bis sieben Millionen Barrel Tagesproduktion in Betrieb genommen werden. Bei einer derzeitigen Gesamtproduktion von circa 85 Millionen Barrel pro Tag entspricht dies knapp zehn Prozent – jedes Jahr. Das erfordert massive Investitionen, doch irgendwann trocknen die Ölfelder auch unter permanentem Zustrom von Geldmitteln aus. Unausweichlich ist darum für die kommenden Jahre ein Anstieg der Ölpreise, wenn das Angebot nicht mehr mit der Nachfrage Schritt halten kann. Öl wird dann als das gehandelt, was es aufgrund seiner Entstehungsgeschichte schon immer war: ein knappes, weil endliches Gut. Da die Ölmärkte nervös reagieren – bei knappen Gütern sorgen schon kleine Schwankungen des Angebotes für überschießende Reaktionen – werden sich auch kurzfristige Preisschwankungen verstärken und häufen.

Dabei ist das Sinken der Produktion in den einen Ländern das Glück der anderen, welche die Produktion noch halten oder steigern können. Auf die Letzteren warten zusätzliche Einnahmen, während die Ersteren wie alle Erdöl importierenden Länder sich auf eine steigende Abhängigkeit von immer weniger Anbietern einrichten müssen. Große Umverteilungen sind die Folge. Schätzungen zufolge werden die Staaten des Golf-Kooperationsrats (Gulf Cooperation Council) Saudi-Arabien, Bahrein, Oman, Vereinigte Arabische Emirate, Katar und Kuwait im Jahr 2008 etwa 450 Milliarden US-Dollar an Einnahmen aus Öl- und Gasexporten erwirtschaften.[15] Auch militärische Auseinandersetzungen sind verstärkt zu befürchten. Und betroffen sind wiederum vor allem die Ärmsten der Armen. In Entwicklungsländern wird deutlich mehr Öl pro Wirtschaftseinheit verbraucht als in Industrieländern – wegen den oftmals energieintensiven Industrien und den allgemein ineffizienten Verbrauchsstrukturen. Gelder aus der Entwicklungszusammenarbeit werden für Ölimporte ausgegeben.[16]

2.3 Fossile Krise und Biodiversität

Die Welt ist heute von zwei unterschiedlichen Umweltkrisen betroffen: der Krise fossiler Ressourcen und der Krise lebender Ressourcen. Beide Krisen sind eng miteinander verbunden, aber unterscheiden sich in ihrem Ursprung und in ihrer Erscheinung. Die fossile Krise rührt her vom beschleunigten Transfer fester, flüssiger und gasförmiger Stoffe von der Erdkruste in die Biosphäre mittels industrieller Technologie. Die Krise lebender Ressourcen hingegen geht zurück auf den extremen Druck, den Menschen auf Mikroben-, Pflanzen- und Tiergesellschaften ausüben. Durch diesen Druck werden oft ganze ökologische Systeme, große oder kleine, geschwächt oder gar zerstört, was wiederum den Menschen selbst gefährdet, der als Lebewesen ein Teil der gleichen biotischen Gemeinschaften ist. Menschen können auf zwei Arten betroffen sein. Zum einen liefern Ökosysteme eine geringere Menge an Verbrauchsgütern wie Fisch, Getreide, Holz, Rohfasern oder Wasser. Zum anderen liefern Ökosysteme weniger an lebenserhaltenden Leistungen wie etwa die Reinigung von Luft und Wasser, die Zersetzung und Wiederverwertung von Nährstoffen oder den Aufbau von Mutterboden.

Beschleunigter Niedergang

Menschen leben schon seit ihrem Auftreten von der Biosphäre. Doch mit dem Eintritt in das Industriezeitalter hat sich seit gut 100 Jahren der Druck auf die Ökosysteme der Erde ungemein erhöht. Die Verbreitung fossil befeuerter Energiesysteme zog drastische Auswirkungen nach sich für Wälder und Artenvielfalt, Meere und Böden, Feuchtgebiete und Felder. Ohne Zweifel haben auch andere Faktoren, wie zum Beispiel das starke Wachstum der Bevölkerung, eine große Bedeutung. Aber gerade fossile Energien sind die treibenden Kräfte hinter der Veränderung der Ökosysteme. Nach Auskunft des Millennium Ecosystem Assessment[17] haben sie sich in der zweiten Hälfte des 20. Jahrhunderts schneller gewandelt als jemals zuvor in der aufgezeichneten Geschichte, und zwar durchweg aufgrund menschlichen Einflusses.

Solange in vorindustrieller Zeit, abgesehen von Wasser- und Windrädern, allein die Muskelkraft von Tieren und Menschen zur Verfügung stand, ging die Veränderung langsamer vonstatten. Anders wurde es, als Zug um Zug eine Phalanx an Techniken wie Pumpanlagen, Motorsägen, Traktoren und Fischdampfer zum Einsatz kamen. Die Ausbeutung der Ökosysteme ließ sich an Umfang und Geschwindigkeit immer wieder auf Rekordhöhen treiben. Ohne Pumpanlagen wäre es nicht möglich, Grundwasser in großen Mengen auch in trockenen Gegenden an die Oberfläche zu bringen, eine Praxis, die weltweit die Grundwasserreserven zu erschöpfen droht.[18] Holzerntemaschinen erlauben es heute, ganze Waldflächen wie Getreidefelder abzuernten, obgleich zuvor schon die Motorsäge ausreichte, um etwa 40 Prozent aller Wälder im Industriezeitalter von der Erdoberfläche verschwinden zu lassen.[19] Die Rodung von Wäldern und die Ausweitung landwirtschaftlicher Flächen sind die wichtigsten Faktoren, welche zur (Zer-)Störung der Lebensräume von Pflanzen und Tieren führen – die wesentliche Ursache für den Rückgang der Artenvielfalt. Vergleichbare Wirkungen hat das Transportsystem: Ohne Überlandstraßen und Tieflader, Häfen und Container wäre kein Zugriff auf exotische Ökosysteme möglich. Und ganz ähnlich verhält es sich mit den Ozeanen. Nicht der Fischfang an sich, sondern der industrielle Fischfang mit seinen schwimmenden Fischfabriken ist verantwortlich für die dramatische Erschöpfung der Fischgründe in den Weltmeeren: Ein Viertel aller Fischgründe sind übernutzt oder erschöpft, und der Gesamtertrag an Fischen mitsamt des Beifangs ist in den meisten Teilen der Welt auf ein Zehntel des Niveaus von vor Beginn des industriellen Fischfangs zurückgegangen.[20]

Auch der Treibhauseffekt stört die Naturzyklen in verschiedenartiger Weise. Veränderungen in der Lufttemperatur, im Wasservorkommen oder bei extremen Wetterereignissen wirken ein auf die Produktivität der Vegetation und auf die Zusammensetzung und Verbreitung von Pflanzen und Tierarten. So kann sich der Zeitpunkt der Fortpflanzung für Pflanzen und Tiere verschieben wie auch die Wanderung der Tiere oder die Länge der Wachstumsperiode für Pflanzen.[21] Bestimmte Pflanzen- und Tierarten in gemäßigten Zonen rücken bei globaler Erwärmung nach Norden, während sich in subtropischen, semiariden Gebieten das Artenspektrum auch aufgrund von Wassermangel verändert. Europa ist davor keineswegs gefeit: Die Hochalpen ebenso wie die südlich-mediterrane Region werden sich langsam eine andere biologische Charakteristik zulegen. Fast wie eine Seuche greift der klimabegründete Verlust der Biodiversität im Fall der tropischen Korallenriffe um sich: Es ist vermutlich die saisonal erhöhte Wassertemperatur, welche zum Absterben jener wertvollen Lebensräume für Flechten, Schwämme, Krebse und Fische führt. So ist die fossile Überlastung der Atmosphäre bereits dabei, dem Naturbestand der Erde seinen Stempel aufzudrücken. Der Klimawandel verstärkt die gegenwärtig vor sich gehende sechste – jedoch die erste von Menschen verursachte – Welle des Artensterbens in der Erdgeschichte.

Gefährdete Ernährungssicherheit

Die Auswirkungen des Klimawandels auf die Vegetation treffen besonders die Landwirtschaft. Unter Veränderungen der Temperatur und der Niederschläge wird gerade der Ackerbau leiden, wie er auch anfällig ist für die Zunahme von Insekten und Schädlingen, für Wassermangel und Bodenverschlechterung. In vielen Regionen wird sich das Trinkwasseraufkommen vermindern. Bei Getreidepflanzen steigen in manchen gemäßigten Zonen bei einem leichten Temperaturanstieg zunächst die Erträge, während sie bei größerer Temperaturzunahmen dann sinken werden. In den meisten tropischen und subtropischen Regionen werden dagegen die Erträge voraussichtlich schon bei minimal höheren Temperaturen zurückgehen, weil die Pflanzen dort schon jetzt am Temperaturoptimum angebaut werden.[22] Mit einer um ein Grad höheren Tagestemperatur sinkt zum Beispiel der Ertrag der Reispflanze um zehn Prozent. So ist in niederen Breitengraden bereits bei einer Erwärmung bis zu zwei Grad generell mit erhöhter Ernährungsunsicherheit zu rechnen.[23] Noch größere Auswirkungen wird es in Gebieten geben, wo die Niederschläge stark zurückgehen, also besonders in den Trockengebieten und in Regionen mit Regenfeldbau wie etwa dem Sahel, dem Horn von Afrika, den mittleren Anden oder Teilen Zentralasiens, Ostasiens und Südafrikas. Umgekehrt kann freilich nicht nur zu wenig, sondern auch zu viel Regen zum falschen Zeitpunkt Schaden anrichten. Eine vergleichende Studie über fünf große landwirtschaftliche Regionen – Nordostchina, Brasilien, den US-amerikanischen Maisgürtel, das Donaudelta und Argentinien – kommt zu der Erkenntnis, dass ein Übermaß an Wasser ebenso wie eine Verschiebung der Niederschläge noch schwerwiegendere Folgen haben kann als Trockenheit.[24] Dass der Klimawandel die biologische Kapazität der Erde in Mitleidenschaft zieht, bekommen besonders jene Menschen zu spüren, die armutsbedingt sowieso schon sehr anfällig sind, also das Gros der ländlichen Bevölkerung der südlichen Hemisphäre.

Auch durch die Peak-Oil-Krise droht sich die Ernährungsunsicherheit in den ärmeren Ländern weiter zu verschärfen. Die Knappheit an Öl löst einen Druck auf die Erweiterung der agrarisch genutzten Fläche zum Anbau von Pflanzentreibstoffen aus, wobei die UN-Ernährungs- und Landwirtschaftsorganisation (FAO) ein besonders großes Potenzial dafür in Afrika und Südamerika sieht.[25]

Eine grobe Überschlagsrechnung soll den zusätzlichen Druck auf die Biomasse als potenziellen Energielieferanten veranschaulichen, den die zunehmende Knappheit fossiler Energieträger ausübt[26]: Wollte man den globalen Treibstoffbedarf allein des Straßenverkehrs, der etwa bei 77 Exajoule (EJ) pro Jahr liegt, vollständig aus Energiepflanzen decken, dann ergäbe sich, bei Nutzung der gegenwärtig verfügbaren Technologie, ein Bedarf an Agrarfläche von rund 850 Millionen Hektar – etwa jene Fläche, die in Entwicklungsländern gegenwärtig für den Anbau von Nahrungs- und Faserpflanzen genutzt wird. Zu einer solch gewaltigen Flächennutzungsänderung wird es natürlich nicht kommen, und doch ist bereits heute eine Verschiebung der Agrarproduktion von Nahrungs- zu Energiepflanzen zu beobachten – mit den entsprechenden Folgen für den Hunger der Armen.

Die Ertragsverluste aufgrund von Klimawandel, der starke Anstieg der Nachfrage vor allem in den wirtschaftlich prosperierenden Ländern (zum Beispiel China, Indien), die hohen Energieträgerpreise (die sich unter anderem maßgeblich auf Preise für Düngemittel auswirken) wie auch die Nachfrage nach Agrartreibstoffen treiben die Preise für Agrargüter nach oben. Der Preisindex für Nahrungsmittel der FAO lag im März 2008 um 57 Prozent höher als ein Jahr zuvor, in dem er auch schon um 23 Prozent gegenüber dem Jahr 2006 angestiegen war.[27] In der Folge haben in vielen Entwicklungsländern die Preise für

Abb. 2.4 Steigende Lebensmittel- und Erdölpreise[28]
US-$/t (links) und US-$/Barrel (rechts)

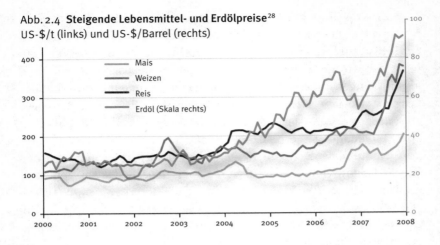

Brot, Reis, Maisprodukte, Milch und Speiseöl scharf angezogen: Zum Beispiel verdoppelte sich der Reispreis in der Elfenbeinküste in weniger als einem Jahr oder verzeichneten die Preise für Weizen im Senegal einen Anstieg um 100 Prozent und bei Hirse um 56 Prozent.[29] Besonders getroffen werden dabei jene armen Länder, die stark von Nahrungsimporten abhängen: Die Importrechnung der ärmsten Entwicklungsländer für Getreide wird in den Jahren 2007 bis 2008 um 56 Prozent steigen, und das, nachdem sie schon im vorhergehenden Jahr einen Anstieg um 37 Prozent zu verkraften hatten. Es liegt auf der Hand, dass damit in großem Maßstab Existenzkrisen heraufbeschworen werden, die auch in sozialen Unruhen ihren Ausdruck finden. Hungerproteste wurden in den ersten vier Monaten 2008 aus 33 Ländern gemeldet, darunter Ägypten, Kamerun, der Elfenbeinküste, Senegal, Burkina Faso, Indonesien, Madagaskar, den Philippinen und Haiti.

Ohne ein Umsteuern wird sich diese Tendenz hoher Nahrungsmittelpreise wahrscheinlich fortsetzen. Denn insgesamt wird sich die Agrarfläche nicht wesentlich erweitern lassen. Der wachsende Bedarf aufstrebender Schwellenländer, die dabei sind, sich von Eigenversorgern zu bedeutenden Importländern zu entwickeln[30], wird die Preise für Agrargüter auf den Weltmärkten dauerhaft hochhalten. Die Märkte für Erdöl und Nahrungsmittel schließen sich zusammen, und ein steigender Ölpreis, wenn er ein gewisses Niveau überschritten hat, zieht die Agrargüterpreise mit sich. Szenariorechnungen[31] haben versucht, den Einfluss abzuschätzen, den der zunehmende Anbau von Energiepflanzen auf die Preise haben könnte: Wenn sich die entsprechenden Investitionen über die bereits geplanten hinaus verdoppeln sollten, muss man bis zum Jahre 2020 mit einem Preisanstieg für Mais um 72 Prozent und für Ölsaaten um 44 Prozent (auf Basis des Dollarkurses von 2007) rechnen. In jedem Fall sind die Jahrzehnte fallender Nahrungsmittelpreise vorüber; während der kommenden Jahre steht eine fortlaufende Steigerung ins Haus. Eine Inflation der Lebensmittelpreise ist jedoch das Schlimmste, was den Armen – die in ihrer Mehrzahl mehr Nahrungsmittel kaufen als selbst erzeugen – passieren kann. Sie werden gezwungen sein, weniger oder noch schlechtere Nahrung zu essen. So münden Klimawandel und Peak Oil, die Dramen ökologischer Endlichkeit, in Dramen sozialer Deklassierung.

2.4 Politik am Scheideweg

Klimachaos und Peak Oil zusammen mit dem Niedergang der Biodiversität sind keine voneinander getrennten Unglücksfälle auf dem glorreichen Weg der industriellen Moderne. Vielmehr sind sie miteinander verschränkt und weisen auf die strukturelle Pathologie der Industriegesellschaft, nämlich ihre Abhängigkeit von endlichen und, bei massenhafter Nutzung, von naturunverträglichen Rohstoffen. Diese Pathologie bringt seit der Jahrhundertwende immer neue Krisensymptome wie Katastrophen, Kriege und Kostensteigerungen hervor, und zwar in einem Ausmaß, dass ein Business-as-usual-Szenario – also die unbekümmerte Fortschreibung der herrschenden Entwicklungstendenzen – keine Option mehr darstellt, weder für die politischen und wirtschaftlichen Eliten noch für die gesellschaftliche Wahrnehmung. Vorbei sind die Zeiten des Verdrängens und Vergessens. Der Klimawandel lässt sich nicht mehr leugnen, und die Ölkrise macht sich über die Weltmarktpreise gebieterisch geltend. Das Ende der großen Maßlosigkeit verlangt eine Antwort – aber welche?

Der fossil-zentrale Pfad

Krisenlagen ermutigen nicht nur zu alternativen Lösungen – sie zwingen zuallererst die etablierten Mächte, Lösungen anzubieten, mit denen sie die Krise zu bewältigen glauben. Andernfalls würden sie Glaubwürdigkeit und langfristig auch Verdienstchancen verspielen. So sieht sich die multinationale Energiewirtschaft herausgefordert, auf Klimawandel und Peak Oil zu reagieren. Dafür sind grundsätzlich zwei Pfade denkbar: der solar-vernetzte und der fossil-zentrale Pfad. Beim fossil-zentralen Pfad folgen die Lösungen den Strukturen des überkommenen Denkens: Sie erfordern die Mobilisierung großer Kapitalmengen, setzen auf großtechnische Strukturen, zielen auf ein erweitertes Angebot an Energie und halten dafür weiterhin vorwiegend an Öl, Kohle, Erdgas und Atomenergie fest. Den Sockel der Versorgung bilden dabei Großkraftwerks- und Verbundsysteme. Netze und Pipelines werden weiter ausgebaut, auch wenn mehr Nachdruck auf die Effizienz der Energieumwandlung gelegt wird und das Energieangebot sich in Ansätzen auf erneuerbare Energien hin ausdifferenziert. Denn zwar investieren inzwischen auch die großen deutschen Energiekonzerne in erneuerbare Energien. Doch verglichen mit den Investitionen in fossile Energieträger sind die eingesetzten Geldmengen als verhältnismäßig gering zu bezeichnen. Zudem blockieren viele Energiekonzerne noch heute den Ausbau der Nutzung erneuerbarer Energien, sobald er mit dem Kerngeschäft – Erdöl, Erdgas, Kohle, Kernenergie – zu kollidieren beginnt. Statt die ersten Schritte zu tun, wird häufig noch am Bewährten festgehalten. Investitionen in Nischenmärkten (zum Beispiel Meereskraftwerken) werden als umweltverträgliche Energiequellen und Ausweg werbewirksam dargestellt.

Investitionen in Milliardenhöhe in erneuerbare Energien sind sicher wünschenswert, so wie einige Energieversorger dies für die kommenden Jahre angekündigt haben. Doch angesichts der um eine Größenordnung höheren Investitionen in Kohle- und Gaskraftwerke und der auch in anderen Bereichen offensiv betriebenen rückwärtsgewandten Geschäftspolitik – Stichwort Laufzeitverlängerung von Atomkraftwerken – erscheinen die Bekenntnisse zu erneuerbaren Energien in einem anderen Licht.

Abb. 2.5 Emissionen aus Fahrleistung und Treibstoffbereitstellung[32] in kg CO_2/l

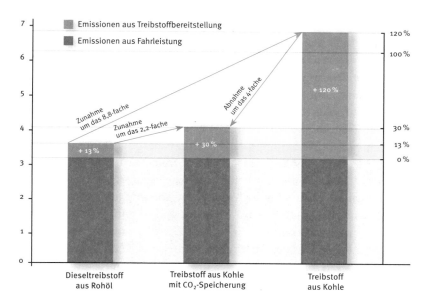

Die Kohleverflüssigung ist kein klimagünstiger Ausweg aus der Treibstoffknappheit.
Die Prozesskette bleibt auch in Verbindung mit der fragwürdigen CCS-Technologie
sehr CO_2-intensiv.

Die für die Zukunft propagierten fossil-basierten Lösungsoptionen sind im Kern nichts anderes als eine lineare Weiterentwicklung des bisherigen Systems. Sie schreiben die zentralistischen Produktionsformen fort und versuchen, jeden Wandel in Einklang zu halten mit den Renditeerwartungen großer Kapitalgeber. So konzentrieren sich strukturerhaltende Lösungen in erster Linie auf die Strategie des Energieträgerwechsels bei weiterhin fossiler Basis. Es geht Teilen der etablierten Energiewirtschaft gegen den Strich, die Möglichkeit struktureller Produktionsgrenzen zu akzeptieren, deshalb lautet ihr Tenor: Alles kann durch alles substituiert werden. So soll im Namen des Klimaschutzes (vor allem bei der Strom- und Wärmeerzeugung) Kohle durch Erdgas und möglichst noch Kernenergie ersetzt werden. Denn die Treibhausgasemissionen von Erdgas und Uran sind pro umgewandelter Energieeinheit deutlich geringer als die von Kohle. Die sinkende Ölproduktion soll durch verflüssigte Kohle und Agrotreibstoffe wettgemacht werden – da die Kohleverflüssigung erheblich höhere Treibhausgasemissionen verursacht, soll das anfallende CO_2 gleich unter die Erde verbracht werden (▸ Abb. 2.5). Die Konsequenz: Das zugrundeliegende fossil-großmaßstäbliche Produktionsmodell mit seinen Macht-, Interessens- und Profitstrukturen bleibt unverändert.

Das ist jedoch keine weitsichtige Strategie. So heizt die Bevorzugung des Erdgases dessen Nachfrage weiter an. Bereits heute ist Erdgas der fossile Energieträger mit den größten Nachfragesteigerungen; der Peak für Erdgas wird also umso früher erreicht. Überdies wird damit die Importabhängigkeit nur von Öl auf Gas verlagert. Statt von Saudi-Arabien wird die Europäische Union dann abhängiger von Russland.

Auch Kernbrennstoffe sind endlich. Und es gibt ebenfalls einen Peak für Uran. Je stärker die Hinwendung zu Uran, desto früher wird dort der Scheitelpunkt erreicht, auch wenn oft der Eindruck vermittelt wird, mit der Atomkraft wären sämtliche Versorgungsprobleme gelöst.[33] Tatsächlich kann von einer Renaissance der Kernenergie keine Rede sein. Zwar werden Kernkraftwerke gebaut, doch im globalen Maßstab sind diese Baustellen nicht mehr als Einsprengsel hier und da. Zwischen 1989 und 2007 wurde durchschnittlich weniger als ein Reaktor pro Jahr in Betrieb genommen, die Gesamtzahl stieg von 423 auf 439 Reaktoren, und 2007 waren weniger Reaktoren am Netz als noch fünf Jahre zuvor.[34] Sogar die kernenergiefreundliche Internationale Energieagentur geht in ihren Referenzprognosen bis 2030 nur von einer sehr geringen Dynamik aus. Zahlreiche in Bau befindliche Atomkraftwerke sind eher als Bauruinen zu bezeichnen. Das Vorzeigekraftwerk, das derzeit in Finnland gebaut wird und als »Beweis« für einen Atomkraftaufschwung herhält, wird 50 Prozent teurer als ursprünglich geplant. Alles wahrhaft wenig erbauliche Perspektiven für den von der Atomlobby gefühlten Boom. In den meisten Industrieländern wird die Kernenergie als monströs und bedrohlich wahrgenommen. Große unflexible Kraftwerksblöcke, Abhängigkeit von wenigen Rohstofflieferanten, Gefahr krimineller oder terroristischer Verbreitung, ungelöste Endlagerproblematik und so weiter: Die Negativliste ist fest im öffentlichen Bewusstsein verankert. Aus all diesen Grün-

den ist die Kernenergie keine Option in einem zukünftigen Energiesystem.

Die Folgen einer einfachen Ausweichstrategie auf die großmaßstäbliche Herstellung pflanzlicher Treibstoffe werden derzeit in Brasilien,
Mexiko und den USA deutlich. Die Nahrungsmittelpreise sind gestiegen, weil der Anbau von Energiepflanzen in direkte Konkurrenz mit
der Getreideproduktion tritt. Die Wahl zwischen Sprit und Nahrung
wird zur Entscheidung zwischen Bequemlichkeit in den reichen und
Überleben in den armen Ländern. Weil für einen massiven Ersatz von
Benzin durch Pflanzentreibstoffe in Europa nicht genug Anbaufläche
zur Verfügung steht, müssten großflächige Monokulturen für Energiepflanzen in tropischen Ländern in Anspruch genommen werden.

Auch die Kohle erhält wieder Auftrieb. Neue Kohlekraftwerke zur
Stromerzeugung, unter Umständen mit höheren Wirkungsgraden als
früher, stehen in einigen Ländern auf der Tagesordnung. Ein vermeint-
licher Joker ist die Kohleverflüssigung zur Bereitstellung von Kraftstoffen. Weil jedoch Kohletechnologien mit dem Klimaschutz kollidieren, wird die Aussicht auf »CO_2-arme Kraftwerke« hochgehalten
(▸ Schlaglicht: Stand und Perspektiven der CO_2-Abtrennung und -Spei-
cherung). Dieser Aussicht Glaubwürdigkeit zu verleihen ist entscheidend für den Kohlepfad, weil ohne das Versprechen einer klimafreund-
licheren Entsorgung des CO_2 wenigstens in den Industrieländern kein
Geschäft mehr mit Kohle zu machen ist. Der Erfolg einer solchen Strategie ist aber zweifelhaft.

Schließlich leistet der fossil-zentrale Pfad einer weiteren Polarisierung der Welt Vorschub. Weil er auf der Versorgung über Ressour-
cenketten beruht, die um die halbe Welt gehen, begünstigt er politische Blöcke aus ressourcenreichen Produzenten und ressourcenarmen,
aber wirtschaftlich starken Verbrauchern. Denn in Zeiten erkennba-
rer Knappheit geht es darum, Nachschub zu sichern und Konkurrenten außen vor zu halten. Langfristige Lieferverträge sind die Basis solcher Blöcke, Pipelines und Versorgungsnetze ihre Infrastruktur. Bei
einer Vertragsdauer von mehreren Jahrzehnten ist die Bindung zwischen Produzent und Verbraucher exklusiv, die Pipelinestruktur selbst
schließt andere Verbraucher aus. So deutet manches darauf hin, dass
etwa Europa, Nordafrika und Russland einen solchen Block bilden

Stand und Perspektiven der CO_2-Abtrennung und -Speicherung

Die CO_2-Abtrennung und -Speicherung (Carbon Capture and Storage: CCS) befindet sich noch im Forschungs- und Entwicklungsstadium. Die mit diesem Technologiebündel befassten Akteure gehen davon aus, dass CCS nicht vor 2020 großtechnisch zur Verfügung stehen wird. Angesichts der erst für das Jahr 2014 geplanten Inbetriebnahme größerer Demonstrationsvorhaben erscheint auch dies noch ein sehr engagierter zeitlicher Fahrplan.

Jenseits technischer Aspekte sind vor einem Einsatz noch zahlreiche weitere Fragen zu klären. Dies betrifft legislative Fragestellungen (zum Beispiel Haftungsfragen) ebenso wie beispielsweise Aspekte des Infrastrukturaufbaus und die Art der Einbindung der Technologie in internationale Abkommen. Von entscheidender Bedeutung wird sein, ob es gelingt, Speicherstätten auszuwählen, die mit hinreichender Sicherheit eine langzeitstabile, nahezu leckagefreie Speicherung erlauben. Zudem sind Verfahren zu entwickeln, die ein Verfolgen des CO_2 im Untergrund möglich machen. Auf der Kraftwerksseite besteht die größte Herausforderung darin, den mit der Abscheidung verbundenen deutlich erhöhten Brennstoffbedarf und die damit in der Brennstoffgewinnungskette (zum Beispiel Braunkohle) proportional steigenden Belastungen signifikant zu verringern. Dies sind einige Beispiele für den noch erforderlichen Forschungs- und Entwicklungsbedarf. [35]

Vor diesem Hintergrund stellt CCS kurz- und mittelfristig keine Alternative zum weiteren Ausbau erneuerbarer Energien und zur Erhöhung der Energieeffizienz dar – Strategieoptionen, die heute schon zum Einsatz kommen und substanzielle Beiträge zur CO_2-Minderung leisten können. In welcher Form die CO_2-Abtrennung und -Speicherung mittel- bis langfristig eingesetzt wird, hängt nicht zuletzt von der gesellschaftlichen Akzeptanz ab. Bisher ist nur sehr wenig über die Einstellung der Bevölkerung gegenüber der Technologie der CO_2-Abtrennung und -Speicherung bekannt. Es ist aber zu vermuten, dass neben dem vermehrten Brennstoffbedarf vor allem die für die Bevölkerung neuen Prozessschritte Transport und Speicherung des CO_2 skeptisch gesehen werden.

Die Abtrennung von CO_2 in Kohlekraftwerken ist überdies ein energieaufwendiger Prozess. Dabei ist zu beachten, dass nicht nur im Kraftwerk selbst, sondern auch in der vor- und nachgelagerten Prozesskette Treibhausgasemissionen anfallen, die durch CCS nicht vermieden, sondern im Gegenteil durch den Brennstoffmehrbedarf sogar erhöht werden. Je nach Technologiepfad und Brennstoff können durch CCS daher nur maximal 68 bis 90 Prozent der Treibhausgasemissionen vermieden werden, der Rest geht in die Atmosphäre. Durch den höheren Brennstoffeinsatz steigt zudem die Umweltbelastung vor Ort. Da CCS vermutlich nur für große Kraftwerke ökonomisch realisierbar sein wird, führt der Einsatz der Technologie zu einer Zementierung der großmaßstäblichen Erzeugungsstrukturen mit entsprechenden Verfestigungen von Machtverhältnissen.

können, innerhalb dessen ein hoher Grad an Energiesicherheit (die potenzielle Bedrohung durch Terrorismus sei hier außer Acht gelassen) und gleichberechtigter Energiepartnerschaft herrscht. Wer nicht das Glück hat, in diesen Block aufgenommen zu werden – beispielsweise zahlreiche ressourcenarme afrikanische Länder –, hat das Nachsehen. Dies führt zu einer weiteren Marginalisierung armer Staaten. Solche Blöcke dürften dazu neigen, die Sicherung der Energieversorgung unter Umständen mit militärischen Mitteln zu garantieren, sowohl um die Verlässlichkeit der Versorgungsketten innerhalb des Blocks zu gewährleisten, als auch um Konkurrenten von außen fernzuhalten. Der fossil-zentrale Pfad ist angesichts der sich durch ihn weiter verstärkenden Knappheitstendenzen, jenseits seiner energiepolitischen Schattenseiten, aller Voraussicht nach ein direkter Weg in eine friedlose Welt.

Der solar-vernetzte Pfad

Im Gegenüber zum fossil-zentralen Pfad, der weder aus der Klimafalle noch aus der Abhängigkeit von Erdöl und Erdgas führt, bietet sich der solar-vernetzte Pfad an. Er verursacht weitaus weniger Risiken und steuert den Übergang in ein postfossiles Zeitalter bewusst an. Er ist in vielen Ländern während der vergangenen Jahrzehnte in seinen technischen und kulturellen Voraussetzungen herangereift, und das größtenteils in Opposition zur etablierten Energie- und Rohstoffwirtschaft. Erste Schritte zu seiner Realisierung sind getan, in Deutschland und anderswo. Sein technisches Profil, seine wirtschaftliche Struktur und sein politisch-kulturelles Selbstverständnis sind weitgehend ausgearbeitet. Im Wesentlichen beruht der solar-vernetzte Pfad auf drei Richtungsentscheidungen. Er setzt (1) auf einen Wechsel in der Ressourcenbasis hin zu erneuerbaren Energien und Stoffen, er zielt (2) ab auf die Vernetzung einer Vielzahl von Versorgungssystemen im kleinen Maßstab, die über Stadt und Land verteilt sind, und er strebt (3) eine markante Rückführung des Energiebedarfs über Effizienz- und Vermeidungsstrategien an. Freilich liegt der solar-vernetzte Pfad mit diesen Gestaltungsmerkmalen quer zu den seit langem konsolidierten Versorgungsstrukturen mitsamt den in sie eingelassenen Macht- und Renditeinteressen (▸ Schlaglicht: Wie Shareholder-Value dezentrale Energiekonzepte blockiert). Selbstredend ist er nicht über Nacht zu realisieren, aber doch Zug um Zug umsetzbar. Seine Realisierung stellt eine generationenumspannende Aufgabe dar.

Der beste Weg, sowohl der Klimakrise wie der Öl/Gas-Krise zu begegnen, ist in dieser Perspektive der Ausstieg aus fossilen Energien. Auf mittlere und lange Frist müssen die Energieversorgung, Innovationen in Industrie und Gewerbe, Dienstleistungen, Wohnungsbau, Verkehr und Landwirtschaft mit dem Ziel einer vollständigen Umstellung auf die Nutzung erneuerbarer Energien konzipiert werden: Wind, Wasser, Sonne, Biomasse. Dabei sind alle erneuerbaren Energien im weiteren Sinne solare Energien: Solarkollektoren und Solarzellen nutzen unmittelbar die Sonne, Wind- und Wasserkraft entstehen indirekt aus der Sonnenenergie, Pflanzen bauen mittels Sonneneinstrahlung Biomasse auf, geothermische Kraftwerke nutzen die im Erdinneren gespeicherten Energieströme. Inzwischen stehen ausgeklügelte Geräte und Anlagen zur Verfügung, um das Angebot der Natur in Strom, Wärme oder Kraftstoffe umzuwandeln. Gewiss, auch regenerative Energien sind nicht zum ökologischen Nulltarif zu haben: Biomasse kostet Fläche, Windkraft kostet Landschaft, und die Herstellung von Umwandlungstechnologien kostet Energie und Materialien. Diese Umweltauswirkungen sind aber insgesamt drastisch geringer und von

Wie Shareholder-Value dezentrale Energiekonzepte blockiert

Die wichtigen Investitionsentscheidungen der Wirtschaft orientieren sich an den Erwartungen großer, professioneller »Shareholder« und Finanzmarktanalysten. Sie sind an hohen Renditen interessiert, die sich mit geringen, überschaubaren Risiken – etwa in Form kurzer Amortisationszeiten – erzielen lassen. Große Kraftwerksprojekte stehen für finanziell überschaubare Risiken, bei denen Analysten entsprechende Skalenerträge und relativ niedrige Transaktionskosten vermuten. Dezentrale Erzeugungs- und Verbrauchsvermeidungsmöglichkeiten sind dagegen zwar häufig rentabler und umweltschonender. Sie sichern auch mehr Arbeitsplätze. Für Shareholder sind solche Anlageformen dennoch zu diffus und mit höheren Transaktionskosten verbunden. Der Informations- und Managementaufwand zur Bewältigung eines Bündels kleinerer Aktivitäten erscheint deutlich höher als jener zur Bewältigung eines Großkraftwerksprojekts. Technologieprojekte in den Bereichen Energieeffizienz und erneuerbare Energien sind zudem meistens kapitalintensiver als fossile Kraftwerksprojekte und erfordern längere Amortisationszeiten. Bei entsprechend angelegtem, risikoangepasstem Kapitalmarktzins führt dies zu einer systematischen Benachteiligung der Alternativen. Einen erfreulichen Kontrapunkt setzen verstärkt ethisch-ökologisch orientierte Investments. Hier nehmen Anleger aufgrund ihres Verantwortungsbewusstseins und ihrer Umsicht oft längere Amortisationszeiten oder auch niedrigere, moderate Renditen in Kauf.

grundlegend anderer Qualität als jene der herkömmlichen Energien; wohl aber weisen sie darauf hin, dass auch Energie aus erneuerbaren Quellen sorgsam und sparsam einzusetzen ist.[36]

Bei einem solar-vernetzten Pfad ändern sich die Versorgungsstrukturen. Ein Kohlekraftwerk zur Stromproduktion liegt in der Größenordnung von etwa 1000 Megawatt Erzeugungsleistung. Erneuerbare Energien hingegen erfordern die Umwandlung in nutzbare Energie oft mit kleinen Anlagen. So haben die größten derzeit eingesetzten Windkraftanlagen eine Erzeugungsleistung von circa fünf Megawatt, Blockheizkraftwerke auf Biomassebasis kommen in die Größenordnung von zehn bis fünfzig Megawatt. Zur Erreichung signifikanter

Abb. 2.6 **Eine dezentrale Energie-Zukunft**[37]

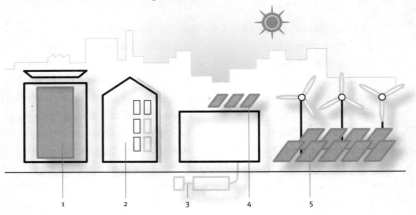

Die Städte der vernetzten Welt von morgen werden Energie und Wärme sowohl
erzeugen als auch verbrauchen:

1 Fotovoltaik-/Solarfassaden

2 Gebäudesanierung senkt den Energieverbrauch um 80%

3 Hocheffiziente Heizkraftwerke im Keller von Einzelhäusern und Wohnblocks

4 Sonnenkollektoren produzieren Warmwasser

5 Windparks und Solarkraftwerke

Versorgungsanteile sind viele kleine Anlagen erforderlich. Dies ist insofern günstig, da die umgewandelte Energie ohnehin am effizientesten (das heißt mit geringsten Transport- und Verteilungsverlusten) ortsnah einzusetzen ist. Es gibt also eine hohe Affinität zwischen erneuerbaren Energien und dezentralen Wirtschaftsstrukturen.

Öl, Gas, Uran und Kohle sind monopolisierbar und riefen damit die Akkumulation großer Wirtschaftskraft hervor. Die Nutzung solarer Energien rückt näher an die Orte des Verbrauchs heran, an Haushalte und Betriebe. Die Strukturen erneuerbarer Energien haben aber auch zentrale Komponenten. So werden die großen Windparks auf dem Meer wahrscheinlich aus über hundert Anlagen bestehen und kommen damit bezüglich Kapitalbedarf und Erzeugungsleistung in die Nähe eines fossil befeuerten Kraftwerks. Ähnliches gilt für Pläne, hiesige Stromnetze an solarthermische Kraftwerke im Sonnengürtel der Erde anzubinden. Dies wirkt in Teilen einer dezentralen Versorgung entgegen, ist aber ebenso wie eine übergangsweise Flankierung durch fossile, schnell regelbare Kraftwerke nötig, um einerseits das Rückgrat einer dezentralen Struktur zu stärken, andererseits die Energien dort zu ernten, wo sie reichlich vorhanden sind und kostengünstig erschlossen werden können.

Doch erneuerbare Energien dürfen unter keinen Umständen die Verschwendungswirtschaft stabilisieren. Ohne eine Wende zur Energiespargesellschaft wird die Wende zur Solarwirtschaft nicht gelingen. Denn die Tatsache, dass bei ungebremster Nachfrage das gegenwärtige Energiesystem enormen Risiken und Engpässen entgegengeht, rechtfertigt noch nicht den Umkehrschluss, dass ein erneuerbares Energiesystem bei gleichem Nachfragewachstum ohne Probleme realisierbar wäre. Die Material- und Flächenansprüche würden gewaltig und kaum nachhaltig lösbar sein und die Zeitspanne bis zu einem möglichen Umsteuern deutlich verlängert werden, verbunden mit den Risiken einer längeren Übergangszeit. Deshalb wird die Absenkung des Bedarfs mit dem Wechsel der Ressourcenbasis einhergehen müssen.

Eine konsequente Energieeinsparpolitik könnte es ermöglichen, den Pro-Kopf-Energieverbrauch in Europa und tendenziell in allen OECD-Ländern bis zum Jahr 2050 auf ein Drittel zu senken. Möglich ist dies, weil Ingenieurskunst so hocheffiziente Fahrzeuge, Gebäude, Produktionsprozesse und Haushaltsgeräte entwickeln kann, dass aus jeder eingesetzten Kilowattstunde im Vergleich zu heute der mehrfache Nutzen herauszuholen ist. In Kombination hiermit kann dann an Abertausenden von Orten mit Windturbinen und Bioreaktoren, Solarzellen und Wärmepumpen die solare Energie geerntet und über hochentwickelte Umwandlungstechniken in Strom, Wärme oder Kraftstoff überführt werden. Neben den rein technologischen Ansätzen spielt eine grundlegende Änderung des Verbrauchsverhaltens eine zentrale Rolle auf dem Weg in eine nachhaltige Zukunft. Denn technologische Lösungen allein stoßen irgendwann an Grenzen. Gefordert ist daher ebenso eine aktive Auseinandersetzung mit der Frage: »Wie viel ist nötig?« Aus den heutigen verschwenderischen 6500-Watt-pro-Kopf-Gesellschaften können längerfristig durch den universellen Einsatz von bereits heute bekannten Techniken und durch nachhaltigere Lebensstile wirtschaftlichere, gerechtere und umweltverträglichere

2000-Watt-pro-Kopf-Gesellschaften entstehen.[38] Die Realisierbarkeit dieses Ziels ist wissenschaftlich bereits vor längerer Zeit nachgewiesen worden – es muss nur endlich angegangen werden. Einige zentrale Meilensteine dazu werden in den späteren Kapiteln beschrieben.

Anmerkungen

1 Vgl. Crutzen (2002)
2 Steffen et al. (2005)
3 Vgl. Sieferle et al. (2006)
4 Abk.: ppmv = parts per million, als Volumenanteil, nicht als Masseanteil berechnet
5 Seit 1990 sind die Emissionen somit um knapp 25 Prozent gestiegen, mit deutlich akzelerativer Tendenz in jüngerer Zeit (Zwischenpunkt im Jahr 2000: 44,7 Gigatonnen; nach IPCC 2007, Fig. SPM.3).
6 Der pH-Wert der obersten Meeresschicht ist seit vorindustrieller Zeit um 0,11 Einheiten gefallen, was einem Anstieg der H^+-Ionen-Konzentration um 30 Prozent entspricht (WBGU 2007, S. 75).
7 WMO (2007)
8 WBGU (2007)
9 IPCC (2007)
10 Rahmstorf/Jaeger (2005); WBGU (2007), S. 67
11 BGR (2006), Campbell (2008), EWG (2007)
12 Birol (2008)
13 Hennicke/Supersberger (2007), aktualisiert
14 Cox (2004)
15 www.gasandoil.com

16 IEA (2004)
17 Millennium Ecosystem Assessment (2005), S. 26
18 McNeill (2003), S. 170–172
19 Millennium Ecosystem Assessment (2005), S. 41
20 A. a. O., S. 32
21 UNEP (2007), S. 371
22 IPCC (2001); Parry et al, (2004)
23 WBGU (2007), S. 100
24 Rosenzweig et al. (2004)
25 WBGU (2007), S. 100
26 Schmidhuber (2006)
27 FAO (2008a)
28 Braun (2008), S. 2
29 FAO (2008b)
30 WBGU (2007), S. 102
31 Braun (2007), S. 9
32 Vallentin (2007)
33 EWG (2007)
34 Mez (2008)
35 Als Einführung in die CCS-Thematik siehe Supersberger et al. (2007). Für weitergehende Informationen: vgl. BMU (2007)
36 Zur Gestaltung des Ausbaus regenerativer Energien für Deutschland bis 2005 siehe DLR/ifeu/WI (2004)
37 Vgl. Greenpeace/EREC (2007)
38 Jochem (2004)

3 Eine Welt mit Nachholbedarf

Die Biosphäre geht schon in die Knie, obwohl erst ein Viertel der
Weltbevölkerung die Früchte des wirtschaftlichen Fortschritts
genießt. Drei Viertel jedoch haben noch Nachholbedarf, sie
wollen es den Wohlhabenden gleichtun. In einer zerklüfteten Welt
ist der Wille, Ungleichheiten zu überwinden, eine der stärksten
Triebkräfte. Sollen die Ärmeren ausgeschlossen bleiben, um die
Umwelt zu retten, oder gelingt es, Formen des Wohlstands zu
entwickeln, die ungleich weniger Natur verbrauchen? Es ist die
kosmopolitische Mission der Ökologie, mehr globale Gerechtigkeit
zu ermöglichen, ohne die Erde ungastlich zu machen.

Immer wenn das Olympische Feuer vor der Tribüne des Staatspräsi-
denten entzündet wird, beginnt der Pulsschlag einer Nation schneller
zu schlagen. Doch selten zuvor wurden die Spiele mit einem solchen
Ehrgeiz zur Selbstdarstellung in Szene gesetzt wie 2008 in Peking.
China feierte seine Ankunft im Kreis der Weltmächte. Was 2008 in der
Sprache einer Olympiade der Welt mitgeteilt wurde, wartet darauf, im
Jahre 2010 in der Sprache einer Weltausstellung wiederholt zu werden.
In Schanghai wird China sich als die Plattform für die wissenschaft-
lich-technischen Großtaten des 21. Jahrhunderts präsentieren.

Sportfest und Technikschau, Olympiade und Weltausstellung sind
nichts weiter als die Leuchtzeichen der welthistorischen Verschiebung,
die sich im Übergang vom zweiten zum dritten Jahrtausend vollzogen hat: der Aufstieg Chinas und anderer Länder des Südens zu Groß-
mächten, die das Schicksal der Welt entscheidend beeinflussen werden.[1] Doch der Triumph Chinas droht zur Niederlage des Planeten zu
werden. Das Verlangen nach Anerkennung und Wohlstand, das in den
Ländern des Südens brennt, richtet sich auf ein Zivilisationsmodell,

das nicht mit der Endlichkeit der Biosphäre vereinbar ist. Klimachaos und Ölkrise, Nahrungsknappheit und Wassermangel, weitgehend verursacht von gerade einmal 25 Prozent der Weltbevölkerung, werden sich zuspitzen bis zu Katastrophen, wenn die anderen 75 Prozent in ihrem Wunsch nach Gerechtigkeit den gleichen Wohlstand anstreben. So verschärft die Krise der Gerechtigkeit die Krise der Biosphäre.

3.1 Aufholjagd in den Abgrund

Die jüngste Geschichte Chinas mitsamt Teilen von Ostasien lässt sich als einen späten Erfolg des Entwicklungsdenkens betrachten, das seit dem Zweiten Weltkrieg die Nord-Süd-Beziehungen auf dem Globus geprägt hat. Im Weltbild des Entwicklungsdenkens verkörpert der Norden die Zukunft und der Süden die Vergangenheit.[2] Vor diesem Hintergrund regiert über der südlichen Hemisphäre der Imperativ des Aufholens, um der angenommenen Rückständigkeit zu entkommen und möglichst rasch zu den Frontnationen aufzuschließen. Entwicklung ist in diesem Weltbild immer nachholende Entwicklung. Sie baut die Gesellschaften des Südens auf die Produktions- und Konsumsysteme des Nordens hin um.

Am Beispiel Chinas

Nach den geläufigen Indikatoren – Entwicklung der Wirtschaftsstärke oder Zahl der absolut Armen – muss China im Sinne nachholender Entwicklung als eine grandiose Erfolgsstory gelten. Seit Deng Xiaoping im Jahre 1979 die Parole »Reich werden ist glorreich!« ausgegeben hatte, ist die chinesische Wirtschaft im Jahr um durchschnittlich zehn Prozent gewachsen, also in einem solchen Tempo, dass China 2005 – nach Kaufkraftparität, nicht nach offiziellem Wechselkurs – bereits das zweitgrößte Bruttoinlandsprodukt der Welt nach den USA und vor Japan erwirtschaftet hat. Zusammen mit Südkorea, Taiwan, Hongkong und Singapur bildet das Land des Drachens derzeit die bedeutendste Wachstumsregion der Welt. Und mehr noch: Das Land hat nicht nur an Wirtschaftsstärke aufgeholt, es glänzt auch mit unvergleichlichen Erfolgen in der Armutsüberwindung. Der Anteil der Armen, die unter einem US-Dollar am Tag verdienen, ist von 33 Prozent im Jahre 1990 auf zehn Prozent im Jahre 2006 gefallen.[3] Falls es gelingen sollte, den Millenniumsentwicklungszielen entsprechend bis 2015 den Anteil der extrem Armen an der Weltbevölkerung zu halbieren, wird das in erster Linie China zu verdanken sein.

Freilich wäre es kurzsichtig, in der Aufholjagd Chinas lediglich eine Veranstaltung zur Mehrung des Wohlstands zu sehen. Es handelt sich auch um eine Veranstaltung zur Mehrung der Selbstachtung. Mit der Entfaltung seiner Wirtschaftskraft gewinnt China jene Anerkennung im Kreis der Nationen zurück, die es für zwei Jahrhunderte so schmerzlich hatte missen müssen. Im 19. Jahrhundert wurde das Reich der Mitte vom Aufstieg der Kolonialmächte an den Rand gedrängt und vielfach gedemütigt, im 20. Jahrhundert sah es sich der Vorherrschaft Japans und danach der technisch-wirtschaftlichen Übermacht der Industrieländer ausgesetzt. Die Erinnerung einer stolzen Nation an Zeiten von Ohnmacht und Erniedrigung kann ebenso zum Treibstoff des Aufstiegs werden wie die Hoffnung auf ein besseres Leben. Waren nicht alliierte Mächte im Zuge des Boxeraufstands 1900 bis nach Peking marschiert und hatten die regierende Kaiserwitwe Cixi verjagt? Hatte nicht Japan die Schwäche Chinas ausgenutzt und in den 1930er Jahren die Mandschurei okkupiert? Wenn China heute auftrumpft, ist das Balsam für das kollektive Gedächtnis. Wenn es der Welt Ehrerbietung abtrotzt, ist das die überfällige Genugtuung für das Trauma nationaler Demütigungen. Der Karriere als Entwicklungsland nunmehr entwachsen, hat China für sich die Verheißungen des Entwicklungszeitalters auf mehr Anerkennung und Teilhabe ein gutes Stück realisiert. Es lassen sich ja, was Gerechtigkeit anlangt, mindestens zwei Dimensionen unterscheiden[4]: Gerechtigkeit als Verteilung sowie Gerechtigkeit als Anerkennung. Und China ist in beiden Dimensionen ein Erfolgsmodell. Das Land hat sich einen größeren Anteil an der Weltwirtschaft und der damit einhergehenden Macht gesichert, und es sonnt sich in der Anerkennung und dem Respekt, die ihm von überall her entgegengebracht werden. Der kommunistische Paria hat sich zum kapitalistischen Vorzeigeschüler gewandelt.

Aufstieg der Schwellenländer

China ist der spektakulärste, aber beileibe nicht der einzige – man muss nur an Indien denken – und auch nicht der erste Aufsteiger. Seit dreißig Jahren verändern sich Zug um Zug die Reichtumsverhältnisse zwischen den Nationen. Die erste Welle der Schwellenländer umfasste Staaten wie Südkorea, Hongkong, Singapur und Taiwan, bald gefolgt von Thailand, Malaysia und Indonesien. Die meisten von ihnen erlebten einen Boom, weil sie sich als Exportplattformen für einfache Industriegüter etablierten. Eine weitere Welle umfasste eine Reihe nahöstlicher Staaten wie Saudi-Arabien, Kuwait oder auch Iran, denen Einnahmen aus Rohstoffexporten die Kassen füllten. In Lateinamerika hingegen konnten Länder wie Mexiko, Brasilien und Argentinien bereits auf eine längere Geschichte von Rohstoffexport und Industrialisierung zurückblicken, während nach dem Fall des Eisernen Vorhangs Länder wie Russland und Ungarn einen Wachstumspfad einschlugen, der sie zu den alten Industrieländern aufschließen ließ.

So ist die ökonomische Geografie der Welt in Bewegung geraten. Die altindustriellen Länder haben das Privileg verloren, die Geschäfte der Welt unter sich auszumachen. Die Denkschablone aus der zweiten Hälfte des vergangenen Jahrhunderts, die die Welt in Industrieländer und Entwicklungsländer einteilte, ist hinfällig geworden. Nicht wenige Entwicklungsländer haben sich aus dem Pulk der armen Ökonomien gelöst, verkürzen ihren Abstand zu den reichen Ökonomien und sind zu einer neuen Generation von Industrieländern mutiert. Etwa zwölf bis 15 Länder – darunter auch die Bevölkerungsriesen China und Indien – sind drauf und dran, es den altindustriellen Ländern gleichzutun. Die werden mitunter auf dem Feld der Symbole schon überholt. Der höchste Wolkenkratzer der Welt ist schon lange nicht mehr der Sears Tower in Chicago, sondern der Taipeh 101 in Taiwan, gefolgt vom Shanghai World Finance Center, die ihrerseits in Kürze vom Burj Dubai übertroffen sein werden. Die Aufsteiger fordern selbstbewusst ihren Platz; sie pochen – ausdrücklich oder nicht – auf mehr Gerechtigkeit im Weltsystem, und zwar im doppelten Sinne. Sie unterstreichen ihren Anspruch auf Verteilungsgerechtigkeit, indem sie auf einen größeren Anteil am globalen Einkommen hinarbeiten, und sie streben nach Anerkennungsgerechtigkeit, indem sie auf der Bühne internationaler Politik danach trachten, den Alt-Mächtigen auf gleicher Augenhöhe zu begegnen.

Mit dem Aufstieg der Schwellenländer wandelt sich die Konfiguration der Ungleichheit auf dem Globus.[5] Im 19. und in der ersten Hälfte des 20. Jahrhunderts sind die Industrieländer – mit gewissen Verzögerungen untereinander – den nichtindustrialisierten Ländern an Wirtschaftsstärke davongezogen. Damit prägte sich die Ungleichheit in der Welt als drastische Ungleichheit zwischen den Nationen aus, wie sie dem heutigen Betrachter vertraut ist, also als eine Situation, in der für die Lebenschancen eines Menschen eher die Position seiner Nation in der Weltgesellschaft zählt als seine soziale Stellung in der Heimatgesellschaft. Doch seit etwa 1970 wendet sich das Blatt. Die internationale Ungleichheit hört auf, weiter zu wachsen, und fängt an, langsam, aber stetig zurückzugehen. Gewichtet man – wie in Abbildung 3.1 – das Durchschnittseinkommen der Länder pro Kopf mit der Bevölkerungszahl, um zu vermeiden, dass etwa Jamaika ebenso viel gilt wie China, so zeigt sich, dass das Ausmaß der Ungleichheit zwischen den Nationen, ausgedrückt durch den sogenannten Gini-Koeffizienten, von der Indexzahl 0,58 in den 1960er Jahren auf 0,50 im Jahre 2000 zurückgegangen ist.[6]

Noch bevor sich die Aufholjagd in der internationalen Einkommensstatistik niederschlägt, hat sie in den Köpfen stattgefunden. Denn das Verlangen nach Wohlstand und Anerkennung orientiert sich weitgehend am Erfolgsstandard der langjährigen Sieger. Der Standard des Erfolgs wird von den langjährigen Siegern gesetzt. In der Imagination von »Entwicklung« findet das Aufholen bereits symbolisch statt: Eine Gesellschaft gilt als umso besser, je mehr sie den nördlichen Wirtschaftsgesellschaften gleicht. Es geht im Allgemeinen nicht darum, die Gesellschaft indischer, brasilianischer, ja selbst auch nicht islamischer zu machen; im Zentrum der Anstrengung steht, trotz mitunter gegenteiliger Beteuerungen, sie auf die Höhe der Industriemoderne zu bringen. Nur zu oft regiert die Vorstellung, dass mehr Städte und mehr Stahlwerke, mehr Autobahnen und mehr Agrarfabriken, mehr Warenumschlag und mehr Wolkenkratzer den Weg zu einer gelungeneren Gesellschaft weisen. Bei aller Entkolonialisierung im politischen

Begriffsstreit um Ungleichheit[7]

Hat die globale Ungleichheit im Einkommen zu- oder abgenommen? Bevor eine Antwort gelingen kann, muss erst Klarheit darüber hergestellt werden, was mit globaler Ungleichheit gemeint ist und wie sie sich von internationaler und zwischenstaatlicher Ungleichheit unterscheidet. Denn die gegensätzlichen Positionen in der öffentlichen und wissenschaftlichen Debatte haben oft ihren Ursprung in unterschiedlichen Ausgangsbegriffen.

Beim Konzept zwischenstaatlicher Ungleichheit werden alle Länder als gleichwertige Einheiten behandelt, unabhängig von ihrer Bevölkerungsstärke. Die Position jedes Landes wird durch das jeweilige mittlere Pro-Kopf-Einkommen (immer nach Kaufkraftparität) dargestellt und der Grad der Ungleichheit zwischen den Ländern durch den Gini-Index (oder manchmal auch den Theil-Index) ausgedrückt, der das Verhältnis der in fünf Schichten eingeteilten Einkommensgruppen zueinander misst. Indien und, sagen wir, Niger zählen gleich viel, obwohl das eine Land 1000 Millionen und das andere fünf Millionen Einwohner hat. Die so erhobene zwischenstaatliche Ungleichheit nimmt seit Jahrzehnten zu. Demgegenüber berücksichtigt das Konzept der internationalen Ungleichheit die Bevölkerungsgröße. Wieder wird das mittlere Pro-Kopf-Einkommen zugrunde gelegt, aber Indien zählt 200-mal mehr als Niger. Das große Land hat dann also bedeutend mehr Gewicht als das kleine. Die so erhobene internationale Ungleichheit nimmt seit den 1970er Jahren ab. Beim Konzept globaler

Sinne, welche die staatliche Unabhängigkeit gebracht hat, und bei aller Entkolonialisierung im wirtschaftlichen Sinne, welche manche Länder zu Wirtschaftsmächten werden ließ – von einer Entkolonialisierung der Imagination ist schwerlich zu sprechen. Im Gegenteil, das Produktions- und Konsummodell der Ex-Kolonialmächte bebildert die Zukunftshoffnungen weltweit. Es ist der letzte – und möglicherweise verhängnisvolle – Sieg der altindustriellen Länder, dass die Welt in ihnen den Standard sieht, durch den sich der Wunsch nach mehr Gerechtigkeit einlösen lässt.

Ungleichheit indessen spielen Länder keine Rolle; die Welt wird wie eine einzige Gesellschaft gesehen. Alle Menschen werden nach ihrem individuellen Einkommen in fünf Schichten geordnet und deren Verhältnis untereinander wiederum mit dem Gini-Index dargestellt. An die Frage, wie man individuelle Einkommen ermittelt, heftet sich wieder ein Methodenstreit, ob nationale Einkommensberichterstattungen oder Haushaltserhebungen zugrunde gelegt werden sollen. Die Ergebnisse fallen sehr unterschiedlich aus.

Abb. 3.1 Zwischenstaatliche, internationale und globale Ungleichheit[8] ausgedrückt durch Gini-Koeffizient

Nicht ohne Kohle und Kolonien

Doch die euro-atlantische Zivilisation verdankt sich historisch einzigartigen Umständen. Es war kein Zufall, dass Europa, jenes geografisch vernachlässigenswerte Anhängsel am Westende der kontinental-asiatischen Landmasse, die wirtschaftliche und kulturelle Vorherrschaft auf dem Erdball erringen konnte. Dafür gibt es Gründe, deren Erforschung immer wieder neue Generationen von Historikern auf den Plan gerufen hat. Die neueste Forschung widmet dem Zugang zu natürlichen Ressourcen ein besonderes Augenmerk und favorisiert eine umweltzentrierte Erklärung.[9]

Jede Erklärung muss sich mit dem erstaunlichen Sachverhalt auseinandersetzen, dass der Entwicklungsstand Chinas bis 1780 in etwa mit jenem Europas vergleichbar war. Noch genauer, die Wirtschaften in den damals bestentwickelten Teilen Chinas und Europas, dem Yangtse-Delta auf der einen Seite sowie England auf der anderen Seite, befanden sich mehr oder weniger auf demselben Niveau, was Produktionstechnik und Konsumartikel anlangte. Überdies sahen sich beide Wirtschaften ähnlichen Schranken für weiteren Gewerbefortschritt ausgesetzt: Im Yangtse-Delta wie in England wurde das Land knapp und damit die Ressourcenbasis für Nahrung, Material und Brennstoff. Doch trotz vergleichbarer Ausgangslage schaffte nur England den Durchbruch zum steten Aufschwung. Was versetzte das europäische Land in die Lage, sich aus der beschränkten Verfügbarkeit von Boden zu befreien? Da war zuerst der Import biotischer Rohstoffe. England erweiterte seinen Zugang zu Land, indem es Tabak, Baumwolle, Zucker und Getreide aus den Kolonien Nordamerikas und der Karibik einführte. Eine solche Strategie war China, das keine Pflanzerkolonien besaß, nicht verfügbar. Und zweitens war da der »unterirdische Wald«, die Kohle. England vermochte über die Dampfmaschine aus Kohle Arbeitsenergie zu gewinnen und konnte damit Holz im großen Stil ersetzen. Auch diese Strategie war China verwehrt, da sich die Lagerstätten weit von den Gewerbezentren entfernt befanden. Mit anderen Worten, England war in der Lage, sich über Agrarimporte und Kohleförderung »virtuelle« Landfläche zu organisieren, und zwar, grob geschätzt, um 1830 rund die Hälfte seiner eigenen Landfläche. Die Schlussfolgerung liegt auf der Hand: Der Aufstieg der euro-atlantischen Industriekultur verdankt sich zu einem guten Teil dem Zugriff auf zwei wichtige Ressourcenbestände: die fossilen Rohstoffe aus der Erdkruste und die biotischen Rohstoffe aus den (Ex-)Kolonien. Ohne die Mobilisierung von Ressourcen aus den Tiefen der geologischen Zeit und den Weiten des geografischen Raums hätte sich die Industriezivilisation in ihrer heutigen Gestalt nicht herausgebildet.

Diese Sonderbedingungen wirkten auch im 20. Jahrhundert fort. Wo vormals die Kolonien zusätzliches Land in Gestalt von Agrargütern zur Verfügung stellten, lieferten dann Entwicklungsländer aus der ganzen südlichen Hemisphäre den OECD-Staaten zu. Europa nutzte im Jahre

2002 Land von der Größe eines Fünftels seiner Binnenagrarfläche jenseits seiner Grenzen, vornehmlich in Südländern (▸ Kapitel 5). Und wo vormals Waldflächen durch Kohle aus der Erdkruste ersetzt wurden, kamen in der Folgezeit Erdöl, Uran und Erdgas als Brennstoff hinzu. Besonders diese letzte Bedingung legte die Basis für die Transformation von Agrargesellschaften in Industriegesellschaften. Vermittels neuer Umwandlungstechnologien wie der Dampfmaschine und des Verbrennungsmotors, Stromkraftwerken und Elektromotoren wurden nun scheinbar unendliche Mengen an Arbeitskraft, Wärme und Antriebskraft für die Vermehrung von Wirtschaftsmacht und Wohlstand verfügbar.

Vor diesem Hintergrund lässt sich eine zivilisationsgeschichtliche Lesart der ökologischen Krise vorschlagen: Klimawandel, Ölknappheit und der Verschleiß der Biodiversität demonstrieren, dass sich der Aufstieg Europas einmaligen Bedingungen verdankt, die sich nicht fortschreiben lassen und erst recht nicht universell verfügbar sind. Die euro-atlantische Zivilisation stellt nicht die Spitze der sozialen Evolution dar, sondern einen Sonderfall, der weit davon entfernt ist, den Gang der Geschichte vorzugeben. Denn jenes Feuerwerk an Ressourcen, das Europa abgebrannt hat, ist in der Welt nicht wiederholbar, schon gar nicht bei ungleich größerer und noch wachsender Menschenzahl. Die beiden Bestände, welche den Aufstieg Europas ermöglichten, stehen nicht mehr unbegrenzt zur Verfügung: Die fossilen Rohstoffe destabilisieren das Klima und gehen zur Neige, und für die biotischen Rohstoffe stehen keine Kolonien mehr in Übersee bereit. Rohstoffe müssen zu steigenden Preisen eingekauft werden, und in der Funktion von Kolonien finden sich inzwischen Teile des eigenen Landes – wie sich in Brasilien oder Indien beobachten lässt. Es ist die Tragik des historischen Moments, dass zwar die Imagination der aufsteigenden Nationen von der euro-atlantischen Zivilisation geprägt ist, allein die Mittel zu ihrer Realisierung nicht mehr zur Verfügung stehen. Wenn aber das euro-atlantische Modell eher als eine Parenthese der Weltgeschichte zu betrachten ist, was wird dann aus dem Verlangen nach Wohlstand und Anerkennung?

Die globale Ressourcenklemme

Es ist eine Hinterlassenschaft dieses Sonderwegs, dass die Nationen der Welt sich in höchst ungleicher Weise die Naturschätze der Erde aneignen. Um diese Ungleichheit zu ermessen, lohnt es sich, ihre ökologischen Fußabdrücke zu vergleichen. Denn die Nationen der Welt hinterlassen – bildlich gesprochen – einen ökologischen Fußabdruck auf dem Planeten (► Kapitel 5). Ein solcher Fußabdruck fasst die verschiedenen Formen der Inanspruchnahme von Umwelt und Ressourcen durch eine Nation – Verbrauch von Wald, Weideland, Fisch sowie von Kohle, Öl, Gas und Uran – in einem einheitlichen Flächenindex zusammen[10]. Nimmt man die altindustriellen Länder als Gruppe und summiert ihren ökologischen Fußabdruck, wird die ungleiche Verteilung der Ressourcen auf dem Globus statistisch fassbar. Im Jahre 2003 gingen auf die Industrieländer, mit nur 14 Prozent der Weltbevölkerung, 36 Prozent des ökologischen Fußabdrucks der Menschheit zurück, während der Rest der Welt, also 86 Prozent der Weltbevölkerung, mit 64 Prozent des globalen Fußabdrucks auskommen musste. Dieses ungleiche Nutzungsprofil der Biosphäre spiegelt den in den vergangenen zweihundert Jahren erworbenen Vorsprung der Industriegesellschaften.

Blendet man auf das Jahr 1975 zurück, dann gewinnt die Ungleichheit noch schärfere Konturen. Der ökologische Fußabdruck pro Per-

Tab. 3.1 **Ökologischer Fußabdruck**[11]

	Fußabdruck/Person 1975 in globalen ha	Fußabdruck/Person 2003 in globalen ha	Veränderung 1975–2003 in %
Industrieländer USA, EU-15, Kanada, Japan, Australien	5,54	6,62	23,4
Schwellenländer[12] Auswahl von 16	1,99	2,85	39,6
Arme Länder[13] Auswahl von 12	1,22	1,13	−0,75

son betrug damals in den Industrieländern 5,5 Hektar, und jener der Nichtindustrieländer 1,6 Hektar. Mittlerweile beginnt sich dieses Verhältnis langsam anzugleichen, ein Prozess, der in erster Linie dem Aufstieg der Schwellenländer geschuldet ist: Im Jahre 2003 betrug der Verbrauch der Industrieländer 6,6 Hektar pro Kopf, während die übrige Welt nach 2,0 aufrückte. Nimmt man die Schwellenländer heraus, zeigt sich eindeutig, wie diese Gruppe von Südländern sich zunehmend den globalen Umweltraum zunutze macht – und das, wenn die vorliegenden Trends nicht trügen, künftig in stürmischer Weise.

Da das Umweltkonto insgesamt bereits überzogen ist, nimmt die ungleiche Verteilung der Ressourcen bedrohliche Züge an. Solange die Industrieländer auf ihrer exzessiven Inanspruchnahme des globalen Naturvermögens beharren, sperren sie zahlreiche Nationen von einer ebenbürtigen Nutzung der Biosphäre aus. Gleichzeitig erweist sich, dass auch der Entwicklungspfad der Schwellenländer kein Vorbild darstellen kann: Die meisten von ihnen verzeichnen bereits gegenwärtig einen größeren Fußabdruck pro Person als die Tragfähigkeit der Erde bei gleicher Verteilung ertragen könnte. Mit anderen Worten, der Norden verweigert mit seiner überproportionalen Besetzung des globalen Umweltraums dem Süden das Recht auf mehr Wohlstand und Macht. Und ebenso treibt der Drang des Südens zu nachholender Entwicklung die Welt ins ökologische Verhängnis. Aus dieser Klemme erwächst das Entwicklungsdilemma des Südens – und insbesondere der Schwellenländer – in den ersten Jahrzehnten des 21. Jahrhundert: Ein erfolgreicher Ausstieg aus Unterentwicklung und Unterordnung führt beim herrschenden Entwicklungsmodell schnurstracks zum Einstieg in die ökologische Raubökonomie.

3.2 Abstieg der armen Welt

Während das Weltpublikum gebannt den Aufstieg Chinas und Indiens verfolgt, findet der Abstieg zahlreicher Länder und Landesteile auf dem Globus keine vergleichbare Aufmerksamkeit. Oder genauer: Wirtschaftsfachleute in Politik, Lobby und Presse, besorgt um die Konkurrenzfähigkeit Deutschlands, beschwören die wachsende Macht der Schwellenländer, während die Zivilgesellschaft, skandalisiert durch die wachsende Spaltung der Weltgesellschaft, das Ende des Elends in den Armutszonen der Welt einfordert – »Make poverty history« war der Slogan der G8-Opposition und ihrer Großkonzerte. In der Tat, beide Wahrnehmungen treffen einen Teil der Wirklichkeit: Während die Schere der Ungleichheit sich für die einen zu schließen beginnt, öffnet sie sich für die anderen.

Polarisierung der Nationen

Man stelle sich zum Beispiel zwei Säuglinge vor, Modibo und Monika. Beide werden am gleichen Tag im Mai 2001 geboren, Modibo in Mali und Monika in Deutschland.[14] Mali ist eines der einkommensärmsten Länder der Welt, Deutschland eines der reichsten. Für Modibo besteht die Wahrscheinlichkeit von ungefähr zwölf Prozent, dass er vor seinem ersten Geburtstag sterben wird. Selbst wenn seine Familie zum reichsten Fünftel des Landes gehört, sinkt die Wahrscheinlichkeit nur auf neun Prozent, während für Monika nur 0,4 Prozent Wahrscheinlichkeit besteht, dass sie nicht älter als ein Jahr wird. Zudem wird nahezu jedes Kind, das wie Monika in Deutschland geboren wird, in die Grundschule eingeschult, und ist verpflichtet, mindestens neun bis zehn Jahre zur Schule zu gehen. In Mali hingegen werden nur ungefähr die Hälfte von Modibos Altersgenossen überhaupt eingeschult. So kommt es, dass in Mali 76 Prozent der Erwachsenen nicht lesen und schreiben können, was in Deutschland nur bei ein Prozent der Menschen der Fall ist. Von daher ist es nicht weiter verwunderlich, dass mehr als zwei Drittel der Bürger Malis mit weniger als zwei Dollar pro Tag ihren Lebensunterhalt fristen müssen. Wenn Modibo krank wird, müssen er und seine Familie unter Umständen lange Wege zurücklegen, denn in Mali gibt es nur einen Arzt für 12 500 Bürger. Monika muss sich nur mit weniger als 300 anderen Deutschen einen Arzt teilen.

Von allen Faktoren, welche die Position einer Person im Einkommensgefüge der Weltgesellschaft beeinflussen, ist die Zugehörigkeit zu einer bestimmten Nation die wichtigste. In welchem Land jemand geboren worden ist, zählt mehr als der soziale Hintergrund der Familie, die Geschlechtszugehörigkeit oder die Herkunft aus Stadt oder Land. Nach wie vor bestimmt sich die globale Ungleichheit zu etwa 70 Prozent durch die Ungleichheit zwischen den Ländern – auch wenn dieser Faktor sich abzuschwächen beginnt.[15] Angesichts dieses Umstands gewinnt der Befund an Bedeutung, dass die Ungleichheit zwischen den Staaten seit etwa 1980 beträchtlich zugenommen hat, und zwar um etwa 20 Prozent. Die Welt fällt ökonomisch gesehen immer weiter auseinander – wie die Kurve zur zwischenstaatlichen Ungleichheit in Abbildung 3.1 zeigt.

Entgegen den Erwartungen der Südländer, ihren Rückstand endlich aufzuholen, wuchsen die reichen Länder während des vergangenen halben Jahrhunderts schneller als Lateinamerika und Afrika; für diese beiden Kontinente war eher ein Ausreißen der Reichen als ein Aufholen der Armen zu beobachten. Nur in Asien – und auch da nicht überall: man denke an Afghanistan, Laos oder Myanmar – triumphierte aufholendes Wachstum, ebenso wie in einigen Ländern Lateinamerikas, etwa in Chile, Brasilien oder Mexiko. Zurückgefallen sind vor allem die Länder Afrikas südlich der Sahara, ebenso einige exkommunistische Länder, und bei den übrigen Ländern Lateinamerikas und Asiens kann von einem Aufholen schwerlich die Rede sein. Im Ergebnis zeigt sich, dass das Entwicklungsversprechen aus der zweiten Hälfte des 20. Jahrhunderts für die meisten Länder ein Trugbild geblieben ist.

Vielfältig und schwer zu entschlüsseln sind die Gründe dafür. Auf einer ersten Ebene gibt es einen deutlichen Zusammenhang zwischen Unterentwicklung und Unordnung. Mangelnde Staatlichkeit, diffuse Gewalt, Rechtlosigkeit und Kleptokratie legen so manche Gesellschaft lahm, namentlich in Afrika. Auf einer nächsten Ebene macht sich der lange Schatten der kolonialen Vergangenheit bemerkbar: China, Taiwan, Thailand und Korea waren nur marginal vom Westen kolonisiert, Lateinamerika hatte zumindest die äußere Fremdherrschaft schon lange abgeschüttelt. Afrika jedoch ist bis in die jüngere Zeit politisch, wirtschaftlich und kulturell deformiert worden durch die Ausbeutungsinteressen der Weißen. Auf einer weiteren Ebene lässt sich nicht übersehen, dass in Lateinamerika und Afrika zwei Jahrzehnte lang eine Reihe von Staaten durch Schuldendruck und Strukturanpassung mit wirtschaftlicher Aushungerung zu kämpfen hatten. Und zuletzt boten in der Globalisierungsepoche doch nur relativ wenige Länder für das internationale Kapital aus den Industrieländern ausreichend billige und politisch stabile Produktionsbedingungen sowie hinreichend große potenzielle Konsummärkte, um für Investitionen genügend interessant zu sein. Was immer die ausschlaggebende Mischung dieser Faktoren sein mag, im Ergebnis laufen sie darauf hinaus, dass sich die Welt in der Gegenwart zerklüfteter darstellt als jemals zuvor in der Vergangenheit.

Bedrohte Entwicklungschancen

In scharfem Kontrast zu den Industriestaaten ist das Problem der ärmeren Länder nicht ein Übermaß, sondern der Mangel an Ressourcenverbrauch. Die Nutzung von Wald und Wasser, Acker- und Weideland ist eine unverzichtbare Grundlage menschlicher Existenz. Darüber hinaus gehört auch eine gewisse Nutzung von Kohle, Öl und Gas unter den heutigen zivilisatorischen Umständen zur notwendigen Grundausstattung jeder Volkswirtschaft. Anders sind weder Transport noch Maschinen, Bewässerungssysteme oder Umwandlungstechnologien für erneuerbare Energieträger zu haben. Ärmere Länder haben also ein Recht darauf, an Ressourcennutzung zuzulegen und zumindest eine untere Schwelle (dignity line[16]) an Naturverbrauch zu erreichen, also ein Niveau, das ein menschenwürdiges Auskommen für alle Bürger erlaubt. Ohne Zugang zu Kerosin oder Biogas, ohne eine Infrastruktur an Energie und Transport lassen sich schwerlich die grundlegenden Bedürfnisse des Lebensunterhalts gewährleisten. Und jenseits allen Überlebens werden die Länder ihre unterschiedlichen Vorstellungen und Formen einer blühenden Gesellschaft zu realisieren suchen, eine Ambition, die wiederum die Verfügung über Ressourcen wie Energie, Material und Fläche verlangt.

Dieser Sachverhalt spiegelt sich statistisch in der Beobachtung, dass Länder mit einer sehr geringen Wirtschaftsleistung nur einen kleinen ökologischen Fußabdruck pro Person haben. Erst Länder mit einem Jahreseinkommen von mehr als 3000 Dollar pro Person, sobald sie also allgemeiner Kaufkraftlosigkeit entkommen sind, weisen ei-

Abb. 3.2 Ökologischer Fußabdruck/Kopf im Verhältnis zum BIP pro Kopf (2003)[17]

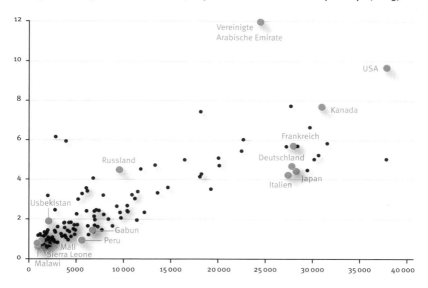

nen wachsenden Fußabdruck von im Allgemeinen mehr als 0,5 Hektar pro Person auf (► Abbildung 3.2). Unterhalb eines Mindesteinsatzes an Ressourcen, vor allem Energie, gibt es kein Entkommen aus Geldarmut und Marginalisierung. Zugang zu Ressourcen, das folgt daraus, ist eine Voraussetzung für gedeihliche Entwicklung.

In Zeiten der globalen Ressourcenklemme steht also sehr viel mehr auf dem Spiel als nur das Wettrennen zwischen Industrieländern und Schwellenländern. Für nicht wenige Länder geht es um Leben oder Tod. Land wie auch Energie sind unerlässlich zur Ernährung und Güterherstellung; ohne diese beiden Grundressourcen kommt eine Volkswirtschaft nicht vom Boden, geschweige denn zum Blühen. Aus diesem Grund läuft bei einem begrenzten Umweltraum die ungleiche Aneignung der Naturressourcen auf einen Entzug von Überlebensmitteln für arme Länder hinaus. Ressourcenübernutzung der einen vertieft die Unterentwicklung der anderen. Dass es ohne einen Rückbau der Ressourcenansprüche bei den Reichen jemals ein ausgeglichenes Zusammenleben der Nationen auf dem Globus geben kann, ist nicht vorstellbar.

3.3   Globalisierung von Reichtum und Armut

In Zeiten der Globalisierung bilden sich Reichtum wie Armut innerhalb einer Gesellschaft unter dem Einfluss transnationaler Kraftfelder um. Schübe an Bereicherung wie Schübe an Verarmung werden häufig quer zu Nationen angestoßen; was sich in einem Land abspielt, ist dann nur der örtliche Aspekt eines übernationalen Geschehens. Vor allem der Aufbau grenzenloser Produktionsnetzwerke, welche den Globus umspannen, wie auch der Aufbau grenzenloser Konsummärkte, welche in allen Ländern einen Stützpunkt finden, hat der Evolution von Reichtum und Armut allenthalben ein globales Gesicht aufgeprägt.

Polarisierung innen

In den vergangenen beiden Jahrzehnten zeigt sich ein Gestaltwandel weltweiter Ungleichheit. Vor dem 19. Jahrhundert war die internationale Ungleichheit eher gering, dafür aber die innerstaatliche Ungleichheit umso stärker ausgeprägt. Während der Industrialisierungsepoche hingegen nahm die internationale Ungleichheit in mehreren Schüben bis nach dem Zweiten Weltkrieg stark zu, während die innerstaatliche Ungleichheit zuerst in den Industrieländern und später auch in Entwicklungsländern leicht zurückging. In der Epoche der Globalisierung wiederum macht sich ein Umbruch dieser säkularen Tendenz bemerkbar: Die internationale Ungleichheit nimmt allmählich ab, doch die innerstaatliche Ungleichheit – im Norden wie im Süden – verschärft sich.[18]

Obwohl Länder sich oftmals höherer Nationaleinkommen erfreuen, hat sich in den vergangenen beiden Jahrzehnten ein Anstieg innerstaatlicher Ungleichheit im Allgemeinen als universeller Trend durchgesetzt.[19] Am markantesten war der Anstieg in den meisten Ländern des früheren Sowjetblocks, wo Staatssozialismus durch Kapitalismus ersetzt wurde. In Lateinamerika und in Teilen Afrikas vertiefte er ein bereits hohes Niveau an Ungleichheit, und auch in den Industrieländern veränderte er das soziale Gefüge mehr – zum Beispiel USA, Großbritannien – oder weniger – zum Beispiel Deutschland und Italien. Asien zeigt ein gemischtes Bild; die Aufsteiger Indien, Thailand, Taiwan und ganz besonders China sind alle von sozialen Aufspreizungstendenzen erfasst. Wie fast alle Schwellenländer: Sie erkaufen ein höheres Volkseinkommen mit einer vertieften Kluft zwischen Arm und Reich.

Ausdehnung der transnationalen Verbraucherklasse

Den oberen sozialen Klassen ist es in den Industrieländern, vor allem aber in den Schwellenländern gelungen, in einem überproportionalem Maße vom Aufstieg der grenzüberschreitenden Märkte zu profitieren. Die Globalisierung hat eine Internationale der Wachstumsgewinnler hervorgebracht. Sieht man die Welt als eine grenzenlose Gesellschaft, dann ist zu registrieren, dass die oberen 25 Prozent der Weltbevölkerung etwa 75 Prozent des globalen Einkommens – gemessen in Kaufkraftparitäten – auf sich vereinen.[20] Diese Klasse ist in sehr unterschiedlicher Dichte auf dem Globus vertreten, doch es gibt sie im Prinzip in allen Ländern und in allen Hautfarben. In den Metropolen des Südens erschließt sich ihre Anwesenheit schon dem flüchtigen Besucherblick. Glitzernde Bürotürme, Einkaufsgalerien mit Luxusboutiquen, abgeschirmte Villenbezirke, aber auch der Strom von Personenwagen auf Stadtautobahnen oder die Allgegenwart internationaler Markenwerbung signalisieren überdurchschnittliche Kaufkraft. Die abnehmende Ungleichheit zwischen den Ländern der Welt besteht, genauer besehen, in der Ausdehnung der westlichen Verbraucherklasse in die Länder des Südens und Ostens.

Wie groß ist sie mittlerweile? Setzt man ein Einkommen von 7000 US-Dollar (in Kaufkraftparität) pro Kopf im Jahr als Schwelle für die Zugehörigkeit zur Verbraucherklasse an, so umfasste sie schon im Jahr 2000 gut 1,7 Milliarden Menschen, mehr als ein Viertel der Weltbevölkerung.[21] Nicht ganz die Hälfte ist im Süden (einschließlich der ex-kommunistischen Länder) beheimatet, etwas mehr als die Hälfte in den Industrieländern, die allerdings im Durchschnitt immer noch über ein vielfach höheres Einkommen verfügen.

Wie Abbildung 3.3 zeigt, entfällt allein auf China und Indien ein Anteil von mehr als 20 Prozent der globalen Verbraucherklasse. Mit zusammengerechnet 362 Millionen Menschen ist sie in diesen beiden

Abb. 3.3 Zahl und Bevölkerungsanteil der neuen Verbraucher in 25 Ländern (2000)[22]

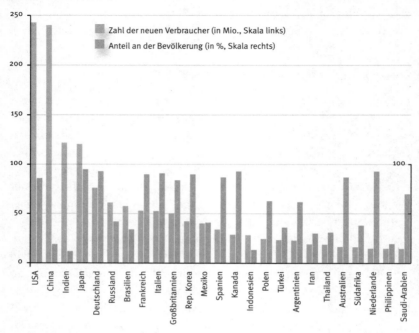

53 % aller globalen Verbraucher leben in Industrieländern, 47 % sind »neue Verbraucher« in den Entwickungs- und Schwellenländern. Rund ein Drittel der globalen Verbraucherklasse lebt in den drei Ländern USA, China und Indien.

Ländern zusammen größer als jene in ganz Westeuropa, allerdings bei beträchtlich niedrigerem Durchschnittseinkommen. Hält man sich vor Augen, dass der Anteil der Verbraucherklasse in Westeuropa 89 Prozent beträgt, braucht es nicht viel Phantasie, sich vorzustellen, welches Wachstumspotenzial, zumindest den Zahlen nach, in den Schwellenländern vorliegt. Und gleichzeitig wird deutlich, wie in Zeiten der Globalisierung auch im Norden schon jeder Zehnte vom Wohlstand der transnationalen Verbraucherklasse ausgeschlossen ist.

Trotz unterschiedlicher Hautfarbe gleichen sich die Angehörigen dieser Gruppe überall in ihrem Lebensstil. Sie shoppen in ähnlichen Einkaufscentern, kaufen Hightech-Elektronik, sehen ähnliche Filme

Globale Motorisierung

Der Verkehr ist heute für 23 Prozent der energiebezogenen Treibhausgas-emissionen verantwortlich.[23] Gelingt es nicht, einen alternativen Entwicklungspfad einzuschlagen, werden sich bis zum Jahr 2050 die weltweiten CO_2-Emissionen aus dem Verkehrssektor fast verdoppeln.[24] Neben dem internationalen Flug- und Güterverkehr ist vor allem die stark wachsende Motorisierung in den Boomregionen der Schwellenländer problematisch. Die Fahrverbote zur Sicherung einer ausreichenden Luftqualität während der Olympiade 2008 in Peking zeigen das schon heute. Besonders kritisch ist die Situation in Asien, denn auch dort korreliert der Pkw-Besitz – genauso wie in der historischen Entwicklung der Industrieländer – mit dem in einigen Regionen rasch steigenden Einkommen der Menschen.[25]

Noch fahren die Chinesen hauptsächlich mit dem Fahrrad oder gehen zu Fuß; in Indien dominieren derzeit die motorisierten Zweiräder. Während in Deutschland auf 1000 Einwohner 546 Pkw zugelassen sind, liegt die Motorisierungsrate in China bei zehn Pkw und in Indien bei sechs Fahrzeugen pro 1000 Einwohner.[26] In den großen Städten, in denen sich eine Mittelschicht entwickelt, sind es schon deutlich mehr. In Peking kommen 100[27] Pkw auf 1000 Personen – für das Jahr 2050 wird eine Steigerung auf etwa 230 Pkw erwartet.[28] Wie zur Bekräftigung dieser Annahmen verkündete der indische Hersteller Tata die Markteinführung des Modells Nano, eines nur 1700 Euro teuren Kleinwagens. Die Schwellenländer folgen dem historischen Beispiel der Industrieländer.

Unterdessen mischt die deutsche Automobilindustrie kräftig mit: Zwischen 2001 und 2006 hat sie beispielsweise über 2,7 Millionen Pkw in China produziert und ihren Marktanteil sprunghaft von vier auf 16 Prozent erhöht.[29]

und TV-Serien, verwandeln sich hin und wieder in Touristen und verfügen über das entscheidende Medium der Angleichung: Geld. Sie sind Teil eines transnationalen Wirtschaftskomplexes, der seine Absatzmärkte mittlerweile in globalem Maßstab entwickelt. Es ist Nokia, das sie überall mit Mobiltelefonen versorgt, und Toyota mit Autos, Sony mit Fernsehern, Siemens mit Kühlschränken, Burger King mit Schnellimbiss und Time-Warner mit Videos. Und es muss nicht besonders unterstrichen werden, dass die Ausbreitung der Konsumgesellschaft zu weiteren Belastungen der Biosphäre führen wird. Es sind insbesondere das Wachstum im Fleischverbrauch, im Besitz von Elektrogeräten und der Zahl der Automobile, die für einen größeren ökologischen Fußabdruck sorgen.[30]

Bedrohte Existenzrechte

Auf den unteren Stufen innerstaatlicher Ungleichheit lauert die Armut. Sie hat viele Gesichter; aber Mittel- und Machtlosigkeit sind ihre gemeinsamen Züge. Landlose oder Slumbewohner, Kleinbauern oder fliegende Händler, allein wirtschaftende Frauen oder Wanderarbeiter leben in sehr verschiedenen Umständen. Doch für alle ist Entbehrung das tägliche Brot, ebenso wie die Erfahrung der Ohnmacht. Auch wenn die üblichen Zahlen über das Ausmaß der Armut in der Welt diese Vielgesichtigkeit auf Dollarwerte verkürzen, schärfen sie dennoch den Sinn für Größenordnungen: Etwa 1,1 Milliarden Menschen, also mehr als ein Sechstel der Weltbewohner, müssen mit der Kaufkraft von einem Dollar oder weniger am Tag auskommen.[31] Wird die Schwelle auf zwei Dollar am Tag angehoben, steigt diese Zahl auf 2,7 Milliarden, was rund 40 Prozent der Weltbevölkerung entspricht. Das Ausmaß der extremen Armut in der Welt hat – in erster Linie wegen China – seit 1980 prozentual abgenommen, ist jedoch in absoluten Zahlen – wegen des Bevölkerungszuwachses – leicht gestiegen. Die Orte ländlicher Armut konzentrieren sich auf Süd- und Südostasien, Zentralchina, Schwarzafrika und auf wenige innere Zonen Südamerikas, während die städtische Armut vor allem in Quartieren und an den Rändern der Megastädte auf allen Kontinenten nistet.

Im Gegenzug zur Ausdehnung der transnationalen Verbraucherklasse durch die Globalisierung haben auch grenzüberschreitende Kräfte dazu beigetragen, die Armut zu verändern. Während eine Welt mit freien Wechselkursen für Kapitalbesitzer die Investitions- und Spekulationschancen enorm erhöht, hat die sogenannte Politik der Strukturanpassung mit ihrem Rückbau von Sozialprogrammen im Allgemeinen den Armen geschadet. Oder: Während offene Grenzen der Mittelklasse erlaubten, Mopeds und Flachbildschirme zu importieren, wurden Kleinbauern nicht selten durch billige Agrarimporte in den Ruin getrieben. Im Übrigen gilt es im Auge zu behalten, dass auch der Wirtschaftsaufschwung in den Schwellenländern kaum jemals das ganze Land und die ganze Bevölkerung erfasst, sondern sich in der Regel auf einige Regionen konzentriert.[32] Dass Schanghai und Shenzhen in China, dass Bombay und Bangalore in Indien liegen, ist eher zweitrangig. Sie sind vor allem Standorte für grenzübergreifende Prozesse der Kapitalbildung. So erleben bestimmte Regionen eines Landes einen Boom, während andere – mitsamt ihrer Arbeiter – überschüssig werden.

Was die ungleiche Aneignung natürlicher Ressourcen angeht, wie sie auf Weltebene zwischen Industrie- und Entwicklungsländern besteht, wiederholt sie sich in den Entwicklungsländern selbst zwischen der Verbraucherklasse und der Mehrheit der Bevölkerung.[33] Die Bessergestellten etwa stützen sich auf ganz andere Energieträger als die Armen. Die einen können sich Benzin und Elektrizität leisten, während die anderen Reisig, Äste oder trockenen Dung sammeln und manchmal Zugang zu Kerosin haben. Staudämme liefern Strom für die Wohlhabenden, vertreiben aber die Armen. Exportlandwirtschaft verschafft Nahrungsmittelkonzernen Gewinne, nimmt aber Kleinbauern den Boden weg. Tierfabriken versorgen die Restaurants der Gutbetuchten, aber das von ihnen verseuchte Grundwasser ist nicht mehr für die Dörfler zu gebrauchen. Während es in einem überdurchschnittlichen Maß Männer (in den Reichtumszonen) sind, die Ressourcen verbrauchen, verlieren vor allem Frauen (in den Armutszonen) ihre Ressourcen und ihren Zugang zu Land und Rechten. Solche und andere Episoden erzählen eine sich wiederholende Geschichte: Die Armen werden ihrer Ressourcen beraubt, damit die Reichen über ihre Verhältnisse leben können.

3.4 Ressourcenkonflikte

Sei es zwischen Industrie- und Schwellenländern, zwischen reichen und armen Nationen oder zwischen reichen und armen Klassen – in all diesen Arenen der Ungleichheit findet ein Tauziehen um Naturressourcen statt. Und dieses Tauziehen entscheidet zu einem guten Stück darüber, welche Länder und welche Menschen im 21. Jahrhundert das Rennen machen und welche deklassiert werden. An der Ressourcenfrage spitzt sich die Gerechtigkeitsfrage zu. Denn die wahre Frage ist nicht mehr, ob es genügend Ressourcen geben wird oder nicht, sondern an wen und wofür sie verteilt werden, wenn sie knapp werden. Je mehr wichtige Naturressourcen zur Neige gehen, umso dringender wird die Frage ihrer Verteilung. Wem gehört, was übrig ist von den Erdölvorräten, dem Wasser, den Wäldern, der Atmosphäre?

Konflikte um Wirtschaftsmacht

Erdöl ist der Lebenssaft der Industriegesellschaft. Im vorherrschenden Entwicklungsmodell ist ohne Öl oder Gas keine Wirtschaftsblüte zu erwarten. Weil aber Öl- und Gasvorkommen nur an wenigen Stellen der Erdkruste zu finden sind, war die Geopolitik der Industrieländer schon das 20. Jahrhundert hindurch vom Bestreben geprägt, die Kontrolle über entfernte Ölquellen wie auch über die Nachschublinien per See oder Pipeline zu sichern. Von Englands Besetzung der Arabischen Halbinsel in den 1930er Jahren über Hitlers Feldzug zum Kaspischen Meer bis zu Amerikas Interventionen zum Sturz von Mossadegh im Iran 1951 oder im Irak 2003 hing über den Krisen und Kriegen der Geruch von Öl. In Konflikten um Öl, wertvolle Metalle, Gas und auch Wasser wurden nicht selten Rivalitäten zwischen Nationen ausgetragen. Die Verteilung knapper Ressourcen birgt seit langem Zündstoff; jetzt aber wird er explosiv, weil an die Seite der geografischen Knappheit auch noch die physische Knappheit tritt.

Wird die Endlichkeit einer begehrten Ressource absehbar, spitzen sich die Rivalitäten zu. Die Grenzen des Wachstums kehren wieder als geopolitische Konflikte. Beim Öl wird diese Konstellation augenfällig. 60 Prozent des international gehandelten Öls ging im Jahre 2001 in die

Industrieländer, und ihr Durst wird den Prognosen nach weiter steigen. Diese drängende Nachfrage trifft auf ein zunehmend begrenztes Angebot, weil, wie Klimakrise und Peak Oil demonstrieren, die Zeit des billig zugänglichen Öls bereits vorüber ist (▸ Kapitel 2). Als ob das nicht schon genügend Zündstoff für die Zukunft wäre, treten neue Rivalen auf den Plan. Sie melden ihren Anspruch auf Öl an, noch dazu mit der Legitimität des bislang Zukurzgekommenen. Indien, Korea, Brasilien, Südafrika und allen voran China sind in die Konkurrenz um Öl eingestiegen, ja sind dazu gezwungen, weil vor allem die asiatischen Schwellenländer nur über wenige eigene Ölvorkommen verfügen. Und die Spirale der Rivalität dreht sich weiter: China, der nach den USA mittlerweile zweitgrößte Importeur von Öl in der Welt, richtet seine Absichten auf Zentralasien und Afrika, paktiert mit Diktaturen, intrigiert und investiert ohne große Rücksichten auf lokale Umstände, ganz so, wie die alten Kolonialmächte ihre Hand auf die Ressourcen legten. Letztere schauen dem Geschehen nicht müßig zu und rangeln ihrerseits mit China um Zugang zu Rohstoffen in Zentralasien und Afrika. Kurz, die aufsteigenden Länder pochen auf ihre Ansprüche, die Altverbraucher wollen von ihnen nicht lassen, und gleichzeitig schwinden die Vorkommen – ein Bilderbuch-Szenario für die Rivalitätskämpfe der nächsten Jahrzehnte.

Das Nachsehen werden jene Länder haben, die weder über Öl noch über Geld verfügen. Nirgends bewahrheitet sich die afrikanische Spruchweisheit, dass, wo Elefanten kämpfen, zuerst das Gras zertrampelt wird, so wie beim Kampf um Öl. Schon heute müssen importabhängige arme Staaten einen größeren Anteil ihrer Devisen ausgeben, um sich Öl für vitale Bedürfnisse zu beschaffen. Bereits 2005 beliefen sich die Mehrausgaben für die Erdöl importierenden Entwicklungsländer auf eine Summe, die jener der gesamten internationalen Mittel für Entwicklungszusammenarbeit entspricht.[34] Stromabschaltungen, höhere Preise für Transport, Kochgas, Nahrung sind die Folge, und die Armen die unmittelbar Leidtragenden. Die Verluste müssen Länder wie Mali oder Sambia, Bangladesch oder Kambodscha tragen, den Gewinn aber können neben den Ölfirmen die Erdöl exportierenden Länder einstreichen, also der Nahe Osten, Venezuela und Russland. Wahrlich schlechte Aussichten für die Armen.

Konflikte um Lebensunterhalt

Viele Hinweise lassen erwarten, dass Ressourcenkonflikte auf subnationaler Ebene ein ebenso großes Unruhepotenzial wie internationale Konflikte bergen. Denn von der Ressourcennachfrage der transnationalen Verbraucherklasse werden immer mehr Naturräume in Mitleidenschaft gezogen, die für den Lebensunterhalt ärmerer Bevölkerungsgruppen unerlässlich sind. Erdöl- und -gasförderung, Bergbau, Stromgewinnung, Verkehrserschließung, Plantagenanbau und industrieller Fischfang schieben sich in immer entlegenere Gebiete vor, und mit ihnen die Frontlinien der Ausbeutung. Gleichzeitig beeinträchtigen die Ausdünstungen der Industriewirtschaft – von der Vergiftung der Flüsse bis zur Kohlendioxidüberlast in der Atmosphäre – die Lebensräume vieler Bauern-, Fischer- und Jägergesellschaften, darunter übrigens fast aller indigenen Völker. Für jenen Teil der Weltbevölkerung, der am Niedergang der globalen Umwelt unschuldig ist, wird die Ressourcenklemme nicht selten zur Existenzbedrohung.

Am Beispiel des Mekong zeigt sich ein wiederkehrendes Muster. Etwa 60 Millionen Menschen leben in Laos, Thailand, Kambodscha und Vietnam am Unterlauf dieses mächtigen Stroms vom Fischfang und von der Fruchtbarkeit seiner Feuchtgebiete. Doch seine Umrüstung zum Energieproduzenten beeinträchtigt diesen Segen. Schon Thailand hatte Flusskraftwerke an Zuflüssen zum Mekong gebaut, um Strom für seinen Aufstieg zu gewinnen. Jetzt plant China dort, wo die Hauptzuflüsse des Mekong entspringen, eine Kaskade an Staudämmen und Kraftwerken – mit der Folge, dass nur mehr die Hälfte des ursprünglichen Wasservolumens in den Mittel- und Unterlauf gelangen wird.[35] Damit wird die Wirtschafts- und Ernährungsbasis machtloser Fischer und Reisbauern dem Wirtschaftsaufstieg Chinas geopfert. Wie so oft, steht die Nutzung der Ökosysteme als Gemeinschaftsgut für den Lebensunterhalt gegen ihre Nutzung als Wirtschaftsgut zur Gewinnbildung.[36] Das Bedürfnis lokaler Gemeinschaften nach Überleben und Gesundheit steht gegen das Bedürfnis ferner Konsumenten nach Energie. Subsistenzbedürfnisse streiten gegen Luxusbedürfnisse. Verarmung, Migration, soziale Destabilisierung, vielleicht noch vergrößert durch ethnische oder religiöse Fehden, sind typische Folgen.

Öl aus dem Regenwald Ecuadors[37]

Seit 1964 das Konsortium Texaco-Gulf die ersten Bohrstellen eröffnet hat, ist im Amazonasgebiet Ecuadors, dem sogenannten Oriente, das Ölzeitalter angebrochen. Erdöl bringt dem ecuadorianischen Staat Geld, und was noch wichtiger ist: Dollars. Zumeist geht das geförderte Erdöl in die USA. Die an multinationale Konzerne (AGIP, Mobil, Amoco, Elf Aquitaine, Petrobras, Texaco und andere) vergebenen Konzessionen betreffen Gebiete von rund 1,2 Millionen Hektar Regenwald und liegen oft in indigenen Territorien. Die im Oriente lebenden Völker sind vorwiegend Subsistenzgesellschaften, sie besitzen unterschiedliche Sprachen und Kulturtraditionen. Es handelt sich dabei vor allem um die Quichua, Huaorani und Shuar, wobei alle indigenen Gruppen zusammen etwa 125 000 Personen zählen. Das Zusammenspiel von Wald und Wasser macht die Region zu einer der artenreichsten in der Welt, die indigenen Gruppen sind auf die Naturräume der Wälder, der überfluteten Gebiete und der Flussufer angewiesen.

Doch Erdölförderung verlangt Sprengungen, Pumpanlagen, Pipelines, Raffinierien und darüber hinaus Schneisen, Straßen, Landepisten, schweres Gerät und Arbeitercamps. Daher ging es überall zuerst um die Abholzung der Wälder, und tatsächlich ist insgesamt die Waldfläche auf 30 Prozent der Fläche der 1970er Jahre geschrumpft. Ölreste und Gas wurden abgefackelt, Schneisen und Bohrzonen geschlagen, sogar ohne die heiligen Orte der Indios zu schonen. Besonders dramatisch aber waren und sind die Folgen der Wasserverschmutzung: Giftige Abfälle und Abwässer verunreinigen Bäche und Flüsse, die den Einwohnern als Trinkwasser, Kochwasser und zum Waschen dienen. Über zahlreiche Lecks in den Leitungsrohren sickerte Erdöl in Boden und Wasser; in den vergangenen 20 Jahren flossen aus über 30 Brüchen im Pipeline-System mehr als eine halbe Million Barrel Erdöl in Ecuadors Flussläufe. Als damit Pflanzen, Fische und Wildtiere verschwanden, erodierte die Existenzbasis der indigenen Gruppen. Mangelernährung, sozialer Niedergang und letztendlich Vertreibung waren und sind die Folge.

3.5   Ökologie ist Gerechtigkeit ist Sicherheit

Ressourcenkonflikte sind Treibstoff für kleine und große Zusammenstöße; sie können Dörfer und ganze Länder in Flammen setzen. Wie sehr die jüngere Geschichte des Nahen Ostens, der Krisenregion schlechthin, mit Erdöl durchtränkt ist, davon war hier die Rede. Wie oft religiöse und ethnische Konflikte von Land- oder Wasserknappheit angetrieben werden, erschließt sich schnell für den informierten Betrachter. Und wie stark Länder wie China und bald auch Indien nach Öl und Kupfer, nach Soja und Holz jenseits ihrer Grenzen drängen, davon berichten die aktuellen Wirtschaftsnachrichten. Kurz gesagt: Ressourcenhunger macht die Welt friedlos. Ohne einen schonenden Umgang mit Naturgütern wird sich keine globale Sicherheitsordnung errichten lassen. Wenn legitime Formen der Konfliktregelung fehlen, tragen Ressourcenkonflikte zur sozialen Destabilisierung bei. Vor diesem Horizont ist deutlich, dass künftig die Sicherheits- und Friedens-Agenda mit der Umwelt-Agenda konvergieren wird.

Allerdings wäre es verfehlt, Ressourcenkonflikte ausschließlich als Sicherheitsfrage zu thematisieren. Wer nur von Sicherheit spricht, denkt gewöhnlich an die eigene und nicht an jene der anderen. Er denkt in Begriffen von Selbstschutz und Abwehr. Stellt man aber auf die Sicherheit aller ab, der Reichen wie der Armen, der Mächtigen wie der Machtlosen, dann rücken Fragen der Gerechtigkeit in den Vordergrund. Wer hat welches Anrecht auf den Boden, das Wasser, das Öl, die Atmosphäre? Wechselseitige Sicherheit kann sich nur auf der Grundlage wenigstens minimaler Gerechtigkeit festigen. Auch für Ressourcenkonflikte gilt die seit dem Propheten Jesaja[38] überlieferte Weisheit, dass Friede das Werk der Gerechtigkeit ist.

Die Lebensrechte vieler Armer in der Welt werden sich nur sichern lassen, wenn die globale Klasse der Hochverbraucher ihre Nachfrage nach Naturressourcen zurückbaut. Erst wenn die Nachfrage nach Öl sinkt, lohnt es sich nicht mehr, Förderzonen im Urwald zu erschließen; erst wenn der Wasserdurst von Agrarbetrieben und Industrie abklingt, bleibt genügend Grundwasser für Trinkwasserbrunnen in den Dörfern; erst wenn die exzessive Verbrennung fossiler Stoffe eingedämmt ist, sind die Existenzrechte der Armen nicht mehr von der Heimtücke des Klimawandels bedroht. Weit davon entfernt, nur dem Schutz von Wasserrosen und Walen zu dienen, ist Ökologie die einzige Option, um auf der Welt einer wachsenden Anzahl von Menschen Gastrecht zu sichern.

Ähnliches gilt für die Gerechtigkeit zwischen den Nationen. Eine Wirtschaftsentwicklung, die einer wachsenden Weltbevölkerung insgesamt einen westlichen Lebensstil bescheren möchte, wird ökologisch nicht durchzuhalten sein. Mehr Gerechtigkeit in der Welt ist auf dem Verbrauchsniveau der Industrieländer nicht zu erreichen. Die dafür benötigten Ressourcenmengen sind zu groß, zu teuer und zu zerstörerisch. Darum ist es höchste Zeit, das Wohlstandsmodell der Industriemoderne auf den Prüfstand zu stellen. Es ist nicht erkennbar, wie etwa der automobile Verkehr, der klimatisierte Bungalow oder ein auf einem hohen Fleischanteil gegründetes Nahrungssystem allen Weltbewohnern zugänglich werden können. Für globale Gerechtigkeit eintreten heißt darum nicht weniger, als das Wohlstandsmodell der Moderne neu erfinden.

Doch jeder wirtschaftliche Aufstieg heute muss, von den zu erwartenden Folgeschäden einmal abgesehen, mit Ressourcenbeschränkungen rechnen, mit denen die überkommenen Produktions- und Konsummuster nicht vereinbar sind. In diesem Dilemma zeichnet sich langsam, aber deutlich eine Verzweigung für den Gang der Entwicklung ab. Entweder bleibt wirtschaftliches Wohlergehen für eine Minderheit auf der Erde reserviert, weil das herrschende Wohlstandsmodell nicht mehr hergibt. Oder ressourcen-leichte Wohlstandsstile gewinnen Raum und halten die Chance auf eine Welt auskömmlichen Wohlergehens für alle offen. Gerechtigkeitsfähig werden jedenfalls nur Wohlstandsmodelle sein können, welche der Biosphäre nicht zu viel abverlangen. Ohne Ökologie ist im 21. Jahrhundert keine Gerechtigkeit mehr zu haben.

Anmerkungen

1 Rampini (2006)
2 Sachs (1993)
3 UNESCAP (2007), S. 103
4 Fraser/Honneth (2003)
5 Firebaugh (2003); Sutcliffe (2003)
6 Milanovic (2005)
7 World Bank (2005), S. 57
8 Von Branko Milanovic aktualisierte Grafik aus Milanovic (2005)
9 Pomeranz (2000)
10 Mathis Wackernagel ist der Begründer der Methode. Für nähere Informationen siehe www.footprintnetwork.org
11 Eigene Berechnungen nach Global Footprint Network (2008); www.footprintnetwork.org (6. Juni 2007); WWF (2006); Human Development Statistics, hdr.undp.org/statistics/(6. Juni 2007)
12 Brasilien, Chile, Venezuela, Uruguay, Argentinien, Costa Rica, Mexiko, Südafrika, China, Thailand, Malaysia, Indonesien, Iran, Kuwait, Vereinigte Arabische Emirate, Türkei
13 Afghanistan, Äthiopien, Bangladesch, Jemen, Kongo, Korea, Nigeria, Sudan, Tansania, Uganda, Usbekistan, Vietnam
14 Angelehnt an ein Beispiel aus: World Bank (2005), S. 56. Eigene Berechnungen für Deutschland aus Datensätzen von UNDP (2007)
15 World Bank (2005), S. 64
16 Larraín (2001)
17 Eigene Darstellung. Nach WWF (2006) und World Bank (2006a)
18 Firebaugh (2003); World Bank (2005)
19 Cornia/Court (2001), S. 8; World Bank (2005), S. 44 f.
20 Milanovic (2005)
21 Wuppertal Institut (2005), S. 85
22 Bentley (2003), S. 153–155
23 Kahn Ribeiro et al. (2007)
24 Bezugsjahr 2000, Fulton (2004)
25 Sperling/Clausen (2003)
26 Bezugsjahr 2005, www.worldbank.org
27 Bezugsjahr 2002/2003, The 2003 Yearbook of China's Cities, Author's Data on Car Ownership, and Calculations. Zitiert aus: Schipper (2004)
28 www.eea.europa.eu (23. Juli 2007)
29 VDA Verbandspresse, 22. Mai 2006
30 Myers/Kent (2004), S. 49–64
31 World Bank (2007)
32 Scholz (2002), S. 6–11
33 Wuppertal Institut (2005), S. 83
34 Ministerin Wiezcorek-Zeul in einer Rede am 22. April 2006 in Washington
35 Pearce (2007), S. 137–139
36 Sachs (2003)
37 Haller et al. (2000)
38 Jes. 32, 17

4   Wachstum oder Wohlstand

Wie andere Industrieländer auch, ist Deutschland eine Wachstumsgesellschaft. Nicht nur die Wirtschaft dreht sich um Wachstum, sondern auch die Lösung gesellschaftlicher Großprobleme wie Beschäftigung und soziale Sicherheit werden von ihm abhängig gemacht. Doch die Wachstumsorientierung steht in starker Spannung zur Nachhaltigkeit. Zwar kann der ökologische Umbau der Industriegesellschaft zunächst einen Wachstumsschub auslösen. Aber der notwendige Rückbau des fossilen Ressourcenverbrauchs um 80 bis 90 Prozent bis zum Jahre 2050 wird sich kaum mit einer Verdoppelung des Bruttoinlandsprodukts – was einer geringen jährlichen Wachstumsrate von 1,5 Prozent entspräche – vereinbaren lassen. Zukunftsfähigkeit erfordert deshalb, schon heute vorsorgend Wege zu einer Wirtschaftsweise einzuschlagen, die allen Bürgern ein gedeihliches Leben sichert, ohne auf ständiges Wachstum angewiesen zu sein.

4.1   Eine Gesellschaft des Mehr

Es gibt nur wenige Politiker, die nicht in hohen Tönen das Wirtschaftswachstum preisen. In jedem Wahlkampf wird scheinbar wie selbstverständlich mehr Wachstum versprochen – quer durch das gesamte Parteienspektrum. Das trifft auch für die internationale Ebene zu, und zwar unabhängig von der politischen Orientierung. Für die vorherrschende Politik gilt, dass Deutschland dann zukunftsfest ist, wenn Jahr für Jahr möglichst hohe Wachstumsraten erwirtschaftet werden. Von den Höhen der Staatsführung aus liegt diese Auffassung nahe, scheint doch die finanzielle Handlungsfähigkeit des Staates von den Geldern abzuhängen, die das Wachstum in seine Kassen spült. Lang ist die Liste der Probleme, deren Lösung dem Wirtschaftswachstum zugetraut wird; sie reicht von der Bekämpfung der Arbeitslosigkeit über die Finanzierung der Sozialsysteme bis zum Abbau der Staatsverschuldung. Für einige ist mehr Wirtschaftswachstum sogar Voraussetzung für mehr Umweltschutz. Darum gilt Wirtschaftspolitik als erfolgreich, wenn sie Wachstum schafft, gleichgültig, welcher Qualität. Mit dem Stabilitäts- und Wachstumsgesetz wurde 1967 in Deutschland diesem Ziel sogar eine rechtliche Form gegeben.

Auch das politische Ringen um eine nachhaltige Entwicklung, zu der sich seit der UN-Konferenz von Rio de Janeiro 1992 die Regierungen in ihren Selbstdarstellungen bekennen, war davon geprägt, die Ambivalenz von Wachstum und Nachhaltigkeit durch Formelkompromisse zu überbrücken. An Begriffen wie qualitatives Wachstum und nachhaltiges Wachstum zeigt sich das Bemühen, die Quadratur des Kreises zu schaffen, nämlich Wachstum und Zukunftsfähigkeit miteinander zu versöhnen. Als Ermöglichung dient die Drei-Säulen-Theorie. Sie verlangt, neben ökologischer und sozialer Verträglichkeit auch Wirtschaftskraft als gleichwertiges Ziel anzuerkennen, und erlaubt damit, im Namen umfassender Nachhaltigkeit ökologische Erfordernisse zu relativieren, ja wenn nötig sogar dem Wachstumsimperativ unterzuordnen. Damit wurde der Begriff Nachhaltigkeit teilweise bis zu Unkenntlichkeit verwässert und eine transparente Befassung mit den möglichen realen Widersprüchen zwischen sozialen, ökonomischen und ökologischen Dimensionen von Nachhaltigkeit behindert. Dies gilt für die Europäische Union ebenso wie für Deutschland, dessen Nachhaltigkeitsstrategie ausdrücklich auf Wachstum setzt und die Höhe des Bruttoinlandsprodukts sogar zu einem Indikator für Zukunftsfähigkeit erhoben hat.[1] Angestrebt wird dort eine »kontinuierliche umwelt- und sozialverträgliche Steigerung des Bruttoinlandsprodukts«, eine Perspektive also, die auf der Annahme gründet, dass sich Wachstum vom Umweltverbrauch abkoppeln ließe oder, anders formuliert, wirtschaftliche Aktivitäten fortdauernd ausgeweitet werden könnten, ohne gleichzeitig die Natur zu überlasten. Und in jüngster Zeit wirbt angesichts des anbrechenden Klimachaos ausgerechnet das Bundesumweltministerium für eine aktualisierte Variante dieser

Perspektive, indem es die wirtschaftliche Umrüstung auf eine CO_2-arme Wirtschaft als Königsweg zu sicherem Wirtschaftswachstum empfiehlt.[2] Der Wachstumsimperativ beherrscht nach wie vor die Programmatik des politischen Geschehens.

Dieser Impuls treibt nicht nur die wirtschaftlichen, sondern ebenso die sozialen Erwartungen an. Eine Gesellschaft, die sich auf einer Bahn fortschreitenden Wachstums sieht, kann es sich erlauben, ihre Aufmerksamkeit auf die Vermehrung des Reichtums zu konzentrieren und Fragen der Verteilung des Reichtums hintanzustellen. Eine steigende Flut gibt allen Booten Auftrieb, wie die bekannte Metapher lautet, gleichgültig ob es sich um Schaluppen oder Luxusyachten handelt. In einer Wachstumsgesellschaft wird eine Verbesserung der individuellen Lebenssituation vom allgemeinen Anstieg des Lebensstandards erwartet, weit weniger von einer besseren Verteilung des gesellschaftlichen Reichtums. Wachstum wird, kurz gesagt, zum Ersatz für Umverteilung. Die sorgsam geschürte Hoffnung auf weiteres, schier unbegrenztes Wachstum wird zum Placebo gegenüber Umverteilungsforderungen und soll national wie international soziale Konflikte minimieren. Weil in dieser Optik die Auseinandersetzung um Teilhabe hinter der Mobilisierung für Vermehrung zurücksteht, sind auch Fragen der Gerechtigkeit in öffentlichen Diskussionen so oft Fragen der Renditenmaximierung und Produktivität nachgeordnet.

4.2 Über Wachsen und Schrumpfen

Wenn die Bundeskanzlerin über Wachstumserwartungen für das nächste Jahr spricht, wenn der Sprecher der Tagesschau von Wachstumsraten und deren Anstieg oder Rückgang berichtet, dann ist ganz selbstverständlich von Wirtschaftswachstum die Rede. Was aber genau ist Wirtschaftswachstum? Für eine Klärung des Wachstumsdenkens ist es zentral, verschiedene Aspekte von Wachstum zu unterscheiden, nämlich Wachstum im Volkseinkommen, Wachstum im Stoffdurchsatz und Wachstum in Lebensqualität. In herkömmlicher Sicht hängen alle drei Dimensionen eng zusammen, doch die Erfahrung der vergangenen Jahrzehnte lehrt, dass sie sich in unterschiedliche Richtungen entwickeln können.

Volkseinkommen

Beim Wirtschaftswachstum denkt jeder zunächst an eine Zunahme des Bruttoinlandsprodukts. Wenn in einem bestimmten Gebiet von einer Periode zur nächsten die Summe der bezahlten Güter und Dienstleistungen zunimmt, wird das Wirtschaftswachstum genannt. Weder die Qualität von Gütern und Dienstleistungen noch die Verteilung oder die Bewertung der auf Umwelt und Gesellschaft abgewälzten Schäden spielen dabei eine Rolle. Dieses Wachstum betrug in Deutschland 2007 2,5 Prozent – damit war das Bruttoinlandsprodukt fast 100 Milliarden Euro höher als im Vorjahr.[3] Diese Darstellung der Volkswirtschaft in einer aggregierten Geldgröße ist heute allgemein übliche Konvention, allerdings eine ziemlich junge. Denn erst Anfang der 1940er Jahre sind zum ersten Mal international vergleichbare Wachstumsraten berechnet worden, und erst seit den 1950er Jahren ist die Förderung des Wachstums zur erstrangigen Staatsaufgabe geworden.[4]

Nicht selten freilich gibt Statistik Anlass zu optischer Täuschung. Deshalb ist es wichtig, zwischen Wachstumsgröße und Wachstumsrate zu unterscheiden. Denn gleichbleibende absolute Zuwächse führen über die Zeit zu sinkenden Wachstumsraten, da Wachstumsraten sowohl vom Zuwachs wie von der Ausgangsgröße abhängen. Und umgekehrt: Ein Wachstum mit konstanter Rate – also exponenzielles Wachstum – impliziert in jedem Jahr einen immer größeren absoluten Zuwachs. Je größer also eine Volkswirtschaft, desto geringer fällt die Wachstumsrate aus, wenn der Umfang der Zunahme gleich bleibt. Deutschland ist hierfür ein eindringliches Beispiel: Das Wirtschaftswunder generierte hohe Wachstumsraten auf Basis einer vergleichsweise kleinen Ausgangsgröße, also einer zunächst geringen Wirtschaftsleistung. Entgegen allgemeiner Wahrnehmung aber war in den 1990er Jahren die jährliche absolute Steigerung des Bruttoinlandsprodukts nicht niedriger als in den 1950er Jahren. Gleichwohl sind die Wachstumsraten gesunken: Von 4,4 Prozent in den 1960er

Jahren und 2,7 Prozent in den 1970er Jahren auf 2,3 Prozent in den 1980er Jahren, 1,9 Prozent in den 1990er Jahren und 1,3 Prozent seit dem Jahr 2000 – übrigens ein Trend, der sich in fast allen Industriestaaten beobachten lässt.[5] Betrachtet man die Menge des Zuwachses, ist die Expansion der deutschen Wirtschaft heute ähnlich kräftig wie zur Wirtschaftswunderzeit, obwohl die Wachstumsraten absinken. Es ließe sich angesichts dieses arithmetischen Zusammenhangs fast von einem Gesetz des tendenziellen Falls der Wachstumsrate sprechen. Jedenfalls legt er nahe, die Aussichten auf mehr als ein bescheidenes lineares, also im Umfang gleichbleibendes Wachstum reifer Volkswirtschaften mit Skepsis zu betrachten.

Stoffdurchsatz

Die ökologische Dimension des Wirtschaftswachstums ist angesprochen, wenn es um den Stoffdurchsatz (einschließlich Energieträger) geht, der mit einem bestimmten Wachstum verbunden ist. Da es wenig Sinn macht, für die Berechnung nur einzelne Parameter heranzuziehen, zum Beispiel den Verbrauch an Energie oder den Ausstoß von CO_2, ist ein ähnlich umfassender Indikator ratsam wie das Bruttoinlandsprodukt. Der Wirtschaftsprozess entnimmt ja Material/Energie aus der Umwelt und gibt sie wieder an diese zurück – dieser Durchsatz ist letztlich ursächlich für alle vom Menschen verursachten Umweltveränderungen, wobei die Qualität der Stoffe (zum Beispiel Toxizität) neben der einfachen Quantität auch eine wichtige Rolle spielt. Der quantitative Umfang des Material- und Energiedurchsatzes wird oft als »physical scale« bezeichnet.[6] Er benennt die stoffliche Größe der Wirtschaft.

Ähnlich wie das Inlandsprodukt die ökonomische Größe einer Volkswirtschaft darstellt, lässt sich auch deren stoffliche Größe in aggregierten Zahlen abbilden. Ein Beispiel für ein solches aggregiertes Mengenmaß sind Indikatoren wie »Total Material Requirement« (TMR) oder »Direct Material Consumption« (DMC), die mittels der sogenannten Materialflussanalyse ermittelt werden. Damit lassen sich dann Wirtschaftsleistung und Naturnutzung miteinander in Beziehung setzen. Eine andere Methode – der sogenannte ökologische Fußabdruck – ermittel die ökologische Größe der Wirtschaft, indem sie die Flächen kalkuliert, die für wirtschaftliche Aktivitäten benötigt werden. Analysen auf Basis der Materialflussanalyse oder der Fußabdruck-Methode demonstrieren: Ihrer stofflichen Größe nach übersteigen die industriellen Wirtschaftssysteme den Rahmen, der ihnen vom Natursystem gesetzt ist (▶ Kapitel 5). Weil das ökologische Verhängnis in diesem Missverhältnis zwischen der stofflichen Größe der Wirtschaft und der regenerativen Kapazität der Natur wurzelt, liegt im Rückbau der stofflichen Größe eine Schlüsselaufgabe der Politik.

Lebensqualität

Letztendlich, davon geht auch jedes ökonomische Lehrbuch aus, liegt das Ziel der Wirtschaft darin, den Bürgern eine höhere Lebensqualität zu ermöglichen. Was aber ist Lebensqualität? Gewiss, im philosophischen Denken wird schon seit der griechischen Antike darüber nachgedacht, was ein gelungenes Leben ausmacht. Doch ist es bis heute nicht gelungen, dafür einen adäquaten quantifizierbaren Indikator zu finden. Da das Bruttoinlandsprodukt auch dann steigt, wenn etwa nur die Kosten für die Umweltzerstörung, für die Kriegsführung oder zur Eindämmung wachsender Verelendung und Arbeitslosigkeit zunehmen, sind die Zahlen aus dem System der volkswirtschaftlichen Gesamtrechnung als Wohlfahrtsindikatoren nicht aussagekräftig. Alternative Indikatoren gehen über die Volkswirtschaftliche Gesamtrechnung hinaus, indem sie weitere Aspekte der Lebensqualität zu erheben suchen. Etwa, indem sie auf die subjektive Lebenszufriedenheit abheben wie der World Happiness Survey, oder der Human Development Index (HDI), der neben dem Bruttoinlandsprodukt noch weitere Sozialdaten einsetzt, oder der Index for Sustainable Economic Welfare (ISEW), der den sozialen Nutzen mit den sozialen Kosten abzugleichen versucht.[7]

Entscheidend ist in jedem Fall die Einsicht, dass das Bruttoinlandsprodukt als Indikator für Lebensqualität untauglich ist, denn es ist blind gegenüber Qualitäts- und Verteilungsfragen. Weil es lediglich den Umfang der finanziellen Transaktionen in der Gesellschaft misst, hat es kein Sinnesorgan, um Nutzen oder Schaden, Schönheit oder

Niedertracht zu registrieren, die damit verbunden sind. Deshalb tun bekanntlich auch Krankheiten, Katastrophen und Kriege dem Bruttoinlandsprodukt gut, insofern dadurch ein Zuwachs der Wertschöpfung in Gang gesetzt wird. Sicher verringern alle Indikatoren die Komplexität des Lebens – das Bruttoinlandsprodukt jedoch reduziert das Wohlergehen von Menschen auf den Geldwert der produzierten Güter und Dienstleistungen. Der beeinflusst natürlich die Lebensqualität – die Versorgung mit Gütern wie Nahrung und Kleidung oder Dienstleistungen wie Bildung zum Beispiel bestimmt offensichtlich, wie gut es Menschen in einem Land geht. Ebenso klar ist aber, dass es viele Bereiche der Lebensqualität gibt, die sich im Bruttoinlandsprodukt überhaupt nicht abbilden lassen. Dazu gehören zum Beispiel soziale Einbindung, Qualität der Arbeit, Gemeinschaftsgüter wie Naturräume und Stadtästhetik oder auch der Grad der sozialen Ungleichheit in der Gesellschaft. Insgesamt gesehen geben die alternativen Indikatoren starke Hinweise darauf, dass in wohlhabenden Gesellschaften Lebensqualität und Wirtschaftswachstum nicht mehr parallel ansteigen, sondern sich auseinanderentwickeln.

4.3 Vom Wirtschaftswachstum zum unwirtschaftlichen Wachstum?

In der Blüte des Industriezeitalters, besonders während der Jahrzehnte nach dem Zweiten Weltkrieg, war es eine selbstverständliche Annahme, dass Einkommenswachstum immer mit höherem Stoffdurchsatz einhergeht und dass beide zusammen zu einem Wachstum der Lebensqualität führen. Diese doppelte Verknüpfung von Geld und Energie und Lebensqualität stand an der Wiege der »Periode der immerwährenden Prosperität«, die, wie man glaubte, den Zeitgenossen bevorstand. Sie ist vorüber. Es macht die epochale Krise des Wachstums aus, dass mit zunehmender Wirtschaftstätigkeit nichtkommerzielle Wohlstandsgüter abgebaut werden, sowohl was die Natur als auch was die Lebensqualität betrifft.

Verschleiß von Naturkapital

In den Augen der Gegenwart gilt Wirtschaftswachstum als der Normalfall der Geschichte. Davon kann jedoch keine Rede sein. Ein längerfristig ansteigendes Wachstum ist nur in einer vergleichsweise kurzen Periode der Wirtschaftsgeschichte erkennbar, nämlich in den vergangenen 200 Jahren. Am Beginn dieser Periode liegt die wirtschaftsgeschichtlich wie ökologisch entscheidende Zäsur zwischen organischer und mineralischer Ökonomie (► Kapitel 2 und 3).[8] Nunmehr stehen fossile und andere mineralische Rohstoffe als Ressourcenbasis zur Verfügung und machen stetiges Wachstum möglich, ja bringen überhaupt erst die Idee zur Geltung, dass eine Wirtschaft auf längere Zeit permanent materiell wachsen könnte.

Historisch gesehen sind also Idee und Praxis anhaltenden Wirtschaftswachstums an den Verbrauch von geologischen Beständen an Kohle, Erdöl und Erdgas gebunden. Überdies wirkte das Angebot an Energie als Schmiermittel nicht nur für die Güterproduktion, sondern auch für die Geldzirkulation. Indem Naturwerte als im Wesentlichen unentgeltliche Energieleistungen in den Wirtschaftskreislauf eingebracht wurden, konnte die Wertschöpfung in nie gehörter Weise gesteigert werden. Auf der Seite der Produktion verlangte die Ausbeute der Energieschätze hohe Investitionen und ermöglichte satte Gewinne, auf der Seite des Konsums erweiterte das Angebot neuer, energiebasierter Nutzwerte die Nachfrage und mobilisierte Kaufkraft. Dadurch entstanden jedoch extrem energieabhängige Infrastrukturen (vor allem für Mobilität, Kraftwerkssystem und Gebäude), deren Fortexistenz im Norden in Frage steht und deren Übertragbarkeit auf den aufstrebenden Süden unmöglich ist. Beides, die Akkumulation von Kapital wie die Akkumulation von Gütern, hat erst mit dem Einsatz fossiler Energie ihren weltgeschichtlich einmaligen Aufschwung nehmen können.[9] Und beides, das Verlangen, Güter zu akkumulieren, wie das Verlangen, Geldkapital anzusammeln, treibt den Abbau des Naturkapitals weiter voran.

Verschleiß von Sozialkapital

Der Erfolg wirtschaftlichen Wachstums geht nicht nur zu Lasten des Naturkapitals, sondern kann auch zur Erosion von Sozialkapital führen. Ein kurzer Blick zurück in die jüngere Geschichte liefert hinreichend Beispiele: die niedergehenden Bauernkulturen, die Veränderung der Familien- und Verwandtschaftsverbände, der Urbanisierungsprozess, die Individualisierung, der Umbruch von Werten. Mit anderen Worten: Die mit Wirtschaftswachstum verbundenen gesellschaftlichen Veränderungen setzen in mannigfaltiger Weise soziale Beziehungen unter Stress, sie drängen auf Umbrüche in den Lebensmustern. Nun versteht sich von selbst, dass diese Veränderungen weder im objektiven Sinne Grenzen für das Wachstum darstellen noch dass sie überzeugend in quantitativen Größen beschrieben werden können. Nichtsdestoweniger zeigen die Beispiele an, dass die Steigerung von Wirtschaftskraft nicht nur Vorteile, sondern gleichzeitig auch Verluste hervorbringt. Wertschöpfung, so könnte man sagen, ist kaum je ohne soziale Kosten zu haben.

Unwirtschaftliches Wachstum

Wenn die Wirtschaft mit ihren Expansionsansprüchen übermäßig in die Biosphäre eindringt, wenn sie Naturkapital wie Bodenschätze, Wälder oder die Vielfalt der Arten unwiderruflich verzehrt, dann lässt sich, wie es Herman Daly tut[10], von »unwirtschaftlichem Wachstum« sprechen. In diesem Fall nehmen die Nachteile schneller zu als die Vorteile. Wirtschaftswachstum macht dann die Gesellschaft insgesamt gesehen ärmer und nicht reicher. Die ökologisch zuträgliche Größe der Ökonomie zu überschreiten ist schon kurzfristig töricht, langfristig aber in ökonomischer Hinsicht gar nicht durchzuhalten. Denn wer sein Kapital aufbraucht, statt von Zinsen zu leben, wird auf Dauer durch Substanzverzehr ärmer. Vergleichbares gilt für die Sphäre des Sozialen. Wenn der Verlust an Sozialkapital den Gewinn an Wirtschaftskapital übertrifft, wenn den Gewinnern des Wirtschaftsprozesses immer mehr Verlierer gegenüberstehen, geht es ebenfalls um unwirtschaftliches Wachstum. Viele Anzeichen deuten darauf hin, dass inzwischen unwirtschaftliches Wachstum nicht mehr die Ausnahme, sondern der Normalfall ist. Damit dreht sich die Wachstumsgesellschaft im Kreis: Sie häuft Kosten schneller an als Nutzen und ruft zu deren Beseitigung nach neuem Wachstum. Das geschieht aus zwei Gründen: Genug Menschen profitieren kurzfristig von unwirtschaftlichem Wachstum, solange es ihnen gelingt, die Vorteile zu privatisieren und die Verluste zu sozialisieren (► Kapitel 10). Zum anderen bleiben die meisten Verluste unerfasst, da sie einstweilen in keiner volkswirtschaftlichen Gesamtrechnung bilanziert werden.

4.4 Der Zwang zum Weniger

In einer begrenzten Welt ist Wirtschaftswachstum dauerhaft nur dann denkbar, wenn es nicht mit immer weiter steigenden Umweltschäden verbunden ist. Entkopplung ist deshalb ein Schlüsselbegriff, wenn die Möglichkeiten eines weiteren Wirtschaftswachstums zur Diskussion stehen. Entkopplung bedeutet, dass der Ressourcenverbrauch weniger zunimmt, als die Wirtschaft wächst, im besten Fall sogar trotz Wirtschaftswachstum abnehmen kann. Der verbreitete Optimismus, dass eine begrenzte Umwelt kein Hindernis für eine dauerhaft wachsende Wirtschaft sein muss, stützt sich auf die Zuversicht, dass in der Entkopplung ungeahnte Potenziale stecken. Demgegenüber führen die Skeptiker ins Feld, dass die Möglichkeiten der Entkopplung überschätzt werden. Die Frage nach den Möglichkeiten und Grenzen von Entkopplung steht daher ganz oben auf der Tagesordnung der Debatte über Zukunftsfähigkeit. Je nachdem, zu welcher Richtung die Diskutanten neigen, fächern sich auch die Flügel in der gegenwärtigen Umwelt- und Entwicklungsdebatte auf: Die Weltbank, die EU-Kommission und auch die offizielle deutsche Nachhaltigkeitsstrategie setzen darauf, Wachstum von ökologischen Schäden reinigen zu können; ein Teil der Wissenschaftler und der Zivilgesellschaft sucht dagegen nach Alternativen zum Wachstumszwang, sowohl im Norden als auch im Süden der Welt – programmatisch etwa die Bewegung für »de-

Abb. 4.1 **Ressourcennutzung und Bruttoinlandsprodukt in der EU-15**[11]

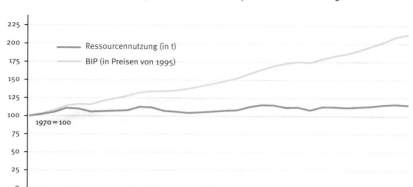

croissance« oder »decrescita«, was mit Wachstumsrücknahme mehr schlecht als recht übersetzt wird[12], oder La Via Campesina, die größte internationale Bauernorganisation.[13]

Entkopplung – relativ oder absolut?

Von relativer Entkopplung ist zu sprechen, wenn die Wirtschaft schneller wächst als der Umweltverbrauch. Absolute Entkopplung liegt vor, wenn der Umweltverbrauch auch bei wachsender Wirtschaft zurückgeht. Der Unterschied ist von zentraler Bedeutung, denn relative Entkopplung kann, wenn die Wirtschaft weiter wächst, trotz Einsparungen im Einzelnen mit einem Wachstum des Material- und Energiedurchsatzes im Ganzen einhergehen. In Europa ist inzwischen eine beeindruckende Tendenz zur relativen Entkopplung zu erkennen. Die Abbildung 4.1 zeigt, wie sich Ressourcenverbrauch und Bruttoinlandsprodukt in Europa seit 1970 entwickelt haben: Das BIP wächst kontinuierlich, während der Ressourcenverbrauch auf hohem Niveau stagniert.

Das ist ein Anfang, aber nicht mehr. Da Industrieländer schon heute Ressourcen im Übermaß verbrauchen, bringt die relative Entkoppelung im Ergebnis keine ausreichende ökologische Entlastung, kann also nicht zur Nachhaltigkeit führen. Die Industrieländer, und mit ihnen Deutschland, müssen Kurs auf eine absolute Entkopplung nehmen.[14]

Entkopplung durch Strukturwandel

Wenn Wirtschaftswachstum die Herstellung von mehr Gütern und Dienstleistungen bedeutet, führt dies unter sonst gleichbleibenden Bedingungen unvermeidlich zum Verbrauch von mehr Ressourcen. Entkopplung ist also nur möglich, wenn die Bedingungen nicht gleich bleiben. Sie können sich ändern, wenn innerhalb eines Sektors Produkt- und Prozessinnovationen stattfinden, die weniger Material und Energie verbrauchen – also technischer Fortschritt Güter und Verfahren verändert. Man spricht hier von intrasektoralem Strukturwandel. Beispiele sind verbrauchsärmere Autos, energiesparende Gebäude, sparsamere Methoden zur Herstellung von Computern. In diese Form des Strukturwandels wird viel Hoffnung gesetzt. Innovation ist vor allem deshalb ein so zentraler Begriff des Nachhaltigkeitsdiskurses, weil technische Neuerungen als Schlüssel zur Entkopplung von Wirtschaftsleistung und Umweltverbrauch gesehen werden. Genau hierauf bezieht sich auch der Begriff der »Dritten industriellen Revolution«, mit der die Bundesregierung eine nachhaltige Entwicklung erreichen will.[15] Ein weiteres Beispiel für Entkopplungsstrategien ist der Verkehrssektor: Die Abkoppelung der Transportleistung pro Einheit Inlandsprodukt wäre ein Beitrag in Richtung Zukunftsfähigkeit. Dies lässt sich etwa durch den vermehrten Einsatz von regional verfügbaren regenerativen Energieträgern erreichen.

Auch Verschiebungen im Wirtschaftsgefüge, also intersektoraler Strukturwandel, können die Entkopplung voranbringen. Der historische Wandel von einer agrarisch geprägten Wirtschaft zu einer industriell dominierten und dann hin zu einer dienstleistungsbasierten Ökonomie lässt sich als ein klassischer intersektoraler Strukturwandel betrachten. Schon diese Reihung deutet an, wo ökologisch vorteilhafte Potenziale liegen: Dienstleistungen sind in der Regel umweltfreundlicher als schwerindustrielle Produktionsprozesse, postindustrielle Wirtschaften – also Ökonomien, die wesentlich auf dem Produktionsfaktor Wissen und der Herstellung von Dienstleistungen basieren, sind tendenziell weniger ressourcenintensiv als industrielle. Wenn Bergbau oder rohstoffintensive Chemieproduktion an Bedeutung verlieren, während Bildung, Pflege und Kommunikation wichtiger werden, ist das ein ökologisch wünschenswerter Strukturwandel. Deshalb liegt in der Dematerialisierung von Bedürfnissen ein großes Potenzial.

Aus der Umweltkrise herauswachsen?

Im Mittelpunkt der Debatte über Entkopplung und die Vereinbarkeit von Wirtschaftswachstum und ökologischer Nachhaltigkeit stand lange die These von der Environmental Kuznets Curve (EKC).[16] Nach ihr besteht ein Zusammenhang zwischen Wirtschaftsleistung und Umweltverbrauch, der in graphischer Darstellung wie ein umgekehrtes »U« aussieht: Mit steigendem Pro-Kopf-Einkommen wächst der Umweltverbrauch zunächst, erreicht einen Scheitelpunkt und geht dann zurück. Mögliche Ursachen hierfür sind technischer Fortschritt, die größere Spürbarkeit von Umweltproblemen, eine erhöhte Nachfrage nach Umweltqualität sowie bessere finanzielle Möglichkeiten, ökologische Probleme überhaupt politisch anzugehen. Zum Beispiel werden Kläranlagen gebaut, und es werden Maßnahmen zur Luftreinhaltung ergriffen. Eine Zunahme ökologischer Probleme durch Wirtschaftswachstum ist nach dieser These also ein vorübergehendes Phänomen. Wachstum, anstatt ein ökologischer Problemverstärker zu sein, wird dann zur Lösungsstrategie, um Verschmutzung und Verbrauch rasch hinter sich zu lassen. Gerade auf der internationalen Ebene wird diese Perspektive oft Entwicklungsländern anempfohlen.

In der Tat: Für einzelne Schadstoffe ist durch Wirtschaftswachstum ein Rückgang beobachtet worden, typischerweise für Substanzen, die zur Luft- und Wasserverschmutzung beitragen. So haben sich Schwefeldioxidemissionen aus rauchenden Schloten mit der Industrialisierung zuerst verbreitet, vermindern sich aber wieder, nachdem eine Ökonomie in ihre postindustrielle Phase eintritt. Trotzdem lässt sich in der Gesamtbetrachtung die EKC-These nicht halten. Denn auch wenn die Verschmutzung durch einzelne Schadstoffe im Zeitverlauf zurückgeht, erhöht sich typischerweise jedoch der Gesamtaufwand an

Energie und Ressourcen. Deshalb fallen CO_2-Emissionen und Abfallmengen gerade in postindustriellen Wirtschaften massiv an, wie auch ungleich mehr aus der Natur entnommen wird. Auch gehen Schadstoffemissionen deshalb zurück, weil belastende Produktionsprozesse in andere Regionen verlagert werden, etwa von Deutschland nach China. Schließlich spricht generell und weltweit auch gegen die EKC-These, dass der Scheitelpunkt der Umweltbelastungskurve, bevor er wieder sinkt, bereits ein zu hohes Niveau erreicht haben kann, möglicherweise zum irreversiblen Schaden von Natur und Menschen in einem schnell wachsenden Schwellenland (wie zum Beispiel China oder Indien). Global wäre ein Desaster vorprogrammiert, wenn alle Länder versuchen wollten, im Sinne nachholender Industrialisierung den Verlauf der Kuznets-Kurve der heute reichen Industriestaaten nachahmen zu wollen. Allein die Übertragung der Autodichte der USA auf China würde dazu führen, dass China die gesamte heutige Weltölproduktion benötigen würde – offensichtlich ist das automobile, nicht nachhaltige Mobilitätsmuster des reichen Nordens nicht weltweit übertragbar.

Reduktion und Rebound

Wachstumsoptimisten neigen dazu, sich der Größenordnung der ökologischen Herausforderung nicht zu stellen. Es geht jedoch darum, in etwa 50 Jahren in den Industrieländern eine Reduktion des fossilen Material- und Energiedurchsatzes um einen Faktor zehn – also um 80 bis 90 Prozent – zu erreichen. Nur dann lässt sich ein globaler Rückbau der gegenwärtigen CO_2-Emissionen um 60 Prozent erzielen. Und die größere Anstrengung im Norden ist wegen des gebotenen Gerechtigkeitsausgleichs mit den Südländern notwendig. Angesichts dieser hoch anspruchsvollen Zielmarke würde ein konstantes Wirtschaftswachstum schwindelerregende Dauerleistungen in ökologischer Produktivität erfordern, wie ein Rechenexperiment zeigt. Schon wenn das reale Bruttoinlandsprodukt über die nächsten 50 Jahre nur fortgeschrieben würde, also in einer Wirtschaft ohne Wachstum, müsste sie jedes Jahr eine Steigerung der Energieproduktivität von 4,5 Prozent zustande bringen, um eine Reduktion ihrer fossil-stofflichen Ressourcen um 90 Prozent zu erreichen. Bei einer weiter wachsenden Wirtschaft sind entsprechend stärkere Fortschritte nötig.

Vor diesem Hintergrund ist noch einmal zu bedenken, dass Effizienzverbesserungen nicht ohne weiteres zu generellen Verbrauchsreduktionen führen. Schon Mitte des 19. Jahrhunderts stellte der Ökonom William Stanley Jevons in seinem Werk über die britische Kohlefrage einen Zusammenhang her, der heute als Reboundeffekt bekannt ist.[17] Jevons sah voraus, dass eine wirtschaftlichere Verwendung von Kohle zu einem Anstieg des Verbrauchs und damit zu einer schnelleren Erschöpfung dieser damals entscheidenden Ressource führen würde. In der Tat ist zu beobachten, dass relative Effizienzsteigerungen den Gesamtverbrauch oft nicht verringern – zumindest nicht im angestrebten Ausmaß. Wenn Effizienzsteigerungen bei der Nutzung eines bestimmten Gutes zu einer Mehrnutzung dieses Gutes führen, hat man es mit direkten Reboundeffekten zu tun – zum Beispiel, wenn eine effizientere Autoflotte zu mehr Automobilität führt. Von indirekten Rebound-Effekten spricht man, wenn durch Effizienzsteigerungen erzielte finanzielle Einsparungen zu problematischen Folgen in anderen Bereichen führen – zum Beispiel, wenn durch verbesserte Dämmung Heizkosten reduziert werden und das gesparte Geld für einen Wochenendtrip mit einem Billigflieger ausgegeben wird. Es muss nicht so sein, dass der Reboundeffekt eine solche Größenordnung annimmt, dass er die Einsparungen überkompensiert. Sicher aber ist, dass er die Reduktion der absoluten Verbräuche erschwert. Gewiss zahlen sich Investitionen in erhöhte Material- und Energieeffizienz zunächst einmal ökologisch aus; nur muss schon jetzt dafür Sorge getragen werden, dass dadurch dauerhafte und in der Summe nennenswerte Entlastungseffekte für die Umwelt eintreten.

Grenzen der Entkopplung

Automotoren sind heute weitaus effizienter als vor zwanzig Jahren; aber die Nachfrage nach mehr, schnelleren, stärkeren, schwereren Autos hat diese Effizienz bei weitem überholt. Effizienzgewinne bei der Wohnraumheizung werden durch größere Wohnflächen pro Kopf neutralisiert. Auch gibt es Ausweitungen des Verbrauchs, die aufgrund

Die Fußangeln der ökologischen Industriepolitik

Vor der Gefahr, von Rebound- und Wachstumseffekten überholt zu werden, ist auch das Konzept einer ökologischen Industriepolitik[18] nicht gefeit. Es setzt darauf, durch politische Zielvorgaben neue Industrien zu fördern, und dies in der Erwartung, dass über massive Investitionen in Effizienzmärkte und eine erneuerbare Energie- und Stoffwirtschaft auch neue Wachstumschancen winken. Das macht einzelwirtschaftlich Sinn, wie heute schon an erfolgreichen Windkraft- und Solarunternehmen ablesbar ist, und wird noch zutreffender, wenn die ökologisch motivierte Nachfrage auch auf andere Märkte übergreift. Auch auf Makroebene ist vorstellbar, dass eine dritte industrielle Revolution – so nennt Bundesumweltminister Sigmar Gabriel in Erneuerung sozialdemokratischer Fortschrittsbegeisterung dieses Konzept – als Wachstumsmotor funktioniert.

Die erhoffte Verringerung der Ressourcenströme wird aber nur eintreten, wenn fünf Bedingungen gegeben sind, die sich für das gegenwärtige Wachstumsdenken schwer erfüllen lassen: (1) Öko-Technologien wie Pflanzentreibstoffe oder ultraleichte Werkstoffe dürfen nicht Probleme von einem Umweltmedium auf ein anderes verschieben, also die Biodiversität beschädigen oder einen erhöhten Metallbedarf erfordern. (2) Öko-Innovationen dürfen nicht mehr Ressourcenflüsse auslösen, als sie einsparen, etwa indem die alten Motoren und Maschinen zu rasch ausgemustert werden und damit ein sprunghafter Neubedarf an Ressourcen entsteht. (3) Jenseits von ökoorientierten Neuerungen dürfen Innovationen wie sensorengesteuerte Haushaltsgeräte oder sparsame Beleuchtungskörper nicht bei Verbrauchern eine Nachfrage nach zusätzlichen Produkten schaffen und durch den Mengeneffekt die Einsparung aufheben. (4) Wenn Technologien, wie emissionsarme Kraftwerke oder elektronisch gesteuerte Antriebe, Einsparungen generieren, die dann in wenig ökologische Wachstumsbranchen investiert werden, ist kaum etwas gewonnen. (5) Wenn die Einführung von Solarkraftwerken und Hybridautos nicht begleitet wird von einem Rückbau an fossilen und verbrauchsintensiven Wirtschaftsstrukturen, kommt es nur zu einer Aufblähung der Wirtschaft.[19] Es gibt dann eine Differenzierung des Produktangebots um zusätzliche ökologische Varianten, was aber eine ressourcenleichte Wirtschaft nicht näherbringt.

neuer Produkte entstehen, die vorher nicht da waren und also auch nicht nachgefragt wurden. Das globale Internet etwa, erst seit gut zehn Jahren breit genutzt, hat heute einen beträchtlichen Strombedarf erreicht, weitere Beispiele sind Druckstationen, DVD-Player oder Großbildschirme. Bei allen Freuden, die diese Produkte bieten können: Ihre massenhafte Verbreitung trägt wesentlich zur Ressourcenschwere einer Volkswirtschaft bei.

Über die genannten Effekte hinaus muss man zur Kenntnis nehmen, dass es grundsätzliche, und zwar technische Grenzen von Entkopplung gibt. Aus heutiger Sicht ist es unmöglich, etwas aus Nichts zu produzieren – und es spricht nichts dafür, dass dies einmal anders sein wird. Es wird kaum je möglich sein, ein massentaugliches Kraftfahrzeug herzustellen, das gänzlich nur mit Solarenergie betrieben wird, ganz abgesehen von dem Material, das definitiv nötig ist, um ein solches Automobil zu bauen und die für seine Nutzung erforderliche Infrastruktur. Ähnlich grundsätzliche Fragen stellen sich im Hinblick auf den intersektoralen Strukturwandel: Auch die Wissensgesellschaft braucht Materie und Energie für Räume, Kommunikation, Mobilität und so weiter – auch Dienstleistungen haben in aller Regel einen materiellen Hintergrund.

Über Entkopplung hinaus

Ein Blick auf die genannten Faktoren – Reduktionserfordernisse in der notwendigen Größenordnung, die retardierende Wirkung von Rebound- und Mengeneffekt, die Unmöglichkeit einer gänzlich dematerialisierten Wertschöpfung – macht deutlich, dass eine Politik der Zukunftsfähigkeit nicht auf Entkopplung durch Steigerung der Ressourcenproduktivität allein setzen kann. Auch die Strategie, Produktion und Konsum gleichsam in die Natur einzuschmiegen und auf diese Weise Produktion und Umweltbelastung zu entkoppeln, setzt häufig auf weiteres Wachstum. Dieses Konzept der Konsistenz versucht nicht, den Verbrauch von Material und Energie durch effizientere Technologien und Nutzungsweisen zu reduzieren, in ihm geht es um die Vereinbarkeit von Natur und Technik, etwa dadurch, dass Reinigungsmittel oder Verpackungen aus unbedenklichen erneuerbaren Ressourcen hergestellt werden. Das Prinzip lautet: Industrielle Stoffwechselprozesse dürfen die natürlichen nicht stören. Beide sollen einander möglichst ergänzen oder gar verstärken. Damit sind sie ein unverzichtbarer Teil einer zukunftsfähigen Entwicklung. Aber auch sie haben eine materielle Basis. Auch bei ihnen wird Materie aufgebraucht, werden Schadstoffe emittiert, entstehen Mengenprobleme. Darum müssen beide, Effizienz und Konsistenz, durch eine Politik der Suffizienz ergänzt werden (▸ Kapitel 8). Das ist der schwierigste und bisher am wenigsten politisch anschlussfähige Strategieteil von Nachhaltigkeit.

Aber Zukunftsfähigkeit ist nicht allein durch die Optimierung der Mittel erreichbar, es kommt ebenso auf die Angemessenheit der Ziele an. Der Übergang zu einer nachhaltigen Wirtschaft ist nur zweigleisig zu denken: durch eine Neuerfindung der technischen Mittel und durch eine kluge Mäßigung der Leistungserwartungen.[20] Ohne diesen doppelten Ansatz wird die Expansionsdynamik den Erfolg gesteigerter Effizienz und Konsistenz wegspülen. Wer also eine technische Infrastruktur im Blick hat, welche mit enorm reduzierten Ressourcenflüssen auskommt, tut gut daran, auch eine entsprechende Evolution der Institutionen und kulturellen Formen ins Auge zu fassen. Wenn für die physische Größe des Wirtschaftssystems gilt, dass es sich dem Natursystem einzupassen hat, kann dies nicht ohne Folgen für das soziale Gefüge einer Gesellschaft bleiben. So wie ein neues Gleichgewicht zwischen Wirtschaftssystem und natürlicher Welt zu finden ist, so ist auch ein neues Gleichgewicht zwischen dem Wirtschaftssystem und der sozialen Welt zu finden. Es ist schwer vorstellbar, dass physische Obergrenzen im Ressourcenfluss einer Wirtschaft eingehalten werden können, ohne soziale Grenzen für die Expansion des Wirtschaftssystems in Betracht zu ziehen (▸ Kapitel 10). So ist es zweifelhaft, ob eine Wirtschaft des rechten Maßes den im Fossilzeitalter erreichten Kommerzialisierungsgrad von Arbeit und Konsum, die Geschwindigkeit im Umschlag von Personen und Gütern und auch den Grad an Globalisierung durchhalten kann. Eine nachhaltige Wirtschaftspolitik wird neue Ziele anstreben wie das der Tätigkeitsgesellschaft (▸ Kapitel 15), des achtsamen Konsums (▸ Kapitel 20), der Entschleunigung (▸ Kapitel 8) und der Regionalisierung (▸ Kapitel 14).

4.5 Hält denn Wachstum, was es verspricht?

Eine absolute Entkopplung – also ein deutlich geringerer Ressourcenverbrauch als gegenwärtig – ist in einem Land wie Deutschland auf Dauer wahrscheinlich nicht mit erheblichem Wirtschaftswachstum vereinbar. »Wahrscheinlich« deshalb, weil die Zukunft nicht vorhersagbar ist und weil die Komplexität wirtschaftlicher, technischer und kultureller Entwicklungen immer für Überraschungen gut ist. Aber eine Politik, die sich dem Prinzip der Vorsorge verschreibt, kann sich nicht erlauben, allein auf das Prinzip Hoffnung und auf unvermindertes Wachstum zu setzen. Es wäre tollkühn, nur auf das unbekannte Potenzial von Entkopplung zu vertrauen. Das Leitbild der Zukunftsfähigkeit stellt also die Notwendigkeit und die Möglichkeit weiteren Wirtschaftswachstums in Frage. Für eine Wachstumsgesellschaft indessen ist die Aussicht auf weniger Wachstum oder gar Schrumpfung ein Schreckgespenst. Deshalb ist zu fragen, ob Wachstum wirklich die hohe Reputation verdient, die ihm in der politischen Debatte als Überwinder von Arbeitslosigkeit und Garant der Lebensqualität zugesprochen wird.

Vollbeschäftigung – eine Fata Morgana

Wirtschaftswachstum wird oft als das entscheidende Rezept gegen Arbeitslosigkeit gehandelt. Aber seine tatsächlichen Beschäftigungswirkungen sind fragwürdig. Wachstum führt, das zeigt die Erfahrung der vergangenen Jahrzehnte, nicht ohne weiteres zu weniger Arbeitslosigkeit. Unabhängig davon, wie viel Wachstum in Ländern wie Deutschland möglich bleibt, gibt es eine Reihe von Gründen für die Annahme, dass Wachstum in reifen Volkswirtschaften nicht mehr zu Vollbeschäftigung führt. Zunächst einmal gibt es einen weitgehenden Konsens darüber, dass, bei sonst unveränderten demografischen und arbeitsmarktpolitischen Bedingungen, erst ein Wirtschaftswachstum über der Steigerungsrate der Arbeitsproduktivität, also etwa von zwei Prozent an aufwärts, neue Arbeitsplätze schafft. Aber schon zwei Prozent liegen deutlich über dem, was Deutschland im Schnitt der vergangenen Jahre erreichen konnte, bevor es 2007 von einer Konjunkturwelle vorübergehend nach oben getragen wurde. Auch liegen seit Mitte der 1970er Jahre die Steigerungsraten der Arbeitsproduktivität über denen des Bruttoinlandsprodukts. Im Zeitraum 1992 bis 2003 ist das Bruttoinlandsprodukt um durchschnittlich 1,5 Prozent gewachsen, die Arbeitsproduktivität dagegen um 2,1 Prozent.[21] Wachsende Arbeitsproduktivität hängt damit zusammen, dass die Arbeitenden besser ausgebildet sind und dass immer mehr bisher von Menschen geleistete Arbeit von Maschinen und Kommunikationssystemen übernommen wird. Damit werden die Arbeitsplätze produktiver und nehmen an Zahl ab, solange das Wachstum nicht mithält. Nachteilig wirkt sich auch aus, dass nicht mehr gilt, was aus der Wirtschaftswunderzeit bekannt war: Technischer Fortschritt vernichtet zwar alte Jobs, schafft aber ebenso viele neue.[22] Stattdessen entsteht das vielbesprochene »jobless growth«, also Wachstum ohne Beschäftigung. Dies umso mehr, als ein großer Teil der Kapitalinvestitionen zugunsten neuen Wachstums der Rationalisierung der Produktion gelten und nicht ihrer Erweiterung. Das muss gewiss nicht durchgehend Jahr für Jahr der Fall sein, aber aufs Ganze gesehen können die in wachstumsintensiven Jahren geschaffenen Arbeitsplätze nicht jene wettmachen, die in wachstumsschwachen Jahren verlorengehen. Auch wenn wirtschaftliche Expansion kurzfristig zu begrüßenswerten Erfolgen am Arbeitsmarkt führt, dürfen die Grundprobleme im Verhältnis von Wachstum und Zukunftsfähigkeit nicht aus dem Blick geraten (▸ Kapitel 15).

Wohlbefinden – in Stagnation

Zumindest in den Industrieländern wächst die Lebensqualität nicht schon deshalb, weil die Wirtschaft expandiert.[23] Entgegen dem klassischen Glaubenssatz der Wirtschaftsgesellschaft ist das Wohlbefinden der Menschen ab der Sicherung eines auskömmlichen Lebensstandards nur beschränkt abhängig von der Anzahl der Güter und Dienste, die sie zu erwerben in der Lage sind. Aber auf dem Glaubenssatz der Unbegrenztheit der Bedürfnisse und der durch Konsum steigenden Lebensqualität gründen sowohl die Wirtschafts- und Sozialpolitik wie auch die Entwicklungspolitik ihre Mission. Einkommenssteigerung gilt als der Königsweg zum – wie Jeremy Benthams berühmte Formel lautete – größten Glück der größten Zahl. Doch die moderne Glücksforschung zeigt, dass der Glaubenssatz empirisch auf schwankendem Boden steht: Er ist nicht ganz falsch, aber doch weit davon entfernt, richtig zu sein. In jedem Fall aber ist er ungeeignet, als Leitstern für die gesellschaftliche Entwicklung zu dienen.

In Deutschland laufen ebenso wie in vergleichbaren Ländern die Kurven des Geldes und jene des Glücks auseinander. Zieht man Erhebungen zur subjektiven Zufriedenheit heran, dann zeigt sich, dass sich in Deutschland in den vergangenen 30 Jahren zwar das Bruttoinlandsprodukt verdreifacht hat, doch das Niveau der Lebenszufriedenheit unverändert gleichgeblieben ist. Dieser Befund ist kein Zufall, sondern entspricht Erhebungen in Dutzenden von Ländern weltweit[24], die demonstrieren, dass jenseits einer Schwelle des Bruttosozialprodukts pro Kopf von 7000 bis 10 000 US-Dollar kein eindeutiger Zusammenhang zwischen Geldreichtum und Glücksempfinden der Einwohnerinnen und Einwohner existiert. Die Rangfolge der Länder in Sachen Geldeinkommen übersetzt sich nicht in eine parallele Rangfolge in Sachen Zufriedenheit. Zudem lässt sich auch nicht beobachten, dass ein Land zufriedener wird, wenn es reicher wird. Jenseits einer gewissen Wohlstandsschwelle führt die Zunahme des Geldreichtums nicht zu einer Zunahme der Zufriedenheit. Auch in Japan zum Beispiel verharrte die Lebenszufriedenheit zwischen 1958 und 1991 durchgehend auf demselben Niveau, während sich das Bruttoinlandsprodukt versechsfacht hatte.[25] Ebenso in den USA: Dort hat die Lebenszufriedenheit seit dem Ende der 1950er Jahre sogar leicht abgenommen, obwohl sich das BSP mehr als verdoppelt hat.

In Europa ist in den vergangenen vierzig Jahren ein Anstieg der Wirtschaftskraft um 75 Prozent zu verzeichnen, während auch hier die Lebenszufriedenheit nicht nennenswert zunahm – wie der Happy Planet Index ermittelte.[26] Anders formuliert: Das Wirtschaftswachstum hat nur wenig zur subjektiven Lebensqualität beigetragen, wurde aber durch einen enormen Anstieg der Umweltbelastung erkauft – ein geradezu klassisches Beispiel dafür, was Herman Daly »unwirtschaftliches Wachstum« nennt. Selbst wenn man traditionelle ökonomische Kriterien zugrunde legt, stellt diese Kombination die Glaubenssätze einer Wachstumsgesellschaft in Frage. Gleichzeitig zeigen die Berech-

Abb. 4.2 **Wirtschaftswachstum und Lebenszufriedenheit in Deutschland**[27]

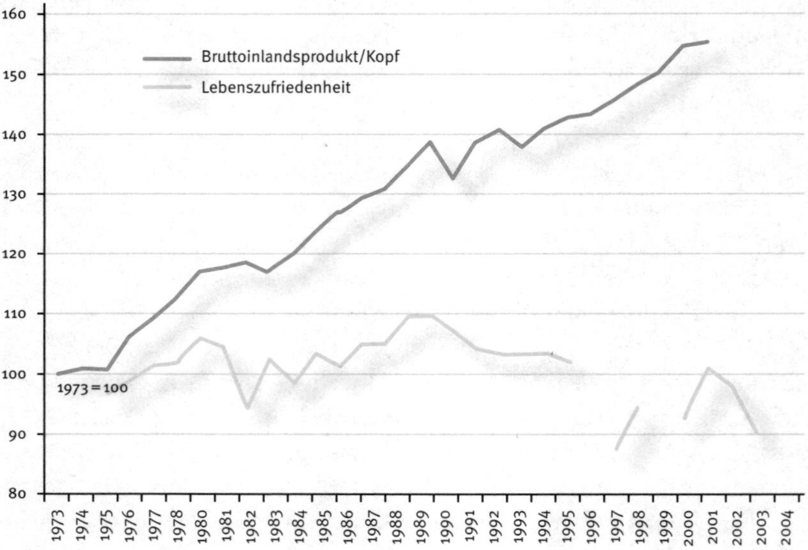

nungen des Happy Planet Index, dass eine hohe Lebensqualität nicht notwendigerweise mit einem hohen Bruttoinlandsprodukt oder mit hohem Ressourcenverbrauch einhergehen muss. Weder Einkommen noch Umweltverbrauch sind entscheidende Faktoren für die Lebensqualität – zumindest ab einem bestimmten Wohlstandsniveau.

4.6 Entwicklung statt Wachstum

Erkennbar wird: Eine deutliche Entkopplung von Umweltverbrauch und Wirtschaftsleistung ist möglich und muss vorangetrieben werden. Es ist aber eine offene Frage, ob und gegebenenfalls wie und bis wann die für die Nachhaltigkeit notwendige Größenordnung erreicht werden kann. Eine Gesellschaft, die zukunftsfähig werden will, muss sich mit der Möglichkeit auseinandersetzen, dass schon sie selbst und ebenso die kommenden Generationen mit weniger und schließlich ohne Wirtschaftswachstum auskommen müssen. Das wird durch die Einsicht erleichtert, dass Wachstum bei genauer Betrachtung ohnehin nicht die Erwartungen erfüllt, die so viele mit ihm verbinden. Die Hoffnung, dass es zur allgemeinen Wohlfahrt beiträgt, ist jedenfalls trügerisch.

Wenn Kapitalismus – unabhängig davon, ob private, genossenschaftliche oder öffentliche Eigner dominieren – als die Vorherrschaft des Renditekalküls über Gemeinwohlbelange verstanden wird, dann ist er in seiner gegenwärtigen Ausprägung schwerlich zukunftsfähig. Überlebensfähig ist nur eine Wirtschaftsform, die den Gemeingütern Umwelt und Lebensqualität Sitz und Stimme im Wirtschaftsgeschehen gibt (▸ Kapitel 9 und 10). Sowohl die Geschäftsfelder (was und wie wird produziert) als auch die Höhe und Verwendung von Renditen stehen daher auf allen Ebenen wirtschaftlicher Entscheidung auf dem Prüfstand der Zukunftsfähigkeit, von Konzernetagen bis zum Konsumentenverhalten, von Handelskonferenzen zum Gemeindeparlament. Weil der herrschende Wachstumsimperativ von seinem Wesen her unterschiedslos nur Geldgrößen aggregiert und insofern qualitätslos ist, muss auch er zur Disposition gestellt werden. Nur so kann ein zielgerichteter Strukturwandel zu nachhaltigen Produktions- und Konsummustern und eine ökologische Modernisierung, die ihren Namen verdient, wirklich umgesetzt werden. Und nur so lässt sich soziale oder ökologische Qualität nachhaltig in das Wirtschaftsgeschehen bringen.

Die Chancen der ökologischen Modernisierung liegen im Schrumpfen von Risikomärkten und im selektiven Wachstum von nachhaltigen Zukunftsmärkten. So verstanden kann eine ökologische Industrie- und Dienstleistungspolitik einen wesentlichen Beitrag zu Nachhaltigkeit leisten. Denn wachsen kann und soll alles, was zugleich der Nachhaltigkeit und der Lebensqualität dient. Und schrumpfen wird, was die Übernutzung von Ressourcen und Senken sowie die Risikoverlagerung begünstigt oder den sozialen Zusammenhalt beschädigt. Worauf es ankommt, ist nachhaltige Entwicklung und nicht unmäßiges Wachstum durch Verzehr von Entwicklungsvoraussetzungen.[28] Selbstverständlich wird die nachhaltige Entwicklung des Gemeinwesens auch besonders rasches wirtschaftliches Wachstum vor allem

neuer Branchen einschließen, wie heute für die Energie- und Materialeffizienz, für erneuerbare Energien, für die Ökolandwirtschaft oder
den fairen Handel. Wo Wachstum einer nachhaltigen Entwicklung widerspricht, ist dagegen Neuorientierung, Schrumpfung oder Ausstieg
angesagt wie bei nuklear-fossilen Energien, beim auto- und flugin-
tensiven Verkehr, bei spekulativen Finanzprodukten oder bei der Verschuldung armer Länder.

Der Markt – so ließe sich in Anlehnung an Churchills Wort über die
Demokratie sagen – ist die schlechteste aller Wirtschaftsformen, außer jenen anderen, die von Zeit zu Zeit ausprobiert worden sind. Keine
andere Organisationsform des Wirtschaftens ist so beweglich, viel-
stimmig, für Veränderung offen und dezentral zu gestalten. Doch dem
Markt wurde nie in die Wiege gelegt, für Gerechtigkeit, für die Integrität der Schöpfung oder für Schönheit zu sorgen – und er ist dazu auch
nicht imstande. Investoren mögen an der Vermehrung des Finanzkapitals interessiert sein, aber ein Gemeinwesen – also die Politik ebenso
wie Bürger – muss dafür Sorge tragen, dass das Naturkapital und das
Sozialkapital einer Gesellschaft in gleicher Weise prosperieren.

Anmerkungen

1 Bundesregierung (2002), S. 110
2 BMU (2006a); BMBF (2007)
3 Statistisches Bundesamt (2008)
4 Arndt (1978)
5 Reuter (2002), S. 131–144; Statistisches
   Bundesamt (2008) und eigene Berechnungen; Afheldt (1994)
6 Daly (1996); Luks (1999), S. 119–134
7 UNDP (2007); Daly et al. (1994)
8 Wrigley (1987); Sieferle et al. (2006)
9 Altvater (2005), S. 72–74
10 Daly (2005), S. 100–107
11 Steger (2007), basierend auf: Eurostat/
   IFF (2004)
12 Baykan (2007); de.wikipedia.org/wiki/
   Wachstumsrücknahme; fr.wikipedia.
   org/wiki/Décroissance_soutenable;
   Latouche (2006)
13 www.viacampesina.org (12. April 2008)
14 BUWAL (2005)

15 Gabriel (2006), S. 4–5
16 Arrow et al. (1995), S. 520–521;
   Giljum et al. (2004), S. 73–100
17 Jevons (1865), S. 137 ff.; Binswanger
   (2000), S. 119–132
18 BMU (2006b); BMBF (2007)
19 Paech (2005)
20 Linz et al. (2007), S. 177–191;
   Sachs (1993), S. 69–72
21 Bontrup (2005), S. 62–63
22 Bontrup (2005)
23 Binswanger (2006), S. 22–24;
   Easterlin (2002); Layard 2005
24 Frey et al. (2002), Layard (2005),
   Becchetti (2007)
25 Frey et al. (2002), S. 9
26 Friends of the Earth et al. (2007)
27 Noll (2008)
28 Daly (1996)

B Bilanzen

5   Deutschland im Weltumweltraum

Die Menschheit übernutzt die Biosphäre, und das Jahr für Jahr.
Weil vor allem die globale Landfläche sowie die Atmosphäre in
ihrer Tragfähigkeit überstrapaziert werden, treten vielfältige ökologische Krisen auf. Dabei ist die Nutzung des globalen Umweltraums ungleich verteilt: Es sind besonders die Industrieländer,
welche sich die natürlichen Ressourcen der Erde aneignen,
neuerdings rasch gefolgt von den Schwellenländern, und die arme
Mehrheit der Weltbevölkerung hat weitgehend das Nachsehen.
Welchen Umweltraum aber belegt Deutschland? Zwölf Jahre
nach dem Erscheinen von »Zukunftsfähiges Deutschland« wird
Bilanz gezogen, ob Deutschlands Entwicklung zukunftsfähiger
geworden ist.

Die Studie »Zukunftsfähiges Deutschland« führte das Konzept des
Umweltraums[1] ein, um mit Hilfe der Metapher des Raumes jenen
Handlungsrahmen zu umschreiben, innerhalb dessen die Menschheit
die natürlichen Lebensgrundlagen des Planeten nutzen kann, ohne sie
ernsthaft zu beschädigen. Damit hat das Umweltraum-Konzept zunächst eine ökologische Dimension. Es werden die Grenzen für die
Nutzung natürlicher Ressourcen sowie die Belastung der Erde mit
Schadstoffen ermittelt. Haben Nutzung oder Belastung eine Größenordnung angenommen, die jenseits dieser Grenzen liegt, kann man
von einer Überlastung der Tragfähigkeit sprechen. Darüber hinaus hat
das Konzept eine soziale Dimension. Es erlaubt, die Verteilung von
Umweltnutzung und -belastung auf verschiedene Länder oder Personen darzustellen. Mit dem Konzept des Umweltraums lassen sich so
die beiden Hauptmerkmale der globalen Ressourcenbewirtschaftung
herausarbeiten: ökologische Überlastung sowie soziale Ungleichheit.

5.1 Überlastung der Tragfähigkeit

Was intuitiv einleuchtet, ist allerdings schwer mengenmäßig zu bestimmen. So leuchtet ein, dass die Erde nicht unbegrenzt genutzt werden kann, doch ist es nur in wenigen Bereichen gelungen, die Grenzen der zulässigen Nutzung quantitativ zu beschreiben. Ein Grund liegt darin, dass die Belastungsgrenzen der Natur keine eindeutigen Bruchlinien darstellen. Es handelt sich eher um Korridore der Elastizität, innerhalb derer Ökosysteme in der Lage sind, Störungen zu verarbeiten. Grenzen sind deshalb dynamisch und nicht mit Sicherheit bestimmbar – aber trotzdem real. Ein weiterer Grund liegt darin, dass die Belastungsgrenzen der Natur vieldimensional sind, denn die Natur bietet dem Menschen nicht nur eine, sondern zahlreiche Nutzungsmöglichkeiten, die sich aus den verschiedenen Funktionen natürlicher Ökosysteme ergeben. Zu diesen Funktionen gehören unter anderem die Regeneration und Bereitstellung von nachwachsenden Rohstoffen, die Aufnahme und Verarbeitung von Reststoffen, die Regelung lebenswichtiger Kreisläufe wie beispielsweise Wasser und Luft sowie die Integrität und Ästhetik der Landschaft und einzelner Arten.[2]

Um diese vielfältigen natürlichen Funktionen zu verstehen und um herauszufinden, wie viel davon vom Menschen ohne Schäden genutzt werden kann, muss man die Erde als System betrachten. Die Gastlichkeit des Planeten Erde basiert auf der Sonneneinstrahlung, die wiederum mittels des Prozesses der Photosynthese zu der Herausbildung komplexer Lebensformen – der Biosphäre – geführt hat. Die große Vielfalt an Organismen – vom Plankton über Pflanzen und Tiere bis zum Menschen – ist eingebettet in ein hochkomplexes, ausbalanciertes und sensibles System von ineinander verflochtenen Stoffkreisläufen. Die wichtigsten – und bislang am besten erforschten – sind der Wasserkreislauf, der Kohlenstoffkreislauf und die Nährstoffkreisläufe von Stickstoff und Phosphat. Die Evolution dieses Gleichgewichtssystems von bio-geo-chemischen Zyklen hat Leben erst möglich gemacht, ist also dessen Ursache. Gleichzeitig ist Leben Nutznießer dieses Systems und auf seine Stabilität angewiesen. Dieses hochkomplexe stofflich-ökologische System gewährleistet den Umweltraum für den Menschen und auch für alle anderen Organismen. Ursprünglich war der

Mensch in das Gleichgewichtsgeflecht von natürlichen Stoffkreisläufen nebst den vielen anderen Organismen integriert. Doch das Verhältnis zwischen Mensch und Natur hat sich umgekehrt. Insbesondere seit der Industrialisierung greift der Mensch immer tiefer in das ausbalancierte System der natürlichen Stoffkreisläufe ein.

Im Jahr 2000 regte der damalige UN-Generalsekretär Kofi Annan einen Bericht zum Zustand der globalen Ökosysteme an. In den folgenden fünf Jahren erarbeiteten international mehr als eintausend Wissenschaftler das sogenannte Millennium Ecosystem Assessment.[3] Dieser mehrere Tausend Seiten umfassende Bericht bewertet die Veränderungen des globalen Ökosystems und ihre Auswirkungen auf das menschliche Wohlergehen. Das alarmierende Ergebnis ist, dass zwei Drittel der von den natürlichen Ökosystemen geleisteten Funktionen gefährdet sind. Die steigenden Ansprüche der Menschen üben so viel Stress auf die natürlichen Funktionen der Erde aus, dass die Fähigkeit der Ökosysteme, zukünftige Generationen zu versorgen, nicht mehr gewährleistet ist.

Die Erde beherbergt immer mehr Menschen. Allein im 20. Jahrhundert hat sich die Weltbevölkerung vervierfacht. Das übt Druck aus auf die Funktionen der globalen Ökosysteme. Die ausreichende Versorgung von heute 6,7 Milliarden und bis 2050 voraussichtlich neun bis zehn Milliarden Menschen mit Nahrungsmitteln ist eines der herausragenden Probleme angesichts eines ökologisch begrenzten globalen Umweltraums. Um die Nahrungsversorgung sicherzustellen, hat der Mensch mittels moderner technischer Errungenschaften sehr tief in das natürliche System von Photosynthese und Nettoprimärproduktion – der primären Umwandlung von Sonnenenergie in die für den Menschen nutzbare Biomasse – eingegriffen. Moderne Landwirtschaft, Forstwirtschaft und zunehmend auch Fischerei sind nichts anderes als Aneignung von Nettoprimärproduktion und Biomasse. Die aber ist begrenzt. Eine einfache Regel der Nachhaltigkeit sagt, dass nur so viele regenerative Ressourcen genutzt werden sollten, wie nachwachsen. So steht zum Beispiel die Überfischung der Meere im Widerspruch zu dieser Regel; aus diesem Grund hat sich nach Schätzungen zwischen Anfang der 1970er Jahre und Ende der 1990er Jahre der weltweite Gesamtfischbestand nahezu halbiert.

Sushi-Opfer Thunfisch

Wer sich etwas aus modernem Lifestyle und gesunder Ernährung macht, der kann sich dem Besuch einer Sushi-Bar nicht verschließen. Dekorativ, schnell und trotzdem gesund finden die kleinen Röllchen aus Reis, Fisch und Gemüse immer öfter ihren Platz auf den Tellern der Deutschen. Fester Bestandteil einer klassischen Sushi-Mahlzeit ist Thunfisch. Daher landet fast jeder im Mittelmeer gefangene Thunfisch auf dem japanischen Markt, denn die dortigen Bestände sind weitestgehend leergefischt. Doch die Nachfrage hierzulande nach Sushi steigt, und so gewinnt der Anteil frischer und tiefgefrorener Importe nach Deutschland an Bedeutung.

Der Blauflossen-Thunfisch (oder Roter Thunfisch) zählt zu den wertvollsten Fischressourcen des Mittelmeeres. Von der ursprünglichen Population im Mittelmeer sind nur noch rund 20 Prozent vorhanden. Die Ausbeutung liegt derzeit dreimal über dem Nachhaltigkeitsniveau. Eigentlich müssten die von der Internationalen Kommission zum Schutz des Atlantischen Thunfischs (ICCAT) jährlich festgelegten Fangquoten die Bestände schützen. Diese werden jedoch von vielen Seiten als deutlich zu hoch kritisiert. Dazu kommt, dass die Quoten auch durch illegalen Fischfang maßlos überschritten werden. Die treibende Kraft hinter der illegalen Fischerei ist die Thunfischmast, die auf die Fangflotten angewiesen ist, da sie freilebende Thunfische brauchen, um ihre Käfige zu befüllen. Wissenschaftler des ICCAT raten mindestens zu einer sofortigen Halbierung der Quoten, um so die Zukunft der Thunfischfischerei im Mittelmeer langfristig sicherstellen zu können.

Um die Fischerei nachhaltiger zu gestalten, gibt es längst funktionierende Ansätze. Das Siegel des Marine Stewardship Council (MSC) gewährleistet die nachhaltige Kontrolle von Fischbeständen, und auch die Biozucht von Fischen wird weitgehend empfohlen.[4]

Wie viel Natur kann der Mensch sich erlauben zu nutzen? Nach jüngeren Schätzungen beträgt die globale Nettoprimärproduktion (NPP) an Biomasse etwa 105 Milliarden Tonnen Kohlenstoff pro Jahr.[5] Davon entfällt etwas mehr als die Hälfte auf die Vegetationsfläche der Erde und etwas weniger als die Hälfte auf die maritimen Flächen der

Erde, die Ozeane. Die menschliche Nutzung von nachwachsender Biomasse ist überwiegend an die nicht vermehrbare Landoberfläche gekoppelt, auf der insgesamt eine terrestrische NPP in Höhe von 60 Milliarden Tonnen Kohlenstoff pro Jahr bereitgestellt wird. Davon nutzt der Mensch einen erheblichen Teil von rund einem Viertel.[6] Das ist bereits sehr viel, und dieser Anteil steht den übrigen Tieren und Pflanzen nicht mehr zur Verfügung.

Eine weitere Steigerung der menschlichen Aneignung, beispielsweise für Agrokraftstoffe oder Energiepflanzen, ist gerade im Hinblick auf die Biodiversität problematisch. Eine zu hohe Aneignung von NPP durch den Menschen hat negative Auswirkungen auf die Biodiversität – während der vergangenen Jahrhunderte hat der Mensch die natürliche Aussterbensrate von Organismen um ein Vielfaches erhöht[7] – und stört darüber hinaus die natürlichen bio-geo-chemischen Kreisläufe und somit die globalen Ökosysteme.

Die Energiefrage stellt ein weiteres Grenzenproblem dar – in Zeiten des globalen Klimawandels vielleicht sogar das dringlichste. Dabei ist nicht die Endlichkeit von fossilen Energieträgern das ökologisch Problematische, sondern vielmehr die Eingriffe des Menschen in den natürlichen Kohlenstoffkreislauf und die Überfrachtung der Atmosphäre mit vormals fossil gebundenem Kohlenstoff (▸ Kapitel 2).

Von Rucksäcken und Fußabdrücken

Die Atmosphäre als Senke fossiler CO_2-Emissionen ist wohl der am besten erforschte Teil des Umweltraumes. Oft jedoch lassen sich für Stoffkreisläufe und Ökosysteme keine eindeutigen Grenzen bestimmen, bei deren Überschreitung das System kollabiert und umkippt. Nicht alles im globalen Umweltraum ist zuverlässig quantifizierbar. Darum ist die Grenzziehung auch normativer Natur. Es stellt sich immer die Frage, wie viel Risiko eine Gesellschaft einzugehen bereit ist und welche Schädigungen sie toleriert.

Und doch können die Grenzen durch Indikatoren sichtbar gemacht werden. Der Indikator des ökologischen Fußabdrucks fasst die verschiedenen Elemente der menschlichen Ressourcennutzung zusammen und berücksichtigt insbesondere Fläche und Atmosphäre. In seine Be-

Abb. 5.1 Globaler ökologischer Fußabdruck[8]
Zahl der benötigten Planeten Erde

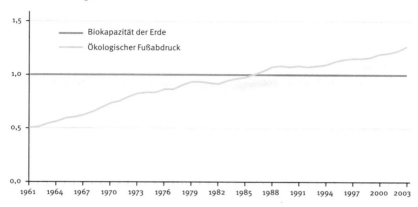

rechnung gehen die verschiedenen Nutzungsformen von Biomasse, wie Pflanzen, Wälder und Fische, sowie die Emissionen von fossilem CO_2 in die Atmosphäre ein. Um eine einzige Maßzahl zu erhalten, werden die verschiedenen Nutzungsarten in Fläche übersetzt – sogenannte globale Hektare (gha).

Auf die vergangenen vierzig Jahre gesehen enthüllt dieser Indikator eine dramatische Entwicklung: Zwischen 1960 und 2000 hat sich der globale ökologische Fußabdruck um 80 Prozent vergrößert. Setzt man ihn in Beziehung zur biologisch produktiven Weltfläche – ausgeschlossen also Wüsten, Eisflächen und tiefe Meere –, dann zeigt sich, dass er seit Mitte der 1970er Jahre die biologisch produktive Fläche deutlich an Größe übertrifft, derzeit um etwa 20 Prozent (▸ Abbildung 5.1). So lebt die Menschheit auf zu großem Fuß: Im globalen Durchschnitt nutzt zurzeit jeder Erdenbürger etwa 2,2 gha, obwohl aber lediglich eine globale Biokapazität von etwa 1,7 gha pro Person zur Verfügung steht.

Mit anderen Worten: Die Welt verbraucht Jahr für Jahr mehr Ressourcen, als die Natur erneuern kann, zurzeit den Gegenwert von jährlich 1,2 Planeten. Würden zudem die Bedürfnisse anderer Lebewesen ebenfalls einbezogen, wäre die Überbelastung der Biosphäre noch höher anzusetzen. In jedem Fall ist seit einem Vierteljahrhundert die

Konzepte und Indikatoren zur Messung des Umweltverbrauches und seiner global ungleichen Verteilung

In den 1990er Jahren wurden im Verlauf der Nachhaltigkeitsdebatte verschiedene Konzepte und Indikatoren zur Messung des Umweltverbrauchs und seiner globalen Verteilung entwickelt. Prominente Beispiele sind das Konzept des Umweltraums[9] und der Indikator ökologischer Fußabdruck[10], der eine Konkretisierung des Umweltraumkonzeptes darstellt.

Umweltraum Das Konzept des Umweltraums geht von einem begrenzten Raum aus, der der Menschheit zur Nutzung von Ressourcen zur Verfügung steht. Ökosysteme sind nur begrenzt fähig, Abfall und Emissionen aufzunehmen, bevor sie kollabieren. Die Nutzung von natürlichen Ressourcen ist durch ihre Regenerationsfähigkeit limitiert; erst recht ist die Verfügbarkeit von einer Reihe nicht erneuerbarer Ressourcen begrenzt. Grenzen ergeben sich aber auch aufgrund von Gerechtigkeitskriterien. Das Umweltraum-Konzept weist jedem Menschen das gleiche Recht zur Nutzung des Umweltraumes zu. Dies gilt sowohl innerhalb der heutigen Generation als auch für zukünftige Generationen. Um den Umweltraum fair zu verteilen, muss zunächst ein nachhaltiges Niveau des Umweltverbrauches bestimmt werden. Dieses wird auf die Weltbevölkerung verteilt und in Pro-Kopf-Werten angegeben. Durch den Vergleich dieses Wertes mit den tatsächlichen Pro-Kopf-Emissionen eines Landes oder einer Region zeigen sich die starken Asymmetrien im Umweltverbrauch zwischen den Industrieländern, den Schwellenländern und den armen Entwicklungsländern. Hieraus lassen sich Reduktionsziele ableiten.

Ökologischer Fußabdruck Auch der ökologische Fußabdruck vereint die Prinzipien von ökologischen Grenzen und internationaler Gerechtigkeit. Im Gegensatz zum Umweltraum, der verschiedene Quantitäten für die jeweiligen Ressourcen definiert, werden hier die verschiedenen Elemente der Ressourcennutzung in eine vergleichbare Maßeinheit übersetzt: die Fläche. Der ökologische Fußabdruck eines Landes oder einer Region beschreibt also die Fläche, die nötig ist, um die Ressourcen, die genutzt werden, bereitzustellen und die Emissionen, die durch Produktion und Konsum anfallen, aufzunehmen. Diesem Fußabdruck eines Landes wird die Biokapazität, also die Verfügbarkeit von biologisch produktivem

Boden dieses Landes, gegenübergestellt. Ist er größer als dessen Biokapazität, befindet sich das Land oder die Region in einem ökologischen Defizit. Ähnlich wie beim Umweltraum wird der Fußabdruck eines Landes oder einer Region in Relation gesetzt zu dem, was in der Welt an Biokapazität insgesamt zur Verfügung steht, wie auch zu dem, was andere Länder verbrauchen. Und wieder ergeben sich Asymmetrien, die nach Auflösung verlangen (▸ Schlaglicht: Ökologischer Rucksack S. 143).

globale ökologische Überlastung zu einem Kennzeichen der Menschheitsgeschichte geworden. Kein Wunder, dass die Biosphäre unter dem Druck von steigender Bevölkerung und wachsendem Wirtschaftsvolumen Merkmale der Erschöpfung und der Desorganisation zeigt.

5.2 Ungleichheit im Umweltraum

Die Überlastung der globalen Tragfähigkeit haben zum überwiegenden Teil die Industrieländer zu verantworten. Die bisherige Übernutzung haben sie lange Zeit hindurch fast allein verursacht. Trotz geringer Bevölkerungszahl nehmen sie noch heute nahezu die Hälfte der natürlichen Umweltressourcen in Anspruch. Auf eine Formel gebracht: Knapp ein Sechstel der Weltbevölkerung nutzen fast die Hälfte der globalen Energieressourcen. Gleichzeitig leben die Industrieländer den Schwellen- und Entwicklungsländern ein nichtnachhaltiges Entwicklungsmodell vor, das nicht auf die Mehrheit der Weltgesellschaft übertragbar ist und das auch sie selbst nicht fortsetzen können – Deutschland eingeschlossen.

Lediglich knapp ein Sechstel der Weltbevölkerung lebt in Industrieländern (▸ Abbildung 5.2 und Tabelle 5.1). Es ist wohlhabend und vereint mehr als die Hälfte des weltweiten Bruttosozialprodukts auf sich. Die Kehrseite der Medaille ist freilich ein enorm hoher Material- und Energiebedarf zur Sicherung des Wohlstands. Beim gesellschaftlichindustriellen Stoffwechsel geschieht im Grunde das Gleiche wie bei den natürlichen bio-geo-chemischen Stoffkreisläufen: Mit Hilfe von

Abb. 5.2 Ungleichheit im Umweltraum[11]

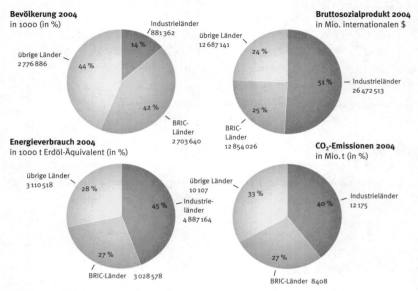

Bevölkerung 2004
in 1000 (in %)

Industrieländer
881362

übrige Länder
2776886

44 %

14 %

42 %

BRIC-
Länder
2703640

übrige Länder
12687141

24 %

Bruttosozialprodukt 2004
in Mio. internationalen $

51 % — Industrieländer
26472513

25 %

BRIC-
Länder
12854026

Energieverbrauch 2004
in 1000 t Erdöl-Äquivalent (in %)

übrige Länder
3110518

28 %

45 %

27 %

BRIC-Länder 3028578

Industrie-
länder
4887164

übrige Länder
10107

33 %

40 %

Industrieländer
12175

27 %

BRIC-Länder 8408

CO$_2$-Emissionen 2004
in Mio. t (in %)

Industrieländer: Australien, EU-15, Island, Israel, Japan, Kanada, Malta, Neuseeland, Norwegen, Schweiz, USA
BRIC-Länder: Brasilien, Russland, Indien, China

Energie werden Stoffe bewegt – in typischen Industrieländern sind das rund 40 bis 80 Tonnen pro Kopf und Jahr.[12] Dazu benötigen die Industrieländer annähernd die Hälfte, 45 Prozent, des weltweiten Energieverbrauchs. Ein Durchschnitts-Amerikaner verbraucht fast acht Tonnen Erdöleinheiten pro Kopf und Jahr, ein Westeuropäer immerhin vier Tonnen pro Kopf. Das liegt deutlich über dem weltweiten Durchschnitt von rund 1,8 Tonnen Erdöleinheiten pro Kopf (► Tabelle 5.1). Bei den Emissionen des Treibhausgases CO$_2$ offenbaren sich ähnliche Asymmetrien zwischen den Industrieländern einerseits und der übrigen Welt – vereinfacht lässt sich diese Asymmetrie auf die Kennziffern 20 – 10 – 4 – 1 bringen. Mit nahezu 20 Tonnen CO$_2$ pro Kopf sind die Emissionen in den Vereinigten Staaten am höchsten. In Westeuropa einschließlich Deutschland liegen sie immerhin bei rund zehn Tonnen, während sie in Entwicklungsländern teilweise unterhalb einer Tonne liegen. Die Schwellenländer, wie beispielsweise China oder

Tab. 5.1 Globale Verteilung von Bevölkerung, Wirtschaftskraft, CO_2-Emissionen und Primärenergieverbrauch

	Bevölkerung 2005[a]		Bruttosozialprodukt 2005[a]		Bruttosozialprodukt in Kaufkraftparitäten 2005[a]			CO_2-Emissionen 2003[b]			Primärenergieverbrauch 2004[c]		
	in 1000	%	in Mio. US-$	%	in Mio. internationale $	%	US-$/Kopf	in Mio. t	%	t/Kopf	in Mio. Erdöleinheiten	%	pro Kopf
Industrieländer													
USA	296410	4,60	12416505	27,81	12416505	20,24	41890	5778	22,27	19,90	2325,89	20,72	7,91
Russland	143114	2,22	763720	1,71	1552008	2,53	10845	1581	6,10	10,90	641,53	5,72	4,46
Japan	127774	1,98	4533965	10,16	3995077	6,51	31267	1258	4,85	9,90	533,20	4,75	4,18
Deutschland	82469	1,28	2794926	6,26	2429644	3,96	29461	865	3,34	10,50	348,04	3,10	4,22
Frankreich	60873	0,95	2126630	4,76	1849666	3,02	30386	394	1,52	6,60	275,17	2,45	4,43
Großbritannien	60227	0,94	2198789	4,93	2001821	3,26	33238	553	2,13	9,30	233,69	2,08	3,91
Italien	58607	0,91	1762519	3,95	1672006	2,73	28529	468	1,81	8,10	184,46	1,64	3,17
Schwellenländer													
China	1304500	20,26	234297	5,00	8814860	14,37	6757	4497	17,34	3,50	1609,35	14,34	1,24
Indien	1094583	17,00	805714	1,80	3779044	6,16	3452	1148	4,43	1,10	572,85	5,10	0,53
Brasilien	186405	2,90	796055	1,78	1566253	2,55	8402	332	1,28	1,80	204,85	1,83	1,11
Mexiko	103089	1,60	768438	1,72	1108281	1,81	10751	400	1,54	3,90	165,48	1,47	1,59
Entwicklungsländer													
Indonesien	220558	3,43	287217	0,64	847609	1,38	3843	347	1,34	1,60	174,04	1,55	0,80
Pakistan	155772	2,42	110732	0,25	369230	0,60	2370	112	0,43	0,80	74,37	0,66	0,49
Bangladesch	141822	2,20	60034	0,13	291217	0,47	2053	37	0,14	0,30	22,79	0,20	0,16
Vietnam	83119	1,29	52408	0,12	255261	0,42	3071	73	0,28	0,90	50,22	0,45	0,61
Philippinen	83054	1,29	99029	0,22	426689	0,70	5137	74	0,29	0,90	44,27	0,39	0,54
Äthiopien	71256	1,11	11174	0,03	75149	0,12	1055	5	0,02	0,10	21,18	0,19	0,30
DR Kongo	57549	0,89	7103	0,02	41099	0,07	1055	2	0,01	k.A.	16,56	0,15	0,30
Myanmar	50519	0,78	k.A.	0,00	41857	k.A.	k.A.	10	0,04	0,20	14,14	0,13	0,28
Welt	6437682	100,00	44645437	100,00	61341857	100,00	9529	29885	100,00	4,64	11223,28	100,00	1,77

[a] Weltbank 2007: Quick Reference Tables – online; http://siteresources.worldbank.org (2.7.2007)
[b] World Resources Institute 2007: Climate Analysis Indicators Tool (CAIT) version 5.0 (Washington, DC: World Resources Institute, 2008), http://cait.wri.org (6.5.2008)
[c] International Energy Agency 2007: International Energy Agency (2008): Statistics and Balances – online; http://www.iea.org/Textbase/stats/index.asp (6.5.2008)

Mexiko, kommen auf durchschnittlich etwa vier Tonnen CO_2 pro Kopf und Jahr. Noch deutlicher wird die Verantwortung der Industrieländer, wenn man die kumulierten CO_2-Emissionen betrachtet. Die anschwellenden atmosphärischen CO_2-Konzentrationen sind eine Folge der über die vergangenen Jahrhunderte akkumulierten CO_2-Emissionen. Weit über die Hälfte der in den vergangenen 250 Jahren emittierten CO_2-Frachten gehen auf das Konto der Industrieländer.[13]

Die Asymmetrie der globalen Ressourcenaneignung hat sich in jüngerer Zeit verändert. Seit der ersten Ölkrise Anfang der 1970er Jahre wachsen die Energieverbräuche und CO_2-Emissionen in den Industrieländern weniger stark an. Doch gleichzeitig gewinnt die Industrialisierung in den Schwellen- und Entwicklungsländern an Fahrt (▸ Kapitel 3). 1970 lag der Anteil der Industrieländer deutlich über der Hälfte der weltweiten CO_2-Jahresemissionen. Heute beträgt er nur noch rund 40 Prozent – mit abnehmender Tendenz. Aus ökologischer Sicht kann keinesfalls Entwarnung gegeben werden. Denn absolut gesehen haben die Industrieländer nach wir vor dieselben hohen Umweltverbräuche. Dazu addieren sich nunmehr die Verbräuche der Schwellen- und Entwicklungsländer (▸ Abbildung 5.3) mit der Folge, dass die Überdehnung des global begrenzten Umweltraums in dramatischer Weise zunimmt.

Die Aufholjagd der Schwellenländer ist in vollem Gange (▸ Kapitel 3), und die Auswirkungen sind allein wegen der Größe der Bevölkerungen gigantisch. China und Indien machen mit Brasilien und Mexiko zusammen mehr als 40 Prozent der Weltbevölkerung aus (▸ Tabelle 5.1), und sie alle adaptieren westliche Konsummuster. So nähern sich die absoluten Emissionen Chinas schon dem Niveau der USA, ja haben sie bereits im Jahr 2006 überholt[14], auch wenn die Pro-Kopf-Emissionen im Vergleich zu denen der Industrieländer noch immer gering sind (▸ Tabelle 5.1).

Das Beispiel Chinas macht die Dynamik bewusst, mit der sich die westlichen Produktions- und Konsummuster globalisieren. So wünschenswert die damit verbundene Wohlstandsteigerung in den Schwellen- und Entwicklungsländern auch ist – der rasante Anstieg des weltweiten Umweltverbrauchs überschreitet bereits heute die Tragfähigkeit des Planeten Erde. Die Internationale Energieagentur

Tab. 5.2 Verbrauch wichtiger Rohstoffe in ausgewählten Ländern

	Bevölkerung 2005 [a]		Stahlverbrauch 2006 [b]			Aluminiumverbrauch 2005 [c]			Kupferverbrauch 2005 [d]			Zementproduktion 2005 [e]			Fleischkonsum 2005 [f]		
	in 1000	%	in Mio. t (Stahlfertigprodukte)	%	kg/Kopf	in t (rohes Primäraluminium)	%	kg/Kopf	in t (raffiniertes Kupfer)	%	kg/Kopf	in 1000 t	%	kg/Kopf	in 1000 t	%	kg/Kopf
Industrieländer																	
USA	296 410	4,60	119,6	10,74	403	6 114 377	19,21	20,63	2 270 000	13,38	7,66	100 903	4,37	340	28 093	11,68	95
Russland	143 114	2,22	36,0	3,23	252	1 020 000	3,20	7,13	792 000	4,67	5,53	48 700	2,11	340	6 186	2,57	43
Japan	127 774	1,98	79,0	7,10	618	2 276 338	7,15	17,82	1 226 746	7,23	9,60	69 629	3,01	545	4 448	1,85	35
Deutschland	82 469	1,28	38,8	3,45	466	1 773 005	5,57	21,50	1 117 603	6,59	13,55	30 629	1,33	371	6 392	2,66	78
Frankreich	60 873	0,95	16,4	1,47	269	718 945	2,26	11,81	472 216	2,78	7,76	21 277	0,92	350	4 799	2,00	79
Großbritannien	60 227	0,94	12,9	1,16	214	352 249	1,11	5,87	k.A.	k.A.	k.A.	11 470	0,50	190	4 544	1,89	75
Italien	58 607	0,91	36,0	3,23	614	976 789	3,07	16,67	676 084	3,98	11,54	46 404	2,01	792	4 340	1,80	74
Schwellenländer																	
China	1 304 500	20,26	356,2	32,0	273	7 118 592	22,37	5,46	3 639 133	21,44	2,79	1 038 300	44,95	796	79 966	33,25	61
Indien	1 094 583	17,00	43,1	3,87	39	940 883	2,96	0,86	398 025	2,35	0,36	145 000	6,28	132	5 077	2,11	5
Brasilien	186 405	2,90	18,5	1,66	99	759 275	2,39	4,07	333 850	1,97	1,79	36 673	1,59	197	13 229	5,50	71
Mexiko	103 089	1,60	18,0	1,62	175	k.A.	k.A.	k.A.	471 188	2,78	4,57	36 000	1,56	349	5 718	2,38	55
Entwicklungsländer																	
Indonesien	220 558	3,43	k.A.	k.A.	k.A.	k.A.	k.A.	k.A.	246 030	1,45	1,12	37 000	1,60	168	2 642	1,10	12
Pakistan	155 772	2,42	k.A.	k.A.	k.A.	k.A.	k.A.	k.A.	k.A.	k.A.	k.A.	18 000	0,78	116	2 367	0,98	15
Bangladesch	141 822	2,20	k.A.	k.A.	k.A.	k.A.	k.A.	k.A.	k.A.	k.A.	k.A.	5 100	0,22	36	469	0,20	3
Vietnam	83 119	1,29	k.A.	k.A.	k.A.	k.A.	k.A.	k.A.	k.A.	k.A.	k.A.	29 000	1,26	349	2 804	1,17	34
Philippinen	83 054	1,29	k.A.	k.A.	k.A.	k.A.	k.A.	k.A.	k.A.	k.A.	k.A.	13 000	0,56	157	2 551	1,06	31
Äthiopien	71 256	1,11	k.A.	k.A.	k.A.	k.A.	k.A.	k.A.	k.A.	k.A.	k.A.	1 568	0,07	22	619	0,26	9
DR Kongo	57 549	0,89	k.A.	k.A.	k.A.	k.A.	k.A.	k.A.	k.A.	k.A.	k.A.	k.A.	k.A.	k.A.	k.A.	k.A.	k.A.
Myanmar	50 519	0,78	k.A.	k.A.	k.A.	k.A.	k.A.	k.A.	k.A.	k.A.	k.A.	k.A.	k.A.	k.A.	840	k.A.	17
Welt	6 437 682	100,00	–	100,00	173	31 825 489	100,00	4,94	16 971 648	100,00	2,64	2 310 000	100,00	359	240 507	100,00	37

[a] Weltbank 2007
[b] International Iron and Steel Institute, World Steel in Figures 2007
[c] UNCTAD Handbook of Statistics
[d] US Geological Survey, Mineral Yearbook Volume 1, Metals and Minerals
[e] Food and Agricultural Organziation of the United Nations

Abb. 5.3 **Globale Entwicklung der Emissionen nach Ländergruppen[15] in Mio. t CO_2**

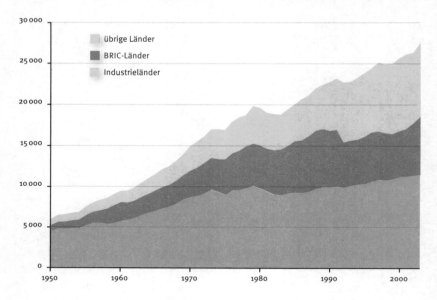

prognostiziert in ihrem 2007 veröffentlichten World Energy Outlook ernüchternde Zahlen[16]: Auch wenn alle derzeit zur Energieeinsparung geplanten Maßnahmen umgesetzt würden, werde bei fortgeschriebener Entwicklung bis zum Jahr 2030 der jährliche globale Energiebedarf im Vergleich zu heute um 39 Prozent und der energiebedingte Treibhausgasausstoß um 27 Prozent steigen.

Auf der anderen Seite erzählen die Zahlen aus den Tabellen von der Aufspaltung der Welt in Hochverbraucher und Niedrigverbraucher. Denn Länder wie Philippinen, Bangladesch oder Äthiopien belegen einen vergleichsweise winzigen Anteil am globalen Umweltraum. Energieverbrauch, Zementproduktion, Fleischkonsum schlagen dort wenig zu Buche, und Stahl- und Kupferproduktion sind statistisch gar inexistent. Daran ändert auch das rasche Aufholen von China, Mexiko oder Brasilien nichts. Indem sich der Abstand zwischen Industrie- und Schwellenländern vermindert, vergrößert sich der Abstand zwischen Schwellen- und Entwicklungsländern. Die drastische Ungleichheit im

Ressourcenverbrauch spiegelt die ökonomische Ungleichheit der Welt wider. Man muss nicht einmal das Prinzip des gleichen Anrechts aller Erdenbürger auf die Naturressourcen der Erde bemühen, um darin eine krasse Ungerechtigkeit zu erkennen.

5.3 Deutschland nach zwölf Jahren

Mit Hilfe eines ehrgeizigen Energie- und Klimaschutzprogramms beabsichtigt die Bundesregierung, Deutschlands CO_2-Emissionen bis 2020 um bis zu 40 Prozent zu senken.[17] An Vorsätzen mangelt es also nicht. Aber wie steht Deutschland im globalen Umweltraum wirklich da? Zwölf Jahre nach der ersten Studie »Zukunftsfähiges Deutschland« und 16 Jahre nach der UN-Konferenz für Umwelt und Entwicklung in Rio de Janeiro ist es angezeigt, Bilanz zu ziehen. In jenem ersten Band hat das Wuppertal Institut, basierend auf Arbeiten der OECD und des Sachverständigenrates für Umwelt, einen Katalog von physischen Größen vorgestellt und mit quantitativ überprüfbaren Zielen für ein zukunftsfähiges Deutschland verknüpft.[18]

Der Indikatorensatz umfasst Kennziffern zu Ressourcenentnahmen (Energie, Material, Fläche) sowie Stoffabgaben (Emissionen, Düngereinsatz, Erosion) und war unter Umweltwissenschaftlern nicht ganz unumstritten. Rückblickend kann man feststellen, dass sich der vor zwölf Jahren entwickelte Indikatorensatz im Großen und Ganzen bewährt hat. So finden sich inzwischen Teile des Katalogs in der amtlichen Berichterstattung der umweltökonomischen Gesamtrechnungen des Statistischen Bundesamtes. Auch die deutsche Nachhaltigkeitsstrategie bediente sich aus diesem Fundus und hat quantitative Ziele für Energieproduktivität, Rohstoffproduktivität, Flächenverbrauch und CO_2-Emissionen aufgestellt. In Tabelle 4.3 wird der damalige Indikatorensatz nebst Zielen zusammengestellt. Anhand dieser Benchmarks wird im Folgenden der Fortschritt Deutschlands in den vergangenen zwölf Jahren bewertet.

Tab. 5.3 **Umweltpolitische Ziele eines zukunftsfähigen Deutschlands 1995 und die reale Entwicklung bis 2005[19]**

Umweltindikator		Umweltziel[d]		Entwicklung		
		kurzfristig 2010	langfristig 2050	1995	2005	Veränderung 1995–2005
Ressourcenentnahmen Energie	Primärenergieverbrauch, in PJ	mind. −30%	mind. −50%	14269	14469	+1,4%
	Fossile Brennstoffe, in PJ	−25%	−80% bis −90%	12282	11828	−3,7%
	Kernenergie, in PJ	−100%		1682	1779	+5,8%
	Anteil erneuerbarer Energien, in %	+3% bis +5%/Jahr		1,9%	4,7%	rund +10%/Jahr
	Energieproduktivität[a] (1995 = 100%)	+3% bis +5%/Jahr		100	114,3	rund +1,6%/Jahr
Material	Globaler Materialaufwand[b], in Mio. t	−25%	−80% bis −90%	5796	6090[e]	+5,1%
	Materialproduktivität[c] (1995 = 100)	+4% bis +6%/Jahr		100	108[e]	rund +0,8%/Jahr
Fläche	Siedlungs- und Verkehrsfläche (ha/Tag)	absolute Stabilisierung		+120	+118	unverändert
	Landwirtschaft (Anteil des ökologischen Landbaus, in %)	flächendeckende Umstellung auf ökologischen Landbau und Regionalisierung der Nährstoffkreisläufe		1,8%	4,7%	rund +10%/Jahr
	Waldwirtschaft (Anteil der zertifizierten Flächen, in %)	flächendeckende Umstellung auf naturnahen Waldbau und verstärkte Nutzung heimischer Hölzer		0,5%[f]	4,8%[g]	rund +35%/Jahr

Stoffabgaben/Emissionen		-80 % bis -90 %			
Kohlendioxid (CO$_2$), in Mio. t	-35 %		921	873	-5,2 %
Schwefeldioxid (SO$_2$), in Tsd. t	-80 % bis -90 %		1 727	560	-67,6 %
Stickoxide (NO$_x$), in Tsd. t	-80 % bis 2005		2 170	1 443	-33,5 %
Ammoniak (NH$_3$), in Tsd. t	-80 % bis -90 %		631	619	-1,9 %
Flüchtige organische Verbindungen ohne Methan (NMVOC), in Tsd. t	-80 % bis 2005		1 972	1 253	-36,5 %
Synthetischer Stickstoffdünger, in Tsd. t	-100 %		1 787	1 779	-0,4 %
Biozide in der Landwirtschaft, in t	-100 %		34 531	35 494	+2,8 %
Bodenerosion, in t/ha und Jahr	-80 % bis -90 %		11	7,24	-34,2 %

[a] Primärenergieverbrauch bezogen auf die Wertschöpfung (Bruttoinlandsprodukt)
[b] Globaler Materialaufwand (einschließlich Erosion)
[c] Globaler Materialaufwand (einschließlich Erosion) bezogen auf die Wertschöpfung (BIP)
[d] Vorschlag aus »Zukunftsfähiges Deutschland« (Bezugszeitpunkt: Mitte der 1990er Jahre)
[e] 2004 [f] 1998 [g] 2006

Energie

Grundsätzlich ergeben sich die Grenzen des Umweltraums für Energie aufgrund der Kopplung von Energieverbrauch und Schadstoff- beziehungsweise Treibhausgasemissionen, allen voran CO_2. Das langfristige Ziel einer Halbierung des Primärenergieverbrauches[20] ergibt sich aus der Überlegung, dass Energiegewinnung und deren Einsatz niemals komplett umweltneutral gestaltet werden können, da auch der Einsatz von erneuerbaren Energien auf nicht erneuerbare Ressourcen und Flächen angewiesen ist. Bei der Kernenergie ergeben sich die Grenzen aufgrund der Risiken, die mit ihrer Nutzung zusammenhängen, und der gesellschaftlichen Akzeptanz, diese Risiken zu tragen.

Beim Primärenergieverbrauch weicht die tatsächliche Entwicklung deutlich von den vorgeschlagenen Zielen ab. Er ist in den vergangenen 15 Jahren nahezu konstant hoch geblieben (▸ Abbildung 5.4). Energieeffizienzsteigerungen in den Bereichen Industrie und Energieumwandlung wurden vom zunehmenden Energieverbrauch in den Bereichen Verkehr und Haushalte überkompensiert. Der insbesondere treibhausrelevante Verbrauch fossiler Brennstoffe hat sich im vergangenen Jahrzehnt leicht reduziert. Bei der Kernenergie wird es zwar bis 2010 nicht zu einem kompletten Ausstieg kommen. Allerdings wurde im Jahr 2002 das Atomgesetz novelliert, was den Ausstieg aus der Kernenergie ebnet. Das Ziel, die Energieproduktivität[21] bis zum Jahre 2020 zu verdoppeln, wie in der deutschen Nachhaltigkeitsstrategie formuliert (▸ Abbildung 5.4), scheint aufgrund der Entwicklung der vergangenen Jahre als sehr ambitioniert. Allerdings gibt es noch eine Reihe unausgeschöpfter Potenziale, wie zum Beispiel die energetische Sanierung von Gebäuden oder die Vermeidung von Leerlaufverlusten in elektrischen Geräten privater Haushalte, durch die sich der Energieverbrauch senken ließe.

Eine überaus positive Bilanz lässt sich dagegen für die Entwicklung erneuerbarer Energien ziehen. Die Einführung des Erneuerbare-Energien-Gesetzes im Jahr 2000 sowie andere Maßnahmen zeigen Wirkung. Das Aufkommen erneuerbarer Energien hat sich im Laufe der vergangenen zehn Jahre verdoppelt und wies jährliche Wachstumsraten von bis zu 32 Prozent auf (▸ Abbildung 5.4). Im Jahr 2006 betrug

Mineralwasser: Aufrüsten beim Durstlöschen

Nur wer ausreichend trinkt, bleibt gesund – Mineralwasser erscheint als der ideale Durstlöscher. Der Verein Deutscher Mineralbrunnen preist es auf seiner Homepage als preiswertes Schönheitselixier und gesundheitsstiftende Flüssigkeit, gut für Verdauung, Haut und Haar, zum Abnehmen, im Büro, beim Sport, nach der Sauna, selbst zum Kochen: Pfannkuchen werden viel lockerer.

Doch wie viel trägt es tatsächlich zur Gesunderhaltung der Menschen bei? Für die Mineralstoffversorgung normal gesunder Menschen genügen eine ausgewogene vollwertige Ernährung sowie Leitungswasser. Zumal der Gehalt an den gesundheitlich erwünschten Mineralien in vielen Mineralwässern, wie Tests zeigen, nicht höher ist als beim Leitungswasser.[22] Ferner hat die Qualität von Trinkwasser aus dem Hahn grundsätzlich den gleichen lebensmittelrechtlichen Vorschriften zu entsprechen wie die Qualität von Mineralwasser, nur dass Letzteres bis zu tausendfach mehr kostet als Wasser aus dem Hahn.

Dennoch trinken die Deutschen pro Kopf rund 120 Liter mehr Mineralwasser im Jahr als noch 1970.[23] Menschen, die sich über die 1,30 Euro für einen Liter Benzin beschweren, wundern sich jedoch noch kaum, warum sie noch mehr pro Liter Mineralwasser (besonders Designermarken) zahlen, während Leitungswasser für gerade einmal 0,15 Cent pro Liter direkt in ihre Haushalte und Büros geliefert wird.

Doch was ökonomisch nur unsinnig erscheint, ist ökologisch schwerwiegender. Eine Schweizer Studie zeigt, dass ungekühltes, stilles Mineralwasser die Umwelt zwischen 90 und 1000-mal mehr belastet als Leitungswasser.[24] Der Unterschied wird umso größer, je weiter das Mineralwasser transportiert oder gekühlt wird oder in welcher Verpackung es daherkommt.

Nach der Abfüllung reist Mineralwasser oft weit: durchschnittlich 180 km, das Wasser kleinerer Brunnen etwa 110 km, das Wasser größerer Brunnen etwa 300 km.[25] Für Mineralwasser, das von sehr weit her transportiert wird, werden etwa 320 ml Erdöläquivalente pro Liter verbraucht, um es zum Konsumenten zu bringen; für Leitungswasser hingegen nur 0,3 ml, also rund 1000-mal weniger.[26]

der Anteil erneuerbarer Energien am gesamten Primärenergieverbrauch mehr als fünf Prozent. Hier übertrifft die tatsächliche Entwicklung die in »Zukunftsfähiges Deutschland« beschriebenen Zielvorgaben. Doch trotz dieser Fortschritte ist insgesamt der Energieverbrauch in Deutschland nach wie vor viel zu hoch.

Material

Für die Kategorie Material weist Tabelle 5.3 zwei Indikatoren aus: zum einen die absolute Nutzung von Material in Millionen Tonnen sowie Letztere bezogen auf die Wirtschaftsleistung – die Materialproduktivität. Für den absoluten Materialverbrauch von Wirtschaftsräumen werden eine Reihe von statistischen Kennziffern vorgeschlagen, die je nach definitorischen Abgrenzungen unterschiedlich zu interpretieren sind.[27] Es wird hier der Globale Materialaufwand (englisch: TMR = Total Material Requirement) benutzt. Dieser dient der Messung aller Primärmaterialaufwendungen eines Wirtschaftsraumes und umfasst sowohl die verwerteten wie nichtverwerteten Primärmaterialentnahmen im Inland wie auch die indirekten ökologischen Rucksäcke der Importe. Er bringt somit auch den indirekten Ressourcenaufwand zum Ausdruck, den die deutsche Wirtschaft durch Importe verursacht.

Bei der Materialnutzung schlug »Zukunftsfähiges Deutschland« eine langfristige Reduzierung von 80 bis 90 Prozent als Ziel vor. Dieses Ziel wurde im Hinblick auf die Diskrepanz zwischen natürlichen und anthropogenen Stoffkreisläufen und in Anlehnung an das globale Reduktionsziel für CO_2-Emissionen formuliert. Wie Abbildung 5.4 zeigt, hat der globale Materialaufwand Deutschlands insbesondere in den vergangenen Jahren zu- und nicht abgenommen. Dieser Anstieg ist zu einem großen Anteil auf vermehrte Metallimporte, aber auch auf einen deutlichen Anstieg der heimischen Kohlegewinnung zurückzuführen.[28] Auch sind die biotischen Primärmaterialaufwendungen, im In- wie im Ausland, gestiegen. Der Indikator Materialproduktivität gibt an, wie viele Einheiten Bruttoinlandsprodukt (BIP) mit einer Tonne Primärmaterialaufwendung erwirtschaftet werden. In »Zukunftsfähiges Deutschland« wurde eine jährliche Steigerungsrate von vier bis sechs Prozent gefordert. Laut deutscher Nachhaltigkeitsstrategie soll eine Verdoppelung der Rohstoffproduktivität bis 2020 erreicht werden. Jedoch wuchs zwischen 1995 und 2005 die Materialproduktivität der deutschen Wirtschaft – gemessen mit dem globalen Materialaufwand (TMR) – durchschnittlich um lediglich 0,8 Prozent (▶ Abbildung 5.4). Die in den vergangenen zehn Jahren zu beobachtende Entwicklung macht deutlich, dass hier viel mehr Anstrengungen nötig sind, auch im Bereich Abfallvermeidung und Recycling. Die Bundesregierung verstärkt deshalb zurzeit ihre Bemühungen zur Steigerung der Rohstoffproduktivität.[29]

Fläche

Die Landfläche Deutschlands ist begrenzt. Wenn für Siedlung und Verkehr Boden versiegelt wird, gehen Flächen für Land- und Forstwirtschaft, Erholung, Naturschutz und so weiter verloren. Außerdem kann die Ausweitung von Siedlungs- und Verkehrsfläche zum Verlust von Lebensräumen und der Artenvielfalt beitragen. Dabei bedingen sich die Zunahme von Siedlungs- und Verkehrsflächen oft gegenseitig, da neue Siedlungsgebiete an Infrastruktur angeschlossen werden müssen und umgekehrt durch die Ausweitung des Straßennetzes neue Gebiete für Wohnsiedlungen attraktiv werden. Beide Entwicklungen wiederum führen oft zu einer Erhöhung des Verkehrsaufkommens und damit verbundenen Schadstoff- und Lärmemissionen.

Aus diesen Gründen wurde in »Zukunftsfähiges Deutschland« das Ziel entwickelt, den Zuwachs der Siedlungs- und Verkehrsflächen bis 2010 auf null zu reduzieren. Der Trend der vergangenen zehn Jahre zeigt allerdings, dass sich die Siedlungs- und Verkehrsfläche stetig vergrößert. Bei fast keinem anderen Indikator ist der Gegensatz zwischen Zielen und tatsächlicher Entwicklung so deutlich wie hier. Auch das weniger ambitionierte Ziel der deutschen Nachhaltigkeitsstrategie, den Zuwachs der Siedlungs- und Verkehrsflächen zwar nicht zu stoppen, jedoch auf 30 Hektar pro Tag bis 2020 zu begrenzen, scheint angesichts der gegenwärtigen 114 Hektar pro Tag[30] noch in weiter Ferne. Auch das Umweltbundesamt schreibt, dass das Erreichen des Ziels »eine umfassende Neuorientierung der Siedlungs- und Verkehrspolitik auf den Ebenen von Bund, Ländern und Kommunen« erfordert. Mit mehr als

80 Prozent ist die Erweiterung der Siedlungsfläche hauptverantwortlich für den derzeitig hohen jährlichen Zuwachs. Gründe dafür liegen nicht etwa in einer wachsenden Bevölkerung, sondern in einem zu beobachtenden Suburbanisierungsprozess, weg aus den Innenstädten und hin ins regionale Umland. Hinzu kommen immer höhere Wohnungsansprüche. In der Folge hat sich die Wohnungsfläche seit 1992 um 18,6 Prozent pro Person erhöht.[31] Besonders in den vergangenen zehn Jahren nahm trotz Rückgangs der fertiggestellten Wohnungen die Flächeninanspruchnahme für Wohnen insgesamt zu. Gründe hierfür sind unter anderem eine Verschiebung vom vergleichsweise flächensparenden Geschosswohnungsbau zum flächenintensiveren Einfamilienhausbau[32] sowie sinkende Haushaltsgrößen.

Der Anteil der ökologischen Landwirtschaft an der gesamten landwirtschaftlichen Fläche hat sich gegenüber 1995 auf 4,7 Prozent erhöht. Selbst das Ziel der deutschen Nachhaltigkeitsstrategie, den Anteil des ökologischen Landbaus bis 2010 auf 20 Prozent zu erhöhen, scheint damit noch in weiter Ferne. Das Ziel einer flächendeckenden Umstellung der Waldwirtschaft auf naturnahen Waldbau wurde auch in die deutsche Nachhaltigkeitsstrategie übernommen. Der Anteil der naturnahen Wälder lässt sich anhand des Anteils zertifizierter Waldflächen (Forest-Stewardship-Kriterien) messen. Im Jahr 2005 waren dies etwa 511 000 Hektar, im Vergleich zu der im Jahr 1998 zertifizierten Fläche von knapp 5000 Hektar ein enorm deutlicher Zuwachs. Mit einem Anteil von etwa 4,6 Prozent an der Gesamtfläche des Waldes ist dieser aber immer noch relativ gering.[33]

CO$_2$-Emissionen

Mit einem Anteil von 87 Prozent an Deutschlands gesamten Treibhausgasemissionen ist CO$_2$ das bedeutendste Treibhausgas.[34] »Zukunftsfähiges Deutschland« formulierte das langfristige Ziel einer 80- bis 90-prozentigen Reduktion der CO$_2$-Emissionen im Verhältnis zu 1990. Diese Zielsetzung ergab sich aus einer ökologischen und einer Gerechtigkeits-Komponente, wonach weltweit eine Halbierung der CO$_2$-Emissionen – bezogen auf 1990 – bis zur Mitte des 21. Jahrhunderts notwendig erschien. Inzwischen ist eine Reduktion um mindes-

Abb. 5.4 Entwicklung ausgewählter Nachhaltigkeitsindikatoren im Vergleich zu den Zielen von 1995 in »Zukunfsfähiges Deutschland«

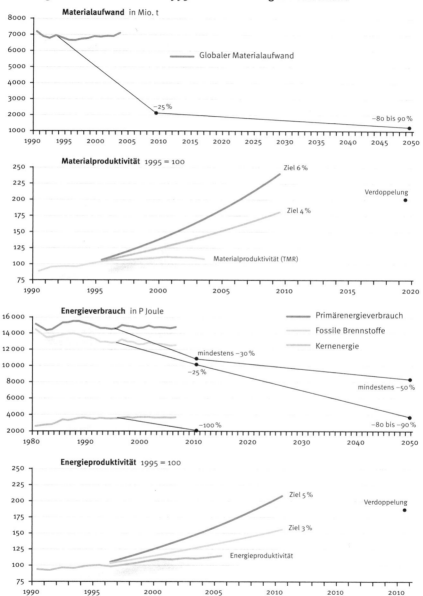

Abb. 5.4

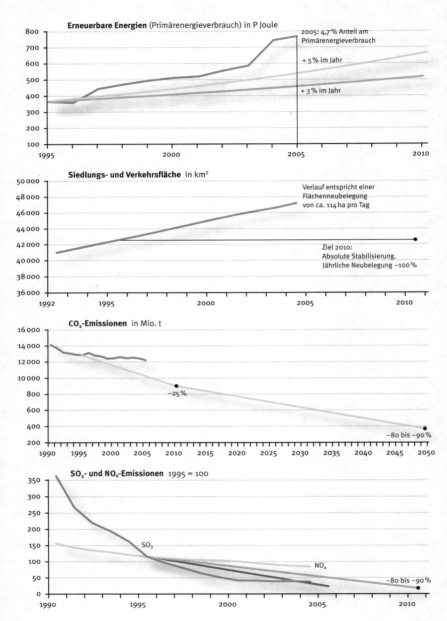

Erneuerbare Energien (Primärenergieverbrauch) in P Joule

2005: 4,7% Anteil am Primärenergieverbrauch

+ 5% im Jahr

+ 3% im Jahr

Siedlungs- und Verkehrsfläche in km²

Verlauf entspricht einer Flächenneubelegung von ca. 114 ha pro Tag

Ziel 2010: Absolute Stabilisierung. Jährliche Neubelegung −100%

CO₂-Emissionen in Mio. t

−25%

−80 bis −90%

SO₂- und NOₓ-Emissionen 1995 = 100

SO₂

NOₓ

−80 bis −90%

tens 60 Prozent erforderlich. Verteilt man diesen globalen Gesamtausstoß gleichmäßig auf dann rund neun bis zehn Milliarden Erdenbewohner, ergibt sich ein Umweltraum von etwa zwei Tonnen CO_2 pro Kopf. Im Vergleich zu den heutigen rund zehn Tonnen CO_2 pro Kopf in Deutschland lässt sich somit eine Reduktionserfordernis von mindestens 80 Prozent ableiten. In der Tat haben sich seit Anfang der 1990er Jahre die CO_2-Emissionen Deutschlands deutlich verringert, sodass das deutsche Kyoto-Ziel in Reichweite erscheint: minus 21 Prozent der gesamten Treibhausgasemissionen bis 2012, bezogen auf das Basisjahr 1990[35]. Allerdings stellten sich die deutlichsten Verringerungen der CO_2-Emissionen in den 1990er Jahren (▸ Abbildung 5.4) ein, meistens als »wallfall profits« infolge der Umstrukturierungen des Energie- und Industriesektors in Ostdeutschland nach der Wiedervereinigung. Seit der Jahrhundertwende sind hingegen nur noch geringe jährliche Verringerungsraten zu beobachten, etwa im Bereich Stromerzeugung, wobei allerdings die Effizienzgewinne in der Stromerzeugung durch den Zuwachs im Stromverbrauch wieder kompensiert werden.[36] Angesichts dieser jüngsten Entwicklungen scheint Deutschland kurz vor dem Ziel zu straucheln.

Luftschadstoffe

Die Luftschadstoffe Schwefeldioxid (SO_2), Stickoxide (NO_x) und Ammoniak (NH_3) sind mit einer Reihe von kontinental-regionalen Umweltproblemen verbunden, unter anderem der Versauerung von Böden und der Eutrophierung von Gewässern. Stickoxide (NO_x) und Flüchtige organische Verbindungen ohne Methan (NMVOC) sind des Weiteren verantwortlich für die lokale Bildung von bodennahem Ozon, was sowohl Vegetationsschäden hervorrufen als auch zu gesundheitlichen Beeinträchtigungen beim Menschen führen kann. Die Grenzen für die Emission der Luftschadstoffe wurden in »Zukunftsfähiges Deutschland« auf Basis von »critical loads«, kritischen Eintragsraten, beziehungsweise »critical levels«, kritischen Konzentrationen, und Empfehlungen der Enquetekommission »Schutz der Erdatmosphäre« ermittelt, nach denen sich Belastungsgrenzen für verschiedene Ökosysteme bestimmen lassen.

Bei der Entwicklung der Luftschadstoffemissionen der vergangenen Jahre (▸ Abbildung 5.4) ergibt sich ein gemischtes Bild. Am deutlichsten sind die Emissionen von Schwefeldioxid (SO_2) zurückgegangen, was unter anderem mit der Entschwefelung von Kraftwerksabgasen, der Substitution von stark schwefelhaltiger heimischer Braunkohle mit schwefelärmeren Brennstoffen und der gesetzlichen Limitierung zum Schwefelgehalt von Brenn- und Treibstoffen zusammenhängt.[37] Hier werden die Ziele teilweise schon übererfüllt. Bei den Stickoxidemissionen wurde die Zielmarke von minus 80 Prozent bis 2005 nicht erreicht. Hauptquellen für Stickoxide sind der Verkehr und die Energiewirtschaft. Im Gegensatz zu den anderen Luftschadstoffen stagnieren die Emissionen von Ammoniak seit Mitte der 1990er Jahre. Hauptquelle für Ammoniak sind Emissionen aus der Landwirtschaft. Der Rückgang der Emissionen Anfang der 1990er Jahre ist hauptsächlich auf die Reduzierung der Tierbestände in den neuen Bundesländern zurückzuführen. Es ist mehr als fraglich, ob eine 80- bis 90-prozentige Reduktion bis 2010 erreicht werden kann, wie in der damaligen Studie vorgeschlagen. Für die Luftschadstoffe SO_2, NO_x, NH_3 und NMVOC ergibt sich ein ähnlicher Trend: Während die Emissionen von SO_2 und NMVOC übererfüllt werden, ergibt sich für NH_3 und NO_x eine Deckungslücke von jeweils etwa 60 000 Tonnen. Die Emissionen Flüchtiger organischer Verbindungen (NMVOC) haben sich in den vergangenen Jahren deutlich reduziert. Hauptursachen dafür sind die Reduzierungen der Emissionen im Straßenverkehr durch Einführung der Katalysatoren sowie der Rückgang von Fahrzeugen mit Zweitaktmotor in den neuen Ländern. Des Weiteren hat sich die Anwendung von Lösemitteln verringert.[38]

Stickstoffdünger, Pestizide und Bodenerosion

Stickstoffdünger, Biozide und Bodenerosion sind Quellen der Gewässerbelastung durch die Landwirtschaft. In »Zukunftsfähiges Deutschland« wurde unter anderem aus Gründen des Vorsorgeprinzips ein vollständiger Verzicht auf den Einsatz von Bioziden und synthetischen Stickstoffdüngern gefordert. Die Entwicklung der vergangenen Jahre dagegen zeigt eine Stagnation des Düngemittel- und Pestizidabsatzes auf nach wie vor hohem Niveau. Hier sind somit keinerlei Fortschritte erkennbar.

Im Rückblick auf zwölf Jahre muss man insgesamt ein ernüchterndes Fazit ziehen. Die Gesamttendenz kann man als Stagnation der Umweltbeanspruchung auf unzuträglich hohem Niveau bezeichnen. Außer beim Flächenverbrauch hat sich die Expansionskurve im Umweltverbrauch seit den Nachkriegsjahrzehnten in den 1990er Jahren abgeflacht und ist bei direkter Luft- und Wasserverschmutzung wie in allen vergleichbaren Industrieländern sogar zurückgegangen. Aber mit der wichtigen Ausnahme des rasch steigenden Anteils der erneuerbaren Energien bleibt Deutschlands Bedarf an fossilen und biotischen Rohstoffen mit all seinen Schadensfolgen national und international unverändert hoch.

Verschiebung von Umweltbelastungen

Geht es um Deutschland im globalen Umweltraum, ist auch der Außenhandel einzubeziehen (► Kapitel 6 und 17). Flachbildschirme aus Südkorea, Handys aus China, Textilien aus Bangladesch, Kaffee aus Brasilien: Ein Blick in deutsche Wohnstuben genügt, um festzustellen, dass Konsumbedürfnisse mit Lieferungen aus allen Teilen der Welt befriedigt werden. Und auch die Herstellung von Produkten in Deutschland ist auf Rohstoffe aus dem Ausland angewiesen. Dabei kommt es zu Verlagerungstendenzen, sowohl was die Produktion als auch was deren Umweltauswirkungen angeht.

Asiatische Politiker haben angesichts der rasant steigenden CO_2-Emissionen in China und anderen Schwellenländern – und der Besorgnis, die diese international auslösen – den westlichen Ländern »Grünen Imperialismus« und Heuchelei vorgeworfen: Ein wesentlicher Grund für den CO_2-Anstieg in China und anderen Schwellenländern hänge nicht nur mit dem wachsenden Eigenbedarf in den Ländern selbst zusammen, sondern auch damit, dass westliche Firmen aufgrund von niedrigeren Lohn- und Rohstoffkosten nach China expandierten.[39] In der Tat sind Schätzungen zufolge nahezu ein Viertel von Chinas CO_2-Emissionen der Produktion von chinesischen Exportgütern in alle Welt geschuldet.[40] Die zunehmende Verflechtung der

Weltwirtschaft macht es schwierig, die damit einhergehenden Umweltauswirkungen verursachergerecht statistisch darzustellen.

Was Deutschland anbelangt, so ist nach einer Studie des Statistischen Bundesamtes sowohl für den Energieverbrauch als auch für die CO_2-Emissionen die Außenhandelsbilanz positiv. Das heißt, für die Herstellung von Exportgütern wird inländisch mehr Energie verbraucht und mehr CO_2 innerhalb Deutschlands emittiert als für die Herstellung der Importgüter nach Deutschland.[41] Eine vergleichbare internationale Studie[42] kommt hingegen zu dem Ergebnis, dass die Importe in die Europäische Union wie auch nach Deutschland mehr CO_2-Emissionen induzieren als die Exporte aus der EU beziehungsweise Deutschland. In der Bilanz kommt diese Studie zu einem Importüberschuss von rund 500 Millionen Tonnen CO_2 für die EU15[43], was mehr als zehn Prozent der innereuropäischen CO_2-Emissionen darstellt.

Eindeutiger schaut die Sache aus, wenn man andere Indikatoren heranzieht wie den ökologischen Rucksack (▶ Schlaglicht: Ökologischer Rucksack). Deutschland ist ein verhältnismäßig rohstoffarmes Land, das metallische Rohstoffe vollständig und energetische Rohstoffe zu mehr als 70 Prozent importieren muss. Der Globale Materialaufwand (TMR) Deutschlands, das ist der gesamtwirtschaftliche ökologische Rucksack, beläuft sich auf rund 6000 Millionen Tonnen, was rund 77 Tonnen pro Kopf entspricht.[44] Davon entfallen mehr als 2500 Millionen Tonnen auf Importe, mit zunehmender Tendenz.[45] Die Ressourcenbasis Deutschlands liegt zunehmend außerhalb seiner Grenzen. Damit werden auch die mit der Rohstoffgewinnung und -herstellung verbundenen Umweltbelastungen in die Lieferländer verschoben, darunter viele Entwicklungsländer. Insbesondere die Importe von metallischen Rohstoffen und Halbfertigprodukten sind mit besonders hohen ökologischen Rucksäcken verbunden: da die Lagerstätten immer weniger ergiebig sind, benötigt man mehr Energie zur Förderung, und größere Mengen an Abraum fallen an. Der ökologische Rucksack von einer Tonne primärem Aluminium beträgt sieben bis acht Tonnen, der von einer Tonne Kupfer rund 500 Tonnen, und der von einer Tonne Platin oder Gold sogar über 500000 Tonnen.[46]

Auch bei der Nutzung von nachwachsender Biomasse ist Deutschland auf Importe angewiesen. Für den deutschen Konsum von land-

Ökologischer Rucksack

Der ökologische Rucksack ist ein Indikator, der die Gesamtheit aller Primärmaterialien misst, die bei der Herstellung eines Stoffes oder Produktes – von der Wiege bis zum fertigem Stoff beziehungsweise Produkt – der Umwelt entnommen werden, aber nicht in den Stoff oder das Produkt selbst eingehen.[47] Darunter fällt beispielsweise die Menge an Abraum, die unter anderem bei der Förderung von Erzen anfällt, die Menge von anderen nicht verwerteten Materialien, aber auch die Energieträger, die zur Herstellung des Produktes benötigt werden. Der ökologische Rucksack ist ein physischer Indikator, der in Tonnen pro Tonne des entsprechenden Stoffes oder Produktes gemessen wird. Auf der Makro-Ebene wird der Indikator Globaler Materialaufwand (TMR) verwendet, um den Ressourcenaufwand von Volkswirtschaften zu messen. Dieser umfasst neben der inländischen Rohstoffentnahme und den Importen auch die inländischen ökologischen Rucksäcke und jene der Importe.[48]

Produkte	Ökologischer Rucksack
Armbanduhr	12,5 kg
Jeans	30 kg
Kaffeemaschine	52 kg
Kaffeebecher	1,5 kg
Joggingschuhe	3,5 kg
Fahrrad	400 kg
PC	0,5–1,5 t (1)
Telefon	25 kg
Neuer Goldring aus Weißgold	830 bis 1660 kg
T-Shirt (Baumwolle)	4583,7 kg
Einfacher Herrenschuh	696,4 kg
Weintrauben (1 t)	226,909 t
Windeln (pro einjähriges Kind und Jahr)	Einweg 1138 kg Mehrweg 353 kg
Dienstleistung	Ökologischer Rucksack
Hände abtrocknen (pro Trockenvorgang)	Rollhandtuch 2,7 g Warmluftgebläse 7,2 g Papierhandtuch 17 g

wirtschaftlichen Gütern lag die im Jahr 2004 global belegte landwirtschaftliche Fläche pro Person etwa 20 Prozent über der inländisch verfügbaren Fläche.[49] Von dieser global belegten landwirtschaftlichen Fläche wird mit 61 Prozent der größte Anteil für die tierisch basierte Ernährung belegt (Futtermittel), pflanzliche Ernährung beansprucht etwa 31 Prozent, während auf die stoffliche und energetische Nutzung von nachwachsenden Rohstoffen vier beziehungsweise drei Prozent entfallen. Angesichts der politisch gewollten vermehrten energetischen und stofflichen Nutzung von Biomasse werden sich jedoch der globale Flächenbedarf und insbesondere die Flächenbelegung im Ausland zukünftig weiter erhöhen (▸ Kapitel 2 und 11).

5.4. Handlungsfelder

Aufgrund welcher Konsummuster verursacht ein Durchschnitts-Deutscher Treibhausgasemissionen in Höhe von rund elf Tonnen CO_2-Äquivalenten pro Kopf? Und wo liegen wichtige Potenziale, diese langfristig auf zwei Tonnen pro Kopf zu senken? Die überraschende Erkenntnis heißt: Es sind vor allem die alltäglichen Gewohnheiten, die den größten Teil der Umweltbelastungen ausmachen: Essen und Trinken, Wohnen und Infrastrukturen sowie Transport von Personen und Gütern. Bis zu drei Viertel der Umweltprobleme lassen sich auf diese drei grob umrissenen Konsumbereiche zurückführen.[50] Für die Befriedigung jedes einzelnen dieser drei prioritären Konsumfelder verursacht ein Durchschnitts-Deutscher bereits so viel Treibhausgasemissionen, wie ihm gerechterweise insgesamt zustehen würde – nämlich zwei bis 2,5 Tonnen pro Kopf. Selbstredend existieren diese Grundbedürfnisse gleichermaßen in Industrie- und Entwicklungsländern – nur werden sie auf unterschiedliche Art und Weise gedeckt. Egal, ob es um das Steak auf dem Teller, das Wohnen im Einfamilienhaus oder die Autofahrt zur Arbeit geht: Die Befriedigung der Bedürfnisse nach Ernährung, Wohnen und Mobilität zieht erhebliche Stoffströme und Emissionen nach sich, die sich über die gesamte Produkt-Konsumkette ergeben. Was sind die folgenschweren Gewohnheiten und Strukturen

in diesen Bedürfnisfeldern, und wie lassen sich die Verbräuche reduzieren? Hier wird dieser Frage mit Hilfe der Methodik der Umwelt-
Input-Output-Analyse[51] nachgegangen. Dabei werden sämtliche Materialverbräuche sowie Emissionen von Treibhausgasen und anderen
Luftschadstoffen entlang der globalen Produktionskette aufsummiert,
welche zur Herstellung der Produkte und Dienstleistungen anfallen,
die zur Befriedigung der genannten Bedürfnisfelder inländisch konsumiert werden.[52]

Essen und Trinken

Allein die Art und Weise, wie Deutsche ihr Bedürfnis nach Essen und
Trinken befriedigen, verursacht globale Treibhausgasemissionen von
rund zwei Tonnen CO_2-Äquivalente pro Kopf und Jahr. Das Bedürfnisfeld Essen und Trinken umfasst die gesamte Produktionskette, an-
gefangen bei der landwirtschaftlichen Produktion, der Verarbeitung
und Herstellung von Nahrungsmitteln und Getränken in Betrieben
und Fabriken, den Vertrieb, bis hin zur Lagerung und Zubereitung der
Nahrung zu Hause, in Restaurants und Kantinen. Mit etwa 1,5 Tonnen Treibhausgasen pro Kopf stellt die Nachfrage nach Nahrungsmitteln und Produkten der Landwirtschaft den größten Teil. Bei näherer
Betrachtung dieser Kette stellt sich heraus, dass häufig diskutierte Fragen wie Transport und Verpackung entlang der Produktkette nur eine
untergeordnete Rolle spielen.[53] Es ist vielmehr die Stufe der landwirtschaftlichen Produktion, die für den Hauptteil der Treibhausgasemissionen entlang der Produktkette verantwortlich ist. Insbesondere der
Methanausstoß von Rindern sowie die Lachgasemissionen von landwirtschaftlichen Böden schlagen hier negativ zu Buche. Produktionsseitig lassen sich die Emissionen durch eine Vielzahl von verschiedenen Mitteln senken, zum Beispiel durch besseres Düngermanagement,
Biogasanlagen (Verwendung von Pflanzen- und anderen landwirtschaftlichen Abfallstoffen) oder etwa durch die Veränderung der Fut-
termittelzusammensetzung, um den Methanausstoß von Kühen zu
senken. Ökologischer Landbau trägt ebenfalls zur Reduktion von Umweltbelastungen entlang der Produktionskette bei. Die produktions-
seitigen – meist technischen – Bemühungen sind aber nur eine Seite

der Medaille und betreffen nicht die Art der Produkte, also beispielsweise die Menge an Fleisch, Milch, Getreide oder Gemüse. Dieser Produktions-Mix wird maßgeblich von den Konsumgewohnheiten bestimmt.

Weitaus größere Reduktionspotenziale ließen sich durch Veränderungen der Ernährungsgewohnheiten erschließen, nämlich dadurch, dass weniger und gesünder gegessen wird, und entsprechend produktionsseitig andere Güter hergestellt würden. Es gibt bezogen auf die Treibhausgasemissionen große Unterschiede zwischen den einzelnen Produktgruppen (▸ Tabelle 5.4): Fleisch – insbesondere Rind – und Milchprodukte wie Butter und Käse sind im Vergleich zu Gemüse mit relativ hohen Treibhausgasemissionen verbunden. Bei der Flächennutzung schneiden pflanzliche Produkte ebenfalls wesentlich günstiger ab als tierische Produkte. Für eine Nahrungsenergieeinheit in einem tierischen Produkt wird ein Vielfaches an Fläche benötigt im Vergleich zu pflanzlichen Produkten. Je höher der Anteil tierischer Produkte am Gesamtnahrungsmittel-Mix, umso mehr Fläche wird benötigt. Futtermittel zur Deckung des Proteinbedarfs werden in Form von Soja – vermehrt genmanipuliert – fast ausschließlich nach Deutschland importiert und belegen entsprechende Flächen in Süd- und Nordamerika. Veränderungen im Ernährungsverhalten hin zu weniger Fleischkonsum, weniger fetthaltigen Milchprodukten und mehr Gemüse und Obst sind also nicht nur aus gesundheitlichen, sondern auch aus Umweltgesichtspunkten sinnvoll. Überdies hat eine Studie aus Großbritannien kürzlich herausgefunden, dass bis zu einem Drittel der Lebensmittel, die gekauft werden, im Abfall enden, wovon gut die Hälfte essbar gewesen wäre.[54] Die Umweltbelastungen dieser Form von Überproduktion könnten mit vergleichbar einfachen Verhaltensänderungen eingespart werden.

Gebäude und Infrastrukturen

Das Bedürfnisfeld Gebäude und Infrastrukturen schlägt mit rund 2,5 Tonnen Treibhausgasen pro Kopf und Jahr zu Buche. Das Bedürfnisfeld umfasst einerseits die direkten und indirekten Umweltbelastungen, die entlang der Produktkette mit der Errichtung von Gebäu-

Tab. 5.4 Lebenszyklusweite Treibhausgasemissionen für Lebensmittel (Auswahl)[55]

Nahrungsmittel	in g CO_2-Äquivalent/kg Produkt konventioneller Anbau	ökologischer Anbau
Geflügel	3508	3039
Geflügel, tiefgekühlt	4538	4069
Rindfleisch	13311	11374
Rindfleisch, tiefgekühlt	14341	12402
Schweinefleisch	3252	3039
Schweinefleisch, tiefgekühlt	4382	4069
Gemüse, frisch	153	130
Gemüse, Konserve	511	479
Gemüse, tiefgekühlt	415	378
Kartoffeln, frisch	199	138
Kartoffeln, getrocknet	3776	3354
Pommes frites, tiefgekühlt	5728	5568
Tomaten, frisch	339	228
Brötchen, Weißbrot	661	553
Brot, gemischt	768	653
Feinbackwaren	938	838
Teigwaren	919	770
Butter	23794	22089
Joghurt	1231	1159
Käse	8512	7951
Milch	940	883
Quark, Frischkäse	1929	1804
Sahne	7631	7106
Eier	1931	1542

den und Infrastrukturen verbunden sind. Dazu zählt der Abbau von Rohstoffen, die Herstellung von Baumaterialien wie Zement, Stahl oder Glas, der Bau, die Sanierung sowie die Ausbesserung von Gebäuden und Infrastrukturen. Diese mit der Erstellung von Gebäuden und Infrastrukturen verbundenen Belastungen belaufen sich auf rund 0,8 Tonnen Treibhausgase pro Kopf und Jahr. Deutlich mehr Belastungen sind mit der Nutzungsphase verbunden, also Heizen, Warmwasser und Gebäudestromverbrauch. Diese belaufen sich auf rund 1,4 Tonnen Treibhausgase pro Kopf und Jahr.

Am größten ist das Entlastungspotenzial bei bestehenden Gebäuden: Analysen des Umweltbundesamtes haben ergeben, dass eine vollständige energetische Sanierung des heutigen Bestandes an Wohngebäuden auf Niedrigenergiehausniveau eine Einsparung des Raumwärmebedarfes um etwa 60 Prozent bewirken würde. Die Technologien dafür sind bekannt und ausgereift, umgesetzt werden sie bisher allerdings noch viel zu wenig (▸ Kapitel 12).

Effizienzsteigerungen im Bereich Bauen und Wohnen werden jedoch durch einen gegenläufigen Trend erodiert. Die Wohnfläche nimmt insgesamt zu, gleichwohl die Bevölkerungszahl nahezu konstant bleibt. Die Alterung der Gesellschaft und der Trend zu mehr Individualität führen zu einer Verkleinerung der Haushalte und somit zu einem Anstieg der Pro-Kopf-Wohnflächen. In Deutschland ist die Anzahl von Single- und Zwei-Personen-Haushalten in den vergangenen zehn Jahren um jeweils etwa zwölf Prozent gestiegen, während der Anteil von Drei- und Mehr-Personen-Haushalten um etwa sieben Prozent gesunken ist. Dadurch steigt der Flächen- und Energieverbrauch pro Kopf. Das ruft nach neuen Formen des Wohnens.

Mehr Wohn- und Büroraum, wachsende Einzelhandelsflächen und Ausbau des Verkehrsnetzes sind wichtige bestimmende Faktoren für die Stoffströme und Umweltbelastungen im Bedürfnisfeld Gebäude und Infrastrukturen. Und der Bestand an Gebäuden und Infrastrukturen nimmt weiterhin zu, jährlich kommen 0,5 bis ein Prozent des Bestandes hinzu. Eine Umkehrung dieses Trends hin zu einem Netto-Nullwachstum des Bestandes könnte die Umweltbelastungen im Bedürfnisfeld Gebäude und Infrastrukturen deutlich reduzieren.[56] »Bestand vor Neubau« ist hier ein strategischer Ansatz (▸ Kapitel 14).

Transport

Das Bedürfnisfeld Transport umfasst die Rohölförderung und Raffinierung von Treibstoff, die Herstellung von Fahrzeugen, die Dienstleistungen des öffentlichen Personen- und Güterverkehrs und den Individualverkehr. Insgesamt sind damit knapp zwei Tonnen Treibhausgasemissionen pro Kopf und Jahr verbunden. Innerhalb des Bedürfnisfeldes ist es der motorisierte Individualverkehr, also die Nutzung von Pkw durch Privathaushalte, der mit rund der Hälfte den größten Anteil der Treibhausgasemissionen ausmacht. Die Dienstleistungen des öffentlichen Personen- und Güterverkehrs, wie Lkw, Bahnen, Busse, Schiffe und Flugzeuge, ist im Vergleich dazu mit etwa 22 Prozent der jährlichen Treibhausgasemissionen innerhalb dieses Bedürfnisfeldes verbunden; in einer ähnlichen Größenordnung bewegt sich die Herstellung von Fahrzeugen.

Der private Pkw-Verkehr ist eine entscheidende Treibergröße für die mit diesem Bedürfnisfeld verbundenen Umweltbelastungen. Im Jahr 2005 wurden etwa 80 Prozent der motorisierten Personenverkehrsleistung durch Pkw und Motorräder abgedeckt. Auch wenn man die nichtmotorisierte Personenverkehrsleistung wie Fußwege und Fahrradverkehr berücksichtigt, ist ihr Anteil mit 76 Prozent immer noch recht hoch.[57] Auch der Bestand an Pkw nimmt weiter zu: Anfang 2007 betrug er etwa 46 Millionen, das sind etwa fünf Millionen mehr als 1997.[58] Neben der zunehmenden Mehrfachausstattung der Haushalte mit Pkw sind als weitere strukturelle Gründe für die Erhöhung des Pkw-Bestands auch die laufende Verkleinerung der Haushaltsgröße und die damit verbundene Erhöhung der Haushaltszahl zu nennen sowie die mit der Alterung der Führerscheinbesitzer zunehmende Pkw-Ausstattung der Seniorenhaushalte. Effizienzsteigerungen in Bezug auf Treibstoffverbrauch und CO_2-Emissionen werden durch die Zunahme der Pkw sowie den Trend zu schwereren und leistungsstärkeren Autos aufgehoben. Die Automobilindustrie hat im Rahmen einer freiwilligen Selbstverpflichtung erklärt, bis zum Jahr 2008/09 die CO_2-Emissionen von Neuwagen auf durchschnittlich 140 g/km zu reduzieren, aber die Erreichung dieses Ziels wird als mittlerweile unmöglich eingeschätzt.[59] Auch der Flugverkehr nimmt zu. Während im

Negativbilanz Flugverkehr

Nach wie vor wird die Bedeutung des Luftverkehrs im öffentlichen und fachlichen Klimadiskurs erheblich unterschätzt. So berücksichtigen die jährlichen Klimabilanzen, die entsprechend dem Kyoto-Protokoll regelmäßig beim UN-Klimasekretariat (UNFCCC) eingereicht werden, lediglich den inländischen Luftverkehr. Der aber macht in Deutschland nur den geringsten Teil aus. Darüber hinaus erfassen diese Klimabilanzen lediglich die vom Flugverkehr ausgehenden CO_2-Emissionen, während die gesamten CO_2-äquivalenten Klimalasten als zwei- bis viermal so hoch angesetzt werden müssen.

Wenn man den Energieverbrauch des inländischen und des abgehenden grenzüberschreitenden Flugverkehrs bilanziert, sieht das Bild schon ganz anders aus: In dieser Abgrenzung muss man aktuell von etwa 55 bis 110 Millionen Tonnen CO_2-äquivalenten Emissionen ausgehen, die dem deutschen Luftverkehr zuzurechnen sind. Das ist immerhin gut die Hälfte von dem, was aktuell auf den Pkw-Verkehr entfällt. Während sich jedoch beim Autoverkehr nach einem Maximum etwa 1999 die Belastung wieder weitgehend an den Stand von 1990 angenähert hat, ist die Belastung aus dem Luftverkehr seit 1990 fast auf das Doppelte angestiegen. Der Luftverkehr ist eine der am stärksten wachsenden Branchen und verzeichnete seit 2003 durchschnittliche jährliche Wachstumsraten von 6,6 Prozent. Einen besonders großen Anteil daran tragen die sogenannten Billigfluglinien. Dieses Branchensegment machte 2007 rund 42 Prozent im nationalen und 35 Prozent im internationalen Flugverkehr aus und hat längst bewirkt, dass sich eine neue Mobilitätskultur entwickelt.[60]

Geradezu kindisch mutet es demgegenüber an, mit welcher Euphorie nationale und internationale Masterpläne ein künftig massives Luftverkehrswachstum begrüßen, offenbar ohne zureichende Prüfung der Verträglichkeit dieser Entwicklung. Dabei ist die Sache rechnerisch durchaus einigermaßen überschaubar: Wenn die Passagier-Kilometer in den nächsten 20 Jahren um fünf Prozent jährlich ansteigen, was als Trend kaum strittig ist, und wenn zugleich die jährlichen Effizienzgewinne bei 1,5 Prozent liegen, so verdoppeln sich in dieser Zeit Energieverbrauch und Klimabelastungen durch den Luftverkehr. Erschwerend kommt hinzu, dass Flugverkehrsemissionen in hohen Atmosphärenschichten zwei- bis vierfach klimaschädlicher sind – wie stark genau ist noch wissenschaftlich umstritten. Mit etwa 110 bis 220 Millionen Tonnen CO_2-äquivalenten Emissionen liegt der Luftverkehr dann allerdings auf einem Belastungsniveau, das langfristig die verträgliche Grenze aller von Deutschland ausgehenden Klimalasten ausschöpft, selbst wenn im Vergleich die CO_2-Emissionen des PKW-Verkehrs zurückgehen.

Abb. 5.5 **Klimabelastung durch den Flugverkehr[61] in Mio. t**

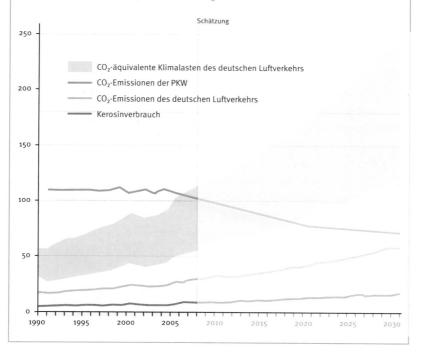

Jahr 1990 etwa 24 Millionen Flugpassagiere aus Deutschland in andere Länder reisten, waren es 2006 schon 66 Millionen.[62]

Vielverbraucher

Unterscheidungen sind wichtig. Nicht alle Deutschen beanspruchen dieselbe Größe an Wohnraum, haben einen gleich hohen Fleischverbrauch oder sammeln fleißig Flugmeilen. Vielmehr zeichnen sich eindeutige Trends von Vielverbrauchern ab. An den die Umwelt belastenden Bedürfnissen haben die Menschen oberer sozialer Schichten, gemessen an Einkommen, Bildung und Beruf, den größten Anteil.

Überraschenderweise, so zeigt die Milieuforschung, weisen ausgerechnet die Lebensstilgemeinschaften, auch soziale Milieus genannt, mit der besten Bildung und Einkommenslage und dem höchsten Umweltbewusstsein gleichzeitig den höchsten Ressourcenverbrauch auf.[63] Einerseits denken die Mitglieder dieser Milieus durchaus umweltverantwortlich, das heißt, sie entscheiden sich zumindest nach ihren eigenen Angaben besonders häufig bewusst für den Konsum ökologischer Produkte.[64] Auf der anderen Seite, so zeigen Verbrauchszahlen, widerspricht ihr tatsächlicher Konsum diesem Selbstverständnis. Die umweltschonende Wirkung ihrer an vielen Stellen durchaus umweltbewussten Entscheidungen wird praktisch aufgehoben, weil sie sich aufgrund ihrer materiellen Lage mehr Produkte und Dienstleistungen leisten können als Menschen in niedrigeren sozialen Milieus. So wohnen sie beispielsweise häufig in Einfamilienhäusern oder größeren Wohnungen oder verfügen über viele elektrische Geräte. Viele von ihnen reisen häufig in Urlaub, oft mit dem eigenen Auto oder dem Flugzeug.[65] In der Gesamtbilanz belasten sie so die Umwelt durch ihr Alltagsverhalten am meisten, während umgekehrt Menschen der unteren Mittelschicht beziehungsweise Unterschicht sie am wenigsten belasten (▸ Tabelle 4.5). Menschen mit weniger Ausbildung und Geld handeln zwar häufig nicht bewusst umweltorientiert, jedoch faktisch umweltfreundlich – meist deshalb, weil sie über ein zu geringes Einkommen verfügen, um sich einen ressourcenintensiven Lebensstil leisten zu können.[66]

Tab. 5.5 **Nachhaltigkeitstendenzen in den sozialen Milieus** [67]

	Etablierte	Postmaterielle	Moderne Performer	Konservative	Traditionsverwurzelte	DDR-Nostalgische	Bürgerliche Mitte	Konsummaterialisten	Experimentalisten	Hedonisten
Werte und Einstellungen										
Geringe Konsumorientierung	○	●	○	●	●●	●●	○	○	○	○
Hohes Umweltbewusstsein	●	●●	●	●●	○	○	●	○	●	○
Hohes Qualitätsbewusstsein	●●	●●	●	●●	○	●	●	○	●	○
Hohe Informations-orientierung	●●	●●	●	●●	○	●	●	○	●	○
Verhalten										
Umweltbewusster Konsum	●	●●	●	●●	○	○	●	○	●	○
Gesunde Ernährung	●●	●●	○	●●	●	●		○	○	○
Geringe Autonutzung	○	○	○	●	●●	●	○	○	○	○
Umweltverträgliches Reisen	○	○	○		●●	●●	○	○	○	○
Geringer Ressourcenverbrauch	○	○	○	○	●●	●●	○	○	○	○

●● sehr stark ausgeprägt   ● stark ausgeprägt   ○ mittel bis gering ausgeprägt

Als typisches Industrieland eignet sich Deutschland einen überproportional hohen Anteil des global begrenzten Umweltraumes an. Im globalen Kontext sind Deutschlands Konsum- und Produktionsmuster nach wie vor mit deutlich zu hohen Ressourcenverbräuchen und Umweltbelastungen verknüpft. Deutschland ist somit aktiv beteiligt an der global ökologischen Krise und Ungerechtigkeitssituation.

Die ökologische Bilanz, zwölf Jahre nach dem Erscheinen von »Zukunftsfähiges Deutschland«, fällt größtenteils negativ aus. Zwar konnte der Anteil der erneuerbaren Energien in den vergangenen Jahren deutlich gesteigert werden, und die Emissionen von Versauerungsgasen haben sich ebenfalls deutlich gesenkt. Doch das sind allenfalls Teilerfolge in ausgewählten Segmenten. Allgemein gesehen hat sich die Bilanz Deutschlands im globalen Umweltraum keinesfalls verbessert. Bei der Mehrheit der Indikatoren ist die notwendige Kurswende zu mehr nachhaltigen Strukturen nicht absehbar. Die in »Zukunftsfähiges Deutschland« formulierten kurzfristigen Ziele wurden weitgehend nicht erreicht, und die Entwicklungstrends der vergangenen zwölf Jahre lassen nicht darauf schließen, dass die langfristigen Nachhaltigkeitsziele bei einem Business-as-usual erreichbar wären.

Die Art und Weise, wie Deutsche ihre Grundbedürfnisse nach Essen, Wohnen und Mobilität befriedigen, muss überdacht und von Grund auf geändert werden, das betrifft besonders die gehobenen sozialen Milieus. In jedem einzelnen der drei genannten Bedürfnisfelder beansprucht Deutschland bereits so viel globale Umwelt, wie ihm gerechterweise insgesamt zur Verfügung stünde. Produktionsseitige technologische Effizienzsteigerungen müssen fortgesetzt werden, reichen vermutlich aber nicht aus. Verbrauchsseitig sind innovative Konzepte und Lösungen gefragt, die gleichen Wohlstand bei qualitativ verändertem Konsum ermöglichen.

Anmerkungen

1 BUND/Misereor (1996), S. 26–27, S. 53–55
2 European Environment Agency (1999), S. 39–41
3 www.millenniumassessment.org/en
4 FAZ (08/2006). Der rote Thunfisch im Mittelmeer wird zum Sushi-Opfer; FIZ (2007); Greenpeace (2006); FAO (2007)
5 Field et al. (1998), 237–240
6 Haberl et al. (2007), S. 1
7 Millennium Ecosystem Assessment (2005), S. 4
8 www.footprintnetwork.org
9 Vgl. zum Beispiel Hille 1997
10 Vgl. zum Beispiel Wackernagel/Rees 1997
11 vgl. Climate Analysis Indicators Tool (2008)
12 Ohne Wasser und Luft; Adriaanse et al. (1997), S. 12; Bringezu et al. (2004), S. 101
13 Vgl. Marland et al. (2007)
14 MNP (22. Juni 2007)
15 vgl. Marland et al. (2007)
16 International Energy Agency (2007), S. 5
17 Mit Kabinettsbeschluss hat die Bundesregierung im August 2007 anlässlich ihrer Klausur in Meseberg ein 29 Eckpunkte umfassendes Energie- und Klimaschutzprogramm verabschiedet. Am 5. Dezember 2007 legte das Kabinett ein umfangreiches Paket mit 14 Gesetzen und Verordnungen zur Umsetzung der Meseberger Eckpunkte vor. Ein zweites kleineres Paket mit weiteren Rechtsetzungsvorhaben folgte im Mai 2008.
18 BUND/Misereor (1996), S. 37–88
19 BUND/Misereor (1996) und eigene Berechnungen
20 Der Primärenergieverbrauch beschreibt den Energiegehalt der in einem Jahr eingesetzten Energieträger.
21 Wirtschaftsleistung pro eingesetzter Einheit Primärenergie
22 Tanner (2006)
23 Verband Deutscher Mineralbrunnen (2007)
24 Jungbluth (2006)
25 Prognos (1999)
26 BMU (2000): Ökobilanz für Getränkeverpackungen II, Basel, www.bmu.de 13. Januar 2008); Jungbluth/Emmenegger (2005); Prognos AG (1999); Tanner (2006), S. 3.; TrinkwV (2001): Verordnung über die Qualität von Wasser für den menschlichen Gebrauch. Artikel 1 der Verordnung zur Novellierung der Trinkwasserverordnung vom 21. Mai 2001, BGBl I, S. 959–980
27 Eurostat (2001), S. 35–45; Bringezu (2004), S. 70
28 Vgl. Schütz/Bringezu 2008, S. 37–44
29 Die Bundesregierung (März 2007)
30 BGR et al. (2007), S. 32
31 DESTATIS (2007a), S. 13
32 BGR et al. (2007), S. 33
33 FSC (7. Dezember 2007)
34 Umweltbundesamt: Umweltdaten Deutschland Online (7. 12. 2007)
35 Das bundesdeutsche CO_2-Ziel von minus 25 Prozent bis 2005 (Basisjahr 1990) wurde fallen gelassen, als erkennbar wurde, dass es nicht erreichbar war.
36 DESTATIS (2007a), S. 9
37 DESTATIS (2007a), S. 41
38 Umweltbundesamt: Umweltdaten Deutschland Online (7. 12. 2007)
39 Associated Press (25. Juni 2007)
40 Wang et al. (2007), S. 1
41 Schoer et al. (2007); S. 6–8
42 Kornerup Bang et al. (2008), S. 10
43 Österreich, Belgien, Dänemark, Deutschland, Spanien, Italien, Irland, Niederlande, Schweden, Finnland, Portugal, Frankreich, Griechenland, Luxemburg, Vereinigtes Königreich
44 Schütz et al. (2008), S. 37–39
45 Schütz et al. (2003), S. 22
46 Schmidt-Bleek (1998), S. 297–311
47 Schmidt-Bleek (1998), S. 82

48 Schmidt-Bleek (2004); Türk/Ritthoff et al. (2003), S. 119–220

49 Bringezu et al. (2008), S. 136

50 Tukker et al. (2006), S. 104–109

51 Moll et al. (2006), S. 1–153. Die in den folgenden Abschnitten gemachten Angaben basieren auf dieser Studie.

52 Das Statistische Bundesamt (zum Beispiel DESTATIS 2007b) veröffentlicht jährliche solche kumulierten Umweltbelastungen im Rahmen seiner Umweltökonomischen Berichterstattung.

53 Vgl. Fritsche et al. (2007), S. 10

54 WRAP (2007), S. 1

55 Fritsche et al. 2007, S. 5

56 Bringezu (2002), S. 26

57 Bundesministerium für Verkehr, Bau und Stadtentwicklung (2007)

58 KBA (Dezember 2007)

59 Vgl. Schallaböck/Hennicke 2008, S. 7–11

60 Hahn (2006); Röhl (2007); Schubert (2004)

61 Schallaböck (2008)

62 DESTATIS (April 2008)

63 Liedtke et al. (2007), S. 142–153

64 Die Verbraucher Initiative e. V. (2007), S. 9

65 Pötter (2006), S. 78

66 Kleinhückelkotten (2005), S. 138–140

67 Kleinhückelkotten (2005), S. 154

6 Deutschland im Weltwirtschaftsraum

Deutschland ist ein prominenter Akteur in der Weltwirtschaft. Güter- und Investitionsströme fließen in alle Welt und kommen aus dem Ausland – beides in wachsendem Ausmaß. Woher kommen und wohin gehen diese Ströme, und was sind ihre Folgen? Deutschland ist ein Gewinner der Globalisierung, auch wenn es Arbeitsplätze verliert. Allerdings trägt es dazu bei, die ökologische Raubwirtschaft über den Globus zu verbreiten und einheimische Akteure von ihren Märkten zu verdrängen. Zukunftsfähig kann nur eine Exportwirtschaft sein, die sozial und ökologisch lebensdienlich ist – was wohl kaum ohne eine Schrumpfung dieses Sektors möglich wird.

6.1 Deutschlands Waren in der Welt

Gewöhnlich wird mit dem Fall der Mauer im Jahr 1989 das Ende einer langjährigen Rivalität assoziiert: Die Block-Konfrontation zwischen Ost und West wich der Aussöhnung und in Deutschland der Wiedervereinigung. Das Ende des Eisernen Vorhangs beendete den Systemwettbewerb, der die Politik unzähliger Länder in den Jahrzehnten nach dem Zweiten Weltkrieg bestimmt hatte. Doch das Jahr 1989 kann ebenso als Datum für die Entfesselung einer anderen Rivalität gelesen werden. Denn erst nach dem Ende des politischen Systemwettbewerbs im Kalten Krieg konnte sich der ökonomische Wettbewerb zwischen den Ländern frei entfalten. Tatsächlich kann das Wettrennen der »Wirtschaftsstandorte« um die Ermöglichung maximaler

Kapitalrenditen als Kern der jüngsten Phase der Globalisierung bezeichnet werden. Fortan zählte allein, ob ein Land stark oder schwach ist auf der Wohlstandsleiter – gemessen an ökonomischen Indikatoren wie etwa dem Bruttoinlandsprodukt oder auch dem Exportanteil am Weltmarkt.

Exportweltmeister in Serie

In den Medien wie in der Wirtschaftsforschung wird zumeist begeistert verkündet: »Deutschland ist Exportweltmeister!« Seit dem Jahr 2003 hat das Land diesen Titel ohne Unterbrechung errungen und dabei jedes Jahr neue Rekordzahlen vorgelegt. Bei genauerem Hinsehen zeigt sich allerdings, dass der Weltmeistertitel nur eingeschränkt gilt. Zunächst gilt er nur für den Export von Waren; beim Export von Dienstleistungen führen die USA nach wie vor mit großem Abstand. Zudem

Abb. 6.1 Der Warenhandel der größten Exportländer[1]
Exporte in 1000 Mrd. US-$

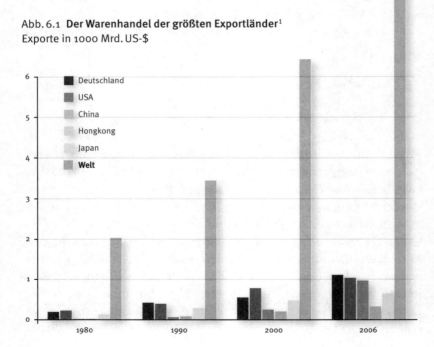

gilt der Titel nur, wenn Hongkong und China in der Statistik getrennt erfasst werden. In der Summe hatten sie Deutschland schon im Jahr 2005 überholt. Inzwischen schickt China sich auch ohne Hongkong an, Deutschland als Waren-Exportweltmeister abzulösen.

Ob nun Weltmeister oder nicht, Deutschlands Exportboom ist gewaltig. In den sieben Jahren zwischen 1999 und 2006 wuchs die Warenausfuhr um 75 Prozent. Derzeit stammt fast ein Zehntel der Warenexporte in der Welt aus der Bundesrepublik. Auch die Warenimporte stiegen in diesem Zeitraum deutlich, freilich nur um 65 Prozent. Daher vergrößert sich der Saldo aus Warenimporten und -exporten in Deutschland stetig, während er sich bei den Dienstleistungen verkleinert. Im Jahr 2006 hatte das Ungleichgewicht in der Leistungsbilanz mit 140 Milliarden Euro einen neuen Höchststand erreicht.[2] Die deutsche Wirtschaft verkauft der Welt also zunehmend mehr, als sie einkauft. Das zeigt die Leistungsfähigkeit der deutschen Unternehmen, bedeutet aber, dass die meisten Länder der Welt im Handel mit Deutschland mit Defiziten in der Bilanz fertig werden müssen (▸ Kapitel 18).

Afrika außen vor

Gummibärchen, Birkenstock-Sandalen, Heidelberger Druckmaschinen, VW Golfs und all die anderen Produkte »Made in Germany« werden vor allem in Europa verkauft. So machten die Warenexporte in die anderen EU-Länder im Jahr 2006 fast zwei Drittel der Gesamtexporte aus, ja sogar drei Viertel, wenn man die übrigen europäischen Länder berücksichtigt. Nur ein Viertel der deutschen Waren ging in Länder außerhalb Europas. Ähnlich ist das Bild auf der Importseite. Im Jahr 2006 stammten weniger als ein Drittel der Einfuhren aus anderen Kontinenten. Dennoch nehmen die aufstrebenden Schwellenländer Asiens Jahr für Jahr eine größere Rolle im Welthandel ein, und so auch in der deutschen Außenhandelsbilanz. Asien ist auch die einzige Weltregion, gegenüber der Deutschland eine deutlich negative Handelsbilanz aufweist. 2006 überstiegen Importe aus China die deutschen Exporte dorthin um rund 75 Prozent. Es zählt bereits zu den zehn wichtigsten Handelspartnern Deutschlands.[3]

Abb. 6.2 Deutsche Leistungsbilanz nach Ländergruppen und Ländern 2006[4]

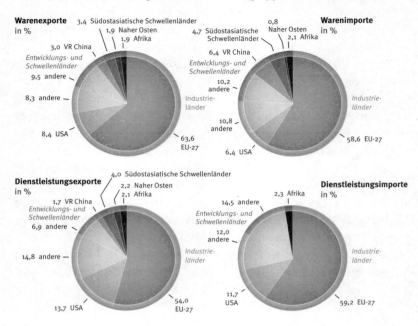

Warenexporte in %
3,4 Südostasiatische Schwellenländer
1,9 Naher Osten
1,9 Afrika
3,0 VR China
Entwicklungs- und Schwellenländer
9,5 andere
8,3 andere
8,4 USA
63,6 EU-27
Industrieländer

0,8 Südostasiatische Schwellenländer
Naher Osten
4,7 Südostasiatische Schwellenländer
2,1 Afrika
6,4 VR China
Entwicklungs- und Schwellenländer
10,2 andere
10,8 andere
6,4 USA
58,6 EU-27
Industrieländer
Warenimporte in %

Dienstleistungsexporte in %
4,0 Südostasiatische Schwellenländer
2,2 Naher Osten
2,1 Afrika
1,7 VR China
Entwicklungs- und Schwellenländer
6,9 andere
14,8 andere
13,7 USA
54,0 EU-27
Industrieländer

14,5 andere
2,3 Afrika
Entwicklungs- und Schwellenländer
12,0 andere
11,7 USA
59,2 EU-27
Industrieländer
Dienstleistungsimporte in %

Während einige Neuaufsteiger den alteingesessenen Wohlstandsländern ihren Machtanspruch streitig machen, werden gleichzeitig andere Länder weiter ins Abseits gedrängt. Der Anteil Afrikas am weltweiten Handel ist in den vergangenen 20 Jahren von fünf auf unter zwei Prozent gesunken. Dies spiegelt sich auch im deutschen Außenhandel wider: Lediglich 1,8 Prozent der deutschen Exporte gingen 2006 nach Afrika, und 2,1 Prozent der Importe kamen von dort.[5] Die Geografie der deutschen Außenhandelsbilanz bildet den größeren Trend ab: Die Globalisierung einiger Länder vollzieht sich gleichzeitig mit der Marginalisierung vieler anderer.[6]

Überraschend ist, dass auch die Exportüberschüsse im Warenhandel ganz überwiegend im Handel mit anderen Industrieländern erwirtschaftet werden. Deutschlands Exportüberschüsse sind also nicht das Ergebnis einer asymmetrischen Konkurrenz mit den armen Ländern, sondern des erfolgreichen Wettbewerbs mit den anderen Industrieländern.[7] Trotzdem kann der Handel mit Entwicklungsländern, auch wenn er sich auf niedrigem Niveau bewegt, spürbare Auswirkungen auf die dortige Wirtschaft haben. Ein sprechendes Beispiel ist der Export von Hühnerflügeln nach Kamerun (▸ Kapitel 17).

Autos, Chemie, Maschinen

Drei Gütergruppen stechen besonders hervor: Kraftwagen, Kraftwagenteile sowie sonstige Fahrzeuge (23 Prozent), Maschinen (14 Prozent) und chemische Erzeugnisse (13 Prozent) stehen zusammen für die Hälfte der deutschen Ausfuhren. Weitere Gütergruppen von Bedeutung sind Metalle, Halbzeuge und Metallerzeugnisse, Geräte der Medizintechnik, der Elektroerzeugung und der Nachrichtentechnik, Büro- und Datenverarbeitungsgeräte sowie Erzeugnisse des Ernährungsgewerbes. Obgleich die Bezeichnung »Werkbank der Welt« neuerdings für China verwandt wird, charakterisiert sie nach wie vor auch die Komposition der deutschen Außenhandelsströme.

Auch auf der Importseite dominieren die drei Sektoren Fahrzeugbau, Maschinenbau, Chemie. Einen wichtigen Teil der Einfuhren – zumal mengenmäßig – nehmen zudem Erdöl und Erdgas ein; ihr Anteil bleibt im Wert aber unter zehn Prozent der Gesamtimporte. Bei den landwirtschaftlichen Produkten besteht ein deutlicher Importüberschuss. Der überwiegende Teil stammt aus anderen EU-Ländern. Brasilien ist das einzige Entwicklungsland unter den zehn wichtigsten Agrarhandelspartnern.[8] Und schließlich importiert Deutschland auch im Dienstleistungshandel mehr, als es exportiert, mit einem Defizit von 38 Milliarden Euro im Jahr 2006. Reise- und Transportdienstleistungen sind die auffälligsten Posten in der Bilanz, denn Deutsche reisen gerne. Allerdings ist der Saldo seit 1999 gefallen, vor allem der gestiegenen Attraktivität Deutschlands als Reiseziel wegen. Bei den Transportdienstleistungen erzielt Deutschland stets einen Überschuss; deutsche Logistikunternehmen, Luftfrachtgesellschaften und andere Transportdienstleister verkaufen dem Ausland weit mehr, als ihre ausländischen Konkurrenten in Deutschland absetzen.[9]

6.2 Deutschlands Investitionen in der Welt

Nicht nur durch seine Warenexporte, sondern auch mittels Unternehmens-Investitionen im Ausland greift Deutschland um den Erdball. Deutsche Unternehmen wenden Jahr für Jahr beträchtliche Direktinvestitionen auf, um Produktionsstätten in anderen Ländern auszubauen, sich bei ausländischen Firmen ins Geschäft einzukaufen oder durch den Aufbau von Filialen Präsenz auf neuen Märkten zu schaffen. Der Bestand deutschen Unternehmensvermögens im Ausland belief sich Ende 2005 auf insgesamt 785 Milliarden Euro. Einzig die USA, Großbritannien und Frankreich haben mehr Investitionen im Ausland getätigt. Der Bestand ausländischen Unternehmensvermögens in Deutschland war hingegen mit 390 Milliarden Euro im selben Jahr nur halb so groß. Die Schieflage des Investitionsbestands ähnelt der Schieflage beim Warenhandel: Deutschland ist viel stärker in der Welt aktiv als die Welt in Deutschland.

Denationalisierung

Während die Waren- und Dienstleistungsströme über zwei Jahrzehnte kontinuierlich angestiegen sind, zeigen die Investitionsströme eine beträchtliche Fluktuation. Danach scheint es, als fände die Globalisierung in Wellenbewegungen statt. Insofern ist es nur die halbe Wahrheit, vom Standortwettbewerb zwischen den Nationen als dem Kern der Globalisierung zu sprechen. Natürlich geraten Länder auf dem liberalisierten Weltmarkt in zunehmende Konkurrenz, aber gleichzeitig – und gerade in den vergangenen zwei, drei Jahrzehnten – lösen sich die nationalen Ökonomien zunehmend in einem transnationalen Wirtschaftsraum auf.[10] In erster Linie konkurrieren international mobile private Unternehmen um die kaufkräftige Nachfrage von Konsumenten, die sie derzeit noch vorwiegend in den Industrieländern finden.[11] Der Anstieg von Direktinvestitionen ins Ausland kann also als Indikator für die Denationalisierung der Wirtschaft eines Landes gelten. Und da Deutschland sowohl zu den wichtigsten Ursprungs- wie auch Zielländern von Auslandsinvestitionen gehört, deutet dies darauf hin, dass die Denationalisierung der deutschen Wirtschaft vergleichs-

Ausländische Direktinvestitionen –
Entwicklungschance für den Süden?

Ausländische Direktinvestitionen (Foreign Direct Investment, FDI) sind Investitionen in ein Unternehmen, bei denen ein ausländischer Investor einen signifikanten Anteil an Aktien oder Eigentumsrechten an dem Unternehmen erwirbt. FDIs sind damit mehr als nur eine Form des zwischenstaatlichen Kapitalflusses; sie stellen vielmehr eine grenzüberschreitende Expansion transnational operierender Unternehmen dar. Die 100 größten Unternehmen weltweit hielten Ende der 1990er Jahre ausländische Unternehmensanteile in Höhe von gut 2000 Milliarden US-Dollar und beschäftigten rund sechs Millionen Angestellte im Ausland. 90 der 100 größten Unternehmen haben ihren Hauptsitz in den USA, der EU oder Japan. Rund drei Viertel der FDIs fließen in Industrieländer. Mehr als 80 Prozent des Viertels, das in Entwicklungsländer fließt, konzentriert sich auf nur zwölf Länder mittleren Einkommens, allein die Hälfte davon auf China.

Aus Sicht von Entwicklungsländern wird FDIs vor allem das Potenzial zugesprochen, Kapital ins Land zu bringen und Effizienzgewinne durch moderne Technologien und Managementpraktiken zu realisieren. Darüber soll das Wirtschaftswachstum angetrieben und die Armut reduziert werden. Kritiker hingegen wenden ein, dass FDIs in Konkurrenz zu inländischen Investitionen treten, insofern zu einer Schwächung der nationalen Wirtschaftskraft führen und sogar einen Rückgang des Wirtschaftswachstums bewirken können. Zudem fließen Gewinne häufig ins Ausland ab und gelangen nicht zu den Armen. Auch die Umweltbilanzen von FDIs fallen sehr unterschiedlich aus: In einigen Fällen, wie etwa in der Bergbauindustrie Chiles, führten sie zu einem effizienteren Umgang mit natürlichen Ressourcen, in anderen, wie beispielsweise in den Maquiladoras Mexikos, nahm die Umweltzerstörung stark zu. Die politischen Rahmenbedingungen sind der entscheidende Faktor dafür, ob FDIs einen positiven oder negativen Effekt auf Wirtschaftswachstum, Verteilungsgerechtigkeit und Ökologie nehmen. FDIs müssen also durch die Politik gelenkt werden. Doch in vielen Ländern des Südens sowie auf der Ebene internationaler Wirtschafts- und Handelsverträge fehlen entsprechende Rahmenbedingungen.[12]

weise weit fortgeschritten ist. »Made in Germany« wird beileibe nicht mehr nur auf deutschem Boden erzeugt.

Unternehmen des Produzierenden Gewerbes sind am stärksten in internationale Produktketten eingebunden. Und wie schon im Warenhandel ist es mit großem Abstand die Automobilindustrie, in die zur Produktion von Kraftwagen, Kraftwagenteilen sowie zur Reparatur und Instandhaltung von Fahrzeugen im Ausland investiert wird. Investitionen in den Handel folgen auf Platz zwei; Investitionen in die chemische Industrie und den Maschinenbau nehmen die Plätze drei und vier ein. Auch in die Elektrizitätserzeugung und -verteilung in anderen Ländern fließen nennenswerte Anteile. Ein erheblicher Teil von Investitionen wird zudem durch Finanzierungsinstitute und das Versicherungsgewerbe umgesetzt oder ist in ausländischen Beteiligungsgesellschaften gebunden. Was die Aktivitäten ausländischer Unternehmen in Deutschland betrifft, so empfängt das Produzierende Gewerbe rund ein Drittel der Investitionen und ist damit das wichtigste Ziel ausländischer Investoren. Und wieder stehen auch die Wirtschaftszweige Automobil, Chemie, Maschinenbau weit oben. Nennenswert sind ebenfalls die ausländischen Investitionen in die deutsche Rundfunk-, Fernseh- und Nachrichtentechnik.[13]

Konzentration auf Schwellenländer

Was die Geografie der Investitionsströme betrifft, so fließen sie, ähnlich wie beim Warenhandel, vor allem in die europäischen Nachbarländer. Mehr als die Hälfte des im Ausland investierten deutschen Unternehmensvermögens befindet sich in anderen EU-Ländern. Großbritannien nimmt den ersten Platz ein; Frankreich folgt, allerdings mit einigem Abstand. Während aufgrund der Dollarschwankungen die USA im deutschen Warenhandel eine vergleichsweise kleine Rolle spielen, befindet sich umso mehr deutsches Unternehmensvermögen in den USA, nämlich 30 Prozent der Direktinvestitionen. Für den Dollarraum bietet die Produktion vor Ort eine größere betriebswirtschaftliche Sicherheit gegenüber Exporten von in Deutschland hergestellten Waren, die stets Wechselkursschwankungen ausgeliefert sind.

Hingegen bleiben die Investitionen in asiatischen Ländern weit hinter den Investitionen in Europa und den USA zurück. Ende 2005 machte das deutsche Unternehmensvermögen in China noch weniger als fünf Prozent des Unternehmensvermögens in den USA aus. Der Aufstieg der Schwellenländer beschert ihnen zwar raschere Zuwächse. Doch in der Summe bleiben die Investitionen im Süden noch weit hinter denen im Norden zurück. Das gleiche Bild zeigt sich auch für die Investitionsströme aus dem Ausland in die Bundesrepublik. Zwar weit vor Afrika und Lateinamerika, verfügen Unternehmen aus den asiatischen Ländern dennoch nur über weniger als fünf Prozent des Bestands an Investitionen in Deutschland. Drei Viertel der ausländischen Investitionen in Deutschland kommen von Unternehmen aus anderen EU-Ländern und knapp zwölf Prozent von US-amerikanischen Firmen.[14]

Ausländische Direktinvestitionen sind also nach wie vor die Domäne der Industrieländer. Dies muss aber nicht so bleiben. In den vergangenen Jahren war ein historisch beispielloser Aufbau von Vermögenspositionen, vor allem von Währungsreserven, in verschiedenen asiatischen Ländern zu verzeichnen. In China etwa sind die Währungsreserven zwischen 1999 und 2006 von 160 Milliarden auf knapp 1,1 Billionen US-Dollar gewachsen.[15] Zwar verfügen etwa die ölexportierenden Länder aus dem arabischen Raum sowie Norwegen bereits seit langem über erhebliches Finanzkapital, welches sie in Aktien, Beteiligungsgesellschaften oder anderen Fonds auch in der deutschen Wirtschaft angelegt haben. Vor allem die Ankündigung Chinas, einen neuen, mit rund 200 Milliarden Dollar ausgestatteten Fonds aufzulegen, sorgte indes für Unruhe. Mit einem so kapitalstarken Fonds wäre es nicht unmöglich, sogar eine Aktienmehrheit beim größten deutschen Unternehmen, der DaimlerAG, zu erwerben.[16]

Mit zweierlei Maß

In der Tat ist es nicht auszuschließen, dass ausländische Fonds oder Firmen deutsche Unternehmen vermehrt aufkaufen und gegebenenfalls anschließend abwickeln. Dies ist aber keine Zukunftsprognose in Bezug auf Geld aus Asien oder anderen Ländern des Südens, es findet bereits heute statt – sei es durch Private Equity oder andere Fonds, die in der öffentlichen Debatte auch als Heuschrecken bezeichnet werden. Schließlich haben auch deutsche Unternehmen in der Vergangenheit immer wieder im Ausland Unternehmen aufgekauft und anschließend zerschlagen. Ein Beispiel dafür ist BMW, das 1995 den letzten britischen Großserienhersteller Rover erwarb und, nach wenig erfolgreichem Engagement, in drei Firmen zerlegte. Wenigstens bei einer davon wurde schon nach kurzer Zeit die Produktion eingestellt. Dennoch, aufgrund der angeblich neuen »Gefahr« aus den aufstrebenden Ländern des Südens beauftragten die Finanzminister der G7-Staaten im Oktober 2007 den Internationalen Währungsfonds (IWF), die Folgen von Investitionen aus Staatsfonds zu untersuchen und Verhaltensregeln zu entwickeln, nach denen sich diese richten sollten.[17]

Hier zeigt sich ein aufkeimendes Konfliktfeld in den Nord-Süd-Beziehungen. Unternehmen in Entwicklungs- und Schwellenländern waren in der Vergangenheit von Übernahmen durch ausländische Investoren betroffen, doch ihnen erklärten Vertreter des Nordens stets die Vorteile, die ihnen der liberalisierte Kapitalverkehr bringe. Nun dreht sich der Wind, und der Norden bereitet Schutzmaßnahmen vor. Wie offen wird Deutschland dem Aufstieg der Länder des Südens gegenüber sein? Wird es in Zukunft mit zweierlei Maß messen? Und wird die Bundesrepublik sich dafür einsetzen, die Aktivitäten von Unternehmen und Fonds in der transnationalen Ökonomie an Standards zu knüpfen, die einer ökologisch und sozial nachhaltigen Entwicklung dienen? (▸ Kapitel 18)

6.3   Geben wir dem Süden Wohlstand ab?

Bislang sind es immer noch die Industrieländer, welche die Weltwirtschaft dominieren. Die Welthandelsverflechtungen zeigen, dass das Gros des Waren- und Dienstleistungshandels nach wie vor zwischen Nordamerika, Japan und Europa abgewickelt wird.[18] Doch die Schwellenländer entwickeln sich zu veritablen Konkurrenten. Allein China, Indien, Brasilien und Russland konnten von 1990 bis 2006 zusammen ihren Anteil an der Weltwirtschaftsleistung von gut fünf auf knapp zwölf Prozent mehr als verdoppeln.[19] Millionen Menschen in den aufstrebenden Ländern des Südens sind der Armut entwachsen, und eine wohlhabende Mittelklasse entsteht. Währenddessen haben viele Industrieländer, auch Deutschland, mit schwindenden Einkommen, hoher Arbeitslosigkeit und steigendem Druck auf die Sozialsysteme zu kämpfen. Sitzen die Gewinner der Globalisierung nicht mehr in Detroit und Dortmund, sondern in Schanghai und Hanoi?

Gewinner und Verlierer überall

In den ersten Dekaden nach dem Zweiten Weltkrieg spielten hierzulande Sorgen vor der Konkurrenz aus Billiglohnländern keine Rolle. Arbeitnehmer profitierten vom Anstieg der Beschäftigung und von höheren Löhnen in der Exportwirtschaft und ebenso von billigen Importen. Doch während die billigen Importe fortbestehen, bleiben die Zuwächse der Realeinkommen heute vielfach aus. Inzwischen fragt der Ökonomie-Nobelpreisträger Paul Samuelson, ob die Grundannahme der Freihandelstheorie, dass nämlich der Welthandel zu einer »Win-Win-Situation« für alle Länder führe, noch zu halten sei. Handelsökonomen hätten zu lange die negativen Konsequenzen der Globalisierung für die Einkommen in den reichen Ländern ignoriert. Unter bestimmten Umständen könnten Produktivitätssprünge in den Entwicklungsländern dazu führen, dass der Nutzen aus der Arbeitsteilung nur dort anfällt, während die Industrieländer real Einkommensverluste erfahren.[20] Tatsächlich lässt sich in den meisten Industrieländern inzwischen ein Abwärtstrend der Realeinkommen beobachten, besonders deutlich in den USA.[21] Für Deutschland berechnete das Deutsche Institut für Wirtschaftsforschung, dass das durchschnittliche Realeinkommen zwischen 1990 und 1998 in etwa konstant geblieben, dann bis 2002 leicht gestiegen, seitdem aber gesunken ist. Und ein Blick hinter den Durchschnitt offenbart wichtige Details: Der Anteil der Empfänger mittlerer Einkommen ist während der ganzen Zeit deutlich geschrumpft, während die Bevölkerungsanteile an den Rändern der Einkommensverteilung, also sowohl bei den Vielverdienern wie bei den Niedriglohnempfängern, gewachsen sind.[22] Trotz steigender Exporte hat sich ein guter Teil der Deutschen finanziell also verschlech-

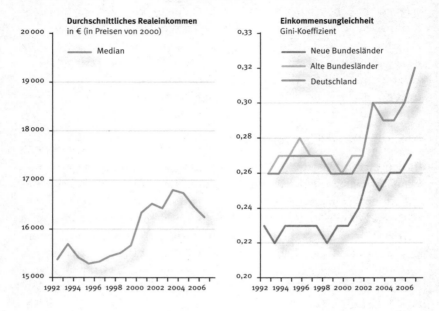

Abb. 6.3 **Realeinkommen und Einkommensungleichheit in Deutschland**[23]

Durchschnittliches Realeinkommen
in € (in Preisen von 2000)

— Median

Einkommensungleichheit
Gini-Koeffizient

— Neue Bundesländer
— Alte Bundesländer
— Deutschland

tert, und insgesamt geht die Einkommensschere auseinander. Wie in vielen anderen Ländern zeichnet sich also ein doppelter Trend ab: eine Einkommensspreizung bei gleichzeitigem Rückgang der durchschnittlichen Einkommen.

Ist die Globalisierung ursächlich verantwortlich für diesen Doppeltrend? In der Antwort klaffen Theorie und Empirie auseinander. Einerseits zeigt sich empirisch von China bis Deutschland nahezu flächendeckend das Phänomen, dass die Einkommensschere auseinandergeht und oftmals die Mittelschicht schrumpft. Doch kann dafür nicht umstandslos die Globalisierung verantwortlich gemacht werden; Einkommensspreizung geschieht auch durch Umverteilung auf nationaler Ebene. Dagegen zeigt sich die Veränderung der Durchschnittseinkommen sehr heterogen – mit durchschnittlichen Einkommenssteigerungen in vielen Ländern des Südens, allen voran China und Indien, aber einem durchschnittlichen Einkommensrückgang in anderen Ländern des Südens wie auch in den meisten Ländern des Nordens. Doch entspricht es hier wiederum der ökonomischen Theorie, dass durch die Globalisierung in reichen Ländern die Löhne im Schnitt sinken und in ärmeren Ländern dafür steigen werden.[24] Wäre es aber nicht auch recht und billig, dass Deutschland etwas von dem Wohlstand, den die Industrieländer allzu lange allein genossen haben, an den Süden abgibt?

Abwanderung ins Ausland?

Die Frage wäre weniger brisant, wenn alle Deutschen auf ein verlässliches Einkommen zählen könnten. Doch die hohen Arbeitslosenzahlen und die Sorge vor dem Verlust des eigenen Arbeitsplatzes sind in bestimmten Sektoren eindeutig mit der zunehmenden internationalen Arbeitsteilung zu erklären: Bekleidungsfabriken, Möbelindustrie und Stahlunternehmen sind aus Deutschland nahezu verschwunden und in die Länder des Ostens und Südens abgewandert. Weitere Branchen werden wohl folgen. Die Zahl der Erwerbstätigen im Produzierenden Gewerbe hat zwischen 1991 und 2005 mit 32 Prozent in Deutschland stärker abgenommen als in jedem anderen Land der Welt – und dies, obwohl das Produzierende Gewerbe der deutsche Exportschlager ist und sich über stetig steigende Umsätze freut.[25] Doch immer mehr Halbfertig- und Fertigteile für diese Produkte werden importiert – zumal, wenn es sich um beschäftigungsintensive Teile handelt.

Inzwischen trifft die Abwanderung auch hochqualifizierte Arbeit, nicht mehr nur im industriellen Sektor, sondern auch, dem steigenden Bildungsniveau in den Ländern des Südens folgend, bei den Dienstleistungen.[26] Dabei sorgen auch die hohen Auslandsinvestitionen deutscher Firmen dafür, dass Arbeitsplätze in anderen Ländern geschaffen werden. Ende 2005 arbeiteten rund 4,5 Millionen Beschäftigte in den mehr als 20000 Firmen, an denen deutsche Unternehmen durch ihre Auslandsinvestitionen direkt oder indirekt beteiligt waren. Umgekehrt arbeiteten in Deutschland nur rund 1,9 Millionen Beschäftigte in den knapp 7500 Firmen, an denen ausländische Unternehmen beteiligt waren.[27]

Es ist heftig umstritten, ob die Globalisierung netto zu Arbeitsplatzverlusten führt. Für bestimmte Branchen gilt das sicher. Doch die Spezialisierung auf bestimmte Branchen kann dazu beitragen, dass das Angebot an Arbeitsplätzen hier erweitert wird und unterm Strich sogar mehr Arbeitsplätze entstehen als verlorengehen. Für Deutschland lässt sich mit Zahlen belegen, dass die zunehmende Integration in die Weltwirtschaft mit einer Zunahme an Arbeitsplätzen einhergeht. Die Anzahl der Beschäftigen in den wichtigsten Exportsektoren Fahrzeugbau, Chemie und Maschinenbau ist zwischen 1995 und 2004 zwar um 150 000 gesunken, und auch in einigen anderen Sektoren gab es eine rückläufige Beschäftigung. Insgesamt aber hat die Anzahl der direkt und indirekt für den Export arbeiteten Erwerbstätigen um 2,4 Millionen zugenommen.[28] In Deutschland hat die Globalisierung also nicht zur Abwanderung der Arbeit, sondern zu einem zusätzlichen Arbeitsplatzangebot geführt, auch wenn für weniger qualifizierte Arbeitskräfte immer weniger Arbeitsplätze zur Verfügung stehen.

Wem gehören die Märkte?

Kein anderes Land hat so wie Deutschland jahrzehntelang von der Bereitschaft anderer Länder profitiert, hier hergestellte Produkte zu kaufen. Und weil Deutschland stets mehr exportierte als importierte, haben andere Länder, beschäftigungspolitisch gesehen, laufend Nachteile in Kauf genommen. Bisher waren davon zumeist die anderen Industrieländer betroffen, aber doch auch die Entwicklungs- und Schwellenländer. Ist es nicht überfällig, dass sie ihre Märkte mit eigenen Produkten versorgen und dadurch ihre Arbeitslosigkeit und Armut senken können? Hinter dieser Frage wartet gleich die nächste, viel grundsätzlichere: Wem gehören eigentlich die Märkte dieser Welt? Sollte es Unternehmen zu jeder Zeit und überall gestattet sein, durch ihre Waren ortsansässige Anbieter vom Markt zu verdrängen? Der Schlossereibetrieb in Spanien, der in der vierten Generation seinen lokalen Markt mit Eisenwaren beliefert – darf er plötzlich durch billige deutsche Importe aus der Produktion verdrängt werden? Darf der Bäuerin im Senegal das Einkommen zur Existenzsicherung ihrer Familie wegbrechen, weil Tomatenmarkimporte aus der EU ihren Tomatenanbau für die lokale Fabrik überflüssig gemacht haben? Die Sicherung von Arbeitsplätzen über eine boomende Exportwirtschaft ist aus deutscher Sicht verlockend. Doch wie kann Deutschland gerechtigkeitsfähig werden, solange es seine Probleme zu Lasten anderer Länder löst?

Die Globalisierung der Wirtschaft bricht endgültig mit dem Verständnis, dass Märkte in nationale politische Gemeinschaften eingebettet sind. Die Liberalisierung der Kapital- und Gütermärkte treibt die Vorstellung auf die Spitze, dass jedes Unternehmen und jeder Konsument überall und zu jeder Zeit frei anbieten und nachfragen können, was sie möchten, und dabei auch nicht durch wohlerwogene Restriktionen der ortsansässigen Bevölkerung eingeschränkt werden dürfen. Doch vergisst diese rein ökonomische Betrachtungsweise, dass Wirtschaft und Märkte weit mehr Funktionen erfüllen, als nur ein Angebot von Waren bereitzustellen. Landwirte produzieren nicht nur Weizen und Raps, sondern reproduzieren auch das lokale Landschaftsbild und die Ökosysteme. Öffentliche Verkehrsbetriebe bringen nicht nur Pendler von A nach B, sondern prägen die Infrastruktur und die räumliche Entwicklung von Städten und Regionen. Designer entwerfen nicht nur einen Werbeprospekt für ihre Kunden, sondern beeinflussen auch das jeweilige Verständnis von Kunst und Ästhetik im öffentlichen Raum. Allerorten bietet die Wirtschaft nicht nur Arbeitsplätze gegen Lohn, sondern über die Arbeit definieren Menschen ihre Kultur und Identität. Wenn es bloß noch darum geht, dass sich der effizienteste und stärkste Anbieter weltweit durchsetzt, werden die sozialen, kulturellen und ökologischen Aspekte des Wirtschaftens von ihren lokalen Wurzeln gelöst. Sie werden uniformiert oder entschwinden ganz. Insofern ist der Verlust der lokalen Wirtschaftskapazität an den Exportweltmeister Deutschland nicht nur eine Frage der ökonomischen Gerechtigkeit, sondern auch eine Frage der Vielseitigkeit und Nachhaltigkeit der Welt. Wirtschaftliche Entwicklung kann nur dann nachhaltig sein, wenn Märkte und Wirtschaften sozial eingebettet sind und von politischen Gemeinschaften geordnet werden (► Kapitel 10).

Bereitschaft zur Umverteilung

Die Bereitschaft, die Rolle Deutschlands in der Weltwirtschaft zu überdenken, wird nur entstehen, wenn die einzelnen Menschen hierzulande in den Folgen einer gerechteren Weltwirtschaft aufgefangen werden. Arbeitnehmer sind heute zunehmend ungeschützt dem internationalen Wettbewerb ausgesetzt. Politiken der sozialen Sicherung und der gerechteren Umverteilung in Deutschland, wie etwa eine Grundsicherung und Arbeitszeitreformen, die die verbleibenden Arbeitsplätze auf alle Bürger verteilen, können eine Grundlage schaffen für Deutschlands Beitrag zu mehr ökonomischer Gerechtigkeit in der Welt (▸ Kapitel 15). Der Transfer von wirtschaftlichem Wohlstand in den Osten und Süden der Welt darf auch dort nicht zu einer sozialen Polarisierung führen. Gegenwärtig profitieren in den Gewinnerländern der Globalisierung in erster Linie die Eliten (▸ Kapitel 3).

6.4 Wird die Globalisierung dauern?

Unterm Strich kann von einer Umverteilung des wirtschaftlichen Wohlstands aus Deutschland in die Welt bisher noch kaum die Rede sein. Eher findet eine Umverteilung des Reichtums von anderen Ländern nach Deutschland statt. Im internationalen Vergleich erscheint Deutschland immer noch als einer der größten Globalisierungsgewinner. Doch gerade deswegen ist zu fragen, ob die zunehmende Globalisierung schon aus ökonomischen Gründen diesem Land auf lange Sicht zugutekommen wird.

Ausgedünnte Wertschöpfung

Bereits seit einigen Jahren warnt Hans Werner Sinn, der Präsident des Münchner ifo Instituts, vor einem bedenklichen Strukturwandel in der deutschen Wirtschaft.[29] Deutschland entwickele sich schleichend zu einer Basar-Ökonomie, die die Welt mit ihrer breiten Produktpalette beliefert, doch einen wachsenden Wertanteil ihrer Produkte in ihrem osteuropäischen Hinterland produzieren lässt. »Die deutsche Wirtschaft wird quasi zu einem Durchlauferhitzer für Industrieprodukte, die auf ihrem Weg von der Slowakei nach Amerika die deutschen Statistiken passieren.«[30]

Sinns Argumentation wurde zwar angegriffen, denn wenn Deutschland immer mehr Vorprodukte im Ausland fertigen lassen würde, müssten die Importe ja stärker steigen als die Exporte. Da Deutschland aber einen wachsenden Exportüberschuss hat, könne nicht von einem pathologischen Exportboom die Rede sein.[31] Dennoch ist nicht von der Hand zu weisen, dass die sinkende Wertschöpfung innerhalb Deutschlands trotz steigender Exporte die heimische Industrie ausdünnt. Dies zeigt sich zum einen daran, dass der Importanteil an den Exporten zwischen 1995 und 2005 von 31 auf 42 Prozent gestiegen ist.[32] Zum anderen zeigt es sich daran, dass der Anteil der Wertschöpfung an den Exporten zwischen 1980 und 2000 in Deutschland um rund 80 Prozent und damit weit stärker gefallen ist als in den meisten anderen Industrie- und auch Entwicklungsländern.

Eine derartige Entwicklung wäre vielleicht nicht problematisch, wenn die Exportsteigerungen auch weiterhin die sinkende Wertschöpfungsquote ausgleichen würden. Doch ist es weder realistisch noch wünschenswert, dass Deutschland in der langen Frist seine Exporte immer weiter steigert. Bereits heute ist die deutsche Wirtschaft extrem von ihren Exporten abhängig. 1950 betrug der Anteil der Exporte am gesamten Bruttoinlandsprodukt noch rund sechs Prozent, bis 2006 kletterte er auf 44 Prozent.[33] Bald könnte jeder zweite Euro, den die Deutschen in die Hand nehmen, aus dem Verkauf von Waren im Ausland kommen. Die Risiken einer so großen Exportabhängigkeit liegen auf der Hand: Schon kleinere Verwerfungen auf den globalen Märkten können spürbare Auswirkungen auf Unternehmensumsätze, Einkommen und Arbeitsplätze haben.

Irritierende Abhängigkeit

Es ist durchaus möglich, dass auf die Phase der beschleunigten Globalisierung in absehbarer Zeit eine Phase der Entschleunigung, wenn nicht gar der Entglobalisierung folgt. Raphael Kaplinsky, Ökonomieprofessor am britischen Institute for Development Studies, möchte empirisch nachweisen, dass die Weltwirtschaft einem pulsierenden Modell folgt: Einer Phase der globalen Integration während der zweiten Hälfte des 19. Jahrhunderts folgte nach 1913 eine Phase der Entglobalisierung beziehungsweise des Protektionismus. Sie wurde ab der zweiten Hälfte des 20. Jahrhunderts wieder von einer Phase der beschleunigten Integration abgelöst.[34] Kann es sein, dass in absehbarer Zeit wieder eine Phase des Rückbaus anbricht?

Erste Anzeichen dafür finden sich bereits in der betriebswirtschaftlichen Praxis. In einigen Branchen und vor allem bei mittelständischen Unternehmen zeichnet sich eine Trendumkehr bei den Produktionsverlagerungen ab. Nachdem seit Beginn der 1990er Jahre zahlreiche Produktionsstätten nach Osteuropa oder Ostasien, dort vor allem nach China, verlagert worden waren, haben seit der Jahrtausendwende rund 3500 Firmen aus den Branchen Metall und Chemie ihre Produktionsstätten nach Deutschland zurückgeholt.[35] Viele Firmen mussten erkennen, dass niedrige Arbeitskosten und geringe Steuersätze allein noch keinen wettbewerbsfähigen Produktionsstandort ausmachen. Zu berücksichtigen ist auch die niedrigere Produktivität. Zudem steigen auch in den Billigländern die Reallöhne. So hat ein multinationaler Konzern wie Adidas angekündigt, die Produktion von Sportartikeln aus Asien wieder zurück nach Europa zu holen. Eine empirische Untersuchung für mehrere europäische Länder stellt fest, dass heute je nach Branche bereits auf jede zweite bis sechste Produktionsverlagerung eine Rückverlagerung kommt.[36]

Unklare Aussichten

Zudem sprechen politische Gründe dafür, dass das Zeitalter der beschleunigten Globalisierung zur Neige geht. Auf internationaler Ebene stocken die WTO-Verhandlungen der Welthandelsorganisation aufgrund der großen Interessenunterschiede der Verhandlungsparteien, sodass selbst bei einem Abschluss der gegenwärtigen Verhandlungsrunde, der sogenannten Doha-Runde, die auf eine weitere Liberalisierung des Handels abzielt, keine nennenswerten Ergebnisse zu erwarten sind. Dies wäre keinesfalls tragisch, zu hoffen ist vielmehr, dass den Ländern wieder mehr Schutzmaßnahmen eingeräumt werden (▸ Kapitel 18). Auch in den Nationen stellen die Bürger eine Politik der Globalisierung zunehmend in Frage. Umfragen von Meinungsforschungsinstituten zeigen für Europa und die USA, dass mittlerweile mehr Menschen aus der Globalisierung Nachteile statt Vorteile erwarten.[37] Die Politik der Globalisierung verliert also an Legitimation.

Schließlich werden die Preise für Fernverkehr und Warenhandel drastisch ansteigen, wenn der Peak Oil überschritten ist und sich die Treibstoffe weiter verteuern (▸ Kapitel 2). Auch die unaufschiebbaren rigorosen Maßnahmen des Klimaschutzes werden das verstärken. So hat schon im Jahr 2000 der Ölpreisanstieg um 60 Prozent zu einem Einbruch der deutschen Exporte um knapp fünf Prozent geführt.[38] Vielleicht wird sich die Epoche der Globalisierung, wie der amerikanische Autor James H. Kunstler in einem Bonmot bemerkte, tatsächlich als »the Indian summer of the oil age« herausstellen.[39]

6.5 Export: Umweltzerstörung oder Umweltrettung?

Trägt der Exportweltmeister Deutschland dazu bei, dass der Übergang zu einer ressourcenleichten Weltwirtschaft gelingt? Eine große Schar von Ingenieuren, Managern, Aktivisten und Wissenschaftlern hat sich in den vergangenen 30 Jahren darangemacht, die Herausforderungen dieses Übergangs zu erkunden. Drei Denk- und Strategieansätze kehren dabei immer wieder: Suffizienz, Konsistenz, Effizienz. Suffizienz fragt nach dem zuträglichen Maß von Produktion und Konsum, Konsistenz nach naturverträglichen Technologien und Effizienz nach der möglichst wirksamen Nutzung einer Ressource (▸ Kapitel 8). Diese Erfordernisse bieten sich auch als Maßstäbe an, um den deutschen Außenhandel einer ökologischen Bewertung zu unterziehen.

Transportintensive Verflechtung

Was die Suffizienz betrifft, werden sich Regierungen und Unternehmen, auch die deutsche Außenwirtschaft, in Zukunft fragen müssen, wie viel Welthandel tatsächlich erforderlich und sinnvoll ist. Das ist eine politische, keine ökonomische Frage. Aus betriebswirtschaftlicher Sicht wird sich der Handel mit Waren oder die Verlagerung von Produktionsstandorten immer dann als sinnvoll erweisen, wenn sich

Gewinne erzielen und Kosten einsparen lassen. Aus klima- und umweltpolitischer Sicht spielen indes andere Kriterien eine größere Rolle. Nicht nur die vielen Fernreisen der Deutschen und die im Ausland verkauften Transportdienstleistungen sorgen für ein erhebliches Verkehrsaufkommen, sondern auch der Handel mit den immer mehr werdenden Import- und Exportgütern. Und der Aufbau von transnationalen Produktketten, die die Herstellung eines einzigen Produkts über mehrere Länder auffächern, führt schon zu vermehrten Emissionen innerhalb von Unternehmen, bevor die Ware überhaupt den Kunden erreicht.

Noch vor zwei Jahrzehnten erzeugte Audi den größten Teil seiner Autoteile in Deutschland. Doch nach dem Fall der Mauer wurde die Produktion arbeitsintensiver Teile nach Osteuropa verlagert. Inzwischen ist die gesamte Motorenproduktion nach Ungarn übersiedelt. Aus ökonomischer Sicht war das eine sinnvolle Strategie, da sie allein im Zeitraum zwischen 1997 und 2006 durch steigende Wettbewerbsfähigkeit zu einer Umsatzsteigerung von 172 Prozent geführt hat.[40] Doch unter Klimagesichtspunkten hat die Verlagerung nur Nachteile gebracht. Die Produktion in Ungarn ist nicht ressourceneffizienter als in Deutschland, aber das Transportaufkommen ist enorm gestiegen.

Die Zunahme des Flugverkehrs belastet das Klima besonders stark. Schätzungen gehen von einer zwei- bis vierfach erhöhten Klimawirkung des Luftverkehrs gegenüber dem bodennahen Verkehr aus. Derzeit werden weltweit zwar 40-mal mehr Waren per Schiff als per Flugzeug transportiert, aber der Luftfrachtverkehr verursacht bereits halb so viele Treibhausgasemissionen.[41] Beim Verkehr zu Wasser enthält das in den Schiffsmotoren eingesetzte Schweröl ein Sammelsurium von Schmutz-Chemie, unter anderem stark schwefelhaltige Abfallprodukte des Raffinerie-Prozesses der Treibstoffe für den Flug- und Straßenverkehr, die sonst als Sondermüll entsorgt werden müssten. Doch Treibstoffe für den Schiffsverkehr unterliegen praktisch keinen gesetzlichen Bestimmungen. So kommt es, dass ein Riesenfrachter wie die »Emma Maersk«, die vom Kinderspielzeug über T-Shirts bis zu Fernsehern laufend chinesische Waren nach Europa bringt, nicht nur rund 300 000 Tonnen CO_2 pro Jahr emittiert – so viel wie ein mittleres

Logistische Optimierungspotenziale von Unternehmen

Während der Personenverkehr auf hohem Niveau stagniert, wächst der Güterverkehr in Deutschland weiter rapide an: Bis zum Jahr 2030 ist mit einem Anstieg des Gütertransportaufwandes auf 785 Milliarden Tonnenkilometer zu rechnen – gegenüber 417 Milliarden Tonnenkilometern bedeutete das eine Steigerung um fast 90 Prozent.[42] Zunehmender Güterverkehr muss aber nicht zwingend mit wachsenden Emissionen von Klimagasen verbunden sein, wie ein Beispiel verdeutlicht:

Das weltweit größte Versandhaus Otto verfolgt seit Ende der 1980er Jahre eine eigene Nachhaltigkeitsstrategie. Bereits 1986 wurde der Umweltschutz zum ausdrücklichen Unternehmensziel erklärt, und 1993 wurde beschlossen, die durch den Transport von Gütern bedingten CO_2-Emissionen bis 2005 tonnagebereinigt um 45 Prozent im Vergleich zum Ausgangsniveau im Jahr 1993 zu mindern. Bereits 2003 hatte der Versandhändler dieses Ziel mit einer Reduktion um 51 Prozent erreicht, 2006 betrug die Minderungsquote sogar 56 Prozent. Diese Halbierung der Kohlendioxidemissionen in einem Zeitraum von zehn Jahren wurde durch eine Neuorganisation der Logistik erreicht. Die Textilien, die den größten Teil im Warenangebot des Versandhandelshauses bilden, werden zumeist in Ostasien produziert. Dafür wurde ein großer Teil der früher vorwiegend per Luftfracht beförderten Kleidungsstücke auf Seefracht verlagert: Der Anteil der per Schiff oder im kombinierten See-Luft-Verkehr beförderten Waren betrug im Geschäftsjahr 2004/05 schon 71,6 Prozent. Dabei bildet der kombinierte Verkehr einen Kompromiss zwischen den Unternehmenszielen Zeitersparnis und Emissionsvermeidung. Die Ware wird nun von Hongkong bis Dubai per Schiff transportiert und dort auf das Flugzeug verladen. Das bringt gegenüber dem 26-tägigen reinen Schiffstransport eine Zeitersparnis von zehn Tagen und gegenüber dem vollständigen Transport per Flugzeug eine Senkung des CO_2-Ausstoßes um mehr als 40 Prozent. Neben der Reduktion der Emissionen ergab die Verlagerung für das Unternehmen auch ökonomisch Sinn: Die Transportkosten konnten zwischen 2000 und 2003 um 2,16 Millionen Euro reduziert werden.[43]

Abb. 6.4 Transport deutscher Im- und Exporte im Ausland[44]

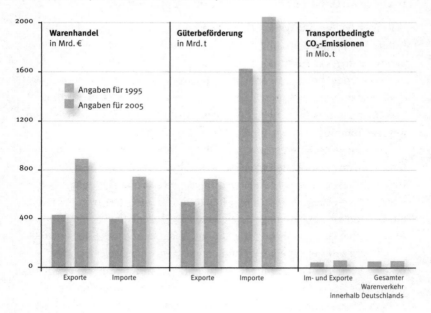

Kohlekraftwerk –, sondern dabei je Tonnenkilometer bis zu 300-mal so viele Schadstoffe ausstößt wie ein durchschnittlicher Lkw.[45] Allein der Transport deutscher Importe und Exporte rund um den Globus verursacht mit 62 Millionen Tonnen CO_2 heute bereits deutlich mehr Treibhausgase als der Transport aller Waren innerhalb Deutschlands (56 Millionen Tonnen CO_2).[46] Mit solchen Zahlen wird die Reduktion der weltweiten CO_2-Emissionen bis zum Jahr 2050 um mindestens 60 Prozent (▸ Kapitel 5) nicht zu erreichen sein. Das kann nur mit einer Strategie gelingen, welche durch Emissionsgrenzwerte für Transporte und durch Emissionszertifikate eine von der Sache her nicht erforderliche Globalisierung von Warenströmen unrentabel macht.

Unverträglichkeit der Exporte

Die Frage »Welche Waren sind naturverträglich?« lenkt die Aufmerksamkeit auf die Konsistenz, das heißt auf die ökologische Qualität der Wirtschaftstätigkeit. Damit muss ein wesentlicher Teil der deutschen Exporte in der Zukunft auf den Prüfstand gestellt werden. Dies gilt besonders für den deutschen Exportschlager, das Automobil. Sowohl die Exporte von Fahrzeugen aus Deutschland als auch die Produktion deutscher Autos im Ausland haben in den vergangenen Jahren kontinuierlich zugenommen. Im Jahr 2006 trugen knapp 17 Prozent aller weltweit produzierten Kraftwagen ein deutsches Markenzeichen, und mit 5,4 Millionen produzierten Fahrzeugen wurde ein neuer Rekord erreicht.[47] Doch was die Hersteller mit Stolz erfüllen mag, ist ökologisch fragwürdig. Schon für sich genommen sind Absatzsteigerungen im Automobilsektor ökologisch bedenklich. Hinzu kommt, dass die deutsche Automobilindustrie vergleichsweise langsam ist, was Innovationen betrifft, die den Material- und Energieverbrauch von Autos senken. Der durchschnittliche Flottenverbrauch der deutschen Firmen VW, BMW und Daimler betrug im Jahr 2006 173 Gramm CO_2 pro km und lag damit fast 30 Gramm über dem Durchschnittsverbrauch italienischer und französischer Hersteller und immer noch zwölf Gramm über dem der japanischen Autobauer.[48] Dazu aber haben die deutschen Autobauer ihre Exporte nicht bei ihren sparsamen und leichten Modellen gesteigert, sondern vor allem im sogenannten Premiumbereich, bei Luxusschlitten, Sportwagen und Geländefahrzeugen (SUV), die sich durch einen überdurchschnittlich hohen Spritverbrauch auszeichnen. Anstatt wenigstens den Export von Autos mit dem Ziel zu verbinden, besonders öko-effiziente Autos zu vermarkten, rüstet die deutsche Automobilindustrie die Welt mit Modellen auf, die die internationalen Anstrengungen zum Klimaschutz konterkarieren.

Für einen ressourcenleichten Außenhandel

In vielen der gegenwärtigen Exportsektoren schlummern noch erhebliche ökologische Effizienzpotenziale. Gerade weil das produzierende Gewerbe derzeit die wichtigste Säule der Exporte ist, gibt es in diesem

Sektor beträchtliche Möglichkeiten für eine Effizienzrevolution (▸ Kapitel 11). Wenn Produktivitätssteigerungen nicht mehr durch Einsparung von Arbeit gesucht werden, sondern durch wirksamere Nutzung von Energie und Ressourcen, dann werden Barrels an Öl, Schüttmeter Kohle, Tonnen von Kupfer sowie Hektoliter Abfall und Megawatt an Abwärme überflüssig gemacht. Da in vielen Betrieben des produzierenden Gewerbes die Material- und Rohstoffkosten bereits über den Arbeitskosten liegen, wird sich diese Strategie sogar auszahlen, wenn weltweit die Nachfrage nach öko-effizienten Produkten steigt.

Zum anderen aber wird sich die Exportwirtschaft Deutschlands auf den Niedergang der fossil-geprägten Globalisierung vorbereiten müssen. In Zukunft werden vor allem Konzepte und Ideen gefragt sein, wie bei steigender Weltbevölkerung und Nachfrage die begrenzten Ressourcen fair verteilt werden können. Deutschland ist gut beraten, seine Exportstruktur von einer Werkbank für Maschinen zu einem Dienstleister für ressourcen-effiziente Technologien, intelligente Mobilität und umweltfreundliche Versorgung und Entsorgung weiterzuentwickeln (▸ Kapitel 18). Dabei wird es nicht genügen, etwa vom Export benzinschluckender Limousinen auf den Export ressourcenleichterer Autos umzustellen. Wichtiger ist, dass Deutschland Ideen entwickelt und exportiert, wie die wachsende Weltbevölkerung mit öffentlichem Verkehr mobil sein kann.

Zeitfenster 2022 Solarer Goldrausch bei den Ölscheichs

Seit der abrupten Eskalation der Ölpreise infolge der immer schwächeren Ausbeute auf den Ölfeldern haben verschiedene Staatsfonds der OPEC massiv in Unternehmen investiert, die Solarstrom in der Wüste produzieren. Vor allem Algerien, Libyen und Iran haben sich nach einer anfänglichen Phase des Zögerns an die Spitze der Solarstromproduktion in den Regionen Nordafrika und Persischer Golf gesetzt. Derzeit wird der Strom noch im Inland eingesetzt. Er hilft – gemeinsam mit Anstrengungen, die Energieeffizienz zu steigern – Erdöl und Erdgas einzusparen und stattdessen auf den internationalen Energiemärkten höchst profitabel zu verkaufen. Laut der jüngsten Regierungserklärung von Scheich Abdul-Sol wird Saudi-Arabien ebenfalls in die Solarstromproduktion einsteigen – und mit ihm auch die anderen Mitglieder des Golf-Kooperationsrates. Die hohe Solarstrahlung schafft in Nordafrika und am Persischen Golf ideale Voraussetzungen, erneuerbaren Strom zu produzieren.

Algerien geht bereits offensiv den nächsten Schritt: Neben der Stromproduktion für den heimischen Verbrauch sollen die neuen Kraftwerke dem Land einen attraktiven neuen Exportmarkt eröffnen – Stromexport nach Europa. Zupass kommt diesem Vorstoß die starke Kostensteigerung der Kohleverstromung, beispielsweise durch die Einbindung einer CO_2-Abscheidung. Der Transportverlust des Stroms über mehrere tausend Kilometer liegt mit zehn Prozent noch im tolerierbaren Bereich.

Parallel dazu haben europäische Energiemultis ihre Forschungsabteilungen im Bereich erneuerbarer Energien massiv ausgeweitet. Damit laufen sie jedoch dem Trend nur noch hinterher. Das weltweit größte Forschungszentrum für erneuerbare Energien mit Hauptsitz in Algier wird inzwischen von der OPEC finanziert und bringt nicht nur führende Forschungsgruppen zusammen, sondern auch Unternehmer und Bankiers, um die direkte Umsetzung voranzutreiben. »Natürlich verdienen wir auch nach unserem Peak immer noch gut am Ölexport«, so Scheich Sultan Ahmed Al-Jabal (43), Fondsmanager bei »Saudi Invest«, süffisant gegenüber US-amerikanischen und europäischen Delegationen, »doch erstens schaffen unsere Investments für Saudi-Arabien ein weiteres Wirtschaftsstandbein, und zweitens sichern wir uns eine strategische Stellung in der Energieversorgung. Ich kann mir heute kaum mehr vorstellen, dass Saudi-Arabien noch zu Beginn des Jahrhunderts gegen erneuerbare Energien eingestellt war.«

6.6 Zwischenfazit: Umverteilung nach oben, Umweltbelastung nach draußen

Als Exportweltmeister verdient die Bundesrepublik daran, dass andere Länder deutsche Waren kaufen. Hierzulande können durch die anhaltende Steigerung der Exporte Arbeitsplätze geschaffen, Unternehmensgewinne optimiert und insgesamt das vielbeschworene Wirtschaftswachstum gehalten werden. Doch die forcierte Globalisierung hat auch ihre Schattenseiten.

Innerhalb Deutschlands hat die Exportsteigerung zwar zu ökonomischen Gewinnen geführt, doch diese Strategie wurde sozialpolitisch nicht entsprechend abgefedert. Seit einigen Jahren sinken die Löhne beim Durchschnitt der Bevölkerung, und gleichzeitig polarisieren sich die Einkommen. Die Bundesrepublik hat es versäumt, die Exportgewinne in einer Weise umzuverteilen, dass Vielverdiener von ihren Einkünften an die anderen Einkommensklassen abgeben und der Rückgang der Mittelschicht verhindert wird. Es ist bedauerlich, dass Deutschland zwar Leuchtturm bei den Exporten und der Gewinnentwicklung von Unternehmen ist, aber Schlusslicht in der Bildungs-, Sozial- und Lohnpolitik.

Während Deutschland durch Exportsteigerungen gewinnt, werden anderswo Produzenten durch diese Exporte aus dem Markt gedrängt. Viele Länder haben gegenüber der Bundesrepublik mit negativen Handelsbilanzen zu kämpfen und müssen beschäftigungspolitisch Nachteile in Kauf nehmen. In dieser Hinsicht eignet sich Deutschland nicht nur einen überproportional hohen Anteil des global begrenzten Umweltraumes an (▸ Kapitel 5), sondern – so ließe sich das Bild übertragen – auch einen überproportional hohen Anteil des gegenwärtigen Weltwirtschaftsraums. Dabei trägt Deutschland nicht durch aktive Politiken dazu bei, dass vom eigenen Wohlstand an ärmere Länder, vor allem im Süden, abgegeben wird. Im Gegenteil: Während Deutschland seine Exporte stetig steigert, wird die wirtschaftliche Kluft zwischen den Gewinner- und Verliererländern im Welthandel stetig größer. Eine Politik der »Internationalen Gerechtigkeit und globalen Nachbarschaft«, welche die Studie »Zukunftsfähiges Deutschland« vor zwölf Jahren gefordert hatte, ist ausgeblieben.

In ökologischer Hinsicht ist dabei besonders problematisch, dass die Exportsteigerungen Deutschlands ohne Rücksicht auf die Krise der Biosphäre erfolgen. Noch immer strebt Deutschland eine Exportsteigerung in Sektoren wie Chemie oder Automobil an, die durch hohen Ressourcenverschleiß in der Produktion und große Umweltprobleme im Konsum gekennzeichnet sind. Auch indem ein guter Teil deutscher Direktinvestitionen in diese Sektoren ins Ausland fließt, baut Deutschland somit an einer Weltwirtschaftsstruktur mit, die nicht zukunftsfähig ist. Deutschlands Gewinne auf den Weltmärkten werden zu einem guten Teil mit der Ausdehnung der ökologischen Raubökonomie auf die Schwellenländer eingefahren. Die Ökologisierung der Außenwirtschaftspolitik mit einer Handelspolitik für den gerechten Ausgleich zu verknüpfen wird somit die Aufgabe sein, der sich das Land im Namen der Zukunftsfähigkeit stellen muss.

Anmerkungen

1 WTO (2008), Statistics Database Online, http://stat.wto.org
2 Inklusive Saldo der Erwerbs- und Vermögenseinkommen; Deutsche Bundesbank (2007b), S. 6
3 Deutsche Bundesbank (2007b), S. 8–10
4 Deutsche Bundesbank (2007b)
5 Deutsche Bundesbank (2007b), S. 8–10
6 Menzel (1998)
7 Dieter (2008)
8 Statistisches Bundesamt (2007a)
9 Deutsche Bundesbank (2007b), S. 6
10 Dicken (2007)
11 Hengsbach (2007)
12 Zarsky (2005); VENRO (2007)
13 Deutsche Bundesbank (2007a)
14 Deutsche Bundesbank (2007a)
15 Asian Development Bank (2007)
16 Dieter (2008)
17 FAZ, 22. Oktober 2007, S. 13
18 siehe auch Wuppertal Institut (2005), S. 63–65
19 IMF (2007)
20 Samuelson (2004); Freeman (2005)
21 Scheve/Slaughter (2007)
22 DIW (2008)
23 DIW (2008)
24 Samuelson/Nordhaus (2005)
25 Statistisches Bundesamt (2006a), S. 247
26 Blinder (2007)
27 Deutsche Bundesbank (2007a), S. 6
28 Matthes (2007), S. 111
29 Sinn (2005)
30 Sinn (2006), S. 5 und 10
31 Hahlen (2006)
32 Statistisches Bundesamt (2006b)
33 Kaplinsky (2005); Deutsche Bundesbank (2007b)
34 Kaplinsky (2005), S. 22–24
35 Der Spiegel, 24. September 2007
36 Kinkel et al. (2007), S. 51
37 Gallup International; Voice of the People (2006)
38 Matthes (2007), S. 41
39 Kunstler (2005)
40 Audi (2006), S. 209; Dieter (2008)
41 Europäisches Parlament 2007
42 Wuppertal Institut (2006), S. 35
43 Otto (2007)
44 Statistisches Bundesamt 2007b
45 Vidal 2008; ICCT 2007
46 Statistisches Bundesamt 2007b
47 VDA 2007
48 European Federation for Transport and Environment 2007

C Leitbilder

7 Gastrecht für alle

Nicht Hightech und Tatendrang, sondern Elend und Ohnmacht machen das Leben vieler Weltbürger aus. Doch die Zukunft wird so lange verstellt sein, wie die Hälfte der Menschheit kein Gastrecht auf diesem Planeten genießt. Dabei gleichen Armut und Reichtum in mancher Hinsicht siamesischen Zwillingen – sie existieren nicht getrennt voneinander. Den Menschenrechten auf der Welt volle Geltung zu verschaffen erfordert eine Reform des Reichtums. Und einen Kurswechsel in der Außen- und Wirtschaftspolitik, die Deutschland und Europa zu den benachteiligten Ländern der Welt unterhält.

Zwei Arten von Schiffen kreuzen vor der Küste Senegals: kleine billige Holzboote und große teure Hightech-Boote.[1] Die einen, bunt gestrichen und mit lustigen Wimpeln, werden von Einheimischen gelenkt, um Fische zu fangen für den eigenen Kochtopf oder zum Verkauf am Markt. Die anderen werden von Europäern betrieben, ausgerüstet mit Peilgeräten und Kühlaggregaten, um die Supermärkte in Hamburg oder Wien zu versorgen. Weil die Meere Europas weitgehend leergefischt sind, kommen mittlerweile drei Viertel des Fischangebots aus außereuropäischen Gewässern. Natürlich sind die Industrieschiffe den Küstenfischern um ein Vielfaches überlegen, sie haben eine größere Reichweite und fangen unvergleichlich größere Mengen. Obendrein kommen ihnen umfangreiche Subventionen der Europäischen Union zugute. Daher sind sie eine Bedrohung für die lokalen Fischer. Nicht nur brechen die Industrieschiffe in küstennahe Fanggründe ein, sondern sie plündern die Fischbestände des Meeres in einer Weise, dass in den Netzen der Pirogen immer weniger hängenbleibt. Ohne hinreichendes Auskommen verkauft dann der eine oder andere Fischer sein Boot, um den Schlepper für die Flucht über das Meer nach Europa zu bezahlen.

Das Schicksal der senegalesischen Fischer ist kennzeichnend für die Lage der Armen in der Welt. Gleich ob es sich um Fischersleute an den Küsten Keralas in Indien, Kartoffelbauern in den Gebirgstälern der Anden, fliegende Händler im Großstadtdschungel Manilas oder Näherinnen in den Sweatshops Hanois handelt – ihre Lebenssituation ist mitgeprägt von den Bedürfnissen der reichen Welt. Armut ist nicht abgelöst von Reichtum zu verstehen. Daher wird sich die Zukunftsfähigkeit Deutschlands auch an seinem Einsatz für die Macht- und Mittellosen dieser Welt bemessen müssen. Ihrem Gastrecht auf diesem Planeten Geltung zu verschaffen gehört zu den ebenso dringlichen wie noblen Aufgaben einer Gesellschaft, die mit aufrechtem Gang das Ende dieses Jahrhunderts erreichen möchte.

7.1 Warum sich kümmern?

Entwicklungspolitik leidet seit ihrem Bestehen darunter, dass sie einer altbewährten Gewohnheit widerspricht. Sie steht mit ihrer Aufforderung, am Schicksal ferner Menschen auf der anderen Erdhalbkugel Anteil zu nehmen, gegen die Regel, dass man sich zuallererst um die Mitglieder der eigenen Gesellschaft kümmern sollte. Doch der moralische Vorrang der Nähe wurzelt in einer Annahme, die zusehends ihre Grundlage verliert: dass die geografisch Nächsten auch die sozial Wichtigsten sind. Mit dem Zusammenrücken der Welt durch Flugzeug, Fernsehen und Internet, mit der Globalisierung von Wirtschaftstätigkeit und Sozialkontakten lockert sich nämlich die Vorzugsrolle der Nähe, und die Ferne gewinnt an Bedeutung. Es geht die Bedeutung der Nachbarn, der Landsleute, der eigenen Regierung zurück, während zunehmend mehr zählt, was fremde Menschen in entfernten Gebieten tun und treiben. Der geografisch Fernste wird mitunter zum sozial Nächsten, und der geografisch Nächste zum sozial Fernsten; von nun an kann es auch darauf ankommen, den Fernsten zu lieben wie sich selbst.

Das Hilfemotiv

Nicht mehr die wortgewaltige Predigt von der Kanzel, sondern in Echtzeit übermittelte Filmaufnahmen appellieren heute an die Hilfsbereitschaft des Publikums in wohlhabenden Ländern. Tsunamis und Erdbeben, Minenkrüppel und Aids-Waisen rufen über Tausende von Kilometern hinweg Mitgefühl hervor, eine in der Kollektivnatur des Menschen verankerte Reaktion. Sie geht einher mit einem spontanen Akt der Selbsterkenntnis: Das ferne Opfer könnte auch ich sein, und wenn ich es nicht bin, ist es nicht mein Verdienst. Im Unglück des Anderen ahnen die Zuschauer ihre eigene Verwundbarkeit gegenüber Verletzungen und Schicksalsschlägen, sie erinnern sich daran, dass auch ihr eigener Alltag nicht gefeit ist gegen Abstürze in Not und Pein. Sie identifizieren sich zu einem Stück mit den Anderen in deren Kreatürlichkeit. Es ist so, als ob gerade im Anblick des Missgeschicks sich diese das Menschengeschlecht verbindende Gemeinsamkeit aufzwingt. Indessen lässt die visuelle Verdichtung der Welt erwarten, dass sich diese Form der Anteilnahme weiter ausbreitet und über die Zeit festigt. Es sind die Katastrophen, welche quer zu Unterschieden nach Nation, Religion oder Hautfarbe die elementare Gemeinsamkeit der Menschen hervortreten lassen. Die seit Jahren steigende Spendenbereitschaft der Deutschen für humanitäre Hilfe ist dafür nicht der schlechteste Indikator.

Hingegen hat sich der Begriff der Hilfe in der Bedeutung von Entwicklungshilfe historisch überholt. Er stammt aus der Zeit nach dem Zweiten Weltkrieg und geht hervor aus einer national-evolutionären Sicht der Weltgeschichte. Nationen waren da noch die unbestrittenen Akteure, und die Nationen des reichen Westens präsentierten sich als die Spitzengruppe der sozialen Evolution, auf deren Spuren der Rest der Nationen früher oder später nachfolgen würde.[2] Entwicklungshilfe war seit dem Vier-Punkte-Programm von US-Präsident Harry S. Truman im Jahre 1949 jene personelle und finanzielle Unterstützung, die von den reichen zu den armen Staaten fließt, um die Letzteren auf die Höhe der Ersteren zu bringen. Weil aber angesichts des ökologischen Verhängnisses von einem evolutionären Spitzenstatus der reichen Welt nicht mehr die Rede sein kann, ist dieses der klassischen Entwicklungshilfe zugrundeliegende Geschichtsschema mittlerweile zusammengebrochen. Im Übrigen entfaltet dieses Schema eine stigmatisierende Wirkung, die es ungeeignet für eine zukunftsoffene, demokratische und plurale Weltgesellschaft macht. Es definiert alle Gesellschaften außerhalb der Spitzengruppe über den Mangel, nicht entwickelt zu sein. Es legt damit andere Gesellschaften auf ihre Schwächen fest und verweigert die Anerkennung ihrer Stärken. Mit einer solchen Konzeption, die auf Hegemonie und Homogenisierung hinausläuft, lässt sich keine Weltgesellschaft bauen.

Das Sicherheitsmotiv

Spätestens seit dem 11. September 2001, als die Supermacht USA urplötzlich von einer Handvoll Terroristen attackiert wurde, werden die Nord-Süd-Beziehungen vorrangig als Sicherheitsfragen interpretiert. Damit verändert sich die Wahrnehmung der Armen wie auch der armen Länder: Während sie vormals als Hoffnungsträger einer nachholenden Entwicklung betrachtet wurden, bei denen Hilfe für schnelleren Fortschritt angesagt war, wandeln sie sich jetzt zu Risikofaktoren und Risikozonen, gegen die Maßnahmen zur Konfliktvorbeugung gefordert sind. Neben Kulturkonflikten wird Armut aus diesem Blickwinkel zur Ursache von Unruhe und Gewalt, und Armutsgebiete werden zu Brutstätten von Destabilisierung und Terrorismus. Sich abzeichnende Ressourcenkonflikte um Wasser und Boden im Sudan oder um Gas und Öl in Zentralasien tun ein Übriges, um Entwicklungspolitik in die Perspektive der Krisenprävention zu rücken.

Doch das Sicherheitsdenken greift zu kurz.[3] Obwohl nicht abzustreiten ist, dass ein Engagement zur Minderung von Armut und Elend einen Beitrag zur langfristigen transnationalen Sicherheit leistet, ist es einseitig, das Schutz- und Sicherheitsbedürfnis zum Ausgangspunkt zu machen. Die Rede von der Sicherheit ist meistens selbstbezogen, sie ist im Gestus abwehrend. In der Armut lediglich einen Risikofaktor zu sehen, vernachlässigt das Recht auf Sicherheit auf Seiten der Armen. Für die Sicherheit der Armen indes haben zu einem gewissen Teil die – inländischen wie ausländischen – Reichen eine Bringschuld. Von der Warte der Marginalisierten aus sind die Reichen ein Risikofaktor. Von wessen Sicherheit ist also die Rede? Sobald man aber die Erfordernisse kollektiver Sicherheit bedenkt, landet man bei den klassischen Fragen der Gerechtigkeit. Wer hat Anspruch worauf und gegenüber wem? Es stellt sich heraus, dass die Sicherheitsfrage, wenn sie für alle berücksichtigt werden soll, unweigerlich in die Gerechtigkeitsfrage hineinführt.

Das kosmopolitische Motiv

Das Foto von der Erde als dem blauen Planeten, der da schimmernd im schwarzen Universum schwebt, ist aus der zeitgenössischen Bilderwelt nicht mehr wegzudenken. Es ziert Buchdeckel ebenso wie T-Shirts, Fernsehnachrichten ebenso wie Werbespots. Das Bild hat synoptische Kraft: Es eröffnet eine Zusammenschau über Meere und Kontinente hinweg und enthüllt die Erde als einen umgrenzten Raum voller Wechselbeziehungen. Mit dem Aufstieg dieses Bildes wurde die »eine Welt« eine visuelle Tatsache; seither wirkt es für alle Arten von globalem Bewusstsein als Hintergrundfolie. Der Betrachter sieht sich in seiner Existenz mit dem großen Ganzen verbunden. Ist nicht jeder, bei genügend großer Auflösung, auf dem Bild zu finden? Diese visuelle Überblendung von globaler und individueller Existenz ruft eine Wahrnehmung wechselseitiger Abhängigkeit hervor, und zwar im positiven Sinn der Einheit in der Vielfalt wie im negativen der Einheit im Verhängnis.

In der Tat kann die Herausbildung einer Weltgesellschaft als das Kennzeichen der Gegenwart gelten. Im Kielwasser der Globalisierung taucht aus einer Vielzahl von Nationalgesellschaften im Umriss eine Weltgesellschaft auf. Weil Arbeitsteilung, Austausch und Weltbilder grenzenlos geworden sind, weil die wechselseitigen Abhängigkeiten auf dem Erdball explodiert sind, nimmt die Welt – langsam und beileibe nicht überall – den Charakter einer Gesellschaft an. Interdependenz – im Guten wiederum wie im Schlechten – ist zu einer bewusstseinsbildenden Realität geworden. Kein Land ist eine Insel, und ebenso wie Firmen, Touristen oder Fernsehbilder keine Grenzen respektieren, so auch Wut, Verzweiflung und soziale Spannungen, die aus den gewaltigen Klüften zwischen Reich und Arm hervorwachsen. Wo aber

Geld und Menschen und Güter unaufhörlich Grenzen überschreiten, muss da nicht auch die Moral grenzüberschreitend werden? Die Frage stellen heißt bereits, sie zu beantworten. Wenn der Wirkraum von Unternehmen, Regierungen, Verbänden transnational wird, kann ihr Verantwortungsraum nicht national bleiben.

Das weltbürgerliche Interesse am Schicksal der Armen hat weniger mit Altruismus als mit einer geistigen Anpassung an die weltweite Vernetzung der Sozialbeziehungen zu tun. Zunehmend mehr Menschen spüren, dass ihre Umstände zu Hause über unzählige Fäden mit fernen Ereignissen und Personen verknüpft sind. Sie wissen intuitiv, dass sie nicht auf ihr eigenes Recht pochen können, solange sie den fundamentalen Eigeninteressen der anderen die kalte Schulter zeigen. Denn es widerspricht einem elementaren Gefühl von Fairness – und auch der Klugheit –, anderen zu verweigern, was man selbst beansprucht. Früher oder später, das ahnen sie, fällt Unrecht an anderen in der einen oder anderen Weise auf sie selbst und ihre Lebensprojekte zurück. Vor allem ist es nicht mit ihrer Selbstachtung als weltoffene Zeitgenossen vereinbar, wenn sie sich eingestehen müssen, dass Armut und Elend nicht vom Himmel fallen, sondern oftmals mitverursacht sind von den Strukturen ihres eigenen Landes, ja mehr noch, dass sie auf verborgenen Wegen davon profitieren. Es macht sich die Einsicht breit, dass eine Weltgesellschaft ohne grundlegende Weltbürgerrechte für alle ihre Mitglieder nicht zu haben ist.

7.2 Armut als Streitfrage

Auf den ersten Blick scheint es sich bei Armut um eine eindeutige Angelegenheit zu handeln. Wer sich an die Peripherien der Welt begibt, wird der Armen ansichtig: Kameltreiber in Mauretanien, die sich an einer Wasserstelle ihren Minztee aufbrühen, ausgemergelte Frauen in Madurai, die Ziegelsteine schleppen, kleine Jungen in Manila, die sich in einer Kloake waschen, Mädchen in der Transkei, die zum Morgenanbruch Wasserkanister kilometerweit auf dem Kopf tragen. Und dennoch ist Armut ein Streitgegenstand. Denn was Armut eigentlich ist, ob es sie überhaupt gibt, woher sie kommt, wie sie zu beseitigen wäre, all diese Fragen erhitzen die Gemüter seit Jahrzehnten. Der Grund ist unschwer zu erraten: In diesem Fall bestimmt die Definition des Problems auch gleichzeitig seine Lösung. Deshalb verbirgt sich hinter dem Streit um die Armut der Streit um die Gestaltung der Zukunft.

Mangel und Macht

Aus der Welt der Flughäfen und Fabriken, der Geschirrspüler und Gefrierschränke kommend, sticht dem Besucher aus dem Westen in den Dörfern Afrikas, Asiens und Lateinamerikas vor allem die Abwesenheit dieser Dinge ins Auge. Wer Überfluss gewohnt ist, entdeckt dort überall nur Mangel. Armut mag real sein, aber ihre Dringlichkeit und ihre Bedeutung entsteht im Auge des Betrachters. Wie häufiger in der Geschichte lässt sich die Wahrnehmung des anderen nicht von der Eigenwahrnehmung trennen: Während einstmals die Gläubigen in den anderen die Heiden erkannten und dann die vorgeblich Zivilisierten in ihnen die Wilden entdeckten, so sehen jene, die sich ihren materiellen Reichtum zugutehalten, in den anderen die Armen. Etwa in einem Dorf keine Glasfenster und keine Polstermöbel, keine Traktoren und keine Computer vorzufinden kann man gewiss als einen Beleg für materielle Armut nehmen. Doch wichtiger ist, was den Dörflern selbst von Bedeutung ist, worauf sie stolz sind, worin sie ihre Reichtümer erblicken. Die Viehherde in der Ferne, die lange Reihe der Ahnen, das Erntedankfest, die verzweigten Familien, der Dienst an den Göttern, also ihre Errungenschaften und Hoffnungen entgehen dem Fremden. Die Dorfbewohner auf ihre Armut als Identität festzulegen ist ein Akt imperialer Kränkung.

Überdies sind die Aussagen von Entwicklungsexperten über Armut gewöhnlich ziemlich einseitig. Sie beziehen sich zumeist auf einen Mangel an Einkommen. Weit verbreitet sind die Indikatoren der Weltbank: Extrem arm ist, wer weniger als einen US-Dollar, und arm ist, wer weniger als zwei US-Dollar (in Kaufkraftparität) am Tag verdient. Dabei fallen jedoch wichtige Dimensionen unter den Tisch. Insbesondere gehen quantitative Indikatoren über die subjektive Dimension von Armut hinweg: Wie sehen mittellose Menschen selber Armut, und was ist für sie Wohlergehen? Wie definieren sie ihre Probleme und ihre Prioritäten? Eine monumentale Studie der Weltbank hat sich bemüht, die Ansicht von 40 000 Armen selbst mit Hilfe von partizipativen und qualitativen Methoden zu erheben.[4] Und darin ändert Armut ihr Gesicht: Was arme Leute erbittert, ist nicht in erster Linie ein Mangel an Geld oder an Sozialeinrichtungen, sondern der Mangel an Sicherheit und politischem Einfluss. Abhängig zu sein, herumgeschubst zu werden, keine Stimme zu haben, darin verdichtet sich oft das Erlebnis der Armut. Mittellosigkeit macht verwundbar. Sie liefert die Armen dem Auf und Ab des wirtschaftlichen Überlebenskampfs aus und verurteilt sie zur Machtlosigkeit im politischen Sinne. Wirtschaftliche Sicherheit ist ihnen wichtiger als mehr Einkommen, ebenso wie Mitsprache mehr Belang hat als Versorgung mit Sozialleistungen.

Solche Stimmen legen auf der konzeptionellen Ebene eine Schlussfolgerung nahe: Armut rührt nicht von einem Defizit an Geld, sondern von einem Defizit an Macht. Arme sind nicht in erster Linie Opfer, sondern verhinderte Akteure. Weit davon entfernt, nur Bedürftige zu sein, die auf Versorgung warten, sind sie viel eher Bürger, die ohne Rechte, ohne Habe, ohne Besitztitel und ohne politischen Einfluss ihr Leben fristen müssen. Damit ist Armut auch nicht angemessen zu verstehen als Relikt der Vergangenheit. Was immer ihre Ursprünge sind, sie ist auch ein soziales Produkt der Gegenwart. Sie ist, allgemein gesprochen, das Ergebnis von sozialen Verhältnissen, die so strukturiert sind, dass Vorteile durchgehend bei einer Gruppe, die Nachteile aber bei einer anderen Gruppe hängenbleiben. Wenn man aber Armut zuvörderst als relative Machtlosigkeit versteht, ändern sich auch die Lösungsvorschläge: Während ein Defizit an Geld nach wirtschaftlichem Wachstum ruft, verlangt ein Defizit an Macht nach mehr Rechten und Selbstbestimmung. Es ist nicht nur eine Grundbedürfnis-, sondern auch eine Grundrechtestrategie, die aus diesem Blickwechsel ansteht.

Überschätztes Wachstum

Insbesondere in den letzten Jahrzehnten des 20. Jahrhunderts haben der Internationale Währungsfonds und die Weltbank zusammen mit anderen Entwicklungsagenturen auf wirtschaftliches Wachstum als Therapie gegen globale Armut gesetzt. Weil unter dem ökonomischen Blick das Einkommmensdefizit der Armen hervorsticht, war es ein Leichtes, schnelles wirtschaftliches Wachstum, auch zur Genugtuung der Investoren, als Universalmittel zur Beseitigung der Armut zu präsentieren. Ist nun wirtschaftliches Wachstum der Königsweg, um die Menschheit von der Geißel der Armut zu befreien? Im Rückblick auf ein Vierteljahrhundert Armutsbekämpfung durch Wachstum lässt sich eine Antwort skizzieren: Ganz ohne Wachstum lässt sich Armut nicht vermindern, doch entscheidend ist, dass die Schäden des Wachstums kleingehalten werden und seine Früchte zuallererst den Armen zugutekommen.

Erst einmal bleibt nämlich verborgen, dass der Glanz steigender Wachstumsraten gewöhnlich seinen Preis hat und dieser Preis zuallererst von den Macht- und Mittellosen zu bezahlen ist. In den Sinn kommen Dinge wie Fabriksklaverei oder Umweltverschmutzung, doch die Verdrängung der Armen aus ihren Lebensräumen stellt wohl den größten unbilanzierten Kostenfaktor dar. Unüberschaubar sind die Fälle, bei denen in den vergangenen Jahrzehnten große Gruppen von Menschen im Namen des Wachstums von ihren Gemeinschaften und von ihrem Land vertrieben worden sind. Zum Beispiel spielen Infrastrukturen wie Staudämme, Häfen, Industrieanlagen, Bergwerke oder Überlandstraßen eine zentrale Rolle in Wachstumsstrategien, mit der Folge, dass oft Anwohner zu weichen haben. Man schätzt, dass sich allein für die etwa 30 000 Staudammprojekte in Entwicklungsländern vor der Jahrhundertwende die Zahl der Umgesiedelten auf 40 bis 80 Millionen Menschen beläuft.[5] So fallen die sozialen Kosten von Talsperren häufig bei Landbewohnern, Subsistenzbauern, indigenen Völkern und ethnischen Minoritäten an, während vom erzeugten Strom hauptsächlich Stadtbewohner und Industriebetriebe sowie von Bewässerungsanlagen vornehmlich Großbauern profitieren. Ähnlich verhält es sich mit Plantagen für die Industrielandwirtschaft, mit Stadterneuerung, mit Suburbanisierung, mit Bergwerken, mit Wäldern, mit dem Grundwasser: Überall geraten die einfachen Leute vor Ort unter Druck und werden nicht selten zur Abwanderung – meistens in die Megastädte – gezwungen.[6] Neben Wohlstand wird so auch neues Elend geschaffen. Deshalb stellt ein Fortschritt, der die Armen opfert und ins Elend treibt, eine Sackgasse dar. Nur ein vorsichtiger Umgang mit Wachstum kann zum Vorteil der Armen ausschlagen.

Ferner stellt sich heraus, dass Wachstum allein eine ziemlich ineffiziente Methode darstellt, Einkommensarmut zu vermindern. Schließlich spielen dabei zwei Variablen eine Rolle, nicht nur das aggregierte Einkommen, sondern auch die Verteilung. Je ungleicher die Verteilung, desto mehr Zusatzwachstum muss erwirtschaftet werden, damit wenigstens Brosamen für die Armen bleiben. In der Tat, im Allgemeinen hat das Wachstum wie die bekannte Geschichte von der Torte funktioniert: die Torte wird größer, und damit wachsen auch die kleinsten Tortenstücke. Aber selbst wenn man als »pro-poor« ein Wachstum aller Tortenstücke um den gleichen Prozentsatz begreift, übersteigt der absolute Zuwachs bei den großen jenen bei den kleinen bei weitem, was man schwerlich als gerecht bezeichnen kann. Die New Economics Foundation hat berechnet, wie viel Wachstum in den vergangenen Jahren aufgebracht werden musste, um mehr Arme über die Ein-Dollar-Schwelle zu bringen: Pro 100 US-Dollar Zuwachs im Welteinkommen zwischen 1990 und 2001 haben nur 1,30 US-Dollar dazu beigetragen, extreme Armut zu reduzieren, und weitere 2,80 US-Dollar erleichterten das Los der Armen mit einem Verdienst zwischen ein und zwei US-Dollar, während aber die verbleibenden 95,90 US-Dollar zur Weltbevölkerung über der Zwei-Dollar-Linie gingen.[7] Der Report fügt hinzu, dass dieselbe Reduktion durch eine jährliche Umverteilung von 0,12 Prozent des Einkommens der zehn Prozent reichsten Bürger der Welt hätte erreicht werden können.[8] Mit anderen Worten: Das Wachstumsrezept gegen Armut ist nichts anderes als der Versuch, Armutsbekämpfung vereinbar zu machen mit Reichtumsvermehrung.

Wer deshalb die Einkommensarmut wirksam zurückbauen möchte, ist schlecht beraten, wenn er auf maximales Wachstum setzt, also darauf, den Berg kreißen zu lassen, um ein Mäuslein hervorzubringen. Vielmehr erweist es sich als notwendig, über Verteilungs- und Wirtschaftspolitik unmittelbar die Lebensumstände der Armen zu verbessern. Die Priorität gehört der direkten Intervention zur Unterstützung der Armen, eine Pro-poor-Politik wird Wachstumsraten als zweitrangig betrachten. Erst eine Politik, die Wachstum als Nebensache behandelt, kann sich darauf konzentrieren, die Degeneration von Armut in Elend zu vermeiden und eine Verteilung der Besitztümer zugunsten der Armen zu erreichen. Und nebenbei steckt darin auch eine gute Botschaft für die Ökologie: Armutsüberwindung verlangt keine Umweltzerstörung, und es ist eine Irreführung zu behaupten, dass, wer Ersteres wolle, Letzteres leider in Kauf nehmen müsse.

Irrwege der Entwicklungshilfe

Die Zeit der Wachstumsenthusiasten war nur eine Zwischenphase in der Geschichte der Entwicklungspolitik. Seit Mitte dieses Jahrzehnt genießen – wie schon in den 1970er Jahren – Strategien zur direkten Armutshilfe eine erneute Wertschätzung. Noch in der neoliberalen Vorstellungswelt hatte Entwicklungspolitik im eigentlichen Sinne keinen Platz. Der Markt ersetzte die staatliche Intervention, und für Notlagen konnten Spendenorganisationen einspringen. Doch die Kampagne der Vereinten Nationen zu den Millenniumsentwickungszielen und vor allem der dazugehörige Report unter Leitung von Jeffrey Sachs, »In die Entwicklung investieren«, aus dem Jahre 2005 verschoben die Gewichte. Jetzt geht es um direkte Maßnahmen bei den Armen. Dabei wird generalstabsmäßig die Lage der Armen vermessen, werden quantitative Zwischen- und Endziele festgelegt, Investitions-, Finanz-, Geber- und Rahmenpläne entworfen und die Riege der Geberländer in die Pflicht genommen. »Praktische Maßnahmen können das Blatt wenden«, schreibt Jeffrey Sachs. »Dörfer wie Städte können Teil des globalen Wirtschaftswachstums werden, wenn sie durch ihre Infrastruktur und ihr Humankapital dazu in die Lage versetzt werden. Wenn jedes Dorf eine Straße hat sowie Verkehrsanschluss, eine Klinik, Elektrizität, Trinkwasser, Erziehung, dann werden die Dorfbewohner in sehr armen Ländern denselben Einsatz und dieselbe unternehmerische Hingabe zeigen wie viele Menschen überall auf der Welt.«[9] Bis zum Jahre 2015 soll, so das prominenteste von acht Zielen, der Anteil der extrem Armen an der Weltbevölkerung in Bezug auf das Basisjahr 1990 halbiert werden, dafür wird zur Verdreifachung der Entwicklungshilfe aufgerufen. Nach Jahren der Abstinenz nimmt die Staatengemeinschaft wieder richtig Geld in die Hand. Sind die Aussichten heute besser als früher?

Skepsis ist angebracht. Die Millenniumsentwicklungsziele sind ja in der Sache keineswegs neu. Hatte doch schon 1973 Robert McNamara als Präsident der Weltbank in seiner programmatischen Nairobi-Rede die volle Beseitigung der Armut innerhalb von 25 Jahren und 1974 die Welternährungskonferenz – und dann immer wieder – die Befreiung vom Hunger innerhalb von zehn Jahren in Aussicht gestellt, wie übrigens auch die Erziehungs- und Gesundheitsziele seit langem zum Aufgabenkatalog der UNESCO und der Weltgesundheitsorganisation (WHO) gehören. Und siehe da, auch für die Erfüllung der – viel vorsichtigeren – Millenniumsentwicklungsziele stehen die Chancen schlecht: Ost- und Südostasien haben zwar das Ziel schon erreicht, Südasien ist auf dem Wege dazu, aber in den anderen Teilen der Welt, insbesondere in Afrika südlich der Sahara, wird es aller Wahrscheinlichkeit verfehlt werden.[10]

Im Übrigen gibt es heute eine gewisse Übereinstimmung darüber, dass sich externe Hilfe unter kleptokratischen und korrupten Verhältnissen als zweckwidrig erweist. Öffentliche Sicherheit und geordnete Rechtsverhältnisse sind neben einer nicht zu ungerechten Einkommensverteilung Voraussetzungen für eine wirksame Hilfe.[11] Daran werden weder die Live-Aid-Konzerte eines Bob Geldof noch die Appelle eines Bono etwas ändern. Die Wiederauferstehung der Hilfephilosophie beim »Big Push« der Millenniumskampagne kommt indes nicht von ungefähr. Sie gründet in einer schiefen Auffassung von der Genese der Armut. In der Philosophie der Millenniumskampagne sind die landlosen Bauern im Gran Chaco, das Bergvolk der Karen in Thailand oder die Slumbewohner von Kolkata allesamt vom Fortschritt vergessene Menschen, die endlich auf die »erste Sprosse der Entwicklungsleiter« gehievt werden müssen. Armut wird als Relikt der Vormoderne und nicht als Produkt einer systemisch habgierigen Gegenwart gesehen. Aber Land wird von Großeignern gebunkert, Lehrer und Ärzte verirren sich selten zu indigenen Minderheiten, und Elendsquartiere in der Stadt bevölkern sich mit Vertriebenen vom Land. Denkt man dazu noch an das Wirken des Weltmarkts, der mit Billigimporten von Speiseöl dem Kokosbauern in Kerala den Garaus macht, oder an die Folgen des Klimawandels, der die Erträge gerade fragiler Böden in den Tropen absinken lässt, dann enthüllt sich Armut allzu oft als ein Kollateralschaden der Reichtumserzeugung. Daher läuft die Millenniumskampagne eher darauf hinaus, neues Geld in alte Strukturen zu stecken – ein Unterfangen, das sich normalerweise als Sackgasse erweist.

7.3 Menschenrechte für Weltbürger

So wie der Wunsch, Frieden zu schaffen, sowohl mit Abrüstung als auch mit Aufrüstung beantwortet werden kann, so kann der Wunsch, die Armut zu vermindern, für drastisch unterschiedliche Wirtschafts- und Sozialstrategien herhalten. Wo immer von »Armutsbekämpfung« als der Großherausforderung des Jahrhunderts die Rede ist, muss sogleich die Grundfrage gestellt werden: Armutsbekämpfung ja, aber durch wen? Die erste Antwort lautet: durch Experten, Geldgeber und Unternehmen, die von außen gerufen werden. Armutsüberwindung ist in dieser Perspektive im Wesentlichen ein Behandlungs- und Investitionsprogramm. Die zweite Antwort aber lautet: Durch die Armen selber, und dafür müssen ihr Gestaltungsspielraum erweitert und ihre Rechte gestärkt werden. Hierbei handelt es sich um ein Ermächtigungsprogramm, das auf große und kleine Machtverschiebungen zielt. Die meisten zivilgesellschaftlichen Entwicklungsorganisationen neigen zu dieser Perspektive, weil sie in den Armen verhinderte Akteure und nicht zu kurz gekommene Versorgungsempfänger sehen.

Die unvollendete Weltverfassung

Es war im Dezember 1948, drei Jahre, nachdem die Welt aus den Schrecken von Krieg und Holocaust wieder aufgetaucht war, als die Vereinten Nationen in der Allgemeinen Erklärung der Menschenrechte jene Grundsätze verkündeten, die sich seither wie politische Spreng-sätze ausnehmen: »Alle Menschen sind frei und gleich an Würde und Rechten geboren« (Artikel 1) und »Jeder hat das Recht auf Leben, Frei-heit und Sicherheit der Person« (Artikel 3).[12] Zum ersten Mal wur-den damit auf internationaler Ebene feierlich die Rechte von Einzel-personen gesetzlich verankert. Denn für das Völkerrecht war die Welt bis zum Zweiten Weltkrieg nichts weiter als eine Arena konkurrie-render Staaten; Rechte konnten daher nur Nationalstaaten beanspru-chen. Jetzt aber identifiziert die Menschenrechtscharta die Menschen auf dem Erdball als eine moralische Gemeinschaft, deren Mitglieder allesamt gleiche und unveräußerliche Rechte besitzen, die der Juris-diktion souveräner Staaten vorausliegt. Alle sechs – beziehungsweise damals drei – Milliarden Menschen, gleichgültig ob Reiche oder Arme, Männer oder Frauen, Weiße oder Schwarze, sind Träger von Rechten und von Pflichten. Sie sind Bürger eines transnationalen Rechtsraums. Das kann als die juristische Revolution der Menschenrechte betrach-tet werden.[13]

Jedem Bewohner der Erde, so sagt es die Erklärung der Menschen-rechte, kommt dank seines Menschseins das Recht zu, ein würdiges Leben zu führen, also ein Leben, das physisch sicher ist und die Aus-übung des eigenen Willens erlaubt. Denn ohne Schutz der körperli-chen Integrität, ohne Basis für den Lebensunterhalt und ohne Äuße-rungs- und Handlungsfreiheit ist kein Mensch in der Lage, ein unver-stümmeltes Leben zu führen. Sie umgreifen daher, was Personen zu ihrer Entfaltung als Lebewesen brauchen: gesunde Luft und genieß-bares Wasser, elementare Gesundheitspflege, angemessene Nahrung, Bekleidung und Wohnung – und ebenso das Recht auf soziale Teilhabe und Handlungsfreiheit. Dabei richten sich diese Rechte nicht gegen ir-gendwelche Böswillige, sondern gegen die Versuchung von staatlichen und anderen Mächten, Menschen als Manövriermasse zur Durchset-zung ihrer Interessen zu behandeln. In der Tat, die Idee der Menschen-rechte dreht das herkömmliche Verhältnis um: Bevor noch die Ge-sellschaft einen Anspruch gegen den Einzelnen geltend machen kann, kann der Einzelne auf legitime Ansprüche an die Gesellschaft pochen. Darin ist angelegt, dass die Menschenrechte eine politische Waffe in der Hand der Machtlosen werden konnten.

Sämtliche Staaten der Erde haben zumindest einen der Menschenrechtspakte unterzeichnet. Daher ist die Bill of Human Rights in ihrem Kernbestand Verpflichtungsgrundlage staatlichen Handelns. Mehr noch, die Menschenrechte haben mit dem Anwachsen einer kosmopolitischen Empfindsamkeit ihren Sitz in der sozialen Imagination geändert: Vom Grundgesetz der Staatengemeinschaft sind sie heute zum utopischen Horizont der transnationalen Zivilgesellschaft geworden. Im Norden wie im Süden, im Westen wie auch im Osten beruft sich die Zivilgesellschaft auf den Kanon der Menschenrechte wie auf eine Verfassung für die Weltgesellschaft. Nicht staatliche Machtspiele, nicht wirtschaftlicher Wettkampf, sondern die Verwirklichung der Menschenrechte sollte – neben der Achtsamkeit gegenüber der Biosphäre – der aufziehenden Weltgesellschaft ihr Gesicht geben. Denn die Weltgesellschaft ist beileibe kein rechtsfreier Raum, sie hat mit dem Menschenrechtskanon eine Verfassung. Gleichzeitig jedoch ist die Weltgesellschaft weit entfernt von einer Republik und kennt weder demokratische Repräsentation noch transnationale Vollzugsmacht. Sie hat somit eine Verfassung, aber keinen Staat.[14] Aus diesem Grunde klaffen Rhethorik und Realität bei den Menschenrechten so weit auseinander. Denn die Menschenrechte sind eine Verfassung ohne den notwendigen Unterbau an Gesetzen, Verfahren und Kontrolle. So läuft die ethische Vorstellungskraft auf Seiten der Zivilgesellschaft dem politischen Zustand der Weltgesellschaft weit voraus, eine Spannung zwischen Ideal und Wirklichkeit, die wie eine Triebfeder für den Streit um die Gestalt der Globalisierung wirkt.

Solidarität um der Menschenrechte willen

Die Sensibilität für Menschenrechte hat bereits die Entwicklungsdebatte verändert.[15] Der bedürfniszentrierte Ansatz wurde integriert in den rechtszentrierten Ansatz. Die Armen werden nicht nur als Träger von Bedürfnissen verstanden, sondern als Träger von Rechten. Sich auf Rechte – und gar auf Menschenrechte – zu berufen verleiht der Position der Armen eine besondere Stärke: Rechte generieren Pflichten, Bedürfnisse bestenfalls Beistand. Wer von Rechten spricht, schreibt Institutionen und Machtträgern eine Rechenschaftspflicht zu; die

Sprache der Rechte stärkt die Macht der Marginalisierten. Ferner lassen sich Rechte nicht so einfach zur Disposition stellen, die Bedürfnisse des einen lassen sich dagegen mit den Bedürfnissen eines anderen verrechnen. Insbesondere sind Menschenrechte unabdingbar. Sie können nicht gegen einen größeren Nutzen für eine größere Zahl von Menschen aufgerechnet werden. In einer Epoche daher, in der nicht selten die Armen von heute mit leichter Hand für einen spekulativen Nutzen von morgen geopfert werden, trifft ein solcher Ansatz einen Nerv. Er ist in der Tat der einzige, aus dem sich der Anspruch ableiten lässt, hier und heute ein würdiges Leben führen zu können – und nicht erst morgen.

Den Machtlosen ihr Recht zu verschaffen, darum geht es zuvörderst in dieser Perspektive. Deshalb hat die nichtstaatliche Entwicklungsarbeit in erster Linie ihren Sinn darin, einheimische Zusammenschlüsse der Armen und ihnen nahestehende Organisationen zu unterstützen in der Anstrengung, den Marginalisierten mehr Gewicht im Machtgeflecht zu verschaffen. Für Arme auf dem Land stehen im Zentrum der Auseinandersetzung oft Rechte auf Land und auf Beschäftigung, auf Weiden und Wälder, auf Kredit und Marktzugang, die gegenüber Landbesitzern, Großprojekten oder Wucherern durchzusetzen sind. Für Arme in Slums hingegen stehen Auseinandersetzungen um Wohnrechte und sauberes Wasser, um Gewerbeerlaubnisse und Standplätze, um Beteiligung und Stimmrecht im Vordergrund, die es der Stadtverwaltung und mafiosen Machtstrukturen abzutrotzen gilt. Im besonderen Maße trifft dies auf Frauen zu, die rechtlich oft am schlechtesten gestellt sind, Familien alleine unterhalten müssen und die meisten Alltagslasten unter oft erniedrigenden Umständen tragen. Fundamentalen politischen und sozialen Bürgerrechten hie und da ein Stück mehr zur Geltung zu verhelfen, das ist das Ziel des Engagements für globale Gerechtigkeit nach dem Niedergang der Entwicklungshybris.

Extraterritoriale Staatenpflichten

Tragen Staaten auch außerhalb ihres Territoriums Verantwortung für die Einhaltung der Menschenrechte? Als die Welt noch aus einer Serie voneinander unabhängiger Nationalstaaten bestand, konnte man die Frage verneinen, ungeachtet dessen, dass bereits in der Menschenrechtscharta zumindest internationale Zusammenarbeit für diesen Zweck gefordert war. Seit sich aber die Nationen zunehmend zu einer Weltgesellschaft verflechten, muss sie bejaht werden, denn die Globalisierung hat einen erweiterten Verantwortungsraum hervorgebracht. Natürlich ist nicht jedes Land für die Binnenverhältnisse in allen anderen Ländern verantwortlich, doch jedes Land hat in einer globalisierten Welt die Pflicht, alle Regelungen so zu treffen, dass die weniger Begünstigten jenseits ihrer Grenzen nicht schlechter gestellt sind.[16] Erniedrigung und Entbehrung in einem anderen Land mitzuverursachen ist moralisch nicht belanglos; im Gegenteil, es ist im internationalen Rahmen ebenso verwerflich wie im nationalen. »Do no harm – füge keinen Schaden zu!«, lautet die Minimalregel für gute globale Nachbarschaft. Der Kern transnationaler Verantwortung liegt nicht darin, grenzüberschreitend Wohlstand zu vermehren, sondern darin, grenzüberschreitend Schaden zu vermeiden.

Was freilich wie eine bescheidene Regel aussieht, hat es in sich. Denn gerade die grenzüberschreitenden Folgen wirtschaftlicher und ökologischer Art von Produktionsprozessen, Auslandsinvestitionen, Protektionsmaßnahmen oder finanziellen Transaktionen sind so gewaltig, dass ein solches Prinzip eine erhebliche Prioritätenveränderung in Wirtschaft und Politik auslösen müsste. Sowohl Investitionsentscheidungen wie multilaterale Verhandlungen sind davon geprägt, in der Auseinandersetzung mit Konkurrenten den eigenen Vorteil zu maximieren – ohne großartige Rücksichten auf die Kosten für die am wenigsten Begünstigten, die gewöhnlich auch gar nicht am Tisch der Entscheidungen sitzen. Beispiele sind nicht schwer zu finden. Bei multilateralen Agrarverhandlungen wird um Konkurrenzvorteile zwischen Agrarexportländern gerungen, doch die Lage von Kleinbauern wird ignoriert. Bei Klimaverhandlungen werden Emissionsgrenzen ins Auge gefasst, welche die Wohlfahrtsverluste für Industrieländer minimie-

Soja – Das Geschäft um Tierfutter

Deutschland importiert pro Jahr vier Millionen Tonnen Sojaprodukte aus den Tropen und Subtropen, wofür dort 1,3 Millionen Hektar fruchtbares Land in Anspruch genommen werden – so viel Fläche, wie in ganz Mecklenburg-Vorpommern bewirtschaftet wird. 80 Prozent dieser Importe landen in deutschen Futtertrögen, da die »Wunderbohne« Soja aufgrund ihres hohen Eiweißgehaltes die »Eiweißlücke« der europäischen Tierhaltung schließen kann. So hat sich die Produktion von Sojabohnen in den vergangenen 40 Jahren mehr als versechsfacht, und es wird eine weitere Zunahme von 60 Prozent bis zum Jahr 2020 erwartet.[17]

Durch den Aufstieg von Soja zur Weltwirtschaftspflanze hat sich auch die Machtverteilung entlang der Sojakette von Produktion, Handel, Verarbeitung und Endverbrauch im vergangenen Jahrzehnt stark verändert. Multinationale Handelsunternehmen, wie zum Beispiel die US-amerikanische Cargill oder Bunge in Brasilien, beherrschen weite Teile des Sojastroms nach Europa. Die hohe Fleischnachfrage in den Industrienationen, die Massentierhaltung und die einhergehende Sojaexpansion sind Motoren für den Druck auf Ökosysteme und Kleinbauern in Lateinamerika.[18]

Zur Erschließung neuer, lukrativer Plantagengebiete greifen die Großgrundbesitzer zu allen Mitteln. In Brasilien besteht bei 80 Prozent der erteilten Landnutzungsrechte der Verdacht, dass einheimische Bauern um ihre Eigentumsrechte betrogen wurden, was zu einem starken Anstieg von gewaltsamen Landkonflikten führte.[19] Dieselben Plantagenbesitzer lassen Regenwald in rasendem Tempo abholzen, um Felder für die lukrativen Sojabohnen zu schaffen, obwohl dies verheerende globale und lokale Umweltfolgen hat. Außerdem vergiften in Sojaanbaugebieten Kalk, Pestizide und Dünger zunehmend Grundwasser und Boden. Die Beschäftigten müssen unter unmenschlichen Bedingungen arbeiten, und trotz der Gewinne der Agroexporteure liegen die Löhne der Arbeiterinnen und Arbeiter oft nicht über dem Existenzminimum.[20] Die Nahrungssicherheit ist gefährdet, denn viele Kleinbauern sehen sich gezwungen, ihr Land an große Sojaanbauer zu verkaufen oder abzutreten, sodass die Anbaufläche für lokale Grundnahrungsmittel abnimmt.[21] So wird Soja zu einem Agrarprodukt, das Hunger erzeugt.

ren, aber den Verlust von Existenzrechten bei Fischern und Bauern in der südlichen Hemisphäre in Kauf nehmen. Weil aber Menschenrechte absolut gelten, steht es außer Frage, dass sie wirtschaftlichen Interessen oder politischen Mehrheitsbeschlüssen übergeordnet sind. Sie zu beachten verlangt, die eigenen Vorteile zurückzustellen, sobald durch deren Wahrnehmung die bereits Schwachen noch mehr deklassiert würden. Was immer die Verhandlungsarena ist – im Lichte einer kosmopolitischen Perspektive gilt, dass Überleben vor Profit und Menschenwürde vor Machtgewinn rangieren.

Globale Verantwortung ist also in erster Linie als negative Verantwortung zu begreifen, andernfalls kommt sie mit dem Recht anderer Gesellschaften auf Demokratie und Selbstbestimmung ins Gehege. Aus diesem Grund kommt von den drei Stufen der Staatenpflichten, nämlich die Menschenrechte erstens zu respektieren, zweitens zu schützen und drittens zu gewährleisten, der ersten Stufe im internationalen Verkehr das größte Gewicht zu. Dementsprechend hat der Sonderberichterstatter der UN-Menschenrechtskommission über das Recht auf Nahrung in seinem Bericht von 2005 festgestellt: »Regierungen müssen ihre extraterritoriale Pflicht im Hinblick auf das Recht auf Nahrung anerkennen. Sie sollten davon absehen, politische Strategien oder Programme umzusetzen, die für das Recht auf Nahrung von Menschen außerhalb ihres Staatsgebietes negative Folgen haben könnten.«[22] Und in vergleichbarer Weise hat bereits 1972 die UN-Umweltkonferenz mit dem Prinzip 21 der Stockholmer Erklärung die Norm unterstrichen, dass Staaten kein Recht haben, Menschen jenseits ihrer Grenzen Schaden zuzufügen. Aber auch die zweite Verpflichtungsstufe ist von Belang. Staaten sind demnach gehalten, fundamentale Bürgerrechte gegen mächtige Dritte zu schützen. Auf internationaler Ebene heißt dies sicherzustellen, dass die auf dem eigenen Territorium beheimateten Unternehmen nicht anderswo Menschenrechte missachten, und dafür zu sorgen, dass multilaterale Organisationen nicht den Menschenrechten entgegenwirken. Im Unterschied dazu kann es auf der dritten Verpflichtungsstufe im internationalen Raum nur darum gehen, andere Staaten bei ihren Gewährleistungspflichten zu unterstützen, eine Pflicht, die sich aus dem universellen Charakter der Menschenrechte ergibt.

Transnationale Unternehmenspflichten

Die Rechte der einen sind die Pflichten der anderen. Rechte hängen in der Luft, wenn mit ihnen nicht Pflichten korrespondieren. Nicht selten allerdings bleibt die Komplementarität von Rechten und Pflichten im toten Winkel der Rechte-Rhetorik. Herkömmlicherweise werden Staaten als die Garanten universeller Rechte betrachtet, aber mit dem Übergang von der Staatengemeinschaft zur Weltgesellschaft stehen auch alle machtvollen nichtstaatlichen Akteure in der Pflicht. Denn wie soll die Universalität der Menschenrechte jemals in die Wirklichkeit umgesetzt werden, wenn ihr nicht ebenfalls eine Universalität der Menschenrechtspflichten gegenübersteht? Kann man Weltbürgerrechte postulieren, ohne gleichzeitig Weltbürgerpflichten ins Auge zu fassen?

Staaten sind bei weitem nicht mehr die alleinigen Machtträger in der Welt. Vor allem transnationale Unternehmen üben einen wachsenden Einfluss auf die Lage der sozialen, ökonomischen und kulturellen Menschenrechte aus. Da wäre es schlecht um die Menschenrechte bestellt, wenn in Zeiten der Transnationalisierung von Machtbeziehungen nach wie vor Staaten die alleinigen Pflichtenträger blieben.[23] Schließlich ist die Menschenwürde gegen jegliche Erniedrigung zu schützen, gleichgültig von wem und woher sie stammt. Daher ist eine neuerliche »juristische Revolution« angesagt: Nachdem die Menschenrechtserklärung 1948 zum ersten Mal das Recht der Bürger auf der Welt über das Recht der Staaten gestellt hat, ist es nunmehr an der Zeit, das Recht der Bürger über die Rechte von Unternehmen zu stellen. So wie die Staatsmacht nach internationalem Recht verpflichtet ist, jenseits ihres Territoriums grundlegende Existenzrechte zu achten, so ist auch die Unternehmensmacht verpflichtet, diese Rechte zu respektieren (▸ Kapitel 10 und 17). Schließlich haben Unternehmen in der Globalisierungsepoche einen außergewöhnlichen Zuwachs ihrer Rechte erfahren – es ist überfällig, diese Rechte durch eine Konsolidierung ihrer Pflichten zu ergänzen. Sie schließen ein – auch nach den Richtlinien der OECD –, die eigenen Operationen auf ihre Auswirkungen auf die wirtschaftlichen, sozialen und kulturellen Menschenrechte hin zu überprüfen, insbesondere keine Komplizenschaft mit Menschenrechtsverletzungen zu dulden und bei Aktivitäten auf dem Territorium indigener Völker deren vorherige informierte Zustimmung einzuholen. Im deutschen Recht übrigens spricht man von der »Drittwirkung« der Grundrechte, denn sie gelten auch im Verhältnis von Privatpersonen untereinander. So ist es ebenfalls auf Weltebene an der Zeit, die Drittwirkung der Menschenrechte im Verhältnis von Firmen und Bürgern – und zwar nicht nur in ihrer politischen, sondern auch in ihrer wirtschaftlichen Bedeutung – anzuerkennen.

7.4 Regieren im kosmopolitischen Geist

Seit geraumer Zeit strebt die offizielle Entwicklungspolitik danach, ihre Mission über Hilfe hinaus als »globale Strukturpolitik« zu definieren. Dahinter steht die Einsicht, dass Hilfe kaum dauerhafte Früchte bringen kann, wenn die Strukturen der Weltwirtschaft einer gedeihlichen Entwicklung in den Südländern entgegenstehen. Doch diese Neujustierung zwingt die Entwicklungspolitik, über die Ressortgrenzen hinauszudrängen und Ansprüche an Politikfelder vorzubringen, die bislang wenig mit Entwicklungspolitik im Sinn hatten. Da sind Konflikte – und Niederlagen – programmiert, nicht einfach wegen bürokratischer Egoismen, sondern aufgrund widerstreitender Interessen. Die Unterstützung der wirtschaftlich-sozialen Menschenrechte zum Leitstern der Außenwirtschaftspolitik zu machen verträgt sich kaum mit dem vorherrschenden, bestens konsolidierten Interesse, die Wettbewerbsposition der deutschen oder europäischen Wirtschaft auf den Weltmärkten zu stärken. Bei der Entscheidung zwischen Existenzrechten und Akkumulationsinteressen ziehen die Existenzrechte regelmäßig den Kürzeren. Der Regierung ist im Allgemeinen eben das deutsche Hemd näher als der kosmopolitische Rock. Deshalb liegen die Schauplätze der Auseinandersetzung um eine menschenrechtsorientierte Neuausrichtung der deutschen beziehungsweise europäischen Politik jenseits der Entwicklungspolitik im engeren Sinne in den Feldern der Finanz-, Außen-, Wirtschafts-, Sozial- und Umweltpolitik. Alle diese Ressorts stehen im 21. Jahrhundert vor der Aufgabe, sich von Agenturen zur Promotion des nationalen Interesses zu Knoten in einem multilateralen Netz der Weltinnenpolitik zu wandeln.

Schuldenverstrickung beenden

Deutschland ist einer, und nicht der unwichtigste, Player im Spiel der internationalen Finanzpolitik. Seine Vertreter bestimmen mit, wenn der Pariser Club der reichen Länder oder der Internationale Währungsfonds zahlreichen südlichen Staaten Bedingungen setzt, welche der Rentabilität des international beweglichen Finanzkapitals nützen, aber die Finanzhaushalte armer Länder ruinieren. Gewinne aus Krediten nicht zu gefährden war lange das vorrangige Ziel der Politik, auch wenn dabei die Staatshaushalte in den ärmeren Ländern von der Zinslast in die Knie gezwungen wurden und vitale Dienste und Leistungen zum Schaden gerade der Ärmsten zurückgefahren werden mussten. In der Tat, im Gefolge der Strukturanpassungsprogramme hat sich zum Beispiel in den Megastädten das Los der Slumbewohner verschlechtert. Sie machen an Zahl immerhin ein Drittel der extrem Armen in der Welt aus: alles in allem eine Milliarde Menschen, also rund 17 Prozent der Weltbevölkerung. Der finanzpolitisch erzwungene Rückzug des Staates aus Sozialdiensten sowie der Gesundheits- und Wasserversorgung hat das städtische Elend vertieft und gerade Frauen und Kinder weiter in den Teufelskreis von Wasserverseuchung, Infektionskrankheiten, Arbeitsunfähigkeit und Kindersterblichkeit gestoßen.[24] Es handelt sich um eine Missachtung elementarer Existenzrechte, wenn ein mittelloses Land durch Strukturanpassungsprogramme genötigt wird, auch die ärmsten seiner Bürger zu besteuern oder lebensnotwendige Versorgungsleistungen einzustellen, um seine Schulden an vermögende Banken aus dem Norden zu begleichen. Hinzu kommt, dass die Kredite nicht selten von dubiosen Regierungen für dubiose Zwecke aufgenommen wurden. Deshalb wird eine multilaterale Finanzpolitik, die nicht ganz den Sinn für ethische Maßstäbe verloren hat, Menschenrechte vor Gläubigerrechte stellen. Sie wird die Rückzahlungspflichten so modulieren, dass ein Staat nicht seiner Fähigkeit beraubt wird, die sozialen Menschenrechte zu garantieren.

Kreditvergabe an Rechtspflichten binden

Um die Einhegung von Rentabilitätsinteressen durch Menschenrechtserfordernisse geht es auch bei der Mitfinanzierung und Mitentscheidung über Projekte der multilateralen Entwicklungsbanken, vor allem der Weltbankgruppe und der Asiatischen Entwicklungsbank (ADB), durch deutsche Autoritäten. Zum Beispiel ist die ADB zusammen mit der deutschen Kreditanstalt für Wiederaufbau am Bewässerungsprojekt Chasma Right Bank in Pakistan beteiligt.[25] Der Bau eines Systems von Be- und Entwässerung am Indus-Fluss hat zur Vertreibung von Kleinbauern durch Landaneignung und durch Überflutungen von Weiden und Gemeindeland geführt. Mehr als 14 000 Menschen droht die Zwangsumsiedlung, eine angemessene Entschädigung oder Ersatzland ist nicht in Sicht. Der Fall ist typisch: Kapitalintensive Großprojekte wie Staudämme, Pipelinesysteme, Minen oder Kohleabbau gefährden nicht selten die Existenzrechte der Armen in ländlichen Gebieten. Eine menschenrechtsorientierte Politik wird in solchen Fällen die Betroffenen als Inhaber von Grundrechten auf Land, Nahrung und Wohnstatt betrachten, ihre vorherige Einverständniserklärung (prior informed consent) einholen, Beschwerde- und Monitoringinstanzen einrichten, Wiedergutmachungsleistungen garantieren und insgesamt das Projekt entsprechend anpassen oder ihm gar die Unterstützung entziehen. Das Prinzip »Füge keinen Schaden zu« verbietet die Mitwirkung an Projekten, die Menschenrechte untergraben. Ähnliches gilt selbstredend auch für die Vergabe von Exportkrediten durch die Regierung an deutsche Firmen, die sich in sozial zerstörerischen Großprojekten engagieren (▸ Kapitel 18). Nicht das Kreditrisiko für die Reichen, sondern das Überlebensrisiko für die Armen verdient die vorrangige Sorge einer kosmopolitisch aufgeklärten Politik.

Existenzrechten Vorrang vor Liberalisierung geben

Erstaunlicherweise finden sich in den Regelwerken der Welthandelsorganisation (WTO) keinerlei Verweise auf die Menschenrechte.[26] Daraus kann man schließen, wie weit sich die WTO von dem Wertekanon entfernt hat, der dem System der Vereinten Nationen zugrunde liegt. Auch wurde nie systematisch untersucht, wie sich die Politik der Handelsliberalisierung auf die globale Menschenrechtssituation auswirkt. Der Grund ist leicht zu finden: Das geltende Regelwerk des Welthandels ist darauf zugeschnitten, allenthalben auf der Welt das Gesetz der ökonomischen Effizienz durchzusetzen, mit nur marginaler Beachtung ökologischer oder sozialer Probleme. Verhandlungen im Rahmen der WTO sind geprägt vom weltweiten Wettkampf der Starken um Marktanteile; die Interessen der Schwächeren haben dabei einen schweren Stand. Dennoch steht außer Frage, dass auch die Handelspolitik an die in den internationalen Menschenrechtsgesetzen eingegangenen Verpflichtungen gebunden ist. Rahmenbedingungen für den Handel sind daher so zu gestalten, dass sich die Lebensbedingungen der am meisten benachteiligten Bewohner der Erde signifikant verbessern – sich mindestens aber keinesfalls verschlechtern. Insgesamt gesehen hat die Europäische Kommission, welche in internationalen Handelsfragen das Verhandlungsmandat für die Mitgliedsstaaten der EU hat, in den vergangenen Jahren vermissen lassen, dass sie ein besonderes Augenmerk auf die Rechte der marginalisierten Bürger dieser Welt hat. Im Gegenteil, ihre Hauptsorge gilt den Wettbewerbschancen europäischer Unternehmen.

Die Verhandlungen bei der WTO sind getrieben vom Interesse zu exportieren: Die USA und Europa wollen von Baumwolle zu Banken die breite Palette ihrer Güter und Dienstleistungen auf die Märkte der Welt bringen, während Länder wie Brasilien und Argentinien danach streben, sich als Agrarexportgroßmächte zu etablieren. Doch die Exporte des einen sind die Importe des anderen. Was dem exportierenden Land wie eine Handelsbarriere vorkommt, kann aus der Sicht des importierenden Landes vitale Interessen absichern – wie Ernährungssicherheit, Wasserversorgung oder eine ländliche Industrie. So haben etwa billige Agrarimporte weltweit kleine Bauern und ländliche Gemeinschaften an die Wand gedrückt. Dabei rutschen die Inlandspreise auf ein solch niedriges Niveau, dass einheimische Bauern nicht mehr mithalten können. Während beispielsweise Indonesien noch vor gut zehn Jahren einen blühenden Agrarsektor aufwies und praktisch die Selbstversorgung erreicht hatte, stieg im Gefolge der Handelsliberalisierung die Gesamteinfuhr von Lebensmitteln stark an, bei

Going global – Deutsche Supermärkte auf Expansionskurs

Der kleine Tante-Emma-Laden an der Ecke ist nur noch selten zu sehen. Seit 1995 mussten rund 20000 kleinere Lebensmittler in Deutschland ihr Geschäft schließen. Edeka, Rewe, Lidl, Aldi und Metro kontrollieren, wenn auch mit unterschiedlichen Strukturen, knapp 70 Prozent des Lebensmitteleinzelhandels.[27] Die hart umkämpften Marktanteile werden vor allem mit niedrigsten Preisen, einer hohen Flächenpräsenz und hoher Produktqualität verteidigt.

Geringe Preise kombiniert mit hohen Qualitätsanforderungen und komplizierten Zertifizierungsprozessen, Just-in-time-Lieferungen und Investitionen in innovative logistische Technologien überfordern aber zunehmend kleine Zulieferer und Produzenten und drängen sie aus dem Markt. So teilen sich beispielsweise inzwischen in Marokko, dem größten Tomatenlieferanten der EU, lediglich 400 Produzenten und 12 bis 15 Exportgruppen den gesamten Handel mit frischen Tomaten mit der EU auf. Ein Markt, der jährlich mehr als 109 Millionen Euro beträgt, an dem aber kleine und mittlere Produzenten aufgrund der hohen Anforderungen der Nachfrageseite kaum noch beteiligt sind.[28]

Überdies investieren die Lebensmittelketten vermehrt im Ausland. Bei der Metro-Gruppe macht das Auslandsgeschäft inzwischen 57,7 Prozent des Konzernumsatzes aus.[29] In Marokko, wo die Metro-Gruppe seit Ende der 1990er Jahre sechs Cash-&-Carry-Märkte in allen großen Städten eröffnet hat, boomen die ausländischen Investitionen im Nahrungsmittelsektor. Inzwischen gibt es etwa 20 Hyper- und mehr als 230 Supermärkte, die vor allem die einkommensstarken Absatzmärkte der Städte Casablanca, Rabat, Fes, Agadir und Marrakesch zwischen sich aufteilen. Die Metro-Gruppe ist einer von zwei ausländischen Konzernen, die mit einem jährlichen Umsatz von rund 50 Millionen US-Dollar den marokkanischen Nahrungsmittelhandel dominieren.[30] Um die von ihnen festgelegte Qualität garantieren zu können, beziehen sie die meisten ihrer Produkte aus Europa. In den ländlichen, ärmeren Regionen Marokkos hingegen bestimmen nach wie vor Wochenmärkte und kleine Geschäfte den Nahrungsmittelsektor.

Trotz dieser dualen Struktur sind die Folgen für kleine Händler und

auch für die bäuerliche Landwirtschaft fatal. Die Einkäufe der Supermarktketten aus dem Ausland setzen lokale Händler, die verarbeitende Industrie und die nationale Landwirtschaft in Marokko zunehmend unter Druck.
Gerade der nationale Markt für Nahrungsmittel war eine bedeutende
Einkommensquelle für kleinere Produzenten. Mit dem Eintritt der Supermärkte übertragen sich logistische, qualitative und technische Ansprüche
auf den nationalen Markt. All diese Anforderungen, die weltweit zu einer
zunehmenden Industrialisierung der Landwirtschaft führen, bieten auch
in Marokko kleinen Produzenten immer weniger die Möglichkeit, ihre Existenz zu sichern.

Sojabohnen sogar um 50 Prozent. Allein im Bereich der Sojaproduktion wurden zwei Millionen Menschen arbeitslos. Jamaika musste seit
1994 mehr als eine Verdoppelung seiner Pflanzenölimporte hinnehmen, während die Binnenproduktion um zwei Drittel abnahm, auf den
Philippinen wurde der Binnenmarkt seit 1995 mit importiertem Reis
überschwemmt, obwohl überall im Land Reis angebaut wird.[31] So hat
die im Namen der Liberalisierung erzwungene Marktöffnung im Süden nicht selten Menschen von der Armut ins Elend getrieben. Zieht
man in Betracht, dass 70 Prozent der Armen in der Welt in ländlichen
Gebieten leben, dann ist es nicht übertrieben zu sagen, dass die Jagd
nach Exportgewinnen auf Seiten der Industrie- und einiger Schwellenländer beträchtliche Gruppen der am wenigsten Begünstigten weiter marginalisiert hat.

Gerade die Liberalisierung lebensdienlicher Wirtschaftssektoren
und Basisdienste zerrüttet häufig die Existenzgrundlage wirtschaftlich verwundbarer Gruppen – und da vor allem der Frauen. Vor diesem
Hintergrund erweisen sich Nahrungsgüter und Basisdienstleistungen
als ungeeignete Kandidaten für Handelsliberalisierung. Den sozialen
Menschenrechten Priorität zu geben verlangt mitunter nichts weiter,
als auf Exportmärkte zu verzichten.

Den ökologischen Fußabdruck verkleinern

Die Basisformel einer menschenrechtlichen Perspektive lautet: Überleben geht vor Besserleben. Ohne Zweifel genießen fundamentale Rechte Priorität gegenüber höherem Lebensstandard, und zwar im Norden wie im Süden. Dies gilt auch für die Umwelt- und Ressourcenpolitik, gerade in Zeiten umfassender Knappheiten. Denn sie entscheidet darüber, welcher Anteil am globalen Umweltraum der marginalisierten Mehrheit auf der Erde zur Verfügung bleibt. Genauer gesagt, sie hat Einfluss darauf, in welchem Umfang die Armen Zugang zu Ressourcen haben und in welchem Ausmaß sie von Emissionen betroffen sind. Je ungleicher Ressourcenverbrauch in der Welt verteilt ist, desto weniger bleibt für die Marginalisierten, und je mehr der Verbrauch sich den Grenzen der Tragfähigkeit nähert, desto stärker geraten sie unter Druck. Eine kosmopolitisch angelegte Umwelt- und Ressourcenpolitik wird den Rückbau des Ressourcenverbrauchs in den Industrieländern betreiben, um in der Weltgesellschaft Subsistenzbedürfnissen den Vorrang vor Wohlstandsbedürfnissen zu sichern.

Zunächst ist eine ökologische Abrüstung in den Wohlstandsökonomien unerlässlich, um die Subsistenzrechte gerade jener Menschen – etwa ein Drittel der Menschheit – zu wahren, deren Lebensunterhalt vom direkten Zugang zur Natur abhängt. Sie leben oft von Ökosystemen, also Savannen und Wäldern, Flüssen und Feldern, auf deren Ressourcen staatliche oder private Unternehmen ein begehrliches Auge geworfen haben, um die Konsumbedürfnisse städtischer und industrieller Zentren nah und fern zu erfüllen. Namentlich indigene Völker – davon gibt es immerhin etwa 5000 mit gut 300 Millionen Menschen – leiden unter Umweltverschmutzung und dem Verlust ihrer Natur- und Kulturräume. Gewiss, auf kürzere Sicht kann der Druck auf lebensdienliche Ökosysteme durch effizientere Rohstoffausbeute gemildert werden. Doch auf längere Sicht werden die Lebensräume der Armen nur entlastet werden, wenn die globale Klasse der Hochverbraucher in der Lage ist, ihre Nachfrage nach Naturressourcen zurückzubauen. Erst wenn die Nachfrage nach Öl sinkt, lohnt es nicht mehr, Förderzonen im Urwald zu erschließen, erst wenn der Wasserdurst von Plantagen und Fabriken abklingt, bleibt genügend Grundwasser für Trinkwasserbrunnen in den Dörfern, erst wenn der Wunsch nach Rindersteaks zurückgeht, braucht nicht mehr Boden für Weiden und Futtermittelanbau vereinnahmt zu werden. Kurz gesagt, ressourcenleichte Produktions- und Konsummuster sind die Basis für eine menschenrechtsfähige Weltressourcenwirtschaft.

Vor allem aber werden erstens Länder des Südens und zweitens jene Armen auf dem Lande, die direkt von der Natur abhängig sind, die destabilisierenden Folgen der Erderwärmung wesentlich schroffer zu spüren bekommen als Industrieländer und Stadtbevölkerungen. Alle Zeichen deuten darauf hin, dass Klimawandel ein Armutsverstärker ist und in steigendem Maße sein wird. Es deutet sich an, dass ebenfalls die gesamte Hilfe für die Millenniumsentwicklungsziele zur Armutsüberwindung damit zur Nichtigkeit verurteilt ist. Denn wenn sich die Erdatmosphäre erwärmt, wird die Natur instabil. Unversehens ist kein Verlass mehr auf Regen, Grundwasserspiegel, Temperatur, Wind oder Jahreszeiten, alles Faktoren, welche seit urdenklichen Zeiten für die Gastlichkeit der Lebensräume von Menschen und anderen Lebewesen gesorgt haben. So liegt auf der Hand, dass ein ansteigender Meeresspiegel ganze Küstenstriche zum Beispiel in Nigeria, Ägypten, Bangladesch oder Vietnam unbewohnbar macht. Massenmigrationen ins Inland und über Grenzen sind vorauszusehen. Weniger offen liegt zutage, dass Veränderungen in Niederschlag, Luftfeuchtigkeit und Temperatur sich auf Vegetation, Artenvielfalt, Bodenfruchtbarkeit und Wasserläufe auswirken werden. Wasserhaushalt und Nahrungsproduktion werden gerade in trockenen und halbtrockenen Gebieten in Mitleidenschaft gezogen. Zudem ist zu erwarten, dass die Umwelt ungesünder wird. Ernten werden eher von Ungeziefer befallen, Menschen werden an Malaria und Denguefieber erkranken oder sich mit Infekten anstecken. Schätzungen[32] sagen, dass schon bei einem globalen Temperaturanstieg um 1,5 bis 2,5 Grad Celsius gegenüber dem gegenwärtigen Wert, also bei etwa 2 bis 3 Grad Celsius gegenüber vorindustrieller Zeit, 20 bis 30 Prozent der höheren Pflanzen und Tiere hochgradig ausrottungsbedroht sind; dass im Jahre 2050 allein in Flussdeltas und lediglich unter der Voraussetzung, dass der Meeresspiegelanstieg einem Trendverlauf folgt, voraussichtlich mehr als eine Million Menschen von Überflutung bedroht sind und umsiedeln müssen; dass von 2020 und 2080 an Wasserknappheit deutlich mehr Menschen treffen wird, rund eine Milliarde Menschen mehr pro 30 Jahre.

So wird der Klimawandel nicht selten zur unsichtbaren Hand hinter wirtschaftlichem Niedergang, sozialer Erosion und Vertreibung werden. Bereits heute sind zum Beispiel die Inuit (Eskimo) aufgrund des Klimawandels in ihrer wirtschaftlichen Sicherheit und in ihrer Kultur gefährdet. Jäger verschwinden auf der Jagd, da die herkömmlichen Routen über das Eis nicht mehr tragfähig sind; Vorräte verderben, weil der Permafrostboden aufbricht; Iglus verlieren ihre isolierende Eigenschaft, wenn der Schnee taut und dann wieder gefriert. Und auch das Abtauen der Ufer lässt die Fischpopulationen ins arktische Meer verschwinden. Die Inuit in der Arktis – ebenso wie die Reisbauern im Mekong-Delta oder die Viehhüter in Zentralchina sind doppelt verwundbar: Einerseits sind sie fragilen Naturbedingungen ausgesetzt, andererseits sind sie wirtschaftlich so darbend, dass sie kaum in der Lage sind, sich an die neuen Risiken anzupassen. Klimatischer und wirtschaftlicher Stress können sich so unheilvoll verbinden, dass über Obdachlosigkeit und Nahrungsmangel sogar die körperliche Unversehrtheit auf dem Spiel steht. Damit stellt der Klimawandel einen Angriff auf die wirtschaftlichen, sozialen und kulturellen Menschenrechte großer Bevölkerungsgruppen dar. Die Erderwärmung unter zwei Grad Celsius im Vergleich zum vorindustriellen Niveau zu halten ist nach allgemeiner Auffassung geboten, um drastische Klimafolgen zu verhindern. So ist Klimaschutz ein Menschenrechtsthema ersten Ranges. Weit davon entfernt, nur dem Schutze von Wasserrosen und Walen zu dienen, ist ökologische Politik sowohl auf Seiten der Inputs wie auf Seiten der Emissionen die einzige Option, um einer wachsenden Anzahl von Menschen Gastfreundschaft auf der Erde anzubieten.

Anmerkungen

1 Die Einleitung ist angeregt
   von Weibel (2007), S. 14.
2 Sachs (2002)
3 Vgl. Robinson (2005); Hirsch/Seitz
   (2005)
4 Narayan et al. (2000)
5 WCD (2000), S. 17
6 Zahlreiche Beispiele in Gadgil/Guha
   (1995)
7 Woodward/Simms (2006), S. 16
8 A. a. O., S. 21
9 Sachs, J. (2005), S. 16–17,
   eigene Übersetzung
10 UN (2007)
11 Nuscheler (2007), S. 7
12 OHCHR (1948)
13 Ignatieff (2001), S. 5
14 Brunkhorst (2002)
15 UNDP (2000); Hamm (2004);
   OHCHR (2006)
16 Für eine Begründung dieses Prinzips aus dem Denken des Gerechtig-
   keitstheoretikers John Rawles siehe
   Müller-Plantenberg (2000) und auch
   Pogge (2002), S. 23.
17 Greenpeace (2006), S. 1; Lanje (2005),
   S. 23–27
18 Nederlandse Sojacoalitie et al. (2006),
   S. 16, 56–57
19 Greenpeace (2006), S. 2; Van Gelder
   et al (2005), S. 9
20 Van Gelder et al. (2005), S. 6–9
21 Nederlandse Sojacoalitie et al. (2006),
   S. 26–29
22 UNCHR (2005)
23 O'Neill (2000)
24 Davis (2006), Kap. 7
25 Für dieses und andere Beispiele:
   Hausmann (2007)
26 Petersmann (2003)
27 Kreimer/Gerling (2007)
28 Chemnitz/Grethe (2005)
29 Wiggerthale (2008)
30 USDA (2003)
31 Siehe Glipo (2006)
32 IPCC (2007)

8 Ökologischer Wohlstand

Besser, anders, weniger – so lautet die Faustformel für den Weg
zu einer zukunftsfähigen Wirtschaft in Deutschland und anderen
Reichtumszonen der Welt. Dematerialisierung allein ist noch
nicht naturverträglich, und Naturverträglichkeit verhindert keine
Wachstumseffekte. Deshalb entsteht ressourcenleichter Wohlstand aus dem Dreiklang von Dematerialisierung (Effizienz), Naturverträglichkeit (Konsistenz) und Selbstbegrenzung (Suffizienz).

Im klassischen Griechenland war es die Töpferscheibe, in der Neuzeit die Uhr, im Industriezeitalter die Dampfmaschine: Ein Stück
Technik musste oft als Sinnbild für den Geist einer Epoche herhalten.
Denn der Geist einer Zeit ist schwer zu fassen, handgreiflich ist dagegen ein technischer Gegenstand. Womit lässt sich nun die Epoche des
industriellen Wohlstandes beschreiben, und wie die Epoche des ökologischen Wohlstandes, die ihr hoffentlich folgt? Mit dieser Absicht im
Kopf schlägt der Philosoph Klaus-Michael Meyer-Abich vor[1], das ver-
gehende, industrielle Zivilisationsmodell mit einem Öltanker zu vergleichen, während er den Geist eines ökologischen Zivilisationsmodells am besten im Segelschiff verkörpert sieht.

In der Tat, der Öltanker kann für den Charakter der Industriemoderne stehen: Er ist ein Ungetüm aus Stahl, angetrieben von vielen
Tonnen fossiler Brennstoffe, das gigantische Leistungen bringt, aber
schwer zu manövrieren und nur auf breiten Seestraßen einsetzbar
ist. Außerdem ist er eine Gefahrenquelle und gehört zu den Haupt-
verschmutzern der Weltmeere. Ganz anders nimmt sich demgegenüber das Segelschiff aus. Es ist ein vergleichsweise kleines, aber leichtes und wendiges Fahrzeug, angetrieben von solarer Energie in Form
von Wind, das dank dem Geschick und der Manövrierkunst seiner Be-

satzung zum Zielhafen findet. Gewiss, seine Leistungskraft in Sachen Ladung und Geschwindigkeit ist um ein Beträchtliches geringer als jene des Tankers, doch es hinterlässt keine Dreckspur und birgt für Natur und Mensch kein Risikopotenzial. So treten im Segelschiff die Eigenschaften der ökologischen Wohlstandsproduktion hervor: Sie ist dematerialisiert, naturverträglich und maßvoll in der Leistung, während die industrielle Wohlstandsproduktion auf hohem Ressourcenverbrauch, Naturvergessenheit und maximaler Leistungskraft beruht.

8.1 Dematerialisierung

Wenig ist einem Segler so sehr ein Dorn im Auge wie Verschwendung. Denn Verschwendung bedeutet zusätzliches Gewicht, und jedes Kilo an Proviant oder Ausrüstung kostet Platz und macht das Boot schwerfälliger. Freilich geht es nicht ohne Ladung, folglich liegt die hohe Kunst der Ausstattung für eine Reise darin, auf dem Schiff das Verhältnis von Last und Gesamtgewicht zu optimieren. Denn die begrenzte Ressource Wind zwingt den Skipper zur Sorgfalt: Übergewicht bremst.

Solche Sorgfalt war dem industriellen Fortschrittsdenken von Anfang an fremd. Denn im Realitätsmodell, das sich in den Köpfen von Wirtschaftstheoretikern und Industriellen in der ersten Hälfte des 19. Jahrhunderts herausgebildet hatte, standen Energie und Metalle sowie später dank der Agrarchemie auch der Boden in Hülle und Fülle zur Verfügung. Die Wahrnehmung war in Bann geschlagen von der Produktivkraft der Arbeitsteilung und der Maschine. Dass Rohstoffe sich als endlich erweisen, dass Gewässer, Luft und Atmosphäre keinen Abfall mehr verkraften, ja dass geschwächte Naturzyklen wichtige Lebensdienste verweigern könnten, trat nicht ins Bewusstsein. So bildete sich im Wirtschaftsdenken Naturvergessenheit heraus. Seither basiert Theorie und Praxis der Wirtschaft auf der heimlichen Annahme, dass die Natur außer Betracht bleiben kann, weil sie sowieso über und unter der Erde im Überfluss vorhanden sei.

Diese Annahme hat sich nach 150 Jahren als grandiose Selbsttäuschung enthüllt. Die stofflich aufgeblähte, übergewichtige Wirtschaftsweise von heute zwingt die Natur in die Knie. Vor dieser historischen Kulisse ist ein Übergang zu einer ressourcenleichten Ökonomie geboten, die das Gewicht der Wirtschaft mit der Tragfähigkeit der Biosphäre in Einklang bringt. Sie wird den materiellen Umfang des Wirtschaftens auf ein Niveau herunterbringen, das es erlaubt, Wirtschaftsprozesse so mit Naturprozessen zu vereinbaren, dass sie keine größeren Schleifspuren mehr in der Biosphäre hinterlassen.

In einer solchen Perspektive verschieben sich die Prioritäten des Wirtschaftens: Herkömmliche Ziele wie Produktionsleistung, Gewinn oder Wettbewerbsfähigkeit treten in den Hintergrund, um dem Ziel der Naturverträglichkeit einen gleichen Rang einzuräumen. Soll im Laufe dieses Jahrhunderts eine gedeihliche Balance zwischen Weltwirtschaft und Biosphäre entstehen, so muss sich die Richtung des wirtschaftlich-technischen Fortschritts verändern. Es wird darum gehen, Technologien, Organisationsbeziehungen und Gewohnheiten so umzuprägen, dass sie mit weit weniger Naturanspruch auskommen. Nicht weniger als eine säkulare Wende ist angesagt: Nachdem für zwei Jahrhunderte die Kapital- und Arbeitsproduktivität immer weiter gesteigert wurde, ist es jetzt an der Zeit, sich der Ressourcenproduktivität zu widmen (▸ Kapitel 12).

Leichte Produkte

In der vorherrschenden Wirtschaftslogik ist die Antwort auf eine Knappheitssituation der Ausbau des Angebots. Gewinnstreben und ein selbstverständlicher Machtanspruch gegenüber der Natur laufen darin zusammen, dass auf Energieknappheit mit mehr Kraftwerken, auf Wasserknappheit mit mehr Tiefbohrungen und auf Wohnraumbedarf mit mehr Neubauten geantwortet wird. Das Muster, Expansion als Problemlöser zu betrachten, passt zur Vorstellung von einem grenzenlosen Umweltraum. Doch in einer bereits überdimensionierten Wirtschaft wird sie zum Problemverstärker. Aus diesem Grund erfordert ökologisches Wirtschaften einen Blickwechsel von der Angebotsorientierung zum Nachfragemanagement. Es werden Produktions- und Dienstleistungssysteme unerlässlich, die darauf abheben, systematisch die Nachfrage nach Ressourcen zurückzubauen, anstatt nur auf Angebotsexpansion zu setzen. Leichte, verbrauchsarme und dauerhafte Produkte werden die Dingwelt des ökologischen Wohlstands ausmachen. Für Beispiele neuer Leichtigkeit muss man bereits heute nicht lange suchen. Fotokameras, einst schwer und unförmig an der Halsschnur baumelnd, haben sich dank Miniaturisierung und Digitalisierung zu geradezu schwerelosen Geräten im Westentaschenformat gemausert, und das oft bei gesteigerter Aufnahme- und Speicherleistung. Neue Materialien, Elektronik, zusammen mit Einfallsreichtum im Produktdesign, lassen das Verhältnis von Wert zu Gewicht weiter anwachsen. Ein Memory Stick kann als klassisches Beispiel für smarte Lösungen gelten: Eine Speicherkapazität von einem Gigabyte ist heutzutage für weniger als zehn Euro zu haben und wiegt noch dazu kaum zehn Gramm. Das ist das Ergebnis einer Entwicklung, die in Japan zwischen 1993 und 2003 die Ressourcenproduktivität von Digitalspeichergeräten um den Faktor 10 000 hat ansteigen lassen.[2] Weil die Planung jedes Objekts, von der Bionade-Flasche zum Büroturm, einen Anspruch auf Materialien und Energien bedeutet, wird es die Sache von Designern, die Welt der Dinge so zu gestalten, dass größerer Nutzen mit immer weniger Gewicht einhergeht.

Außerdem sind ressourcenleichte Produkte verbrauchsarm; sie sind auf einen geringen Durchsatz an Strom, Wärme, Wasser oder Treibstoff ausgelegt. Die Glühbirne kann da – gerade in ihrer Trivialität – als Symbol herhalten: 1879 erzeugte die Edison-Glühbirne einen Lichtstrom von drei Lumen je Watt elektrischer Leistung, bei der Fluoreszenzlampe von heute sind es 100 Lumen je Watt. Mehr öffentliche Aufmerksamkeit finden Innovationen bei Automotoren: Gegenwärtig kommt etwa der Toyota Prius mit um 40 Prozent weniger Treibhausgasen im Vergleich mit dem Durchschnitt neu zugelassener Benzin-Pkw aus.[3] Bessere Steuerungen und technische Neuerungen vermögen bei allen Ressourcenströmen den Aufwand bei gleichbleibendem Nutzen zu vermindern. Die weitaus verbrauchsgünstigere Bewässerung von Feldern durch Tropfsysteme statt durch Flutung ist ein Beispiel aus der Landwirtschaft. Weiter kann der Abfall eines Produktionsprozesses zum Rohstoff eines neuen Produktes werden: Aus Orangenschalen, Abfall der Safterzeugung, wird Likör gewonnen. Und Kraftwerke, die ihre Abwärme in Luft oder Gewässer verpuffen lassen, werden als Monumente plumper Verschwendung erkennbar, wenn Kraft-Wärme-Anlagen in Wohnhäusern oder Fabriken vorführen, dass aus derselben Menge an Brennstoff neben Strom auch Heiz- oder Industriewärme bereitgestellt werden kann – was zu einem Wirkungsgrad von 90 statt 40 Prozent führte.

Produkte werden eine lange Lebensdauer haben. Rascher Verschleiß treibt den Materialaufwand nach oben, auch wenn mitunter Dauer zunächst durch erhöhten Stoffeinsatz erkauft wird. Das gilt für Packkartons, Schuhe oder Wasserkocher, aber ebenso für große Objekte wie Häuser: In vielen Industrieländern bestehen 50 Prozent des städtischen Abraums aus Baustoffen.[4] Freilich verlangen Gebäude, deren Lebensspanne sich eher in Jahrhunderten als in Jahrzehnten rechnen soll, nach robuster Konstruktion, geringem Instandhaltungsaufwand, anpassungsfähigen Räumen und nicht zuletzt nach Individualität und Erhabenheit. Diese Logik gilt so ziemlich für alle Objekte: Hohe Qualität und schöne Form hemmen Verschleiß und fördern Dauer.

Effiziente Prozesse

Produkte sind das Ergebnis vielgliedriger und vielstufiger Produktionsprozesse. Die großen Potenziale für eine stoffsparende Wirtschaft eröffnen sich erst, wenn man nicht nur das Endprodukt sieht, sondern seinen gesamten Lebenszyklus von der Wiege bis zur Bahre betrachtet. Über 90 Prozent aller Materialien und Energien, die zur Herstellung von Gebrauchsgütern mobilisiert werden, sind verbraucht, noch bevor das Produkt fertig ist – Abraum im Bergbau, Abwärme aus Kraftwerken, Bodenverlust im mechanisierten Landbau, Abfälle in der Verarbeitung von Holz oder Metallen, Getreide in der Tierproduktion, Wasser bei der Metallveredelung oder Transportaufwand in der Treibstoffversorgung. Der Ressourcenaufwand für die Gesamtheit der Vorleistungen, die in einem Produkt Eingang finden, bezeichnet man als seinen ökologischen Rucksack (▸ Kapitel 5). Je leichter die Rucksäcke, umso höher ist die Öko-Effizienz einer Ökonomie.

Was die Produktionsprozesse innerhalb einer Fabrik betrifft, bieten sich zwei Stellschrauben an: ein behutsamer Ressourceneinsatz (»low-input«) auf der einen Seite und eine kluge Wiederverwertung von (unvermeidbarem) Abfall (»zero emission«) auf der anderen Seite. In jedem Fall geht es darum, sich von der Vorstellung des Industrialismus aus dem 19. Jahrhundert zu verabschieden, dass Produktion eine wachsenden linearen Stoffdurchfluss erfordert. Stattdessen setzt ökologisches Design darauf, die Ressourcenintensität zu vermindern und die Ressourcenflüsse soweit möglich wie in Kreisläufen zu führen. So ist in der Papierproduktion der Bedarf an Holzfasern, Wasser, Energie in den vergangenen Jahrzehnten drastisch vermindert worden, dank neuer Verfahrensschritte, geschlossener Wasserkreisläufe und der Nutzung von Abwärme – und nicht zuletzt auch wegen eines verstärkten Altpapiereinsatzes.

Wendet man den Blick über einzelne Fertigungsprozesse hinaus auf eine ganze Produktkette, summieren sich Produktivitätspotenziale entlang ihrer Stationen. Ein klassischer Fall ist die konventionell fossile Energieversorgung. Auf der Strecke zwischen Kohlenflöz und Zimmerbeleuchtung stellen sich so viele Umwandlungsverluste ein, dass nur mehr ein kleiner Teil der Energie seinen Weg zum Endverbraucher findet. Aus 100 Prozent Energieeinsatz kommt nach der Umwandlung der Primärenergien Öl, Kohle, Gas nur etwa ein Drittel Nutzenergie beim Konsumenten an, während der Rest in Kraftwerken, Leitungsnetzen und Elektromotoren verlorengeht.[5] An jeder Station der Produktkette lassen sich Löcher stopfen, indem durch intelligente Organisation und Ingenieursarbeit Verluste vermieden werden. Noch weiter treiben eine solche Optimierung ehrgeizige Versuche, Industrieansiedlungen nach dem Muster von Nahrungsketten anzuordnen. So wie in einer Nahrungskette der Abfall einer Art als Nahrung für eine andere Art dient, so wird in einem solchen Industriecluster der Abfall eines Unternehmens zum Rohstoff für ein anderes Unternehmen. Eine solche Anordnung wird oft als »industrielle Ökologie« bezeichnet.[6] Indem sie auf »zero emissions«[7] abzielt, stellt sie den Idealtyp eines industriellen Produktionsnetzwerks im Zeitalter der Grenzen dar.

Null- und Niedrigemissionsquartiere auf dem Vormarsch

Wie der Pressesprecher des Bundesbauministeriums berichtete, werden nach Beschlüssen von Bundestag und Bundesrat Neubausiedlungen und -quartiere nur noch im Nullemissionsstandard bewilligt.

Nullemissionshäuser werden zwar schon seit 20 Jahren gebaut, jedoch ist ihr Standard erst jetzt als gesetzliche Mindestnorm festgeschrieben worden. In drei Schritten wurde die Energieeinsparverordnung (EnEV) angepasst. Seit dem 1. Juni 2022 gilt, dass Neubauten ihren Restenergiebedarf komplett regenerativ, beispielsweise durch Solar-, Geo- oder Biothermie, erzeugen müssen. Auflagen und Förderprogramme zur Wärmeerzeugung durch Nutzung erneuerbarer Energien im Neubaubereich haben bereits dazu geführt, dass in Deutschland über fünfzehn Prozent der Wärmeversorgung nachhaltig bereitgestellt wird.[8] Dieser Anteil wird mit der neuen Gesetzgebung nochmals deutlich ausgeweitet werden können.

Ähnlich positiv hat sich die Politik des Förderns und Forderns im Gebäudebestand ausgewirkt. Schon seit über 20 Jahren gibt es nun das CO_2-Gebäudesanierungsprogramm, dessen Etat 2010 auf 4,5 Milliarden Euro aufgestockt wurde. Seither hat sich der einst krisenhafte Arbeitsmarkt in der Baubranche deutlich stabilisiert, wie die Präsidenten der Handels- und Handwerkskammern bestätigen. Zudem sparen die Deutschen durch die energetische Gebäudesanierung jährlich über 60 Milliarden Euro Heizkosten.

Strenge Modernisierungsanforderungen zielten darauf ab, dass Renovierungs- und Erhaltungsmaßnahmen an der Außenhaut von Altbauten mit hohen Wärmeverlusten nur noch in Verbindung mit Dämmmaßnahmen zulässig waren. Zugleich wurde über eine Änderung des Mietrechts das »Investor-Nutzer-Dilemma« überwunden. So lässt der Gesetzgeber seit 2014 ausschließlich für Energieeinsparinvestitionen eine höhere Umlage der Investitionskosten als elf Prozent zu, befristet und gestaffelt nach Einsparerfolg.[9] Zudem hat der Gebäudepass das Bewusstsein der Mieter für die anfallenden Heizkosten deutlich geschärft, seit es nur noch den bedarfsorientierten Gebäudepass gibt, der den baulichen Zustand des Hauses rechtsverbindlich beschreibt.

Kluge Dienste

Nach konventioneller Lesart dient die Wirtschaft dazu, Güter bereitzustellen, die Konsumenten gegen Geld in ihren Besitz überführen. Ihre Nutzung ist dann vielfach an individuelles Eigentum gebunden. Diese Kopplung hat Folgen für den Stoffhaushalt der Gesellschaft. Denn sie führt auf Seiten der Konsumenten dazu, dass diese sich überausstatten und Güter – also ein Bündel von Ressourcen – unterausnützen. Bekanntlich ist ein Auto kein Fahrzeug, sondern in Wahrheit eher ein Stehzeug, das 23 Stunden am Tag darauf wartet, genutzt zu werden. Das führt auf Seiten der Produzenten dazu, dass sie sich mit dem Verkauf aller Verantwortung für die in die Welt gesetzte Hardware entledigen können. Wie effizient diese genutzt wird, wie haltbar sie ist, ob sie wiederverwertet wird, dafür sind dann die Produzenten nicht zuständig.

Geschäftsmodelle, die Nutzung nicht über Eigentum, sondern über Zugang anbieten, versprechen einen rationelleren Umgang mit Ressourcen. Xerox war zum Beispiel einer der ersten Hersteller, der dazu überging, Fotokopiermaschinen nicht zu verkaufen, sondern gegen eine Gebühr an Kunden zu vermieten. Bezahlt wird für die erstellte Menge an Kopien, der Maschinenpark verbleibt im Eigentum des Produzenten. Damit verschiebt sich das strategische Interesse des Unternehmens. Es profitiert nun von effizienter Einsatzplanung und verlässlicher Wartung sowie vom Reengineering der Geräte und der Wiederverwertung nach Verschleiß. Sobald bei einem Unternehmen die Verantwortung für den gesamten Lebenszyklus eine Produktes liegt, ist das optimale Management von Vermögenswerten gefragt und nicht der schnelle Gewinn durch den möglichst hohen Absatz von Maschinen und Geräten. Gerade im Geschäft mit Industriekunden eröffnen sich dabei Wege zu höherer Ressourcenproduktivität: Es kann beträchtliche Spargewinne erbringen, zum Beispiel Speziallacke nur zu mieten oder Kühlung von einem Anbieter zu kaufen, der Investition und Betrieb der Kühlanlagen übernimmt. Aber auch im Bereich des privaten Konsums wird der Erwerb von Zugang wichtiger als der Erwerb von Eigentum. Ein Telefonbeantwortungssystem über Voicemail etwa macht eine ganze Armada an Geräten überflüssig. Ein Dienstleistungskontrakt ersetzt den Gütererwerb, und man klinkt sich in ein Produkt-Service-System ein, das eben Telefonbotschaften oder Heizungseinheiten oder Fahrkilometer zur Verfügung stellt. In all diesen Fällen werden Funktionen und nicht Güter verkauft – ein weiterer Schritt zur Dematerialisierung.[10] Allgemein gesprochen fließt Geld in einer ökologischen Dienstleistungswirtschaft nicht, um so viele Güter wie möglich abzusetzen, sondern den Kunden mit speziellen Dienstleistungen durch die temporäre Nutzung eines Gutes zu versorgen. Indem Produzenten zu Providern und Ver-braucher zu Ge-brauchern werden, verliert das klassische Konzept der Produktion, nämlich die Umwandlung von Rohstoffen in Gegenstände, an Boden. Stattdessen zeichnet sich eine wahrhaft postindustrielle Vision wirtschaftlicher Tätigkeit ab, wo Intelligenz, soziale Innovation und eine Haltung der Achtsamkeit zu einem Teil den Gebrauch von Hardware ersetzen. Dies jedenfalls käme der Goldenen Regel einer ökoeffizienten Ökonomie nahe: Erwarte nicht von der Natur, mehr zu produzieren – erwarte von den Menschen, mehr mit dem anzufangen, was die Natur produziert.[11]

Zeitfenster 2022 **MobiCar immer beliebter**

Öffentliche Autos erfreuen sich in Deutschlands Großstädten weiter zunehmender Beliebtheit. Das ergibt eine aktuelle Studie des ADAC, die am Montag, den 7. April 2022 in Berlin vorgestellt wurde. Insgesamt etwa eine Millionen sogenannter MobiCars ermöglichen mittlerweile sechs Millionen deutschen Autonutzern ihre individualisierte Mobilität, ohne dass sie wie bislang einen eigenen Pkw besitzen müssen. In Deutschlands Großstädten hat sich in den vergangenen zehn Jahren die Zahl der privaten Pkw aufgrund des MobiCar-Booms um rund ein Viertel reduziert. In vielen Innenstädten besitzt nur noch jeder Dritte ein eigenes Auto. Die öffentlichen Pkws sind zu einem integralen Bestandteil des öffentlichen Stadtverkehrs geworden und ergänzen die mittlerweile gut ausgebauten Radwege sowie Bus und Bahn.

Maßgebliche Schubkraft erhielt diese Entwicklung durch die staatliche Förderung gesonderter verkehrlicher Pilotregionen. Des Weiteren wurden die hocheffizienten MobiCars mit weniger als drei Liter Spritverbrauch (90 g CO_2/km) von der in allen Stadtzentren erhobenen City-maut von bis zu 25 Euro pro Tag ausgenommen. Aber auch die Novellierung wesentlicher Gesetze trug zum Erfolg bei: Die Straßenverkehrsordnung erlaubt seit gut zehn Jahren gesonderte Car-Sharing-Stationen einzurichten, wie dies beispielsweise für Taxistände schon immer der Fall war. Die Landesbauordnungen fordern keine Herstellungspflicht von Stellplätzen, wenn den Mietern Car-Sharing-Fahrzeuge bereitgestellt werden. Und dabei entfallen persönliche Wartung sowie die monatlichen Unterhaltskosten eines privaten Pkw komplett.

Das Öffnen und Verriegeln der MobiCars erfolgt über das Handy. Die Fahrzeuge stehen dezentral verteilt, und nur eine dezente Aufschrift zeigt an, dass es sich um einen Mietwagen handelt. Über GPS registriert, bieten sie garantiert überall und jederzeit einen leichten Zugang: »Wenn kein freies Auto in Sichtweite abgestellt ist«, so Car-Sharing-Nutzer Uwe K. (59), »führt mich mein Handy zum nächsten freien Auto, egal in welcher Stadt ich gerade bin.[12] Für mich ist es wesentlich günstiger, kein eigenes Fahrzeug mehr zu unterhalten, das oft lange Zeiten ungenutzt herumstehen würde.« Die Kosten orientieren sich ausschließlich an den gefahrenen Kilometern und werden automatisch vom Konto abgebucht.

Eine positive Begleiterscheinung: Parkprobleme gibt es in unseren Innenstädten nicht mehr, da deutlich weniger Pkw abgestellt werden müssen. Kein Fahrzeug bleibt lange an einem Platz stehen, weil in der Regel schon bald der nächste Nutzer kommt. Und da sie weitaus intensiver genutzt werden, sind die MobiCars immer auf dem neusten Stand der Technik. Die ersten Städte haben mit dem Rückbau von Parkraum begonnen und Plätze wieder zu erlebbaren Zentren sowie Straßenraum zu öffentlichen Ruhe- und Begegnungszonen gemacht.[13]

8.2 Naturverträglichkeit

An einem Segelboot lässt sich weit mehr bewundern als nur die Tatsache, dass sein Antrieb ganz auf Naturkräfte vertraut. Gewiss, es macht Eindruck, wie ein steter Wind schwere Schiffe durchs Wasser ziehen lässt. Aber noch erstaunlicher ist, wie menschliche Technik die

Macht des Windes überlistet und für ihre Zwecke einspannt. Denn Segelboote sind in der Lage, auch gegen den Wind zu kreuzen, ja sie wären verloren, wenn sie nicht dank Segel und Bootsdesign Gegenwind in Schnelligkeit verwandeln könnten. Ohne menschliche Intelligenz, ohne die Handwerkskunst von Segelmachern und Bootsbauern würden die Naturkräfte ungerichtet wirken. Sie zu meistern, dafür bedarf es naturverträglicher, mit den Naturprozessen konsistenter Technik.[14]

Eine solche Technik zeichnet sich durch die kluge Ausbeute gegebener Naturflüsse aus. Sie schaltet sich in Naturflüsse wie Wind, Sonne, Wasser oder organisches Wachstum ein, fängt sie ein und lenkt sie und macht sie so für menschliche Zwecke nutzbar. Dabei lässt sich deren Geschwindigkeit und Stärke nicht nennenswert steigern. Nur Umwandlungstechniken wie Staubecken, Pflanzenzucht oder eben Segel können es darauf anlegen, mehr aus einem gegebenen Fluss herauszuholen. Ganz anders verhält es sich mit fossilen Energien und Materialien. Sie werden aus Beständen der Erdkruste entnommen, sind in hoher Dichte verfügbar, und ihre Ausbeute kann beliebig beschleunigt werden – jedenfalls solange der Vorrat reicht. In diesem Sachverhalt wurzelt der enorme Machtvorteil fossiler Energien: Während die agrarische Wirtschaftsweise die Energie den vorgegebenen Naturflüssen abluchsen musste, vermag die industrielle Wirtschaftsweise immer neue Energiequanten in die Schlacht zu werfen. Kein Wunder also, dass die Dampfmaschine mit ihrer stetigen und steigerbaren Kraft die vorindustriellen Antriebsquellen wie Segel, Mühlen oder Pferde aus dem Feld geschlagen hat. Kraftdichte, Stetigkeit, Verfügbarkeit und Steigerbarkeit – darin bestehen bis zum heutigen Tag die komparativen Vorteile fossiler Energien. Allerdings sind die Bestände, aus denen sie kommen, endlich. Und endlich ist auch die Atmosphäre als Deponie für die Reststoffe aus ihrer Verbrennung. Deshalb können sie nur eine vorübergehende Phase der Weltgeschichte prägen.

Nach dem Übergang im 19. Jahrhundert vom agrarischen Solarzeitalter zur fossilgeprägten Industriewirtschaft steht daher im 21. Jahrhundert der Übergang von der Industriewirtschaft zum wissensgeprägten Solarzeitalter an (▶ Kapitel 11). Flüsse zu ernten und nicht Bestände zu plündern, das wird aufs Neue die Losung sein für die Zeit nach dem Platzen der fossilen Blase. Jedoch wird der erneute Übergang keine Rückkehr darstellen, schon gar nicht zu den energiekargen Verhältnissen einer Bauerngesellschaft, sondern die Passage zu einer Wissensgesellschaft auf mittlerem energetischem Niveau. Das fossile Intermezzo wird als Erbschaft keinesfalls nur leere Lagerstätten hinterlassen, sondern auch ein Erbe an Technologien, Kenntnissen und Kompetenzen, das ohne diesen historischen Umweg nicht hätte gewonnen werden können.[15] Dieses Patrimonium mitsamt den dazugehörigen Verfahren der Wissensproduktion sollte die solarenergetische Zivilisation von morgen befähigen, zwar aus den gegebenen Flüssen der Natur zu leben, aber doch Umwandlungstechniken bereitzustellen, welche aus ihnen eine beständige und verdichtete Energie- und Materialernte zu gewinnen erlauben. Ähnlich wie die Segelschifffahrt eine jahrhundertelange, bewegte Geschichte an Innovationen durchlaufen hatte, bevor sie dann von der Dampfschifffahrt ausgestochen wurde, so ist auch eine Weiterentwicklung von Umwandlungstechniken mit Hilfe mikrobiologischer, agrarökologischer, chemischer, physikalischer und elektronischer Kompetenz zu erwarten. Sie werden mit weit höherer Raffinesse und Wirkkraft als in der Vergangenheit aus dem laufenden Haushalt der Naturkräfte schöpfen, ohne aber die Vermögensbestände rapide abzutragen. Das ist die Voraussetzung dafür, auf einer neuen Zivilisationsstufe eine – nach einem Wort von E. Fritz Schumacher, der es wiederum vom Gandhi-Schüler J. C. Kumarappa entlehnt hatte – Ökonomie der Permanenz zu bauen.

Von Sonne und Fotosynthese

Windräder, die sich träge oder hektisch in der Landschaft drehen, Solarkollektoren, die auf Hausdächern sitzen, Fotovoltaikzellen, die Parkscheinautomaten mit Strom versorgen: In den vergangenen zehn Jahren ist vielfach anschaulich geworden, wie die ersten Schritte auf dem Weg zu einem solaren Energiesystem aussehen. Und an den ersten Schritten lässt sich bereits der utopische Horizont des Endziels ablesen, nämlich den gesellschaftlichen Durchsatz an Energien und Stoffen aus dem laufenden Sonneneinkommen zu bestreiten. Dabei manifestiert sich dieses Einkommen auf direktem Wege über die Wärmeenergie der

Sonneneinstrahlung sowie auf indirektem Wege über die kinetische Energie von Wind und Wasser ebenso wie über die chemische Energie der Pflanzenwelt. Energien und Stoffe, die auf solarer Basis gewonnnen werden, sind regenerativ, das heißt, sie gehen nicht vom Bestand ab, sondern können sich innerhalb eines überschaubaren Zeitrahmens erneuern. Und sie sind im Prinzip emissionsfrei, sprich: nach ihrem Gebrauch, sei es als Brennstoff oder als Material, können ihre Reststoffe wieder von der Biosphäre absorbiert werden. Deshalb machen solare Energien und biogene Stoffe die Ressourcenbasis aus, auf der eine ökologische Wirtschaftsweise fußt. Zur Dematerialisierung des Ressourcendurchsatzes tritt dessen Naturverträglichkeit. Ein ökologischer Wohlstand zeichnet sich sowohl durch eine geringere Quantität wie durch eine neue Qualität im Naturgebrauch aus.

In der Energieversorgung sprießen solare Alternativen in vielen Ländern der Welt. Solararchitektur, die in ihren Grundprinzipien in den Wissenstraditionen ganz unterschiedlicher Kulturen bekannt ist, speichert die Wärme der Sonne. Die Gebäudehülle ist lichtdurchlässig, sie kommuniziert mit der Außenwelt, die Innenräume sind oft bepflanzt und bieten bunte Formen, Farben und Gerüche. Weil Solararchitektur eine Synergie mit Naturflüssen anstrebt, um Wohnkomfort zu erzeugen, ist sie nicht nur ressourcensparender, sondern oft auch gesünder und schöner als konventionelle Bauten. Dass solare Energienutzung jenseits aller Ressourcenökonomie im Allgemeinen auch dem körperlichen und ästhetischen Empfinden wohltut, rührt daher, dass sie eine Eleganz der Einbettung ausstrahlt. Das trifft gewöhnlich auch für die aktive Nutzung der Solarkräfte zu. Nicht nur die Glasfassade, auch die Fotovoltaikanlage, das Miniwindrad, die Biogasanlage oder das Kleinwasserkraftwerk bestechen durch Miniaturisierung und eine Symbiose mit der lokalen Umwelt. Auch die Brennstoffzelle, wenn sie energieeffizient solar generierten Wasserstoff in Kleinkraftwerken im Keller sowohl in Wärme als auch in Strom umsetzt, fügt sich in ein Szenario, in dem Rohstoffabbau und Megakraftwerke durch lokal angepasste Mikrokraftwerke abgelöst werden, die an ungezählten Orten einen jeweils eher geringen Energieertrag aus Sonnenstrahlung und Vegetation erzeugen.

Mehr noch als die solare Energieversorgung ist die biologische Landwirtschaft ein schlagendes Beispiel für die Eleganz der Einbettung. Die konventionell-industrielle Landwirtschaft hat sich durch eine Vielzahl externer Inputs – wie Saatgut, Düngemittel, Pestizide, Futtermittel, Maschinen, Strom, Treibstoff – von den Klimabedingungen, den Reifezyklen, der Biodiversität des jeweiligen Ortes (weitgehend) unabhängig gemacht. Die Folgen sind Überverbrauch von Ressourcen und Überproduktion von Verschmutzung. Diese Missachtung der Qualität zugunsten der Quantität sucht die naturnahe Landwirtschaft zu überwinden. Sie fährt die Abhängigkeit von externen Inputs zurück und legt es darauf an, Naturkreisläufe auf der Ebene des Betriebs zu schließen und wechselseitig fruchtbar zu machen, also Tiere zur Düngung einzusetzen, Mischanbau zur Abwehr von Schädlingen zu betreiben oder aus Grün- und Holzabfall eine Energiequelle zu machen. Wie so oft bei erneuerbaren Energien gehen dabei lokale Erfahrung, fachliches Geschick und wissenschaftliche Intelligenz – nach einem Wort von Ernst Bloch – eine Allianz mit der Natur ein, um Lebensenergie hervorzubringen. Darin liegt die Ästhetik eines postfossilen Prozessdesigns.

Ökologischer Landbau überschreitet die 40-Prozent-Marke

Nach inzwischen sieben EU-Aktionsplänen für ökologische Landwirtschaft in Folge überschreitet der ökologische Landbau in diesem Jahr in Deutschland erstmalig die 40-Prozent-Marke. Maßgeblich dafür war, dass es seit 2012 jährlich nationale Aktionspläne mit klaren Zielen und Zeitplänen gab. Auch die Umstellungs- und Beibehaltungszahlungen, die Landwirten den Übergang in die ökologische Landwirtschaft erleichtern, sind seit 2010 drastisch erhöht worden. Anfangs hatten nur fünf Bundesländer von diesen Möglichkeiten Gebrauch gemacht, inzwischen beteiligen sich alle Bundesländer daran. Heute wirtschaften fast 80 000 deutsche Betriebe ökologisch, und der Umsatz mit Öko-Produkten erreicht bei einer Wachstumsrate von 15 Prozent einen Jahresumsatz von rund 20 Milliarden Euro. Aus dem einstigen Nischensegment Bio ist Standard geworden, wobei die Preise infolge der breiten Produktion auf ein für fast alle bezahlbares Niveau gesunken sind. Kaum ein Restaurant kommt mehr ohne eine Biospalte auf der Speisekarte aus. »Aus heutiger Sicht erscheint es unzumutbar, dass Patienten noch vor 15 Jahren in deutschen Krankenhäusern durchweg chemisch behandelte Lebensmittel zu essen bekamen«, erinnert sich ein Berliner Krankenhausleiter in der ZDF-Sendung »Öko und fair«.

Neben der erhöhten Lebensmittelsicherheit wurde mit diesem Durchbruch gleich ein ganzes Bündel an weiteren gesellschaftlichen Zielen erreicht. Aufgrund der weitgehend geschlossenen Betriebskreisläufe, des Verzichts auf chemisch-synthetische Pflanzenschutz- und Düngemittel, des geringeren Tierbesatzes sowie einer nachhaltigeren Bodenbearbeitung konnten bedeutende Beiträge zum Umwelt- und Klimaschutz geleistet werden. Allein die Treibhausgasemissionen aus der Landwirtschaft sind um etwa 60 Prozent gegenüber der Zeit vor 2012 zurückgegangen. Die Verluste an Artenvielfalt konnten deutlich gebremst werden. Seit 2015 werden alle Tiere artgerecht im Auslauf und auf Stroh gehalten, Leistungsförderer im Futter sind gesetzlich verboten. Durch die arbeitsintensive Produktion entstanden seit 2012 jährlich mehr als 20 000 neue Arbeitsplätze in der Landwirtschaft.

Ein Ende der Erfolgsstory ist bislang nicht abzusehen. Im Gegenteil, zwei weitere Bundesländer sind nach den großen Genmais-Skandalen von 2013 und 2017 dem Beispiel Mecklenburg-Vorpommerns gefolgt, haben Ökolandbau flächendeckend eingeführt und reihen sich damit ebenfalls in den Kreis der »Ökologischen Modellregionen« ein.

Ein ähnlicher Wandel in der Definition von Qualität ergreift auch die Produktion von Materialien.[16] Nachdem Menschen seit urdenklichen Zeiten Fasern, Steine, Holz oder Eisen genutzt hatten, brachte die industrielle Epoche in großem Maßstab Metalle, Erze und Erzeugnisse der synthetischen Chemie ins Spiel. Im postfossilen Zeitalter indes stehen biologische Stoffe und Verfahren wieder hoch im Kurs. Verfahrensingenieure imitieren Naturprozesse, um Materialien, Chemikalien und Verbundstoffe herzustellen. Die Natur ist schließlich eine oft bewunderte Baumeisterin. Kein menschengemachtes Garn kommt in Festigkeit an bestimmte Spinnenfäden heran; das Innengehäuse einer Meeresschnecke muss an Härte hinter keinem Keramikwerkstoff zurückstehen. In jedem Fall aber bieten Pflanzenfasern und Naturstoffe die Grundlage für Produkte, die mit abgelaufener Lebensdauer und nach möglichen Recyclingstufen wieder in einen biologischen Zerfalls-prozess zurückkehren können. Das kompostierbare T-Shirt[17] mag als Beispiel für diese Entwicklungslinie stehen. Über Tragtaschen, Pflan-zentöpfe, Textilien und auch Plastikkarten verbreiten sich heute schon Biokunststoffe im Alltag. Ihre Rohstoffbasis ist gewöhnlich Pflanzen-stärke, gewonnen aus Mais, Weizen und Kartoffeln, wie auch Zellu-lose aus Holz oder Zucker aus Rüben Verwendung finden. So sind Naturchemie und Bionik dabei, von der Natur zu lernen und in man-chen Aspekten die Materialwelt für eine zukunftsfähige Wirtschaft zu schaffen.

Von Lokalität und Vernetzung

Nicht nur Stoffe, auch Strukturen stehen mit dem Übergang zur So-larwirtschaft zur Disposition. Denn eine fossile Ressourcenbasis leis-tet Vorschub für zentralisierte, kapitalintensive und grenzüberschrei-tende Wirtschaftsstrukturen, während eine solare Ressourcenbasis dezentrale, kapitalschlanke und lokal verflochtene Wirtschaftsstruk-turen begünstigt.[18] Der Grund dafür liegt in der physischen Natur der Rohstoffe. Mineralische und fossile Rohstoffe finden sich in zugäng-lichen Lagerstätten in der Erdkruste nur an relativ wenigen Orten, aber dort in hoher Dichte. Sie zu beschaffen erfordert eine Konzen-tration an Mitteln und Macht, sie über große Strecken zu transpor-tieren erfordert weiträumige Transport- und Durchleitungsstruktu-ren. Sie zu Strom, Stahl oder Benzin umzuwandeln macht Großkraft-werke, Stahlhütten oder Raffinerien notwendig, und schließlich geht es nicht ohne Transmissionsnetze und Liefersysteme, um Elektrizität oder Treibstoff über das ganze Land an ungezählte Konsumenten zu verteilen. Anders bei solaren Energien und Rohstoffen: Sie kommen im Prinzip überall auf der Erde vor, allerdings in geringerer Dichte wie auch in unsteter Frequenz. Sie sind ohne viel Aufwand zu beschaf-fen, und ihr Transport wird sich günstigerweise auf den regionalen Umkreis beschränken. Die Umwandlung in Strom, Treibstoff und Ma-terial indessen verlangt Kapital und Technologie, während wiederum

Verteilungsstrukturen dank der größeren Nähe zwischen den Orten der Produktion und jenen des Verbrauchs weniger von Bedeutung sind. Eine solare Wirtschaft hat das Potenzial, regionalwirtschaftliche Verflechtungen wachsen zu lassen und globalwirtschaftliche Verflechtungen überflüssig zu machen.

Von daher gesehen zeichnet sich eine mögliche Trendumkehr in der industriellen Entwicklung ab. Im Gegenzug zu den Konzentrationsbewegungen im Rohstoffsektor in der Vergangenheit entstehen dezentrale, kleinmaßstäbliche, über das Territorium verteilte Produktionscluster für Energie, Nahrungsmittel und Rohmaterialien. Es formiert sich eine Wirtschaftsstruktur, in der viele Miniproduzenten an vielen Orten und nicht mehr wenige Megaproduzenten an wenigen Orten die Versorgung leisten. Allerdings wird diese Auffächerung weniger dem Modell der Inseln, sondern dem Modell des »distributed computing« folgen: Die kleinen, dezentral angesiedelten Einheiten werden über Energie- und Informationsverbünde vernetzt. Gewiss, Konversionstechnologien zur Nutzung der Solarenergie wie zum Beispiel Windräder, Solarzellen und Kollektoren werden wohl auch in Zukunft auf überregionalen Märkten bereitgestellt, aber doch spricht vieles dafür, dass der Übergang zu einer naturverträglichen Wirtschaft ebenfalls den Übergang zu einer re-regionalisierten Wirtschaft bedeutet.

8.3 Selbstbegrenzung

Ein Segelboot ist leicht, naturverträglich in seiner Energiequelle, doch auch, gemessen an einem Motorschiff, beschränkt in seiner Leistungsfähigkeit. Bei aller Eleganz im Design und bei allem Gleichklang mit der Natur: Ein Segelschiff kann weder schwere Lasten laden, noch erreicht es eine zuverlässig schnelle Fahrtgeschwindigkeit. Diese Analogie gilt im Prinzip auch für die ökologische Wirtschaftsweise.

Denn es wäre fahrlässig davon auszugehen, dass Dematerialisierung und Naturverträglichkeit alleine ausreichen, um eine Volkswirtschaft mit einem sehr viel kleineren ökologischen Fußabdruck ins Werk zu setzen. Weniger Ressourcen pro Einheit an Wirtschaftsleistung einzusetzen ist ein Kernstück ökologischen Wirtschaftens; wenn aber die gesamte Wirtschaftsleistung unablässig ansteigt, werden Effizienzeffekte durch Mengeneffekte zunichtegemacht (▸ Kapitel 4). Ressourceneffizienz schützt nicht vor Übermaß. Auch eine rationell organisierte Wirtschaft kann bei fortgesetztem Wachstum vom Gesamtumfang der Ressourcenansprüche her zu schwer für die Biosphäre werden.[19] Auch die Naturverträglichkeit verträgt kein Übermaß an Ressourcenanforderungen. Denn erneuerbare Energien und Materialien sind nicht grenzenlos verfügbar, insbesondere die Bodenfläche für Bioenergie und -materialien lässt sich kaum ausweiten, ohne Nahrungsproduktion und Naturschutz zu gefährden. Je mehr Technik sich in Naturzyklen integriert, desto mehr wirken deren Rhythmen und Kapazitäten als eine Bremse für übersteigerte Leistungserwartungen, es sei denn, Wandlertechnologien – zum Beispiel Windkraftanlagen vor der Küste – wenden fossile Materialien und Energien auf, um diese Wirkung klein zu halten. In beiden Fällen ist die Schlussfolgerung die gleiche: Sowohl Dematerialisierung wie Naturverträglichkeit verfehlen ihr Ziel, wenn nicht das Prinzip der Selbstbegrenzung an ihre Seite tritt.

Das versteht sich von selbst, wenn es um die Selbstbeschränkung im Ressourcenumsatz geht, denn darum handelt es sich bei dem Ziel, einen global verträglichen ökologischen Fußabdruck einzuhalten. Es ist jedoch nicht zu erwarten, dass eine ökologische Begrenzung ohne ökonomische Zurückhaltung gesichert werden kann – in jedem Fall aber legt es das Vorsorgeprinzip nahe, davon nicht auszugehen. Deshalb gehört die Selbstbegrenzung in der wirtschaftlichen und technischen Leistungskraft zum Leitbild einer zukunftsfähigen Wirtschaft. Die Frage »Wie viel ist genug?« wird sich nicht umgehen lassen. Schließlich lässt sich die Größe der Wirtschaft in ihrem Verhältnis zur Natur nicht redimensionieren, ohne auch ihre Größe im Verhältnis zur Gesellschaft zu verändern. Ein ökologischer Wohlstand, um es mit anderen Worten zu sagen, lässt sich nur bauen im Zusammenspiel der Prinzipien Effizienz, Konsistenz und Suffizienz.

Wie viel Geld braucht das Glück?

Von einem Übermaß an Ökonomie in der Gesellschaft zu reden widerspricht den geltenden Selbstverständlichkeiten. Denn es regiert die Auffassung, dass ein höheres Einkommen in jedem Fall besser sei als ein geringeres, und zwar für Personen wie für Nationen. Diese Auffassung wurzelt im zentralen Glaubenssatz der Wirtschaftsgesellschaft: Das Wohlbefinden der Menschen hängt von der Anzahl der Güter und Dienste ab, die zu erwerben sie in der Lage sind. Auf diesen Glaubenssatz gründen sowohl die Wirtschafts- und Sozialpolitik wie auch die Entwicklungspolitik. Einkommenssteigerung gilt als der Königsweg zum – wie Jeremy Benthams berühmte Formel lautete – größten Glück der größten Zahl. Doch die moderne Glücksforschung zeigt, dass dieser Glaubenssatz empirisch auf schwankendem Boden steht: Er ist nicht ganz falsch, aber doch weit davon entfernt, richtig zu sein. In jedem Fall aber ist er ungeeignet, als Leitstern für die gesellschaftliche Entwicklung zu dienen.

Forscher, die herausfinden wollten, wie subjektive Zufriedenheit unter den Menschen verteilt ist, haben während der vergangenen Jahrzehnte zahlreiche Anhaltspunkte zusammengetragen, welche die Annahme in Zweifel ziehen, dass Einkommenswachstum zu mehr Wohlbefinden führt (▸ Kapitel 4).[20] Ihre Einsichten bleiben weitgehend ohne Beachtung in Politik und Wirtschaftswissenschaft, doch sie stehen in bemerkenswertem Gleichklang zu den Überlieferungen der Volksweisheit wie der Philosophie, dass ein gelungenes Leben mit Geld nicht zu kaufen sei.

Offensichtlich entscheidet nicht vor allem Geld über Glück. Welche Faktoren sind aber dann für die Lebenszufriedenheit ausschlaggebend? Was die Ebene der Gesellschaft anlangt, so zeigen die Untersuchungen, dass auch nichtmonetäre Quellen des Wohlbefindens von großer Bedeutung sind, nämlich soziale Gleichheit, Arbeitsplatzsicherheit, sozialer Zusammenhalt und politische Teilnahme. Im Allgemeinen sind Gesellschaften mit wenig Ungleichheit glücklicher als jene mit viel Ungleichheit.[21] Der Grund liegt darin, dass die Menschen ihre Zufriedenheit nicht aus ihrem absoluten, sondern aus ihrem relativen Einkommensniveau ziehen. Je steiler daher das Sozialgefälle, desto größer wird die wahrgenommene Kluft zwischen dem aktuellen Lebensstandard einer Person und jenem potenziellen Lebensstandard, der von anderen vorexerziert wird, und diese Kluft nährt Unzufriedenheit. Des Weiteren ergibt sich, dass ein hoher Grad von Arbeitslosigkeit nicht nur die betroffenen Personen unglücklicher macht, sondern auch die nicht unmittelbar Betroffenen.[22] Chronisch fehlende oder instabile Arbeitsplätze verbreiten ein Klima der Unsicherheit, das sich auf die Zufriedenheitswerte niederschlägt.[23] Besonders aufschlussreich ist ferner der Befund, dass das Wohlbefinden auch von den sozialen Beziehungsmustern in einer Gesellschaft abhängt. Es zeigt sich nämlich, dass Länder, in denen mehr Zeit in Beziehungen zu Verwandten, Freunden oder religiösen Gruppen investiert wird, höhere Zufriedenheitswerte verzeichnen als Länder, in denen soziale Beziehungen eine geringere Rolle spielen.[24] Im Lichte dieses Sachverhalts wird auch verständlich, warum ärmere Länder in Sachen Lebenszufriedenheit häufig nicht schlechter gestellt sind als wohlhabendere. Soziale Netze sind ihr besonderes Kapital, das mit steigendem Geldreichtum weniger zur Verfügung steht. Und ähnlich verhält es sich mit politischer Teilnahme.[25] Die Ergebnisse dieser Studien legen die Schlussfolgerung nahe, dass soziales Kapital in einem Sinne, der von der Gestalt der Ungleichheit über die Arbeitsplatzsicherheit zu sozialen Netzwerken und demokratischen Institutionen reicht, eine Quelle von Wohlbefinden darstellt. Soziales Kapital hat aber wenig mit Einkommenskapital zu tun, es ist ein Vermögen, das in die Ordnung einer Gesellschaft eingelassen ist. Wenn ökonomische Zurückhaltung den Aufbau sozialen Kapitals begünstigt, kann sie daher dem Glück guttun.

Insofern erinnern diese Studien an die antike Idee der Eudaimonia. Sie hat nichts mit Glücksgefühlen zu tun, sondern hebt auf den Zusammenklang zwischen Lebenssinn und Lebensführung ab. Sie verlangt die Ausprägung innerer Haltungen – der Tugenden –, die über die Zeit dazu verhelfen, das Leben in seinem Auf und Ab gelingen zu lassen. Blickt man mit dieser Einsicht auf die Glücksversprechen der Wirtschaftsgesellschaft, die mit finanzieller Belohnung und immer neuen Warenkörben winkt, dann tun sich markante Widersprüche auf. Das Warenglück ist dem wahren Glück geradezu entgegengesetzt. Während Ersteres von seinem Zuschnitt her außengesteuert und mit

schnellem Verfallsdatum versehen ist, beruht Letzteres auf Innensteu-
erung und Langfristigkeit. Da ist es nicht weit hergeholt zu vermuten,
dass die Polung auf das Warenglück eher für eine Reihe sozialer Pa-
thologien verantwortlich ist wie Vereinzelung, Depression oder Grö-
ßenwahn. Jedenfalls gibt es keinen starken Grund, warum in wohlhabenden Ländern ein Einbruch im gesellschaftlichen und persönlichen
Wohlbefinden zu erwarten sein soll, wenn der Umfang des Waren-
korbs stagniert oder gar zurückgeht. Im Gegenteil, so kann man sich
fragen, warum soll die Biosphäre Stück für Stück für ein Wirtschaftswachstum geopfert werden, das nicht einmal das Glück der Menschen
voranbringt?

Entschleunigung

Dass Selbstbegrenzung einem guttun kann, gehört zur Alltagserfah-
rung. Zu viel Essen macht unbeweglich und schadet der Gesundheit,
zu viel Sport macht abhängig und überdehnt die Organe, zu viel Freiheit kann die Orientierungskraft überfordern. Man kann des Guten
auch zu viel tun. Ganz ähnlich können die Leistungen der Hochener-
gie-Gesellschaft in ihr Gegenteil umschlagen. Sie stellt – was die Dimension der Zeit anlangt – enorme Geschwindigkeiten zu Verfügung,
die allerdings nicht selten in Verstopfung enden. Ferner bringt sie – in
der Dimension des Raumes – globale Verflechtung hervor, die andererseits auch zur Ausdünnung des Lokalen führt. Und schließlich produziert sie – in der Dimension der Menge – endlos viele Güterange-
bote, die auf der anderen Seite wiederum zur Verflachung der Genuss-
fähigkeit beitragen. Dass hoher Lebensstandard nicht unbedingt hohe
Lebensqualität bedeuten muss, ja, dass ein Übermaß an Lebensstandard die Lebensqualität vermindern kann, gehört zu den Lektionen,
die wohlhabende Gesellschaften mittlerweile lernen mussten. Vor diesem Hintergrund ist es das Ziel der Suffizienzperspektive, Übermaß
und Überdehnung zurückzunehmen, um abgedrängten Lebensqua-
litäten Geltung zu verschaffen. Damit eröffnet sich die Aussicht auf
eine doppelte Dividende[26]: Weniger Wirtschaftsleistung schont nicht
nur Ressourcen, sondern schafft Raum für ein besseres Leben.
So hat zum Beispiel der Geschwindigkeitswahn allenthalben die

Fahrradrevolution in Paris

Ungewohnte Dinge ereignen sich seit einigen Monaten in Paris. Wo sich sonst nur genervte Autofahrer in Blechlawinen durch das Verkehrschaos der Innenstadt quälen, schlängeln sich nun täglich Tausende Berufstätige und Touristen auf großen grauen Fahrrädern wendig an den sich langsam voranschiebenden Autos vorbei. Grund des veränderten Stadtbildes sind die Leihräder Vélib, die seit Juli 2007 Teil des öffentlichen Dienstleistungsangebots sind. Finanziert wird das Vélib durch eine Private-Public-Partnership: Die Werbefirma JCDecaux installierte und betreibt das System, wofür sie die nächsten zehn Jahre exklusiv die Pariser Plakatwände bestücken darf. Zwar ist die französische Hauptstadt bei weitem nicht die erste oder einzige Stadt mit einem funktionierenden Leihfahrradsystem, allerdings ist sie Schauplatz eines besonders unerwarteten und erstaunlichen Erfolgs. Ausgerechnet in der Stadt, in der Fahrradfahrer sonst eher als lebensmüde belächelt wurden, löste die Einführung des Vélib einen regelrechten Boom aus. Gleich in den ersten 24 Stunden wurden die Mieträder über 50 000-mal entliehen, und knapp ein halbes Jahr später überschritt diese Zahl schon die vierte Million. Mittlerweile gibt es in Paris über zwanzigtausend Leihräder an knapp 1500 Ausleihstationen. Damit ist Paris zur Welthauptstadt des Fahrradverleihs aufgestiegen. Die Mietfahrräder halfen mit, die Mobilitätsstruktur der Pariser grundlegend zu verändern.[27]

Doch weshalb trägt sich eine solche Fahrradrevolution ausgerechnet in Frankreich zu, das sonst, abgesehen vom Radsport, nicht gerade wegen seiner Liebe zum Fahrrad bekannt ist? Das Pariser Mietradsystem schließt die Lücke zwischen den Haltestellen des öffentlichen Nahverkehrs und dem Zielort. Das Erfolgsrezept hierfür sind flächendeckende Verfügbarkeit (man findet ungefähr alle 300 Meter eine Station), günstige Kurzzeit-Mietraten (die erste halbe Stunde ist umsonst, jede weitere halbe Stunde kostet einen Euro, zwei Euro und vier Euro) und ein einfacher und schneller Ausleihvorgang (mit einem Abonnement können die Räder in wenigen Sekunden mit Hilfe der persönlichen Karte an der Station entriegelt und an einer beliebigen Station zurückgestellt werden). Die Fahrräder ergänzen so auf den Kurzstrecken den öffentlichen Nahverkehr, dessen Attrak-

tivität durch die gewonnene Unabhängigkeit und Flexibilität noch gesteigert wird. Zweitens treffen die Mieträder den Nerv der Zeit: Sie sprechen
genau die städtischen Individualisten an, die durch die Diskussion um
die globale Erderwärmung ihr ökologisches Gewissen entdeckt haben. Die
Fahrräder verkörpern so das neu aufkommende Lebensgefühl der modernen, kosten- und umweltbewussten Städter.[28]

Dieser Erfolg motiviert zur Nachahmung; jetzt wollen nicht nur London,
Dublin und Genf nachziehen, sondern auch Chicago und Sydney sind
interessiert. Der Trend zum Mietfahrrad bedeutet für Mensch und Umwelt
nicht nur weniger Stau, Lärm und Abgase, sondern birgt auch erhebliche
CO_2-Einsparungspotenziale. Nach einer Schätzung der Stadtverwaltung
von Lyon vermeidet jedes Leihfahrrad ungefähr 500 Kilogramm CO_2 im
Jahr.

Räume für Langsamkeit und Muße verdrängt. Noch Napoleon kam
nicht viel schneller voran als Cäsar. Erst seit die Mobilisierung von
Kohle, Eisen und Öl es möglich machte, Eisenbahnen, Automobile,
Flugzeuge mitsamt den dazugehörigen Infrastrukturen an Bahnhöfen,
Autobahnen und Flughäfen aufzubieten, um den Widerstand der Zeit
und des Raumes zu brechen, gehört Geschwindigkeit, und zwar immer
steigende, zu den Leistungsangeboten des Wirtschaftssystems.

Doch zurückblickend kommt Unsicherheit auf, ob sich der Kampf
gegen die Fesseln von Raum und Zeit gelohnt hat. Gewiss, nichts ist
nervenzehrender, als in der Langsamspur zu warten, aber muss das
heißen, dass schneller immer auch besser ist? Natürlich gibt es auf
so eine Frage keine sauber geschnittene Antwort. Aber es gibt ja eine
Schattenseite der Beschleunigung: Je mehr man sich beeilt, desto
schwieriger wird es zu verweilen. Beschleunigung, gründlich genug
betrieben, zeigt nämlich die missliche Tendenz, sich selber aufzuheben:
Man kommt immer schneller dort an, wo man immer kürzer bleibt. Es
scheint, als ob die Aufmerksamkeit für den Aufenthalt von der Aufmerksamkeit für die Fortbewegung verschlungen wird. Damit aber
verfehlt die Beschleunigung ihren Zweck. Wer daher den Zweck, nämlich Aufenthalt und Begegnung, gegen seine Überwältigung durch die

Beschleunigungsmittel verteidigen will, der muss langsamer machen und Gelassenheit pflegen.

Überdies entfaltet Geschwindigkeit eine epidemische Wirkung. Sie setzt Tempoimpulse, die in die ganze Gesellschaft wirken. Kinder sollen schnell, schnell machen. Pausen während der Arbeit sind nicht gern gesehen. Krankheiten sollen sich nach Abgabeterminen richten. Und sogar manches Orchester steht unter der Erwartung, die Zeitdauer von Symphonien zu verdichten. Jene Eigenzeiten, die dem Studieren und Forschen, dem Pflegen und Helfen, dem Aufwachsen und Altwerden, der Freundschaft und dem künstlerischen Tun innewohnen, finden sich oft im Widerspruch zur Geschwindigkeit der Ökonomie. Beschleunigung tut deshalb immer beides: Sie fördert das gute Leben und unterminiert es zur selben Zeit.

Deshalb ist es zweifelhaft, ob eine Gesellschaft, die nicht von der Überholspur herunterkommt, im ökologischen oder im sozialen Sinne je zukunftsfähig werden kann. Nachdem für lange Zeit die Unterstellung regierte, dass schneller immer auch besser sei, schiebt sich jetzt die Einsicht nach vorn, dass Fortschritt auch darin liegen kann, dem Tempo Widerstand zu bieten und Zonen langsamer Zeitmaße zu verteidigen. Im Übrigen lässt eine wachsende Zahl von Bürgern erkennen, dass sie Zeit für Kinder, für Muße, für Vergnügungen, einen guten sozialen Zusammenhalt und Kontinuität in Gemeinschaftsbeziehungen für wichtiger hält als das Bruttosozialprodukt.[29] Es verbreitet sich die Suche nach Lebensformen, die besser die Balance halten können zwischen Geschwindigkeiten, die man selbst bestimmt, und Geschwindigkeiten, die einem von Systemen jenseits eigener Kontrolle aufgedrückt werden.

Stellt man obendrein in Rechnung, dass Hochgeschwindigkeiten überproportional Ressourcen kosten, liegt es nahe, Selbstbegrenzung als technisches Designprinzip einzuführen. So können Autos, Eisenbahnen und in anderer Weise auch Flugzeuge von ihren Konstruktionsprinzipien her für mittlere Geschwindigkeiten ausgelegt werden. Eine behutsam motorisierte Automobilflotte etwa, in der kein Auto schneller als 120 Stundenkilometer Höchstgeschwindigkeit fahren kann, kommt mit drastisch geringeren Treibstoffmengen aus und erlaubt außerdem andere Lösungen, was Materialien, Gewicht, Sicherheitsausstattung oder Formgestaltung anlangt – es handelt sich also um eine neue Generation von Automobiltechnik. In ähnlicher Weise lassen sich Züge von ihrem konstruktiven Design her auf etwa 200 Stundenkilometer beschränken, eine Schwelle, jenseits deren die energetischen Kosten überproportional zunehmen. Im Design behutsam motorisierter Fahrzeuge und Antriebsaggregate findet so die Utopie des 21. Jahrhunderts ihren technischen Ausdruck, mit Eleganz innerhalb natürlicher Grenzen zu leben. Im Zeppelin liegt eben mehr Zukunft als im Airbus A-380.

Zeitfenster 2022 Moderate Motorisierung

Umweltschonende Fahrzeuge haben einen bislang in Deutschland beispiellosen Erfolgskurs eingeschlagen. Was noch bis vor zehn Jahren unumkehrbarer Trend zu sein schien, hat sich heute in das Gegenteil gewandelt: Statt immer größerer Autos mit immer mehr PS und Energiebedarf bestimmen heute smarte Pkws mit weniger Masse, weniger Leistung und weniger Verbrauch das deutsche Straßenbild. Nahezu 70 Prozent aller Fahrzeuge in Deutschland stellen kleinere Typen mit durchschnittlich 30 PS und einem Verbrauch von drei Litern Diesel auf 100 Kilometer, weitere 20 Prozent sind mittlere Typen mit 40 PS und vier Litern Verbrauch und nur noch zehn Prozent größere mit 50 PS und fünf Litern.

Vorangegangen war diesem bemerkenswerten Fortschritt ein in der Geschichte bislang einmaliger Ansehensverlust der großen Autokonzerne bei Kunden wie Anlegern: Die Kunden hatten immer weniger daran geglaubt, dass die Autoindustrie die ökologische Innovationsträgerin ist, wie sie es jahrelang behauptet hatte; bei den Anlegern war die Reputation gesunken, weil immer deutlicher wurde, dass global agierende Unternehmen, die für den Weltmarkt keine verbrauchsarmen Pkws anbieten, auf Dauer keinen Erfolg haben. Vor diesem Hintergrund startete eine ausgeprägte Innovationsoffensive, die im Jahr 2015 ihren Höhepunkt erreichte. Mit der bereits bis dahin erreichten Technik im Fahrzeug- und Motorenbau und weiteren Verbesserungen konnte sukzessive die gesamte Autoflotte so umgerüstet werden, dass Energieverbrauch und Emissionen mit dem Jahr 2021 im Zehnjahresvergleich nahezu halbiert wurden. Die seit 2011 massiven staatlichen Maßnahmen wie die Einführung des Tempolimits und der CO_2-basierten Kfz-Steuer taten ein Übriges: Tempo 120 auf deutschen Autobahnen brachte vergangenes Jahr mehr als zwei Millionen Tonnen CO_2 weniger und lässt zudem 250 PS heute ziemlich unsinnig erscheinen. Insofern kommt der gestrige Kabinettsbeschluss kaum überraschend, wonach Pkws zukünftig baubedingt nicht schneller als 120 km/h fahren dürfen.

Auch die Werbung hat ihren Anteil am Durchbruch der umweltschonenden Autos: Setzten die Spots noch vor zehn Jahren auf Power und große Autos, so zelebrieren heute »Small is beautiful«-Kampagnen den cleveren Kleinwagen, der nur das an Energie verbraucht, was er wirklich benötigt. »Meine persönliche Mobilität sehe ich in keiner Weise eingeschränkt«, sagt Autofahrerin Clara S. (37), »im Gegenteil: ich konnte mir meinen o.5er BMW sogar einfacher leisten, fühlte mich beim Kauf gut und schaffe damit immer noch problemlos die Autobahnhöchstgeschwindigkeit. Am Ende brauche ich ihn auch immer weniger, weil inzwischen ja nahezu in allen Städten Deutschlands diese öffentlich verfügbaren MobiCars zur Verfügung stehen.«[30]

Regionalität

Geschwindigkeit wird zumeist in Entfernung umgesetzt. Deswegen haben sich mit der fossil getriebenen Beschleunigung weiträumige Verflechtungsnetze im nationalen, kontinentalen und globalen Raum aufgespannt. Zuerst die Eisenbahn und dann Lastwagen und Auto sowie schließlich das Flugzeug haben die lokalen Verknüpfungen des Wirtschaftens und Lebens aufgetrennt und mit überlokalen wie übernationalen Zentralen in meist weit entfernten Orten verbunden. Trauben kommen aus Brasilien, Computer aus Taiwan, und selbst das Biomüsli hat mit allen seinen Zutaten bereits Hunderte, wenn nicht gar Tausende von Kilometern hinter sich. Oder umgekehrt: In Baden-Württemberg oder Hamburg wird für den Weltmarkt produziert, Trockenrasierer für Südafrika oder Bauplanung für Abu Dhabi. Dabei werden die Regionen, weitgehend zu Plattformen, auf denen überlokale Absatz- und Produktionsstrategien abgewickelt werden.

Doch es mehren sich die Anzeichen, dass auch hier ein Gleichgewicht ins Kippen gekommen ist. Indem die Fernverflechtung anwächst und ihre Kosten stärker hervortreten, stellt sich eine neue Wertschätzung für die Nähe ein. Ökologischer Wohlstand wird auf eine neue Balance zwischen Ferne und Nähe angewiesen sein. Und das aus zwei Gründen: Einerseits bedeutet Fernverflechtung im Übermaß nichts anderes als Ressourcenverschwendung, andererseits ist mehr Nahverflechtung die Voraussetzung für eine naturverträgliche Wirtschaft. Es liegt auf der Hand, dass Versorgungssysteme mit geringerer Transportintensität unabweisbar werden, will man sich auf das Ende der Öl- und Energiebonanza vorbereiten. Lange Versorgungsketten werden der Vergangenheit angehören – ebenso wie die Vorstellung, Wohlstand hieße, an jedem Ort jederzeit alles von überallher verfügbar zu haben. Das hat sich in einer ressourcenknappen Welt überlebt. Andererseits erfordert ein Wirtschaften, das sich den Naturzyklen einfügt, aus den regionalen Ökosystemen Energierohstoffe, Baumaterialien, Textilstoffe, Nahrungsmittel zu gewinnen und zu verarbeiten. Damit wächst zu einem gewissen Grad wieder die stoffliche Basis für eine regional verdichtete Ökonomie heran (▸ Kapitel 14).

Auch macht sich im Meer des Immergleichen ein Interesse für regionale Identität bemerkbar, die Qualität von Erzeugnissen wird an ihrer geografischen Herkunft gemessen, und Regionalität wird zum Markenzeichen für Tourismus und Marketing. Nachdem die Regionen von Lebensräumen zu bloßen Standorten geworden waren, setzte eine Gegenbewegung ein, die den Standorten wieder Lebensräume abtrotzen möchte. Nahverflechtung, so stellt sich heraus, bietet zahlreiche Qualitäten für den Alltag, regionale Räume werden wieder geschätzt als Gewächshäuser für soziale und kulturelle Vielfalt, und ein Schuss Heimatbewusstsein bewährt sich als Gegenmittel gegen die Ortlosigkeit weltweiter Märkte. Es ist nach dem Triumph der Globalisierung mit einer Renaissance der Regionen zu rechnen.

Darüber hinaus beruht ein Wohlstand, der weniger auf individuell angehäuften Gütern basiert, weit mehr auf der Lebensqualität des Ortes, auf den sozialen und natürlichen Gemeingütern im lokalen Raum. Insbesondere ist es schwer, sich einen ökologischen Wohlstand ohne einen neuen sozialen Wohlstand vorzustellen. Flexible Nachbarschafts-

Regionale Agrarkultur in Hermannsdorf

Die Hermannsdorfer Landwerkstätten, seit 1986 bei Glonn in Oberbayern tätig, folgen der Idee, die Spezialisierung der industriellen Lebensmittelherstellung sowie deren zunehmende Abkopplung von der landwirtschaftlichen Basis durch eine regionale Kreislaufwirtschaft zu überwinden. Im Verbund mit Betrieben der Umgebung bieten sie eine neuartige Synthese von ökologischem Landbau (Ackerbau und Viehzucht), handwerklicher Verarbeitung von Lebensmitteln (Bäckerei, Käserei, Metzgerei, Brauerei) und direkter Vermarktung (eigene Gastronomie, Hofladen und Verkaufsfilialen in München).

Ferner sind Energieversorgung und Abfallentsorgung so aufgebaut, dass möglichst ressourcenschonend gearbeitet werden kann. Voraussetzung dafür ist die räumliche Nähe von Produktion und Verarbeitung. Dadurch entstehen Synergieeffekte, die in der arbeitsteiligen Industrie verlorengegangen sind. Die Abfälle des einen werden zum Rohstoff des anderen: Die Molke des Käsers und der Treber des Brauers dienen dem Bauern als Viehfutter – und das ohne Transportaufwand und weitere Kosten. Sämtliche organischen Abfälle aus den Verarbeitungsbetrieben oder der Gastronomie werden weiterverwertet – als Futter, Dünger oder Biogas. Auch das Abwasser wird in einer eigenen Klärteichanlage gereinigt und dann auf die Felder ausgebracht. Und in der Biogasanlage entsteht Methan, das über ein Blockheizkraftwerk wiederum in Strom und Wärme umgewandelt wird.

Die Landwerkstätten tun nicht nur etwas für die Gesundheit des Bodens, des Wassers, der Pflanzen und der Tiere. Sie stellen in naturgemäßer und gesundheitsförderlicher Weise Lebensmittel in hoher Qualität her. In der Bäckerei, Rohmilchkäserei, Brauerei und Metzgerei wird eine neue Verbindung angestrebt zwischen alten, zum Teil bereits vergessenen handwerklichen Fertigungsmethoden mit neuem Wissen auf der Höhe der Zeit sowie sinnvollem Einsatz moderner Technik. So soll die von gesunden Pflanzen und vitalen Tieren kommende ursprüngliche Lebendigkeit und Qualität möglichst unversehrt erhalten bleiben.[31]

beziehungen, Freiwilligennetze, Bürgerbüros, Gemeinschaftswerk-stätten, Tauschringe, Einkaufskooperativen und Mikrounternehmen aller Schattierungen sind Bauelemente neuer Sozialnetze. Gewählte Kontaktnetze ergänzen traditionelle Verwandtschaftsbindungen; anders lässt sich der Erosion lokaler Sozialgewebe und dem Trend zur Vereinzelung nicht begegnen. Letztendlich wird sich Wohlstand in einer dematerialisierten Wirtschaft weniger auf Dinge, sondern mehr auf Menschen gründen müssen. Im Übrigen ist nicht zu übersehen, dass schnurlose Kommunikationssysteme – wie Handys, mobiles Internet oder Minicomputer – in ganz neuer Weise Menschen, Kompetenzen und Geräte verbinden können: Sie sind Werkzeuge der Konnektivität, die nicht nur in die Ferne, sondern auch im Dschungel der Stadt Verknüpfungen herstellen können. Falls eines Tages dann noch die Gefährdung durch Elektrosmog verringert werden kann, eröffnen schnurlose Telefone vor Ort Chancen flexibler Vermittlung. Öffentliche Fahrräder und Autos kann man vielfach bereits über Mobiltelefon und Computervermittlung mieten, bald wird auch der Zugang zu Yogalehrern oder Rosenzüchtern, zu Tischtennisplatten oder Spezialfarben über eine ortsbezogene Internetsuche vor sich gehen.[32] So ist es gar nicht ausgeschlossen, dass am Ende die digitale Infrastruktur – ähnlich dem Gang vom nationalen zum lokalen Radio – nicht nur wie bislang dem Aufschwung der Ferne, sondern auch der Verdichtung in der Nähe zugutekommt.

Verdichtung ist überdies in einer ökologisch behutsamen Ökonomie noch in einem elementaren Sinn angesagt: Die gebaute Welt muss sich verdichten, um nichtmenschlichen Lebewesen wie Boden, Pflanzen und Tieren einen angemessenen Raum zur gedeihlichen Entwicklung zu überlassen. Selbstbegrenzung im Raum heißt zuallererst, dem galoppierenden Flächenverbrauch Einhalt gebieten. Aber auch in diesem Fall erweist sich die Grenze nicht nur als Beschränkung, sondern als Ressource. Denn eine Absage an weitere Wohnsiedlungen, Einkaufszentren und Bürokomplexe ist die Voraussetzung, damit zukünftige Generationen noch auf die Präsenz von unversehrter Landschaft und wilder Natur zählen können. Außerdem rächt es sich, wenn die fundamentalste aller Unterscheidungen eingeebnet wird, nämlich jene zwischen menschenbebautem und naturbelassenem Land – denn letztendlich ist auch die Stadt auf die lebensdienlichen Leistungen angewiesen, welche die freie Natur durch Wasserbereitstellung, Luftreinigung, Bestäubung oder Artenreichtum bietet. Schließlich ist nicht zu verkennen, dass eine begrenzte Fläche oftmals die Voraussetzung dafür ist, dass städtische Dichte und Lebendigkeit entstehen können. Es ist kein Zufall, dass jene Städte, die wegen ihrer Schönheit gepriesen werden, oft innerhalb von Stadtmauern gewachsen sind.

Lebenskunst

Warum sollten – so fragte einmal Paul Hawken – die Grenzen der Natur, innerhalb deren die Wirtschaft zu operieren lernen muss, einschränkender sein als eine weiße Leinwand für Paul Cézanne oder eine Flöte für Jean-Pierre Rampal? Keine Frage, Leinwand oder Flöte sind in ihrer Größe begrenzt, aber diese Grenzen hinderten keinen der beiden Künstler daran, ein unvergleichliches Werk zu schaffen. Im Gegenteil, sie treiben es, Prägnanz erzwingend, erst hervor. Denn Grenzen sind doppelgesichtig; sie beschränken und ermöglichen zugleich.

Das ist eine gute Nachricht für eine Gesellschaft, die sich besser darauf vorbereitet, die Gesamtmenge des Umschlags an Gütern in unschädliche Bahnen zurückzuführen. Denn es ist durchaus die Frage, ob eine Wirtschaftsweise vernünftig ist, die in Zeiten umfassender Naturknappheit wertvolle Ressourcen dafür einsetzt, fortschreitend mehr Bedürfnisse über Marktprodukte zu befriedigen, von jedem Marktprodukt hundert Varianten anzubieten sowie alle hundert Varianten in eher kurzen Zeitzyklen veralten zu lassen, um sie wieder durch brandneue Produkte zu ersetzen. Mit anderen Worten will man die schiere Quantität des Güterumsatzes redimensionieren, ist die Tiefe der Kommerzialisierung, die Breite des Angebots sowie die Rate der Erneuerung auf den Prüfstand zu stellen. Jedenfalls ist es an der Zeit, dass Kaufhäuser in Mode kommen, die eine Auswahl statt Masse, Qualität statt Billigstücke, dauerhafte Güter statt Wegwerfware und statt Neueinkauf einen Reparaturservice anbieten. Allerdings – muss das besonders betont werden? – liegt eine Strategie der quantitativen Suffizienz quer zu den Antrieben eines auf Ausscheidungskonkurrenz programmierten Kapitalismus. Daher wird dieses Jahrhundert für den

Kapitalismus einen Prüfstein besonderer Art bereithalten: Nur wenn er es schafft, Wertschöpfung bei sinkenden Güterquantitäten zu betreiben, kann er sich eine Chance auf Zukunftsfähigkeit ausrechnen.

Leichter gestalten sich die Dinge für die Bürgerinnen und Bürger, wenn sie als Konsumenten auftreten (▶ Kapitel 20). Sie sind in der Lage, mit kleiner Münze zur Entschärfung der Weltverhältnisse beizutragen, indem sie vergeudungsintensive Produkte durch Missachtung bestrafen. Es versteht sich von selbst, dass Erdbeeren im Winter ebenso anrüchig sind wie Wochenendtrips im Flugzeug und das T-Bone Steak ebenso wie die Villa im Grünen. Im Transport liegt es nahe, den Rückzug aus dem Auto einzuüben. Was den Bereich des Wohnens anlangt, ist nichts ressourcenschonender, als von üppiger Wohnfläche Abstand zu nehmen. Und bei der Ernährung entspannt sich der Energie- und Nahrungsmittelengpass, wenn Fleisch und Fisch wieder eine Sonderstellung im Wochenmenü bekommen. Im Übrigen ist die Devise der Selbstbegrenzung auch für institutionelle Konsumenten von großem Belang, also für Großverbraucher wie Kirchen, Verwaltungen oder Hotelketten. Eine gewisse Zurückhaltung im Gerätepark, in der Fahrzeugflotte, in der Büroausstattung, in der Gastronomie, womöglich gepaart mit frischer Aufmerksamkeit für Anmut und Qualität, kann einen Stil der Einfachheit für Institutionen etablieren.

Ferner gibt es hedonistische Gründe, sich in der Konsumgesellschaft der Unzahl der Dinge zu entziehen. Dass Güter Zufriedenheit schaffen, konnte so lange gelten, wie sie einem Mangel an Wärme, Komfort, Mobilität und Unterhaltung abhelfen mussten. Man denke an die Ölheizung, die erste Waschmaschine, den Volkswagen, den ersten Fernseher. Heute dagegen zielen viele Produkte darauf ab, Gefühle zu vermitteln, sei es Abenteuer, Zugehörigkeit oder Stolz. Damit hat sich eine Schleuse geöffnet: Sättigungsgrenzen werden hinfällig, und das Universum der Waren kann unendlich aufgefächert und fortwährend aufs Neue umgeschlagen werden. Weil Gefühl und Imagination der Menschen unendlich formbar sind, dreht sich das Rad des Konsums ungebremst weiter. Doch es zeigt sich: Mit ihrer Endlosfabrikation von Wünschen verlässt die Konsumgesellschaft ihren eigentlichen Zweck, das Leben der Menschen gelungener zu machen. Denn Überfülle und Verschleißzyklen neigen dazu, Orientierungsfähigkeit und Entschei-

Von der Sonntagspredigt zum Alltagshandeln

Kirche(n) könnten in vielen Bereichen ökofairer Beschaffung – dem »green procurement« – ein wichtiger Akteur für eine ressourcenleichte Produktion werden. Angesichts von fast einer Million Plätzen in Tages- wie stationären Einrichtungen in der Diakonie sowie kirchlicher Schulen und Bildungsstätten liegt das jährliche Lebensmittel-Einkaufsvolumen für den Bereich kirchlicher (Groß-)Küchen bei weit über einer halben Milliarde Euro. Damit ließe sich ein gewaltiger Schub für den ökologischen Anbau und den fairen Handel auslösen.

Wie sich Marktmacht nutzen lässt, hat ein größerer diakonischer Träger im Rahmen seines Nachhaltigkeitsmanagements bewiesen. Vor dem Hintergrund einer jährlichen Nachfrage von 7,5 Tonnen Kaffee konfrontierte er seinen bisherigen Lieferanten mit dem Wunsch, diesen in Zukunft aus fairem Handel zu beziehen. Der Kaffeeröster beugte sich dem Druck, zweigte erstmals und extra vom englischen Markt fairen Kaffee für Deutschland ab.[33]

Gelungene Beispiele und Bemühungen einer nachhaltigen Wirtschaftsweise gibt es einige. So führten einzelne Akademien, Bildungshäuser und kirchliche Verwaltungsorganisationen ein Umweltmanagementsystem (EMAS II) ein, und der Deutsche Evangelische Kirchentag etablierte ein permanentes Umwelt-Controlling. Auch eigene Lieferanten sollen für eine öko-soziale Erneuerung gewonnen werden.[34]

Trotzdem fehlt es in der Breite an der Wahrnehmung der aktiven Akteursrolle der Kirchen im Bereich umwelt- und sozialverträglicher Beschaffung. Eine der Ursachen für die Kluft zwischen Anspruch und Wirklichkeit ist die unausgesprochene »Arbeitsteilung« zwischen kirchlichem Wirtschaften und inhaltlicher Arbeit. Es existieren gleichsam »Parallelwelten«: Für die einen ist ökologisches Wirtschaften ein selbstverständliches Bemühen, was andere als lästige und oft überflüssige Zusatzaufgabe ansehen. Ansprüche sind genügend gesetzt, es fehlen die Schritte weg von »folgenarmer Betroffenheit« hin zum aktiven Tun. Ansätze für eine nachhaltig handelnde Kirche sind zahlreich vorhanden.[35]

dungskraft zu überfordern. Kaum einer fühlt sich mehr durch die Explosion der Möglichkeiten befreit, vielmehr walten Verunsicherung und Verwirrung. Wer unter solchen Umständen Herr seiner Wünsche bleiben will, wird gut daran tun, eine ganz neue Fähigkeit zu lernen: Dinge abzuwählen, sie auszuwählen, und nein zu sagen. »Von nichts zu viel« – selten hat wohl in den vergangenen zweieinhalbtausend Jahren der antike Leitspruch aus Delphi so ins Schwarze getroffen wie in der Hyperkonsumgesellschaft. Seine Botschaft läuft darauf hinaus, dass durch Übermaß in einer Sache Potenziale in einer anderen Sache verlorengehen. Einfach an Mitteln, aber reich an Zielen, so könnte die Losung für die Entdeckung immateriellen Wohlstands lauten. Einfachheit und Schönheit gehen dabei nicht selten zusammen, denn – wie der indische Philosoph Anand Coomaraswamy vor gut 80 Jahren sagte – »alle Besitztümer, die nicht zugleich schön und nützlich sind, stellen eine Kränkung der menschlichen Würde dar. Unsere Gesellschaft ist vielleicht die erste, die es ganz selbstverständlich findet, dass eine Klasse von Dingen nützlich und eine andere schön sein soll. In Einfachheit zu leben heißt hingegen, die Dinge zurückzuweisen, die nicht zugleich benutzt und bewundert werden können; nach dieser Definition kann sich sowohl ein Millionär wie ein Mönch richten.«

Anmerkungen

1 Meyer-Abich (1997), S. 251
2 Stahel (2006), S. 29. Angabe gemessen am Verhältnis zwischen Informationsverarbeitungskapazität und Gewicht
3 Schallaböck et al. (2006), S. 64
4 Birkeland (2002)
5 Jochem (2004)
6 Graedel (2002)
7 Pauli (1998)
8 Vgl. BMU (2008): Entwurf des Erneuerbare-Energien-Wärmegesetzes. Pressemitteilung Nr. 039/08 (5. März 2008). Berlin
9 Umweltbundesamt (2006)
10 Stahel (2006)
11 Pauli (1998)
12 Vgl. Wilke (2002)
13 Monheim, Heiner (2006); www.carsharing.de (14. März 2008)
14 Huber (1995)
15 Sieferle et al. (2006), S. 333
16 Vgl. Gleich (2001)
17 Braungart (2007)
18 Scheer (2005)
19 Scherhorn (2008)
20 Frey/Stutzer (2002), Layard (2005), Becchetti (2007)
21 Argyle (1998)
22 Frey/Stutzer (2002), S. 174
23 Becchetti (2007), S. 47
24 Becchetti (2007), S. 29–31
25 Frey/Stutzer (2002), S. 136–138
26 Jackson (2005)
27 Wanzeck (2007); www.velib.paris.fr (10. Februar 2008)

28 Gutteck (2007)
29 Bunting (2004)
30 Schallaböck et al., 2006
31 Schweisfurth (2006)
32 Thackera (2005), S. 84–86
33 Siehe auch die Aktion
»Fairer Kaffee in die Kirchen«:
www.kirchen-trinken-fair.de

34 Siehe www.kirchentag.net
35 Jobst Kraus, Mit Marktmacht Anschub
für sparsame Fahrzeuge, unveröffentlichtes Manuskript. Bad Boll. Februar
2008

9 Gesellschaft der Teilhabe

Seit einigen Jahren reißt in Deutschland der soziale Zusammenhalt auf. Es öffnet sich die Einkommensschere, es wachsen die Armutsrisiken, und die Gesellschaft wird insgesamt als unsolidarischer wahrgenommen. Das sind schlechte Voraussetzungen für eine Wende zu mehr Ökologie und internationaler Fairness. Denn das Projekt der Zukunftsfähigkeit verlangt Veränderungsbereitschaft. Sie wird verweigert, wenn die Bürgerinnen und Bürger sich nicht gerecht behandelt fühlen. Gute Beziehungen zur Natur sowie zu anderen Völkern setzen gute Beziehungen innerhalb der eigenen Gesellschaft voraus. Deshalb kommt eine Politik der Zukunftsfähigkeit nicht ohne eine Politik der sozialen Teilhabe aus.

D eutschland ist insgesamt auf einem guten Weg in Richtung einer nachhaltigen Entwicklung.« Mit dieser These hat im Jahr 2004 der Nachhaltigkeitsrat 178 Experten konfrontiert. Das Ergebnis: Zwei Drittel der Befragten sehen Deutschland nicht auf einem guten Weg.[1] Es hapere vor allem dann, wenn sehr allgemein formulierte Ziele konkret umgesetzt werden sollen. Sollen sich die Bürger mit der Aufgabe der Nachhaltigkeit identifizieren und sie nicht als das Projekt einer abgehobenen Führungsschicht werten, führt kein Weg an einer breiten gesellschaftlichen Teilhabe vorbei – und es muss bei allen notwendigen und gravierenden Veränderungen gerecht zugehen. Gerechtigkeit wird von den meisten als ein hohes Gut angesehen, doch weniger als 20 Prozent der Deutschen empfinden, dass es in ihrem Land (noch) gerecht zugeht. Weniger als 18 Prozent glauben, dass Einkommen und Vermögen gerecht verteilt sind, jede fünfte Frau fühlt sich wegen ihres Geschlechts benachteiligt und jeder vierte Ostdeutsche wegen seiner Herkunft.[2] Gerechtigkeit hat viele Bedeutungen, sie umfasst neben den Aspekten Verteilung und Anerkennung auch die Beteiligungs-gerechtigkeit. Wie kann es passieren, dass vorhandene Fähigkeiten zu gerechter Teilhabe blockiert werden? Und wie könnten Politiken für eine Gesellschaft der gerechten Teilhabe aussehen?

9.1 Teilhabe als Menschenrecht

Teilzuhaben am Leben der Gesellschaft ist ein menschliches Grund-bedürfnis, ein Grundrecht und ein Erfordernis der Solidarität. In wel-cher Weise im Gemeinwesen die Würde des Menschen gewahrt, die Menschenrechte geachtet und die Politik am Gemeinwohl orientiert wird, das regelt in Deutschland das Grundgesetz. Der zweite Absatz des ersten Artikels – »Das Deutsche Volk bekennt sich darum zu un-verletzlichen und unveräußerlichen Menschenrechten als Grundlage jeder menschlichen Gemeinschaft, des Friedens und der Gerechtig-keit in der Welt« – bezieht sich auf einen Werterahmen von univer-seller Gültigkeit. Er wurde in der 1948 von der Generalversammlung der Vereinten Nationen verabschiedeten Allgemeinen Erklärung der Menschenrechte und in den späteren Menschenrechtskonventionen formuliert (▸ Kapitel 7). Wie dieser Rahmen konkret auszugestalten und zu leben ist, wird in den einzelnen Gemeinwesen beraten und ent-schieden. Immer aber gilt: Wie der Mensch zum Menschen zu werden vermag, das ergibt sich nicht vorrangig aus seinen angeborenen Eigen-schaften; entscheidend ist vielmehr, wie eine Gesellschaft organisiert ist, wie sie ihre Güter herstellt und verteilt, wie Bürger, Generationen, Geschlechter, Vertraute und Fremde zueinander stehen.

Gesellschaftliche Teilhabe ist nicht bloß gefühlte Teilhabe. Men-schen brauchen Chancen zu eigenverantwortlichem Handeln ebenso wie die Gewissheit, in Zeiten von über ihre Kräfte hinausgehenden Be-darfslagen auf gesellschaftliche Solidarität vertrauen zu dürfen. Eine Gesellschaft der Teilhabe »investiert folglich, wo immer es geht, in die Entwicklung der Fähigkeiten der Menschen zur Gestaltung ihres ei-genen Lebens sowie der gesamten Gesellschaft in ihren sozialen und wirtschaftlichen Dimensionen«[3]. Sie ermöglicht den Menschen, fähig zu sein, ein lebenswertes Leben in guter Gesundheit und körperlicher Unversehrtheit und mit Rücksicht auf die Natur zu führen und die Sinne und die Phantasie zu gebrauchen; fähig zu sein, Beziehungen zu anderen einzugehen und im sozialen Zusammenhang zu leben, zu lachen und zu spielen; fähig zu sein, eine eigene Vorstellung vom Guten zu entwickeln und kritisch über die eigene Lebensplanung nachzudenken; und fähig zu sein, das eigene Umfeld durch politische Partizipation mitzugestalten sowie über Eigentum zu verfügen und das Recht auf einen menschenwürdigen Arbeitsplatz zu haben.[4]

Mit der Betonung der zentralen Rolle der menschlichen Fähigkeiten unterscheidet sich dieses Konzept einer Gesellschaft der gerechten Teilhabe von anderen, die die Verfügung über Ressourcen in den Mittelpunkt stellen.[5] Die hier entworfene Grundidee dagegen lautet: Menschen sind in ihren Grundbefähigungen unterschiedlich – und alle diese unterschiedlichen Fähigkeiten haben einen »moralischen Anspruch«[6] auf Entfaltung. Daraus folgt als sozialpolitische Leitlinie: Gib den Menschen gute, sie in der Entwicklung ihrer Fähigkeiten unterstützende Strukturen, zum Beispiel gute Ausbildungsmöglichkeiten, Zugang zu befriedigender Arbeit und ausreichende materielle Ressourcen, bette sie ein in ein gesichertes System öffentlicher Daseinsvorsorge – und sie werden ihr eigenes Leben im gesellschaftlichen Zusammenhang gestalten und leben. Fähigkeiten, so verstanden, sind »Ansprüche der Menschen auf Möglichkeiten zum Tätigsein, Ansprüche, aus denen sich entsprechende soziale und politische Pflichten ergeben«.[7] Erst auf der Grundlage entwickelter Fähigkeiten sind Menschen in der Lage, Verantwortung für sich selbst, für andere und die Gesellschaft zu übernehmen. Eine Gesellschaft der gerechten Teilhabe schafft für alle ihre Mitglieder Verwirklichungschancen. Dabei gilt als Grundprinzip, was die Kirchen in ihrem Sozialwort von 1997 einfordern: »Nur was die Lage der Schwächeren bessert, hat Bestand. Bei allen grundlegenden Entscheidungen müssen die Folgen für die Lebenssituation der Armen, Schwachen und Benachteiligten bedacht werden. Diese haben ein Anrecht auf ein selbstbestimmtes Leben, auf Teilhabe am gesellschaftlichen Leben und an den gesellschaftlichen Chancen sowie auf Lebensbedingungen, die ihre Würde achten und schützen.«[8]

9.2 Blockaden

Gegenwärtig zeigen sich in Deutschland jedoch beunruhigende Trends anhaltender und fortwirkender sozialer Polarisierung: Bei sinkender Lohn- und steigender Armutsquote liegt der Anstieg des Haushaltseinkommens in den vergangenen 20 Jahren für die unteren 20 Prozent bei 11,1 Prozent, für die oberen 20 Prozent bei 23,5 Prozent. Am unteren Ende wächst die Verschuldung, am oberen Ende das Ersparte und in Aktien Investierte. Zugleich haben sich die Wohlhabenden mit politischer Unterstützung mehr und mehr vom Fiskus und damit von ihrer Verantwortung für die Mitfinanzierung des Staatswesens verabschieden können. Zu Beginn der 1980er Jahre hatten Körperschaft- und veranlagte Einkommensteuer zusammen noch einen Anteil von 14,3 Prozent am Gesamtsteueraufkommen, 2001, das heißt noch vor der weiteren Reduzierung 2007, waren es noch 1,8 Prozent.[9] Für viele steigt das Armutsrisiko, wie Tabelle 9.1 verdeutlicht (▶ Kapitel 6).

Soziale Polarisierungen bedeuten unterschiedliche Möglichkeiten zur Entwicklung der zentralen Fähigkeiten und damit zur Teilhabe – den einen steht alles offen, die anderen sind von vielem ausgeschlossen. Diese Einschränkungen, diese Blockaden von Teilhabe gilt es, im Gestaltungsprozess einer Gesellschaft der gerechten Teilhabe zu überwinden.

Arbeit

Fähigkeiten ermöglichen Tätigsein. Eine besondere Art dieses Tätigseins ist das Arbeiten. Dieses ist seit seiner Entstehung doppelt prägend für unsere moderne Industriegesellschaft: als bezahlte Erwerbsarbeit und als unbezahlte private Sorgearbeit. Die erste steht im Mittelpunkt, wenn über Arbeit gesprochen wird. Die zweite dagegen, die sich in sorgenden Tätigkeiten in Haushalt, Familie und Nachbarschaft oder im Zusammenhang mit dem Erhalt und der Pflege der Natur ausdrückt, verschwindet dahinter. Sie ist sozial vor allem Frauen zugeordnet, auch heute noch, obwohl es inzwischen für viele junge Frauen selbstverständlich ist, eine Ausbildung zu machen und berufstätig zu sein. Die aktuelle Zeitbudgetstudie zeigt für 2001/02, dass Frauen

Tab. 9.1 **Gruppenspezifische Armutsrisikoquoten in Deutschland, in %** [10]

Bevölkerungsgruppe	1998	2003
nach Geschlecht		
Männer	10,7	12,6
Frauen	13,3	14,4
nach Alter		
bis 15 Jahre	13,8	15,0
16–24 Jahre	14,9	19,1
25–49 Jahre	11,5	13,5
50–64 Jahre	9,7	11,5
65 und mehr Jahre	13,3	11,4
nach Erwerbsstatus[a]		
Selbständige	11,2	9,3
Arbeitnehmer	5,7	7,1
Arbeitslose	33,1	40,9
Rentner/Pensionäre	12,2	11,8
Personen in Einpersonenhaushalten		
Insgesamt	22,4	22,8
Männer	20,3	22,5
Frauen	23,5	23,0
Personen in Haushalten mit Kindern[b]		
Alleinerziehende	35,4	35,4
2 Erwachsene mit Kind(ern)	10,8	11,6
Armutsrisikoquote insgesamt	12,1	13,5

[a] ab 16 Jahre
[b] unter 16 Jahren sowie 16–24 Jahren, sofern sie nicht erwerbstätig sind
und mindestens ein Elternteil im Haushalt lebt

im Durchschnitt 31 Stunden unbezahlte Arbeit in der Woche leisten, Männer dagegen nur 19,5 Stunden. Und wenn Kinder hinzukommen, gibt meist die Frau die Erwerbsarbeit auf.[11] Das macht ein dringendes Problem deutlich – das Problem der Vereinbarkeit von Familie und Beruf. Zwar gibt es heute schon viele »neue Väter«, die dieses Problem gemeinsam mit ihrern Partnerinnen versuchen zu bewältigen. Aber herkömmliche Karrieremodelle, »Anwesenheitskultur« und »Vollzeitmentalität« stehen dem als Hindernisse entgegen.[12] Zwar gibt es auch marktvermittelte Leistungen wie Haushaltshilfen und Tagesmütter oder infrastrukturelle Unterstützungssysteme wie Kinderkrippen oder Kindergärten – aber sie reichen bei weitem nicht aus und sind gerade für die ärmeren Familien häufig nicht bezahlbar. Hinzu kommt: Die Verwandlung von ehemals unbezahlter Sorgetätigkeit in marktförmige Erwerbsarbeit in Form von personenbezogenen oder haushaltsnahen Dienstleistungen erfolgt unter Beibehaltung des »alten Makels«, der geringeren Wertschätzung der Sorgearbeit. So entsteht ein neuer Bereich schlecht bezahlter Frauenarbeit. Eva Senghaas-Knobloch[13] spricht von »Merkantilisierung von Frauenarbeit«, Christa Wichterich[14] in globaler Perspektive davon, dass Sorgearbeit zum – billigen – Exportgut auf dem Weltmarkt wird; denn oft übernehmen Migrantinnen diese Tätigkeiten. Sorge soll sein, ja – aber möglichst billig! Das zeigt: Es gibt zwar Ansätze zur Veränderung, aber die Integration der Sorgearbeit in die Gesellschaft ist bislang nicht wertschätzend und ihrer Bedeutung angemessen gelungen.

Gesellschaftlich gesehen stellt Erwerbsarbeit immer noch den zentralen Integrationsfaktor dar. Als deren beste Organisationsform galt lange Zeit ein unbefristetes Vollzeit-Ganztags-Arbeitsverhältnis. Obwohl dem heute nur noch etwa zwei Drittel aller Arbeitsverhältnisse entsprechen und dieser Anteil stetig sinkt, gibt es weiterhin das Leitbild für die überwiegende Mehrzahl der Menschen ab.[15] In der Realität finden sich dagegen auch viele andere Erwerbsformen wie die Alleinselbständigkeit/Existenzgründung, die Teilzeitbeschäftigung, die Zeitarbeit, befristete Arbeitsverhältnisse und die verschiedenen, über die Arbeitsmarktpolitik der vergangenen Jahre geförderten Beschäftigungsverhältnisse wie Ein-Euro-Job, 400-Euro-Job oder Ich-AG (▸ Kapitel 15). Diese Pluralisierung ist verbunden mit einer umfassenden Entstandardisierung – erreichte Schutz- und Qualitätsstandards werden beseitigt, das Lohnniveau wird abgesenkt. Eine Folge davon ist, dass für viele Menschen trotz Vollzeitbeschäftigung der Lohn nicht für das eigene Leben reicht.

Im Übrigen beschränkt sich Arbeitspolitik weitgehend auf Arbeitsmarktpolitik: »Wir haben die Arbeitsmärkte ... für neue Formen der Beschäftigung und der Selbständigkeit geöffnet«, heißt es in der Regierungserklärung des Bundeskanzlers Gerhard Schröder am 14. März 2003 zur Agenda 2010. An Märkten herrscht das Gewinnprinzip, Gewinn wird gefördert durch Kostensenkung, Lohn gilt als zentraler Kostenfaktor. Die Arbeitenden werden entsprechend behandelt – sie werden eingestellt oder entlassen, je nach Gewinnsituation. Dabei hat sich die Auswirkung dieser Profitlogik in den vergangenen Jahren umgekehrt: Wurden die Menschen früher entlassen, weil es keinen Gewinn gab, werden sie heute vor die Werkstore gesetzt, weil es hohe Gewinne gibt, die noch gesteigert werden sollen. Die eigentliche Bestimmung des Lohnes, Mittel für das Leben der arbeitenden Menschen zu sein, spielt dabei keine ausschlaggebende Rolle und muss immer wieder in harten Auseinandersetzungen von Betriebsräten und Gewerkschaften deutlich gemacht werden.

Soziale Sicherung

Erwerbsarbeit allein ist kein Garant für Teilhabe. Sie ist auch kein Garant für Existenzsicherung. Teilhabe und Existenzsicherung fallen daher in den politischen Aufgabenbereich des Sozialstaates. Das Sozialstaatsgebot wird jedoch im Grundgesetz nur an wenigen Stellen konkretisiert. So wird in Artikel 20, Absatz 1 der soziale Bundesstaat gefordert, und in Artikel 28 wird die Bundesrepublik Deutschland als »sozialer Rechtsstaat« bezeichnet. Offen bleibt, was soziale Gerechtigkeit als Zielsetzung im Kontext des Sozialstaates ist. Hier hat der Gesetzgeber den Auftrag, das Sozialstaatsgebot immer wieder neu den gesellschaftlichen Verhältnissen anzupassen. Soziale Gerechtigkeit ist somit Gegenstand gesellschaftlicher Aushandlung und Auseinandersetzung.

Das geltende, aber seit einigen Jahren heftig umstrittene System der sozialen Sicherung stellt ein sozialpartnerschaftliches Bündnis dar. Es geht auf einen industriegesellschaftlichen Regelungsbedarf zwischen Arbeit und Kapital zurück und begann mit der Bismarck'schen Sozialgesetzgebung. Als erste Säule dieser Sicherung wurde 1883 die Krankenversicherung eingeführt, gefolgt von der Unfallversicherung (1884), der Invaliden- beziehungsweise Alterssicherung (1889) und der Arbeitslosenversicherung (1927). Die Sozialgesetze dienten der Absicherung von Risiken für Arbeitnehmer und Arbeitgeber, aber auch der Verhinderung »gemeingefährlicher Bestrebungen« wie etwa der von den Arbeitern selbst verwalteten Hilfskassen. Eine spezifisch deutsche Ausprägung sozialer Sicherung liegt in der paritätischen Beitragsfinanzierung von Arbeitgebern und Arbeitnehmern. Das System ist um die Erwerbsarbeit herumgebaut und hängt damit von dieser ab. Erst dort, wo die Erwerbsarbeit Lebensrisiken nicht oder nicht zureichend abzusichern vermag, greift eine steuerfinanzierte Grundsicherung (Arbeitslosengeld II beziehungsweise Sozialhilfe). Die neoliberalen Einschnitte in dieses System auf der Beitragsseite stellen einen Rückzug der Arbeitgeberseite aus der Sozialpartnerschaft dar. Ein Beispiel dafür ist die Pflegeversicherung, die 1995 als fünfte Säule des Versicherungssystems eingeführt wurde. Als gesellschaftliche Reaktion auf das Älterwerden der Menschen und die steigende Pflegebedürftigkeit weithin begrüßt, trägt sie doch von vornherein den Makel der nicht mehr paritätischen Finanzierung. Zwar zahlen formal Arbeitgeber und Arbeitnehmer je 0,85 Prozent, aber zum Ausgleich für die Arbeitgeberbeiträge wurde der Buß- und Bettag als Feiertag gestrichen (nur in Sachsen blieb er erhalten – dort zahlen die Arbeitnehmer 1,35 Prozent, die Arbeitgeber 0,35 Prozent). Experten sprechen daher von einem Wendepunkt, vom Abschied von der gesamtgesellschaftlichen Verantwortung für die Lebensrisiken der Arbeitenden.[16] Auch auf der Leistungsseite sind in den vergangenen Jahren die sozialen Sicherungssysteme umgestaltet worden. Hierzu gab es ebenfalls heftige Kritik – mit Hartz IV sei das Sozialstaatsgebot und damit auch das soziokulturelle Teilhabeprinzip verabschiedet worden.

Soziale Gerechtigkeit hat es in neoliberal dominierten Zeiten schwer. Die Sozialstaatsreformen waren in jüngerer Zeit von der Annahme gestützt, der Sozialstaat beeinträchtige die wirtschaftliche Konkurrenzfähigkeit und sei überdies nicht finanzierbar. Das Argument der Finanzierbarkeit erscheint allerdings in einem höchst seltsamen Licht, wenn etwa im Zuge der deutsch-deutschen Vereinigung einerseits vom »erschöpften Sozialstaat«[17] geschrieben wird und andererseits die liberal-konservative Bundestagsmehrheit den Sozialkassen versicherungsfremde Leistungen in dreistelliger Milliardenhöhe aufbürdet. Als Folge der Reformen kann man eine weitgehende (Re-)Privatisierung sozialer Risiken beobachten. Prekäre Beschäftigungsverhältnisse nehmen zu, und durch Kürzungen der Sozialleistungen müssen elementare Risiken selber getragen werden.

Öffentliche Daseinsvorsorge

Im Laufe der europäischen Geschichte hat sich unter vielfältigen sozialen Auseinandersetzungen unser heutiges Staatsverständnis herausgebildet. Die Grundanliegen der Daseinsvorsorge wie Gesundheit, allgemeine Bildung, öffentlicher Verkehr und so weiter sind unverzichtbar für Bürgerschaft und Privatwirtschaft. Sie sind daher zu öffentlichen Aufgaben in staatlicher Verantwortung erklärt worden. Lange Zeit war der Zugang zu diesen Diensten – etwa Wasser, Strom, Gas – durch Gebühren oder kostendeckende Preise geregelt. Gewinnerwartungen durften keine Rolle spielen.

Daran nimmt neoliberales Denken Anstoß. Es geht davon aus, dass allein der Markt in der Lage sei, Ressourcen effizient zu verteilen. Der Staat solle sich auf seine Kernfunktionen, also die Aufrechterhaltung der öffentlichen Ordnung, die Sicherung der Eigentumsstrukturen und die Regelung der Märkte, beschränken. Leistungserbringung gehöre nicht in staatliche Hand, sondern sei zu privatisieren, das heißt dem Bereich der Gewinnerwirtschaftung zu überantworten.

Privatisierung bedeutet: Der Staatsapparat verschlankt sich, indem er erhebliche Anteile der Infrastruktur – einschließlich der wohlfahrtsstaatlichen Bereiche von Fürsorge und sozialer Sicherheit – selbst nicht mehr hinreichend erbringt. Vielmehr übergibt er sie im Zuge einer doppelten Privatisierung zum einen an privatwirtschaftliche Unternehmen und bürdet sie zum anderen privaten Haushalten auf. (Zum Beispiel durch den Mangel an differenzierten Kinderbetreuungsangeboten oder die insbesondere in den neuen Ländern erfolgte Streichung von Jugendfreizeiteinrichtungen.) Dadurch verwandeln sich staatsbürgerliche Ansprüche an den Staat in private, auf Zahlungsfähigkeit angewiesene Nachfrage. Aus Bürgern werden Kunden. Zugleich werden im Namen von Standortwettbewerb die Körperschaftssteuern gesenkt und damit die Unternehmen von der Finanzierung dessen befreit, was staatliche Instanzen aus dem Steueraufkommen überhaupt noch leisten. Mit der Entlastung von öffentlichen Haushalten und Unternehmen zu Lasten privater Haushalte sind höchst ungleiche gesellschaftliche Tätigkeitszuweisungen an Frauen und Männer verbunden. In aller Welt sind es Frauen, die durch Mehrarbeit und durch Zeit- wie Konsumverzicht zur Entlastung des Staatshaushalts beitragen.

Der Rückzug des Staates aus dem Erwartungshorizont der Bürger versteckt sich gern hinter dem Wort Eigenverantwortung. Die mündigen und selbstverantwortlichen Bürger sollen keine sozialen Rechte mehr vom Staat einfordern, sondern Alltagsbewältigung und Daseinsvorsorge allein oder in der Familie bewältigen. So wird umfassende gesellschaftliche Verantwortung bei der Daseinsvorsorge für schwer bezahlbar erklärt, während etwa bei Fragen der inneren Sicherheit eine Zunahme der Ausgaben zu verzeichnen ist.

Politische Partizipation und öffentlicher Raum

Diese Entwicklung hat Auswirkungen auf einen anderen zentralen Lebensbereich – auf politische Teilhabe. In der Präambel zu Teil III der 1992 in Rio de Janeiro verabschiedeten Agenda 21 ist die »echte Beteiligung aller gesellschaftlichen Gruppen« aufgeführt, und eine »echte gesellschaftliche Partnerschaft zur Unterstützung der gemeinsamen Bemühungen um eine nachhaltige Entwicklung« wird angestrebt.[18] Interessant ist das Wort »echt«. Kann es auch »unechte« Beteiligung geben? Wenn beispielsweise im Zuge der Stadt- oder Umweltplanung erst geplant wird und anschließend die Pläne öffentlich ausgelegt werden – ist das »echte« oder »unechte« Beteiligung? Wenn die Reformierung des Sozialstaats Expertenkommissionen überlassen wird – ist das »echte« Beteiligung, weil das Expertenwissen der Zivilgesellschaft einbezogen wird, oder ist das »unechte«, um nicht zu sagen Schein-Beteiligung, weil sich die Arbeit der Kommissionen der parlamentarischen Kontrolle entzieht?

Das »gemeinsame Bemühen um eine nachhaltige Entwicklung« stellt somit eine demokratische Herausforderung dar. Für diese ist jedoch die Bundesrepublik nicht gut ausgestattet: Die Mütter und Väter des Grundgesetzes haben 1948/49 das repräsentative System politischer Willensbildung und Entscheidungsfindung festgeschrieben und damit zugleich die direkte Demokratie abgelehnt. Es wird ihnen deshalb die Verhängung einer »plebiszitären Quarantäne« über die junge Bundesrepublik nachgesagt.[19] Politische Partizipation beschränkt sich also zunächst auf Wahlakte im Mehrjahresabstand. Im Zuge der Verfassungsdiskussion in Folge der deutschen Einigung sind direktdemokratische Instrumente erneut diskutiert worden. Auf Bundesebene kam die erforderliche verfassungsändernde Mehrheit 1993 dafür nicht zustande. Auf Länderebene werden hingegen direktdemokratische Verfahren eingeführt (Bürgerbegehren und Bürgerentscheid), und auf kommunaler Ebene hat sich die Verwaltungsreform im Spannungsfeld von Bürgernähe auf der einen und Rationalisierung auf der anderen Seite bewegt. Insgesamt werden die Beteiligungsmöglichkeiten größer, wenn die politische Ebene beziehungsweise der politische Raum kleiner wird. Gleichzeitig haben aber genau diese kleinen Räume die geringsten Entscheidungsbefugnisse.

Migration

Teilhabe ist ein Menschenrecht, das für alle gilt, auch für »Fremde«. Damit ist die Frage aufgeworfen, wie in einer Gesellschaft das Vertraute und das Fremde zueinander stehen. In diesem Zusammenhang sind die Ergebnisse einer im Dezember 2006 vorgestellten Langzeituntersuchung an der Bielefelder Universität[20] mit dem Titel »Deutsche Zustände« alarmierend: In den neuen wie in den alten Bundesländern ist die »gruppenbezogene Menschenfeindlichkeit«, also Fremdenfeindlichkeit und Hass auf soziale Minderheiten, in den vergangenen Jahren deutlich angewachsen. Derzeit liegt die Zustimmung zur Fremdenfeindlichkeit in den alten Bundesländern bei 48,5 Prozent, in den neuen Bundesländern bei 60,2 Prozent. Am geringsten ist die Zustimmung in Berlin (36,9 Prozent), am höchsten in Mecklenburg-Vorpommern (63,7 Prozent). Als Gründe werden das Erleben politischer Machtlosigkeit (»Demokratieentleerung«), die Furcht vor sozialem Abstieg und die Angst vor sozialer Unsicherheit sowie Schrumpfungsprozesse in einigen wirtschaftlich schwachen, ländlichen Regionen Ostdeutschlands genannt.

Fremdenfeindlichkeit und Hass auf soziale Minderheiten entstehen also besonders dort, wo sich Menschen in ihren Teilhabe- und Gestaltungsmöglichkeiten eingeschränkt sehen beziehungsweise selber Angst vor sozialem Abstieg haben. Es entsteht eine Atmosphäre der Ausgrenzung und des Unwillkommenseins. Diese wird derzeit von der Politik eher gestützt als abgebaut: Beginnend mit der faktischen Abschaffung des Grundrechts auf Asyl vor 15 Jahren bis zur jüngsten Änderung des Zuwanderungsgesetzes vom August 2007 sind analog zu den Sozialstaatsreformen die Zugangsvoraussetzungen – Abschottung der EU-Außengrenzen, Erhöhung der Hürden für die Einbürgerung, Erschwerung der Zusammenführung von Familien – verschärft worden, und die betroffenen Menschen sehen sich, bis hin zu Vorratsdatenspeicherung und Gentests, zunehmender Kontrolle und Überwachung ausgesetzt. Die harsche Politik der Bundesregierung, insbesondere die häufige Überprüfung des Status von Flüchtlingen, hat sowohl den UN-Flüchtlingskommissar als auch den Menschenrechtskommissar des Europarates zu deutlicher Kritik veranlasst: Dies gefährde den Anspruch der Genfer Flüchtlingskonvention, internationalen Schutz zu gewähren und den Flüchtlingen ein Sicherheitsgefühl zu vermitteln.

Gastfreundschaft gehört bislang offenbar nicht zu den gut ausgebildeten Tugenden in Deutschland. Gerade die Analogie zur Debatte um den Sozialstaat und insbesondere der schon fast automatische Reflex, schutz- und hilfsbedürftigen Menschen Missbrauch und Betrug zu unterstellen, verweisen aber darauf, wie wichtig die Fähigkeit zur Anerkennung des anderen für den sozialen Zusammenhalt ist. In diesem Zusammenhang genügt es nicht, die ökonomische und soziale Integration aller Gesellschaftsmitglieder vor allem über den Arbeitsmarkt zu denken und gestalten zu wollen. Auch deshalb nicht, weil Jugendliche mit Migrationshintergrund trotz guter Qualifikationen »wegen der

Exklusionsstrategien und wegen in der deutschen Gesellschaft vorhandener Fremdheitsdefinitionen«[21] vom Arbeitsmarkt häufig ausgesperrt bleiben.

Auch reicht es nicht aus, Pläne für die »Integration« zu schmieden, auf Bundesebene Integrationsgipfel abzuhalten und Selbstverpflichtungen zu formulieren. Vielmehr erfordert Integration die Fähigkeit und Bereitschaft zu einem Prozess wechselseitiger Veränderung und eine Haltung, die Migranten nicht einseitig als Problemträger voller Defizite ansieht, sondern sie als Personen mit vielseitigen Fähigkeiten schätzt. Denn Zuwanderung hat in der Vergangenheit neben Schwierigkeiten vielfältige positive Auswirkungen auf unser Gemeinwesen gehabt und wird – auch angesichts der demografischen Entwicklung in Deutschland – in Zukunft ein wichtiger Faktor sein. Teilhabemöglichkeiten dürfen dabei nicht erst nach gesichertem Daueraufenthalt eröffnet werden, sondern sind auch für Migranten zu schaffen, die sich vorübergehend oder mit zeitlicher Befristung in Deutschland aufhalten.

9.3 Von blockierten Fähigkeiten zu gerechter Teilhabe

Trotz verschiedener Reformbemühungen in den fünf diskutierten Lebensbereichen sind die Tendenzen der Ausgrenzung nicht nur als die zufällige Ansammlung negativer Nebenwirkungen zu sehen. Vielmehr wird deutlich: Es ist etwas morsch im gesellschaftlichen Gebälk. Zum einen stimmt vieles nicht mit dem »Gesellschaftsvertrag«, das heißt mit der politischen, sozialen und ökonomischen Grundstruktur unserer Gesellschaft. Dieser Vertrag ist offenbar nicht integrativ, sondern auf Ausgrenzung angewiesen. Zum anderen verändert sich das Verhältnis der Bürger zu ihrem Staat. Die wohlfahrtsstaatliche Konzeption, dass einerseits die Bürger Steuern bezahlen und andererseits der Staat für die Daseinsvorsorge verantwortlich ist, löst sich auf. Stattdessen führt die doppelte Privatisierung dazu, dass der Staat sich auf seine Funktion zurückzieht, den wirtschaftlichen Wettbewerb zu fördern, und die Menschen als Kunden von Privatanbietern sich selbst überlässt.

Soll gerechte Teilhabe zum Leitbild einer zukunftsfähigen Gesellschaft werden, so gilt es, diese Ausgrenzungen im Rahmen eines neuen Gesellschaftsvertrages aufzuheben.

Ausgrenzungen aufheben

Sowohl die menschlichen Sorgetätigkeiten wie die Leistungen der Natur sind seit langem blinde Flecken der Ökonomie. Beide werden im Allgemeinen nicht bewertet, sie sind für den ökonomischen Blick unsichtbar. So liegen etwa der sichtbaren, als wertvoll angesehenen Produktivität in Unternehmen unsichtbare und nicht bewertete Herstellungs- und Erneuerungsprozesse in der Natur zugrunde (▸ Kapitel 10). Ferner erfordert die sichtbare wertschaffende Arbeit am Markt die andere, die unsichtbare, scheinbar wertlose Arbeit im Haus und in der Familie. Die ganze Marktökonomie wird von einer Care-Ökonomie getragen. Der 7. Familienbericht der Bundesregierung beziffert das Gesamtvolumen der hier geleisteten Arbeit für 2001 mit 96 Millarden Stunden. Das ist das 1,7-fache der geleisteten Erwerbsarbeitsstunden von 56 Milliarden.[22] Will man diesen Leistungen Gewicht zukommen lassen, müssen sie daher gesondert bewertet werden. »Die private Alltagsarbeit sowie die Erziehung und Pflege der Kinder und Alten, überhaupt jede Form sozialer Hilfeleistung und gesellschaftlicher Solidarität bilden die eigentliche und unverzichtbare Grundlage und Voraussetzung unseres gesellschaftlichen Reichtums.«[23]

Diese unterschiedlichen ökonomischen Räume – Markt- und Care-Ökonomie – sind geschlechtlich bestimmt. Daher spricht die Politikwissenschaftlerin Carole Pateman[24] von einem uneingestandenen Geschlechtervertrag, der dem Gesellschaftsvertrag zugrunde liegt: Er legt fest, dass die öffentliche Sphäre Sache des Mannes und die ihr nachgeordnete private Sphäre Sache der Frau ist. So ruht das sichtbare Politische auf einem unsichtbaren Privaten. Erst der Geschlechtervertrag erklärt, weshalb die eine Arbeit als wertschaffend angesehen und entlohnt wird und die andere nicht, weshalb die eine Arbeit sozial abgesichert ist und die andere nicht oder nur indirekt über den Ernährer. Zwar entwickeln sich seit den 1970er Jahren vielfältige Familien- und Lebensformen im europäischen Raum, die auch eine stärkere Gleichberechtigung der Geschlechter bedeuten (allerdings gehört Deutschland hier zu den Nachzüglern der Entwicklung). Dabei entsteht jedoch eine neue Polarisierung – »zwischen denen, die Kinder haben, und denen ohne Kinder, was Zeit und Geld betrifft, aber auch zwischen den Familien mit einem oder zwei Haushaltseinkommen«.[25] Diese Entwicklung fordert zu einer Politik auf, die nicht nur die Armut von Familien bekämpft, sondern insgesamt Polarisierungen überwindet und für Frauen und Männer sowohl gleichen Zugang zur Erwerbsarbeit als auch Gleichverteilung der Sorgearbeit vorsieht; zu einer Politik, die nicht durch Privatisierung öffentliche Daseinsvorsorge in private Fürsorge verwandelt, sondern durch den Ausbau öffentlicher Infrastrukturen gleichberechtigte neue Lebensformen ermöglicht. Zum Leitbild einer zukunftsfähigen Gesellschaft gerechter Teilhabe gehört, dass sie ohne Ausgrenzungen auskommt. Das gebieten die Menschenrechte und das Prinzip sozialer Gerechtigkeit. Das gebietet auch das Prinzip der Nachhaltigkeit: Eine Gesellschaft, die die Fähigkeiten ihrer Mitglieder nicht zur Entfaltung bringen kann, bringt sich um ebenjenes Vermögen, das sie für ihre eigene nachhaltige Entwicklung braucht.

Ein neuer Sozialvertrag

Eine Gesellschaft der gerechten Teilhabe braucht daher einen neuen Sozialvertrag. Dieser kann nicht in einem einzigen großen Wurf entstehen. Er bildet sich vielmehr durch soziale Experimente heraus – über viele kleine neue Gesellschaftsverträge. Diese sind verbunden mit einer Veränderung der politischen, sozialen und ökonomischen Grundstruktur unserer Gesellschaft, und sie stellen so etwas wie eine Wiedergewinnung und Neugestaltung öffentlicher Räume dar. Sie werden auf verschiedenen Ebenen geschlossen: lokal, auf Landesebene, national, europäisch, global, unter Beteiligung verschiedener Akteure und Akteursgruppen – Haushalte, Unternehmen, Nichtregierungsorganisationen, kommunaler Verwaltungen, staatlicher Akteure – und in den verschiedensten gesellschaftlichen Lebensbereichen – wie Arbeit, soziale Sicherung, Daseinsvorsorge, politische Partizipation, Migration. Ihre Qualität als Schritte auf dem Weg zu einer Gesellschaft der gerechten Teilhabe erweisen sie dadurch, dass sie Ausgegrenztes

Interkulturelle Gärten –
Urbane Räume für Integration und gerechte Teilhabe

Seit 1995 finden die Interkulturellen Gärten[26] in Deutschland Beachtung. Damals saßen in Göttingen bosnische Flüchtlingsfrauen zusammen und stellten fest: Während sie in Deutschland auf das Ende des Krieges in ihrer Heimat warteten, wollten sie tätig sein – aber ihre großen Gemüsegärten hatten sie zurücklassen müssen. Also machten sie sich auf die Suche nach einem geeigneten Grundstück zum Gärtnern – und eine Erfolgsgeschichte begann. »Heute gehören dem von der Stiftung Interkultur koordinierten Netzwerk Interkulturelle Gärten allein in Deutschland bereits mehr als 60 solcher Gartenprojekte an; eine ungefähr gleiche Anzahl befindet sich im Aufbau«, schreibt Christa Müller von der Stiftung Interkultur im Frühjahr 2007.

In Interkulturellen Gärten arbeiten Migrantinnen und Migranten aus allen Teilen der Welt mit Deutschen zusammen. Sie bieten den beteiligten Menschen (vor allem Frauen, da Gartenarbeit in den meisten Ländern eine weibliche Domäne ist) die Möglichkeit, für sich selbst und für andere zu sorgen. Überdies schafft die gemeinsame Bearbeitung des Bodens zugleich ein Lernfeld, das über das Pflanzen und Ernten von Gartenfrüchten weit hinausgeht. Denn viele Migranten sind damit erstmals in Deutschland in der Lage, ihr Wissen und ihr Können in einer internationalen Öffentlichkeit zum Einsatz zu bringen. Heute gehören zum Repertoire eines »gut sortierten« Gartens, auch und vor allem in den Wintermonaten, Sprach- und Computerkurse, künstlerische und handwerkliche Aktivitäten, Sport, Theaterworkshops, interkulturelle Umweltbildungsarbeit, die Vernetzung im Stadtteil, Musik, Vortrags- und Beratungstätigkeiten, vielfältige Angebote für Kinder, Fortbildungen in Ernährungs- und Gartenthemen sowie Betriebsbesichtigungen und Exkursionen.[27]

Leider versteht es sich nicht von selbst, die Rahmenbedingungen dafür zu gewähren, wie das Beispiel des Nachbarschaftsgartens »Rosa Rose« in Berlin-Friedrichshain zeigt: Der Garten wurde am 14. März 2008 polizeilich geräumt und mit einem Bauzaun abgeriegelt. Hier sollen Wohnungen gebaut werden, gegen den Wunsch der Anwohner – und trotz des Angebots der Akteure, das Grundstück für die Interkulturellen Gärten zu kaufen.

einbeziehen und die öffentlichen Güter nicht zugunsten der privaten vernachlässigen. (▸ Kapitel 10).

Beispiele solch kleiner neuer Gesellschaftsverträge gibt es schon viele. Sie reichen von Arbeitszeitverkürzungen für mehr Erwerbsarbeitsplätze in Betriebsvereinbarungen, von Familienarrangements bezüglich der Teilung von Haus- und Erwerbsarbeit über die lokale Agenda 21 und über Formen der solidarischen Ökonomie, über gesetzliche Regelungen der Aufwertung von Hausarbeit zum Beispiel durch die Anerkennung von Kindererziehungszeiten in der Rentenversicherung bis hin zu Projekten der integrativen, Natur gestaltenden Gartenkultur.

9.4   Politikansätze

Politik bewegt sich heute notwendigerweise im Handlungsraum von Global Governance. Und doch bleiben Staaten und nationale Regierungen für viele Bereichen zuständig und also verantwortlich. Aber die Prozesse von Willensbildung und Entscheidungsfindung verlagern sich zu erheblichen Teilen aus dem Raum von Parlament und Exekutive in die Bereiche von Privatwirtschaft und Zivilgesellschaft. Das stellt das überkommene Modell parlamentarischer Demokratie vor fundamentale Fragen; es eröffnet gleichzeitig zivilgesellschaftlichen Organisationen und sozialen Bewegungen Einflussfelder und nimmt sie ihrerseits stärker in die Verantwortung – Politik wird zu einer Koproduktion Vieler.

Auf welche Ergebnisse muss nun dieser Politikprozess zielen, um gerechte Teilhabe praktisch werden zu lassen? Wie müssen die Bereiche des Arbeitens, der sozialen Sicherung, der öffentlichen Daseinsvorsorge und der politischen Partizipation neu gestaltet werden, um die Entfaltung der Fähigkeiten der Menschen zu ermöglichen – und wie kann eine offene Gesellschaft gesichert werden?

Das Ganze der Arbeit

Bezugspunkt für eine auf Menschenwürde und volle Selbstentfaltung orientierte Arbeitspolitik ist das Ganze der Arbeit, die in der Gesellschaft geleistet wird.[28] Neben Erwerbsarbeit ist das die Sorgearbeit für sich selbst, die Familie, Nachbarschaft und für andere sorgebedürftige Menschen sowie für die Natur. Es ist weiter gesellschaftsbezogene freiwillige Arbeit – bürgerschaftliches Engagement – in vielfältigen Formen und Bereichen.[29] Und es ist Eigenarbeit – Arbeit für sich selbst, allein oder mit anderen.[30] Hier werden handwerkliche, soziale oder kulturelle Produkte für die Selbstversorgung hergestellt (▸ Kapitel 15).

Das Prinzip der ganzen Arbeit, so leicht es sich formulieren lässt, hat es jedoch in sich, wenn es an seine Verwirklichung geht. Denn es läuft auf nichts weniger als die Gleichwertigkeit der verschiedenen Tätigkeiten hinaus. Die Sorgearbeit ist jedoch heute unter- beziehungsweise gar nicht bewertet, ihre gesellschaftliche Aufwertung steht daher im Zentrum neuer Arbeitspolitiken. Elemente einer solchen Aufwertung sind die Gleichbehandlung aller Arten von Arbeit in den sozialen Sicherungssystemen und ihre Ermöglichung durch eine unterstützende Infrastruktur. Beides geschieht heute ansatzweise, zum Beispiel über die Anerkennung von Kindererziehungszeiten in der Rentenversicherung oder durch den Ausbau der Kinderkrippen und -gärten. Weiter geht der 7. Familienbericht, indem er die qualitative Neubestimmung und Neubewertung der Produktivität der in der Familie geleisteten Arbeit und deren Förderung in einer »nachhaltigen Familienpolitik«[31] vorschlägt: Diese Leistungen wie auch ihr Ergebnis, etwa das Bildungs- und Humanvermögen der Kindergeneration, werden als öffentliches Gut verstanden. Und bezüglich der Bedeutung dieser sorgenden Tätigkeiten im Verhältnis zur Marktökonomie heißt es: »Eine ... nachhaltige Familienpolitik trägt dazu bei, das Humanvermögen einer Gesellschaft zu erhalten und zu akzeptieren, dass die Leistungen der nachwachsenden Generation für die eigenen Kinder, für die Solidarität mit den Eltern und die Fürsorge in Staat und Gesellschaft auch in einer global wettbewerborientierten Wirtschaft genauso wichtig für die Zukunft einer Gesellschaft sind wie die ökonomischen Aktivitäten.«[32]

Gleichwertigkeit und Gleichberechtigung können nur verwirklicht werden, wenn gleiche Optionen für alle bestehen, sich an allen Tätigkeiten zu beteiligen. Neue Arbeitspolitiken sind daher auch Politiken der Umverteilung von Arbeit – von Sorgearbeit an Männer, von (guter) Erwerbsarbeit an Frauen. Aber Männer drängeln sich nicht gerade danach, Sorgearbeit zu übernehmen. Betriebsvereinbarungen haben viele Optionen eröffnet – aber nur wenige Männer nehmen sie wahr. Die Familienpolitik setzt inzwischen über das Erziehungsgeld Anreize insbesondere für gutsituierte Familien mit doppeltem Verdienst: Bei der Geburt eines Kindes werden für zwölf Monate 67 Prozent des ausgefallenen Nettoeinkommens gezahlt, maximal 1800 Euro, mindestens 300 Euro. Dies verlängert sich um zwei Monate, wenn in dieser Zeit der andere Partner, in der Regel der Ehemann, die Sorgearbeit übernimmt und so lange aus dem Beruf aussteigt. Erste Erfahrungen zeigen, dass Männer beginnen, vermehrt Erziehungsarbeit zu leisten: Der Anteil dieser »aktiven Väter« lag im vierten Quartal 2007 bundesweit bei 12,4 Prozent.[33] Jetzt denkt die Familienministerin über eine Verlängerung dieser Väterzeiten nach. Für eine flächendeckende Arbeitsumverteilung müssen solche Anreize auf alle Arbeitenden ausgedehnt und Formen gefunden werden, die Sorgearbeit auch für geringverdienende Väter möglich und attraktiv zu machen.

Den zeitlichen Raum für eine solche Umverteilung eröffnet eine deutliche Verkürzung der Erwerbsarbeitszeit. Sie ist die Bedingung dafür, dass sich alle an der Erwerbsarbeit beteiligen können (▸ Kapitel 15). Die so entstehende neue Arbeitswelt legt die Menschen nicht mehr auf eine Arbeit fest, sondern ermöglicht vielfältige Kombinationen von Tätigkeiten. Daher gilt es, neuartige Modelle zu entwickeln, damit die Menschen im Laufe ihres Lebens zwischen diesen Tätigkeiten wechseln und dabei auch Muße genießen können. Dieses Wechseln zwischen den Tätigkeiten könnte zum Beispiel täglich/wöchentlich geschehen, indem alle dem Modell »ein Drittel Erwerbsarbeit, ein Drittel Sorgearbeit, ein Drittel bürgerschaftliches Engagement und Eigenarbeit« folgen. Es könnte sich aber auch in Zeitabschnitten abspielen – etwa durch den Wechsel aus einer Erwerbsarbeitsphase in eine Phase der Sorgearbeit und zurück. Im 7. Familienbericht wird ein anderes Konzept entworfen: Hier werden »Optionszeiten« vorgeschlagen, über die bei Bedarf verfügt werden kann, als Zeiten für *Care*, Bildung und soziale Aktivitäten.[34] Neue Qualifizierungen sind in einem solchen Wechselspiel nötig; die Welt der ganzen Arbeit ist nicht denkbar ohne mannigfache Weiterbildung. Hinzu kommt: Der Wechsel zwischen verschiedenen Tätigkeiten darf die Existenz nicht gefährden. Neue Arbeitspolitiken sind daher verknüpft mit neuen Einkommensmodellen, zu denen eine ausreichende Grundsicherung gehört.

Die über die Gestaltung des »Ganzen der Arbeit« neu entstehenden Arbeitswelten werden über Politiken koordiniert und gesteuert – unter Einbeziehung der jeweils Beteiligten auf den verschiedenen Politikebenen. Hier wird entschieden, welche Tätigkeitsoptionen eröffnet werden sollen, welche Arbeiten über den Markt koordiniert werden sollen – und welche Arbeiten, da sie unbeliebt sind, bewusst besser bezahlt oder in wechselnder Verpflichtung erledigt werden müssen.

Sozialpolitik als Infrastruktur[35]

Eine neue Sozialpolitik kann nicht die Erwerbsarbeit als Voraussetzung der sozialen Sicherung betrachten. Sie bezieht sich vielmehr auf alle Formen von Arbeit. Sie geht vom Sozialstaatsgebot der Verfassung aus und entwirft ein soziales Sicherungssystem auf dieser Grundlage.[36] Diese Sozialpolitik als Sicherung der sozialen Infrastruktur federt Lebensrisiken für alle ab und gewährleistet die materiellen Voraussetzungen für gesellschaftliche Teilhabe. Sie ist der Wirtschaftspolitik nicht nachgelagert und gleicht nicht aus, was diese an Ungleichheiten erzeugt. Vielmehr ist diese neue Sozialpolitik zugleich auch Wirtschaftspolitik. Sozialpolitik als Infrastruktur übernimmt sowohl Funktionen der sozialen Sicherung als auch der öffentlichen Daseinsvorsorge.

Dabei sind hier mit sozialer Infrastruktur all jene institutionellen und materiellen Ressourcen gemeint, die soziale Aktivitäten und die Entfaltung menschlicher Fähigkeiten ermöglichen. Im Zentrum steht ein umfassender Ausbau öffentlicher Güter und Dienstleistungen, die im Kontext der Grundsicherung allen Menschen unentgeltlich zur Verfügung stehen.[37] Infrastrukturen können auf verschiedenen Ebenen hergestellt und garantiert werden. Im Kontext von gesamtstaatlicher Wirtschaftspolitik auf einem Sachgebiet (zum Beispiel Bildung, Wohnung, Ernährung, Pflege) stellen Infrastrukturen den Rahmen für Existenzsicherung und die Orientierung am für das gute Leben Notwendigen dar.[38] Als lokale oder kommunale Wirtschaftspolitik gestalten Infrastrukturen die unmittelbare soziale und ökologische Umgebungslandschaft (zum Beispiel Bürgerhaushalte, Regionalverkehr, Wasserver- und -entsorgung) und beziehen zugleich lokale Ressourcen der Selbstorganisation (zum Beispiel Sozialarbeit beziehungsweise Sozialpolitik von unten) ein. Auch Betriebe[39] sind als soziale Orte und privatwirtschaftliche Unternehmen an der Her- und Bereitstellung der sozialen und ökologischen Ressourcen und Infrastrukturen beteiligt. Weiter stellen Familien durch ihre Sorgearbeit für Kinder und Pflege sowie durch ihr bürgerschaftliches Engagement eine soziale Infrastruktur her.

Schließlich gehört zu Sozialpolitik als Infrastruktur, dass Individuen mit den Ressourcen ausgestattet werden, die sie zu gesellschaftlicher Teilhabe befähigen und zur Nutzung der Infrastruktur instand setzen. Hierzu gehört in weiterer Zukunft ein garantiertes Grundeinkommen als eine ergänzende Maßnahme zu einer neuen Arbeits- und Infrastrukturpolitik. Es wird über Steuern und nicht über Beiträge finanziert, liegt deutlich über einem minimalen materiellen Existenzniveau und steht allen zur Verfügung. Sie kommt ohne Zwang und Kontrolle aus und ist in das Konzept der sozialen Infrastruktur eingebettet.

Die Finanzierung der sozialen Infrastruktur kann sich aus verschiedenen Quellen speisen: Die hohen Einkommen und Vermögen können herangezogen werden – sowohl im Sinne einer Verantwortungsübernahme in Höhe der jeweiligen Leistungsfähigkeit als auch als Beitrag zu einem Staatswesen, dessen Sicherheits- und Wohlfahrtsleistungen die Ansammlung großer Vermögen und stabile hohe Einkommen erst ermöglicht haben. Daher bedeutet teilhaben immer auch teilen. Entscheidend ist allerdings eine Trennung heute oft vermischter Aufgaben: Soziale Sicherung erfolgt durch ein Bereithalten von Infrastruktur für alle. Sozialer Ausgleich wird erreicht durch unterschiedliche Beiträge zur Finanzierung der Infrastruktur. Und soziale Steuerung geschieht mittels Gebühren und Abgaben.

Volksbegehren gegen Teilprivatisierung, Berlin 2007

»Schluss mit Geheimverträgen – Wir Berliner wollen unser Wasser zurück«

Volksbegehren gegen Teilprivatisierung, Berlin 2007

Hiermit wird beantragt, das Volksbegehren »Schluss mit Geheim-verträgen – Wir Berliner wollen unser Wasser zurück!« zuzulassen. Es hat folgenden Wortlaut:

GESETZ ZUR PUBLIZITÄTSPFLICHT
IM BEREICH DER BERLINER WASSERWIRTSCHAFT

§ 1 Offenlegungspflicht
Alle Verträge, Beschlüsse und Nebenabreden zwischen dem Land Berlin und privatrechtlichen wie öffentlich-rechtlichen Unternehmen sind gemäß § 2 dieses Gesetzes vorbehaltlos offen zu legen, soweit die Inhalte den Kernbereich der Berliner Wasserwirtschaft wie ihre Preis- und Tarifkalkulation zum Gegenstand haben.

§ 2 Bekanntmachungen
Die öffentliche Bekanntmachung erfolgt unmittelbar nach Abschluss der Verträge, Beschlüsse und Nebenabreden im Amtsblatt für Berlin und im Bundesanzeiger. Des Weiteren sind die Vertragsparteien verpflichtet, den Wortlaut der Verträge, Beschlüsse und Nebenabreden auf dem Eingangs-portal ihrer Internetseite der Öffentlichkeit bekannt zu geben. Bereits ab-geschlossene Verträge, Beschlüsse und Nebenabreden sind entsprechend zu behandeln und zu publizieren.

§ 3 Zustimmungs- und Prüfungspflicht
Alle Verträge, Beschlüsse und Nebenabreden gemäß § 1 dieses Gesetzes sowie Änderungen bereits bestehender Verträge, die den Haushalt Berlins auch hinsichtlich möglicher zukünftiger Folgen im weitestgehenden Sinne berühren könnten, bedürfen der Zustimmung des Abgeordnetenhauses von Berlin. (...)

Öffentliche Daseinsvorsorge erhalten

In Deutschland wurden in der zweiten Hälfte des 19. Jahrhunderts weite, der Allgemeinheit dienende Bereiche wie die Versorgung mit Strom, Gas und Wasser sowie das Verkehrsnetz in staatliche Hände gelegt. Andere, im Prinzip privatwirtschaftlich betriebene Bereiche wie Wohnungsbau- und Bankenwesen wurden aus Steuerungsgründen durch staatliche Aktivitäten ergänzt. Das gegenwärtig herrschende Verständnis von Wettbewerb stellt allerdings die Strukturen der öffentlichen Daseinsvorsorge in Deutschland in Frage. Überdies wurden, abgesehen vom Bereich der Telekommunikation, mit der Umwidmung von Einrichtungen der öffentlichen Daseinsvorsorge in privatwirtschaftliche Unternehmen wenig erfreuliche Erfahrungen gemacht. Weil es dabei oft zu Arbeitsplatzabbau, Lohnsenkung, Vernachlässigung technischer Anlagen und Preiserhöhungen kam, wehren sich nicht selten die Bürger gegen Privatisierung, zumal sie mitunter als Steuerzahler durch die den Unternehmen gewährten Gewinngarantien noch zusätzlich zur Kasse gebeten werden und keinerlei demokratische Kontrolle mehr haben.

Wenn die Orientierung am Gemeinwohl und eine demokratische Gestaltung der öffentlichen Daseinsvorsorge eine Chance haben sollen, dann, indem sie sich dem politischen Raum wieder öffnen. Wo und wann auch immer es Gründe gibt, die Privatisierung eines Bereichs der öffentlichen Versorgung zu erwägen, ist eine öffentliche Debatte über das Für und Wider unentbehrlich. Sie muss verbunden sein mit einem Konsultationsverfahren, an dem Kommunen, Gewerkschaften, Nichtregierungsorganisationen, Verbraucher-, Umwelt- und Migrantenorganisationen und so weiter beteiligt sind. Der öffentlichen Daseinsvorsorge zugehörige Leistungen, selbst wenn (teil-)privat erbracht, dürfen nicht denselben Regeln unterliegen, die auf den sonstigen Warenmärkten gelten. Verträge sollten der Öffentlichkeit zugänglich sein und Verbraucherrecht und Verbraucherschutz so gestärkt werden, dass der Zugang zu den benötigten Informationen gesichert ist.

Politische Partizipation ermöglichen

»Das Private ist politisch« – diese zentrale Parole der Frauenbewegung gilt auch heute noch, und das in ungeahntem Ausmaß. Voraussetzung sowie vorrangige Aufgabe politischer Partizipation ist, die öffentlichen Angelegenheiten im öffentlichen Raum zu halten und also der doppelten Privatisierung zu entziehen. Aus Kunden müssen wieder Bürger werden.

Austragungsort von aktiver Bürgerschaft und praktizierter Demokratie sind vornehmlich die Kommunen (▸ Kapitel 19). Hier ist die Bandbreite innovativer Modelle von politischer Partizipation bei weitem am größten: plebiszitäre Formen wie Volksbegehren und Bürgerentscheid, Planungsverfahren wie Runde Tische, Stadtteilkonferenzen, Zukunftswerkstätten oder ein »Gender Budget«, aber ebenso Rechenschaft einfordernde Verfahren wie Bürgerfragestunden und öffentliche Anhörungen und Möglichkeiten der Mitentscheidung wie thematische Bürgerbeauftragte oder ein Bürgerhaushalt. Auch muss das bürgerschaftliche Engagement – insbesondere, aber nicht nur auf kommunaler Ebene – stärker gestützt werden, um das Ungleichgewicht der Kräfte zwischen Privatwirtschaft, Verwaltung und Zivilgesellschaft zu verringern. Hier ist vor allem an eine Neuregelung der Parteienfinanzierung zu denken. Das gegenwärtige Gesetz lässt keinen Raum für die Förderung bürgerschaftlichen Engagements, obwohl laut Artikel 21 des Grundgesetzes die Parteien an der politischen Willensbildung lediglich mitwirken. Schließlich muss den Einzelnen besser ermöglicht werden, sich aktiv zu beteiligen, etwa durch Arbeitsfreistellungen, Entlastung bei der Kinderversorgung sowie ermutigende und befähigende Bildungsangebote.[40]

Solche Forderungen sind aktuell und dennoch nicht neu: Schon im »Sozialwort der Kirchen« von 1997 wird der Bezug auf die Sozialkultur gefordert. Dort heißt es: »Den vorhandenen ethischen und sozialen Ressourcen in der Gesellschaft muß Aufmerksamkeit und Anerkennung geschuldet werden. Dies betrifft vor allem soziale Netzwerke und Dienste, lokale Beschäftigungsinitiativen, ehrenamtliches Engagement und Selbsthilfegruppen.«[41]

Die Fremden anerkennen

Wir leben in einer verflochtenen Welt. Das Eigene existiert nicht mehr ohne das Fremde, das Nahe nicht ohne das Globale. Es ist aber auch eine Welt, in der die globale Apartheid von Habenichtsen und Globalisierungsgewinnern sich verfestigt (▸ Kapitel 3, 6 und 7). Eine der wichtigsten Fragen des 21. Jahrhunderts lautet daher: Wie kann soziale Bürgerschaft global gedacht und ins Werk gesetzt werden?[42]

Gleich, ob Menschen Asyl, Arbeit oder Familienleben suchen – die Anerkennung der Neuen als Bürger ist unerlässlicher Bestandteil einer demokratie- und menschenrechtstauglichen Globalisierung. Dies wird vorrangig auf lokaler Ebene zu ermöglichen und einzuüben sein. Hier ist die Förderung von Spracherwerb und für den Arbeitsmarkt relevanten Kompetenzen, von zivilgesellschaftlichem Sich-Einmischen und politischer Partizipation vonnöten. Voraussetzung ist ein gründlich veränderter gesetzlicher Rahmen hinsichtlich der Anerkennung von Asyl- und Migrationsgründen, eine radikal anders gestaltete Verwaltungspraxis und eine öffentliche Sprache der Auf- und Annahme. Eine solche Politik muss sich mit der weit in die Mitte der Gesellschaft hineinreichenden Tendenz zum Einigeln in einer den eigenen Wohlstand schützenden Gemeinschaft anlegen. Die Beschränkung auf geschlossene Weltbilder, der Übersprung von Ungleichheit zu Ungleichwertigkeit, die aggressive Selbsterhöhung der im Sozialstatus Gefährdeten, das alles ist nicht vereinbar mit einer demokratischen Gesellschaft. Solange indes die Verlierer der neoliberalen Offensive neben dem ökonomischen und sozialen Schaden auch noch den Hohn der Stigmatisierung erleiden, so lange werden sie Stabilität und Selbstachtung im Auffinden von Schuldigen und Unterlegenen suchen. Nur wer teilhat, ist bereit zu teilen.

Anmerkungen

1 Rat für Nachhaltige Entwicklung (2004), S. 16
2 Die Zahlen hat die Humboldt-Universität zu Berlin ermittelt, vgl. König (2007)
3 Rat der Evangelischen Kirche in Deutschland (2006)
4 Nussbaum (2003), S. 19–21
5 Ein Beispiel ist das Konzept der »Teilhabegesellschaft«. Vgl. Grözinger, Gerd u. a. (2006)
6 Nussbaum (2003), S. 22
7 Nussbaum (2003), S. 22
8 EKD (1997), Abschnitt 1.3
9 Frick et al. (2005); Bach et al. (2007); Eißel, Dieter (2004), Einkommens- und Vermögensentwicklung in Deutschland, www.journal-intervention.org
10 BMAS (2005), S. 21; eigene Bearbeitung nach Auswahl der neuen OECD-Skala. Mit der Armutsrisikoquote wird der Anteil der Personen in Haushalten bezeichnet, deren »Bedarfsgewichtetes Nettoäquivalenzeinkommen« weniger als 60 Prozent des Mittelwertes (Median) aller Personen beträgt. Die in Deutschland im Kontext des 2. Armuts- und Reichtumsberichtes der Bundesregierung (2005) errechnete Armutsrisikogrenze liegt bei 938 Euro. Allerdings werden die tatsächlichen Rahmenbedingungen (etwa, ob der Kindergartenbesuch kostenfrei ist oder nicht) bei der schematischen Berechnung vernachlässigt.
11 Statistisches Bundesamt (2003), zitiert nach: Das Online Familienhandbuch, www.familienhandbuch.de. Vgl. auch Künzler et al. (2001)
12 Vgl. Döge et al. (2004)
13 Senghaas-Knobloch (2007)
14 Wichterich (2003)
15 Enquete-Kommission (2002), S. 406
16 Vgl. z. B. Butterwegge (2005)
17 So schreibt Joachim Becker 1994 in »Der erschöpfte Sozialstaat«: »Die sozialen Dienstleistungen in Deutschland müssen stärker marktorientiert, flexibler und mehr nutzungsorientiert werden. Die Finanzierung hat prinzipiell über Nutzungsentgelte zu erfolgen, die sich streng an den Grundsätzen der Wirtschaftlichkeit und Sparsamkeit zu orientieren haben.« (S. 144)
18 BMU (1997), S. 217
19 Klein et al. (1997), S. 18
20 Heitmeyer (2007)
21 Boos-Nünning (2006), S. 20–22
22 BMFSFJ (2006), S. 87
23 Gerhard (2008), S. 19
24 Pateman (1988)
25 Gerhard (2008), S. 17
26 Vgl. zum Folgenden Müller (2007), Werner (2008)
27 Müller (2007), S. 3
28 Hierzu gibt es seit Mitte der 1970er Jahre auch im deutschsprachigen Raum einen umfangreichen feministischen Diskurs, ohne dass der Ausdruck »Die Ganze Arbeit« oder »Das Ganze der Arbeit« verwendet wurde. Dies geschieht erst in Arbeiten ab der Mitte der 1990er Jahre. Vgl. z. B. Bierter et al. (1998); Biesecker (2000); (2001)
29 Enquetekommission (2002), S. 64–66
30 Baier et al. (2007), S. 201–203
31 BMFSFJ (2006), S. 245–247
32 BMFSFJ (2006), S. 260
33 BMFSFJ (2008)
34 BMFSFJ (2006), S. 267–269
35 Umrisse eines Konzepts von Sozialpolitik als Infrastruktur sind 2003 von der AG links-netz entworfen worden: www.links-netz.de
36 Hengsbach (2006), S. 8
37 Hirsch (2005), S. 39–40
38 Biesecker et al. (2000), S. 51–52
39 Hier ist das Konzept der AG linksnetz noch schwach, weil es dem Betrieb im Grunde keine positive Rolle zuzuschreiben vermag.
40 Holtkamp et al. (2006)
41 EKD (1997), Abschnitt 5.2.2.6
42 Benhabib (2004)

10　Die ganze Wirtschaft

Erfolg wie Misserfolg der Marktwirtschaft rühren von ihrer Veren-
gung aufs Geld. Aber zum Wohlstand der Nation tragen nicht nur
die Geldökonomie, sondern ebenfalls die Natur- wie auch die
Lebensweltökonomie bei. Diese außer Acht zu lassen macht zwar
die Überlegenheit kapitalistischen Wirtschaftens aus, treibt es
aber gleichzeitig in seinen Niedergang. Die Krise der Natur wie die
Krise des sozialen Zusammenhalts sind ein Beleg dafür. Vorbei
sind die Zeiten, in denen die kommerzielle Wirtschaft sich lautlos
und unentgeltlich Leistungen aus der Natur oder der Lebenswelt aneignen konnte. Eine ökologisch-soziale Marktwirtschaft
wird den Kapitalismus so zugunsten der natürlichen und sozialen
Mitwelt konditionieren, dass er das Wohlergehen der ganzen
Wirtschaft im Blick hat.

D ie Wahl einer Metapher kann Wunder wirken. Während mancher
christliche oder linke Denker geistige Ermüdung auslöst, wenn
er von der Zähmung oder gar der Überwindung des Kapitalismus
spricht, elektrisiert die Forderung von Peter Barnes, einem amerikanischen Autor[1], es sei an der Zeit, dass der Kapitalismus »sein Betriebssystem aktualisiere«. Kühl und kompetent klingt diese Metapher aus
der Computerwelt. Sie rückt ein heiß umkämpftes Großproblem – das
Wohl und Wehe des Kapitalismus – in das Licht sachkundiger Verbesserung. Wie die Anweisungen eines Betriebssystems für die Steuerung von Tastatur, Speicher, Prozessor und Laufwerk in einem Computer sorgen, so weist ein wirtschaftliches Betriebssystem Eigentumsrechte zu, organisiert die Verteilung von Nutzen und Nachteilen und
legt die Regeln des Spiels fest.

Folgt man dieser Sprechweise, lässt sich sagen, dass seit einigen Jahrzehnten der Wechsel zum Betriebssystem Capitalism 3.0 überfällig ist. Während der Manchester-Kapitalismus des 19. Jahrhunderts mit seiner gewaltförmigen Durchsetzung der Kapitalakkumulation auf Kosten der arbeitenden Menschen und ihrer Sozialwelt als Capitalism 1.0 bezeichnet werden kann, ist ihm mit der Einführung der Kranken-, Arbeitslosen- und Rentenversicherung als Folge der gewachsenen Stärke der Arbeiterbewegung ein neues Betriebssystem installiert worden. Capitalism 2.0 war die Plattform für die soziale Marktwirtschaft, die dann nach dem Zweiten Weltkrieg in Deutschland weiterentwickelt und durch Mitbestimmung wie Anti-Kartell-Gesetzgebung ergänzt wurde. Versicherungen gegen Lebensrisiken und eine Wettbewerbsordnung gegen Machtkonzentration waren die beiden wichtigsten institutionellen Vorkehrungen, um die Marktwirtschaft sozialpflichtig zu machen. Capitalism 2.0 hat sich beileibe nicht überall durchgesetzt, nicht einmal in den reichen Ländern, und muss auch immer wieder gegen einen Rückfall auf Capitalism 1.0 verteidigt werden. Dennoch hat sich damit die Gesellschaft mit ihren Bedürfnissen an Lebenssicherheit und sozialem Ausgleich bis zu einem gewissen Grad gegen die konkurrenzgetriebenen Macht- und Gewinninteressen eines ungeordneten Marktes behauptet – ein Stück sozialer Zivilisierung des Kapitalismus.

Mit dem Auftauchen biophysischer Grenzen wirtschaftlicher Tätigkeit am Ende des 20. Jahrhunderts ist ein erneutes Update des Betriebssystems unerlässlich geworden. Nachdem der Kapitalismus vormals gezwungen worden war, seine Beziehung zur Gesellschaft zu revidieren, hat er nunmehr keine andere Wahl, als seine Beziehung zur Natur zu überprüfen. Er muss sich zur ökologischen Marktwirtschaft wandeln. Auch diese Revision erfordert Institutionen, welche die naturzerstörerische Kraft ungeregelter Wirtschaftskonkurrenz ebenso eindämmen wie die Sozialgesetze früher die gesellschaftszerstörerische Kraft. Und die Revision erfordert eine neuartige Rolle des Staates und der Zivilgesellschaft, ähnlich wie mit der sozialen Marktwirtschaft der Staat zum Sozialstaat und aus der Arbeiterbewegung ein Tarifpartner wurde. Es gilt, über die Sozialbindung des Wettbewerbs hinaus seine Naturbindung sicherzustellen.

Andernfalls droht die Wirtschaft, ihren Erfolg selbst zu gefährden.

Dann nämlich, wenn sie mit ihrem »kannibalisierenden Wachstum« (Franz-Josef Radermacher) fortfährt, welches sich immer wieder unerkannt und unbezahlt Werte aus der natürlichen und der sozialen Welt aneignet. Demgegenüber wird eine nachhaltige Wirtschaft ernst nehmen, dass das Marktgeschehen eingebettet ist in die es umgebenden Räume, in die natürliche und die soziale Mitwelt.[2] Diesem erweiterten Verständnis des Wirtschaftens gelten die folgenden Erörterungen. In ihm werden Erwerbswirtschaft und Lebensweltwirtschaft als eigenständige, aber miteinander verbundene Sphären betrachtet und der Beitrag der Natur zu beiden in Wert gestellt. Das geschieht unter der Frage: Wie können die Erwerbswirtschaft so umgebaut und die Lebensweltwirtschaft so aufgewertet werden, dass sie gemeinsam dem Nachhaltigkeitsziel gerecht werden?

Eine knappe Antwort darauf lautet: Nur in einer Wirtschaftsordnung, die ein Bündnis mit der natürlichen und sozialen Mitwelt eingeht, die niemandes Privateigentum ist, sondern Gemeingut. Die heute geltende tut das nicht; sie lebt von Grenzübertretungen, von der Ausbeutung der Mitwelt. Sie stellt die Erwerbswirtschaft in den Mittelpunkt und drängt sie zu einem ständigen Wachstum, das zu einem erheblichen Teil auf Kosten der Gemeingüter geht, von denen sie umgeben ist:

- vor allem auf Kosten des Naturkapitals, also der naturgegebenen Gemeingüter wie Klima, Boden, Luft, Biodiversität, Gewässer und so weiter sowie der Dienste, die sie leisten;
- aber auch auf Kosten der gesellschaftlich gegebenen Gemeingüter wie soziale Gerechtigkeit und sozialer Zusammenhalt, also zu Lasten des Sozialkapitals einschließlich der familiären, nachbarschaftlichen und ehrenamtlichen Netzwerke, die hier mit der Bezeichnung Lebensweltwirtschaft charakterisiert werden[3].

10.1 Nachhaltige Wettbewerbsordnung

Nachhaltiges Wirtschaften ist kein Verzicht auf den Einsatz von Chemie und Computer, es ist Wirtschaften ohne unbezahlte Aneignung und ohne Substanzverzehr. Das ist bislang keineswegs gegeben, im Gegenteil. Wirtschaftsakteure – Unternehmen, aber auch Personen – nehmen regelmäßig natürliche Gemeingüter wie Luft, Boden, Gewässer oder die Vielfalt der Arten in Anspruch, ja entwerten und schädigen sie, ohne für die Nutzung ein Entgelt zu entrichten oder einen Ausgleich für Zerstörungen zu leisten. Selbst wenn sie ein Eigentumsrecht auf ein Stück Natur geltend machen können, beeinträchtigen Schadensfolgen nicht selten den Gemeingutcharakter von Ökosystemen. Man kann dies die parasitäre Grundstruktur des menschlichen Wirtschaftens im Allgemeinen und der gewinnorientierten Wirtschaft im Besonderen nennen.

Keine Kostenüberwälzung

Wie gefährdet die Substanz ist, erkennt man schon daran, dass nicht nur Gemeingüter, sondern sogar Privatgüter allzu leicht zugunsten eines momentanen Verwertungsinteresses in Mitleidenschaft gezogen werden. Kleingärtner vergiften oft den Boden mit Schädlingsvertilgungsmitteln, Landwirte lassen ihn durch Monokultur erodieren, Bergbauunternehmen suchen die Rekultivierung der abgebauten Flächen zu vermeiden. Zum System wird diese Fahrlässigkeit allerdings, wenn, wie in vielen Ländern, die natürlichen Gemeingüter niemandes Eigentum sind. Dann werden sie oft ungestraft und kostenlos der Abnutzung preisgegeben. Verbrauchtes Wasser wird ungereinigt in den Boden, den Fluss oder das Meer geleitet, Schadstoffe werden emittiert, gesundheitsschädliche Produkte kommen auf den Markt, oder die Plantagenwirtschaft ruiniert Böden sowie die Gesundheit der Arbeiter. In einigen Fällen wie beim Abwasser sind dagegen Gesetze erlassen worden oder müssen Gebühren entrichtet werden. Doch nicht selten kommt für die schädlichen Folgen niemand auf. Die Kosten werden, wie die Wirtschaftswissenschaftler sagen, externalisiert, und das heißt: Um des eigenen Vorteils willen wird die Umwelt und die

Allgemeinheit mit ihnen belastet. Diese Schädigung der Gemeingüter durch Abwälzung privater Kosten kann es in einer nachhaltigen Wirtschaft nicht mehr geben.

Aber auch die gesellschaftlichen Gemeingüter brauchen einen Schutz. So wie die Abwälzung privater Kosten auf die natürliche Mitwelt das Naturkapital schmälert, so bewirkt die Abwälzung auf die soziale Mitwelt, dass das Sozialkapital abgebaut wird. Dieser Abbau hat viele Formen. So werden Marktpartner geschädigt, wenn Aufwendungen für das Vermeiden einer Schädigung unterbleiben, etwa indem ungesunde Arbeitsbedingungen nicht behoben werden. Auch das »Freisetzen« von Arbeitnehmern bei gutem Geschäftsgang ist als Kostenabwälzung zu betrachten, wenn es etwa erfolgt, weil der technische Fortschritt menschliche Arbeit einspart und die Unternehmen Mitarbeiter entlassen, anstatt denen, die Teilzeitarbeit in Anspruch nehmen möchten, dies auch tatsächlich zu ermöglichen. Auch in globalen Zusammenhängen werden Kosten abgewälzt, wenn beim Import von Billiggütern hiesige Kunden von der Ausbeutung der Arbeit wie der Umwelt im Herstellerland profitieren.

Keine Aneignung zum Nulltarif

Neben der Externalisierung von Schäden greift die übermäßige Entnahme in den Bestand der Gemeingüter ein. Sobald nämlich Gemeingüter wie Meere, Wälder oder genetisches Material kommerziell interessant werden, sind Versuche zur Eingrenzung des Gemeinschaftsgutes und seiner Aneignung nicht fern. Sie laufen oft darauf hinaus, Teile des Gemeineigentums in private Verfügung zu überführen, unter Umständen sogar ohne Zustimmung oder Entschädigung des Besitzerkollektivs. Es verstößt indessen gegen das Prinzip, dass die Nutzung des Gemeinguts allen zusteht, wenn Erträge, die aus der wirtschaftlichen Nutzung von Gemeingütern resultieren, privat angeeignet werden. Denn Übernutzung verringert die Nutzbarkeit für alle und ist nur durch Wiedergewinnung oder Ersatz des Verbrauchten zu rechtfertigen. Und Aneignung verringert den Nutzen für die Ausgeschlossenen und ist nur zu rechtfertigen, wenn das Angeeignete so verwendet wird, dass es indirekt auch diesen zugutekommt, wie es der Sozialbindung des Privateigentums[4] entspricht. Die Sozialbindung soll ja nicht den Nießbrauch durch den Eigentümer verhindern, sondern dass die anderen dadurch ungerecht benachteiligt werden. Je weniger solche Nutznießung auf eigener Leistung beruht, desto mehr kommt sie der monopolistischen Aneignung eines Einkommens gleich, das aus der Knappheit der genutzten Gemeingüter erwächst, des Bodens zum Beispiel, der Rohstoffe, des Klimas, des öffentlichen Vertrauens – und nicht zuletzt des Marktes selbst.

Keine Wertaufblähung

Werden Werte ohne Entgelt von der Sphäre der Gemeingüter in die Sphäre der Geldwirtschaft transferiert, dann findet eine Aufblähung der Wertschöpfung statt. Wo soziale und ökologische Kosten unzureichend im Preis widergespiegelt werden, beruht ein Teil des ökonomischen Werts auf Freibeutertum – um nicht zu sagen: Ausbeutung. Ohne Zweifel hat die heimliche Belastung der Gemeingüter zu einer allgemeinen materiellen Bereicherung geführt. Die Abwälzung privater Kosten hat die Waren billiger gemacht – also wurden mehr Marktgüter produziert und gekauft, als bei nachhaltigem Wirtschaften möglich gewesen wäre. Das treibt allenthalben die Einkommen nach oben, und zwar sowohl auf Seiten der Kapitaleigner wie auch auf Seiten der Konsumenten. Es entstehen Überprofit und Überkonsum, weil Güter so billig produziert werden können, dass mehr von ihnen gekauft werden, als bezahlbar wären, wenn dafür die wahren Kosten entrichtet werden müssten. So befördert die Abwälzung privater Kosten auf Natur und Gesellschaft, dass sich das gesamte soziale Gefüge zu immer höheren Ansprüchen aufschaukelt. Robert Frank hat das mit einem Rüstungswettlauf verglichen.[5] Die Reichen suchen und finden neue, kostspieligere Maßstäbe des Wohnens, des Komforts, der Mobilität und vergrößern damit auch die Ansprüche der Einkommensschicht unmittelbar unter ihnen. Die dortigen Ansprüche wirken sich wiederum auf die nächst niedrigere Schicht aus und so fort. Dabei wird die Verteilung ungleicher, weil seit der Liberalisierung der Kapitalmärkte die höchsten Einkommen steigen, die mittleren schrumpfen und die unteren fallen (▸ Kapitel 6).

Verhängnisvollerweise führt verstärkte Statuskonkurrenz dazu, dass die marktfreien Güter verdrängt werden. Selbstbestimmte Entfaltung, gesunde Lebensführung, menschliche Zuwendung, soziale Eingebundenheit, gemeinschaftsbezogenes Handeln lassen sich nicht kaufen. Sie werden von den Menschen gleichsam selbst hergestellt. Wieweit diese Güter realisiert werden, hängt weitgehend vom persönlichen Bemühen und der Verbundenheit mit anderen Menschen und der Natur ab. Auch all dies sind Güter, aber sie sind marktfrei, sei es, weil sie kein anderer herstellen kann als ich selbst, sei es, weil ich sie von anderen nur als Geschenk bekommen kann. Sie werden beiseitegeschoben, weil sie sich nicht wie die Marktgüter durch Abwälzung von Kosten verbilligen lassen.

Wettbewerb ohne Substanzverzehr

Dass die Externalisierung die Gemeingüter aufzehrt, ist nicht im Bewusstsein, weil die Gemeingüter selbst aus der Sprache der Wirtschaft und des Wirtschaftsrechts ausgeblendet sind. Die Allianz von Staat, der Steuereinnahmen brauchte, und Kapital, das frei verwendbare Gewinne suchte, hat seit Jahr und Tag bewirkt, dass die Maßstäbe einer nur auf sich bezogenen Erwerbswirtschaft das gesamte Wirtschaftsleben dominieren. Die Begriffe, mit denen wirtschaftliche Entscheidungen und Ergebnisse dargestellt und bewertet werden, berücksichtigen ausschließlich solche Transaktionen (Lieferungen, Zahlungen), Bestände (Anlagen, Forderungen, Zahlungsverpflichtungen) und Risiken (Ausfälle, Ersatzleistungen), die für die Erhaltung und Vermehrung des Finanzkapitals relevant sind. Die Schutzwürdigkeit der Gemeingüter ist mit ihnen nicht zu erfassen.

Deshalb reicht es für Nachhaltigkeit nicht aus, dass auf einem Markt Wettbewerbsfreiheit herrscht. Nachhaltigkeit erfordert, dass die Marktteilnehmer ebenso daran gehindert werden, durch Externalisierung privater Kosten die Gemeingüter zu übernutzen. Das zu verhindern erfordert ein staatliches Reglement, das die Ausübung jener Macht unterbindet, die die Marktteilnehmer gegen die natürliche und soziale Mitwelt ausüben – und damit indirekt auch gegeneinander richten.

So erweitert das Nachhaltigkeitsziel die überlieferte Vorstellung von Marktfreiheit. Es genügt für eine nachhaltige Entwicklung nicht, wenn die Freiheit von Marktmacht, also die Freiheit vom übermäßigen Einfluss des Staates oder der Konzerne, durch die Wettbewerbsordnung gewährleistet ist. Vielmehr muss neben ihr die Freiheit zu nachhaltigem Markthandeln gesichert werden. Aber gerade nachhaltigkeitsfördernden Produkten und Diensten – man denke an Bio-Lebensmittel – ist der Marktzutritt oftmals erschwert, beispielsweise weil der Verzicht auf Externalisierung sie teurer oder weniger komfortabel macht. Oder weil die Wahrnehmung ihrer spezifischen Vorteile durch Intransparenz verschleiert wird.

Bisher wird die Freiheit zur Nachhaltigkeit durch ein Wettbewerbskonzept behindert, das auch Unternehmen schützt, die ihre Produktionskosten externalisieren. Das bewirkt Substanzverzehr – den Verzehr von realem Naturkapital, Sozialkapital und sogar Produktionskapital – und damit das Gegenteil von nachhaltiger Entwicklung. Insgesamt ist das bestehende Wettbewerbsrecht blind dafür, dass die Abwälzung von Kosten auf Umwelt und Gesellschaft einer Erschleichung ungerechter Wettbewerbsvorteile gleichkommt.

Wenn nachhaltige Entwicklung vorankommen soll, kommt einer Neuregelung besondere Dringlichkeit zu: Das Wettbewerbsrecht darf nicht mehr die externalisierende Konkurrenz schützen. Das ist allerdings der Fall und wird von internationalen Regeln sogar noch erzwungen – über die Europäische Union, die Welthandelsorganisation oder auch die nordamerikanische Freihandelsorganisation NAFTA. Versuche von regionalen oder nationalen Autoritäten, die Externalisierung zu erschweren – zum Beispiel indem sie den Verbrauchern eine Bevorzugung regionaler Produkte erleichtern –, können als Gefährdung getätigter Investitionen beziehungsweise Diskriminierung betrachtet und durch Drohung mit einer Klage wegen Wettbewerbsbeschränkung verhindert werden. Das Kapitel 12 des North American Free Trade Agreement (NAFTA) gibt beispielsweise Firmen aus einem der drei Unterzeichnerstaaten Kanada, USA und Mexiko das Recht, von den anderen Regierungen Schadensersatz zu fordern, wenn diese den Import eines umwelt- und gesundheitsschädlichen Produkts untersagen, das im Heimatstaat der Firma bereits verboten ist.[6]

Daher gehört eine Revision des Wettbewerbsrechts wesentlich zu den Rahmenbedingungen einer ökologisch-sozialen Marktwirtschaft. Dabei geht es im Kern darum, Kooperationen und Abkommen, die um der Nachhaltigkeit willen eingegangen werden, vom Makel wettbewerbsfeindlicher Absprachen zu befreien.

Im nationalen Rahmen erfordert das Nachhaltigkeitsziel, die Paragraphen 4 bis 7 des Gesetzes gegen unlauteren Wettbewerb um einen weiteren Paragraphen zu ergänzen, der Wettbewerbshandlungen untersagt, bei denen Unternehmen sich durch Externalisierung von Kosten Wettbewerbsvorteile verschaffen. Ebenso müssen die Ausnahmen des Kartellverbots um eine weitere Ausnahme ergänzt werden: Kooperative Vereinbarungen zur Unterlassung von Externalisierungshandlungen dürfen im Interesse nachhaltiger Entwicklung nicht als verbotene Wettbewerbsbeschränkungen angesehen werden.

Weiterhin müssen solche Kooperationen und Empfehlungen, die dem Schutz der Mitbewerber gegen durch Kostenexternalisierung herbeigeführte Wettbewerbsvorteile dienen, vom Verbot wettbewerbsbeschränkender Vereinbarungen und Verhaltensweisen in Artikel 81 des Vertrags zur Gründung der Europäischen Gemeinschaft ausgenommen werden. Ebenso fehlt in Artikel 87, der die Unzulässigkeit wettbewerbsverfälschender staatlicher Beihilfen festschreibt, eine ausdrückliche Ausnahmeregelung für Beihilfen zur Förderung der nachhaltigen Entwicklung.

Auf der Grundlage eines rechtlich relevanten Wettbewerbsbegriffs, der Externalisierung ausschließt beziehungsweise den Nachweis kontinuierlicher Bemühung fordert, kann Schritt für Schritt dafür gesorgt werden, dass die Nachhaltigkeitsfortschritte einzelner Unternehmen nicht mehr behindert werden und schneller Nachahmung und Verbreitung finden als bisher. Denn es mangelt nicht an Pionierunternehmen, doch einstweilen bleiben sie allein.

Seit die elementaren Lebensbedingungen auf der Erde als bedroht erkennbar sind, werden zwei Fragen immer dringender: Wie lässt sich die stoffliche Größe des Wirtschaftssystems begrenzen? Und: Wie kann das getan werden, ohne weitere soziale Polarisierung heraufzubeschwören? In der ersten Frage steckt das Postulat, dass die Belastung der Biosphäre nur zurückgebaut werden kann, wenn Ressourcen- und Emissionsbedarf der Wirtschaft sich vermindern. In der zweiten Frage verbirgt sich die Einsicht, dass jede Begrenzung des verfügbaren Umweltraums die Tendenz hat, Verteilungskonflikte hervorzurufen. Institutionen einer nachhaltigen Wirtschaft müssen deshalb in der Lage sein, zwei Aufgaben zu erfüllen. Einerseits müssen sie den Stoffwechsel der Erwerbswirtschaft mit der Natur gestalten, und zwar so, dass der Regenerationsfähigkeit der Natur über die Zeit ungeschmälert erhalten bleibt. Andererseits müssen sie für die Verteilung der nutzbaren Naturgüter in der (Welt-)Gesellschaft Sorge tragen, und zwar so, dass alle Menschen Zugang zu ihrem gerechten Anteil haben.

Die Natur als Produzentin

Die Geldwirtschaft ist nicht die ganze Wirtschaft. Auch die Natur erbringt Leistungen, die für Überleben und Wohlstand von entscheidendem Gewicht sind. Allerdings hatten Theorie und Praxis der geldvermittelten Wirtschaft diesen vitalen Sachverhalt bis in die jüngste Zeit ausgeblendet. Sie waren für nahezu 200 Jahre von der Grundannahme geprägt, dass die Natur in unerschöpflicher Fülle zur Verfügung stehe. Weil folglich bei den Leistungen der Natur keine Knappheit herrschte, hatten die Naturgüter keinen Preis und konnten auch außerhalb der wirtschaftlichen Betrachtung bleiben. Doch die historischen Umstände, welche einst diese Annahme begründet hatten, haben sich heute grundlegend verändert. Während vor 200 Jahren die Wirtschaftätigkeit der Menschen klein erschien im Vergleich zum jährlich erneuerten Reichtum der Natur, hat sich die Situation heute umgedreht: Die Wirtschaft ist gigantisch gewachsen, und der Reichtum der Natur ist im Schwinden begriffen. Deshalb lässt sich die hergebrachte Annahme nicht mehr aufrechterhalten, dass die Erwerbs-wirtschaft von Knappheit und die Natur vom Überfluss regiert sei. Auch die Natur ist knapp geworden, sie fordert Beachtung ein und tut unübersehbar kund, dass sie zum Ganzen der Wirtschaft gehört.

In der herkömmlichen Wirtschaft ist die Natur kein Marktteilneh-mer. Ihr Beitrag zur Wertschöpfung bleibt unerkannt und unberück-sichtigt. Diesem Befund widerspricht die offensichtliche Tatsache, dass Kupfer oder Uran, Fische oder Holz selbstverständlich zu einem Preis auf dem Markt verkauft werden, nur zum Teil. Doch dieser Preis spie-gelt nicht deren biosphärischen Wert. Bezahlt wird in der Regel für die erforderliche Menge an Arbeit und Kapital, um die Naturleistungen verfügbar zu machen. Mit anderen Worten: Der Preis reflektiert le-diglich die Kosten für Abbau, Förderung, Transport und Verarbeitung, aber nicht jene, die für die ökologischen Gewebe des Lebens entstehen. In der Tat, Verluste, die dem Produktivvermögen der Natur zugefügt werden, erscheinen in keiner Bilanz, weder einer volkswirtschaftlichen noch einer betriebswirtschaftlichen.

Um diese Leerstelle in ihrer Reichweite hinreichend ermessen zu können, lohnt es, sich das Panorama der stillschweigenden Leistun-gen der Natur zu vergegenwärtigen. Denn die marktfähigen Güter der Natur sind zwar von augenfälliger Bedeutung, doch gewichtiger noch sind ihre nichtmarktfähigen Leistungen. Zur ersteren Klasse der »eco-system services«, wie das die ökologische Wissenschaft nennt, zählt die ganze Bandbreite der Inputs, die aus der Natur entnommen und in den Wirtschaftskreislauf eingeführt werden, wie Festmeter an Holz, Barrels an Öl, Tonnen an Baumwolle, Liter an Wasser. Weniger offen-sichtlich sind freilich die Leistungen der Ökosysteme für den Unter-halt jener bio-geo-chemischen Zyklen, seien sie global oder lokal, wel-che das Gewebe des Lebens stabil halten. Ob die Natur über die Foto-synthese für Pflanzennahrung, über Insekten für die Bestäubung von Blüten, über Meeresströmungen für die Fruchtbarkeit von Land-strichen oder über Luftdruck für den Transport enormer Wassermas-sen sorgt – immer erneuert sie, ganz unentgeltlich, die Springquel-len jeder biologischen Existenz.[7] Ein Wald zum Beispiel liefert nicht nur Holz für Möbel oder Bahnschwellen, sondern spielt eine Rolle in der Reproduktion der Lebensgewebe. Er filtert und speichert Wasser, er reguliert den Wasserabfluss in Bächen und Flüssen, festigt den Boden, ernährt Wildtiere und auch Vögel und stellt für die Luft eine Art Kläranlage dar. Die lebenserhaltenden Dienste der Ökosysteme dünnen jedoch aus, wenn sie durch Übernutzung oder durch Schadstoffeintrag über ihre Regenerationsfähigkeit hinaus belastet werden: Umkippende Seen, Überhitzung der Atmosphäre oder Niedergang der Bodenfruchtbarkeit sind andere Beispiele.

Diese Dienste der Natur werden nicht auf Märkten gehandelt. Sie entziehen sich auch der monetären Quantifizierbarkeit. Dennoch hat man in einigen Studien versucht, sich einen groben Eindruck vom wirtschaftlichen Wert dieser Naturökonomie zu machen. Nimmt man alles zusammen – Inputs, Wasserregulierung, Biodiversität, Klima, Bodenfruchtbarkeit, Reproduktion –, beläuft sich der wirtschaftliche Wert dieser Leistungen auf viele Billionen Dollar[8], nach einer Berechnung von 1997 genauer auf die Größenordnung von 33 Billionen Dollar jährlich[9], was damals fast dem doppelten Betrag des globalen Bruttosozialprodukts entsprach. Dabei versteht sich von selbst, dass vollends unwägbare Qualitäten wie Ästhetik und Metaphysik der Natur außerhalb der rein monetären Betrachtung bleiben. Auf eher lokaler Ebene lässt sich auch zeigen, dass die nichtmarktfähigen Leistungen in ihrem wirtschaftlichen Wert höher, ja sogar bedeutend höher sein können als die marktfähigen Leistungen. Eine der umfassendsten Studien dieser Art hat zum Beispiel den wirtschaftlichen Wert der Wälder in acht Mittelmeerländern untersucht.[10] Es ergab sich, dass die nichtmarktfähigen Leistungen wie Wasserschutz, Kohlenstoffbindung oder Erholungswert mehr als dreimal so hoch einzuschätzen sind wie die marktfähigen Produkte wie Holz, Brennstoff und Weide. Im Fallbeispiel kommt damit die Ganzheit der Wirtschaft zum Ausdruck: Die Leistungen der Natur für Überleben und Wohlstand übersteigen jene der Erwerbswirtschaft; deshalb ist es auf Dauer selbstzerstörerisch, im Namen der Erwerbswirtschaft die unentgeltliche Produktivkraft der Natur zu untergraben.

Cap & Share

In der Geschichte sind institutionelle Übereinkünfte, den Gebrauch der Natur um des Gemeinwohls willen zu begrenzen, durchaus nicht unbekannt: Vieh durfte nur nach bestimmten Regeln und Rhythmen auf die Weide, Holzeinschlag wurde durch die Obrigkeit beschränkt, und am Oberlauf von Flüssen war Verschmutzung untersagt. Ungleich umfassender und ungleich komplexer stellt sich diese Aufgabe heute. Das Gemeinwohl verlangt, das Volumen des Stoffwechsels zwischen Menschheit und Biosphäre so zu begrenzen, dass die Naturökonomie nicht heruntergewirtschaftet wird. Aus diesem Grund sind Grenzziehungen zwischen Geldökonomie und Naturökonomie zu einer öffentlichen Aufgabe ersten Ranges geworden. Dabei geht es im Prinzip um drei Herausforderungen: erstens die Entnahme von Rohstoffen auf einem erneuerbaren Niveau zu stabilisieren; zweitens den Ausstoß von Emissionen auf einem unschädlichen Niveau zu halten; und drittens den Umfang der von Menschen genutzten Landfläche auf einem für die anderen Lebewesen zuträglichen Niveau zu belassen.

Von der lokalen bis zur globalen Ebene der Politik konnte man in den vergangenen Jahrzehnten einen rasanten Zuwachs an Grenzwerten, Höchstmengen, Reduktionszielen, Schwellenwerten beobachten. Es sind zahlreiche rechtliche und institutionelle Innovationen zuwege gebracht worden, welche eine neue Staatsaufgabe andeuten – nämlich die, neben den Beziehungen unter den Menschen auch die Beziehungen zwischen den Menschen und der Natur zu regeln. Was Entnahmen aus der Natur anlangt, so kann man von einer Politik der Begrenzung (»capping«) beim Jagd- und Sammelverbot für gefährdete Arten oder bei der Definition von Fischfangquoten sprechen. Was Emissionen anlangt, so reicht die Palette der Begrenzung von zulässigen Höchstwerten für Luft- oder Wasserverschmutzung über Schwellenwerte für den Nitrateintrag in Böden und Gewässer bis hin zu Reduktionszielen für Treibhausgase. Und was schließlich den Verbrauch von Fläche angeht, so gehört die Ausweisung von Naturschutzgebieten zu den ältesten Maßnahmen der Umweltpolitik, später gefolgt von Minderungszielen bei der Ausweitung der überbauten Fläche.

Jede Begrenzung allerdings wirft die Frage auf, wie die zugelassene

Menge an Naturnutzung zwischen den Wirtschaftsteilnehmern aufgeteilt werden kann. Wenn das Angebot an Boden, Fisch, Öl, atmosphärischer Deponie begrenzt werden muss, wer soll dann wie viel vom Rest bekommen? Es ist offensichtlich, dass an dieser Verteilungsfrage für die einen die wirtschaftliche Stärke und für die anderen das Überleben hängt, je nach Position im (welt-)gesellschaftlichen Machtgefüge. Nachdem die Begrenzung von Entnahme und Emission schon seit Jahren zu den Streitthemen der nationalen und internationalen Politik gehört, ist zu erwarten, dass künftig Fragen der Verteilung des noch verfügbaren Umweltraums verstärkt hinzutreten werden. Schematisch gesprochen gehen dabei die Konflikte darum, ob und wieweit diese Verteilung nach Rechtsansprüchen, über Kaufkraft, nach Bedürfnis oder über schiere Macht erfolgt. So geht beispielsweise die Verteilung von Emissionsrechten nach dem Kyoto-Protokoll nach einer Mischung von Recht und Macht vor sich. Beim Öl ist eine Mischung von Macht und Kaufkraft zu beobachten. Beim Getreide geht es nach Kaufkraft zu, aber auch – bei Nahrungsmittelhilfe – nach Bedürfnis oder menschenrechtlichem Anspruch.

Allerdings unterscheiden sich Konflikte um die Verteilung natürlicher Güter von anderen Verteilungskonflikten in doppelter Hinsicht: Zum einen ist die Biosphäre, noch vor allen privaten oder staatlichen Eigentumstiteln, ein Gemeingut der Menschheit, und zum anderen hat jeder Mensch, weil er oder sie ein biologisches Wesen ist, ein Grundrecht auf ein notwendiges Minimum an Naturgütern.[11] Im Licht eines solchen Rechtsverständnisses sind deshalb dem Privateigentum an Naturgütern und dem Handel mit ihnen prinzipielle Grenzen gesetzt: Ab einer bestimmten Schwelle haben Gemeinschaftsbesitz und Menschenrecht Vorrang. Insbesondere wenn die Verteilung eines natürlichen Guts durch den Preis reguliert wird, bleiben leicht die persönlichen und kollektiven Rechte von Menschen auf der Strecke. Denn steigende Preise aufgrund von Knappheiten – man denke an Nahrungsmittel oder an Treibstoff – treffen in erster Linie jene, die über wenig Kaufkraft verfügen, also die verschiedenen Klassen von Armen. Abgesehen von damit verursachten individuellen Notlagen ist das deshalb bedenklich, weil Gemeingüter das gemeinsame Erbe der Menschheit ausmachen, das den jetzt Lebenden zu treuen Händen

Ökologische Ungerechtigkeit

Die Abwälzung privater Kosten auf die Umwelt stellt häufig eine doppelte Ungerechtigkeit dar: Nicht nur bereichern sich Einzelne auf Kosten der Allgemeinheit (einschließlich künftiger Generationen). Sie benachteiligen zudem bestimmte soziale Gruppen in besonderem Maße, indem ihre Entfaltungs- und Freiheitsspielräume stärker eingeschränkt werden als die anderer. In beiden Bedeutungen ist von *ökologischer* Ungerechtigkeit zu sprechen (im Unterschied zu *sozialer* Ungerechtigkeit, deren Verursachung im Miteinanderleben liegt). So etwa sind Bürger unterer sozialer Schichten (gemessen an Einkommen, Bildung und Beruf) in Deutschland vielfach stärker als andere durch verkehrsbedingte Luftschadstoffe und einen höheren Lärmpegel oder durch Schwermetalle mit Staubniederschlag in ihrer häuslichen Umgebung belastet. Sie besitzen weniger Zugang zu Grünflächen, weil sie häufiger an verkehrsreichen Straßen oder in der Nähe von Industrieanlagen wohnen. Auch Informiertheit und Umweltbildung spielen hier neben dem Einkommen eine wichtige Rolle, weil zum Beispiel der Schutz vor Produkten mit gesundheitsschädlichen Bestandteilen Wissen voraussetzt. Informationen über eine umwelt- und gesundheitsschonende Lebensweise erreichen jedoch häufig nur die Bevölkerungsgruppen, die ohnehin bereits in Milieus mit einem hohen Grad an Umweltbewusstsein leben.

Was hier für Deutschland und seine unterschiedlich betroffenen sozialen Schichten gezeigt wurde, gilt in ungleich höherem Maße für die Bevölkerung in den so viel ärmeren und klimatisch stärker belasteten Ländern des Südens.

übergeben und für die zukünftigen Generationen zu bewahren ist. Das gilt, nebenbei bemerkt, auch für nichtnatürliche globale Gemeingüter wie das Völkerrecht, das Wissen, den Weltraum, die Welterbestätten oder auch das Internet.[12]

Den Gemeingütern Sitz und Stimme geben

Um die Beziehungen der Menschen zur Natur zu regeln, gibt es bislang keinen einheitlichen Typus von Institutionen. Auch bei den politischen Institutionen hat die Natur keinen eigenen Fürsprecher, die Gemeingüter haben weder Sitz noch Stimme in den Gremien der Willensbildung und Entscheidung. Gewiss, es gibt national und international das Umweltrecht, doch geht dabei die Regelsetzung gewöhnlich aus dem Kampf zwischen Interessengruppen hervor. Es dominieren Interessen der kurzen Frist und der heutigen Generation. Es ist von daher nicht überraschend, dass der Schutz der Ökosysteme ein ums andere Mal das Nachsehen hat. Es ist aus diesem Grund an einen Typ von Institutionen zu denken, die eine gewisse Unabhängigkeit haben, vergleichbar etwa der relativen Unabhängigkeit des Rechtswesens oder der Zentralbank gegenüber der Tagespolitik. Peter Barnes hat dafür die Einrichtung von »commons trusts« vorgeschlagen[13], also von Treuhandinstitutionen, denen die Sorge für das langfristige Wohlergehen der Gemeingüter aufgetragen wird.

Solche Institutionen haben die Aufgabe, treuhänderisch für heutige und zukünftige Generationen Nutzungsgrenzen für natürliche Gemeingüter zu bestimmen, Nutzungslizenzen gegen Geld auszugeben und die Einnahmen den Bürgerinnen und Bürgern, als den kollektiven Eigentümern, zugutekommen zu lassen. Damit gewinnt das Gemeinschaftseigentum eine Rechtsposition gegenüber dem privaten Eigentum. Es zu beanspruchen kostet einen Preis wie jegliche Beanspruchung fremder Leistung oder fremden Besitzes. Denkbar sind Treuhandinstitutionen beispielsweise für das Management von Fisch- oder Waldbeständen, von Boden, Grundwasser und Metallen sowie für Klima- und andere Schadstoffemissionen. Und denkbar sind sie auch auf regionaler, nationaler und globaler Ebene. Mit Institutionen wie einer Meerestreuhand, einer Bodentreuhand oder einer Klimatreuhand könnten in der Marktgesellschaft Leitplanken für die Kapitalakkumulation eingezogen werden. Die anhaltende Hegemonie des Geldkapitals über das Naturkapital wäre gebrochen.

Dem Treuhandgedanken am nächsten kommt das Modell eines Sky-Trust, einer Klimatreuhand.[14] Der Grundgedanke dieses Vorschlages, der zunächst für die USA entwickelt wurde, erklärt alle Bürger zu Miteigentümern der Atmosphäre, genauer: jenes Teils, der den USA zusteht – gemessen an ihrer Bevölkerungszahl. Auch hier wird zunächst die Obergrenze der Belastung durch CO_2-Emissionen festgelegt. Das Recht der Nutzung wird in quantitativen Einheiten versteigert – und zwar kosten die Anteile desto mehr, je begrenzter die Verschmutzungsrechte werden müssen, solange die Atmosphäre durch immer mehr Menschen und immer höhere energetische Ansprüche belastet wird. Durch diese Emissionskosten werden Produkte und Dienstleistungen im Preis steigen. Gleichzeitig entstehen hohe Erträge. Sie werden, nach Abzug des für die Erhaltung des Gemeingutes erforderlichen Anteils, an alle Miteigentümer gleichmäßig verteilt. Wer viel konsumiert, Auto fährt, fliegt, zahlt also mehr, als er erhält. Wer mäßig konsumiert und Energie spart, bekommt zurück, was er mehr ausgeben musste, oder macht sogar noch einen Gewinn.

Der Sky-Trust hat damit eine deutliche soziale Komponente. Arme und Geringverdienende erhalten einen Vorteil, weil sie wenig Energie verbrauchen. Luxus oder unbedachter Konsum dagegen wird erheblich belastet. Für Produzenten wie Konsumenten gibt es so einen starken Anreiz, durch bessere Technologie beziehungsweise maßvollen Konsum Energie und damit Geld zu sparen. Für die Europäische Union lässt sich ein vergleichbares Modell entwickeln[15], indem der europäische Emissionshandel in einen kontinentalen Sky-Trust umgewandelt wird (▸ Kapitel 13).

10.3 Aufwertung der Lebensweltwirtschaft

Die Lebensweltwirtschaft gilt dem Hauptstrom der professionellen Ökonomie als ein Randphänomen. Tatsächlich bildet sie das Fundament aller Erwerbswirtschaft und überragt sie zum Teil auch in der Größenordnung (▸ Kapitel 9 und 15).

Was dazu gehört

Zunächst einmal die vielen Formen der Eigenarbeit, Versorgungs- und Betreuungsarbeit – also alles, was im Haushalt, in der Versorgung der Familie und der Betreuung der Kinder von den Haushaltsmitgliedern selbst geleistet wird, auch in der Fürsorge für Alte, Kranke, Behinderte. Ebenso, was in Haus und Garten an handwerklicher Eigentätigkeit geschieht. Außerdem zählt dazu, was dem Gemeinwesen zugutekommt und als bürgerschaftliches Engagement oder »Bürgerarbeit« bezeichnet wird: ehrenamtliche Mitarbeit in der freien Wohlfahrt, in Schulen, Parteien, Gewerkschaften, Kirchen, in Sportvereinen, in Bürgerinitiativen und Nichtregierungsorganisationen, in Selbsthilfegruppen, in der Stadtteilarbeit (► Kapitel 19). Zu ihr gehören Organisationen wie pro familia und die Lebenshilfe, Stiftungen nicht anders als die Tauschringe und die Regionalwährungen. Auch die Schattenwirtschaft ist zu ihr zu rechnen, soweit sie nicht im strafrechtlichen Sinn kriminell ist. Und noch einmal eine eigene Dimension sind die spontanen Dienste für andere, von der Nachbarschaftshilfe über die persönliche Fürsorge für Obdachlose und die Unterstützung Alleinerziehender bis zur Reparatur des Klettergerüstes auf dem nahen Kinderspielplatz – um nur Weniges zu nennen. Alle gemeinsam sind sie Dienste, die für die Wohlfahrt einer Gesellschaft unentbehrlich sind.

Kriterium dafür, ob etwas der Lebensweltwirtschaft zugerechnet wird, ist für manche der unentgeltliche Charakter des in ihr Geschaffenen, seien es Dienste oder Sachgüter. Für andere ist es das Freiwillige und Informelle der in ihr geleisteten Arbeit. Beide Kriterien haben ihr Legitimation. Sie erfassen all das an Leistungen, was ohne Gewinnzweck der Erhaltung und Kultivierung von Gemeingütern, sowohl des Naturkapitals als auch des Sozialkapitals, gewidmet ist. In diesem Sinn sind der Lebensweltwirtschaft auch die nicht gewinnorientierten Weisen der Erwerbswirtschaft, die gemeinnützigen Unternehmen und Genossenschaften, die großen Hilfsorganisationen der Kirchen und der freien Wohlfahrtspflege nahe.

Bedeutung der Lebensweltwirtschaft

Vom Anteil der Arbeitszeit her übertrifft die Lebensweltwirtschaft die Erwerbswirtschaft bei weitem.[16] Die in Deutschland in ihr geleistete Arbeit verhält sich zur Erwerbsarbeit wie 98 zu 56 Milliarden Stunden. Der größte Teil davon, nämlich 83 Milliarden Stunden, sind die Dienste in Haushalt und Familie. In ihnen wird also erheblich mehr Arbeit verrichtet als in Unternehmen, Behörden und Verbänden. Auf die Eigenproduktion materieller Güter im Haushalt entfallen darüber hinaus zehn Milliarden, auf die Bürgerarbeit fünf Milliarden Stunden. Diese letzte Zahl sieht gering aus, ist aber viel im Verhältnis zu den gemeinschaftsbezogenen Tätigkeiten der öffentlich Bediensteten in den Ämtern. Sie umfassen etwa 4,5 Milliarden Stunden. Das heißt, die Bürgerarbeit hat schon heute einen größeren Umfang als die Erwerbsarbeit im öffentlichen Dienst und wird angesichts der knappen öffentlichen Finanzen in den kommenden Jahren aller Voraussicht nach weiter zunehmen.[17]

Der monetäre Wert der Lebensweltwirtschaft ist nicht leicht und auch nur teilweise zu ermitteln. Das ist einer der Gründe, warum sie im Sozialprodukt bisher nicht erscheint. Die in ihr geleistete Arbeit wird ja nicht im Sinne von Erwerbsarbeit entlohnt und will auch in vielen Fällen gerade nicht als geldwerte Leistung verstanden sein. Zudem umfasst sie die unterschiedlichsten Arbeiten, von einfachen Handreichungen bis zu hohe Kompetenz erfordernden Tätigkeiten, etwa in der Erziehung und Fürsorge, bei handwerklichen Tätigkeiten und kommunaler Mitarbeit. Diese sind, unabhängig von ihrer sozialen und kulturellen Bedeutung, Teil der Volkswirtschaft, weil sie zur realwirtschaftlichen Wertschöpfung beitragen. Setzt man dafür einen moderaten, gemittelten Stundensatz an, dann leistet die Lebensweltwirtschaft, gemessen an der in ihr verrichteten Arbeit, einen konstitutiven Beitrag zum finanziellen Wohlstand der Gesellschaft, und zwar in einer Höhe, die der der Erwerbsarbeit nicht nachsteht.[18] Vielleicht ist es erst diese monetäre Dimension der Lebensweltwirtschaft, die ihr in einer so stark von materiellen Werten bestimmten und so auf Wachstum fixierten Gesellschaft die nötige Aufmerksamkeit verschaffen kann.

Eine verborgene Säule der Volkswirtschaft

Dieser ganze Bereich bildet eine verborgene Säule, die – analog zur Naturökonomie – zusammen mit der Erwerbswirtschaft die Volkswirtschaft trägt. Denn ohne Lebensweltwirtschaft kann die Erwerbswirtschaft nicht stattfinden. Die unbezahlte Arbeit bildet die Grundlage der bezahlten. In der Fabrik, im Büro, im Laden kann die Arbeit nur gelingen, weil und wenn für die persönlichen und gesellschaftlichen Bedürfnisse der dort Arbeitenden gesorgt wird: Familienleben, Kindererziehung, das Netz sozialer Beziehungen, ein funktionierendes Gemeinwesen kommen ohne die nicht entlohnte Arbeit nicht zustande. Wobei sie oft genug nicht als gewählte Alternative, sondern zusätzlich zur Erwerbsarbeit geleistet wird, in der großen Mehrzahl von Frauen.

Es ist der Irrtum der gegenwärtigen Wirtschaftsrechnung, dass eine Gesellschaft vor allem von dem lebt, was in ihr an Produkten und Diensten mit Geldeinkommen erworben werden kann. Tatsächlich ist sie in gleichem Maße von den unentgeltlichen Gütern der Lebensweltwirtschaft abhängig, von häuslicher Versorgung und Pflege, Beratung, nachbarschaftlicher Hilfe, Bemühung um Integration oder bürgerschaftlichem Engagement. Es sind Leistungen, die einerseits den Charakter von Diensten haben, andererseits aber auch Merkmale der marktfreien Güter aufweisen, zum Beispiel Selbstbestimmtheit, Zeitsouveränität, menschliche Zuwendung. Das unterscheidet sie von den Marktgütern, jedenfalls den erschwinglichen, denn am Markt sind Güter mit diesen Merkmalen oft nur gegen viel Geld zu haben. Deshalb kann die Erwerbswirtschaft allenfalls einen Teil davon übernehmen.

Gewiss hat die Industrialisierung nach und nach viele Dienste, die vormals im Haushalt und in der Gesellschaft unentgeltlich geleistet wurden, durch Marktgüter ersetzt, durch technische Güter wie die Waschmaschine, durch vorgefertigte Nahrungsmittel, durch professionelle Dienstleistungen wie die chemische Reinigung. Sie waren vorher Dienste der Lebensweltwirtschaft und blieben auch darum unbezahlt, weil Frauen sie unentgeltlich taten, wurden dann aber in die Erwerbswirtschaft übernommen, weil der technische Fortschritt es ermöglichte, weil die Tendenzen zur Kleinfamilie und zur beruflichen Arbeitsteilung es nötig machten, und auch, weil die Lebensweisen und mit ihnen die Märkte sich wandelten. Dienste, die vorher nicht erschwinglich waren oder die man lieber selbst verrichtet hatte, veränderten ihren Charakter. Beispielsweise konnte die Kinderbetreuung im Bereich der Lebensweltwirtschaft unentgeltlich sein, solange die Einkommensverteilung und das Familienbild der Mutter die eigene Erwerbstätigkeit ersparten oder vorenthielten. Wird Kinderbetreuung in die Erwerbswirtschaft übernommen, muss sie bezahlt werden. In der Lebensweltwirtschaft kann die Betreuung ohne Gewinnstreben erfolgen, sodass bei der Versorgung genug Zeit für Zuwendung bleibt. Die Erwerbswirtschaft kann die notwendige Zuwendung nur ermöglichen, wenn sie den Zeitdruck dämpft, der vom Rentabilitätszwang ausgeht. Oder aber diese Dienste bleiben auf finanzstarke Bevölkerungsschichten begrenzt.

Auch künftig werden Dienste aus der Lebensweltwirtschaft in die Erwerbswirtschaft wechseln. Aber auch eine gegenläufige Bewegung wird stattfinden, und sie wird stärker werden. Wenn die vollen Kosten der Naturnutzung zu bezahlen sind, werden sich erwerbswirtschaftliche Produkte und Dienste verteuern, sodass sie in vielen Fällen wieder in die Lebenswelt übernommen werden. Andere Tätigkeiten in ihr bleiben als bezahlte Leistung für einen Großteil der Bevölkerung ohnehin unerschwinglich, etwa in der Pflege oder bei Reparaturen.

Erst recht lebt das bürgerschaftliche Engagement von der Freiwilligkeit und der Bereitschaft, sich ohne Aussicht auf Gewinn einzusetzen (▸ Kapitel 19). Diese Tätigkeiten eignen sich am wenigsten zur Übernahme in die Erwerbswirtschaft. Die Leistungen können aber auch nicht vollständig von Staat oder Gemeinde finanziert werden. Denn selbst bei höheren öffentlichen Einnahmen ist dafür nicht genug Geld vorhanden. Viele Menschen sind bereit, sich mit ihren Kräften und Fähigkeiten in diesen Bereichen einzusetzen, sind aber in ihrem Einsatz begrenzt, solange sie ihren Lebensunterhalt voll verdienen müssen. Sie können sich besser für das Gemeinwohl einsetzen, wenn sie dafür einen gewissen finanziellen Ausgleich erhalten.

Da nun lebensweltliche und bürgerschaftliche Tätigkeiten in einem lebensfähigen demokratischen Gemeinwesen unentbehrlich sind, müssen die Voraussetzungen dafür geschaffen werden. Zunächst einmal müssen sie einen höheren sozialen Rang erlangen. Nicht als Ersatz für die Entlohnung, sondern als Würdigung des Beitrags zur informellen Wertschöpfung brauchen sie öffentliche Unterstützung der Tätigkeiten (Organisationshilfen, Zuschüsse, Räume) und Anerkennung der Leistungen. Vor allem müssen diese Tätigkeiten überhaupt ermöglicht werden – zeitlich und finanziell (▸ Kapitel 15).

Lebensweltwirtschaft und Erwerbswirtschaft werden weiter aufeinander angewiesen sein und müssen füreinander durchlässig werden. Wenn die Erwerbswirtschaft den Weg der flexibleren und, aufs Ganze gesehen, kürzeren Arbeitszeit geht, gewinnen die Erwerbstätigen mehr Zeit, sich auch in der Lebensweltwirtschaft zu betätigen (▸ Kapitel 15). Das kann der Lebensqualität zugutekommen. Auch eine verringerte Erwerbsarbeit wird dann ausreichen, den Konsumbedarf zu finanzieren, zumal bei steigender Wertschätzung der marktfreien Güter. Und die Verteilung der Erträge aus der Nutzung der Gemeingüter kann ebenfalls dazu beitragen, die Situation der unteren Einkommensschichten jedenfalls zu verbessern.

10.4 Lebensdienliche Marktwirtschaft

Im Gewirbel um Kostenreduktion, Wettbewerbsfähigkeit und Weltmarktanteile – gerade während der Neuformierungsperiode des globalen Kapitalismus nach dem Fall der Mauer – ging die Leitidee, welche an der Wiege des Konzepts der sozialen Marktwirtschaft gestanden hatte, weitgehend verloren: Freier Wettbewerb ist kein Selbstzweck, sondern nur als Mittel zum Wohlergehen der Gesellschaft zu rechtfertigen. So wichtig der ungehinderte Wettbewerb für dezentrale Initiative und schnelle Rückkopplung zwischen den Akteuren ist, so entscheidend ist eine gesellschaftliche Rahmenordnung, die ihn auf das Gemeinwohl ausrichtet. Den ordoliberalen Denkern in der Anfangszeit der Bundesrepublik – Walter Eucken, Wilhelm Röpke oder Alexander Rüstow – hatte ein zweistufiges Konzept von Ordnungspolitik vorgeschwebt: erstens eine Wettbewerbspolitik, um effiziente Märkte zu garantieren, und zweitens ihre Einordnung in eine Gesellschaftspolitik, der es um die Entfaltung der Personen und das gerechte Zusammenleben zu tun war. Die grundlegende ordoliberale Leitidee ist – wie der Wirtschaftsethiker Peter Ulrich urteilt[19] – die einer lebensdienlichen Marktwirtschaft. Sie anerkennt den Primat der politischen Gestaltung vor der Logik des Marktes und ist daher bereit, die Marktkräfte auf soziale Ziele auszurichten und nötigenfalls auch zu begrenzen.

An diese Tradition knüpft die ökologisch-soziale Marktwirtschaft an, nunmehr freilich vor dem ungleich dramatischeren Hintergrund der weltweiten Natur- und Armutskrise. Auch vor diesem Hintergrund sind wie in der Nachkriegszeit unternehmerische Initiative und der Wettbewerb um die besten Lösungen dringend gefragt. Wie anders ließen sich die produktiven Kräfte der Gesellschaft für den Aufbau einer nachhaltigen Wirtschaft mobilisieren? Doch reicht auch hier die Wettbewerbsfreiheit nicht als Richtlinie aus. Im Gegenteil, wenn der freie Wettbewerb regelmäßig das Überwälzen von ökologischen und sozialen Lasten auf die Allgemeinheit erzwingt, dann läuft das Wirken des Marktes dem Gemeinwohl zuwider. Deshalb kommt eine öko-soziale Marktwirtschaft nicht ohne Regelwerke aus, welche darauf zielen, dem Wettbewerb eine Qualitätsplattform einzuziehen, die zu unterlaufen keinem Teilnehmer gestattet ist. Verbindliche gemeinsame Qualitätsstandards unterbinden die unselige Externalisierungspraxis und eröffnen ein Feld nachhaltigen Wettbewerbs, auf dem das sozial und ökologisch verantwortliche Unternehmen nicht mehr benachteiligt ist. Weil sich ein ums andere Mal zeigt, dass freiwillig eingegangene Unternehmensverpflichtungen früher oder später mit den Sachzwängen des Wettbewerbs kollidieren, kommt es darauf an, verantwortliche Unternehmen vor Öko- und Sozialdumping durch Konkurrenten zu schützen. Es ist überfällig, dass Unternehmen auf breiter Front zum Teil der Lösung werden. Deshalb sind Vorgaben unerlässlich, welche die Mechanismen der Wertschöpfung mit Sozialrechten und ökologischer Integrität in Einklang bringen – ja mehr noch: einen sozialen und ökologischen Mehrwert schaffen.

Eine Charta für Unternehmen

Ein Eckpfeiler für die öko-soziale Rahmenordnung der Marktwirtschaft ist die Revision der Unternehmensverfassung. In der kapitalistischen Wirtschaftsordnung wird dem Kapital – und erst recht dem Finanzkapital – das Privileg eingeräumt, nur für sich selbst verantwortlich zu sein.[20] Bislang hat der Hauptstrom der Wirtschaftswissenschaft diesen Sachverhalt stillschweigend akzeptiert, indem er die Arbeitenden nicht als soziale und die Natur nicht als natürliche Mitwelt betrachtet. Beide werden vielmehr ebenso behandelt wie das Kapital, nämlich als Sachen, die zueinander in keiner ethischen Verbindung stehen, und in ihrem Verhältnis zueinander wird dem Kapital der Vorrang zugesprochen.[21]

So sind Manager von Kapitalgesellschaften rechtlich gehalten, sich allein den Anteilseignern, den Shareholdern, verantwortlich zu fühlen. Aus den USA wird eine frühe Episode berichtet, die zeigt, dass die Manager eines Unternehmens sich der Untreue schuldig machen, wenn sie das Unternehmen wissentlich so führen, dass die Gewinne zurückgehen. »Der Autohersteller Henry Ford wurde 1916 erfolgreich verklagt, weil er den Mindestlohn der Arbeiter auf fünf Dollar pro Tag angehoben [und den Preis des Modells T auf die Hälfte gesenkt] hatte: Das Gericht erklärte, Fords humanitäre Empfindungen gegenüber seinen Angestellten seien zwar lobenswert, aber das Unternehmen sei dazu da, Gewinne für die Aktionäre zu erzielen.«[22] Unter solchen Bedingungen ist der Entscheidungsspielraum eines Unternehmens knapp bemessen: Unter Wettbewerbsdruck werden die Manager den Unternehmensvorteil auch zu Lasten der Allgemeinheit verfolgen. Das so organisierte Unternehmen ist dann in der Tat »die perfekte Externalisierungsmaschine«.[23] Gewiss dürfen soziale und umweltpolitische Ziele freiwillig verfolgt werden, doch nur insoweit sie die Interessen des Unternehmens, das heißt seiner Aktionäre fördern. »Keine Führungsmannschaft in den börsennotierten Unternehmen ist bereit oder gesetzlich befugt, darüber hinaus soziale Verantwortung zu übernehmen.«[24]

Privilegien und Pflichten

Gleichzeitig genießen die Kapitalgesellschaften als juristische Personen im Vergleich zu anderen Wirtschaftsakteuren das Privileg, natürliche Personen in einer Reihe von Hinsichten ausstechen zu können. Es sind vor allem zwei Vorteile, die sie allen anderen voraushaben. Zum einen genießen sie eine Haftungsbeschränkung – die Eigentümer haften nur bis zur Höhe ihrer Kapitalanteile, nicht mit ihrem Vermögen wie Einzelunternehmer und private Haushalte. Zum anderen sind Kapitalgesellschaften im Prinzip unsterblich, weil die beschränkte Haftung an keine zeitliche oder inhaltliche Begrenzung gebunden ist. Mit diesen beiden Vorteilen wurde der Grundstein dafür gelegt, dass sie mehr Kapital aufnehmen und größer werden konnten als die kleinen und mittleren Unternehmen; durch sie entsteht das Potenzial, ihre Marktmacht immer weiter auszubauen. »1955 standen die 500 größten US-Kapitalgesellschaften (Fortune 500) mit ihren Umsätzen für ein Drittel des amerikanischen Bruttoinlandsprodukts, 2004 beherrschten sie bereits zwei Drittel.«[25]

In den Anfängen war die Gründung von Aktiengesellschaften von staatlichen Einzelgenehmigungen abhängig. In den USA zum Beispiel wurde jedem solchen Unternehmen eine Satzung auferlegt: Das Unternehmen wurde von der Regierung für einen eng definierten Zweck zugelassen, durfte sich nur für begrenzte Zeitdauer niederlassen und nur an bestimmten Standorten tätig werden, und auch Unternehmenszusammenschlüsse und Übernahmen unterlagen der Kontrolle.[26] Heute spricht der prekäre Zustand der Gemeingüter dafür, diese Tradition wiederaufzunehmen (▸ Kapitel 17). Im Übergang zu einer sozial- und umweltverträglichen Wirtschaft hat eine revidierte Charta als Erstes die Funktion, die Privilegien sichtbar zu machen, die das Unternehmen genießt. Sie wird weiterhin ins Bewusstsein heben, dass diesen Privilegien ökologische und soziale Pflichten gegenüberstehen und welche das sind. Und sie wird schließlich drittens festhalten, dass im Fall wiederholter Pflichtverletzung der Entzug der Lizenz drohen kann. Über Akkreditierungsverfahren und regelmäßige Audits können Transparenz und Monitoring gewährleistet werden. Wenn überdies auch unternehmensbezogene Zertifikate eingeführt werden, dann

Marktmacht für Nachhaltigkeit: Großinvestoren für den Klimaschutz

Nur wenn die Anleger wissen, für welche Zwecke sie ihr Geld zur Verfügung stellen, können Nachhaltigkeitskriterien die Anlageentscheidung beeinflussen. Die Berichterstattung von Unternehmen zu den sogenannten außerfinanziellen Leistungsindikatoren ist jedoch noch unterentwickelt. Verpflichtende Standards in der Unternehmensberichterstattung werden wohl noch einige Jahre auf sich warten lassen. Hierauf wollen institutionelle Investoren nicht warten, die sich im Carbon Disclosure Project organisiert haben, einem internationalen Verbund von inzwischen 225 Banken, Versicherungen und Fondsgesellschaften, die insgesamt mehr als 40 000 Milliarden US-Dollar für sich und ihre Kunden am Kapitalmarkt verwalten. Diese Investoren befragen jährlich die 2400 größten internationalen Unternehmen nach ihren Emissionen sowie ihren Strategien zur Emissionsvermeidung und werten die Antworten der Unternehmen aus.[27] Hintergrund ist, dass in hohen Emissionen und in einer Untätigkeit des Unternehmens ein Risiko für die zukünftige Unternehmensentwicklung gesehen wird. Antwortet das Unternehmen nicht oder bleiben die Aktivitäten des Unternehmens hinter den Branchenstandards zurück, so muss es damit rechnen, von dieser potenten Investorengruppe gemieden zu werden. So übt der Kapitalmarkt Druck auf die Unternehmen für mehr Klimaschutz aus.

werden auch Bürger und Verbraucher in die Lage versetzt, öko-sozial besonders engagierte Firmen zu identifizieren, sie als Verbraucher zu begünstigen oder abzulehnen und sie als Bürger an ihren Pflichten zu messen. Einem Stromerzeuger zum Beispiel, den seine Satzung auf Klimaschutz verpflichtet, wird es schwerfallen, nicht nur die Genehmigungsbehörden, sondern auch die sachkundige Öffentlichkeit davon zu überzeugen, dass er weiter Kohlekraftwerke bauen muss. Eine solche Verpflichtung auf Achtung des Gemeinwohls statt auf alleinige Kapitalexpansion ist die rechtliche Vorbedingung dafür, dass Unternehmen sich tatsächlich auch für die natürliche und soziale Mitwelt verantwortlich fühlen können.

Denn für nachhaltige Entwicklung ist es nicht länger hinnehmbar, dass die Leitung des Unternehmens, wie es im Deutschen Corporate Governance Kodex heißt, allein »der Steigerung des nachhaltigen Unternehmenswertes verpflichtet« ist.[28] Denn der Begriff »nachhaltig« wird hier keineswegs im Sinn des »sustainable value«[29] verstanden. Es liegt nahe, das Management auch auf den Schutz natürlicher und sozialer Gemeingüter zu verpflichten, und das Gesellschaftsrecht muss dafür die Grundlage legen. Ein Unternehmensvorstand, der eine Politik der langfristigen Stabilisierung des ihm anvertrauten Natur- oder Sozialkapitals verfolgt, muss die Chance haben, sich auf diese Pflicht zu berufen, wenn er etwa wegen niedriger Dividenden kritisiert wird. Dadurch bekommt die Bereitschaft zur gemeinwohlorientierten Unternehmensführung den institutionellen Rückhalt, der ihr heute vielfach fehlt.

Schließlich ist nicht auszuschließen, dass Artikel 14, Absatz 2, des Grundgesetzes für die Bundesrepublik Deutschland seine große Zeit erst noch vor sich hat. Denn eine lebensdienliche Marktwirtschaft wird im krisenhaften 21. Jahrhundert ganz neue Ansprüche an die Vermögensbesitzer stellen müssen. Dafür hat der 1949 verabschiedete Artikel des Grundgesetzes bereits das Prinzip formuliert: »Eigentum verpflichtet. Sein Gebrauch soll zugleich dem Wohle der Allgemeinheit dienen.«

Anmerkungen

1 Barnes (2006)
2 Der Begriff »natürliche Mitwelt« nach Meyer-Abich (1997), S. 25
3 In Aufnahme des von Adelheid Biesecker geprägten Begriffes Lebensweltökonomie; Jochimsen et al. (2004)
4 Festgelegt in Art. 14, Abs. 2 Grundgesetz. Eine der ersten Begründungen dafür steht bei Mill (1987), S. 233
5 Frank/Cook (1995), S. 127–129; Frank (2007), S. 2
6 Ähnlich eklatante Fälle des Schutzes externalisierender Konkurrenz hat es unter NAFTA bereits in großer Zahl gegeben, vgl. Public Citizen (2001)
7 Bevilacqua (2000)
8 Daily (1997)
9 Costanza et al. (1997)
10 Millennium Ecosystem Assessment (2005), S. 56
11 Vgl. John Locke (1690)
12 Kaul et al. (1999)
13 Barnes (2001); Barnes (2006)
14 Barnes (2001)
15 Haas/Barnes (2006)
16 Kristof/Scherhorn (2003)
17 Dahm/Scherhorn (2008)
18 Schaffer/Stahmer (2006b)
19 Ulrich (2005), S. 172–174
20 Scherhorn (2005b)
21 Polanyi (1978), S. 102–112

22 Diamond (2006), S. 596–598;
   Bakan (2005), S. 48–50
23 Mitchell (2002), S. 81
24 Bakan (2005), S. 61
25 Barnes (2006), S. 22
26 Bakan (2005), S. 21

27 CDP – Carbon Disclosure Project.
   www.cdproject.net
28 Deutscher Corporate Governance
   Kodex (2005)
29 Figge/Hahn (2004)

D Kurswechsel in Deutschland und Europa

11 Basis wechseln:
Auf Solarwirtschaft umsteigen

Das Kernstück eines Übergangs zu einer naturverträglichen Wirtschaft ist der Wechsel der Ressourcenbasis. Energien und Stoffe solaren Ursprungs werden solche fossilen Ursprungs ablösen. Nicht nur in der Stromerzeugung, auch für Wärme, Treibstoff und die Herstellung einer Reihe von Grundstoffen stehen Umwandlungstechnologien für Sonnenstrahlung und Pflanzen zur Verfügung. Um sie boomt auch Forschung und Innovation. Eine weiträumig vernetzte Struktur der Versorgung zeichnet sich ab, in der viele Orte und viele Akteure in der Erzeugung von Energie zusammenwirken.

Gestützt auf Szenarien, ist es heute bereits möglich, die Voraussetzungen einer nachhaltige Energiezukunft für eine wachsende Weltbevölkerung zu beschreiben. Die für einen Wechsel notwendigen Primärenergiepotenziale und eine enorme Vielzahl von Nutzungstechniken für Sonne, Wasser, Wind, Biomasse und Geothermie sind weitgehend bekannt. So manche konventionellen Vertreter ihrer Zunft, die noch vor einigen Jahren die erneuerbaren Energien als »nur additive Optionen« oder als »Forschungs- und Entwicklungsaufgabe« bezeichnet haben, müssen sich heute eines Besseren belehren lassen. Denn bereits gegenwärtig leisten erneuerbare Energien nicht mehr zu leugnende Lösungsbeiträge für den Umwelt- und Klimaschutz, für die Versorgungssicherheit, aber auch für die Armutsbekämpfung. Die stürmische Entwicklung nachhaltiger Energietechniken im vergangenen Jahrzehnt – vor allem bei Solar- und Windenergietechniken – hat gezeigt, dass das Utopische Realität werden kann, und zwar deutlich schneller, als selbst Optimisten geglaubt haben (▸ Kapitel 8). Der Streit geht heute im Kern nicht mehr darüber, ob den erneuerbaren Energien die Zukunft gehört. Gestritten wird darüber, wie viel Zeit für die Umstellung benötigt wird und welcher Weg für den Übergang die günstigsten Aussichten bietet.

Bei einem Umstieg auf nachfossile Strukturen müssen folgende Aspekte berücksichtigt werden:

- Welche Technologien sind für die Umsetzung erforderlich?
- Welche strukturellen Einschnitte erfordert der Übergang in nachfossile Strukturen?
- Welche ökonomischen Konsequenzen sind damit volks- und betriebswirtschaftlich verbunden?
- Was bedeuten diese Einschnitte für die handelnden Akteure, wer muss umdenken, wer wird profitieren, welche neuen Akteure treten auf den Plan?
- Wie passen bisherige und neue Denkmuster zusammen?

11.1 Was die Sonne bereithält

Die gesamten auf erneuerbare Energien entfallenden Energieströme entsprechen global etwa dem 3000-fachen des derzeitigen jährlichen Weltenergieverbrauchs. Die Einsatzmöglichkeiten sind enorm, selbst wenn aufgrund vielfältiger Einschränkungen technischer, struktureller und ökonomischer Art nur ein kleinerer Anteil davon zu nutzen ist und das Angebot an erneuerbaren Energien räumlich und zeitlich sehr stark variieren kann. Gerade im Verbund mit einer rationellen Energieverwendung haben erneuerbare Energien das Potenzial, zukünftig nicht nur einen erheblichen Anteil der Energieversorgung zu gewährleisten, sondern diese auch dauerhaft zu sichern.

Spricht man heute von erneuerbaren Energien, so geraten unterschiedliche Bereitstellungs- und Nutzungsoptionen in den Blick, von denen einige im Weiteren vorgestellt werden. Erneuerbare Energien lassen sich, wie die Abbildung 11.1 zeigt, dabei vereinfacht nach ihrem Entstehungsursprung klassifizieren.

Abb. 11.1 Übersicht über Art und Nutzungsform erneuerbarer Energien[1]

Primärenergie-quelle	Erscheinungs-form	Natürliche Energieumwandlung	Technische Energieumwandlung	Sekundärenergie
SONNE	Biomasse-Produktion	Biomasse-Produktion	Heizkraftwerk/ Konversionsanlage	Wärme, Strom, Brennstoff
	Wasserkraft	Verdunstung, Niederschlag, Schmelzen	Wasserkraftwerk	Strom
	Windkraft	Atmosphären-bewegung	Windenergieanlage	Strom
		Wellenbewegung	Wellenkraftwerk	Strom
	Solarstrahlung	Meeresströmung	Meeresströmungs-kraftwerk	Strom
		Erwärmung der Erdoberfläche und Atmosphäre	Wärmepumpen	Wärme
			Meereswärme-kraftwerk	Strom
		Solarstrahlung	Fotolyse	Brennstoff
			Solarzelle, Fotovoltaik-Kraftwerk	Strom
			Kollektor, solarthermisches Kraftwerk	Wärme
MOND	Gravitation	Gezeiten	Gezeitenkraftwerk	Strom
ERDE	vor allem Isotopenzerfall	Geothermik	Geothermisches Heizkraftwerk	Wärme, Strom

... an Gebäuden

Solarkollektorsysteme kommen heute primär bei der Warmwasser- und Raumwärmebereitstellung zum Einsatz. Dabei wird die solare Wärme in einen großen Warmwasserbehälter (etwa 80 Liter/Person) beziehungsweise in einem Heizungspufferspeicher (etwa 70 Liter/m² Kollektorfläche) eingespeichert, die bei Bedarf über eine konventionelle Gas-, Öl- oder Holzheizung nachgeheizt werden können.

Diese Systeme sind technisch weitgehend ausgereift und im Markt etabliert, während bei Anwendungen zur solaren Kühlung und Klimatisierung noch Entwicklungsbedarf besteht. Es geht aber nicht um den solaren Einsatz um jeden Preis. Vielmehr sollten Gebäude von vorn-

Praxisbeispiel Nahwärmeversorgung mit erneuerbaren Energien

In Crailsheim ist das derzeit größte deutsche solare Nahwärmesystem installiert. Mit 10 000 m² Kollektorfläche werden hier rund 2000 Einwohner mit solarer Wärme versorgt. Die Kollektoren decken dabei etwa 50 Prozent des Wärmebedarfs ab. Ein 100 m³ großer Kurzzeit-Wärmespeicher ermöglicht eine zumindest teilweise Entkopplung von Wärmeangebot und Bedarf. Die Errichtung eines Langzeitwärmespeichers ist geplant, der dann vor allem die stärkere Nutzung solarer Wärme in den Wintermonaten sicherstellen soll.[2]

herein so energieeffizient geplant und gebaut werden, dass sowohl der Heiz- als auch der Kühlbedarf auf ein Minimum reduziert werden.

Für die großmaßstäbliche Einführung der solaren Wärmebereitstellung ist die weitere Entwicklung von großen Solaranlagen mit saisonalen Speichern von erheblicher Bedeutung, von denen in Deutschland bereits einige Demonstrationsprojekte realisiert wurden (zum Beispiel in Crailsheim, ▸ Schlaglicht: Nahwärmeversorgung). Dafür ist der Aus- und Aufbau von Nahwärmesystemen erforderlich mit dem Vorteil, dass diese alternativ oder ergänzend mit anderen erneuerbaren Energieträgern (zum Beispiel Biomasse oder Erdwärme) versorgt werden können.

Solarenergie kann im Gebäudebereich nicht nur über die beschriebenen aktiven Systeme genutzt werden, sondern auch passiv durch eine entsprechende Art der Gebäudeauslegung. Die Möglichkeiten der passiven Solarenergienutzung sind dabei vielfältig. Sie stehen heute schon zur Verfügung, werden aber noch viel zu wenig genutzt. Sie reichen von unspektakulären Techniken wie unverschatteten Südfenstern, durch die besonders im Winter die Strahlen der tiefstehenden Sonne in das Haus dringen und dieses erwärmen können, bis hin zu anspruchsvollen Maßnahmen im Bereich der Solararchitektur wie zum Beispiel Wintergärten oder transparente Wärmedämmung (lichtdurchlässige, aber gut wärmedämmende Schichten, die zum Beispiel aus feinen Glas- oder Kunststoffröhrchen bestehen können). Viele der Maßnahmen werde heute bei Passivhäusern gebündelt eingesetzt.

Zeitfenster 2022 Vom Dächerscan zur Solarstadt

Eines der wichtigsten Solarenergieprojekte nahm seinen Anfang im sonnenarmen Norden. Auf Grundlage von Laserscannerdaten, die per Flugzeug gesammelt wurden, errechnete man für Osnabrück die Ausrichtung und Neigung aller Dachflächen und simulierte aufgrund der umstehenden Gebäude und Bäume die jahreszeitlich bedingte Verschattung bei unterschiedlichem Sonnenstand. Das Ergebnis der Berechnungen überzeugte sogleich andere Stadtväter in Deutschland: Osnabrücks Strombedarf ließe sich bei Ausstattung der geeigneten Flächen komplett abdecken. Einen mindestens um den Faktor drei höheren Energieertrag würde die Nutzung der Flächen für Solarwärme erbringen.

Inzwischen ist es fast selbstverständlich, dass Kommunen ihre solaren Dächerdaten via Internet zur Verfügung stellen. Schließlich erzielt die eher geringe Investition in die Dachanalyse eine enorme Wirkung. Für Hausbesitzer, Solarvereine und Investoren ist die Standortsuche für die Installation von Solaranlagen kinderleicht geworden. Auf einem Stadtplan ist jedes Gebäude farblich gekennzeichnet, je nachdem, wie hoch der mögliche Solarertrag jeweils ist. Für Investoren von großen Solaranlagen wird insbesondere die Suche von großen Dachflächen in Industriegebieten erleichtert. Einige Kommunen haben ihre Datenbanken um den möglichen Einsatz von Kraft-Wärme-Kopplung und solare Nahwärmenutzung bereichert. Damit zeigt sich, welche Technik vorzugsweise installiert werden sollte und wie die jeweiligen Amortisationsbedingungen sind.

Vielerorts finanzieren und verwalten Dienstleistungsunternehmen die Energie-Infrastruktur in Form von Sonnenkollektoren, Kraft-Wärme-Kopplungsanlagen, Nahwärmenetzen oder Brennstoffzellen. Die Anwohner bezahlen für die verbrauchte Energie, abzüglich der produzierten Energie. Um den Rest kümmern sich die Unternehmen. »Wenn irgendetwas nicht funktioniert mit der Brennstoffzelle, der Fotovoltaikanlage, der Warmwasseraufbereitung, am Gasherd oder am Waschautomaten«, berichtet ein Anwohner der sächsischen Stadt Torgau, »steht, noch bevor du es richtig merkst, ein Techniker vor der Tür und bringt die Dinge in Ordnung.«

... im Tank

Die irreführend als Biokraftstoffe bezeichneten Agrokraftstoffe gewinnen mit knapper und vor allem teurer werdenden fossilen Kraftstoffen heute immer mehr an Bedeutung. Sie geraten aber auch zunehmend in die Kritik – und dies zu Recht. So fällt selbst unter Klimaschutzgesichtspunkten die Bilanz für Agrokraftstoffe nicht eindeutig positiv aus oder wird sogar in Frage gestellt.[3] Biomasse wird zwar gemeinhin als klimaneutral bezeichnet. Dies ist in Bezug auf das Klimagas CO_2 auch in weiten Teilen richtig, wird doch das bei der Verbrennung von Biomasse freigesetzte CO_2 während des Entstehungsprozesses der Biomasse mit der Fotosynthese der Pflanzen in gleicher Menge aus der Atmosphäre gebunden. Bei näherer Betrachtung stellt sich die Situation aber nicht so einfach dar. Die ökologische Bilanz der Agrokraftstoffe hängt sehr stark ab von der Verwendbarkeit der Nebenprodukte und der für sie einberechneten Gutschriften (zum Beispiel Glycerin bei der Agrodieselproduktion), den Ausgangsprodukten selber (zum Beispiel Reststoffe oder Energiepflanzen), von den Bereitstellungsmethoden (zum Beispiel Düngemitteleinsatz bei der Herstellung und damit verbundener Freisetzung des Klimagases Lachgas) und vor allem mit dem damit verbundenen Rodungsbedarf.

Im Transportbereich spielen bislang nur wenige Arten von Agrokraftstoffen eine wesentliche Rolle und sind kommerziell verfügbar. Zur sogenannten ersten Generation von Agrokraftstoffen gehören Ethanol aus Pflanzen, die Gruppe der Fettsäuremethylester, zu denen auch Pflanzendiesel zu zählen ist, sowie schließlich reines Pflanzenöl. Der Großteil der weltweiten Agrokraftstoffproduktion entfällt auf Ethanol, das vor allem in Brasilien und den USA aus Zuckerrohr und Getreide hergestellt wird. In Europa werden zumeist Kartoffeln, Weizen oder Zuckerrüben verwendet.

Weit innovativer sind die Agrokraftstoffe der »zweiten Generation«, denn ihr entscheidender Vorteil besteht darin, dass die ganze Pflanze energetisch genutzt werden kann. Gleichzeitig können über den industriellen von der Chemie her bekannten Herstellungsweg ganz spezifische, hochkompatible Kraftstoffe hergestellt werden, die sich entsprechend effizient einsetzen lassen und vergleichsweise sauber verbrennen. Sie wurden bisher jedoch lediglich in verschiedenen Demonstrationsanwendungen getestet und sind noch nicht kommerziell verfügbar. In diesem Kontext sind vor allem die Produktion von Ethanol aus Ligno-Cellulose, also Holz oder Stroh, und die Fischer-Tropsch-Synthese (im Anschluss an eine Vergasungsanlage) von festen Biomassen zu flüssigem Kraftstoff zu nennen (Biomass-to-Liquid, BTL).

Eine Markteinführung von Agrokraftstoffen der zweiten Generation und ein damit verbundener Effizienzschub ist wohl nicht vor 2015 zu erwarten. Bis auf Weiteres wird also die Nachfrage nach Agrokraftstoffen über Produkte der ersten Generation zu decken sein. Die hat innerhalb der vergangenen Jahre stark zugenommen. Im Jahr 2006 hatten Agrokraftstoffe, vornehmlich Biodiesel, einen Anteil von etwa 3,6 Prozent am gesamten Kraftstoffverbrauch in Deutschland, ein Jahr später waren es schon mehr als fünf Prozent, gemessen am Volumen. Allein in 2007 ist die Pflanzendieselproduktion noch einmal um mehr als ein Drittel gestiegen, von 2,5 auf 3,4 Millionen Tonnen pro Jahr. Politische Vorgabe der Europäischen Union ist, den Anteil an Agrokraftstoffen – Biodiesel und Bioethanol – bis zum Jahr 2020 auf mindestens zehn Prozent zu erhöhen. Deutschland gab sich als Vorreiter, der Anteil von Agrokraftstoffen sollte bis 2020 auf 17 Prozent (energetisch) gesteigert werden, ein Ziel, das freilich im April 2008 gekippt wurde – eine richtige Entscheidung, denn mit einem solchen Ziel müsste die Zerstörung wichtiger Ökosysteme in Kauf genommen werden. Getroffen wurde sie allerdings aus einem weniger triftigen Grund, nämlich der Unverträglichkeit eines Bioethanolgemischs mit den Motoren in Altautos. Aber sie wurde vermutlich leichten Herzens getroffen, weil die Skepsis gegenüber Agrotreibstoffen sich aufgrund der Alarmrufe von Entwicklungs- und Umweltorganisationen in der Öffentlichkeit bereits stark verfestigt hatte.[4]

Nicht nur die europäischen Beschlüsse werden den Boom weiter anheizen. Längst ist die Agrotreibstoffproduktion zum Big Business geworden. Ärmere Länder sehen die Chance, von teuren Ölimporten unabhängig zu werden oder sich gar selbst als Treibstoffexporteur zu etablieren. So entstehen häufig Nutzungskonkurrenzen gegenüber anderen energetischen oder stofflichen Anwendungen der Primärres-

Die Tortillakrise:
Ethanolboom führt zu erhöhten Rohstoffpreisen für Mais

Mais ist eines der wichtigsten Ausgangsprodukte für die Ethanolproduktion. Kommt es zu einer stark (und schnell) steigenden Nachfrage nach Mais, so kann dies zu einer Verknappung des Rohstoffangebotes für die Nahrungsmittelindustrie führen und entsprechende Preissteigerungseffekte nach sich ziehen.

Ein solcher Fall ist Anfang 2007 als Tortillakrise aus Mexiko bekannt geworden. Bis in die 1990er Jahre deckte Mexiko seinen Bedarf an Mais aus eigener Produktion und war einer der weltweit wichtigsten Produzenten. Durch die Nordamerikanische Freihandelszone NAFTA nahm die Abhängigkeit von Maislieferungen aus den USA zu. Doch durch die Verarbeitung wachsender Mengen zu Ethanol bleiben die Maislieferungen aus den USA zunehmend aus.[5]

Wurden 2006 etwa zehn Prozent der US-Maisproduktion zu Ethanol verarbeitet, so könnte es künftig fast die Hälfte der Produktion sein. Aufgrund der gesteigerten US-Nachfrage nach Mais sind im Nachbarland Mexiko die Preise für das wichtigste Grundnahrungsmittel zur Zubereitung von Tortillas so weit angestiegen, dass viele, vor allem ärmere Mexikaner nun hungern müssen und bereits Protestaktionen stattfinden. In Mexiko tragen Tortillas fast 50 Prozent zur aufgenommenen Kalorienmenge bei. Von dem Preisanstieg sind auch andere Produkte wie Hühner- und Schweinefleisch betroffen, da die Tiere mit Mais gefüttert werden.

source Biomasse. Auch dies setzt der Nutzung für Agrotreibstoffe Grenzen. Darüber hinaus entstehen negative Wechselwirkungen zur Nahrungs- und Futtermittelbereitstellung, wie das Beispiel der Tortillakrise in Mexiko Anfang 2007 zeigte (► Schlaglicht: Die Tortillakrise). Und je nach Anbauform können mit der agrarischen Großproduktion erhebliche Folgen für die Biodiversität, ökologische Verwerfungen sowie soziale Missstände (zum Beispiel durch die Vertreibung von Bauern von ihrem Land und unwürdige Arbeitsbedingungen auf den Plantagen) einhergehen.

Problematisch wirken sich auch steigende Importe von Agrokraftstoffen nach Deutschland aus. Dies gilt vor allem für Palmöle. Sie können je nach Herkunft signifikante negative ökologische und ökonomische Auswirkungen zur Folge haben (Umwandlung der Regenwälder mittels Brandrodung in Anbauflächen, damit Freilegung von ehemaligen Moorflächen mit anhaltender Ausgasung von CO_2, Ausbreitung ökonomisch monokultureller und sozial inadäquater Strukturen). Grundsätzlich kann ihnen, aber auch anderen importierten Agrokraftstoffen allenfalls dann ein Beitrag zum Klimaschutz zugemessen werden, wenn es gelingt, über die Festsetzung von klaren Kriterien einen Herkunftsnachweis zu führen und ökologisch wie sozial nachhaltige Produktionsmethoden zu garantieren. Auf der Basis der in der Vergangenheit in anderen Bereichen gemachten Erfahrungen erscheint es aber zumindest zweifelhaft, ob das möglich und kontrollierbar ist.

Mit einer quantitativen Analyse des immensen Flächenbedarfs, der notwendig gewesen wäre, um die zu erwartenden Mengen nachwachsender Rohstoffe für die stoffliche und energetische Nutzung bis 2020 bereitzustellen, lässt sich die Problematik gut verdeutlichen. Die zugrundeliegende Gesamtentwicklung ist dabei hauptsächlich bestimmt vom – inzwischen ad acta gelegten – nationalen Ziel, den Agrokraftstoffanteil auf 17 Prozent zu erhöhen. Je nach Randbedingungen – beispielsweise der Prämisse, dass zunächst Agrokraftstoffe der ersten Generation zur Anwendung kommen, also Biodiesel aus Raps, Palmöl, Soja und Ethanol aus Getreide und Zuckerrohr – würde der inländische Flächenbedarf für nachwachsende Rohstoffe bis 2020 auf 3,3 bis 3,5 Millionen Hektar steigen und sich damit gegenüber heute etwa verdoppeln. Darüber hinaus wäre aber zur Erreichung der Gesamtziele eine Ausweitung der Flächenbelegung außerhalb Deutschlands von heute 3,9 Millionen Hektar auf dann zwischen 9,3 und 10,4 Millionen Hektar notwendig.[6] Die Ausweitung des heimischen Agrokraftstoffanteils würde also deutlich zu Lasten einer Flächenbelegung im Ausland gehen. Dies gälte selbst dann, wenn man unterstellt, dass bis zum Jahr 2020 signifikante Produktivitätssteigerungen möglich sind.

Für die Nettoklimabilanz ist entscheidend, welche Flächen zum Einsatz kommen, was wiederum maßgeblich von der zu erwartenden Produktivitätssteigerung abhängt. Geht man davon aus, dass der Anbau nur auf bestehenden Flächen erfolgt, stellt sich ein deutlicher Entlastungseffekt ein. Geht man hingegen davon aus, was wesentlich realistischer ist, dass es im erheblichen Umfang zu Flächennutzungsänderungen durch Inanspruchnahme von Flächen im Ausland kommen muss (mit damit verbundener Rodung – meistens Brandrodung – naturbelassener Flächen), könnte sich das Vorzeichen sogar umdrehen und im Endeffekt mehr an Treibhausgasen emittiert werden, als durch den Einsatz von Agrokraftstoffen eingespart würde.

Der Beitrag zum Ausgleich der stetig wachsenden Kohlendioxidemissionen des Verkehrs kann daher allenfalls als sehr begrenzt bezeichnet werden. Eine wirkliche Verringerung der Abhängigkeit vom Mineralöl und von wenigen Multis in diesem Wirtschaftsbereich sowie ein nachhaltiger Beitrag zum Klimaschutz wird so nicht erreicht. Überdies wird die Herstellung von Agrokraftstoffen in der Tendenz immer stärker in zentralisierten Einheiten erfolgen und durch transnationale Unternehmen aus den Bereichen Erdölindustrie und Agro-Business beherrscht werden.

... in der Steckdose

Kein Zweifel, erneuerbare Energien sind maßgebliche Bausteine nach-fossiler Strukturen und in einigen Bereichen längst aus dem Nischendasein herausgewachsen. Dies gilt im besonderen Maße für die Stromerzeugung. Betrug in Deutschland der Beitrag erneuerbarer Energien zur Stromerzeugung Mitte der 1990er Jahre noch nicht einmal fünf Prozent, so wurde Ende 2007 bereits die 14-Prozent-Marke erreicht, Tendenz weiter steigend.

Bis Mitte der 1990er Jahre wurde die Stromerzeugung aus erneuerbaren Energien durch die traditionelle Wasserkraft beherrscht. Mittlerweile ist die Windenergie zur wichtigsten erneuerbaren Stromerzeugungsoption in Deutschland geworden: Insgesamt waren Mitte 2007 genau 19024 Windenergieanlagen mit einer Gesamtleistung von 21283 Megawatt installiert. Deutschland ist damit das Land mit der weltweit höchsten Windenergieleistung. Darüber hinaus tragen auch Biomasseanlagen, mit zunehmender Tendenz insbesondere Biogasanlagen, sowie Solarzellen zur Stromerzeugung bei.

Hoffnungsträger Offshore-Windenergie

Derzeit ist in Deutschland eine küstennahe »Nearshore-Anlage« in Betrieb, acht weitere Offshore-Projekte mit insgesamt 2000 Megawatt (MW) sind bereits genehmigt. Das entspricht in etwa der Leistung von zwei Kernkraftwerken. Darüber hinaus sind mehrere 10 000 MW im Planungsstadium. Ob es zu einem solchen massiven Ausbau der Offshore-Windenergie kommen wird, hängt neben praktischen Genehmigungsfragen und technischen Aspekten (insbesondere der Netzeinbindung und des Transports des erzeugten Stroms zu den Verbrauchsschwerpunkten) nicht zuletzt vom Schutz der Meeresflora und -fauna ab. Die Anbindung der küstenfernen Windenergienutzung an die Verbraucher stellt nicht nur logistisch, sondern auch von den notwendigen finanziellen Vorleistungen her eine erhebliche Herausforderung dar. Die Entscheidung der Bundesregierung im Herbst 2006, die Verantwortung zum Netzanschluss auf die Stromversorger zu übertragen, war ein weiterer wichtiger Schritt in Richtung Offshore-Windenergie.[7]

Anders als im Kraftstoffbereich ist der Klimaentlastungseffekt des Biomasseeinsatzes im Bereich der stationären Stromerzeugung deutlich positiv, insbesondere dann, wenn die Biomasse in hocheffizienten Kraft-Wärme-Kopplungsanlagen eingesetzt wird. Angesichts der erheblichen Nutzungskonkurrenz um die Biomasse und der insgesamt begrenzten Potenziale liegt es nahe, die energetische Verwendung stark auf die Kraft-Wärme-Kopplung (KWK) zu fokussieren, da hier die höchsten Effekte erzielt werden.

Dagegen steht die Nutzung von Erdwärme noch am Anfang ihrer Entwicklung. Im Gegensatz zu Ländern wie Island oder den USA verfügt Deutschland nicht über so günstige geologische Bedingungen, sodass geothermischer Strom nur verbunden mit tiefen Bohrungen (von 3000 bis 5000 Meter Tiefe) erzeugt werden kann. Derzeit wird die Erdwärme für die Stromerzeugung nur in einer Anlage in Neustadt-Glewe genutzt. Weitere Anlagen sind in der Planung. Denn auf diese Nutzungsform erneuerbarer Energien werden große Hoffnungen gesetzt, weil sie so wie die Biomasse einen gleichmäßigen, grundlastfähigen Stromertrag liefert. Die meisten Erwartungen für den weiteren Ausbau erneuerbarer Energien im Bereich der Stromerzeugung werden aber in die Offshore-Nutzung der Windenergie gesetzt mit den aus heutiger Sicht größten Ausbaupotenzialen.

... bei Materialien

Neben der Produktion von Nahrungsmitteln sowie zu energetischen Zwecken können nachwachsende Rohstoffe auch stofflich verwertet werden. Die Anwendungsmöglichkeiten von Biomasse zur stofflichen Nutzung sind weit vielfältiger als in der öffentlichen Diskussion bisher wahrgenommen. Allerdings ist hier inzwischen eine Trendumkehr zu beobachten. Und das ist gut so, denn aus Effizienzgesichtspunkten kommt gerade der stofflichen Nutzung eine besondere Bedeutung zu.

Die deutsche Industrie, allen voran die chemische Industrie, verarbeitet heute wieder in bedeutendem Umfang land- und forstwirtschaftliche Rohstoffe. Mit dem Begriff der Bioraffinerie wird die Trendumkehr besonders deutlich. Er beschreibt die stärkere Einbindung biogener Ressourcen als »feedstock« – also auf der Inputseite – in die zentralen Strukturen der Mineralölverarbeitung.

Rund ein Viertel aller in Deutschland angebauten nachwachsenden Rohstoffe wird derzeit stofflich genutzt, dazu etwa drei Viertel des deutschen Rohholzes. So werden auf über 250 000 Hektar Raps, Rüben, Sonnenblumen, Faserlein, Mais, Weizen, Kartoffeln, Hanf, Flachs, Zuckerrüben und viele weitere Pflanzen für eine stoffliche Verwendung angebaut. Neben der Verarbeitung von Holz und anderen Faserstoffen zu Papier- und Pappeprodukten oder auch Möbeln und so weiter sind vor allem die nachfolgenden Industriezweige von Bedeutung.

Biogene Werkstoffe: In der Werkstoffindustrie wird Biomasse im Wesentlichen auf zwei Arten eingesetzt: für die Herstellung von Biokunststoffen und für naturfaserverstärkte Werkstoffe, die vor allem in der Automobilindustrie Einsatz finden. Biokunststoffe können aus natürlichen Polymeren oder aus durch Fermentation biologischer Rohstoffe gewonnenen Polymeren hergestellt werden. Diese Biokunststoffe lassen sich nach der Verwendung entweder kompostieren (biologisch abbaubare Kunststoffe) oder energetisch nutzen. Außerdem ist es häufig möglich, sie mit konventionellen Kunststoffen zu mischen. Aus Biokunststoff können Verpackungen, Abdeckfolien für die Landwirtschaft, Abfallsäcke, Einweggeschirr, Hygieneartikel, Materialien für die Medizintechnik und vieles mehr hergestellt werden. In Deutschland geht es dabei um rund 1,8 Millionen Tonnen kurzlebige oder nur einmal benutzbare Kunststoffverpackungen. Experten halten ein Potenzial für Biokunststoffe in Deutschland von circa einer Million Tonnen durchaus für realistisch, mit steigendem Erdölpreis wird die Verpackungsalternative auch wirtschaftlicher. Für naturfaserverstärkte Werkstoffe werden vor allem Flachs (etwa 65 Prozent), Hanf, Holz, Baumwolle, Sisal, Jute und Kokosfasern verwendet. Diese Fasern werden zur Verstärkung in konventionelle Materialien eingebettet. Das Gemisch kann je nach Material für thermo- oder duroplastische Formpressteile verwendet werden oder auch im spezifischen Spritzgussverfahren, das erst 2003 eingeführt wurde, verarbeitet werden. Diese Werkstoffe bieten einige Vorteile gegenüber etwa glasfaserverstärkten Stoffen: Sie sind leichter, isolieren besser und splittern weniger stark. Im Jahr 2005 verbrauchte allein die deutsche Automobilindustrie 88 000 Tonnen Fasern aus nachwachsenden Rohstoffen, die Textilindustrie sogar 91 000 Tonnen.

Chemieindustrie: Über zehn Prozent der in der deutschen Chemieindustrie genutzten Rohstoffe sind nachwachsend, damit ist Deutschland weltweit führend. Derzeit werden etwa 2,1 Millionen Tonnen nachwachsende Rohstoffe pro Jahr verwendet (davon 800 000 Tonnen Öle und Fette, 640 000 Tonnen Stärke, 240 000 Tonnen Zucker, 320 000 Tonnen Zellulose). Die Produktpalette ist vielfältig: So können zum Beispiel Pharmazeutika, Weichmacher, Farben, Lacke, Chemiefasern, Klebstoffe und Lösungsmittel aus oder mit Hilfe von biologischen Rohstoffen hergestellt werden. Dazu werden hauptsächlich Fette, Zellulose, Stärke und Zucker verwendet. Darüber hinaus haben Proteine, Pflanzenfasern und -inhaltsstoffe noch ein großes Potenzial.

Aus Stärke und Zucker werden Säuren gewonnen, die in Klebern, Lacken, Kosmetika und so weiter Anwendung finden, ebenso aus Fetten und Ölen. Zellulose aus Hanf oder Holz wird, direkt oder als Zellulosederivat, für Kunststoffe und Textilien verwendet. Proteine, zum Beispiel aus Hülsenfrüchten gewonnen, können in Kosmetika und im

Leim Anwendung finden. Viele petrochemische Grundstoffe können durch Synthesegas aus Biomasse ersetzt werden.

Wichtige Anwendungsbereiche finden sich in der Oleochemie: Aus pflanzlichen und tierischen Ölen und Fetten lassen sich, wie auch aus petrochemischen Rohstoffen, Tenside und Schmierstoffe herstellen. Tenside werden sowohl für Wasch- und Reinigungsmittel als auch für Pharma-, Kosmetik- und Textilprodukte verwendet sowie für Lacke und Farben. In Deutschland werden etwa 250 000 Tonnen Tenside verbraucht, von denen etwa die Hälfte aus oleochemischen Rohstoffen hergestellt wurde. Hierfür werden wegen geeigneter chemischer Eigenschaften hauptsächlich Kokos- und Palmkernöl verwendet.

Für die pharmazeutische Industrie sind schließlich nicht nur die aus nachwachsenden Rohstoffen hergestellten Zuckertenside, sondern auch die direkt arzneilich wirksamen Pflanzeninhaltsstoffe relevant.

Baumaterialien und Dämmstoffe: Der Einsatz von Holz als erneuerbarer Baustoff liegt auf der Hand. Aber auch viele andere Materialien im Baugewerbe können aus nachwachsenden Rohstoffen hergestellt werden: Bindemittel, Mörtel, Farben und Bodenbeläge – und vor allem Dämmstoffe. Jährlich werden in Deutschland etwa 1,3 Millionen Kubikmeter Naturdämmstoffe verbaut, das entspricht einem Marktanteil von etwa fünf Prozent. Naturdämmstoffe können zum Beispiel aus Holzfasern (etwa 50 Prozent), Zellulose, Hanf- oder Flachsfasern und Schafwolle bestehen.

... durch Nutzungskaskaden

Die bisher dargestellten Beispiele zeigen, wie komplex schon die Situation bei der Bewertung der energetischen Verwendung von Biomasse ist. Noch komplexer stellt sich die Situation dar, wenn die stoffliche Nutzung von Biomasse mit ins Kalkül gezogen wird. Idealerweise lassen sich aber beide Nutzungsmöglichkeiten miteinander verbinden.

Der Begriff Kaskadennutzung beschreibt hierbei die Strategie, Produkte oder ihre Komponenten durch eine Abfolge von (werk-)stofflichen und energetischen Verwertungsformen möglichst umfassend im Wirtschaftssystem zu nutzen. Zahlreiche Studien beschäftigen sich mit der stofflichen oder energetischen Nutzung von nachwachsenden Rohstoffen sowie ihren Marktpotenzialen.[8] Ansatzpunkte für Nutzungskaskaden sind dabei auf den ersten Blick durchaus vielfältig. Unter bestimmten Voraussetzungen – etwa durch leichte Rückgewinnung – ließe sich eine energetische Nachnutzung von auf Biomasse basierenden Faserverbundwerkstoffen realisieren. Auch Altholz aus Holzmöbeln, Bauholz oder Verpackungen können nach Ende der Nutzungsphase noch effizienter als bisher energetisch verwertet werden, statt es auf Deponien zu entsorgen. So kann zum Beispiel Altholz verbrannt oder Verpackungsabfall aus nachwachsenden Rohstoffen in Biogasanlagen vergoren werden.

Auch innerhalb der stofflichen Nutzung sind Kaskaden denkbar. Dies betrifft zum Beispiel die erste stoffliche Nutzung von Holz im Baubereich zur Altbausanierung, bevor es einer stofflichen Wiederverwendung durch Recycling (Altholz, Altpapier) zugeführt wird, um schließlich energetisch verwertet zu werden. Durch die Reststoffverwertung kann die Kaskadennutzung biogener Rohstoffe zur Schonung der begrenzten Biomasseressourcen beitragen und Nutzungskonkurrenzen abbauen. Dies erfolgt umso effizienter, je langlebiger die Produkte sind und in der ersten Stufe der Nutzungskaskade bereits im erheblichen Umfang konventionelle Alternativen ersetzen können. Ob und inwieweit derartige Konzepte tragen, wie hoch deren Potenzial ist und welche Voraussetzungen für die Umsetzung zu erfüllen sind, ist aber derzeit noch nicht hinreichend untersucht.

In der Entwicklung von Stoffkaskaden liegt auch die Chance, aus dem gegebenen Biomasseangebot höhere Beschäftigungs- und Wertschöpfungspotenziale zu erzielen. In der Zellstoff- und Papierindustrie wird zum Beispiel die Wertschöpfung bei der stofflichen Nutzung pro eingesetztem Rohstoff Holz 15-mal, der Beschäftigungsfaktor 100-mal höher als bei einem energetischen Einsatz abgeschätzt, was für die Kopplung beider Routen spricht.

11.2 Vorteile

Ein großer Vorteil der Nutzung erneuerbarer Energien ist ihre weitestgehende Klimaneutralität im Vergleich zu den konventionellen fossilen Alternativen. Allein in Deutschland hat ihre Nutzung in den Anwendungsbereichen Strom- und Wärmebereitstellung sowie Kraftstoffe allein im Jahr 2006 nach Angaben der Arbeitsgruppe Erneuerbare Energien (AGEE) dazu beigetragen, CO_2-Emissionen in der Größenordnung von 97 Millionen Tonnen zu vermeiden. Das sind fast elf Prozent der gesamten deutschen energiebedingten CO_2-Emissionen.

Erneuerbare Energien diversifizieren das Energieangebot und machen so unabhängiger von Öl- oder Gasimporten. Sie leisten damit einen erheblichen Beitrag zur Versorgungssicherheit und zur Vermeidung von Konflikten um fossile Energieträger. Dies gilt erst recht, wenn es gelingt, die Technologien so weit zu entwickeln und marktfähig zu machen, dass sie auch in den armen Ländern der Erde angewendet werden können. Für viele Anwender schaffen sie gerade dort die Voraussetzung, über den Anschluss an das Stromnetz die Entwicklung wirtschaftlicher Aktivitäten zu unterstützen oder an Kommunikation und Bildung teilnehmen zu können. Unter diesen Bedingungen sind erneuerbare Energien auch in der Lage, einen wichtigen Beitrag zur Armutsbekämpfung zu leisten.

Erneuerbare Energien sind heute vielfach noch teurer als die konventionellen Energieträger, zumindest wenn man die klassische Kostenrechnung zugrunde legt und dabei die externen Kosten der Energieversorgung vernachlässigt. Die durch Energiegewinnung, -umwandlung und -nutzung verursachten Schäden führen indessen zu teilweise erheblichen volkswirtschaftlichen Kosten, die in keiner Kostenbilanz enthalten sind. Schon unter Berücksichtigung der Kosten für die Emissionsrechte von CO_2, die aus dem europäischen Emissionshandelssystem resultieren und als Beginn einer anteiligen Internalisierung externer Kosten verstanden werden können, verringert sich der Abstand beträchtlich.

Wie bei allen neuen Technologien sind auch für den weiteren Ausbau erneuerbarer Energien finanzielle Vorleistungen notwendig, die von der Gesellschaft zu tragen sind. Diese Vorleistungen werden aber

Auf dem Weg zu einer
»100 Prozent-Erneuerbare-Energien-Gemeinde«

Beispiele für solche Gemeinden sind die bereits bestehenden Bioenergie-dörfer. Sie realisieren das Konzept zur Nutzung regenerativer Energiequellen im ländlichen Raum mit dem Ziel, die (Rest-)Biomasse, die in ihren land- und forstwirtschaftlichen Unternehmen anfällt, zur Energiegewinnung zu nutzen, um den Wärme- und Strombedarf des ganzen Dorfes möglichst vollständig zu decken.

Ein Beispiel dafür ist das Dorf Jühnde bei Göttingen. Es deckt seinen Energiebedarf seit 2005 nahezu ausschließlich aus nachwachsenden Rohstoffen. Auf den umliegenden Äckern werden Energiepflanzen angebaut, die zusammen mit anfallender Gülle in einer Biogasanlage als Methangas nutzbar gemacht werden. Daraus wird in einem Biogas-Blockheizkraftwerk (BHKW) Strom und Wärme erzeugt. Das Kraftwerk liefert fast das Doppelte des Strombedarfs des Dorfes, der Überschuss wird zu 17 Cent pro Kilowattstunde verkauft und ins Netz eingespeist. Der Wärmebedarf wird zu etwa 60 Prozent durch das BHKW gedeckt, zusätzlich werden ein Holzhack-schnitzelheizwerk und für den Spitzenbedarf ein Heizölkessel eingesetzt. Etwa 70 Prozent der Haushalte sind an das Nahwärmenetz angeschlossen.

Das Besondere an diesem Vorhaben ist, dass das ganze Dorf mitmacht. Landwirte, Gemeinde und Verbraucher haben sich in einer Genossen-schaft organisiert und ihre Energieversorgung selbst in die Hand genommen. Das Projekt Jühnde steht damit für eine vollständige Abkehr von fossilen und nuklearen Energien und für die Vision einer Vollversorgung aus erneuerbarer Energie. Jühnde ist für seine Vorreiterrolle mit dem Europäischen Solarpreis der Organisation Eurosolar ausgezeichnet worden.

Das »Bioenergiedorf« ist ein Projekt des Interdisziplinären Zentrums für Nachhaltige Entwicklung (IZNE) der Universität Göttingen unter Mitarbeit der Universität Kassel und wird durch die Fachagentur Nachwachsende Rohstoffe e.V. (FNR) gefördert.[9]

---

nicht ohne Rendite bleiben. Im Ergebnis führen sie zu einer mittel- bis längerfristigen Unabhängigkeit von vermutlich tendenziell weiter steigenden fossilen Energieträgerpreisen. Dies gilt im besonderen

Maße für Regionen, die es wie die Gemeinde Jühnde schaffen, sich weitgehend energieautark zu machen. Auf der anderen Seite leistet ihr Ausbau einen Beitrag zur Begrenzung der Klimafolgekosten und ist in Verbindung mit anderen ebenfalls nicht zum Nulltarif erhältlichen Klimaschutzstrategien zu sehen. In diesem Sinne stellt der Ausbau erneuerbarer Energien eine sozialverträgliche Lösung dar und sichert langfristig die Wettbewerbsfähigkeit des Standorts.

Erneuerbare Energien sind nicht nur in ihrer Nutzungsphase saubere Energieträger, sondern in aller Regel auch in der Phase der Herstellung und der Entsorgung beziehungsweise des Recyclings. Dies gilt aber nicht uneingeschränkt und muss Ansporn sein, sich auch frühzeitig mit der vor- und nachgelagerten Prozesskette intensiv zu beschäftigen, etwa mit den Feinstaubemissionen von kleinen, einfachen Holzfeuerungssystemen oder dem fachgerechten Recycling von Problemstoffen aus einigen Solarzellenarten, um nur zwei Beispiele zu nennen. Diese Aufgaben sind aber lösbar und von deutlich anderer Qualität als etwa die Endlagerproblematik bei radioaktiven Abfallstoffen aus Kernkraftwerken und auch als die der großen Mengenströme, die mit einer zukünftigen CO_2-Speicher- und Transportinfrastruktur verbunden sein könnten.

Natur- und Landschaftsschutz sind ebenfalls wichtige Aspekte und vor allem für die Windenergie, die Biomasse sowie die Wasserkraft relevant. So stellt beispielsweise jede wasserbauliche Veränderung an Fließgewässern letztlich einen Eingriff in den Naturhaushalt des Gewässers und seiner Umgebung dar. Durch eine geeignete Standortwahl und einen sinnvollen Mix an erneuerbaren Energien können die Auswirkungen auf Landschaft und Umwelt zwar deutlich begrenzt, aber nicht gänzlich vermieden werden. Inwieweit diese Eingriffe gesellschaftlich akzeptiert werden, ist aber nicht zuletzt eine Frage der vergleichenden Technikbewertung beziehungsweise der Bereitschaft, in noch stärkerem Maße als ohnehin notwendig auf Energieeinsparung als Strategieelement zu setzen. Denn eine Energieversorgung ohne jegliche Auswirkungen auf Mensch und Umwelt ist derzeit nicht vorstellbar.

Erneuerbare Energien kommen überwiegend auf der lokalen beziehungsweise regionalen Ebene zur Anwendung. Sie tragen zur regionalen Wertschöpfung bei, geben agrar-, regionalwirtschaftliche und industriepolitische Impulse und helfen, zukunftssichere Arbeitsplätze aufzubauen (▸ Kapitel 14). Dies gilt direkt vor Ort bei der Nutzungs- und Bereitstellungsphase, aber auch für die Herstellung von Technologien, die exportiert werden. Mit rund 220 000 Beschäftigten (2007) allein in Deutschland ist die Erneuerbare-Energien-Branche schon jetzt zu einem maßgeblichen Wirtschaftsfaktor geworden und hat andere Energiesektoren bereits deutlich überholt.

Aufgrund ihrer häufig dezentralen Struktur sind erneuerbare Energien weniger anfällig gegenüber großflächigen Ausfällen und insgesamt geringeren Risiken unterworfen als konventionelle Alternativen. Um die aus Klimaschutzgründen notwendigen Anteile erneuerbarer Energien im Energiemix zu erreichen, werden zukünftig jedoch auch bei den erneuerbaren Energien zentralere Nutzungsstrukturen notwendig – etwa große Offshore-Windparks oder solarthermische Kraftwerke im Sonnengürtel der Erde.

Energieerzeugung und -nutzung können künftig in hochmoderner und vielfältiger Form wieder näher an den Ort des Verbrauchs (Haushalte oder Betriebe) »zurückkehren«, weil Energie durch ein ungleich dezentraleres Portfolio von Techniken bereitgestellt werden kann als heute. Auch wenn bei einer komplett regenerativen Energieversorgung neue zentrale Verbundsysteme in Industrieländern an Bedeutung gewinnen werden, lässt sich dennoch feststellen: Erneuerbare Energien haben ein immanentes Dezentralisierungs- und damit Demokratisierungspotenzial. Ein erneuerbares Energiesystem basiert auf einer enormen Technikvielfalt, einem riesigen Weltmarkt für Innovationen und kreativer Ingenieurskunst. Es hat damit grundsätzlich das Potenzial, unter geeigneten Rahmenbedingungen (insbesondere fairer Netzzugang) den Abbau von Marktmacht multinationaler Energiekonzerne zu fördern und zu einer Reduzierung von Importabhängigkeit und von Energiepreisschwankungen beizutragen.

11.3 Zentral, dezentral – oder beides?

Dezentrale Strom- und Wärmeerzeugungsoptionen, seien es erneuerbare Energien oder verbrauchernah installierte, mit fossilen Energien betriebene Kleinstkraftwerke (zum Beispiel Blockheizkraftwerke, Mikrogasturbinen, Stirlinganlagen und zukünftig gegebenenfalls auch Brennstoffzellen) können einen wichtigen Beitrag zu den im Bereich der Energieversorgung zu lösenden Aufgaben leisten. In der Vielfalt der technologischen Optionen steckt aber auch eine besondere Würze. Sie ermöglicht, dass das auf dem Strommarkt bestehende Oligopol (in Deutschland beherrschen vier große Unternehmen direkt oder indirekt über Beteiligungen rund 90 Prozent der Stromerzeugung) durch den Marktzutritt vielfältiger neuer Akteure aufgebrochen und wettbewerbsintensiver gestaltet werden kann (▸ Kapitel 2 und 8).

Bei dezentralen Anlagen ist ein erheblich geringerer Investitions- und Infrastrukturaufwand erforderlich als bei fossil befeuerten Großkraftwerken; dies macht sie auch für weniger potente Akteure interessant. Darüber hinaus sind insbesondere die erneuerbaren Primärenergieressourcen geografisch vergleichsweise breit verteilt, sodass mit ihnen die Energieerzeugung an vielen Orten möglich ist. Dezentrale Kraft-Wärme-Kopplungs-Anlagen rücken aufgrund des für sie maßgeblichen Wärmenutzungsgebotes (oder zukünftig unter Einbeziehung von Kälte/Klimatisierung als Dienstleistung) automatisch stärker in die Nähe des Verbrauchs. So könnten ganz neue soziale Strukturen der Energieerzeugung und mit Hilfe unzähliger Miniproduzenten eine viel direktere Erzeuger-Nutzer-Verbindung entstehen.

Der Aufbau neuer Strukturen braucht Zeit. Deshalb werden fossile Kraftwerke, auch Großkraftwerke, wenngleich in deutlich geringerer Anzahl als heute, über einige Dekaden noch notwendig sein, um eine sichere Energieversorgung zu gewährleisten und die aufkommenden dezentralen Strukturen zu flankieren. An die Kraftwerke der Zukunft werden aber andere Anforderungen als bisher zu stellen sein. Heute sichern Großkraftwerke insbesondere die Grundlaststromversorgung. Der Ausbau erneuerbarer Energien, speziell der Windenergie, wird aufgrund ihrer spezifischen Eigenschaften aber mehr und mehr dafür sorgen, dass der Bedarf an »klassischem Grundlaststrom« suk-

KWK-Ausbau im Interessengegensatz zentraler und dezentraler Akteure

Der Ausweitung der Kraft-Wärme-Kopplung (KWK) stehen strukturelle Probleme entgegen, da über Jahrzehnte in Deutschland Großkraftwerksstrukturen mit zum Teil erheblichen Entfernungen zu den Verbrauchern und damit auch den potenziellen Abnehmern der Wärme entstanden sind. Eine Verdopplung des KWK-Anteils an der Stromerzeugung, wie er angestrebt wird[10], ist damit nicht direkt kompatibel, sondern verlangt kleinere, dezentrale Leistungseinheiten oder neue Kooperationsformen. Dass sich bisher so wenig im Bereich der industriellen KWK bewegt hat, liegt auch daran, dass die Eigenerzeugung von KWK-Strom bis dato über das KWK-Gesetz nicht gefördert wurde, wie überhaupt das KWK-Gesetz und die KWK insgesamt von den großen etablierten Akteuren der Branche lange Zeit massiv unter Beschuss genommen wurden.

Die großen Verbundunternehmen verhinderten beispielsweise 2001 in letzter Minute durch Zusage einer »Freiwilligen Selbstverpflichtung« die Einführung einer verbindlichen KWK-Quote. Die Zusagen aus der »Freiwilligen Selbstverpflichtung« zur Emissionsminderung beziehungsweise zum Ausbau der KWK wurden jedoch nicht eingehalten und je nach Berechnungsgrundlage um mehr als den Faktor zwei verfehlt. Gleichzeitig wurden vielfach dezentrale KWK-Projekte privater und gewerblicher Akteure durch ein gezieltes Unterbieten der Strompreiskonditionen verhindert oder auch restriktive Tarife für den Reststrombezug beziehungsweise für die vorzuhaltende Reserveleistung blockiert. Marktmacht, noch unzureichender Wettbewerb und erfolgreiche Lobbyarbeit haben die Ausgestaltung adäquater politischer Rahmenbedingungen für höhere Anteile dezentraler KWK bisher behindert. Auch wenn mittlerweile die Problemlage erkannt ist und ihr auch ansatzweise entgegengesteuert wird (zum Beispiel durch Gründung der Bundesnetzagentur und durch Maßnahmen, wie jetzt im Zuge der Novellierung des KWK-Gesetzes), so zeigt dieses Beispiel doch sehr eindrucksvoll, wie schwierig es ist, einen aus klimapolitischen und volkswirtschaftlichen Gründen notwendigen Umbau der Energieversorgungssysteme gegen die Beharrungskräfte eines oligopolähnlich strukturierten Energiemarktes durchzusetzen.

zessive weiter abnehmen wird. Daher müssen Kraftwerke hoch flexibel sein, um die Schwankungen ausgleichen zu können. Aus heutiger Sicht werden vor allem moderne Gaskraftwerke aufgrund ihres Schnellstartvermögens diesen Ansprüchen gerecht.

Während aus der Wasserkraft- und der Biomassenutzung sowie der Geothermie erhebliche Grundlastversorgungsanteile resultieren können, sind die solaren Optionen und die Windenergie dargebotsabhängig, das heißt: Ihr Angebot wird von den jeweiligen meteorologischen Gegebenheiten bestimmt, große Fluktuationen eingeschlossen. Man arbeitet deshalb heute an verschiedenen Stellen an einer optimierten Systemintegration. Dies gilt etwa für eine Verbesserung der Prognosesysteme, die Nutzung flexibler Verbraucher als Zwischenpuffer (Lastmanagement), die gezielte Einbeziehung neuer flexibler Verbraucher (zum Beispiel elektrische Wärmepumpen, Plug-in-Hybridfahrzeuge), die Entwicklung von Kombinations- und Hybridkraftwerken und neuen Speichersystemen. Eine weitere Entwicklungslinie gilt der Integration von erneuerbaren Energiequellen im Ausland. Das bekannteste Beispiel ist die Produktion von Strom mit solarthermischen Kraftwerken in Nordafrika. Dieser Strom soll über Leitungen ins europäische Netz eingespeist werden (▸ Kapitel 18). Das Konzept ist technisch-wirtschaftlich solide durchkalkuliert: Die Machbarkeit ist gegeben. Allerdings sind noch viele Fragen offen, zum Beispiel nach den Akteuren, die die Kraftwerke und die Leitungen bauen werden. Werden die bisher schon dominierenden Konzerne dann auch den Solarstromimport dominieren? Welchen Nutzen werden die Länder in Nordafrika haben, wenn auf ihren Territorien Solarstrom produziert wird? Vorrangiges Ziel sollte es sein, den Strombedarf der Menschen dieser Länder zu decken – erst dann sollte über großmaßstäblichen Export nachgedacht werden. Beide Optionen können jedoch Hand in Hand gehen. Dort liegt die große Chance einer solchen transkontinentalen Kooperation. Zusammenarbeit müsste auf eine neue Art und Weise gedacht werden, sonst entwickeln sich wieder die gleichen Strukturen, die heute im Bereich fossiler Energieträger herrschen. Und deren Folgen sind sicherlich nicht mit dem Verständnis von nachhaltiger Entwicklung zu vereinbaren. Alle diese Entwicklungen werden fossil befeuerte Großkraftwerke auf Dauer überflüssig machen.

Doch steht man bei der Umgestaltung angesichts des überalterten Kraftwerksparks vor einem Dilemma. Ein schnell zu realisierender Ersatz der bestehenden Anlagen durch neue Kraftwerke kommt aus Klimaschutzgründen nicht in Frage. Dies gilt ungeachtet der Tatsache, dass jedes einzelne neue Kraftwerk unter der Voraussetzung der zeitgleichen Stilllegung von Altanlagen aus der Einzelperspektive heraus durch die bessere Brennstoffausnutzung einen Minderungsbeitrag leisten könnte. Ein 1:1-Ersatz des Kraftwerksparks würde angesichts der langen Betriebszeiten von 40 Jahren zu einer klassischen Lock-in-Situation führen, also zu einer Selbstfesselung, die keinen Raum mehr für Alternativen lässt. Obendrein könnte man die Klimaschutzziele nur noch mit einer massiven Einbindung von CO_2-Abscheidetechnologien erreichen, deren Realisierung allerdings aus heutiger Sicht noch mit vielen Fragen verbunden ist (▸ Kapitel 2).

Mit Blick auf die Vielzahl der aktuellen Neubauplanungen ist ein schnelles Umdenken unerlässlich, auch um massive Fehlinvestitionen zu vermeiden. Wendet man die derzeitige Situation des Kraftwerksneubaubedarfs positiv, stellt sich die Frage: Warum nicht die historische Chance nutzen? Schließlich müssen demnächst aufgrund ihres Alters viele Kraftwerke ausgemustert werden. Da können die Weichen zeitgerecht in die Richtung nachfossiler Strukturen gestellt werden.

Ein Szenario, auf das im nächsten Abschnitt noch einmal ausführlicher eingegangen wird, könnte eine Orientierungsmarke für das mögliche Zusammenspiel von erneuerbaren Energien, der dezentralen KWK und zentraleren Strukturen unter restriktiven Klimaschutzbedingungen bieten.[11] Danach sind im Jahr 2050 noch fossile Großkraftwerke mit einem Anteil von 14 Prozent (davon der überwiegende Anteil KWK auf Erdgasbasis) im Strommix einbezogen, rund neun Prozent der Stromerzeugung entfällt darüber hinaus auf dezentrale fossile KWK-Anlagen und 77 Prozent auf erneuerbare Energien. Das Szenario zeigt, dass eine sukzessive und weitgehende Umstellung auf nachfossile und nachnukleare Strukturen (denn auch die Kernkraftwerke werden in diesem Zukunftspfad durch risikoärmere Technologien ersetzt) möglich ist.

Auch wenn die Einbindung in das Stromversorgungssystem eine gewaltige Aufgabe ist und technologische Neuerungen ihre Reifezeit brauchen, was hindert uns daran, beispielsweise die Idee der virtuellen Kraftwerke und damit auch der virtuellen Grundlastkraftwerke schneller weiter voranzutreiben als bisher? Was vor wenigen Jahren auf der Basis kleinerer Demonstrationsanlagen (zum Beispiel in Unna oder Werl) noch wie eine Spielerei erschien, ist heute auf dem Weg zur Marktreife und hat auch schon die großen Spieler der Energieversorgung zu Investitionen veranlasst.

Der Grundgedanke virtueller Kraftwerke ist einfach: Viele dezentrale, an unterschiedlichen Orten installierte Anlagen werden über intelligente Informations- und Kommunikationstechnik miteinander verbunden und dann zentral wie ein Großkraftwerk gesteuert. Einbezogen werden können dabei auch flexible Verbraucher wie Kühlhäuser, die je nach Bedarf für einen begrenzten Zeitraum vom Netz genommen werden können oder aber auch gezielt zu bestimmten Zeiten – etwa besonders windstarken Perioden – zur Stromnachfrage aufgefordert werden. In einem Echtzeitversuch wurde bereits ein sogenanntes Kombinationskraftwerk erprobt. Es koppelt fluktuierende Erzeuger wie Wind- und Sonnenenergie mit einer flexiblen Biogasanlage und nutzt anteilig ein Pumpspeicherkraftwerk.

Das zuvor angesprochene Szenario zeigt freilich auch, dass eine Energieversorgung in Deutschland ohne zentrale Strukturen nicht realisierbar sein wird, nur mit dem Unterschied, dass die zentralen Kraftwerke eine erneuerbare Primärenergiebasis haben. Mit dem Ausbau der Erneuerbaren auch in Großstrukturen könnte die traditionelle Energiewirtschaft, die heute durch die Monopolisierbarkeit von Öl, Erdgas, Uran und Kohle nicht nur über eine riesige Kapitalmacht verfügt, sondern in vielen Ländern auch die politische Macht mitsteuert, in Zukunft »resozialisiert« werden. Aufgrund der nur begrenzten Nutzungspotenziale erneuerbarer Energien in einem dicht besiedelten Land wie Deutschland können höhere Deckungsanteile erneuerbarer Energien vermutlich nur dann erreicht werden, wenn massiv die Offshore-Windenergie erschlossen wird und wenn spätestens in zwei Dekaden zudem verstärkt Strom aus erneuerbaren Energien aus anderen Ländern importiert wird. Strom könnte im Süden Europas oder dem Norden Afrikas über solarthermische Kraftwerke erzeugt und über (zentrale) Hochspannungsgleichstromübertragungssysteme

nach Deutschland importiert werden. Auch Offshore-Windenergie-
parks sind sicher eher zentrale Anlagen mit Leistungen von einigen
100 Megawatt. Dies gilt vor allem auch hier für die Stromtransport-
systeme, um den vornehmlich im Norden bereitgestellten Windener-
giestrom zu den Verbraucherschwerpunkten innerhalb des Landes zu
übertragen. Von daher wird es nötig sein, die etablierten Akteure der
Energiewirtschaft zum ernsthaften Einstieg in die Solarwirtschaft zu
drängen und über entsprechende Rahmenbedingungen zum Umsteuern zu ermutigen. Denn anders lassen sich weder die immensen Investitionen schultern, die dafür notwendig sind, noch wäre eine ausreichende Systemintegration gewährleistet, die zumindest in der Übergangszeit auch auf herkömmliche Kraftwerke angewiesen ist. Der
sukzessive Einstieg der großen Stromunternehmen in den Markt für
große Windenergieparks und Biomassekraftwerke zeigt, dass sich ursprüngliche Blockaden langsam zu lösen scheinen.

11.4 Ein Weg – aber kein Selbstläufer

Im April 2007 hat die Bundesregierung einen Acht-Punkte-Plan vorgelegt, hinterlegt mit teilweise sehr konkreten Maßnahmenpaketen und
Gesetzesentwürfen[12], um die Treibhausgasemissionen in Deutschland
bis zum Jahr 2020 um 40 Prozent gegenüber dem Niveau des Jahres
1990 zu reduzieren. Im Verhältnis zum Jahr 2006 entspricht dies einer Rückführung der Treibhausgasemissionen um 270 Millionen Tonnen CO_2. Zwei der acht Punkte betreffen eine Reduktion des Stromverbrauchs um elf Prozent gegenüber 2006 durch eine massive Steigerung der Energieeffizienz (soll 40 Millionen Tonnen CO_2 einsparen)
und eine Verdoppelung der effizienten Nutzung der Kraft-Wärme-
Kopplung auf 25 Prozent (20 Millionen Tonnen Einsparung). Auch
wenn die Maßnahmen in der Summe noch nicht ausreichen werden,
das anvisierte 40-Prozent-Minderungsziel sicher zu erreichen, und
an einigen Stellen auch deutliche Kritik angebracht ist (zum Beispiel
überhöhtes Ausbauziel für Agrodiesel, weitgehende Vernachlässigung
des Gebäudebestandes beim regenerativen Wärmegesetz, zu kurz

greifende Maßnahmen im Bereich KWK), stellen sie doch die Basis für einen langfristigen Fahrplan in Sachen Klimaschutz dar.

So zentral das 40-Prozent-Ziel bis 2020 auch sein mag: Die wirklichen Herausforderungen kommen wahrscheinlich erst nach 2020. Dies gilt insbesondere für den weiteren Ausbau erneuerbarer Energien, der neben Maßnahmen der Energieeffizienzsteigerung die Hauptlast für die Erreichung engagierter Klimaschutzziele wird tragen müssen. So muss sich nach dem Leitszenario der Minderungsbeitrag (von CO_2-Emissionen) der erneuerbaren Energien in den relevanten Verbrauchssektoren sukzessive weiter erhöhen und von etwa 180 Millionen Tonnen im Jahr 2020 bis zum Jahr 2050 noch einmal mehr als verdoppeln (▸ Abbildung 11.2).

Derartige Verminderungen umzusetzen erfordert einschließlich der Stromerzeugung auf der Endenergieseite Deckungsanteile der erneuerbaren Energien von mehr als der Hälfte. Bis zum Jahr 2100, so die Meinung vieler Experten, könnte die Umstellung auf ein im Wesentlichen auf erneuerbaren Energien basierendes Energiesystem gelungen sein, wenn die vorgenannten Etappenziele erreicht werden.

Angesichts des enormen Veränderungsbedarfs im Energiesystem stellt sich die berechtigte Frage, ob dies alles bezahlbar ist. Sicher sind erneuerbare Energien und dezentrale KWK-Optionen heute unter Vernachlässigung externer Kosten zum Teil noch teurer als die konventionellen Alternativen. Die Möglichkeiten zur Kostenreduktion sind aber vielfältig. Sie entstehen aus Lerneffekten, Technologiesprüngen und einer dynamischen Marktentwicklung (Masseneffekte). Als vergleichsweise junge Technologielinie steht dieser Prozess bei vielen Nutzungsoptionen erneuerbarer Energien noch relativ am Anfang. Gerade erneuerbare Energien haben aber den Vorteil, dass man mit Ausnahme der Biomasse für den Brennstoffeinsatz nicht bezahlen muss und sie per se klimaverträglich sind. Dies ist ein unschätzbarer Vorteil in Zeiten steigender Energieträgerpreise und der zunehmenden Monetarisierung von Klimakosten – etwa über den Emissionshandel. Der Übergang in nachfossile Strukturen ist aber kein Selbstläufer. Die Politik wird diesen Prozess nicht nur flankieren, klare Ziele vorgeben und den Rahmen für wirtschaftliches Handeln bestimmen müssen, sondern auch den Wirtschaftsakteuren Möglichkeiten geben

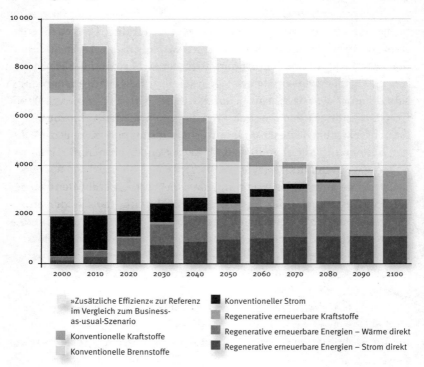

»Zusätzliche Effizienz« zur Referenz im Vergleich zum Business-as-usual-Szenario

Konventionelle Kraftstoffe

Konventionelle Brennstoffe

Konventioneller Strom

Regenerative erneuerbare Kraftstoffe

Regenerative erneuerbare Energien – Wärme direkt

Regenerative erneuerbare Energien – Strom direkt

müssen, den Umstrukturierungsprozess zum Beispiel durch die Entwicklung neuer Geschäftsfelder mitzugehen.

Aber auch jeder Einzelne kann zum Umbau der Ressourcenbasis beitragen, sei es durch die direkte oder indirekte Beteilung an erneuerbaren Energieanlagen (zum Beispiel Bürgergemeinschaftsanlagen, spezifische Fonds oder Kapitalanlagen), die Wahl seines Strombezugs oder durch ein energiebewussteres Verhalten und Konsumieren (▸ Kapitel 20). Ein Umsteuern in die Solarwirtschaft ist nicht nur möglich, sondern auch ohne Alternative.

Zehn Jahre Kohlekonsens

Die Umweltbewegung kann heute ein zehnjähriges Jubiläum feiern. So alt ist der Kohlekonsens, mit dem die Bundesregierung den Ausstieg aus der konventionellen Kohleverstromung beschloss. Die Entscheidung sorgte seinerzeit weltweit für großes Aufsehen, schließlich behaupteten die Deutschen beides gleichzeitig zu können: Aus der Kohle- und aus der Kernkraft langfristig aussteigen. Noch vor knapp 15 Jahren war je nach Quelle von bis zu 40 geplanten Kohlekraftwerken die Rede. Wäre nur die Hälfte davon verwirklicht worden, die Klimaschutzziele der Bundesregierung hätten niemals erreicht werden können.

Doch allerorts gründeten sich Bürgerinitiativen gegen den Bau von neuen konventionellen Kohlekraftwerken (KKW). Sie rechneten vor, wie sich KKW durch Kraft-Wärme-Kopplung, Effizienzkraftwerke und durch den entschlossenen Ausbau erneuerbarer Energien vermeiden lassen würden. Kein Wunder, dass der Zuspruch groß war. Als sich im Jahr 2007 auch noch in der Gemeinde Ensdor, im »Bergbau-und-Energie-Land« Saarland, 70 Prozent der Teilnehmer einer Bürgerbefragung gegen ein geplantes KKW aussprachen, brach der Damm. Die Presse sprach von der »Anti-KKW-Bewegung«, und die Politik schien sie endlich ernst zu nehmen.

Drei Faktoren haben neben den Bürgerprotesten den Kohlekonsens begünstigt und die Neubauplanungen begrenzt. Erstens erwiesen sich die geplanten Kraftwerke durch die gestiegenen Baukosten und durch die bevorstehenden Aufwendungen für den Emissionshandel als wesentlich kostspieliger als zuvor kalkuliert. Im Jahr 2010 sorgte zweitens die Einrichtung eines Energieeffizienzfonds für einen Investitionsschub, wie man ihn schon vom EEG kannte. Hierdurch konnte die Nachfrage nach Strom deutlich reduziert werden und entsprechend auch die Nachfrage nach Strom aus Kohlekraftwerken. Drittens verabschiedete die Bundesregierung im Jahr 2010 das sogenannte Kohlemoratorium: Das Bundesimmissionsschutzgesetz (BImSchG) wurde dahingehend geändert, dass nur noch Kohlekraftwerke mit einen Gesamtwirkungsgrad von mindestens 70 Prozent, bezogen auf die Ausgangsenergie des Brennstoffs, genehmigt werden konnten. Diesen Wert konnten nur moderne Kraftwerke erreichen, die gleichzeitig Strom und Wärme produzieren (KWK), konventionelle Kohlekraftwerke jedoch nicht.

Ende 2020 liegt der Beitrag der erneuerbaren Energie zur Bruttostromerzeugung bei 30 Prozent, während der Anteil aus Kohlekraftwerken deutlich gesunken ist und bis 2040 weiter auf 50 TWh/a sinken wird. Gleichzeitig steht der endgültige Atomausstieg im Jahr 2025 kurz bevor.

Anmerkungen

1 BMU (2006a)
2 Heidemann (2005)
3 Vgl. SRU (2006)
4 Zum Beispiel Brot für die Welt (2008) oder BUND (2007)
5 NZZ (2007)
6 Wuppertal Institut et al. (2007)
7 BMU (2008)
8 FNR (2006), TAB (2007)
9 Bioenergiedorf (2007)
10 BMU (2007)
11 BMU (2006b)
12 BMWi/BMU (2007)
13 BMU (2004)

12 Überflüssig machen: Von den Chancen der Ressourceneffizienz

Mit weniger auszukommen erfordert, klüger zu wirtschaften. Um den vollständigen Umstieg auf solare Energien und Stoffe möglich und finanzierbar zu machen, kommt es darauf an, den Gesamtbedarf an Ressourcen zurückzubauen. Dabei hilft, dass in den Wohnungen und Fabriken, in den Motoren und Werkstoffen erstaunliche Einsparpotenziale verborgen liegen. Sie zu erschließen, dafür ist eine neue Richtung des technischen Fortschritts angesagt: statt der Arbeitseffizienz die Ressourceneffizienz voranzubringen. Das ruft nach Umsicht im Verhalten und Intelligenz im Design, aber vor allem auch nach einer Politik, die imstande ist, auf breiter Front eine Mega-Zahl von Mini-Investitionen und -Initiativen anzustoßen.

Effizienz ist eine Wirtschaftstugend – so möchte man meinen. Schließlich bedeutet weniger Materialeinsatz und weniger Energieaufwand für die gleiche Dienstleistung geringere Kosten. Und das gilt nicht nur für Betriebe, sondern auch für Haushalte und ganze Volkswirtschaften. Tatsächlich finden im Gefolge von Innovationen immer wieder Effizienzsprünge statt. Trotzdem ist zweifelhaft, ob die Ökologie auf den Selbstlauf der Ökonomie zur Ressourceneffizienz warten kann. Die Warnzeichen für den bevorstehenden Umbruch sind unübersehbar[1]: Sich abzeichnende Mengenverknappungen bei Ressourcen, verschärfte Weltmarktkonkurrenz, steigende Importabhängigkeiten, sprunghaft steigende Preise für Energie und andere Rohstoffe (etwa für Kupfer, Stahl, Platin) sowie Aufpreise für Kostenexternalisierung – die Grenzen des noch vorherrschenden ressourcen-intensiven Wachstumstyps sind erreicht oder überschritten. Energie- und Ressourcenproduktivität zu steigern wird zum Sachzwang aufgrund harter ökonomischer Realitäten.[2]

Dabei geht es darum, Steigerungsraten in der Ressourceneffizienz zu erreichen, die das ökonomische Wachstum übertreffen, damit das Erreichte nicht wieder aufgefressen wird (▶ Kapitel 4). Das lässt sich nur machen, wenn sich der technische Fortschritt auf die Schonung von Natur und Rohstoffen konzentriert[3] und ein politisches wie wirtschaftliches Management in der Lage ist, eine entsprechende Dynamik in Gang zu setzen. Allerdings ist eine wirksame Steigerung der Ressourceneffizienz nicht allein durch technische Lösungen erreichbar. Die Entwicklung der Lebensstile, die Veränderung der Produktions- und Konsummuster und damit verbundene soziale und organisatorische Innovationen beeinflussen ebenfalls den Ressourcenverbrauch in großem Umfang.

12.1 Drei Richtungsanzeigen

»Der wichtigste Wandel muss dabei im Denken stattfinden: Wirtschaft, Politik und Zivilgesellschaft müssen lernen, dass zukünftig in einem sehr grundsätzlichen Sinne ›Weniger mehr und anders besser‹ sein wird.«[4] Folgende Grundideen sollten das Umdenken und Umsteuern leiten.

Nachfrage senken statt Angebot ausbauen

Das Denken über Ressourcen ist immer noch stark auf die Angebotsseite und ihre Expansion ausgerichtet. Doch vor und parallel zu einer nachhaltigeren Gestaltung der Angebotsseite muss die Effizienzsteigerung treten. Dies ist gut am Beispiel Energie zu verdeutlichen: Zusätzlich zur immer noch geförderten fossilen und nuklearen Energieträgerbereitstellung ist in Deutschland in den vergangenen Jahrzehnten die Angebotsexpansion der erneuerbaren Energien getreten. Immer mehr Menschen beziehen sogenannten Ökostrom, ohne ihren Stromverbrauch zu reduzieren. Der beschleunigte Ausbau der erneuerbaren Energien ist richtig und wichtig, da sie einen wesentlichen Beitrag zum Erreichen der Klimaschutzziele schon kurz- bis mittelfristig, aber vor allem mittel- bis langfristig leisten müssen. Doch ohne gleichzeitig die Energienachfrage zu senken, wird eine strukturelle Problemlösung nur hinausgeschoben. Dies gilt umso mehr im internationalen Kontext. Hier steht weiterhin der Ausbau von Energieerzeugungskapazitäten – insbesondere Strom – und die Steigerung von Verkehrsleistungen zu stark im Vordergrund gegenüber der notwendigen Senkung der Energienachfrage durch intelligente, kosteneffektive Lösungen.[5]

Lebenszyklus berücksichtigen

Dabei ist es geboten, das Lebenszyklusdenken zum durchgängigen Prinzip zu machen. Das heißt, die ökonomischen, ökologischen und sozialen Wirkungen sind entlang der gesamten Produktkette auf eine wachsende Ressourceneffizienz hin zu optimieren, also von der Förderung über die Produktion, die Nutzung des Produkts über seine Lebensdauer bis hin zur mehrfachen Wiederverwertung und schließlich zur Entsorgung – bildlich gesprochen von der Wiege zur Bahre und wieder zur Wiege.

Weiter führt die Betrachtung von Lebenszyklen dazu, dass ein Denken in Wertschöpfungsketten (▸ Kapitel 17) die isolierte Betrachtung nur eines einzelnen Unternehmens ablöst. In den Blick kommen dabei sämtliche Vorlieferanten und deren Lieferanten, aber auch die Kunden und deren Kunden. Nur so werden die Effizienzpotenziale systemweit gehoben, und es kann verhindert werden, dass eine Effizienzsteigerung in einer Wertschöpfungskettenstufe nicht durch einen Mehrverbrauch in anderen Wertschöpfungskettenstufen im In- oder Ausland überkompensiert wird. So könnte es etwa geschehen, dass Ressourceneffizienzgewinne in der Produktion bei einem Vorlieferanten überkompensiert werden durch höhere Verbräuche des Unternehmens, das die Vorprodukte eingekauft hat.

Effizienzen im Verkehr

Im Verkehr können zwei Ebenen von Effizienzpotenzialen unterschieden werden, und zwar systemische Effizienzpotenziale (Systemeffizienz) und technische Effizienzpotenziale (Fahrzeugeffizienz). Auf der ersten Ebene handelt es sich darum, mit wie viel Verkehr erwünschte Aktivitäten realisiert werden können. Dies hängt ab von der Form von Siedlungs- und Produktionsstrukturen sowie von den Angeboten des Verkehrssystems wie die Schiene und das Schiff im Güterverkehr oder der unmotorisierte (Fuß und Rad) und der öffentliche Verkehr (ÖPNV/Bahn) im Personenverkehr. Bei der zweiten Ebene handelt es sich um Effizienzpotenziale beim Antrieb und in der Fahrzeuggestaltung; sie lassen sich durch Änderungen im Design und der Auslegung von Fahrzeugen erschließen.

Um die erheblichen Potenziale zur Systemeffizienz zu erschließen, gilt es, die Siedlungs-, Versorgungs- und Produktionsstrukturen so zu gestalten, dass Wege vermieden und Weglängen reduziert werden können. Beispielsweise erzeugen immer neue Reihenhaussiedlungen an den Rändern und im Umland der Städte steigenden Pkw-Verkehr und zunehmende Flächeninanspruchnahme, während Wohnungen in den Städten leer stehen und Flächen brach liegen. Diesen Trend gilt es umzukehren.

Außerdem lehrt ein Vergleich von Städten, dass die Verkehrswahl der Menschen stark von der Ausgestaltung des Gesamtsystems abhängt. Wo es gute Angebote für das Fahrrad gibt und/oder der ÖPNV entwickelt wurde, sind auch die Anteile dieser Verkehrsmittel vergleichsweise höher als in anderen Städten. Beispiele dafür sind Münster oder Freiburg, aber auch eine Millionenstadt wie München. Durch kluge Organisation des ÖPNV zusammen mit restriktiven Maßnahmen im Pkw-Verkehr konnten in Freiburg die Fahrgastzahlen von Bus und Bahn in den vergangenen 20 Jahren annähernd verdoppelt werden. Anders als in anderen Städten konnte der Anteil der Wege, die mit dem Auto als Fahrer oder Mitfahrer zurückgelegt werden, von 38 Prozent im Jahr 1982 auf 32 Prozent im Jahr 1999 reduziert und der Anteil des Umweltverbundes aus Fuß- und Radverkehr und ÖPNV von 61 Prozent auf 68 Prozent gesteigert werden. Dabei stieg in 17 Jahren der Anteil des Radverkehrs von 15 auf 27 Prozent und der Anteil des ÖPNV von 11 auf 18 Prozent.[6] Immerhin sind fast sechs von zehn

Wegen, die pro Tag in Deutschland zurückgelegt werden, kürzer als fünf Kilometer[7] und haben damit eine ideale Fahrradentfernung.

Höhere Fahrzeugeffizienz ist indes unerlässlich, weil die meisten Kilometer heute in Deutschland mit dem privaten Pkw zurückgelegt werden, etwa 55 Prozent der Kilometer im Personenverkehr.[8] Deshalb trägt der Pkw-Verkehr etwa zu zwei Dritteln (67 Prozent) der Kohlendioxidemissionen des Verkehrs in Deutschland bei.[9] Die Pkw der deutschen Autoflotte sind durchschnittlich etwa acht Jahre alt[10] und verbrauchen 7,7 l/100 km.[11] Dies ist sehr viel mehr als die von der EU-Kommission geforderten Durchschnittsemissionen für Neuwagen von 130 g CO_2 pro Kilometer, die einem Verbrauch von 5,5 l Benzin beziehungsweise 4,9 l Diesel auf 100 km entsprechen.[12] Eine Kombination aus Einsparmaßnahmen wie Gewichtsverringerung, Downsizing, Antriebs- und Getriebeoptimierung kann den Verbrauch bei heutigen Pkw um mehr als die Hälfte senken.[13] Dafür muss die Politik die entsprechenden Vorgaben und Anreize für Fahrzeughersteller und Verbraucher setzen; Instrumente wie die von der Bundesregierung gegenwärtig ins Auge gefasste CO_2-emissionsabhängige Kfz-Steuer gehen in die richtige Richtung.[14] Doch bewusste Autofahrer müssen nicht auf die Politik warten. Schon heute können Pkw-Käufer durch die Wahl eines effizienteren Modells erhebliche Effizienzpotenziale erschließen.

Nutzen optimieren statt Produkte vermehren

Auch muss neben der Orientierung am Lebenszyklus die Funktions- statt Produktorientierung beziehungsweise Nutzungs- statt Angebotsorientierung[15] treten. Denn Abnehmer von Energie und Material sind nicht primär daran interessiert, dass die Einheit an Energie oder Material möglichst preisgünstig und sicher bereitgestellt wird. Vielmehr geht es ihnen vorrangig um die kostenminimale Inanspruchnahme des Nutzens, der damit erzielt wird (»least cost«).[16] Beispiele für diesen Nutzen sind die Wärme eines Wohnraums, die Kühle eines Getränks, die getrocknete Wäsche, die produzierte Druckluftmenge, die mit Hilfe einer Energie oder Material verbrauchenden Maschine erzeugte Ware, die Ermöglichung des alltäglichen Einkaufs oder die In-

Abb. 12.1 Einsatz von Energie und Material in Deutschland und Primärenergieverbrauch pro Kopf im internationalen Vergleich im Jahr 2004[17]

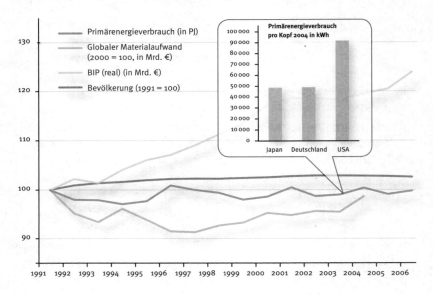

formationsübermittlung. Ziel muss es sein, die Bereitstellung ange-
passter, kosteneffizienter Dienstleistungen und Nutzungen zur Alltagsbewältigung in privaten und öffentlichen Haushalten, Industrie
und Gewerbe anstatt der preisgünstigen Versorgung mit Energie und
Material in den Mittelpunkt zu stellen.

12.2 Das Schwere – die Entwicklung des Verbrauchs

In Deutschland scheint die Ausgangslage günstig, denn beim Ener-
gie- und Materialverbrauch zeichnet sich eine gewisse Entkopplung
von Wirtschaftswachstum und Ressourcenverbrauch ab (▶ Kapitel 4
und Abbildung 12.1). Während das reale Bruttoinlandsprodukt immer
weiter gestiegen ist, liegen Primärenergieverbrauch und Materialaufwand seit 1991 unter ihrem Ausgangswert.

Tab. 12.1 Direkter und indirekter Globaler Materialaufwand
der inländischen Produktion für Deutschland nach Sektoren[18]

Produktionssektor	Direkter und indirekter Ressourcenverbrauch			
	1991		2000	
	in Mio. t	%	in Mio. t	%
Bauleistungen	931	16	964	18
Nahrungs- und Futtermittel, Getränke	454	8	465	9
Metalle und Halbzeug daraus	299	5	459	9
Energie (Strom, Gas), Dienstleistungen der Energieversorgung	765	13	405	8
Kraftwagen und Kraftwagenteile	301	5	335	6
Chemische Erzeugnisse	233	4	269	5
Maschinen	263	4	211	4
Kohle, Torf	395	7	188	4
Erzeugnisse der Landwirtschaft, Jagd	180	3	183	3
Kokerei-, Mineralölerzeugnisse, Spalt-, Brutstoffe	208	4	157	3
Glas, Keramik, bearbeitete Steine und Erden	138	2	157	3
Steine und Erden, sonstige Bergbauerzeugnisse	157	3	136	3
Restliche Produktionssektoren	1520	26	1360	26
Produktionssektoren insgesamt	**5843**	**100**	**5289**	**100**

So ist der Ressourcenverbrauch der inländischen Produktion in Deutschland zwischen 1991 und 2000 von 5843 auf 5289 Millionen Tonnen um immerhin etwa neun Prozent gesunken (▸ Tabelle 12.1). Doch gleichzeitig wuchsen die ökologischen Rucksäcke, denn die Ressourcenentnahmen im Ausland sind umfangreicher geworden, mit der

Folge, dass die ökologischen und sozialen Lasten zunehmend in andere Länder verlagert wurden (▸ Kapitel 5).[19] Die ökologischen Rucksäcke eingerechnet lag im Jahr 2004 der durchschnittliche Ressourcenverbrauch in Deutschland pro Kopf bei 73,8 Tonnen (1994: 73,0 Tonnen) – im Vergleich dazu lagen die Werte in der EU-15 bei etwa 51 Tonnen (1997), in Japan bei etwa 45 Tonnen (1994) und in den USA bei etwa 85 Tonnen (1994).[20]

Die Bereitstellung von Energieträgern verursachte etwa 42,5 Prozent des globalen Materialaufwands im Jahr 2004 in Deutschland.[21] Bei der Energieintensität pro Kopf lag Deutschland mit fast 50000 Kilowattstunden (kWh) im Jahr 2004 fast auf einer Höhe mit Japan und deutlich unter dem Pro-Kopf-Verbrauch der US-amerikanischen Bevölkerung (über 90000 kWh). Nachhaltig und auch möglich (▸ Kapitel 11) wäre ein Niveau, das etwa halb so hoch liegt und dann durch erneuerbare Energien bereitgestellt werden kann (▸ Kapitel 5). Einer der ressourcenintensivsten Bereiche ist das Bauen. Die Potenziale der Rohstoff- und Energieeinsparung sind in Altbauten und beim Neubau enorm. Großbritannien erhebt seit 2002 eine Steuer in Höhe von 1,6 Pfund pro Tonne auf die Extraktion und den Import von Baustoffen. Dies hat unter anderem zu Verfahrensoptimierungen in der Zementindustrie geführt und das Baustoffrecycling wurde erhöht.

12.3 Das Leichte – die Einsparpotenziale

Trotz unterschiedlicher Annahmen, Datengrundlagen und Detailergebnisse belegen verschiedene Studien[22], dass in Deutschland und Europa insgesamt etwa 20 bis 30 Prozent Endenergieeinsparung gegenüber dem Trend mit heute verfügbaren Technologien und organisatorischen Lösungsansätzen wirtschaftlich umsetzbar sind. Voraussetzung dafür ist, dass bei den in den nächsten Jahren ohnehin stattfindenden Sanierungen oder beim Ersatz alter Anlagen und Geräte jeweils eine effiziente, wirtschaftliche Lösung gewählt wird. Tabelle 12.2 zeigt für ausgewählte Sektoren und Anwendungsbereiche, wie hoch die Einsparungen bei Strom und Wärme sein könnten, wie viel Treibhausgas-

Beispiel Fahrradrahmen

Die Stahlerzeugung ist weithin bekannt als eine energie- und ressourcenintensive Industrie. Stahl als Werkstoff zu meiden, ist jedoch nicht immer
der richtige Weg zu weniger Umweltbelastung. Das zeigt das Beispiel
Fahrradrahmen. Anhand von vier Indikatoren, die jeweils unterschiedliche
Umweltaspekte abbilden, wurde die Umweltinanspruchnahme von Fahrradrahmen aus Stahl, Aluminium und kohlefaserverstärktem Kunststoff
(CFK) verglichen. Im Ergebnis weist der Stahlrahmen bei allen Indikatoren
mit deutlichem Abstand die geringsten Werte auf, was ihn aus ökologischer Sicht zum überlegenen Werkstoff bei Fahrradrahmen macht.[23]

Abb. 12.2 **Fahrradrahmen:**
Umweltinanspruchnahme verschiedener Werkstoffe[24]

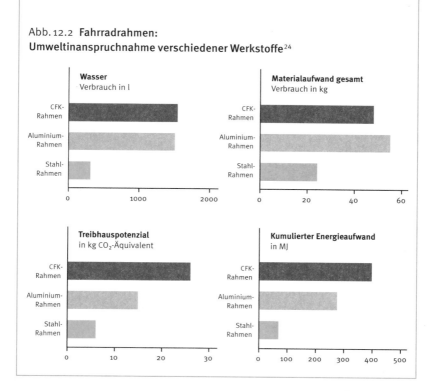

Tab. 12.2 **Endenergie-Einsparpotenziale ausgewählter Sektoren und Anwendungsbereiche, die innerhalb von zehn Jahren wirtschaftlich erschließbar sind (ohne Berücksichtigung der Transaktionskosten der Umsetzung)[25]**

Anwendung	CO_2-Reduktionspotenzial (t/Jahr)	Einsparung Strom netto (TWh/Jahr)	Einsparung Brennstoffe netto (TWh/Jahr)	Gesamtwirtschaftlicher Gewinn (Mio. €/Jahr)	Nettovorteil der Kunden (Mio. €/Jahr)	Amortisationszeit aus Kundensicht (in Jahren)
Klimatisierungsbedarf Telekommunikation	880 631	1		61	116	0,9
Verringerung der Stand-by-Verluste IuK	2 403 365	4		77	204	1,8
Pumpen	13 460 075	21	0	652	1086	2,2–2,9
Prozesswärme	40 290 899	17	98	1816	2190	3,1–5,1
Prozesskälte	1 287 167	2		63	92	3,3
Druckluft	1 608 517	2		86	123	3,4
Beleuchtung	9 057 032	14	0	449	855	2,7–6,9
Kühlen/Tiefkühlen	2 528 431	4		90	210	3,9
Lüftung, Klima	3 316 665	4	2	160	254	3,2–4,1
Kochen	411 380	1	–1	6	33	6,5
Warmwasser	305 926	1	–1	–6	15	9,6
Wärmedämmung und Heizungserneuerung	4 831 856	0	20	261	165	7,8–13,1
Wärmerückgewinnung	1 508 453	0	7	52	25	10,6–11,3
Summe	**81 890 396**	**70**	**123**	**3764**	**5367**	

Industrie, Gewerbe, Handel, Dienstleistungen

Privathaushalte	Verringerung der Stand-by-Verluste Audio/Video/Fernseher	3 987 426	6		150	801	1,1
	Spülmaschine (Warmwasseranschluss)	172 373	1	–1	4	59	1,9
	Beleuchtung	1 521 422	2		81	325	1,8
	Kühl- und Gefriergeräte (A+, A++)	3 551 945	5		122	677	2,1
	Heizungsoptimierung (Pumpentausch, hydraulischer Abgleich/Regelung)	14 986 146	4	43	562	1751	2,7
	Wäschetrockner	2 364 142	5	–3	2	412	3,5
	Waschmaschine (A+, Warmwasseranschluss)	829 897	2	–1	–20	125	6,8
	Wärmedämmung und Heizungserneuerung	18 901 687		68	512	1158	9,0
	Substitution von Nachtspeicherheizungen und Elektrowarmwasser	6 854 786	15	–18	–253	243	10,6
	Summe	**53 169 823**	**40**	**87**	**1160**	**5550**	

emissionen damit vermeidbar wären und welche positiven wirtschaftlichen Effekte dies hätte.

Auch die Ansatzpunkte zur Materialeinsparung sind vielfältig und wirtschaftlich. Sie liegen für materialintensive Branchen nach ersten Einschätzungen bei zehn bis 20 Prozent.[26] Anders als im Energiebereich, in dem schon seit langer Zeit gezielt an der Erhebung der Effizienzpotenziale gearbeitet wird, steht die Quantifizierung der Einsparpotenziale im Materialbereich aber erst am Anfang. Qualitative Aussagen für unterschiedliche Ansatzpunkte, Material effizienter zu nutzen, liegen aber schon vor.

Energie und Material können oft gleichzeitig effizienter eingesetzt werden. Doch es kann auch zu Zielkonflikten zwischen Energie- und Materialeffizienz kommen. Beispiele sind etwa ein höherer Dämmstoffeinsatz für energieeffizientere Gebäude oder der steigende Kupferverbrauch für energieeffizientere Transformatoren. Der Vergleich der einzelnen Alternativen muss deshalb jeweils über die gesamte Lebensdauer und über alle Ressourcen hinweg erfolgen, da die Erzeugung von Rohstoffen zum Beispiel Energie verbraucht und die Energienutzung auch Materialverbrauch etwa zum Bau von Kraftwerken nach sich zieht.

Energie- und Materialeffizienzsteigerungen sind, wie Tabelle 12.2 zeigt, in der Produktion, bei Produkten, Dienstleistungen und beim Verbrauch möglich. Obwohl die Möglichkeiten bekannt und die Effizienzpotenziale hoch wirtschaftlich sind, werden sie bei Weitem nicht ausgeschöpft.

Ein Beispiel dafür ist die hocheffiziente Pumpe. Allein im Wohngebäudebereich könnte ein Prozent des deutschen Stromverbrauches dadurch eingespart werden, dass bei einer Heizungssanierung jeweils richtig dimensionierte hoch effiziente Heizungsumwälzpumpen eingesetzt würden. Einsparungen in solchen Dimensionen können jedoch nur erreicht werden, wenn der Massenmarkt dieser Technik in ganz Deutschland erschlossen wird. Hinderlich war hier bisher das Nutzer-Investor-Dilemma: Bewohner sprechen sich zwar für solche Pumpen aus, doch die Entscheidung liegt beim Eigentümer.

Bei diesen Pumpen handelt es sich um permanentmagnetische EC-Motor-Pumpen kleiner Leistung – statt der üblichen ineffizienten, oft

Tab. 12.3 Wirtschaftlichkeit einer Hocheffizienzpumpe im Vergleich zu einer konventionellen Heizungspumpe[27]

	Hocheffizienz-pumpe	Konventionelle Pumpe
Anschaffungskosten und Einbau	425 €	240 €
Kosten für die Optimierung von Heizung und Warmwasserbereitung	680 €	
Gesamtkosten	1105 €	240 €
Eingesparte Energiekosten / Jahr	250 €	
Amortisationszeit der Hocheffizienzpumpe	ca. 3–4 Jahre	

sogar ungeregelten Heizungsumwälzpumpen. Der hydraulische Abgleich optimiert zudem über die Steuerung beziehungsweise Regelung des Heizungssystems den Wasserfluss im Leitungssystem. Aber auch die Warmwasserbereitstellung kann effizienter werden – beispielsweise durch eine angepasste Pumpengröße oder die Optimierung des Pumpenbetriebs.

Die Energieeinsparung durch die Hocheffizienzpumpe und parallel dazu durchgeführte energetische Optimierungsmaßnahmen liegt bei einem Ein- oder Zweifamilienhaus jedes Jahr bei bis zu 400 Kilowattstunden Strom und 4500 Kilowattstunden Wärmeenergieträger. Das entspricht einer Kosteneinsparung von etwa 250 Euro pro Jahr – bei steigenden Energiekosten natürlich entsprechend mehr. Wie die Rechnung in Tabelle 12.3 zeigt, rechnet sich die Maßnahme nach etwa drei bis vier Jahren und bei größeren Gebäuden nach etwa vier bis sieben Jahren.[28] Werden außerdem noch Wasserspararmaturen montiert, kann auch Warmwasser und dadurch nochmals Energie eingespart werden.

Diese vorteilhafte Lösung wird in vielen Fällen aber noch nicht realisiert, da sie den wenigsten Handwerksbetrieben bekannt ist oder diese vermuten, dass die Kunden nur nach der Höhe des Anschaffungspreises entscheiden werden. Auch Gebäudeeigentümer kennen oftmals die Optimierungsmöglichkeiten bei einer Heizungs- und Warmwassererzeugungsanlage nicht und ahnen kaum, welche Kostenersparnis ihnen entgeht. Aufgrund dieser und anderer Hemmnisse und Informationsdefizite fristet die Hocheffizienzpumpe noch ein Schattendasein. Damit steht sie stellvertretend für die vielen vorhandenen technischen Möglichkeiten, die ihren Weg zum Endverbraucher noch finden müssen.

12.4 Das Leichte – Vorteile durch Kostenentlastung

Die umfangreichen Energie- und Materialeffizienzpotenziale zu erschließen, hat für unterschiedliche Akteure und gesamtwirtschaftlich vielfältige Vorteile. Wird das umfassende Energiespar- und Modernisierungspotenzial erschlossen, sinken nicht nur die volkswirtschaftlichen Material- und Energiekosten, sondern es werden auch Energie- und Rohstoffimporte sowie Kapitalabfluss ins Ausland ersetzt durch neue Geschäftsfelder und Kaufkraft im Inland. Zudem steigert sich die regionale Wettbewerbsfähigkeit (▶ Kapitel 14). Diese Effekte führen auf dem Arbeitsmarkt zu erheblichen positiven Netto-Beschäftigungseffekten.[29]

Die Kosten des Materialdurchsatzes (Materialkosten zuzüglich Folgekosten) betragen im verarbeitenden Gewerbe im Durchschnitt mehr als das Zweifache der Personalkosten. Materialeffizienz ist damit ein zentraler Erfolgsfaktor für Wettbewerbsfähigkeit und Wachstum.[30] Die einseitige Konzentration der Unternehmen auf den Kostenfaktor Arbeit verschließt die Sicht auf einen größeren und wirtschaftlich bedeutsamen Kostenblock, der – auch aus Gründen des Umwelt- und Ressourcenschutzes – eigentlich im Zentrum der Kostendebatte stehen müsste. Mit dem Fokus auf Energie- und Materialeffizienz erzielen Unternehmen Nettokostensenkungen, steigern damit ihre Wettbewerbsfähigkeit und auch die Exportchancen. Es zeigt sich zudem, dass Unternehmen, die intelligent wirtschaften, oftmals auch über eine effiziente Unternehmensführung verfügen und besonders innovativ bei Prozessen und Produkten sind. Ferner werden durch derlei Kostenentlastung öffentliche Verwaltungen in die Lage versetzt, frei

Abb. 12.3 Entwicklung von Produktivitäten im Verarbeitenden Gewerbe
Relevanz der Materialeffizienz[31]

Entwicklung von Produktivitäten im Verarbeitenden Gewerbe

Arbeitsproduktivität
Materialproduktivität
Energieproduktivität
1960 = 100 (alte Bundesländer)

Materialkosten und -effizienz im verarbeitenden Gewerbe

- Kostenfaktor Personal überwiegt in Effizienzanalysen und Optimierungsansätzen

- Material ist der größte Kostenblock im Verarbeitenden Gewerbe (40 % der Bruttoproduktionskosten)

- Hohes Potenzial bei der Materialkostenoptimierung: Erfahrungen aus Beratungs- und Forschungsprojekten zeigen, dass im Kostenblock Materialkosten erhebliche Effizienz- und Effektivitätssteigerungsmöglichkeiten realisiert werden können

werdende finanzielle Mittel für andere, wichtige öffentliche Aufgaben zu verwenden.

Effizienzsteigerungen bedeuten für private Haushalte in der Regel direkt sinkende oder zumindest nicht weiter steigende Lebenshaltungskosten (etwa bei Wasser und Energie). Indirekt führen Energie- und Materialeffizienzsteigerungen in der Wirtschaft dazu, dass Produkte und Dienstleistungen billiger produziert werden können. Werden diese Kostensenkungen von der Wirtschaft an die privaten Haushalte oder andere Nachfrager durchgereicht, bedeuten sie einen zusätzlichen Vorteil durch niedrigere Produkt- und Dienstleistungspreise für alle Nachfrager.

Gesamtwirtschaftlich wird durch Effizienzsteigerungen die Sicherheit der Versorgung mit Energie und Materialien erhöht und gleichzeitig die Importabhängigkeit gesenkt. Sie tragen so zur Entschärfung der internationalen Nutzungskonflikte und der Verteilungskämpfe um knappe Ressourcen (wie bei Öl, Gas, Silizium, seltenen Metallen, Wasser oder nachwachsenden Rohstoffen) bei (▸ Kapitel 3). Effizienzsteigerungen bewirken auch eine gesamtwirtschaftliche Steigerung der Arbeits- und Kapitalproduktivität sowie der Prozess- und Produktinnovationsfähigkeit der Unternehmen und damit der Wettbewerbsfähigkeit.

> ### »Konzern Kommune« als ressourceneffizientes Unternehmen
>
> Führt man sich den Umfang kommunaler Wirtschaftstätigkeit vor Augen, so kann man gut und gerne vom »Konzern Kommune« sprechen. Genau wie bei einem privaten Unternehmen liegen hier erhebliche Einsparpotenziale. Vier Strategien können zur Steigerung der Ressourceneffizienz beitragen:
>
> - Ressourceneffiziente Produktion kommunaler Infrastrukturleistungen und weiterer Dienstleistungen, zum Beispiel energiesparende Straßenbeleuchtung, Energie- und Wasserspartechnologien in Krankenhauswäschereien, Online-Dienstleistungen im Bürgerservice;
> - Ressourceneffiziente Auslegung kommunaler Produktionsmittel, zum Beispiel bei Beschaffung und Bewirtschaftung, Bau und Instandhaltung in den zahlreichen kommunalen Liegenschaften und Verwaltungsgebäuden, bei der Bürotechnologie, den Verbrauchsmaterialien, bei der Mobilität;
> - Ressourceneffiziente Orientierung kommunaler Unternehmen nach innen und außen;
> - Interne Strukturen, Prozesse und Mittelzuteilungen zur Steigerung der Ressourceneffizienz, Beratung und Förderprogramme von kommunalen Tochterunternehmen wie Wohnungsbaugesellschaften, Energie- oder Nahverkehrsunternehmen für Endnutzer. [32]

Schließlich entlastet eine Erhöhung der Ressourceneffizienz in der Regel auch die Umwelt. Beispielsweise würde der vom Wuppertal Institut konzeptionell entwickelte EnergieSparFonds mit seinen Programmen dazu führen, dass jährlich etwa 72 Millionen Tonnen CO_2-Ausstoß gegenüber dem Trend vermieden würden.[33] Die Einsparung von Metallen könnte die oft sehr hohen Umweltbelastungen bei der Rohstoffförderung (zum Beispiel in Kupferminen) mindern.

Positive Bilanz nach zwölf Jahren EnergieSparFonds

Angesichts der zugespitzten Energiekrise wurde im Januar 2010 ein bundesweiter Fonds zum Energiesparen, der sogenannte EnergieSparFonds (ESF), eingerichtet. Bis heute konnten dadurch in nur zwölf Jahren im Vergleich zur ursprünglich erwarteten Trendentwicklung mehr als zwölf Prozent des Endenergieverbrauchs eingespart werden. »Die erforderlichen Alternativtechnologien«, so die Bundesumweltministerin am Vormittag auf der Pressekonferenz zur Vorlage der Jahresbilanz 2021 des ESF in Berlin, »standen uns schon damals zur Verfügung: Effiziente Beleuchtungssysteme etwa, die im Vergleich zu üblicherweise angeschafften Lampen und Leuchten nur 40 Prozent des Stroms verbrauchen, oder Passivhäuser, die nur ein Fünftel der Heizenergie herkömmlicher Häuser benötigen. Was uns allerdings noch gefehlt hatte, war eine übergreifende Organisationseinheit, die die zentrale Koordination und Steuerung von Politikinstrumenten und Fördermaßnahmen übernimmt, um dieses vorhandene Potenzial vor Ort auch auszuschöpfen.«

Mit dem ESF ist diese übergeordnete Organisationseinheit entstanden, die wesentlich aus den Mineralölsteuer- und Stromsteuereinnahmen des Bundes finanziert wird. Er wurde von Anfang an als eine kleine, aber schlagkräftige Strategieeinheit eingerichtet und schreibt Energieeffizienz-Programme sowie Wettbewerbe um die besten Programmideen aus, die vor Ort von Kooperationspartnern des ESF umgesetzt werden. Das Kernteam des ESF mit Sitz in Heidelberg wurde auf nur zwei geschäftsführende Vorstände sowie 25 Mitarbeiter beschränkt, die sich um die Ausschreibung und Koordination von dezentral umgesetzten Energiesparprogrammen kümmern. Der Fonds bietet drei entscheidende Vorteile gegenüber den traditionellen Instrumenten zur Förderung der Energieeffizienz: Er bewirkt Synergien innerhalb der Förderprogramme sowie zwischen Förderprogrammen und anderen Politikinstrumenten und Maßnahmen im jeweiligen Anwendungsbereich; er setzt Innovationsprozesse in Gang, indem er Energiesparprogramme ausschreibt und dafür eine Anschubfinanzierung gibt und damit den besten Ideen zum Durchbruch verhilft; und er ist als Stiftung bürgerlichen Rechts finanziell und organisatorisch unabhängig von Einzelinteressen.

Zwölf Energiesparprogramme hat der Fonds seither ins Leben gerufen. So werden unter anderem die Einrichtung und Modernisierung raumlufttechnischer Anlagen in öffentlichen Gebäuden und Büros unterstützt und die Optimierung von Heizungssystemen sowie der Einsatz besonders energieeffizienter Heizungsumwälzpumpen in Wohngebäuden gefördert. Zugute kommt den Fondsmitarbeitern dabei ihre enge Zusammenarbeit mit der Deutschen Energie-Agentur und der Kreditanstalt für Wiederaufbau. Auch nutzen sie die Ideen von lokalen Energieberatern und regionalen Energiedienstleistungsunternehmen. Die entstandenen Energieeinsparungen kommen den Verbrauchern und Unternehmen in Form von direkt gesenkten Energiekosten zugute. Auch die Volkswirtschaft als Ganzes hat bereits profitiert. Durch die verstärkten Einsparinvestitionen sind seit 2010 viele Arbeitsplätze gesichert oder neu geschaffen worden, das Problem der Versorgungssicherheit konnte reduziert und dem Klimaschutz gedient werden.[34]

12.5 Das Schwere – die Umsetzung

Eine nahezu unüberschaubare Vielzahl von guten Beispielen auf allen Ebenen (Projekte, Politiken, Instrumente, Allianzen und Initiativen) zeigt, dass nachhaltige Innovationen auch wirtschaftlich erfolgreich sind. Effizienztechnologien sind vielfach bereits vorhanden, ihre breite Einführung und die Diffusion im Markt verlaufen aber zu langsam. Welche Hürden gibt es, und wie lassen sie sich überwinden?

Wissenslücken schließen

Oft fehlen Informationen zu Einsparmöglichkeiten. Zudem erscheinen effizientere Technologien auf den ersten Blick manchmal teurer, da nur auf die Anschaffungskosten und nicht auf die Gesamtkosten über die ganze Nutzungsdauer geachtet wird, das heißt nicht lebenszyklusweit optimiert wird. Dies führt gelegentlich zu Finanzierungsengpässen, da die höheren Anfangsinvestitionen effizienterer Lösungen vorfinanziert werden müssen, bis die erst in den folgenden Jahren

Eco-Services und Contracting

»Wir werden Ihnen kostenlos eine Dampfmaschine überlassen. Wir werden diese installieren und für fünf Jahre den Kundendienst übernehmen. Wir garantieren Ihnen, dass die Kohle für die Maschine weniger kostet, als Sie gegenwärtig an Futter (Energie) für die Pferde aufwenden müssen, die die gleiche Arbeit tun. Und alles, was wir von Ihnen verlangen, ist, dass Sie uns ein Drittel des Geldes geben, das Sie sparen.« (James Watt, 1736–1819)

Öko-effiziente Dienstleistungen (Eco-Services) sind Leistungsangebote, die auf eine ökologisch effiziente Nutzung eines Sachgutes durch Dienstleistungen abzielen. Diese Dienstleistungen erbringen bei geringerem Energie- und Materialverbrauch zumindest den gleichen oder höheren Nutzen für den Konsumenten.

Beispiel Energie: Die sogenannte Endenergie wie zum Beispiel Strom oder Gas ist nicht das End-, sondern letztlich nur ein Zwischenprodukt. Energieverbraucher profitieren nicht direkt von der gelieferten Endenergie. Was sie benötigen, sind Dienstleistungen, die ihre energierelevanten Bedürfnisse befriedigen, wie die Zubereitung von warmen Mahlzeiten, Beleuchtung, warme Räume, gekühlte Lebensmittel, Transport oder Herstellung von Produkten.

Hier kommen Contractingunternehmen zum Einsatz. Sie kombinieren die Endenergienutzung mit energieeffizienten Technologien und Dienstleistungen. Etwa 500 Contractingunternehmen sind überwiegend im energieangebotsseitigen Contracting aktiv, zum Beispiel Wärme-Direkt-Service, Anlagen-Contracting (parallel etabliert sich das Konzept auch erfolgreich im Bereich Wassereinsparung). Sie planen, bauen, finanzieren und/oder betreiben Strom- beziehungsweise Wärmeerzeugungsanlagen bei ihren Kunden. Dieser Tage bestehen etwa 50 000 Contractingverträge; weit über eine Million könnten es sein.[35] Etwa 50 Unternehmen bieten Energieeinspar-Contracting an, das heißt, dass sie ihre Dienstleistung über die erzielten Einsparungen finanzieren.

Auch im öffentlichen Bereich haben verschiedene Kommunen bereits mehrjährige Erfahrung mit Energieeinspar-Contractingprojekten sammeln können. In Freiburg i. Br. beispielsweise werden Energie- und

Kosteneinsparungen bei Gebäuden mit Energiekosten über 50 000 Euro pro Jahr oder Gebäude-Pools durch Energiespar-Contractingverträge mit Energieeinspargarantie umgesetzt. Bei Gebäuden mit Energiekosten bis zu 50 000 Euro investiert die Stadt Freiburg selbst – wie auch andere Städte – über Intracting in die Energieeffizienzsteigerung. Beim Intracting liefern Behörden der Stadt, hier das Hochbauamt, finanzielle und technische Energiespardienstleistungen an andere Ressorts und treten dabei quasi als internes Contracting-Unternehmen auf. Im Jahr 2004 lag das über Intracting investierte Volumen in Freiburg bei 180 000 Euro. Damit wurde die Energiekostenrechnung der Nutzerressorts pro Jahr um etwa 40 000 Euro gesenkt. Aus dieser Kostenersparnis wird von den Nutzerressorts die interne Intracting-Rate an das Hochbauamt gezahlt, das dadurch wiederum finanzielle Mittel für neue Energiesparinvestitionen bei anderen Ressorts erhält.[36] Die Senkung des Wasserverbrauchs spielt neben Energie bei den meisten Intracting-Lösungen eine wesentliche Rolle – andere Materialverbräuche hingegen kaum noch.

Zur energetischen Sanierung einer Freiburger Schule hat eine eigens dafür gegründete Contracting-Gesellschaft gezielt Bürger an der Projektfinanzierung beteiligt. Dieses Bürger-Contracting[37] wurde im Rahmen der Solar & Spar-Projekte[38] weiterentwickelt und verallgemeinert (▸ Kapitel 19).

realisierten Kosteneinsparungen zu über die ganze Nutzungszeit gerechneten geringeren Gesamtkosten führen. Häufig sind auch Knowhow-Lücken bei den Unternehmen beziehungsweise gibt es eine Überforderung der Kunden (vor allem aus den privaten Haushalten), die nicht zu Spezialisten für Energie- oder Materialeffizienz werden können und die durch die Anbieter (zum Beispiel installierende Firmen) nur unzureichend beraten werden. Aber selbst bei den Herstellern von Effizienztechnologien, zum Beispiel der Hocheffizienzwärmepumpe, fehlen manchmal die Initiative oder die finanziellen Anreize, energie- und materialeffiziente Produkte zu entwickeln und ihnen zum Marktdurchbruch zu verhelfen.

Da unzureichende Information, Zeitknappheit, fehlende finanzielle Mittel und andere Hemmnisse Haushalte, Verwaltungen und Unternehmen oft davon abhalten, ihre zumeist eigentlich wirtschaftlichen Potenziale zur Ressourceneffizienz zu nutzen, haben sich Dienstleistungsunternehmen etabliert, die Ressourceneffizienzdienstleistungen anbieten und so die Hürden zu überwinden suchen.

Unterstützungsnetzwerke für Firmen schaffen

Beispiele und Möglichkeiten für eine ressourceneffiziente Gestaltung von Produkten, Prozessen und Systemen sind vielfältig – insbesondere auch in den Bereichen Energie, Verkehr, Bauwesen und Wasserwirtschaft, Landwirtschaft und Ernährung, von der effizienten Rohstoffförderung (Front-end des Lebenszyklus) über effiziente Infrastrukturen, Versorgungsanlagen und Mobilitätssysteme bis hin zur effizienten Nutzung von Material, Wasser, Energie und Fläche für bestimmte Endnutzungen und effiziente Recyclingmöglichkeiten (Back-end).

So hat die Effizienzagentur (EfA), gegründet durch das Umweltministerium NRW, im Jahr 2000 das Beratungskonzept »PIUS-Check« (Produktionsintegrierter Umweltschutz) ins Leben gerufen. In diesem Rahmen berät die EfA vor allem kleine und mittlere Unternehmen (KMU) dahingehend, wie sie ihren Material-, Energie- und Wasserverbrauch senken können. Dadurch werden nicht nur Kosten eingespart, sondern auch Umweltbelastungen minimiert.[39]

Dass nicht nur Großunternehmen sich des Themas annehmen, zeigen unter anderem auch die Erfolge des Forschungsprojektes CARE.[40] Mit Hilfe computergestützter Ressourceneffizienzrechnung ist es dabei beispielsweise dem mittelständischen Unternehmen Muckenhaupt & Nusselt durch nur eine einzige gezielte Maßnahme gelungen, seine betrieblichen Kosten um mehr als 50 000 Euro zu reduzieren und nicht zuletzt dadurch Arbeitsplätze zu sichern.

In Bezug auf Materialeffizienz gibt es gerade bei KMU wesentliche Diffusionshemmnisse für innovative Technologien und Lösungen. Das liegt oft an Personalengpässen, relativ hohen Transaktionskosten oder ausschließlicher Konzentration auf das Kerngeschäft. Entscheidend zur Auflösung dieser Hemmnisse sind die Verbreitung von spezifischen Informationen und die Generierung von unterstützenden Netzwerken (wie zum Beispiel nach dem Vorbild des Modells Hohen-

Green Management

Der japanische Elektronikmulti Sony hat konzernweit ein Green Management installiert, das sowohl zur CO_2-Einsparung wie auch zur Steigerung der Ressourceneffizienz anspruchsvolle Ziele formuliert und umsetzt. Diese richten sich auf die Produktion und die jeweiligen Standorte einerseits und andererseits die Produkte besonders in ihrer Nutzungsphase. So konnte von 2000 bis 2005 der Energieverbrauch fast von drei Viertel aller Produkte um 30 Prozent gesenkt werden – und der Rohstoffverbrauch bei 90 Prozent der Produkte um 20 Prozent. Insgesamt konnte Sony damit die Ressourceneffizienz von 2000 bis 2005 um 42 Prozent steigern. Sowohl die Weiter- und Wiedernutzung von Bauteilen und der Einsatz von Recyclingmaterialien als auch die Verringerung des Produktgewichtes waren dabei wichtige Ansatzpunkte. Weitergehende Ziele bis zum Jahr 2010 sind: 40 Prozent Reduzierung des Produktionsabfalls, eine 99-prozentige Weiternutzungs-/Recycling-Quote in den Produktionsstandorten in Japan beziehungsweise von 95 Prozent in den anderen Produktionsstandorten und die absolute Senkung des Wasserverbrauchs um 20 Prozent. Auf der Produktebene soll unter anderem eine mehr als zwölfprozentige Steigerung des Anteils von Recyclingrohstoffen erreicht werden.[41]

Die wichtigsten Produkte unterzieht Sony auch weiterhin einem umfangreichen Life Cycle Assessment (LCA), um die Umweltwirkungen gezielt zu mindern. Die Umweltwirkung des LCD(Flüssigkristall)-Flachbildschirm-Fernsehers KDL-32J3000 aus dem Jahr 2006 konnte dadurch beispielsweise im Vergleich zu dem Vorläufer-LCD-Modell von 2005 um 30 Prozent verbessert werden – im Vergleich zu dem Röhrenbildschirm-Modell von 2002 fällt die Verbesserung mit 51 Prozent noch deutlich besser aus.[42]

Ein weiteres Beispiel für die Reduzierung von Größe und Gewicht einzelner Produkte ist der MiniDisk Walkman MZ-E909, der leichteste Walkman, den Sony je produziert hat. Er verbraucht 32 Prozent weniger Energie als das Vorgängermodell. Schädliche Kunststoffe wurden außerdem aus den Kopfhörerkabeln entfernt. Das gesamte Gerät ist bleifrei gelötet, halogenhaltige Flammschutzmittel werden nicht mehr verwendet. Die Verpackung verzichtet auf eine zusätzliche innen liegende Plastikhülle.[43]

lohe), ein Ansatz, der bei zahlreichen Umweltmanagementansätzen, wie etwa dem Beratungs- und Qualifizierungsprogramm ÖKOPRO-FIT, in Deutschland bereits angewendet wird.[44] Bedenkt man, dass sich allein bei den KMU des verarbeitenden Gewerbes durch eine gesteigerte Materialeffizienz Einsparungen von gut zehn Milliarden Euro jährlich realisieren ließen[45], wird deutlich, welches enorme Potenzial noch erschlossen werden kann.

Allerdings wirken auch starke Gegenkräfte der Wirtschaftsdynamik gegen die Ausschöpfung von Effizienzpotentialen. Ein grundlegender Widerstand, den es auf dem Weg zu einer Steigerung der Ressourceneffizienz und zum absoluten Ressourcensparen zu überwinden gilt, sind die derzeitigen Anforderungen und Entwicklungen der Kapitalmärkte. Sie erzwingen häufig Kalkulationen auf eher kurze Fristen, während die Potenziale der Ressourceneffizienz gewöhnlich erst über längere Fristen voll zum Tragen kommen. So erfordert auf der einen Seite ein Denken in Lebenszyklen etwa eine hoch rentable Investition nicht allein deshalb abzulehnen, weil sie sich erst nach acht bis zwölf Jahren amortisiert. Auf der anderen Seite verlangen die Kapitalmärkte jedoch, finanzielle Risiken zu vermeiden und daher auf kurze Amortisationszeiten zu setzen sowie eine hohe (und von Periode zu Periode zumindest in absoluten Zahlen möglichst immer höhere Verzinsung) kurzfristig zu erzielen (▸ Kapitel 13).

Mit Köpfchen kaufen

Noch spielt der Ressourcenverbrauch von Produkten bei Kaufentscheidungen eine unangebracht geringe Rolle. Auch langfristige Kostenvorteile der meist teureren Produkte werden nicht ins Kalkül gezogen. Doch erst die Verbraucher können ressourceneffizienten Produkten und Dienstleistungen auf dem Markt zum Durchbruch verhelfen. Sie können dazu auch durch Verhaltensänderungen beitragen, sei es bei der Wahl der Heiztemperatur, der Verkehrsmittel, der PC-Ausstattung und vielem mehr (▸ Kapitel 20). Durch ihre Marktmacht als großer Nachfrager sollte die öffentliche Hand gezielt ihre Vorbildfunktion nutzen und damit zur Markterschließung effizienterer Produkte und Dienstleistungen beitragen (▸ Kapitel 13).

Intelligente IT-Lösungen und technische Vorrichtungen können zudem die effiziente Nutzung von Geräten und Anlagen leicht machen. Dazu gehören beispielsweise das automatische Abschalten der Heizung bei geöffnetem Fenster oder automatische Null-Watt-Schaltungen, die nach einer festgelegten Zeit ohne Nutzeraktion Geräte in einen Null-Watt-Modus versetzen. Ein Einsatz von Informationstechnik wie zum Beispiel intelligente Stromzähler (Smart Metering ▸ Kapitel 20), die mit Programmen zur Veranschaulichung und Auswertung des Energieverbrauchs verbunden werden, führt aber nur dann zu einer Steigerung der Ressourceneffizienz, wenn die Mehrverbräuche der IT-Technologie durch die Einsparungen überkompensiert werden.

Einen Ordnungsrahmen schaffen

Die Europäische Union hat sich zum Ziel gesetzt, bis 2016 durchschnittlich ein Prozent Endenergie pro Jahr und bis 2020 insgesamt 20 Prozent Primärenergie zusätzlich zur erwarteten Trendentwicklung einzusparen.[46] Eine vergleichbare Zielsetzung im Rahmen der europäischen Materialeffizienz- beziehungsweise einer umfassenden Ressourcenstrategie existiert bislang nicht. Hier befindet sich die Debatte mit der vorgelegten europäischen Ressourcenstrategie[47] noch am Anfang. Als europäische Zielsetzung sinnvoll ist die Absenkung der verursachten globalen Inanspruchnahme von Ressourcen um 25 Prozent bis 2030 (längerfristig um 50 Prozent) bezogen auf 1990 und gleichzeitig eine Verminderung der mit der Ressourceninanspruchnahme verbundenen wichtigen Umweltbelastungen um mindestens 25 Prozent. In Deutschland soll laut Nachhaltigkeitsstrategie die Energie- und Rohstoffeffizienz bis 2020 verdoppelt werden – gegenüber 1990 beziehungsweise 1994.[48]

Mittel- bis langfristiges Ziel muss es sein, mit der Hälfte des heutigen Energie- und Rohstoffbedarfs auszukommen (▸ Kapitel 5). Über die resultierenden Nettokosteneinsparungen kann der notwendige Umstieg finanziert werden: auf eine solare Energieeffizienzwirtschaft, eine weitergehende ressourceneffiziente Materialnutzung und eine verstärkte Nutzung nachwachsender Rohstoffe. Dazu bedarf es einer

Abb. 12.4 Policy Mix zur Steigerung der Ressourceneffizienz im Bereich Energie und Material[49]

Ziele, Indikatoren und Perspektiven (national, EU, global)

Weiterentwicklung der Ressourceneffizienzziele
Einführung eines konsistenten Datensystems

Diffusion

- Diffusionsförderung verbessern
- Dialoge, Netzwerke
- Agenda Setting, Information, Motivation, Benchmarking, Wettbewerbe und Preisvergabe

Markteinführung

- Markteinführungsförderung
- Exportförderungsprogramm
- Öffentliche Beschaffung, kooperative Beschaffung

Forschung und Innovation

- Forschung zu Leitmärkten und -produkten, Ressourceneffizienzpotenzialen, Produktions- und Konsummustern sowie Politikanalysen
- Innovationsradar, Technologieplattform
- Integrierte Szenarien

Rahmenbedingungen

- Regulierung natürlicher Monopole
- Infrastrukturplanung, Raum- und Bauleitplanung
- Abbau ressourcenverbrauchssteigernder Steuern und Subventionen, Zertifikate-Handel
- Anspruchsvolle, dynamisierte EU-Grenzwerte und Kennzeichnungspflichten, Kontrolle der Einhaltung der Standards
- Rahmenbedingungen für internationale Finanzmärkte

Bildung

- Bildungsinitiative
- Ressourcenuniversität
- Aus-, Fort- und Weiterbildung

Synergien mit anderen Politikbereichen

kombinierten Politik des Förderns und Forderns. Die Felder, die in einem breit getragenen, integrierten und zielgruppenspezifisch ausdifferenzierten Policy Mix eine Rolle spielen[50], sind:

Zum Beispiel im Falle der Hocheffizienzpumpe: Sie steht zur Verfügung, ihr Einbau amortisiert sich nach wenigen Jahren, doch sind Instrumente miteinander zu kombinieren, um die Pumpe endlich in der Breite einzuführen. Beratungsangebote, Informationen, spezifische Kampagnen und andere Unterstützungsangebote sorgen dafür, dass Handwerksbetriebe, Hersteller, Händler und Gebäudeeigentümer von den Einsparpotenzialen erfahren und überzeugt werden. Eine zeitweilige finanzielle Förderung für die Pumpe und eine gleichzeitige Optimierung des Heizungssystems kann alle Marktakteure auf die Chancen der Pumpe aufmerksam machen. Eine Prozessbegleitung

Leuchtdioden erobern die Straßen

Durch die Umstellung der Straßenbeleuchtung auf LED-Technik können 50 Prozent ihres CO_2-Ausstoßes eingespart werden. Neben der hohen Umweltverträglichkeit und den geringen Wartungskosten bietet die Straßenbeleuchtung durch LED weitere Vorteile: Die Verkehrswege werden gleichmäßiger ausgeleuchtet als bisher, durch eine präzise Lichtlenkung gibt es keinen »Licht-Smog«.

Werden neue Leuchten für die LED-Technik konzipiert, ist ein Reflektor entbehrlich, wodurch Streuverluste vermieden werden. Da es in Europa nicht realistisch erscheint, die komplette Straßenbeleuchtung in wenigen Jahren zu erneuern, wurden als weiterer Zweig der Großbeleuchtung Einbauteile für herkömmliche Leuchten entwickelt. Mit den Einbausätzen auf LED-Basis können die herkömmlichen Leuchtmittel auf einfache Weise ausgewechselt werden. Noch mehr Effizienz verspricht eine Gruppe von Designern aus San Francisco mit ihrem Civil Twilight Konzept: Die LED-Straßenbeleuchtung wird auf die Helligkeit einer Vollmondnacht eingestellt und ihre Steuerung dabei dem zu- und abnehmenden Mond angepasst. Das wäre, so die Überzeugung der Entwickler, nicht nur völlig ausreichend für das menschliche Auge, sondern biete zudem die Möglichkeit, wieder den natürlichen Nachthimmel wahrzunehmen.[51]

(Coaching) – statt kurzfristiger Aktivitäten – bringt die Umsetzung am besten voran. Dieser Erfolgsbedingung wird Rechnung getragen durch zeitlich ineinander greifende Angebote für die einzelnen Prozessphasen und eine längerfristige Begleitung über Beratung, Netzwerkbildung und prozessbegleitende Qualifizierungen. Und schließlich ist es ab einem nennenswerten Marktteil sinnvoll, die hocheffiziente Pumpe schlicht vorzuschreiben, etwa über die Einführung eines Höchstverbrauchsstandards im Rahmen der Umsetzung der Ökodesign-Richtlinie der EU.

Wie Erfahrungen aus der Energieeinsparpolitik in Ländern wie Dänemark oder Großbritannien zeigen, können die Rahmenbedingungen so gestaltet werden, dass negative Anreize und Widerstände etablierter Energieanbieter verringert oder sogar ins Positive gekehrt werden können.[52] In Dänemark sind etwa die Strom-, Gas- und Fernwärmenetzbetreiber gesetzlich verpflichtet, durch Unterstützung ihrer Kunden den jährlichen Energieverbrauch um eine bestimmte Menge zu verringern. Die Programmkosten werden von der Regulierungsbehörde anerkannt und auf die Netzentgelte umgelegt. Durch die Regulierungspraxis wird zudem gewährleistet, dass der Erlös der Netzbetreiber durch die Stromeinsparung nicht sinkt. Die europäische Richtlinie zur Endenergieeffizienz und zu Energiedienstleistungen bietet einen guten Ansatzpunkt, um Energieunternehmen in Deutschland derartige Anreize zu setzen. Vielversprechend sind zudem dynamisierte Mindesteffizienzstandards und Produktkennzeichnungspflichten (Labels) auf nationaler und europäischer Ebene für Gebäude, Geräte, Anlagen und Prozesse, die idealerweise nicht nur Energie, sondern auch Wasser und Material mit einbeziehen.[53] In ähnlicher Richtung wirkt auf europäischer Ebene die Richtlinie für energiebetriebene Produkte (Ökodesign-Direktive).

Parallel dazu wäre ein mit mindestens ein bis zwei Milliarden Euro pro Jahr ausgestatteter Energie- und Materialsparfonds auf Bundesebene aufzulegen, der auch die lokalen beziehungsweise regionalen Netzwerke unterstützt und in die Umsetzung einbezieht (▸ Zeitfenster: Positive Bilanz nach zwölf Jahren EnergieSparFonds).[54] Alternativ könnte die Übertragung des Prinzips der umlagefinanzierten Vergütung aus dem Erneuerbaren-Energien-Gesetz auf den Energie- und Materialeinsparbereich erfolgen, etwa in Form eines NEGAWATT-Einspeisegesetzes (▸ Kapitel 13)[55].

Zeitfenster 2022
Erfolgskonzept Kraft-Wärme-Kopplung (KWK)

Heute gab das Bundesministerium für Wirtschaft und Technologie (BMWi) die Veröffentlichung der neuen Broschüre »Erfolgsgeschichte der Kraft-Wärme-Kopplung in Deutschland« bekannt, die den Werdegang dieser Technologie nachzeichnet.

Im Gegensatz zu konventionellen Kraftwerken mit elektrischen Wirkungsgraden von 35 bis 45 Prozent erreichen KWK-Anlagen durch eine konsequente Nutzung der Abwärme des Stromerzeugungsprozesses eine Ausschöpfung des Energieinhaltes der Brennstoffe von 80 bis 90 Prozent. Somit ist es technisch möglich, Primärenergieverluste auf ein Minimum zu beschränken. Dennoch mangelte es zunächst am politischen Willen, für eine breite Anwendung dieser Technologie zu sorgen (▶ Kapitel 11). Verschiedene staatliche Förderungen etwa in Form von Investitionszuschüssen wurden zwar schon im vergangenen Jahrhundert gewährt, jedoch immer nur zeitweise und nicht mit der notwendigen Konsequenz und Dauerhaftigkeit. So lag Anfang dieses Jahrtausends der KWK-Anteil an der Stromerzeugung in Deutschland nur bei etwa elf Prozent.

Angespornt durch die Erfolgsgeschichten des KWK-Ausbaus im 20. Jahrhundert in anderen europäischen Staaten wie Dänemark (50 Prozent), den Niederlanden und Finnland (jeweils knapp 40 Prozent) wurde schließlich auch in Deutschland zu Beginn dieses Jahrhunderts die KWK-Politik mit der Einführung einer Mineralölsteuerbefreiung und eines Bonus im Rahmen des KWK-Gesetzes neu justiert, zunächst aber nur mit mäßigem Erfolg. Die geplante Verdopplung des deutschen KWK-Anteils bis 2020 auf 25 Prozent der Stromerzeugung erschien Experten mit diesem Maßnahmenbündel schon damals wenig realistisch.[56] Erst mit der konsequenten Einführung eines weitgehenden KWK-Gebotes für Neuanlagen in Verbindung mit einer Quotenregelung gelang es der Bundesregierung Anfang 2010 in Verbindung mit einer Imagekampagne einen wirkungsvolleren Impuls zu setzen. In ganz Deutschland schossen große und kleine KWK-Anlagen wie Pilze aus dem Boden, während parallel Nah- und Fernwärmenetze ausgebaut wurden.

Anfang des Jahres 2022 hat Deutschland zu den europäischen Kraft-Wärme-Kopplungs-Vorreitern aufgeschlossen und auch dank der parallel durchgeführten Stromeinsparstrategie das Verdopplungsziel beim KWK-Stromanteil übertroffen. Doch das Ende der Fahnenstange ist noch nicht erreicht. Experten gehen davon aus, dass bis zu 50 Prozent möglich sind, manche Schätzungen verweisen gar auf ein Potenzial von bis zu 70 Prozent.[57]

Was heute fehlt, ist nicht das Konzept und sind nicht die Techniken für eine attraktivere, effizientere und sichere Ressourcenzukunft. Woran es mangelt, sind stattdessen Mut, Durchsetzungskraft und die entschlossene Einsicht: Der ressourcenintensive Weg der Vergangenheit ist in Zukunft nicht mehr gangbar. Nicht immer mehr, sondern weniger Verbrauch an nicht erneuerbaren Ressourcen – das ist der realistische Weg zu einem zukunftsfähigen Deutschland[58], bei dem Ressourcen ökologisch und sozial nachhaltig, aber auch finanzierbar bedarfsgerecht bereitgestellt werden. Wirtschaft und Unternehmen sind gefordert, jedoch können wir uns »nicht auf den Markt alleine« verlassen. Es ist die Politik, die Rahmenbedingungen schaffen muss, damit die neuen, schon vorhandenen und vielfach wirtschaftlichen technischen Möglichkeiten schneller in Anwendung kommen (► Kapitel 10 und 13).

Anmerkungen

1 Klaus Töpfer in einem Interview im Tagesspiegel (9. März 2006): »Wir stehen vor einer völligen Neubewertung der Umweltpolitik.«
2 Hennicke in: Reutter (2007)
3 Deutscher Bundestag (2002)
4 Hennicke in: Reutter (2007)
5 IEA (2007)
6 Haag (2007)
7 infas/DIW (2004), S. 92
8 BMVBS (2006), S. 211
9 www.umweltbundesamt.de/verkehr
10 www.umweltdialog.de/umweltdialog/mobilitaet
11 www.env-it.de/umweltdaten/public/document/
12 Europäische Kommission (2007), S. 8
13 Schallaböck et al. (2006)
14 BMWi/BMU (2007)
15 Müller et al. (1992), S. 16–18
16 Wuppertal Institut/ASEW (2003). Erst die Optimierung über alle Produktionsstufen einer bereitgestellten Funktion beziehungsweise Nutzungsmöglichkeit mündet in eine effiziente Allokation der Ressourcen, das heißt erzielt eine kostenminimale Bereitstellung der gewünschten Leistungen.
17 Statistisches Bundesamt (2007), Arbeitsgemeinschaft Energiebilanzen

(2007), noch unveröffentlichte eigene Berechnungen des Wuppertal Instituts
18 Acosta-Fernández (2007)
19 Acosta-Fernández (2007)
20 Bringezu et al. (2004)
21 Nach bisher unveröffentlichten Berechnungen des Wuppertal Instituts: Die 42,5 Prozent enthalten neben dem in der Tabelle der sektoralen inländischen Produktion ausgewiesenen direkten und indirekten Ressourcenverbrauch der Energiesektoren auch die zur Energieträgerbereitstellung in anderen Sektoren verbrauchten Ressourcen. 1991 lag der Anteil der Energieträgerbereitstellung noch bei 50,1 Prozent des globalen Materialaufwandes aufgrund des 1991 noch höheren, sehr ressourcenintensiven Braunkohleabbaus.
22 McKinsey & Company (2007); Kleemann (2006)
23 Ritthoff et al. (2004)
24 Ritthoff et al. (2004), S. 64
25 Wuppertal Institut (2006); Dynamische Wirtschaftlichkeitsrechnung mit einem Kalkulationszinssatz von acht Prozent (Kunden) beziehungsweise vier Prozent (Gesamtwirtschaft). Eingesparte CO_2-Zertifikatskosten wurden bei der

Berechnung des gesamtwirtschaftlichen Gewinns mit zehn Euro/t CO_2 bewertet. Aus Kundensicht sind sie implizit Teil der angelegten Energiepreisentwicklung. Einige Einsparpotenziale sind hier noch nicht einbezogen (insbesondere bei Prozessantrieben).

26 Arthur D. Little GmbH et al. (2005); DIW/JSJ/Roland Berger (2007)
27 Irrek/Thomas (2006), Stadt Wien (2007a/2007b), Stiftung Warentest (2007)
28 Irrek/Thomas (2006); Stadt Wien (2007a)/(2007b)
29 Aachener Stiftung Kathy Beys (2007); Irrek/Thomas (2006)
30 Liedtke/Busch (2005)
31 ADL, ISI, Wi (2005)
32 Reutter (2007)
33 Irrek/Thomas (2006)
34 Irrek/Thomas (2006)
35 Bertoldi et al. (2007)
36 Wuppertal Institut et al. (2005)
37 Seifried (2007)
38 www.solarundspar.de
39 Reutter (2007), S. 81
40 care.oekoeffizienz.de
41 Sony (2007a)/(2007b)
42 Sony (2007a)/(2007b)
43 Aachener Stiftung Kathy Beys (2007); Sony (2007c); Kristof et al. (2006)
44 Kristof et al. (2005)
45 Arthur D. Little GmbH/Wuppertal Institut/Fraunhofer-Institut für System- und Innovationsforschung (2005)
46 Vgl. die EU-Richtlinie zur Endenergie-effizienz und zu Energiedienstleistungen sowie das EU-Aktionsprogramm Energieeffizienz, die den Mitglied-staaten als indikatives Ziel vorgibt, zwischen 2008 und 2016 neun Prozent Endenergie gegenüber dem Trend einzusparen, sowie die Beschlüsse des EU-Ministerrats vom 8./9. März 2007
47 EU-Kommission (2005)
48 Bundesregierung (2002)
49 Wuppertal Institut (2007)
50 Kristof et al. (2007); Bahn-Walkowiak et al. (2007); Kristof/Türk (2006); Irrek/Thomas (2006)
51 www.civiltwilightcollective.com
52 Vgl. Thomas (2007)
53 Auch wenn die direkte Übertragung des japanischen »Top Runner«-Ansatzes aufgrund der Marktbedingungen, rechtlichen und kulturellen Gegebenheiten in Europa nicht möglich ist: Was Europa von diesem Ansatz lernen kann, ist die ambitionierte Festlegung von Zielen, die nach einer festgelegten Periode überprüft und gegebenenfalls angepasst werden. Zur Frage der Übertragbarkeit des »Top Runner«-Ansatzes vgl. Wuppertal Institut/CSCP (2007)
54 Ein Beispiel für ein solches Förderinstrument im Energiebereich sind die regionale Klimaschutzagentur und der Förderfonds ProKlima in Hannover. Irrek/Thomas (2006) fordern, von diesen und ähnlichen Beispielen zu lernen und einen bundesweiten Energiesparfonds bundesweit einzurichten.
55 Vgl. auch den Vorschlag von Irrek/Thomas (2006)
56 BUND (2007)
57 Vgl. www.bkwk.de/bkwk/infos/grundlagen
58 Hennicke/Müller (2005), S. 226

13 Märkte gestalten: Der Primat der Politik

Märkte sind eine pfiffige Einrichtung. Sie koordinieren, spornen an, belohnen – und das alles ohne eine zentrale Regie. Doch ihre Stärke ist zugleich ihre Schwäche: Sie befeuern die Suche nach der privaten Vernunft, aber haben kein Organ für die gesellschaftliche Vernunft. Das ist verhängnisvoll. In einer Zeit, in der das Schicksal von Mensch und Natur auf des Messers Schneide steht, ist es aber unerlässlich, die Dynamik von Märkten als Motor für mehr Ökologie und Fairness zu nutzen. Es ist Sache der Politik, die Marktprozesse nach Maßgabe des Allgemeinwohls zu gestalten. Eine öko-soziale Marktwirtschaft lässt sich nicht ins Werk setzen, ohne die Priorität der Politik gegenüber der Wirtschaft zurückzugewinnen.

D er Klimawandel ist für die Wirtschaftswissenschaft eine einzigartige Herausforderung: Er stellt das größte und weitestreichende Marktversagen dar, das es jemals gegeben hat.« Selten wurde über den Markt von autoritativer Stelle ein vernichtenderes Urteil gesprochen. Nicholas Stern, der ehemalige Chefökonom der Weltbank, hat in seinem Bericht[1] zu den wirtschaftlichen Folgen des Klimawandels vom November 2006, den er im Auftrag der britischen Regierung erstellt hatte, frohgemuter Marktgläubigkeit mit diesem Satz den Todesstoß versetzt. Wenn der Markt selbst für die Klimakrise, die Mutter aller Krisendrohungen im 21. Jahrhundert, kein Wahrnehmungsorgan besitzt, was ist der Markt dann wert als Leitinstanz der gesellschaftlichen Entwicklung?

In der Tat, Sterns Verdikt ist ein Signal für das Ende einer Epoche, die

die Märkte und ihre Hauptakteure, die Unternehmen, als die Schrittmacher einer besseren Zukunft betrachtet hat. Dementsprechend dominierte in den beiden vergangenen Jahrzehnten die Absicht, die Welt in einen Marktplatz ohne Grenzen zu verwandeln – mit wirtschaftlicher Effizienz als dem Maß aller Dinge. Allenthalben galt die Richtschnur, der Markt solle sich selbst regulieren – und die Politik sich heraushalten. Gewiss war diese Auffassung auch eine Reaktion auf das oft erdrückende Gewicht staatlicher Bürokratien sowohl in kommunistischen Ländern, aber auch in manchen Wohlfahrtsstaaten. Doch die Herausforderungen haben sich seither verändert: Die Welt macht sich kaum mehr Sorgen wegen Bürokratisierung und Überregulierung, sondern wegen Kommerzialisierung und Unterregulierung. Angesichts des schon chronischen Marktversagens im Hinblick auf die Klima- und Armutskrise ist es abwegig, wenn die Politik Erfolg vornehmlich darin sucht, die Bedingungen für private Gewinnvermehrung zu verbessern. Es ist an der Zeit, dass die Politik sich auf ihre ureigene Aufgabe besinnt, für das Gemeinwohl Sorge zu tragen.

13.1 Politik ist mehr als Staat

Märkte im Sinne des Gemeinwohls zu gestalten, ist eine öffentliche Angelegenheit. Sie geht alle an, und viele wirken an ihr mit. Dabei ist heutzutage leichter zu erkennen, was früheren Generationen möglicherweise verschlossen war: Märkte wirken als kollektive Aktionen. Sie sind keinesfalls nur neutrale Tauschgeflechte individueller Akteure, sondern Gemeinschaftsveranstaltungen, die beabsichtigte oder unbeabsichtigte Wirkungen auf die Gesellschaft, auf andere Länder oder die Natur haben. Gerade in einer expansiv angelegten Marktwirtschaft gehört es zu den prominenten Aufgaben der Politik, die kollektiven Wirkungen des Marktes fortwährend zu überprüfen und auf das Gemeinwohl hinzulenken.

Märkte als kollektive Aktionen

Als kollektive Aktion bezeichnet man ein gleichgerichtetes Verhalten vieler, das ein Gemeingut hervorbringt oder erhält – oder auch zerstört.[2] Bisher denkt man beim Begriff der kollektiven Aktion an ein gleichgerichtetes Handeln in Verbänden oder sozialen Bewegungen. Tatsächlich aber breitet sich die Gleichrichtung des Handelns, etwa eine Beteiligung am Klimaschutz, auch auf Märkten aus.[3] Wenn sich zum Beispiel Energiesparlampen auf dem Markt durchsetzen, so bewirkt die Diffusion dieser Innovation eine Gleichrichtung des Verhaltens. Immer mehr Menschen kaufen und nutzen das klimafreundliche Produkt, und im Ergebnis summieren sich ungezählte Kaufakte zu einem Teil der kollektiven Aktion für Nachhaltigkeit. So gut wie alle Haushalte in Deutschland haben ein Fernsehgerät; warum sollten sie alle nicht eines Tages ressourcenleichte Gerätschaften verwenden?

Das ist gewiss eine rhetorische Frage, aber sie zu formulieren setzt voraus, die oft beklagte Kluft zwischen individuell vernünftigem Marktverhalten und kollektiv vernünftigem Handeln für überwindbar zu halten. Man kann den Markt als eine besondere Form des kollektiven Handelns betrachten, bei der die Gleichrichtung des Verhaltens darin besteht, dass Anbieter und Nachfrager sich für eine spezifische Auswahl der auf dem Markt angebotenen Optionen[4] entscheiden. Dabei kommt die Gleichrichtung zum einen dadurch zustande, dass die Marktteilnehmer über die Kriterien von Preis und Produktqualität hinaus auch Kriterien des Gemeinwohls wirksam werden lassen (▶ Kapitel 17 und 20). Dass sie also, mit anderen Worten, nicht nur beteiligt sind an einem Austausch von Waren, die einen Wert haben, sondern auch an einem Austausch von Werten.[5] Eine solche Evolution des Marktverhaltens über das Wechselspiel von Eigeninteressen hinaus ist treffend »die Moralisierung der Märkte« genannt worden.[6] Zum anderen kommt die Gleichrichtung dadurch zustande, dass staatliche Politik mittels einer Palette von Einwirkungsmöglichkeiten dem Markt eine Entwicklungsrichtung aufprägt. Rahmenbedingungen werden dabei so gesetzt, dass die kollektive Aktion des Marktes die Belastung der Biosphäre fortschreitend mindert.

Bedeutung der Zivilgesellschaft

Politik ist weit mehr als staatliches Handeln. Staatliche Politik – auf allen ihren Ebenen: Gemeinde, Kreis, Land, Bund, Europäische Union – kann für ihre Entscheidungen Legitimität beanspruchen, aber nicht überlegenes Wissen. Politische Entscheidungsträger verfügen nicht über besondere Quellen der Weisheit, sie sind vielmehr eingebettet ins Gewoge der öffentlichen Debatte wie andere Zeitgenossen auch. Sie handeln aus und beschließen, aber was sie aushandeln und beschließen, reift über lange Auseinandersetzungen außerhalb der Parlamente und Kabinette heran. Deshalb ist es irreführend, im Staat das Zentrum eines Wandels zur Nachhaltigkeit zu sehen. Ein Wandel kommt vielmehr zustande, indem eine Vielzahl von Akteuren in den großen und kleinen Arenen der Gesellschaft neue Prioritäten schaffen und, durch Konflikte hindurch sowie über Rückschläge hinweg, neue Routinen und Strukturen setzen. Der Staat verleiht eher Veränderungen, die aus der Gesellschaft kommen, das Siegel der Amtlichkeit – und treibt sie damit weiter voran. Insbesondere wenn veränderte Wahrnehmungen auf veränderte Machtverhältnisse hinauslaufen, nehmen politische Optionen in anhaltenden Kontroversen Gestalt an. Die Agenda des Staates ist das Ergebnis von Auseinandersetzungen zwischen konkurrierenden Lobbygruppen und konkurrierenden Weltsichten.

Aus diesem Grund kommt der Zivilgesellschaft eine tragende Rolle zu, wenn es um die politische Gestaltung von Märkten geht. Weil hier ein ums andere Mal Macht- und Gewinninteressen gegen das Interesse der Allgemeinheit stehen, sind Gewicht und Stimme zivilgesellschaftlicher Organisationen von entscheidender Bedeutung. Politiker haben eine Vielfalt von Interessen zu berücksichtigen, und dabei ist das Interesse an freier Ausbeute der Gemeingüter sehr einflussreich; denn es tarnt sich häufig hinter Forderungen nach Wettbewerbsfähigkeit oder Arbeitsplatzsicherheit. Weil bei einem Umbau der Märkte das Gewinngefüge – und die daran gekoppelten Arbeitsplätze – jener Wirtschaftsunternehmen und Wirtschaftssektoren auf dem Spiel steht, die besonders auf Kosten der Gemeingüter prosperieren, setzen sie einem Wandel beträchtlichen Widerstand entgegen. Insbesondere

Energie-, Automobil- und Agrarindustrie haben einiges zu verlieren. Umso stärker ist regelmäßig der Druck auf Parlament und Regierung, umweltpolitische Vorhaben zu entschärfen.

Zeitfenster 2022 **Bilderverschmutzung**

Wie das heute erschienene Green Paper der EU-Kommission nahe legt, will die EU Werbeverbote per Gesetz ausweiten. Im Text der Generaldirektion Gesundheit und Verbraucherschutz werden die negativen Effekte von übermäßiger Werbung auf die Lebensqualität zum ersten Mal offiziell von der EU anerkannt. Bis 2025 soll nun eine Richtlinie die bestehenden Gesetze ergänzen, um die Bürger besser vor den Folgen fehlgeleiteten Konsums zu schützen.

Während die europäische Werbewirtschaft erwartungsgemäß außer sich ist, sieht Berlin die Entwicklung gelassen. Schon 2009 folgte die Bundesregierung einem Gesetz zweier skandinavischer Länder und führte ein generelles Verbot von Werbung ein, die sich speziell an unter 16-Jährige richtet. Der zuständige Minister begründete die Entscheidung damit, dass »Kinder keine Konsumenten sind und sich nur schwer gegen die subtilen Lockungen der Werbung verteidigen können«.

Doch nicht nur Kinder sollten in Schutz genommen werden; auch Erwachsene fühlten sich durch den Dauerbeschuss der etwa 3000 täglich auf sie einprasselnden Werbebotschaften mehr und mehr gestresst. 2008 konnte man sich kaum noch der allgegenwärtigen Werbung entziehen. Auf Leinwänden, Kaffeebechern, Treppenstufen, Straßenbahnen, Häuserfassaden, in U- und S-Bahnen, auf Plakatwänden und Videotafeln, in Postwurfsendungen und Gratiszeitungen kämpften Bilder, Geräusche und Texte um die Aufmerksamkeit der Verbraucher. Einer Umfrage des Instituts für Werbung und Konsumenteninformation zufolge fühlten sich 2011 78 Prozent der Bundesbürger von Werbung belästigt, und insgesamt 52 Prozent der Befragten waren überzeugt, dass die Werbung sie unbewusst irreführe und zu Überkonsum verleite.

Der Durchbruch kam mit dem Buch »Das Zeitalter der Unzufriedenheit«, das innerhalb weniger Wochen zum Bestseller des Jahres 2012 aufstieg. Darin beklagt eine ehemalige Marketingdirektorin die von der Werbeindustrie vorangetriebene Vervielfachung von Bedürfnissen. Sie spricht von Werbung als »psychologischer Manipulation, die als wesentliches Ziel hat, Gefühle materieller Frustration durch immer neue Wünsche hervorzurufen«.

2015 entschied sich dann die Bundesregierung, mit dem Außenwerbungsgesetz (AuWG) den öffentlichen Raum zurückzuerobern. Plakatwände, Leuchtreklamen und Werbung in öffentlichen Räumen verschwanden und schafften wieder Platz zum Durchatmen und Denken. Fünf Jahre zuvor war bereits ein Gesetz verabschiedet worden, das Werbung für alle Neuwagen verbot, die einen verbindlichen EU-Wert von 120 g CO_2/km übersteigen.[7]

Daher wird es keinen Umbau der Märkte zur Nachhaltigkeit geben, ohne dass die Zivilgesellschaft Überzeugungskraft und Gegenmacht ins Feld führen kann. Auch in der Vergangenheit verdankten sich marktlenkende Regelungen häufig dem Einfluss von aktiven, manchmal sogar relativ kleinen Gruppen – von der Ökosteuer auf nationaler Ebene bis zur Ausweisung eines Baugebiets für Solarhäuser im Bebauungsplan einer Stadt. Im Übrigen sind nicht nur in Deutschland, sondern in vielen Ländern der Welt Gruppen und Organisationen herangewachsen, die nicht für die Partikularinteressen von Marktanbietern sprechen, sondern für Menschenrechte, für Umweltschutz, gegen Korruption, gegen Auswüchse der Globalisierung, kurz: für das Gemeinwohl. Die politische Gestaltung der Märkte wird das Ergebnis dieser größeren gesellschaftlichen Auseinandersetzung sein – oder sie wird nicht sein.

13.2 Leitplanken für den Wettbewerb

»Peitsche, Zuckerbrot und Predigt«, auf diese Formel kann man die Interventionsformen bringen, welche dem Staat zur Verfügung stehen, um den Markt zu beeinflussen. Regulative Eingriffe (»Peitsche«) sind gesetzlicher Natur, sie setzen eine Grenze oder geben eine Norm vor. Fördernde Eingriffe (»Zuckerbrot«) hingegen sind gewöhnlich finanzieller Natur, sie führen Anreize ein und bieten Unterstützung an. Und Überzeugungsmaßnahmen (»Predigt«) sind kommunikativer Natur, sie werben für gemeinsame Ziele und setzen auf Dialog und Information.

Bei allen Maßnahmen geht es im Kern darum, dem Markt ein politisch gewolltes Ziel zu geben und ihm die Schritte dorthin selbst zu überlassen. Das ist durchaus etwas Neues, denn bisher galt, dass der Markt sein Ziel aus sich hervorbringt und weiterentwickelt, und zwar über die Austauschprozesse zwischen Anbietern und Nachfragern. Dafür wurden freilich schon von alters her Regeln gesetzt; schon in der Antike hat der Staat Maße und Gewichte definiert und ihren Gebrauch kontrolliert. Damit wurde die erste Linie der Marktpolitik begründet, nämlich jene, welche die Marktteilnehmer davon abhalten will, einander auszubeuten. Sie hat sich im bürgerlichen Recht, im Handelsrecht, im Wettbewerbsrecht und zuletzt im Verbraucherschutz und Datenschutz fortgesetzt. Es kommt darin ein Bemühen um die Zivilisierung der Marktprozesse zum Ausdruck, das bei allem Fortschritt nie ein Ende finden wird, weil der Markt immer aufs Neue Gelegenheiten zur Übervorteilung hervorbringt.

Die zweite Linie gilt der Zivilisierung der Marktergebnisse. Hier will die Steuerung den Marktteilnehmern ein inhaltliches Ziel setzen – das Ziel der nachhaltigen Entwicklung. Dazu muss sie es ihnen verwehren, die natürliche und soziale Mitwelt auszubeuten. Ihre Vorläufer hat sie erst in jüngerer Zeit, etwa in Regeln für die Substanzerhaltung in der Forstwirtschaft oder in Vorschriften zur Arbeitssicherheit. Von breiter Anwendung ist sie noch weit entfernt, auch ihre Grundlagen sind noch nicht systematisch entwickelt. Die Politik macht tastende Versuche, wird dabei aber von der Wissenschaft nur zögernd unterstützt; denn zumindest der Wirtschaftswissenschaft fällt es schwer, einen solchen Ansatz zu akzeptieren: den Marktteilnehmern nicht nur die formalen Regeln des fairen Umgangs untereinander, sondern auch das reale Ziel ihrer Bemühungen vorzugeben – nicht die einzelnen Schritte wohlgemerkt, sondern den inhaltlichen Maßstab, dem diese genügen müssen.

Produktstandards: der Toprunner-Ansatz

Seit langem schon gehören Standards für Produkte und Verfahren, die im Wirtschaftsprozess Verwendung finden, zum Arsenal staatlicher Instrumente. Sie zielen im Allgemeinen darauf ab, Mensch und Natur vor Unfall, Vergiftung oder Verschmutzung zu schützen. Ihre Geschichte geht von der Dampfkesselanlagenverordnung über Arbeitsschutzgesetze zu den Umweltvorschriften zur Reinhaltung von Luft, Wasser und Boden. Verbrauchsstandards stehen in dieser Tradition. Sie werden eingesetzt, um den gesamtwirtschaftlichen Verbrauch einer Ressource – meistens Energie – abzusenken; ihr Ziel ist eine ressourcen-leichte Wirtschaft.

Eine innovative Methode zur Förderung nachhaltigen Wettbewerbs hat das japanische Wirtschaftsministerium METI entwickelt. Im Anschluss an die Klimakonferenz von Kyoto wurde ein Verfahren zur Identifikation und Verbreitung von hohen Energieeffizienzstandards etabliert. Aus dem Angebot von Produkten auf dem Markt werden jene mit den höchsten Effizienzstandards als Toprunner ausgezeichnet. Deren Effizienzniveau wird dann zum Maßstab erklärt, mit der Auflage, dass alle Konkurrenten den so gesetzten Standard im Lauf der nächsten Jahre ebenfalls erfüllen müssen, widrigenfalls sie mit Abmahnung und weiteren Sanktionen (zum Beispiel Anprangerung, Ausschluss von öffentlichen Aufträgen) rechnen müssen.[8] Bislang sind in 21 Produktgruppen von Autos über Haushalts- und Bürogeräte bis hin zur Unterhaltungselektronik dergleichen Zielstandards gesetzt worden. So werden für die Hersteller Zug um Zug Gelegenheiten beseitigt, sich durch Abwälzung der Kosten Wettbewerbsvorteile zu verschaffen.

Das Verfahren ist auf europäische Verhältnisse nicht eins zu eins übertragbar, zumal es auch einige Mängel aufweist. So ist kein Anreizsystem zur Innovation eingebaut, und auch der bürokratische Aufwand ist beträchtlich. Doch der Ansatz ist beherzigenswert und ausbaufähig. Im Übrigen lässt sich auf in Europa gültigen Standards wie der Ökodesign-Richtlinie aufbauen, oder auch das geplante EU-Flottenverbrauchslimit für die Autohersteller. Im Vergleich zum herkömmlichen Verfahren bei der Festsetzung von Richtlinien zeigt der Toprunner-Ansatz einige Vorzüge. Indem bereits auf dem Markt verfügbare Produkte prämiiert werden, löst er zum Beispiel das Problem des Informationsdefizits auf Seiten des Staates, der von sich aus nicht wissen kann, was die jeweils beste Lösung für ein Produkt darstellt. Weiter wird den Konkurrenten nicht die Technik des Toprunners aufgenötigt, sondern nur die von ihm erreichte Effizienz des Produktes; wie sie diesen Stand erreichen, bleibt ihre Sache. Damit wird das Wesen des Marktes nicht angetastet. Denn die Marktteilnehmer können selbst mit Lösungen herauskommen, die dem gesetzten Ziel gerecht werden. Der Toprunner-Ansatz ist ein Wegweiser für Hersteller und nicht ein Diktat. Und zuletzt ist die dynamische Revision des Standards bemerkenswert. Indem etwa alle fünf Jahre der Zyklus von Auswahl und Verpflichtung aufs Neue beginnt, kann sich die Definition des Standards dem Innovationsgang in Technik und Industrie anpassen.

Mengengrenzen: der Emissionshandel

Seit der Annahme des Kyoto-Protokolls im Jahr 1997 hat sich der Gedanke durchgesetzt, dass die erforderliche drastische Zurückführung von Treibhausgasemissionen besonders effizient nach dem Marktprinzip organisiert werden kann. Die Erwartung ist, dass so die Minderung der Emissionen möglichst kostengünstig erreicht wird. Folglich hat die Europäische Union im Jahr 2005 ein Emissionshandelssystem eingeführt. Allerdings hat sich aufgrund der Bezeichnung »Emissionshandel« in der öffentlichen Debatte ein Missverständnis eingeschlichen, das Befürworter und Gegner eines solchen Systems vereint. Weil es um Handel geht, genießt das System die Wertschätzung von Ökonomen und Wirtschaftsvertretern, während mancher Umweltschützer ihm aus demselben Grund skeptisch gegenübersteht. Befürworter wie Gegner übersehen indes gerne, dass das Merkmal des Handels keinerlei Einfluss auf den Klimanutzen des Systems hat, weil dieser sich allein aus der strikten Begrenzung des Kohlenstoffeintrags in die Atmosphäre ergibt (► Kapitel 10).

Die englische Bezeichnung »cap & trade« verdeutlicht die Idee: Es wird zunächst eine Begrenzung (»cap«) der erlaubten Emissionen pro Zeiteinheit eingeführt, und die zulässige Menge wird dann über Zertifikate aufgeteilt, mit denen die Teilnehmer handeln (»trade«) können. Erst die Begrenzung macht Emissionsrechte zu einem knappen Gut, das auf dem Markt der Nachfrager einen Preis erzielen kann; wie auch erst mit dem fortschreitenden Absenken der Grenze der Preis auf einer ökonomisch wirksamen Höhe gehalten werden kann. Kein *trade* ohne *cap*, während es durchaus einen *cap* ohne *trade* geben kann.

Emissionshandel heißt darum zunächst, dass eine politische Autorität ein zulässiges Volumen an Emissionen definiert, und dieser Wert dann im Laufe der Zeit regelmäßig von dieser Autorität gesenkt wird – genau genommen ist die Bedingung für das Funktionieren des Marktsystems, dass dieses dynamische Absenken von der politischen Autorität glaubwürdig über Jahrzehnte angekündigt wird.

Allerdings ist das europäische Emissionshandelssystem gegenwärtig noch weit entfernt von einer ökologisch effektiven und transparenten Ausgestaltung. Zum einen sind es noch die nationalen Regierungen, die die Emissionsmengen festlegen, so dass bisher die Grenzwerte unter fleißiger Mithilfe der Industrielobby zu großzügig ausgefallen sind. Für die zweite Phase bis 2012 hat die EU-Kommission erhebliche Kürzungen durchsetzen können. Doch auch wenn dereinst die Kompetenz vollständig auf die EU-Kommission übergegangen sein wird, was gegenwärtig in der Diskussion ist, wird die Festlegung der Emissionsmengen immer Objekt des politischen Tauziehens bleiben. Aus diesem Grund ist daran zu denken, diese Aufgabe einer Klima-Treuhand (▶ Kapitel 10) zu übertragen, die ähnlich unabhängig wie die Europäische Zentralbank, welche die Geldmenge überwacht, zur Regulierung der Emissionsmenge befugt ist.[9] Leiten lassen sollen die Treuhänder sich dabei von Kriterien wie den internationalen Klimaverpflichtungen, den wissenschaftlichen Erkenntnissen und dem Vorsorgeprinzip.

Weiter ist die Reichweite des europäischen Handelssystems nicht überzeugend ausgelegt. Derzeit sind alle mittleren und großen Anlagen der Bereiche Energieerzeugung, Raffinerien, Kokereien, Stahl-, Zement-, Glas-, Keramik- sowie Zellstoff- und Papierindustrie einbezogen, zusammen 10 500.[10] Damit hat die EU ein Downstream-Modell gewählt, das bei den Emittenten ansetzt, anstatt eines Upstream-Modells, bei dem die – relativ wenigen – Erzeuger und Importeure von Kohle, Öl und Gas für den Kohlenstoff bezahlen, den sie in das Wirtschaftssystem einbringen. Der Verwaltungsaufwand wäre dabei bedeutend geringer und die gewünschten Preisauswirkungen würden auch den Verkehr und die Haushalte erreichen, zwei Sektoren, die vom gegenwärtigen System nicht abgedeckt werden.

Ferner ist es durch nichts zu rechtfertigen, dass die Emissionszertifikate bis heute weitgehend unentgeltlich verteilt werden. Damit degenerierte die Zuteilung zu einem Kuhhandel zwischen Regierungen und Unternehmen. Vor allem aber wurden jene Vermögenswerte, die durch die Deckelung der Emissionen erst geschaffen worden waren, umstandslos den Unternehmen überlassen – gewissermaßen als Lockmittel, um sie in den Effizienzwettbewerb hineinzuziehen. Doch geläufiger betriebswirtschaftlicher Praxis folgend haben die Unternehmen den Wert der unentgeltlich erhaltenen Zertifikate kurzerhand als Kosten in den Strompreis einbezogen. Sie haben ihre Marktmacht genutzt, kollektiv den Strompreis um den Wert dieser Zertifikate erhöht und damit, ohne eigene Leistung, enorme Zusatzgewinne eingestrichen. Sie belaufen sich nach Schätzungen des WWF[11] für die fünf größten deutschen Stromerzeuger für 2005 bis 2012 auf eine Summe zwischen 31 und 64 Milliarden Euro! Mittlerweile haben das auch die Finanzminister gemerkt, und bis 2020 – im Energiesektor schon bis 2013 – soll es keine unentgeltliche Ausgabe mehr geben und auf Auktionierung umgestellt werden. Die Auktionierung soll in Europa bei einem Zertifikatspreis von 30 Euro Einnahmen von 50 Milliarden Euro im Jahr 2020 mit sich bringen.

Wem gehört dieses Finanzaufkommen? Zwar versteht sich von selbst, dass der Staat diese Einnahmen am liebsten seinem regulären Haushalt zuführen würde. Aber ist die Atmosphäre sein Eigentum? Darf er die Nutzungsgebühren für sich selbst kassieren? Das wird sich kaum begründen lassen, vielmehr gehört die Atmosphäre niemandem und allen; sie ist ein Gemeingut. Damit haben im Prinzip alle Bürger zusammen Anspruch auf die Einnahmen aus dem Verkauf der Nutzungsrechte. Vor diesem Hintergrund kann man, nebenbei bemerkt, die Milliarden an Mitnahmegewinnen der Unternehmen nur als »The Great Commons Robbery« bezeichnen. Nach dem Sky-Trust-Modell[12] hingegen würden die Auktionserlöse zu gleichen Teilen an alle

Handel von Start- und Landerechten?

Die Idee von »cap & trade« könnte auch beim Management umweltunverträglicher Großsysteme Eingang finden. So ist es unerlässlich, das Wachstum des Luftverkehrs zu beenden (▶ Kapitel 5). Wie könnte das erreicht werden?

Es ist eine ernstzunehmende Option, die Entwicklung des Luftverkehrs durch Beschränkung der Start- und Landezahlen auf deutschen oder europäischen Flughäfen in verträglichen Grenzen zu halten. Bezugnehmend auf die Anzahl der Starts könnte man deren Zahl in einem Basisjahr, etwa 2007, zugrunde legen und jedes Jahr mit den als angemessen angesehenen Absenkungsraten fortschreiben. Diese Startrechte könnten über ein staatlich kontrolliertes Verfahren versteigert werden. Auch ein schrittweiser Übergang von Bestandsrechten zu immer größeren Quoten versteigerter Startrechte ist möglich. Damit können sowohl die angestammten Ansprüche als auch die schrittweise Marktveränderung berücksichtigt werden. In analoger Form lassen sich alternativ auch die Kerosinverbräuche beschränken. Es führt schwerlich ein Weg daran vorbei: Es wird Rationierungs- und Verteuerungsverfahren brauchen, um beschränkte Umweltgüter zu bewirtschaften.

Bürger ausgeschüttet. Einkommensschwache Gruppen erfahren damit eine Entlastung, da sie dadurch mehr einnehmen, als sie über die Verteuerung der Energie bezahlen müssen. Weil aber Europa etwa nur die Hälfte seines aktuell genutzten Anteils der Atmosphäre gerechterweise beanspruchen kann, ist es nur recht und billig, wenn die Hälfte des Erlöses für die Entwicklungsländer vorgesehen wird, etwa für den internationalen Fonds zur Anpassung an die Klimafolgen (▶ Kapitel 16). In der Tat ist der Gedanke reizvoll, das Klimaregime über die Auktionserlöse quasi selbst finanzierend zu machen und einer weltweiten Autorität zu unterstellen.

13.3 Finanzpolitik für Kostenwahrheit

In Deutschland gibt es ungefähr drei Millionen Firmen, darunter etwa 12 000 mit mehr als 200 Beschäftigten. Tag für Tag werden ungezählte Entscheidungen getroffen, die keine angemessene Rücksicht auf die Kosten für die Natur nehmen. Denn die Natur ist kein Marktteilnehmer (▸ Kapitel 10), daher repräsentiert die Preisstruktur nicht die Verluste auf Seiten der Ökosysteme. Weil damit das Gemeinwohl massiv untergraben wird, bleibt keine andere Wahl, als dass die Politik sich zum Anwalt der Umwelt macht und in die Prozesse der Preisbildung eingreift. Sie wird Finanzflüsse so steuern, dass sie helfen, die Schädigung der Umwelt zu bremsen und ihren Schutz zu steigern. Wenn mehr Kostenwahrheit in die Preiskalküle eingeht, dann schließt sich die unselige Kluft zwischen individueller Vernunft und gesellschaftlicher Vernunft, die es mit sich bringt, dass es sich oft nicht rechnet, das Richtige zu tun, wohl aber das Falsche.

Subventionsumbau: Fördergelder umlenken

Derzeit wird manche Schädigung der Umwelt sogar durch öffentliche Gelder unterstützt. Subventionen tragen dazu bei, dass sich gegenwärtig Märkte nicht selten als kollektive Aktionen für Selbstzerstörung auswirken. Notorische Subventionsempfänger sind insbesondere die Atom- und Kohleindustrie, die industrialisierte Landwirtschaft, der Auto- und Luftverkehr, die Fischereiindustrie. Die dafür eingesetzten Gelder verzerren systematisch die Wettbewerbschancen von sauberer Produktion, naturnaher Landwirtschaft und ressourcenschonendem Konsum. Obendrein blähen sie die Staatsausgaben auf, senden verzerrte Signale an die Märkte und laden zu Ineffizienz und Verschwendung ein. Oft sind sie nichts weiter als Zusatzgewinne für Unternehmen.

So stellen zum Beispiel die Ausgaben für den Europäischen Struktur- und Kohäsionsfonds 35,7 Prozent des EU-Haushalts dar.[13] 44 Milliarden Euro im Jahr sind vorgesehen, um vor allem die neuen EU-Beitrittsländer zu unterstützen. Aber nicht wenige der finanzierten Projekte, ein überholtes Entwicklungsmodell für die »unterentwickelten«

Gebiete vor Augen, zementieren buchstäblich Europas Zukunft. Sie konzentrieren sich auf den Ausbau von oft überdimensionierten Infrastrukturen und legen dabei die neuen Mitgliedstaaten langfristig auf einen hohen Ressourcenverbrauch, zusätzliche Verkehrsflüsse und Biotopzerstörung fest. So werden gegenwärtig etwa 18 Müllverbrennungsanlagen für den erwarteten Konsum nach westlichem Vorbild errichtet, 14 Autobahnen sollen die freie Fahrt für freie Europäer sicherstellen und acht Wasserbauprojekte zerstören einzigartige ökologische Rückzugsgebiete.[14] Gewaltige Summen werden fehlgeleitet, die in Ressourceneffizienz, regenerative Energiequellen, öffentlichen Verkehr, ökologische Restaurierung investiert werden könnten, um den schwächeren Regionen Europas zum Einstieg in eine ressourcenleichte Wirtschaft zu verhelfen.

Eine ähnliche Schieflage zeigt sich bei der Gemeinsamen Agrarpolitik (GAP). Sie macht mit 43 Prozent noch immer den größten Einzelposten des EU-Haushalts aus. Anfangs waren dies vor allem Ausgaben zur Preisstützung wie Lagerhaltung und Exportsubventionen. In den Agrarreformen von 1992 und 2003 wurde das System umgestellt. Statt die Produktpreise zu stützen, wird den Landwirten nun direkt Geld überwiesen. Mit den letzten Reformschritten wurden diese Zahlungen zwar von der aktuellen Produktion abgekoppelt; aber jeder Betrieb erhält weiterhin nahezu dieselben Zahlungen wie zuvor. Solange damit keine Umweltkonditionen verknüpft sind, wird so die Intensivierung der Land- und Tierwirtschaft gefördert; die Subventionen fließen zu einem Teil in chemische Düngemittel, Pestizide, Maschinerie und Rationalisierung der Tierhaltung. In diese Direktzahlungen, die »Erste Säule« der GAP, fließen mehr als drei Viertel der EU-Agrarausgaben. Für die »Zweite Säule«, über die Landwirtschaft nachhaltiger gestaltet und ländliche Entwicklung gefördert werden soll, steht sehr viel weniger Geld zur Verfügung. Das Interesse an Besitzstandswahrung ist bislang stärker als das Interesse an Nachhaltigkeit. Zaghafte Versuche der EU-Kommission, Mittel aus der Ersten in die Zweite Säule umzuschichten, wurden 2005 von den Mitgliedstaaten unter tätiger Mithilfe Deutschlands torpediert.

Steuerreform: Arbeit entlasten, Ressourcen belasten

Um zu mehr Kostenwahrheit bei den Preisen zu kommen, kann die Politik die Struktur der Abgaben und Steuern verändern. Wenn energie-, material- oder verschmutzungsintensive Wirtschaftsaktivitäten mit höheren Abgaben belegt werden, verschieben sich die Kostenrelationen zugunsten umweltverträglicher Verfahren und Produkte. Diese ökologisch erwünschte Lenkungswirkung wird durch eine soziale Lenkungswirkung ergänzt, wenn mit Hilfe des neu gewonnenen Steueraufkommens die Abgabenlast erleichtert wird, die auf dem Faktor Arbeit ruht. Wird die Steuerbasis dergestalt bei gleichbleibender Gesamtbelastung verlagert, wird zurückgedrängt, was nicht erwünscht ist, nämlich Umweltverbrauch, und gefördert, was erwünscht ist, nämlich Arbeitsplätze.

Dieser Idee folgend hat die deutsche Regierung zwischen 1999 und 2003 die Steuersätze auf Mineralölprodukte erhöht sowie eine Stromsteuer eingeführt und Zug um Zug angehoben. In dieser Zeitspanne beliefen sich die einkommenden Mittel auf 58 Milliarden Euro, welche im Wesentlichen zur Entlastung der gesetzlichen Rentenversicherung eingesetzt wurden.[18] Im Rückblick lässt sich sagen, dass beide Lenkungsziele erreicht worden sind[19] – trotz zahlreicher Ausnahmeregelungen bei der Steuererhebung. Es kann der Steuer ein Rückgang in den CO_2-Emissionen zugeschrieben werden, im ersten Jahr um ein halbes Prozent und im Jahr 2003 um 2,4 Prozent. Ferner war es möglich, den Rentenbeitragssatz in den Jahren 2003/2004 um 1,7 Prozent niedriger zu halten.

Allerdings scheint es, dass die Öko-Steuer – jedenfalls als Energiesteuer – ihre besten Zeiten bereits hinter sich hat, sie wird seit 2003 nicht mehr angehoben. Energiepreise sind aufgrund der Weltmarktbedingungen bereits steil gestiegen, und das Publikum nimmt die Entlastung der Rentenkasse weit weniger wahr als die Belastung der Haushaltskasse. Vor allem aber war der Energiebesteuerung auf europäischer Ebene kein gutes Schicksal beschieden: Sie wurde bereits Anfang der 1990er Jahre von der Industrielobby ausgebremst, und sie erfordert als Steuerfrage die Einstimmigkeit im europäischen Ministerrat. Dagegen wird der Emissionshandel als Instrument der Umweltpolitik klassifiziert – damit gilt bei Abstimmungen das Mehrheitsprinzip. Aus diesem Grund stützt sich die Klimapolitik in Europa vorrangig auf den Emissionshandel, was umweltpolitisch insofern kein Schaden ist, als dessen Wirkungen einer Steuer gleichwertig sind. So ist gegenwärtig eher an die Weiterentwicklung der Öko-Steuer von einer Energie- zu einer Ressourcensteuer zu denken, welche das Preisniveau für Rohstoffe, Stickstoffdünger und auch für Bodennutzung so anhebt, dass auch hier ein wirtschaftlicher Anreiz entsteht, den Verbrauch Schritt für Schritt zu verringern.

In jedem Fall ist indes aus der ökologischen Steuerreform an der Ursprungsidee festzuhalten, dass das Aufkommen aus der Bepreisung der Natur für den sozialen Ausgleich einzusetzen ist. Schließlich wird die Justierung der Märkte auf Nachhaltigkeit hin die Kosten der alltäglichen Lebenshaltung erhöhen. Wenn die Preise die ökologische Wahrheit sprechen, werden Wasser, Strom, Heizöl, Treibstoff, Transport, Lebensmittel teurer werden. Das erfordert Kompensation, weil sonst eine konsequente Umweltpolitik die soziale Ungleichheit weiter aufreißen lässt. Aus diesem Grund ist es angezeigt, das Aufkommen an Ressourcensteuern ganz oder teilweise wieder an die Bürger zurückzugeben, entweder als Öko-Bonus für alle oder als Finanzierungsquelle für eine umfassende soziale Grundsicherung (▸ Kapitel 15). Eine Umweltpolitik, die sich nicht gleichzeitig um Sozialpolitik kümmert, wird keinen Erfolg haben. Die Naturdividende wird wenigstens teilweise zu einer Sozialdividende werden müssen.

Investition in Gemeingüter: Landwirtschaft als Beispiel

Bei einem nachhaltigen Wettbewerb werden die Akteure nicht nur dazu angehalten, Kostenabwälzung zu vermeiden, sondern auch zur Restaurierung und Pflege der Gemeingüter beizutragen. Dafür sind Aufwendungen nötig, die sich nicht hinreichend in der privaten Nutzenbilanz niederschlagen, aber für den gesellschaftlichen Nutzen dringend erwünscht sind. Die Landwirtschaft bietet das beste Beispiel, wie politische Intervention Substanzpflege anstatt Substanzverlust befördern kann. Es ist offensichtlich, dass die Agrarwirtschaft nicht nur kommerzielle Waren wie Mais oder Fleisch erzeugt, sondern gleichzeitig auch Wasserkreisläufe, Bodenbeschaffenheit, das Mikroklima sowie die Landschaft mitproduziert. Landwirtschaft ist multifunktional. Mehr als in jedem anderen Wirtschaftszweig geschieht dort Kuppelproduktion[20]: Es werden kommerzielle Güter gleichzeitig mit Gemeingütern oder Gemeinschäden hervorgebracht. Bei der Schafhaltung zum Beispiel fallen klassische Agrargüter wie Fleisch und Wolle an, gleichzeitig aber auch nichtkommerzielle Produkte wie Nitrataustrag, eine offen gehaltene Landschaft oder auch das ästhetische Gefallen an einer Wiese mit Schafen. Während aber die Erträge der Landwirtschaft enorm gestiegen sind, sind gleichzeitig der Allgemeinheit gehörige Güter wie Wasserqualität, Bodenfruchtbarkeit, Biodiversität oder landschaftliche Schönheit geschädigt worden.

Um diesem Trend entgegenzuwirken, hat die Politik Agrar-Umwelt-programme aufgelegt, die Landwirte für den Schutz und die Kultivierung der Gemeingüter honorieren sollen. In der Tat ist die Subventionierung der Landwirtschaft nur als Investition in ihre Multifunktionalität zu rechtfertigen.[21] Deshalb wird eine Reform der Agrarförderung dahin gehen müssen, Direktzahlungen strikt an Umweltkriterien zu binden, die Beihilfen zur Umstellung und Stabilisierung des ökologischen Landbaus zu erhöhen sowie über die Entwicklung ländlicher Räume (▸ Kapitel 14) Biovermarktung, sanften Tourismus und Naturschutz zu unterstützen.

13.4 Weichen stellen für Zukunftsmärkte

Kein Eisenbahnnetz ist je entstanden ohne die Hilfe des Staates. Weil die Paradeinvestition des 19. Jahrhunderts nicht ohne Gedanken an die lange Frist und an das kollektive Interesse in Angriff genommen werden konnte, musste der Staat sich als Schrittmacher für die Ökonomie von morgen betätigen. In vergleichbarer Weise versagt der Markt vor der Aufgabe der Nachhaltigkeit. Weil er von der kurzen Frist und dem privaten Interesse dominiert wird, fällt es auf den Staat, für einen Zukunftssprung in der Evolution der Märkte aktiv zu werden. Es ist seine Aufgabe, als Richtungsgeber für zukunftsfähige Investitionen zu wirken – schließlich sind es die Investitionen von heute, die über die Wirtschaft von morgen entscheiden.

Industriepolitik: Ökologische Schlüsselinnovationen

Die wirtschaftliche Entwicklung bewegt sich in Wellen voran, und diese Wellen werden gewöhnlich durch Schlüsselinnovationen ausgelöst. Solche Wellen tragen neue Industrien nach oben und unterspülen die alten; sie bringen für die neuen Industrien rasantes Wachstum mit sich, lassen Arbeitsplätze entstehen, führen Produktivitätsverbesserungen herbei und prägen den Strukturwandel über Jahrzehnte.[22] So kann man Dampfmaschine, Chemie, Elektrotechnik, Automobil,

Informationstechnik als Schlüsselinnovationen für eine jeweils neue Prosperitätsetappe bezeichnen. Es gibt gute Gründe anzunehmen, dass ressourcenschonende und umweltverträgliche Technologien Schlüsselinnovationen für eine neue Welle darstellen. Denn weltweit und auf lange Zeit sorgt der Verschleiß der Biosphäre dafür, dass sich Knappheiten an Öl, Wasser, Metallen, nichtfossiler Energie und Boden auftürmen, die sich in – durchaus kaufkräftige – Nachfrage nach Verfahren und Produkten umsetzen, welche diese Knappheiten abmildern. Dazu passt, dass sich der Wettbewerb heutzutage ohnehin nicht mehr darauf beschränkt, die kostengünstigeren Verfahren oder Produkte zu ersinnen, sondern sich auf die Fähigkeit verlagert hat, neue Märkte mit neuer Nachfrage zu generieren. In einem solchen Kontext sind Deutschland und Europa nicht schlecht positioniert, um für Umweltmärkte in globalem Maßstab eine Vorreiterrolle zu spielen. Weshalb sich in der Perspektive nachhaltiger Zukunftsmärkte die Rettung der Natur mit der Rettung der Gewinne verbinden lässt.

Die deutsche Regierung und auch die EU-Kommission setzen auf eine solche Strategie, um Märkte als kollektive Aktion für Nachhaltigkeit zu schaffen.[23] Effizienztechnik, erneuerbare Energien, neue Motorenkonzepte, Nanotechnik, Material- und Biowissenschaften werden als innovative Plattformen gesehen, auf denen Produktlinien für die Nachfrage nach weniger Ressourcenverbrauch entstehen können. Als Instrumente dienen eine leitmarktorientierte Forschungsförderung, Markteinführungsprogramme, Effizienzstandards und Dialogrunden eines intelligenten Korporatismus, bei denen die wichtigen Akteure aus Industrie, Forschung und Politik an einen Tisch geholt werden.[24] Der Staat sucht in dieser Weise den sowieso gegebenen Innovationszwang für die Entwicklung umweltfreundlicher Technologien zu nutzen, wobei sich eine Interessenkonvergenz ergibt: Die Politik profitiert von der Verfügbarkeit marktfähiger Lösungen, während die industriellen Innovatoren von der programmatischen und gesetzgeberischen Unterstützung für ihre Technologien profitieren.[25]

In der Tat, den Markt zu einer kollektiven Aktion für Nachhaltigkeit zu machen, erfordert, neue Märkte zu entwickeln – und alte verschwinden zu lassen. Die Nachfrage, nein, die Forderung, die weltweit auf die Wirtschaft zurollt, nämlich mehr Nutzen mit viel weniger

Ressourceneinsatz zu bieten, verlangt nach öko-intelligenten Technologien und damit nach Produkten und Leistungen, die bislang weder im Angebot waren, noch auf den Einkaufslisten standen. »Problemlösendes Wachstum«[26] schafft Wettbewerbschancen durch die Erfindung öko-intelligenter Technologien – und nicht durch Rationalisierung alt-industrieller Verfahren. Klar ist, dass die Allianz zwischen Umweltschutz und Pionierbranchen der Wettbewerbskraft auf den Weltmärkten dient, unklar ist allerdings, wie weit sie auf lange Sicht der Biosphäre nützt. Schon der Schutz der Biodiversität hat wenig mit technischer Innovation zu tun, wie überhaupt die eingespielten Muster von Transport und Konsum von der Innovationsoffensive bisher kaum angetastet werden. Und es ist nicht zu verkennen, dass der Teufel mit Beelzebub ausgetrieben werden soll: Die Defekte des alten Wachstums sollen durch eine neue Runde an Wachstum gelöst werden – ein zwiespältiges Unterfangen (▶ Kapitel 4).

Marktdurchdringung: das Erneuerbare-Energien-Gesetz

Zukunftstechnologien fallen nicht vom Himmel, sie stehen nicht in Masse bereit, wenn sie gebraucht werden. Weil auch die unsichtbare Hand des Marktes oft zu kraftlos ist, um vermachtete Märkte aufzubrechen, braucht es mitunter die sichtbare Hand des Gesetzgebers, um neuen Lösungen Platz zu verschaffen. Das im Jahre 2000 vom deutschen Parlament beschlossene Erneuerbare-Energien-Gesetz (EEG) hat diese Wirkung in beispielhafter Weise erreicht: Es hat einen Boom in Windkraft und Solartechnik sowie später auch in Bioenergie ausgelöst, der dazu geführt hat, dass der etablierten Energiewirtschaft – gegen ihren hinhaltenden Widerstand – eine neue Branche mit neuen Akteuren als Konkurrenten erwachsen ist. Darüber hinaus ist das Gesetz ein Exportschlager geworden, mehr als 40 Länder weltweit, darunter auch China, haben die Idee eines Einspeisegesetzes in den Grundzügen übernommen.

Das Gesetz legt im Wesentlichen drei Regeln fest. Erstens, die Betreiber der Stromnetze sind verpflichtet, dezentral erzeugten Strom aus regenerativen Quellen jederzeit abzunehmen und ins Netz einzuspeisen. Zweitens, die Vergütung für den Strom wird auf 20 Jahre garantiert und orientiert sich an den Entstehungskosten für den Strom. Und drittens, die zusätzlichen Ausgaben für den regenerativ erzeugten Strom werden auf alle Stromkunden umgelegt. Die soziale Innovation liegt dabei im Umlagemechanismus: Die Zusatzkosten für den Garantiepreis werden nicht aus dem Steuersäckel bezahlt, sondern über die Stromrechnung jedes Haushalts – gegenwärtig etwa ein Euro im Monat. Mit der langfristigen Preis- und Absatzgarantie änderte sich die Investitionslandschaft. Es war mit einem Mal lohnend und vor allem finanzierbar, in EEG-geförderte erneuerbare Energien zu investieren, weil der Absatz sicher und die Einkünfte kostendeckend wurden. Der Markt für regenerative Energien fängt an, eine kollektive Aktion für Nachhaltigkeit zu werden.

Beschaffung: der Staat als öko-fairer Einkäufer

Die öffentliche Verwaltung mit all ihren Gliederungen ist der größte Konsument im Land. Daraus entsteht Marktmacht, die um ein Vielfaches jene der individuellen Konsumenten übersteigt. So vergeben in der EU staatliche Behörden jährlich insgesamt rund 1500 Milliarden Euro für Bauleistungen, Dienste und Versorgungsgüter aller Art – von Flugzeugen über Möbel bis zu Büroklammern.[27] In Deutschland geben Bund, Länder und Kommunen jährlich rund 300 Milliarden Euro für die öffentliche Beschaffung aus, was immerhin 13 Prozent des Bruttoinlandsprodukts ausmacht (▸ Kapitel 18). Was für individuelle Verbraucher gilt, hat auch für die Öffentliche Hand und andere institutionelle Verbraucher seine Gültigkeit: Sie beeinflussen den Markt durch strategischen Konsum. Als Großeinkäufer haben sie einen mächtigen Hebel in der Hand, um die Dynamik der Märkte in Richtung des Gemeinwohls zu treiben.

Auf europäischer Ebene und auch in Ländern und Gemeinden wurden mittlerweile mannigfache Kriterien für eine verantwortungsbewusste Beschaffungspolitik ausgearbeitet.[28] Mit dem Projekt Green Labels Purchase der EU-Kommission existieren auch Ausschreibungshilfen[29], die über die Beschaffung von energieeffizienten Geräten wie Drucker, Rechner, Fahrzeuge oder Lampen Auskunft geben. Doch die Gesetzgebung hinkt hinterher. Es gibt die EU-Beschaffungsrichtlinie

Kirchen als Einkäufer

Die evángelischen Kirchen und ihre Diakonischen Werke in Deutschland sind mit 648 000 Mitarbeitern einer der größten Arbeitgeber im Land und ein vielfach unbekannter Großverbraucher.

Sie besitzen und unterhalten nicht nur 21 000 Kirchengebäude, sondern noch ca. 57 000 andere Einrichtungen wie Schulen, Krankenhäuser und Gemeinde- oder Pfarrhäuser.[30] Betrachtet man allein den Energieverbrauch, so beläuft sich dieser auf etwa 1,1 Milliarden Liter Heizöläquivalent und zwei Milliarden Kilowattstunden Strom pro Jahr. Das entspricht etwa 27 500 Eisenbahntankwagen Öl und der maximalen Stromjahresproduktion eines Atomkraftwerkes vom Typ Obrigheim.

Mit diesem Energieverbrauch sind CO_2-Emissionen in Höhe von rund 4,8 Millionen Tonnen pro Jahr verbunden, das sind etwa 0,5 Prozent der CO_2-Emissionen Deutschlands. Das technisch machbare Einsparpotenzial liegt bei etwa 37 Prozent des Gesamtverbrauches, etwa 300 Millionen Euro und 1,8 Millionen Tonnen CO_2.[31]

Für den Bereich motorisierte Mobilität kommt noch ein jährlicher Verbrauch von etwa 300 Millionen Liter Sprit hinzu. Allein bei effizienter Fahrweise wäre hier eine Einsparung von über 80 Millionen Euro möglich.

Hätte man bei der Anschaffung von 4000 Neu-Fahrzeugen in 2006 schon die jeweils sparsamere Pkw-Variante gewählt, würde bei gleicher Fahrleistung jedes Jahr eine Million Liter Treibstoff weniger verbraucht. Das entspricht 2400 Tonnen CO_2. Das jährliche Einkaufsvolumen beider großer christlicher Kirchen einschließlich Organisationen wie Caritas und Johanniter in Deutschland wird auf 120 000 Fahrzeuge – Dienstfahrzeuge und dienstlich genutzte Privatwagen – geschätzt. Würden Kirchen diese Marktmacht nutzen – und ihre Mitarbeiter für den Kauf sparsamerer Fahrzeuge gewinnen –, könnten sie damit nicht nur zur in zahllosen Denkschriften geforderten Schöpfungsbewahrung beitragen, sondern auch ein Zeichen für eine notwendige Trendwende setzen.[32] Ein Anfang dazu ist gemacht: Seit Januar 2008 nimmt das Projekt »Zukunft einkaufen« im ökumenischen Verbund das Einkaufsverhalten der Kirchen unter die Lupe. Mit diesem Projekt soll die Beschaffung der Kirchen an ökologischen und sozialen Kriterien ausgerichtet werden.

vom Jahr 2004, doch deren vollständige Umsetzung in nationales Recht steht noch aus.[33] Auch in der öffentlichen Verwaltung geht das Ringen letztendlich um die Grundsatzfrage einer Reform des Kapitalismus: Zählt nur die pure Ökonomie oder zählen auch andere Werte? Sind für die Entscheidung nur die Anschaffungskosten maßgeblich oder auch die längerfristigen Kosten für den gesamten Staatshaushalt? Richtlinien für eine zukunftsfähige Beschaffungspolitik werden dann eine Prüfung der bietenden Unternehmen enthalten – ob sie zum Beispiel in ihren Produktionsstätten im Süden die Menschenrechte, die Kernarbeitsnormen der Internationalen Arbeitsorganisation sowie einschlägige Sozialstandards einhalten und diese ihrerseits von ihren Zulieferern einfordern. Ferner werden sie von den Unternehmen Umweltbilanzen und eine Analyse des gesamten Lebenszyklus der angebotenen Produkte und Dienstleistungen erwarten. Und nicht zuletzt werden sie festlegen, dass bei der Vergabe Umwelt-, Fairtrade- und Sozialsiegel zu beachten sind (▸ Kapitel 17).

13.5 Entschleunigung der Finanzmärkte

Es ist, als hätte die neoliberale Politik in der von Margret Thatcher und Ronald Reagan 1979/80 eingeleiteten Entfesselung des Finanzkapitals[34] alles darangesetzt, dessen Prioritätsanspruch vor den nahenden Umwälzungen der nachhaltigen Entwicklung zu schützen. Damals war die ökologische Krise schon seit Anfang der 1960er Jahre virulent. Es hätte darum gehen müssen, das Finanzkapital für die nachhaltige Entwicklung fit zu machen. Die Politik der Globalisierung dagegen hat auf das Konzept des schlechthin freien Wettbewerbs gesetzt. Sie hat darauf vertraut, dass die Liberalisierung des Kapitalverkehrs die Verkrustungen der nationalen Volkswirtschaften auflösen werde, die zur Stagflation geführt hatten. Dabei war sie offenbar blind für die Wahrscheinlichkeit, dass die Lockerung der nationalen Kapitalmarktkontrollen die Tendenz des Finanzkapitals verstärken würde, seine Expansion auf Kosten der Natur, der Gesellschaft und der realen Produktion voranzutreiben.

Akkumulationsgrenzen: Widerstände gegen Renditedruck

Ein Beispiel unter vielen ist die Pacific Lumber Company[35], eine auch sozial vorbildliche Firma der Holzfällerindustrie im Nordwesten der USA, die ihre Waldbestände selektiv ausforstete, also stets genug Bäume stehen ließ, damit die Lücken durch natürlichen Nachwuchs ausgefüllt wurden. Das Unternehmen erwirtschaftete eine angemessene Kapitalrendite, nahm aber bewusst in Kauf, dass es nur einen Teil der Nachfrage nach seinen Produkten decken konnte und folglich nur ein bescheidenes Umsatzwachstum aufwies, was an der Börse einen relativ niedrigen Kursstand seiner Aktien bewirkte. Dies und der attraktive Bestand an gesunden Wäldern führte zu einer feindlichen Übernahme. Der Vorstand versuchte sich zu wehren, wurde aber durch die Drohung mundtot gemacht, man werde ihn wegen Vernachlässigung des Aktionärsinteresses an hohen Wachstumsraten, Aktienkursen und Dividenden vor Gericht bringen. Der neue Eigentümer verdoppelte sofort den Holzeinschlag, zapfte die Pensionsrückstellungen für die Mitarbeiter an, um die Kredite abzulösen, mit denen er die Übernahme finanziert hatte, und hat offenbar auch das Eigenkapital abgesaugt: denn Pacific Lumber musste inzwischen Konkurs anmelden.

Das ist ein mittlerweile typischer Vorgang. Private-Equity-Gesellschaften finanzieren den Kaufpreis für ein von ihnen übernommenes Unternehmen »in erster Linie mit Fremdkapital, das von der erworbenen Gesellschaft zurückbezahlt werden muss. Und dann wird das Eigenkapital abgeräumt. Viele dieser angeblichen Investoren sind in Wahrheit Eigenkapitalräuber.«[36] Beispiele wie die Pacific Lumber Company belegen, dass das Finanzkapital nur dann im Sinn der nachhaltigen Entwicklung handeln wird, wenn ihm durch den gesetzlichen Marktrahmen die Option zum Substanzverzehr genommen wird. Doch die weltweite Liberalisierung des Kapitalverkehrs hat das Gegenteil bewirkt.[37] Sie hat die nationalen Bank- und Börsenkontrollen teilweise unwirksam gemacht, weil Vorschriften aufgehoben oder verwässert wurden, die vorher das Risiko der Anleger begrenzt hatten. Und sie hat Mobilitätshemmnisse für die Geldflüsse aufgehoben, ohne eine angemessene internationale Aufsicht zu errichten, sodass das Finanzkapital sich nun international unkontrolliert bewegen kann.

Finanzkapital gegen nachhaltige Energieinvestitionen

Die Forderung der Finanzmärkte nach überhöhten Eigenkapitalrenditen kann eine nachhaltige Energieversorgung massiv behindern. Der Ökonom Carl Christian von Weizsäcker[38] bemerkte hierzu:»Konkret stellen wir fest, dass, wie andere kapitalmarktorientierte Unternehmen auch, die Energiekonzerne ... eine Investitionspolitik betreiben, bei der der geforderte jährliche Return on Equity weit im zweistelligen Prozentbereich liegt und damit den risikofreien Kapitalmarktzins massiv übertrifft. ... Bei Kraftwerken für die Grundlast ... kann die heute übliche geforderte Risikoprämie – im Vergleich zu einer Rendite ohne Risikoprämie – die Gesamtkosten glatt verdoppeln oder verdreifachen.« Noch mehr gilt diese Feststellung für die nachhaltigen Substitute, die mit den fossil befeuerten Anlagen im Wettbewerb stehen, das sind Energieeffizienz und erneuerbare Energien – denn hier entfallen die laufenden Kosten für Energieträgerverbrauch beinahe gänzlich, sie sind also kapitalintensiver als die Verfahren, die auf den laufenden Nachschub fossiler Energien angewiesen sind. Aus diesem Grund benachteiligen die überhöhten Renditeforderungen die nachhaltigen Alternativen; deren relative Wettbewerbsfähigkeit ist nicht allein von den Kosten fossiler Energieträger beziehungsweise den Kosten der Emission von CO_2 abhängig, sondern auch von der auf dem Finanzmarkt geforderten Risikoprämie.

Damit hat die Liberalisierung der Finanzmärkte die Macht von Finanziers und Investoren enorm gesteigert, in der Aktivität der Unternehmen indirekt die Externalisierung von ökologischen und sozialen Kosten zu erzwingen. Denn Unternehmen – und darunter wiederum besonders Aktiengesellschaften – sind, noch bevor sie sich mit ihren Absatzmärkten konfrontieren müssen, für Kapital und Kredit auf den Finanzmarkt angewiesen. Je stärker aber die Abhängigkeit vom Kapitalmarkt, desto mehr ist Wachstum »vor allem notwendig, um die ›monetären Ansprüche‹ der Geldvermögensbesitzer auf eine angemessene Durchschnittsprofitrate zu erfüllen ... Renditen von mehr als 20 Prozent können an die Aktionäre nur gezahlt werden, wenn nicht nur die aus dem Wachstum stammenden Überschüsse verteilt werden, son-

Ethisches Investment als Richtungsgeber

Nachhaltiges Wirtschaften ist auf Graswurzel-Bewegungen angewiesen, auf die Einsicht und die Kreativität der Bürger, die ihren eigenen Anteil am Finanzkapital nach Nachhaltigkeitskriterien einsetzen, indem sie durch ihre Geldanlagen die Ziele fördern, für die sie auch politisch eintreten. Das ethische Investment hat sich in den vergangenen Jahren schnell ausgebreitet, in den USA werden inzwischen nahezu zehn Prozent der börsengängigen Anlagewerte nach ethischen Kriterien gekauft. Wird die Entwicklung wirksam gefördert, so kann vom Verhalten der Geldanleger ein machtvoller Impuls auf die großen Unternehmen ausgehen. Sie achten zunehmend darauf, in Nachhaltigkeits-Ratings gut abzuschneiden, um sich die Gunst der Anleger nicht zu verscherzen.

Bei den 30 im Natur Aktien Index (NAI) aufgenommenen Unternehmen handelt es sich zum Beispiel um börsennotierte Unternehmen, die sich strengen ökologischen und sozialen Kriterien zu stellen haben. Seit dem Frühjahr 2001 existiert der Investmentfonds Green Effects, der ausschließlich in die NAI-Werte investiert. Bei einem Blick auf die Wertentwicklung ist bemerkenswert, dass der NAI in den ersten Jahren leicht hinter dem Vergleichsindex MSCI (Morgan Stanley Capital International) zurückblieb, aber ihn seitdem weit hinter sich gelassen hat.

dern wenn ein globaler Prozess der gewaltigen und häufig gewaltsamen Umverteilung zugunsten der Shareholder aus der Vermögensmasse von Gesellschaften in Gang gesetzt wird.«[39] Mit einem hohen Renditedruck im Nacken haben Unternehmen keinen Spielraum, auf befriedigende statt auf maximale Gewinne hinzuarbeiten. Sie müssen unter solchen Umständen ökonomisches Wachstum um jeden Preis realisieren, und sei es um den Preis der Schädigung des ökologischen oder sozialen Gemeinwohls.

Ohne eine zurückhaltende Gewinnerwartung ist es aber im Allgemeinen nicht möglich, die Kosten für vermiedene Externalisierung zu absorbieren. Deshalb sind für die Finanzmärkte Rahmenbedingungen unerlässlich, die verhindern, dass das Interesse an der Realisierung schneller Gewinne systematisch über das Interesse an langfristigen

Realinvestitionen gestellt wird. Es wäre zum Beispiel ein erster Schritt auf diesem Weg, das Stimmrecht der Aktionäre an die Haltedauer ihrer Aktien zu binden. Nur wer langfristig in ein Unternehmen investiert, darf auch mitbestimmen. Im Gegenzug dürfen die langfristig denkenden Eigentümer dann aber auch keine Aktienoptionen an das Management verteilen, durch die das Kurzfristdenken stimuliert wird. Eine andere Route liegt darin, den Finanzmarkt zu verpflichten, künftig in Geldanlagen Zukunftsrisiken stärker zu berücksichtigen. Dafür kann auf den Erfahrungen des ethisch-ökologischen Investments aufgebaut werden.

Spekulationsgrenzen: Widerstände gegen Kasino-Kapitalismus

Überdies hat die Liberalisierung der Finanzmärkte dazu geführt, dass Finanztransaktionen nicht mehr primär als Folge realwirtschaftlicher Aktionen geschehen, wie etwa bei der Absicherung eines Wechselkursrisikos, sondern oft zum Hauptzweck geworden sind. Statt für einen reibungslosen Austausch von Gütern und Dienstleistungen zu sorgen, werden sie zunehmend zur spekulativen Vermehrung von Vermögen missbraucht. Dadurch wird die Funktion der Finanzmärkte vereitelt, reale Investitionen zu ermöglichen und zu sichern. Seit den 1980er Jahren wurde der Finanzdienstleistungshandel immer weiter liberalisiert und die nationale Kontrolle der Anlageprodukte und der Finanzmarktakteure (Banken, Hedgefonds, Private Equity Fonds, Pensionsfonds) aufgehoben oder geschwächt. So ist heute der Geldschöpfungsspielraum der Finanzmärkte praktisch unbegrenzt; denn die Liberalisierung im Verein mit modernen Informations- und Kommunikationstechnologien hat eine Vielzahl von privaten Geldsurrogaten hervorgebracht, die praktisch die gleiche Liquidität besitzen wie die gesetzlichen Zahlungsmittel.[40]

Damit ist der Bereicherungsspielraum des Finanzkapitals fast unendlich groß geworden. Die Aufhebung der Grenzen für den Kapitalverkehr hat spekulative Devisentransaktionen in vorher unvorstellbarem Ausmaß ermöglicht, die Aufhebung der Genehmigungspflicht für spekulative Anlageformen hat den Handel mit Derivaten explosionsartig vermehrt. So wurden auf den Devisenmärkten in den vergangenen Jahren rund zwei Billionen Dollar pro Tag umgesetzt, die Umsätze auf den Märkten für Derivate sind bereits auf rund drei Billionen Dollar angestiegen. Die enorme Vermehrung unkontrollierter Derivate hat diese zu einem beunruhigenden Risiko für die Stabilität der Finanzmärkte werden lassen – zu einer »finanziellen Massenvernichtungswaffe«[41], die auch die reale Wirtschaft in Mitleidenschaft zieht, wie die Hypothekenkrise eindrucksvoll beweist. Der Wirtschaftshistoriker Immanuel Wallerstein kommt zu dem Schluss, »dass der Kapitalismus sich in der Krise befindet, weil er den Kapitalisten nicht mehr die [reale] Kapitalakkumulation gewährleisten kann … Er ist gezwungen, Wege zu finden, um Gewinne jenseits der warenproduzierenden Sphäre zu realisieren, durch die Spekulation. Seit einiger Zeit findet genau das statt.« Das Finanzkapital habe sich in einem Maß vermehrt, dass die reale Produktion zu seiner Verzinsung immer höhere Erträge abwerfen müsse. »Das wird immer schwieriger – wenn es nicht überhaupt schon Geschichte ist.«[42]

Vor diesem Hintergrund ist es höchste Zeit, sich einer überfälligen Erkenntnis bewusst zu werden: Die Deregulierung der Finanzmärkte war gegen nachhaltige Entwicklung gerichtet, weil sie zur beschleunigten Externalisierung drängt. Gleichzeitig war sie gegen Verteilungsgerechtigkeit gerichtet, weil sie das große Kapital privilegiert. Was geschehen muss, liegt auf der Hand: Die Finanzmärkte brauchen mehr Regulierung. Insbesondere müssen die globalen Finanzströme einer Kontrolle unterworfen werden, die Exzesse wirksam verhindern kann. Der Geldschöpfungsfreibrief der Finanzmärkte muss widerrufen, und das Leitbild der progressiven Besteuerung muss auch bei den hohen und höchsten Einkommen verwirklicht werden. Das ist möglich – der New Deal hat es bewiesen;[43] allerdings hat er auch die Befürchtung nahe gelegt, dass es wohl erst nach einem Zusammenbruch zu verwirklichen ist.

Um den Freibrief zur Geldschöpfung zurückzunehmen, sollte dafür gesorgt werden, dass alle Finanzmarktprodukte genehmigungspflichtig sind, eine höhere Eigenkapitalunterlegung als derzeit haben müssen und darin auch tatsächlich kontrolliert werden. Weiter müssen kurzfristige Devisentransaktionen mit einer Börsenumsatzsteuer belegt werden. Auch die Hebelwirkung der Kreditfinanzierung

**Wie Banken und Versicherungen zu Agenten
einer nachhaltigen Entwicklung werden können**

Das Kerngeschäft von Versicherungen und zumindest teilweise von Banken ist die entgeltliche Übernahme von Risiken – sei es als Versicherungspolice für eine Immobilie oder als Darlehen an ein Unternehmen. Sie versuchen daher, möglichst präzise das eingegangene Risiko zu bestimmen und sich diese Risikoübernahme vom Kunden entsprechend vergüten zu lassen. Ändert sich die zu erwartende Schadenshöhe, so ist dies für die Versicherung naturgemäß höchst relevant. Unter dem europäischen Emissionshandelssystem, wonach künftig nur der emittieren darf, der eine Lizenz hierfür vorweisen kann, werden Branchen und Unternehmen mit relativ hohen CO_2-Emissionen einen Kostennachteil haben. Aus Sicht des Finanzmarktes ist das ein Risiko, das zu steigenden Kosten für Fremdkapital und Versicherungsschutz führt. Mit einem Wort: Gelingt es, Nachhaltigkeitsrisiken durchgängig in das Kalkül von Finanzmarktakteuren einzubeziehen, so wird klimafreundliches Handeln durch geringere Prämien belohnt und klimaschädliches Verhalten durch höhere Kosten unattraktiver.

von Unternehmenskäufen und dergleichen ist zu deckeln, ebenso wie die Eigenkapitaldeckung von Krediten – auch an den Staat – erhöht werden muss. Im Übrigen ist die Trennung zwischen Kredit-, Investment- und Versicherungsgeschäft wieder einzuführen, und Investmentbanker dürfen Bonuszahlungen erst erhalten, wenn der Gewinn aus ihren Geschäften realisiert ist. Bankmanager sind für riskante Geschäfte persönlich haftbar zu machen, und Kredite an offshore residierende Finanzakteure müssen untersagt werden. Durch all das werden die Finanzmärkte nicht geknebelt, sondern ihrer eigentlichen Funktion wieder zugeführt: der effizienten und neutralen Vermittlung zwischen den Geldanlegern und der realen Produktion. Ohne Steuerung ist die Logik des qualitätslosen Geldwachstums nicht mit der Logik der Nachhaltigkeit in Einklang zu bringen.

Anmerkungen

1 Stern (2007), executive summary (eigene Übersetzung)
2 Die Erforschung der Kollektiven Aktionen begann mit Olson 1965. Ein Überblick bei Udéhn 1993. Zu den »common pool resources« vgl. Ostrom (1990).
3 Scherhorn (2005), S. 146–48
4 Im Lauf der Industrialisierung haben sich die Märkte von Verhandlungs- zu Optionsmärkten entwickelt, vgl. Scherhorn (1983)
5 Stehr (2007), S. 12
6 Stehr (2007)
7 De Graaf et al. (2002); Dorji/Sian Pek (2008); McDonald (2008); Princen et al. (Hg.) (2002); Schor (1998); Wolff (2008)
8 Vgl. Schröder (2004)
9 Siehe zum Folgenden: Haas/Barnes (2008)
10 EU-Kommission (2008), S. 18
11 WWF (2006)
12 Haas/Barnes (2008)
13 Rat der EU (2006), S. 33
14 www.bankwatch.org/billions
15 www.kba.de/Abt3_neu/KraftfahrzeugStatistiken (31. August 2006)
16 Der hier gemeinte Vorschlag ist zusätzlich zu der 2008 erfolgten Reduktion zu verstehen, nach der als Dienstwagen nur noch Pkw steuerlich anerkannt werden, die zu 100 Prozent betrieblich genutzt sind.
17 Luhmann (2005)
18 BMF (2004), S. 35
19 Kohlhaas (2005), S. 12–13
20 Wüstemann/Müller (2008), 20–22
21 Sachs et al. (2007), S. 53
22 Pfriem (2005), S. 61–62
23 BMU (2006)
24 Machnig (2006)
25 Jänicke (2008), S. 60, 45
26 Lehner/Schmidt-Bleek (1999)
27 EU-Kommission (2005)
28 Siehe zum Beispiel EU-Kommission (2005)
29 www.GreenLabelsPurchase.net
30 Laut Statistik der EKD
31 Preisbezogen aktualisierte Daten aus dem Projekt »Energisch Energiesparen. Perspektiven der CO_2-Reduktion im Bereich der Evangelischen Kirche in Deutschland«, epd-Entwicklungspolitik, September 1995
32 Kraus (2008)
33 CARPE (2004)
34 Harvey (2007)
35 Princen (2005). Vgl. insbes. S. 164, sowie auch die neueren Berichte über Pacific Lumber im Internet
36 Schneider (2006)
37 Scherhorn (2008)
38 Weizsäcker, C. Chr (2006), S. 279
39 Altvater (2005), S. 139
40 Solte (2007), S. 41–51
41 Nach einem Wort des Investors Warren Buffett, siehe Augar (2005), S. 79
42 Interview mit Immanuel Wallerstein in: Junge Welt, 27. Oktober 2007. Vgl. auch Wallerstein (2002)
43 Krugman (2008), S. 45–90

14 Kreisläufe schließen: Die Renaissance der Regionen

Die Globalisierung könnte sich als der Nachsommer des Ölzeitalters herausstellen. In einer treibstoffarmen und ressourcenknappen Welt ist dann keine Verlängerung, sondern wieder eine Verkürzung der Wertschöpfungsketten angesagt. Das muss kein Nachteil sein, denn für zahlreiche Aktivitäten – man denke an Verwaltung, Betreuung, Pflege, Recycling, Ernährung – bietet der Nahraum heute schon die angemessene Größe. Dazu öffnen sich künftig mit der Solarwirtschaft neue Chancen für dezentrale Produktion von Energie und sogar von Rohstoffen, wie auch das Internet als Mittel lokaler Vernetzung zur Verfügung steht. Wer jedenfalls für ein Mehr an Ökologie, Subsidiarität und Demokratie eintritt, dem wird daran gelegen sein, Wirtschaftsbeziehungen vor Ort zu stärken.

Nachhaltige Regionalentwicklung folgt der Grundidee, aus räumlicher Nähe einen Erfolgsfaktor zu machen. Kurze Entfernungen zwischen Erzeugern und Verbrauchern, zwischen Rohstoffproduktion und Verarbeitung, zwischen Entscheidungsträgern und Bürgern haben besondere Stärken, gerade in Zeiten der Globalisierung. Wirtschaftlich machen sie eine Region weniger abhängig von weit entfernten Versorgern, politisch fördern sie den direkten Einfluss der Bürger auf die Regierenden, sozial führen sie zu einer Verdichtung der Beziehungen zwischen unterschiedlichen Gruppen und Akteuren, kulturell kräftigen sie Selbstbewusstsein und Identität eines Ortes und ökologisch unterstützen sie die Kreislaufführung von Ressourcen von der Gewinnung über die Nutzung zur Wiederverwendung. Und es versteht sich von selbst, dass kurze Entfernungen den Garant einer transportsparenden Wirtschafts- und Lebensweise darstellen.

Die Konzentration auf die regionalen Ressourcen hat angesichts steigender Rohstoffpreise und steigenden Rohstoffbedarfs der Schwellenländer an Aktualität gewonnen. Den Selbstversorgungsgrad einer Region bei der Versorgung mit Energie, Rohstoffen und Lebensmitteln zu erhöhen, schafft zusätzliche Versorgungssicherheit. Dabei weist jede Region ein anderes Potenzial auf und ist in unterschiedlicher Weise von der Versorgung mit externen Ressourcen abhängig. Die Reichweite einer Strategie, die stärker auf regionale, endogene Potenziale baut, muss daher an den jeweiligen regionalen Bedingungen ansetzen und vor Ort erprobt werden.

Die Regional- und Stadtökonomik setzt sich mit diesen Fragen seit einiger Zeit auseinander. Im Rahmen verschiedener Theorien und Modelle sucht sie nach einer Erklärung für regionale Entwicklung.[1] Eine wichtige Frage hierbei ist, welche besondere Rolle räumliche Strukturen und Besonderheiten für einen bestimmten Entwicklungspfad spielen können. Diese Faktoren wurden lange Zeit von der neoklassischen Ökonomie, die auf den Marktmechanismus der Preisbildung fixiert ist, ignoriert. Aus ihrer Perspektive ist es für das Ergebnis, zum Beispiel das Bruttoinlandsprodukt, ziemlich gleichgültig, ob ein Umsatz von etlichen Millionen Euro von einem Großunternehmen oder von einer Vielzahl kleiner Firmen an einem einzigen Produktionsort oder an vielen geografisch verteilten Orten erzielt wird. Doch die verschiedenen Formen der Ökonomie, die sich hinter einer aggregierten Geldgröße verbergen, sind von großer Bedeutung für die Lebenswirklichkeit der Menschen. Es ist offensichtlich, dass in den vergangenen Jahrzehnten die global-räumliche Struktur des Wirtschaftens die Oberhand gewonnen hat. Ihre Stärken sind die hoch spezialisierte Arbeitsteilung und die Mitnahme standortspezifischer Produktivitätsgewinne, ihre Schwächen sind die damit gegebenen Abhängigkeitsverhältnisse und der unvermeidliche Transportbedarf. In dieser Schwäche liegt ein Vorteil kleinerer Räume: Regionalwirtschaften verlassen sich auf ihre eigenen Kräfte, sind gemeinschaftsbildend und ortsgebunden. Weil eine nachhaltige Wirtschaft auf diese Qualitäten nicht verzichten kann, ist eine Renaissance der Regionen angesagt.

Das seit fünf Jahren tätige Ministerium für nachhaltige Raum- und Regionalentwicklung zieht eine erste Zwischenbilanz. Die Abwanderung der leistungsstarken Bevölkerungsteile aus den ländlichen Räumen insbesondere Ostdeutschlands konnte gestoppt werden. In der Verbindung von Landwirtschaft, Naturschutz und Tourismus wurden attraktive Naherholungsräume geschaffen, die vielen Menschen neue Perspektiven für Einkommen und Beschäftigung bieten. Innovative Infrastruktursysteme in Stadt und Land mit zahlreichen dezentralen Eigenerzeugungsanlagen für regenerative Energie haben die Abhängigkeiten von globalen Rohstoff- und Energieimporten verringert. Naturbelassene Lebensmittel und ökologische Dienstleistungen sind fester Bestandteil einer regionalen Distributionsökonomie geworden, die über flexible Strukturen und Liefernetzwerke die Lücken in der Nahversorgung schließt. Der Güterverkehr hat durch die Stärkung der regionalen Wirtschaftskreisläufe abgenommen. Im Bereich Bauen und Wohnen konnte durch die Attraktivitätssteigerung der Innenstädte und Quartiere der zusätzliche Flächenverbrauch für Eigenheime im »Grünen« gestoppt werden. Die »Stadt der kurzen Wege« ist in vielen Gemeinden zum Leitbild der Stadtentwicklung geworden. Einkaufsmöglichkeiten sind wieder fußläufig oder mit öffentlichen Verkehrsmitteln erreichbar, Gewerbestandorte sind in die Quartiere integriert, es gibt ein produktives Miteinander von Arbeiten und Leben. Das Umland der Städte ist problemlos mit öffentlichen Verkehrsmitteln zu erreichen.

Die neue Regionalpolitik hat zu einer Aufbruchstimmung geführt. Trotz der Internationalisierung der Waren- und Kapitalströme sind zur selben Zeit kleine, dezentrale Einheiten entstanden. In einer Welt voller homogener, heimatloser Einheitsprodukte gewinnt für Bürger und Konsumenten der konkrete Ort mit seinen Eigenheiten und sozialen Beziehungen wieder einen neuen Stellenwert. Gleichzeitig ist eine lebendige Unternehmenskultur entstanden, die auf Vielfalt und regionaler Bindung beruht. Insgesamt hat das Engagement der Menschen für »ihre« Region zugenommen, sie identifizieren sich mit Projekten und Initiativen, die zu einer verbesserten Lebensqualität beitragen und haben neue Hoffnung für die Zukunft geschöpft.

14.1 Regionale Realitäten

In Deutschland ist bislang in der Regionalentwicklung das Wachstumsparadigma die Richtschnur des Handelns. Die offizielle Regionalpolitik richtet ihre Förderinstrumente vorrangig an den Erfordernissen des Wettbewerbs aus. Sie folgt der Theorie, dass eine wachsende Exportbasis der regionalen Wirtschaft in der Region Wohlstand schaffen wird. »Stärken stärken« lautet ihre Devise, wie das Beispiel der Region Rhein-Main illustriert: »Im Wettbewerb des Global Business kann eine Region nur erfolgreich sein, wenn sie sich durch Stärken im Leistungsangebot behauptet. Das Land Hessen setzt daher auf einen kontinuierlichen Ausbau der wirtschaftlichen Stärken in den zukunftsorientierten Feldern Finanzdienstleistungen, Biotechnologie, Nanotechnologie und Umwelttechnologie sowie im Bereich Logistik.«[2] Infolge dieser Strategie wurde etwa der weitere Ausbau des Flughafens Rhein-Main mit einer Investitionssumme von 3,4 Milliarden Euro zum Schlüsselprojekt erklärt.

Doch dieses Wohlstandsversprechen wurde nur für einige Regionen eingelöst. Boomenden Metropolregionen wie München, Hamburg und Frankfurt stehen randständige, ländliche Gebiete vor allem in Ostdeutschland gegenüber.[3] Aber auch die Industriestandorte sind vor Krisen nicht gefeit. Große namhafte Firmen verlassen ihre traditionellen Produktionsstandorte und wandern in die fast steuerfreien globalen Wirtschaftszonen mit billigen Arbeitskräften ab. Das investive Leitbild der deutschen Großunternehmen lautet zunehmend: Global denken, global investieren. Vor diesem Hintergrund ergibt sich für die meisten Regionen in Deutschland ein andauerndes Spannungsverhältnis zwischen Standortbindung von Unternehmen und Arbeitskräften und den zunehmenden Fliehkräften, die zu einer Auflösung der traditionellen regionalen Strukturen beitragen (▸ Tabelle 14.1).

Weniger zentral gelegene oder strukturschwache Regionen, die nicht die ausgeprägte Standortgunst der Metropolregionen besitzen, greifen häufig zum Mittel der Subventionen, um in diesem Wettrennen mithalten zu können. Wie kurzlebig solche Hoffnungen mitunter sind, zeigte sich Anfang 2008 am Fall des Nokia-Werks in Bochum, für das Millionenbeträge aus öffentlichen Mitteln bereitgestellt worden

Tab. 14.1 **Regionalentwicklung im Spannungsfeld widerstrebender Kräfte**[4]

Funktionen	Was stärkt die Bindungskräfte?	Was stärkt die Fliehkräfte?
Unternehmens-form, Besitz-verhältnisse	Familienunternehmen, persönliche Bindungen des Eigentümers, Traditionen, Imagebindung an den Standort	Aufkauf durch größere Wett-bewerber, anonyme Gesell-schaftsform, Unternehmens-leitung außerhalb der Region
Arbeits-beziehungen	Regionalspezifische Qualifikationen, hohes Qualifikationsniveau	Geringe Fertigungstiefe, geringes Qualifikationsniveau
Natürliche Ressourcen, natürliche Faktor-ausstattung	Abhängigkeit von regionalen Vorkommen (Bergwerke, Grund-stoffindustrie) Land- und Forstwirtschaft	Grundstoffindustrien und Landwirtschaft verlieren an Bedeutung, Internationali-sierung der Rohstoffmärkte und der Lebensmittelindustrie
Vorlieferanten	Kleine Serien, regionale Spezialisierung, Einzel-anfertigung, Flexibilität	Standardisierung, große Serien, konkurrierende Anbieter in Billiglohnländern
Markt-beziehungen	Pflege, Reparatur und Wartung, Kundendienst, Herkunfts-nachweise	Internationale Arbeitsteilung, Massenproduktion für große Märkte, nicht reparaturfähige Produkte
Innovation- und Wissens-transfer	Vertrauensbeziehungen in regionalen Netzwerken, regional-spezifische Bera-tungsangebote, Austausch von Erfahrungswissen (tacit knowledge)	Ubiquitäre Verfügbarkeit von Wissen, Auflösung alter Quali-fikationsstrukturen (z. B. regio-nale Berufsausbildungs-systeme, regionale Speziali-sierungen einzelner Fachhochschulen)
Verkehr, Transport	Abstimmung von Verkehrs-entwicklungsplanung und Regionalentwicklung, Ver-besserung des öffentlichen Verkehrsangebots, Mobilitäts-zentralen, Pendlernetzwerke, kooperative Planung zwischen Stadt und Umland	Geringe Einbeziehung der Folgekosten des Verkehrs in den Preis Autobahnen, Hochgeschwindig-keitsnetze der Bahn, subven-tionierter Ausbau der Regional-flughäfen

waren, um einen Ansiedlungserfolg zu erzielen – nur wenige Jahre später wurde das Werk geschlossen, um die Produktion nach Rumänien zu verlagern. Auch die Infrastrukturförderung bewirkt eine Stärkung der Fliehkräfte. Was früher der eigene Autobahnanschluss war, ist heute der eigene, hoch subventionierte Regionalflughafen für eine verbesserte Anbindung der Dienstleistungscluster an die internationalen Märkte, mit der Folge, dass die Abhängigkeit von Wirtschaftsschwankungen in der Ferne zunimmt.

Nach innen gerichtete Strategien zur Regionalentwicklung bauen demgegenüber auf den Potenzialen eines Gebietes auf. Sie setzen auf Konsensbildung der lokalen Akteure, fördern die Wechselbeziehungen innerhalb einer Region und schmieden neue Bündnisse zwischen allen, die sich für »ihre« Region engagieren wollen. Damit stehen sie in einer konfliktreichen Spannung zu den wettbewerbsorientierten Konzepten der Regionalentwicklung.

14.2 Neue Perspektiven für Stadt und Land

Jede Region ist anders. Deshalb gibt es nicht nur den einen Pfad der nachhaltigen Regionalentwicklung. Vielmehr gilt es, die Region als Möglichkeitsraum wahrzunehmen, ihr besonderes Profil zu erkennen und daraus eine Stärke zu machen. Regionalentwicklung im Münchner Umland wird andere Ziele verfolgen als in der Uckermark. Vielfalt statt Einfalt lautet hier die Losung, die sich aus den Unterschieden der Natur- und Sozialräume ergibt. Die nachfolgend skizzierten Zielbündel zeigen die Variationsbreite an Entwicklungspfaden an, die sich aus dem Zusammenspiel von spezifischen Potenzialen und Perspektiven ergeben können.

Naturschutz, Landbau und sanfter Tourismus

Für viele ländliche Regionen bietet die Verbindung von Natur- und Klimaschutz, Produktvermarktung und Tourismus eine Erfolg versprechende Chance für eine nachhaltige Regionalentwicklung. Das

Bild einer Region mit strukturreicher Kulturlandschaft und vielfältiger, artenreicher Natur ist zum Beispiel ein wichtiger Ansatzpunkt, um sich erfolgreich im Reisemarkt zu positionieren. Naturverträglich erzeugte Produkte und Dienstleistungen können von diesem Image profitieren und gleichzeitig als Werbeträger für dessen Verbreitung sorgen.[5] Dazu ist eine Verständigung in den Produktlinien »Regionale Nahrungsmittel« und »Regionale touristische Dienstleistungen« notwendig. Sie ermöglicht dann stabile regionale Wertschöpfungsketten.

Die beste Bewirtschaftungsform, um eine solche Konzeption zu realisieren, ist der ökologische Landbau: »Die Potenziale des Ökolandbaus werden nur dann ausgeschöpft, wenn der Grundsatz ›Gesunder Boden, gesunde Umwelt, gesunde Pflanzen, gesunder Mensch‹ ernst genommen und dieses umfassende Angebot für die Kunden verfügbar gemacht wird. In der Konsequenz geht dies fast nur regional.«[6] Dadurch können auch die Austauschbeziehungen zwischen Stadt und Land verbessert werden. Dies betrifft die Grundversorgung mit naturbelassenen, gesunden Nahrungsmitteln und ebenso die Rolle des Umlandes als Naherholungsgebiet.

Abb. 14.1 **Synergien zwischen nachhaltiger Regionalentwicklung und Naturschutz**[7]

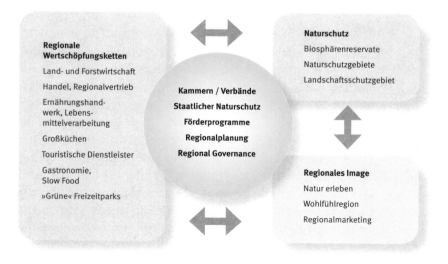

Ökonomie der kurzen Wege

Im Rahmen der internationalen Arbeitsteilung sind viele Wertschöpfungsketten global organisiert. Rohstoffgewinnung, Produktion, Handel, Konsum und Entsorgung finden an verschiedenen Orten statt. Hierdurch lässt sich häufig nicht nachvollziehen, unter welchen sozialen und ökologischen Bedingungen etwas hergestellt wurde. Zudem ist der Transportaufwand zwischen den einzelnen Stufen erheblich (▸ Kapitel 17).

Der Aufbau regionaler Wertschöpfungsketten ist an lokale Ressourcen und Kompetenzen gebunden. Durch die Nähe des Kunden zu den Produktions- und Vertriebsbedingungen entsteht eine hohe Transparenz, die Vertrauen in die Produktqualität schafft, etwa für die Erzeugnisse aus der Landwirtschaft oder im Bereich handwerklicher Dienstleistungen. Aus neuen, regionalen Wirtschaftskreisläufen entstehen positive Effekte für Einkommen und Beschäftigung. Obendrein vermeiden sie Verkehr und die damit verbundenen Emissionen und sonstigen Schadensbelastungen. Allerdings stehen regionale Wertschöpfungsketten oft in Konkurrenz zu Weltmarktprodukten. Deshalb werden die Akteure sich bemühen, durch Eigenheit und Qualität ihrer Erzeugnisse Kunden langfristig zu binden.

Versorgungssicherheit

Das Rückgrat des regionalen und lokalen Wirtschaftens waren bisher die Unternehmen im kommunalen Eigentum (Stadtwerke, kommunale Wohnungsbaugesellschaften, kommunale Kultureinrichtungen und so weiter). Sie sind aufgrund ihrer öffentlich-rechtlichen Struktur dem Gemeinwohl verpflichtet und gewährleisten dadurch eine flächendeckende und verlässliche Versorgung. Durch die dezentrale Ausrichtung der Geschäftstätigkeit sind diese Unternehmen offener für nachhaltige Infrastruktur-Konzeptionen (▸ Kapitel 11).[8] Energie wird in kleinen Einheiten erzeugt, das kommunale Abfallaufkommen optimal energetisch und stofflich verwertet, Kraft und Wärme werden miteinander gekoppelt, und Synergien zwischen Abwasserwirtschaft und Abfallwirtschaft erschlossen. Eine weitere Perspektive eröffnet sich, wenn der Kunde zum »Prosumenten« wird und selbst Leistungen in die Netze einspeist.[9] Durch die Eigenerzeugung in Solaranlagen, durch den Einsatz wassersparender Technologien und durch die gewissenhafte Sortierung des Hausmülls wird der Kunde zum Ausgangspunkt einer kommunalen und regionalen Ökonomie des Vermeidens.[10] Mit ihr sind auch Chancen für Einkommen und Beschäftigung in der Region verbunden. Statt beispielsweise für Energie Geld an weit entfernte Zulieferer zu bezahlen, verbleibt bei örtlicher Produktion durch erneuerbare Energien ein weitaus größerer Anteil des Geldflusses in der Region. Es ist freilich deutlich, dass dieser Ansatz in Spannung steht zu den Privatisierungs- und Konzentrationsprozessen, welche in den vergangenen Jahren zum Bedeutungsverlust von Unternehmen in kommunaler Regie geführt haben.

Zeitfenster 2022 Wasserversorgung dezentral

Wie das Brandenburger Ministerium für Ländliche Entwicklung, Umwelt und Verbraucherschutz (MLUV) diese Woche bekannt gab, wurde in Brandenburg der letzte Teilabschnitt des Dezentralen Wasser Management Systems (DWMS) eröffnet. Somit ist Brandenburg das erste Bundesland, in dem jede Kommune eigenverantwortlich die Wasserver- und Abwasserentsorgung bestimmt. Das heutige Vorzeigeland der effizienten Wassernutzung und -aufbereitung begab sich ursprünglich aus der Not heraus auf den richtigen Pfad. Schon seit Längerem hat das dünn besiedelte Bundesland einen schleichenden Rückgang der Einwohnerzahl zu verkraften. Die verbliebene Bevölkerung konnte das zentrale Wassersystem nicht mehr auslasten, und die Kosten für die wenigen Kunden wurden immer teurer. Als 2010 auch noch die kostenintensive Sanierung der maroden Rohre anstand, wurden die Kommunen vollständig in die Eigenständigkeit entlassen, um mit Unterstützung des Landes ein DWMS einzuführen.

Am weitesten verbreitet sind inzwischen Systeme, die Regenwasser in einem Behälter im Keller des Hauses sammeln, das dann für die Toilette, die Dusche, die Fußböden, die ersten Stufen der Waschmaschine und des Geschirrspülers benutzt wird. Meist wird das Schwarzwasser (Urin und Fäkalien) und Grauwasser (Abwasser ohne Fäkalien) nicht mehr zusammen in die öffentlichen Abwasserkanäle abgeleitet und in Groß-kläranlagen gereinigt, sondern auf Ebene von Gebäuden oder Siedlungen aufbereitet. Die Fäkalien werden per Vakuumleitung in regionale Biogasanlagen transportiert und das Grauwasser in bepflanzten Bodenfiltern behandelt, sodass Gärreste als Dünger wiederverwendet werden können. Die kreislauforientierten Sanitärsysteme führen Nährstoffe schnell wieder der Natur zu und der Trinkwasserverbrauch sank auf 20 Liter pro Kopf und Tag. Im Moment koexistieren noch überall die neuen dezentralen Strukturen mit der zentralen Trinkwasserversorgung, die aus Kernstadtbereichen nach wie vor nicht wegzudenken ist. Ob und wie Kommunen in dünn besiedelten Randbezirken zukünftig auf die zentrale Bereitstellung von Trinkwasser verzichten können, werden die nächsten Jahre zeigen. Angermünde und Velten planen schon von der EU geförderte Pilotprojekte. [11]

Regionalkultur

Die Sorge um das Wohl der Region kann ganz unterschiedliche Akteure zusammenführen. In diesen Prozess der Identitätsbildung können unterschiedliche Erfahrungen und Werte eingehen: Tradition, Lebensart, Brauchtum, aber auch die Pluralität von Lebensstilen, die Geschichte örtlicher Konflikte sowie der Zuzug von Neuankömmlingen. Gelingt es, die kulturellen Bindungselemente zu stärken, ohne dass hierbei Abgrenzungen gegen das Fremde und Unbekannte erfolgen, ist für die Zukunftsfähigkeit der Region viel gewonnen. Das breite Spektrum von Initiativen und Netzwerken, das sich für weltoffene Heimatregionen engagiert, hat hohe Bedeutung für eine nachhaltige Regionalentwicklung. Auch ist in diesen Zusammenhängen die unmittelbare Demokratie und Teilhabe leichter zu realisieren (▸ Kapitel 9 und 19).

Für alle diese Ziele stellt räumliche Nähe den entscheidenden Erfolgsfaktor dar.[12] Natur wird konkret erlebt und wahrgenommen, in den Beziehungen der Menschen spielen unmittelbare und persönliche Kontakte wieder eine besondere Rolle, Produktion und Konsum rücken näher zusammen, regionale Unternehmen entwickeln in Netzwerken gemeinsame Strategien. Ein Miteinander zwischen Wirtschaft, Politik und zivilgesellschaftlichen Akteuren wird möglich.

14.3 Rohstoffquellen entdecken

Alle Regionen besitzen Rohstoffvorkommen. Nicht unbedingt Lagerstätten von Gas oder Kohle, wohl aber pflanzliche Rohstoffe auf Feldern und in Wäldern, und ebenso Materialien in Häusern und Fabriken. Zusätzlich steht die Strahlungswärme der Sonne zur Verfügung. Gerade in Zeiten steigender Rohstoff- und Energiepreise gewinnen diese heimischen Ressourcen einen neuen Stellenwert. Mit Hilfe dezentraler Verarbeitungs- und Umwandlungstechniken können sie die Basis für regionale Wertschöpfung und Arbeitsplätze bilden.

Das Bauwerk als Bergwerk

Gebäude und physische Infrastrukturen eines urbanen Systems bergen ein riesiges Materiallager. In ihnen sind Beton, Ziegel, Kacheln, Leitungen, Holz, Metalle und Kunststoffe eingelassen, die Hinterlassenschaft emsiger Bautätigkeit von Generationen von Bauherren. Eine Untersuchung des urbanen Stoffbestandes der Schweiz hat ergeben, dass die im vergangenen Jahrhundert in den Gebäuden[13] aufgebauten Stofflager sich auf ein Gewicht von mehreren hundert Tonnen pro Kopf belaufen.[14] Nach 200 Jahren Industrialisierung und Urbanisierung befindet sich die Rohstoffversorgung an einem Wendepunkt. Für einige Bereiche ist das in Nutzung befindliche Material inzwischen größer als die primären Lagerstätten. So entspricht das bekannte Kupferreservoir in der Erdkruste etwa dem bereits in Bauwerken und mobilen Gütern vorhandenen Kupferanteil.[15] Bei der Erschließung dieser Potenziale spricht man in Analogie zur Primärgewinnung in den Minen vom »Urban-Mining«. Das Recycling soll zur neuen Rohstoffquelle werden, das Bauwerk zum Bergwerk von morgen.

Das betrifft vor allem die Bauwirtschaft. Im Rahmen einer Recyclingwirtschaft auf regionaler Ebene werden sich ihre Prioritäten verschieben: Es wird ein wichtiges Ziel werden, nach der Nutzung eines Gebäudes die gesamten Baumaterialien so aufzubereiten, dass sie mehrheitlich wieder verwendet werden können. Indem Materialien aus bestehenden Bauwerken zurückgewonnen werden, lässt sich die Extraktion von primären Bodenrohstoffen wie Sand, Kies und Natursteinen teilweise ersetzen. Eine solche Praxis schont nicht nur die Natur, sondern trägt dazu bei, eine regionale Versorgungswirtschaft für Baumaterialien aufzubauen.

Allerdings ist die gegenwärtige Praxis des Bauschuttrecyclings noch weit von diesen Zielen entfernt. Schon in der Bauplanung ist die Betrachtung des ganzen Lebenszyklus des Energie- und Ressourcenverbrauchs eher eine Ausnahme. Im Mittelpunkt des Interesses stehen die Nutzungsanforderungen und die unmittelbar anfallenden Kosten. Erst eine Gebäudeplanung, welche die Auswahl der Baustoffe an Kriterien der Nachhaltigkeit orientiert, kann hier eine Veränderung bewirken. Dabei geht es vor allem darum, den Einsatz von Rohstoffen über den gesamten Lebenszyklus Rohstoffgewinnung, Baustoffherstellung, Bauwerkserstellung, Nutzung des Gebäudes bis hin zum Urban Mining bei Abbruch und Sanierung zu optimieren. Weiter ist es wichtig, regionale Baumaterialien zu bevorzugen und Stoffe zu verwenden, die unschädlich für die Gesundheit und außerdem langlebig und recyclingfähig sind.

Eine Verständigung darüber kann durch eine Plattform »Nachhaltiges Bauen in der Region« erfolgen. Sie wird alle Beteiligten einbeziehen: Bauherren, Mieter, Architekten, Kiesgruben, Kalkwerke, Baustoffhersteller, Baustoffhandel, ausführende Unternehmen, Bauschuttrecycler. Darüber hinaus kann für das Urban Mining eine regionale Datenbasis geschaffen werden, die auf gebäudebezogenen Stoffkatastern basiert und Angaben über Ort, Art und Menge der verbauten Materialien enthält. Ein geeignetes Instrument wäre ein Bauwerks- und Gebäudepass, dessen Grunddaten auch in digitalisierte Gebäudemodelle eingehen.[16]

Die in verschiedenen Regionen reichlich vorhandenen Waldbestände sind ein guter Ausgangspunkt, um Wertschöpfungsketten zur Nutzung des Baustoffs Holz aufzubauen. Auch aus Sicht des Klimaschutzes ist Holz ein optimaler Baustoff: Er benötigt bei seiner Verarbeitung wenig Energie und ist Speicher von Kohlenstoff, der so nicht als CO_2 in die Atmosphäre gelangt. Es gibt eine umfassende Praxis zur nachhaltigen Nutzung dieses Baustoffs (▸ Schlaglicht: Regionale Holzwende).

Regionale Holzwende[17]

Die nutzbaren Waldbestände in Deutschland sind in den vergangenen Jahrzehnten ständig gewachsen. Deutschland ist heute das Land mit dem umfangreichsten Holzvorrat in Europa. Die größten Vorräte befinden sich in Bayern und Baden-Württemberg, die niedrigsten in Brandenburg und Sachsen-Anhalt. Der Vorratsaufbau ist vor allem bei Starkholz zu verzeichnen. Es wächst mehr Holz in Deutschland nach als geerntet wird. Von 95 Millionen Kubikmeter jährlichem Holzzuwachs werden durchschnittlich 70 Prozent genutzt: Fichte 87 Prozent, Kiefer 75 Prozent, Buche 58 Prozent, Eiche 48 Prozent und Douglasie 34 Prozent. Angesichts des dramatischen Waldverlustes in vielen anderen Weltregionen sind die Nettozuwächse in Europa und insbesondere in Deutschland von besonderer Bedeutung. Die Holzmärkte sind auch im Bereich Bauen und Sanieren mit Holz im Umbruch. Das Spannungsfeld liegt zwischen globaler Beschaffung (global sourcing) – was den Zugriff auf billige und nicht zertifizierte Hölzer einschließt – und dem Rückgriff auf regionale, begrenzte Ressourcen. In diesem Spannungsfeld müssen regionale Anbieter vor allem durch Qualität, Zuverlässigkeit, Innovationsbereitschaft und guten Service überzeugen. Dann kann es gelingen, für das aufgezeigte Potenzial regionale Märkte zu erschließen und regionale Wertschöpfungsketten aufzubauen. Ein wachsendes Marktpotenzial ergibt sich auch, wenn nichtregenerative Stoffströme durch den regionalen Rohstoff Holz ersetzt werden. Das CO_2-Reduktionspotenzial des Baustoffs Holz sollte zum Beschaffungskriterium für alle Kommunen und öffentlichen Auftraggeber werden. Nachhaltige Bewirtschaftungsformen, welche die biologische Vielfalt und die Schutz- und Erholungsfunktion der Wälder stärken, sowie die optimierte Nutzung von Schwachhölzern und Holzabfällen in Blockheizkraftwerken können die Ökobilanz noch weiter verbessern.

Wiederverwertung von Speiseöl

Ein anderes Beispiel für die regionale Rohstoffgewinnung ist die Verwertung von altem Speiseöl und Fett aus Haushalten. In jedem Haushalt fallen pro Jahr und Bewohner durchschnittlich ein Kilogramm

Altfette an, für Deutschland ergibt sich damit ein Potenzial von jährlich etwa 80 000 Tonnen. Und diese werden im Gegensatz zu den 200 000 Tonnen aus der Gastronomie und der Lebensmittelindustrie bisher kaum separat gesammelt. In Österreich sind dagegen bereits über eine Million Altölsammelbehälter – die sogenannten Nölis – im Einsatz, in denen das Altfett aufbewahrt und bei Bedarf einfach neben die Mülltonne gestellt wird. So entstehen nur geringe zusätzliche Logistikkosten, und der Haushalt erhält direkt einen Ersatzeimer.[18]

Die bisherige Entsorgungspraxis der Privathaushalte über die Toilettenspülung ist mit vielen Umweltproblemen verbunden. In der Folge verstopfen die stockenden Öle die Kanalrohre und verursachen Folgekosten von über 50 Cent pro weggeschüttetem Liter Altöl. Doch Altöl und Altfett eignen sich hervorragend als Ausgangsstoff für die Gewinnung von hochwertigem Biodiesel. Die Fette werden dazu gereinigt, getrocknet und anschließend durch Zugabe von Methanol zu Biodiesel umgeestert. Gegenüber herkömmlichem Diesel ist Biodiesel fast völlig schwefelfrei und senkt mit Partikelfiltern den Ausstoß von Schadstoffen bis fast an die Nachweisbarkeitsgrenze, außerdem senkt es durch gute Schmiereigenschaften die Reibungsverluste im Motor. Wie ein Beispiel in Niederösterreich zeigt, sind die getrennt erfassten Altfette qualitativ hochwertig. Weniger als ein Prozent muss am Ende als Restabfall entsorgt werden. Die Kostenersparnisse im Bereich der Kanalreinigung und durch den Einsatz von Biodiesel aus Eigenproduktion können durch eine geringere Müllgebühr direkt wieder an den Bürger zurückgegeben werden.

Nachwachsende Rohstoffe

Nachwachsende Rohstoffe sind eine zentrale Energie- und Rohstoffquelle für eine naturverträgliche Ökonomie (▶ Kapitel 8 und 11). Diese Rohstoffe werden hauptsächlich in Europa angebaut werden müssen, nachdem sich bestätigt hat, dass die massive Einfuhr von Agrokraftstoffen aus tropischen Ländern weder klimaverträglich, noch naturschonend, noch ernährungspolitisch verantwortbar ist (▶ Kapitel 11). Daher ist es unerlässlich, dass ihr Anbau in den heimischen Regionen erfolgt, entsprechende Verarbeitungstechnologien vor Ort zum Einsatz kommen und kleinräumige Nutzungsstrukturen aufgebaut werden. Da Biomasse – ähnlich wie die Sonne – im Prinzip überall verfügbar ist und ihr Gewicht weiträumige Lieferbeziehungen ausschließt, bringt der Aufschwung der Pflanzenenergien bedeutende Entwicklungschancen für Regionen mit sich.

Allerdings ist für die Verwertung von Biomasse eine Rangfolge zu beachten. Die Priorität gebührt der Erzeugung von Nahrungsmitteln, an zweiter Stelle kommt die Produktion von Futtermitteln und an dritter Stelle die energetische Nutzung von anfallenden Reststoffen sowie die Vergärung von Exkrementen aus der Abfall- und Abwasserwirtschaft.[19] Diese Nutzungskaskade ist sowohl ökologisch als auch regionalökonomisch sinnvoll (▸ Kapitel 11). In der Landwirtschaft sollte sich daher die Energiegewinnung aus nachwachsenden Rohstoffen im Wesentlichen auf die Reststoffverwertung des Feldfrüchteanbaus oder die Integration von Energiepflanzen in sinnvolle Fruchtfolgen konzentrieren. Dabei sind dem großflächigen Anbau durch klare Vorgaben zur Biodiversität Grenzen zu setzen. In waldreichen Regionen kann auch die Restholzverwertung eine bedeutende Rolle spielen, wobei auch hier ökologische Anforderungen zu berücksichtigen sind.

Unter Beachtung dieser Vorgaben kommt der Biomasse für die Energieversorgung der Zukunft eine ergänzende Rolle zur Wind- und Solarenergie zu. Sinnvoll im ländlichen Raum sind kleinere Biogasanlagen, die Pflanzenreste oder Gülle für den eigenen Energiebedarf der landwirtschaftlichen Betriebe energetisch verwerten (zum Beispiel zum Beheizen der Ställe oder im Gartenbau unter Glas). Ein eventueller Anbau von Energiepflanzen wird sich immer in Konkurrenz zum Nahrungsmittel- und Futtermittelanbau bewegen. Er sollte im eingeschränkten Maße dort erfolgen, wo sich unmittelbare regionale Nutzungsperspektiven eröffnen, die über die Verstromung hinausgehen. Hierbei ist mit Rücksicht auf den Schutz von Boden und Gewässern ein weitgehender Verzicht auf Pflanzenschutzmittel und mineralische Düngung anzustreben. Gleichzeitig dürfen keine gentechnisch veränderten Organismen zum Einsatz kommen.

Stoffstrom-Management

Stoffstrom-Management ist der zielgerichtete und verantwortliche Umgang mit Materialien und Abfällen. Es findet zunächst auf betrieblicher Ebene statt, wird aber zunehmend auch zu einer Aufgabe auf der Ebene der Region.[20] Dabei sind zwei Sichtweisen zu unterscheiden. Aus ökologischer Sicht ist die Zusammensetzung der Stoffströme von Interesse, weil mit ihnen Gefahren für Mensch und Umwelt verbunden sein können. Aus ökonomischer Sicht hingegen ist deren Wertigkeit von Belang, die sich wesentlich über den Materialwert und die Funktionseigenschaften ergibt. Solange Stoffströme Wertstoffe sind, werden sie häufig auf Märkten gehandelt; werden sie zu Abfall, unterliegen sie der Regulierung durch die abfallwirtschaftlichen Gesetze und Verordnungen.[21]

Das Potenzial regionalen Stoffstrom-Managements liegt darin, Abfälle möglichst lange als Wertstoffe zu nutzen. Dafür sind neue stoffliche Verbindungen zwischen den Unternehmen unterschiedlicher Branchen sowie zwischen ihnen, den Haushalten und dem öffentlichen Sektor herzustellen. Die zentrale Frage lautet: Wie kann der Ausschuss oder Abfall des einen Unternehmens an anderer Stelle wieder produktiv genutzt werden? Dafür müssen Anreize geschaffen werden, etwa über die regionale Technologieförderung, um Stoffe und Technologien so zu verändern, dass sich eine Kreislaufführung ins Werk setzen lässt. Zum Beispiel kann ein Chemiebetrieb mit einer Eigenwasserversorgung nahe gelegene Gewerbebetriebe, die einen Prozesswasserbedarf haben, mitversorgen, oder Gärtnereien und Schwimmbäder könnten mit Abwärme beliefert werden.[22] Mit der Regionalisierung der Stoffströme entsteht eine größere Unabhängigkeit von den internationalen Rohstoffmärkten und Wertschöpfung und Arbeitsplätze bleiben in der Region.

Zur Unterstützung einer solchen Strategie lassen sich Stoffagenturen als Clearingstellen einrichten. Sie erfassen die Potenziale in den Lagerstätten (Altproduktbestände, Bauwerke, Infrastrukturen), und sie erstellen einen Sekundärrohstoffkataster zum Beispiel für Metalle in den Infrastrukturen und in den Gebäuden. Sie können dezentrale Vertriebs- und Abnahmestrukturen aufbauen, um in der regionalen

Rohstoffwirtschaft gewonnene Produkte zur Versorgung der Unternehmen und der Haushalte zu nutzen. Überdies können sie die biogenen Stoffströme (Holz, Grünschnitt, Bioabfälle, Speisereste) systematisch erfassen, ihr Potenzial für die regionale Versorgung bewerten und ihre weitere Verwertung in regionalen Strukturen abstimmen und planen.

14.4 Ökologisches Bauen und Wohnen

»Bauen und Wohnen« ist ein Bereich, der überraschend große Mengen an Energie und Stoffen verbraucht, und zwar sowohl für die Konstruktion von Gebäuden als auch für ihren Betrieb (▸ Kapitel 5). Neben dem Rohstoffverbrauch – der sich in Deutschland auf die gewaltige Menge von 700 bis 800 Millionen Tonnen im Jahr beläuft – schlagen der Flächenverbrauch für Bauten und der Energieverbrauch vor allem für Raumwärme zu Buche.

Flächen sparen

Die weitere Inanspruchnahme von Flächen (▸ Kapitel 5) für Siedlungs- und Verkehrszwecke erfolgt fast ausschließlich zu Lasten landwirtschaftlich genutzter Böden. Sie geht einher mit einer weiteren Zerschneidung und Reduzierung von Landschaften und naturnahen Erholungsräumen. Der fortschreitende Flächenverbrauch rührt – allgemein gesprochen – von der Ökonomie des Wertzuwachses: Überbautes Land wirft beträchtlich mehr Geld ab als Ackerland, die dreidimensionale Nutzung des Raumes bietet höhere Erträge als die zweidimensionale.[23] Dazu kommt, dass Wohnungsbauförderung – insbesondere die Eigenheimzulage – und Verkehrspolitik – etwa die Pendlerpauschale – Zersiedelung und Flächenverbrauch begünstigt haben.[24] Viel zu lange waren alle Förderinstrumente im Wohnungsbau auf Neubau und Wachstum ausgerichtet, anstatt das Sanieren im Bestand zu unterstützen. Ebenso bei den Gewerbeflächen: »In den fünf Jahren von 1998 bis 2002 wurden beispielsweise zur Neuerschließung von Gewer-

Bus by Call: Das Pilotprojekt MultiBus

In dünn besiedelten Regionen ist es oftmals aus ökonomischen Gründen nicht möglich, ein breites und flächendeckendes Personennahverkehrssystem zu sichern. Selbst ein knappes Mindestangebot ist meist auf staatliche Unterstützung angewiesen. Die große Herausforderung liegt darin, das bestehende Angebot zu verbessern und kosteneffizienter zu gestalten. Dadurch soll der ÖPNV in ländlichen Gebieten für alle eine autounabhängige Mobilität ermöglichen und speziell für Anwohner attraktiv werden, die normalerweise das Auto nutzen. Drei Gemeinden im Kreis Heinsberg (Nordrhein-Westfalen) mit insgesamt 30 000 Einwohnern haben seit 2001 mit der Einführung eines MultiBus-Systems experimentiert.

Dabei werden besonders unwirtschaftliche Linien durch vier sogenannte MultiBusse ersetzt. Diese sind nicht gebunden an das bestehende Liniennetz oder Fahrpläne, sondern holen Fahrgäste an jedem beliebigen Punkt innerhalb der drei Gemeinden ab und bringen sie zu ihrem Zielort. Die einzigen räumlich und zeitlich fixen Haltepunkte sind die Schnittstellen zum Regionalbusnetz. Fahrgäste melden die gewünschte Fahrt mindestens 30 Minuten vor Antritt kostenlos telefonisch in der Zentrale an. Dort optimiert ein Computersystem die Routen der vier MultiBusse, der Kunde erhält Auskunft über die voraussichtliche Ankunftszeit und die neue Route wird an den Fahrer übermittelt. Um für alle Einwohner eine möglichst gute Anbindung zu gewährleisten, wurden zusätzliche Haltestellen geschaffen.

Im Ergebnis zeigt sich, dass sich mit dem Multibuskonzept die Qualität und Kosteneffizienz des Nahverkehrs erhöhen lässt. Durch die Einführung eines flächendeckenden und durchgehenden ÖPNV-Systems konnten zahlreiche Neukunden gewonnen werden, die vorher nur selten oder gar nicht den Bus nutzten. Gleichzeitig leistet das System einen Beitrag zur Verbesserung der Umweltqualität, indem es Emissionen von CO_2 (−45 Prozent), NO_x (−93 Prozent) und Partikeln (−71 Prozent) pro Fahrgast verglichen mit einem konventionellen Linienbus stark reduzierte.[25]

beflächen auf der grünen Wiese rund 400 Millionen Euro an öffentlichen Geldern investiert. Allein dieses Förderinstrument bewirkte in diesem Zeitraum ein Flächenwachstum von bundesweit 2,7 Hektar pro Tag.«[26]

Dagegen geht es für eine Flächen sparende Regionalpolitik um Bestandserneuerung statt um Siedlungsexpansion. »Innenentwicklung vor Außenentwicklung«[27] heißt die Devise. Ein kommunales Flächenmanagement wird darauf hinwirken, dass vorrangig städtebaulich integrierte Standorte anstelle von außerhalb gelegenen Standorten zur Ansiedlung ausgewiesen werden. Integrierte Standorte sind ein Baustein für eine »Stadt der kurzen Wege« und tragen damit zur Vermeidung des Verkehrs bei. Flächenrecycling bietet die Möglichkeit, alte Standorte als neue Gewerbeflächen zu nutzen, etwa Industrie- und Gewerbebrachen, ehemalige militärische Liegenschaften oder stillgelegte Bahnflächen. Auch die Nachverdichtung vorhandener, aber gering genutzter Gewerbestandorte ist eine Option, um relativ leicht Flächenpotenziale zu erschließen. Für ökologische Gewerbegebiete lässt sich eine ganzheitliche Konzeption entwickeln, welche einen schonenden Umgang mit Flächen, Biotopen, Energie, Wasser oder Stoffen bei der Standortentwicklung und den Produktionsverfahren der dort angesiedelten Unternehmen zu realisieren sucht.

Gebäude sanieren

In Deutschland können ungefähr 30 Prozent des Gesamtverbrauchs an fossilen Energieträgern dem Bereich Bauen und Wohnen zugeordnet werden.[28] Dabei rührt der Energieverbrauch der privaten Haushalte zu etwa drei Viertel vom Bedarf an Raumwärme.[29] Ausschlaggebend ist dafür in erster Linie die schlechte Wärmedämmung vor allem in Gebäuden, die vor 1984 errichtet wurden.[30] Sie machen ungefähr 85 Prozent des gesamten Gebäudebestandes aus.[31] In der Sanierung und Modernisierung des bestehenden Baubestands liegen darum die größten Potenziale für das Einsparen von Energie und Rohstoffen.

Wie Studien[32] zeigen, wird gegenwärtig bei der Sanierung der Gebäudehüllen gerade einmal ein knappes Drittel des energetischen Einsparpotenzials erreicht. Häufig werden nachhaltige Sanierungen verschoben oder unterlassen – und dies, obwohl das Gebäudemodernisierungsprogramm der KfW seit 2006 stark ausgebaut und beworben worden ist.[33] Auch die Qualität der umgesetzten Modernisierungen ist vielfach unbefriedigend, zumal Modernisierungen zumeist nicht in einem großen Schritt, sondern über einen längeren Zeitraum und in vielen kleinen Schritten (teilweise auch in Eigenarbeit) vorgenommen werden.

Als ein wichtiges Instrument kann sich zum Beispiel der Gebäudepass erweisen. Er erfasst die energetischen Kennwerte und die verbauten Materialien[34] und dient dem Zweck, Mietern oder Käufern von Wohngebäuden umfassend Auskunft über den Energieverbrauch der Immobilie zu geben. Er ist seit Januar 2008 bundesweit eingeführt. Der Energiepass gibt auch Hinweise, an welchen Stellen der Gebäudetechnik oder Gebäudehülle Maßnahmen zur Senkung des Energieverbrauchs sinnvoll sind. Stadtwerke etwa können die Erstellung eines Gebäudepasses als Dienstleistung anbieten und damit Beratungs- und Informationsarbeit verbinden.[35] Denn oft sind mangelnde Kenntnis über den Energieverbrauch und die energetischen Schwachstellen die Gründe dafür, dass wirtschaftliche Sanierungsmaßnahmen ausbleiben (▸ Kapitel 12). Des Weiteren kann ein ökologischer Mietpreisspiegel, der den energetischen Standard der Wohnung und die damit verbundenen Kosten beschreibt, die Markttransparenz erhöhen und zusätzliche Anreize für die Sanierung des Wohnungsbestandes schaffen. Sanierungsmaßnahmen können auch über regionale Fonds gefördert werden. So unterstützt der »enercity-Fonds proKlima« der Stadtwerke Hannover Energiesparmaßnahmen in Alt- und Neubauten mit finanziellen Zuschüssen und durch regenerative Energien.[36]

Baupolitik anpassen

Die regionale Perspektive auf das Politikfeld Bauen und Wohnen eröffnet neue Möglichkeiten, die besondere Situation jeder Region, die Bedürfnisse der Bewohner und ihre Sanierungsbereitschaft besser zu berücksichtigen. So kann ein Gebäude der Gründerzeit mit modernisierungsbedürftiger Bausubstanz in Köln oder München reißenden Absatz finden, wohingegen das Gebäude gleichen Typs in Frankfurt/

Das Zürcher Modell für einen zukunftsfähigen Regionalverkehr

Der 1990 gegründete Zürcher Verkehrsverbund (ZVV) demonstriert, wie die Ausgestaltung eines zukunftsfähigen, nachfrageorientierten ÖPNV aussehen kann. Der ZVV verbindet bereits heute hohe Flexibilität und Mobilität mit einem hohen Maß an Wirtschaftlichkeit.

Das »Zürcher Modell« zeichnet sich durch seine aufeinander abgestimmten Verkehrsträger (S-Bahn, Tram, Bus, Schiff, Seilbahn) in einem engmaschigen Verkehrsnetz, durch optimale Transportketten, lange Betriebszeiten sowie dichte Takte und wenige Taktlücken aus. Aufeinander abgestimmte Fahrpläne und ein Zonentarif, der die Nutzung aller Verkehrsmittel mit nur einem Ticket ermöglicht, erleichtern nicht nur die Nutzung des ÖPNV, sondern steigern auch seine Attraktivität. Innerhalb der Quartiere bieten Kleinbusse die Möglichkeit, bis nah an den Zielort befördert zu werden. Der ZVV schafft zudem durch gezieltes Marketing und Öffentlichkeitsarbeit ein Bewusstsein in der Bevölkerung, das den Umstieg auf öffentliche Verkehrsmittel unterstützt. Für dieses innovative Mobilitätsmanagement wurde der ZVV während der EXPO 2000 ausgezeichnet.[37]

Oder oder Hagen kaum Abnehmer finden wird. Mangelnde Nachfrage aber wirkt sich negativ auf die Modernisierungsbereitschaft aus. Auch soziokulturelle Unterschiede sind zu beachten. Welche Lebensqualität besitzt das umgebende Quartier? Welche soziale Zusammensetzung und welche Infrastruktur hat es? Gute Nachbarschaften, neue Formen des Zusammenlebens zwischen den Generationen können allerdings nicht von oben verordnet werden. Sie entstehen im Zusammenleben, lassen sich aber fördern. Das »Neue Wohnen« kann so zu einem Ausgangspunkt für nachhaltige Konsummuster werden, wie zum Beispiel die Gemeinschaftsnutzung von Fahrzeugen und Geräten, eine gemeinschaftliche Gestaltung des Wohnumfeldes, Absprachen bei der Kinderbetreuung und so weiter (▸ Kapitel 20).[38] Hierbei können Regionen und Kommunen unterstützend wirken: durch eine Planung, die auf die Nahversorgung mit den Gütern des täglichen Bedarfs zielt, die Grünflächen und Spielplätze im unmittelbaren Wohnumfeld attraktiv gestaltet und eine gute Verkehrsanbindung durch den ÖPNV schafft.

Von der Alterung der Bevölkerung sind die Regionen in unterschiedlicher Weise betroffen. Insgesamt wird sich die Nachfrage an altengerechtem Wohnraum erhöhen.[39] Insbesondere in den großen Städten wird durch die Zunahme an Single-Haushalten der Pro-Kopf-Bedarf an Wohnfläche weiter wachsen.[40]

Die Berücksichtigung der gesellschaftlichen Veränderungen, die regionale Anpassung und die Mobilisierung der Menschen für neue Lebens- und Wohnformen ist für die regionale Siedlungsentwicklung und Quartierplanung eine dreifache Herausforderung. Um diese Aspekte zusammenzubringen, bedarf es eines integrierten Planungsansatzes und aktiver Kooperation und Netzwerkbildung. Für die Regionalplanung und Bauleitplanung bedeutet dies, dass die Zuschnitte bisheriger Ressorts und Aufgaben im Rahmen eines veränderten Politikdesigns neu geordnet werden sollten. Die Veränderung des institutionellen Rahmens der Planung und Förderung wird damit zu einem Schlüsselfaktor für die Nachhaltigkeit in diesem Handlungsfeld.

14.5 Ökolandbau und regionale Wertschöpfung

Besonders deutlich werden die Stärken regionalen Wirtschaftens in Landwirtschaft und Ernährung. Räumliche Nähe erlaubt kürzere Produktketten, öffnet direkte Vermarktungswege, ermuntert Kooperation und erleichtert die Kommunikation über Produkte und Herstellung. Das gilt insbesondere für den Sektor der biologischen Land- und Lebensmittelwirtschaft. Nach dem BSE-Skandal im Jahr 2000 hat die Regierung ihre Agrarpolitik neu ausgerichtet. Vorrang sollte der vorsorgende Verbraucherschutz haben; nicht die Masse, sondern die Qualität der Lebensmittel sollte im Vordergrund stehen; Nahrungsmittelanbau wie Fleischproduktion sollten weniger die Gesundheit von Menschen, Tieren und Ökosystemen in Mitleidenschaft ziehen. Aber nach vielversprechenden Ansätzen ist die Agrarwende weitgehend stecken geblieben. Die EU-Subventionsstruktur mit ihrer ressourcenintensiven und auf internationale Wettbewerbsfähigkeit getrimmten Agrarproduktion beherrscht nach wie vor das Feld.[41] Eine neue Variante dieser naturfernen Landwirtschaft ist der Anbau genmanipulierter Pflanzen.

Der Ökolebensmittelmarkt weist zunehmend konventionelle Handelsstrukturen auf. Damit werden die Betriebe des Ökolandbaus immer mehr ähnlichen Bedingungen ausgesetzt wie die Erzeuger in der konventionellen Landwirtschaft. Es herrscht Preiskampf in wichtigen Produktsegmenten wie Milch, Butter, Eier und Rindfleisch. Der Obst- und Gemüsemarkt wird zunehmend von einem ganzjährigen und internationalen Angebot geprägt. Rohwaren und Produkte werden inzwischen aus vielen Ländern der Erde nach Deutschland importiert.

Die veränderte Marktsituation beeinflusst den ökologischen Landbau strukturell und mental. »Der Ökolandbau orientiert sich verstärkt an den Bedürfnissen des Marktes und spezialisiert sich auf bestimmte, ökonomisch tragfähige Betriebszweige, sucht aber auch nach neuen Einkommensquellen außerhalb der Landwirtschaft.«[42] Durch den Nachfragesog geraten die bisherigen regionalen Strukturen unter Druck. Plötzlich lohnt sich der Ökolandbau im großen Stil, die Betriebsgrößen wachsen und alte regionale Bindungen werden in Frage gestellt. Die Akteursketten werden weiträumiger und komplexer; regional hergestellte Produkte werden aufgrund der Nachfrageentwicklung weltweit gehandelt und somit die positiven ökologischen Effekte am Anfang der Produktkette durch die weiten Transportwege wieder gemindert. Damit wird die regionale Herkunft auch zu einem wichtigen Unterscheidungsmerkmal im Markt der Ökolebensmittel.

Zeitfenster 2022 Viele Regionen ergeben ein Land

Gähnende Leere im Standortkataster des Bundesamtes für Verbraucherschutz und Lebensmittelsicherheit (BVL): Eigentlich wird hier veröffentlicht, wo gentechnisch veränderte Organismen (GVO) kommerziell angebaut oder experimentell freigesetzt werden; im Jahr 2022 blieb dieses Verzeichnis jedoch zum ersten Mal seit seiner Entstehung leer. Dabei hatte die EU doch ganz anderes im Sinn, als die EU-Freisetzungsrichtlinie (2001/18/EG) ein pauschales Verbot von GVO als unvereinbar mit europäischem Recht erklärte. Und bei der Umsetzung der EU-Freisetzungsrichtlinie in das deutsche Gentechnikgesetz (GenTG) im Jahr 2005 war auch die Bundesregierung entschlossen, der Gentechnik hierzulande zum Durchbruch zu verhelfen. Doch es regte sich Widerstand bei den Landwirten. Zum Beispiel zeigten Umfragen des Markt- und Meinungsforschungsinstituts Wickert, dass 70 Prozent der Landwirte gar kein gentechnisch verändertes Saatgut anbauen wollten. Da erlebten freiwillige »Gentechnikfreie Regionen« (GFR) und entsprechende Initiativen einen kräftigen Aufschwung[43]: Immer mehr Eigentümer, Nutzer und Bewirtschafter von landwirtschaftlichen Flächen erklärten sich mit Selbstverpflichtungserklärungen einverstanden, völlig auf GVO zu verzichten. Gentechnikfreie Zonen breiteten sich aus wie ein Lauffeuer: Im Jahre 2008 gab es erst 28 589 teilnehmende Landwirte, die zusammen auf insgesamt fast eine Million Hektar gentechnikfreie landwirtschaftliche Fläche kamen. Gegenwärtig – im Jahre 2022 – sind schon über elf Millionen Hektar gentechnikfreie Zone, was fast 65 Prozent aller landwirtschaftlichen Flächen Deutschlands entspricht. 2018 endlich entschloss sich die Bundesregierung, den gentechnikfreien Landwirten mit der siebten Änderung des GenTG den Rücken zu stärken. Sie nutzte geschickt allen gesetzlichen Spielraum, den ihr die EU-Freisetzungsrichtlinie auf dem Gebiet der Koexistenz von verschiedenen Anbauformen (Artikel 26a) ließ. Um das unbeabsichtigte Vorhandensein von GVO in anderen Produkten zu verhindern, dürfen nun in einem breiten Gürtel rund um die gentechnikfreien Zonen keine GVO angebaut oder zu Forschungszwecken freigesetzt werden. Dank dieser neuen Regelung ist es faktisch beinahe unmöglich geworden, noch eine Genehmigung für die Nutzung von GVO in Deutschland zu bekommen. Die transnationale Saatgutindustrie freilich wollte sich diesen Affront aus Deutschland nicht gefallen lassen und zog vor den Europäischen Gerichtshof (EuGH). Dieser jedoch gab der Bundesregierung Recht und bezeichnete den großzügigen Schutzabstand als »angemessene Maßnahme«, um das unbeabsichtigte Vorkommen von GVO in gentechnikfreien Produkten zu verhindern. Obwohl dieses Urteil des EuGH eine historische Richtungsentscheidung markiert, fehlt es aber immer noch an europaweiten Gesetzen, die den Mitgliedstaaten die Freiheit lassen, die Nutzung von GVO innerhalb ihrer Grenzen zu verhindern.[44]

Der ökologische Landbau ist ein Gegenmodell zur konventionellen, weltmarktorientierten Landwirtschaft. Er verbindet die natürliche Produktivität des Bodens mit einem schonenden Einsatz der Betriebsmittel und erreicht hierdurch ein ausgewogenes Verhältnis von Einsatz und Ertrag. Er ist mit Landschaftsschutz- und Naturschutzgebieten verträglich, wie er auch Grenzertragsgebiete[45] für den Anbau erschließen kann. Die Produktionsmethoden sind auf enge Weise mit den ökologischen, soziokulturellen und ökonomischen Bedingungen in den Regionen verknüpft. Nachhaltigkeit, Regionalität und Landschaftsschutz praktiziert am besten der ökologische Landbau.[46]

Auf dieser Grundlage haben sich im ganzen Land parallele ökologische Wertschöpfungsketten entwickelt: Viele Betriebe setzen auf regional geschlossene Ketten von Produktion, Verarbeitung und Konsum: Hofverkauf, Einkaufsgemeinschaften, Wochenmärkte, Bioläden. Regionale Vermarktungsstrukturen bildeten sich heraus, und bei den Verbrauchern entwickelte sich eine verlässliche Nachfrage. Die Betriebe fördern den regionalen Wohlstand in vielfältiger Weise: Sie erhalten seltene Pflanzensorten oder Tierrassen, bieten eine regionaltypische Verarbeitung, tragen zum Erhalt der Kulturlandschaft bei, vermitteln Wissen zu naturnaher Landwirtschaft und gesunder Ernährung. Durch die Verbindung ökologischer Land- und Ernährungswirtschaft mit Tourismus und Gastronomie, mit Landschaftspflege und Bildung werden neue Märkte erschlossen. Ökomärkte, Hoffeste, Biotouren und Urlaub auf dem Bauernhof sind wichtige Angebote für Städter[47], die Produktionsbedingungen ihrer Lebensmittel unmittelbar kennenzulernen.

Im Jahr 2006 wurden 4,9 Prozent der Anbaufläche für ökologische Landwirtschaft genutzt.[48] Da die Nachfrage nach Biolebensmitteln in den vergangenen Jahren sprunghaft gestiegen ist, aber die Förderung des ökologischen Landbaus verringert wurde, kann die regionale und nationale Erzeugung den Bedarf nicht mehr decken. Die Zeichen stehen weiterhin auf Wachstum. Neue Biosupermärkte entstehen und auch konventionelle Discounter übernehmen biologische Produktgruppen. Auf rund vier Milliarden Euro Jahresumsatz wird der Markt mit Bioprodukten in Deutschland inzwischen geschätzt, mit rasch steigender Tendenz. Damit geht inzwischen ein Strukturwandel in der ökologischen Lebensmittelwirtschaft einher.

Regionalen Vertriebskonzepten kommt ein wichtiger Stellenwert für eine gute Ökobilanz der gesamten Wertschöpfungskette zu. Am Beispiel des Allgäuer Handelsunternehmens Feneberg etwa wurde analysiert[49], wieweit über eine regionale Lebensmittelversorgung externalisierte Transportkosten – also Luftverschmutzung, Treibhausgase, Lärmbelastung – vermieden werden können. Die Lebensmittel, welche mehr als 300 Biolandwirte in der Region erzeugen, werden in über 80 firmeneigenen Verkaufsstätten angeboten. Sie füllen den durchschnittlichen deutschen Lebensmittelwarenkorb zu rund 80 Prozent mit Erzeugnissen aus der Region. Während sich die externalisierten Kosten des Transports für einen überregionalen Warenkorb auf 260 Euro belaufen, fallen beim regionalen Warenkorb nur 100 Euro pro Kopf im Jahr an. Regionale Lebensmittel schneiden dann in der Transportökobilanz günstig ab, wenn sie verbrauchernah vermarktet werden und über effiziente Transportstrukturen verfügen.

Dieser Ansatz lässt sich auch auf andere Produkte aus der Lebensmittelindustrie – wie Fleischwaren, Säfte, Käsesorten, Marmeladen, Mineralwasser – übertragen. Allerdings sind hier auch Gegentendenzen zu beachten: Wenn in Deutschland zum Beispiel italienischer Parmaschinken, französisches Mineralwasser oder mexikanisches Bier gegessen und getrunken wird, erzeugt das entsprechenden Güterverkehr, obwohl es in Deutschland dafür ein breites Angebot aus inländischer Produktion gibt. Nachgefragt werden die Importgüter wegen des besonderen Geschmacks oder aus Exklusivitäts- und aus Imagegründen. Vielfach sind die Umweltfolgen dieser Entscheidungen nicht bekannt. Damit sich die Konsumenten in Zukunft bewusster für die weniger transportintensiven, regionalen Produkte entscheiden können, sollten auf jedem Produkt entsprechende Informationen einfach und nachvollziehbar vermittelt werden (▸ Kapitel 20). Beispielsweise: Transportklasse A wird im Umkreis von 50 Kilometern hergestellt, Transportklasse B im Umkreis von 100 Kilometern und so weiter. Hier ist jedenfalls einiger Spielraum für eine Kennzeichnung regionaler Produkte verbunden mit einem offensiven Regionalmarketing.

Tab. 14.2 Umsätze und Umsatzanteile für Öko-Lebensmittel in Deutschland nach Absatzebenen[50]

	2000		2001		2002		2003		2004		2005		2006	
	Umsatz in Mrd. €	in %	Umsatz in Mrd. €	in %	Umsatz in Mrd. €	in %	Umsatz in Mrd. €	in %	Umsatz in Mrd. €	in %	Umsatz in Mrd. €	in %	Umsatz in Mrd. €	in %
Erzeuger[a]	0,35	17	0,45	17	0,52	17	0,52	17	0,56	17	0,54	14	0,51	11
Handwerk[b]	0,14	7	0,20	7	0,22	7	0,23	7	0,24	7	0,24	6	0,24	5
Reformhäuser	0,21	10	0,24	9	0,27	9	0,27	8	0,27	8	0,24	6	0,22	5
Naturkostfachgeschäfte	0,57	28	0,74	27	0,78	26	0,81	26	0,90	26	0,99	25	1,08	23
Lebensmittelhandel[c]	0,68	33	0,95	35	1,05	35	1,09	35	1,28	37	1,60	41	2,25	49
Sonstige[d]	0,10	5	0,12	4	0,17	6	0,20	6	0,25	6	0,29	8	0,30	7
Insgesamt	2,05	100	2,70	100	3,01	100	3,10	100	3,50	100	3,90	100	4,60	100

a Landwirte einschließlich Wochenmärkte und Lieferdienste von Erzeugern
b Bäckereien, Metzgereien
c Einschließlich Discounter und Obst- und Gemüsefachgeschäfte
d Drogeriemärkte, Tankstellen, Versandhandel, Tiefkühldienste u. a.

Selbstorganisation – Stadtteildepot für Ökolebensmittel

In vielen deutschen Großstädten sind lokale Verteilzentren für regional erzeugte Lebensmittel entstanden. Die Initiative ging in den Städten Nürnberg und Köln von Verbrauchern aus, denen die wöchentliche Fahrt zum Hofladen schon lange ein Dorn im Auge war. Gleichzeitig standen sie dem Bioangebot der Discounter misstrauisch gegenüber, weil dort der Anteil der aus dem Ausland importierten Ware immer weiter zunahm.

Nach der Gründung eines Vereins wurde ein kleines Ladenlokal mit Lagerraum angemietet, welches längere Zeit leer stand. Dies wurde in Eigenarbeit mit einem Aufenthaltsraum und einem Lagerraum ausgebaut. Dieser Initiative schlossen sich in kurzer Zeit 100 Haushalte an. Täglich bestellen sie per Internet bei den fünf Biohöfen am Stadtrand ihre Produkte. Die Angebotslisten und aktuellen Preise stehen auf einer Internetseite. Die Bezahlung erfolgt unmittelbar mit der Bestellung. Am nächsten Tag befindet sich die Ware ab acht Uhr im Stadtteildepot. Alternativ zu den täglichen Bestellungen können auch bestimmte Abholtage mit regelmäßigen Bestellkontingenten verabredet werden.

Das neue Bestellsystem ist gegenüber anderen Vertriebswegen wie die Abo-Kiste wesentlich flexibler. Fast alle Kunden legen den Weg zur Depotstelle im Stadtteil zu Fuß zurück. Die Transportkilometer beschränken sich damit auf die täglichen Lieferfahrten des mit Biogas betriebenen Transporters der fünf Höfe. Der neue Service wird besonders gerne von berufstätigen Singles angenommen. Zeitersparnis, hohe Flexibilität und Schnelligkeit sind die Pluspunkte. Die eingesparten Kosten für Benzin und Diesel wurden von den Höfen als Anteil für die Monatsmiete für das Ladenlokal überwiesen. Somit ist die neue dezentrale Lösung nur mit geringen Mehrkosten für den einzelnen Haushalt verbunden.

14.6 Regionalpolitik

Weltmarktorientierung und Privatisierung haben insgesamt zu einem enormen Substanzverlust der regionalen Wirtschaftstätigkeit geführt. In dieser Situation ist ein entschiedener Kurswechsel nötig. Insbesondere die Instrumente der Wirtschafts- und Agrarförderung müssen auf eine nachhaltige Bestandssicherung kleiner und mittlerer Unternehmen ausgerichtet werden. Auch sind der Aufbau regionaler Wertschöpfungsketten und die Vermarktung von regionalen Produkten und Dienstleistungen vorrangig zu unterstützen. Dazu müssen neue Wege eingeschlagen werden.

Zunächst kommt es darauf an, auf der regionalen Ebene so unterschiedliche Ressorts wie Technologie- und Wirtschaftsförderung, Ausbildungsförderung, Raumplanung, Natur- und Umweltschutz, Stadtentwicklung, Infrastruktur- und Strukturpolitik miteinander zu verbinden. Um die Eigenlogiken der Einzelpolitiken zurückzudrängen, bedarf es einer übergreifenden Konzeption, welche die Ziele der nachhaltigen Entwicklung mit regionalen Potenzialen und Traditionen verbindet. Bewährt hat sich, zwischen den verschiedenen Akteuren einen Konsens über die Stärken und Schwächen einer Region herzustellen, auf dem dann regionale Arbeitszusammenhänge aufbauen können. Die Bereitschaft der Gebietskörperschaften zur Kooperation wird damit zu einem Schlüsselfaktor für regionale Nachhaltigkeit.

Erwünscht sind auch neue Kooperationsformen. Regionale Politik hat heute weniger mit einer formalhierarchischen Steuerung über administrative Verwaltungsabläufe zu tun, und mehr mit der Koordination von unterschiedlichen Akteuren und Gruppen. Die politischen Spielräume sind auf der regionalen Ebene oft weiter als in größeren Zusammenhängen, insofern finden sich hier zahlreiche Modelle und Projekte, in denen neue Lösungen erprobt werden.[51] So hat das Land Nordrhein-Westfalen mit dem »Regionale-Ansatz« einen Wettbewerbsrahmen geschaffen, in dem die Regionen Kultur- und Naturräume neu gestalten können.[52] Mit innovativen Projekten sollen die Regionen »neu erfunden« werden. In Ostfriesland hat sich ein Netzwerk ökologisch orientierter Unternehmen vor allem in den Bereichen Landwirtschaft, Gastronomie, Beherbergungsgewerbe, Bauen und Wohnen etabliert. Die Idee ist, in ländlichen Regionen Konzepte der Nachindustrialisierung hinter sich zu lassen und aufbauend auf einheimischen Potenzialen eine passende ökonomische Zukunft auf den Weg zu bringen.[53] Auch zeichnen sich Ansätze ab – in Italien spricht man von »distretti eco-solidali« –, Akteure des Öko- und Fairhandels auf regionaler Ebene systematisch zu einem parallelen Wirtschafts-

Regiogeld

Räumliche Nähe macht Kooperation auf der Seite der Anbieter von Erzeugnissen und Diensten sowie zwischen Kunden und Anbietern möglich. Dieser Vorteil der Nähe lässt sich durch die Einführung eines Regionalgelds erheblich steigern. Regiogeld ist ein Tauschmittel, das die regionale Vernetzung fördert.[54] Wer immer Geschäfte oder Lieferanten mit Regiogeld bezahlt, hat die Gewissheit, dass dieses Geld innerhalb der Region zirkulieren wird und nicht in die Ferne abfließt. Damit werden regionale Wirtschaftskreisläufe angeregt. Als ein territorial begrenztes Verrechnungssystem, an dem Unternehmen, Vereine und Kunden beteiligt sind, kommt es besonders den kleinen und mittleren Unternehmen in der Region zugute. »Berliner«, »Chiemgauer« oder »Roland« sind im Kern Gutscheine, welche die zu einem Verein zusammengeschlossenen Akteure einer Region wechselseitig anerkennen. In den meisten Fällen werden »Regios« eins zu eins gegen Euro eingekauft und zur Zahlung von Unternehmen, Zulieferern oder Mitarbeitern verwendet. Beim Rücktausch in Euro fällt eine Gebühr von fünf bis zehn Prozent an, um den »Regio« in Umlauf zu halten und die Kosten des Systems zu decken.

So wurde beispielsweise in der Region um Rosenheim seit 2003 der Chiemgauer als regionales Tauschmittel etabliert. Ende 2007 wurde er von 631 Anbietern wie Apotheken, Handwerkern, Gasthöfen, Designern akzeptiert. 2168 Mitglieder haben das Umsatzvolumen des Chiemgauers im Jahr 2007 auf über 2 Millionen Euro anwachsen lassen.[55] Seit dem Erfolg des Chiemgauers und der Gründung des Dachverbands der Regionalgeld-Initiativen (Regiogeld e. V.) im Februar 2006 sind weitere Initiativen entstanden. Zurzeit besteht der Verband aus 28 aktiven Initiativen in Deutschland, Österreich und der Schweiz, weitere 32 sind in Vorbereitung.

Ein Hindernis für die Verbreiterung des Ansatzes ist derzeit noch die Abrechnungsfähigkeit gegenüber den Geldinstituten. Bisher hat sich nur die GLS-Gemeinschaftsbank in Bochum bereit erklärt, an einem elektronischen Buchungssystem mitzuwirken. Der nächste Schritt wird sein, die Bundesländer zu einer Anerkennung von Regiogeld als einem innovativen Instrument nachhaltiger Regionalentwicklung zu bewegen.

geflecht zu verknüpfen. Aber letztendlich dürfen auch ökonomische und regulative Anreize und Vorgaben nicht fehlen. Gebühren, Abgaben und Hebesätze können auch zur ökologischen Steuerung genutzt werden. Ansonsten werden weder Flächensparen noch Gebäudesanierung, weder Rohstoffwirtschaft noch Ernährungswirtschaft zur Revitalisierung von Regionalwirtschaften beitragen können.

Anmerkungen

1 Vgl. die Übersicht über die verschiedenen Ansätze bei Maier et al. (2006)
2 Herkströter (2005)
3 Maretzke (2006)
4 Eigene Zusammenstellung
5 Popp/Hage (2003)
6 AoeL e. V. (2008), S. 4
7 Eigene Darstellung
8 Vgl. www.infrafutur.de
9 Loske/Schaeffer (2005), S. 28–30
10 Hennicke (2002)
11 Schaller et al. (2007); Otterpohl/Lanz (2005)
12 Kluge/Schramm (2002)
13 Der Begriff Gebäude umfasst sämtliche Hoch- und Tiefbauten, Gebäude und Infrastruktureinrichtungen, die notwendig sind, um die vier Basisaktivitäten des Menschen zu betreiben (Ernährung/Erholung, Reinigen, Wohnen/Arbeiten, Transport/Kommunikation); vgl. Lichtensteiner (2006)
14 Lichtensteiner (2006)
15 Zeltner et al. (1999)
16 Vgl. BBR (2001); BIngH (2002)
17 Forschungsprojekt »Holzwende2020-plus« sowie Kristof/Geibler 2008
18 www.oeli.info
19 Aoel e. V. (2007)
20 Friege (2005), S. 388–390
21 Zu den Ressourcenstrategien in Deutschland siehe Weber-Blaschke/Pacher et al. (2007) sowie zu den Nachhaltigkeitszielen Lucas (2007)
22 Kluge/Schramm (2002), S. 171
23 Rat für Nachhaltige Entwicklung (2007), S. 4
24 Jörissen/Coenen (2007), S. 226–228
25 Dalkmann et al. (2007), S. 177–188
26 UBA (2004)
27 Reutter (2007), S. 71
28 Fachinformationszentrum Karlsruhe (Hg.) (2002)
29 Enquete (1998), S. 159
30 BMWi (2006)
31 UBA/BMU (2007), S. 85
32 Kleemann/Hansen 2005
33 Die Autoren stellten fest, dass 66 Prozent der Fassadensanierer und 58 Prozent der Dachmodernisierer trotz hoher Einsparpotenziale nicht dämmen.
34 Zum Beispiel der BAKA-Gebäudecheck, www.baka.de
35 Wagner/Wübbels (2007), S. 128–130
36 www.proklima-hannover.de/Portrait.2.0.html (20. Januar 2008)
37 ZVV (2006)
38 Harloff 2000
39 Schader Stiftung 2005
40 GdW (2006), S. 19
41 Gerlach et al. (2005)
42 BMBF (2005), S. 18
43 Nach BUND (2008) ist die Gentechnikfreiheit in einer gentechnikfreien Region (GFR) flächendeckend (zusammenhängende Bewirtschaftungsfläche oder mindestens zwei Drittel der landwirtschaftlichen Nutzfläche). Eine Initiative zu gentechnikfreien Regionen (GFR-

Initiative) verpflichtet sich zur Gentechnikfreiheit, ohne jedoch flächendeckend zu sein.

44 BUND (2008)

45 Grenzertragsgebiete haben aufgrund
ihrer Topografie (zum Beispiel Mittel-
gebirge) und anderer Nachteile ein
geringes Ertragspotenzial, das sich den
Kosten annähert, daher der Begriff.

46 Pfriem (2004), S. 231

47 Boeckmann/Nölting (2005)

48 www.env-it.de/umweltdaten/public/
theme.do?nodeIdent=2864

49 Demmeler (2004)

50 Agromilagno research:
www.agromilagno.de (21. Januar 2008)

51 Projektdatenbanken:
www.zukunftsregionen.de/main.htm,
www.difu.de/stadtoekologie,
www.lpv.de/

52 Vgl. Danielzyk/Panebianco (2006)

53 Pfriem (2004), S. 237

54 Siehe www.regiogeld.de; Kennedy/
Lietaer (2006); Herrmann (2008)

55 Chiemgauer Jahresstatistik 2007,
www.chiemgauer.info

15 Arbeit fair teilen: Auf dem Weg zur Tätigkeitsgesellschaft

Ohne Gerechtigkeit keine Ökologie, diese Maxime gilt nicht nur auf Weltebene, sondern ebenso in der heimischen Gesellschaft. Deshalb wird der Übergang zur Zukunftsfähigkeit von einer Revision der Arbeits- und Sozialpolitik begleitet sein müssen. Eine solche Revision wird eine gerechte Verteilung von Arbeit anstreben und die Chancen von Männern und Frauen erhöhen, sich nach ihren Bedürfnissen an Erwerbsarbeit zu beteiligen. Weiter wird sie für die soziale und finanzielle Anerkennung von lebens- und gemeinwohldienlichen Tätigkeiten außerhalb der Erwerbsarbeit sorgen. Dabei wird es auch darauf ankommen, die enge Bindung der sozialen Sicherung an die Erwerbsarbeit zu lockern und – in einer längerfristigen Perspektive – mit einer allen zukommenden Grundsicherung neue Handlungsräume zu öffnen.

Vollbeschäftigung ist seit Jahrzehnten ein Trugbild. Unter seinem Eindruck wurden über die Jahre eine Unzahl von oft wirkungslosen politischen Manövern in Szene gesetzt, aber es wurde versäumt, Alternativen zur vollbeschäftigten Gesellschaft den Weg zu ebnen. In dieser Situation der strukturellen Unehrlichkeit haben die Erfahrungen von Arbeitslosigkeit und Prekarität bei nicht wenigen Menschen zu Misstrauen und Verunsicherung geführt, ja überdies die Glaubwürdigkeit der Gesellschaft erschüttert. Wenn aber Prozesse der Entsolidarisierung in der Gesellschaft überhand nehmen, bleiben Ökologie und Entwicklungspolitik auf der Strecke. Wer selbst immerfort an der allzu kurzen Bettdecke zerren muss, wird kaum darauf erpicht sein, sie mit zukünftigen Generationen oder mit anderen Ländern zu teilen. Aus diesem Grund – einmal abgesehen von den Rechten der Bürger – kann eine Politik der Zukunftsfähigkeit nicht vor einer sozialpolitischen Umgestaltung Halt machen.

Erschwerend kommt hinzu, dass sowohl ökologische Knappheitslagen als auch bessere Wettbewerbsbedingungen für Südländer oftmals zu höheren Lebenshaltungspreisen in Ländern wie Deutschland führen werden. Öl-, Gas-, Transport-, Getreide- und Fleischpreise haben bereits ihren Weg nach oben angetreten. Weil Preiserhöhungen aber den weniger Bemittelten am meisten zu schaffen machen, führt dies bei gegebener Einkommensverteilung zu weiteren sozialen Spannungen. So erhöht das Ringen um Zukunftsfähigkeit den Druck, das sozialpolitische Haus in Ordnung zu bringen.[1]

15.1 Niedergang der Normalarbeit

Hohe Arbeitslosigkeit

Seit Mitte der 1970er Jahre gehört hohe Arbeitslosigkeit zur sozialen Realität in Deutschland. Auch wenn die Arbeitslosenzahlen in konjunkturellen Hochphasen zeitweilig sinken, ist eine Entwicklung in den vergangenen Jahrzehnten unübersehbar: Es hat sich eine Unterbeschäftigung aufgebaut, die mehrere Millionen Menschen umfasst.[2] Bei guter Konjunktur flacht sich der Sockel etwas ab, bleibt aber bestehen, weil die Politik nicht an den Ursachen ansetzt. Dies ist in mehrfacher Hinsicht fatal. Die Höhe der Bezüge aus Arbeitslosenversicherung oder staatlichen Transferleistungen ist für viele deutlich zu niedrig, und sie setzt Arbeitslose einem hohen Armutsrisiko aus. Auch psychisch stellt Arbeitslosigkeit ein großes Problem dar. In einer »Arbeitsgesellschaft« wie der Bundesrepublik Deutschland identifizieren sich die meisten Menschen vor allem mit ihrer Erwerbstätigkeit. Dementsprechend lautet die typische Frage beim Kennenlernen: »Was machst du eigentlich?« – und gemeint ist die bezahlte Arbeit. Wem es nicht gelingt, erwerbstätig zu sein, dem fehlt es häufig nicht nur an ausreichendem Einkommen und materieller Sicherheit, sondern auch an der für das psychische Wohlergehen unverzichtbaren Identifikation und sozialen Einbettung.

Zwei Entwicklungen haben zu der hohen Erwerbsarbeitslosigkeit geführt. Einmal ist die Zahl der vorhandenen oder fehlenden Arbeitsplätze davon abhängig, wie viel bezahlte Arbeit erforderlich ist, die Menge der absetzbaren Güter oder verkaufbaren Dienstleistungen, das Bruttoinlandsprodukt, zu erzeugen. Mit effizienterer Technik, höheren Qualifikationen und gesteigerter Arbeitsintensität wurde in den vergangenen Jahrzehnten in Deutschland mit immer weniger Arbeitszeit immer mehr hergestellt. Die Arbeitsproduktivität stieg zwischen 1970 und 2005 auf das 2,5-fache, und das Bruttoinlandsprodukt wurde mehr als verdoppelt. Die dafür insgesamt benötigte Arbeitszeit sank dagegen auf 86 Prozent des Wertes von 1970. Die Verdoppelung der ökonomischen Wertschöpfung wurde also mit deutlich weniger Arbeitsstunden erzielt. Zweitens wächst seit mehr als drei Jahrzehnten die Zahl der Frauen und Männer, die Erwerbsarbeit leisten können und wollen. Von 1970 bis 2002 stieg das Potenzial der Erwerbspersonen in Westdeutschland von 26,7 auf 35,6 Millionen, wobei die Anzahl an Frauen von 9,6 auf 15,8 Millionen anwuchs.[3]

Prekarisierung

In den Jahren des »Wirtschaftswunders« nach dem Zweiten Weltkrieg waren unbefristete, in Vollzeit ausgeübte und tariflich entlohnte Arbeitsverhältnisse selbstverständlich. Das ist heute nicht mehr der Fall. Befristungen von Arbeitsverträgen, Zeit- und Leiharbeit oder geringfügige, nicht sozialversicherte Beschäftigungen haben in den vergangenen Jahren erheblich zugenommen.[4] Die Furcht, aus dem Status gefestigter Normalarbeit in prekäre Beschäftigung oder Arbeitslosigkeit abzugleiten, wirkt bis in weite Teile der Mittelschicht hinein.[5]

Kürzere Arbeitszeiten

Weil es den Gewerkschaften bis in die 1990er Jahre gelang, die tariflichen Arbeitszeiten schrittweise abzusenken, konnte die Steigerung der Arbeitsproduktivität teilweise kompensiert und noch größere Arbeitslosigkeit verhindert werden. Es wären wesentlich mehr Menschen arbeitslos, wäre nicht die durchschnittliche Jahresarbeitszeit von Vollzeitbeschäftigten in Westdeutschland von 1935 Arbeitsstunden pro Jahr (1970) auf 1665 (1990) gesunken.[6] Nach einer Phase der relativen Konstanz in den 1990er Jahren stieg sie wieder leicht auf 1676 Stunden (2006), als Folge einer sich stärker durchsetzenden neoliberalen Wirtschaftspolitik und des gleichzeitig sinkenden Einflusses von Gewerkschaften.

Gleichzeitig wuchs der Anteil von, freiwillig oder unfreiwillig, in Teilzeit arbeitenden Männern und Frauen. Arbeiteten Mitte der 1970er Jahre in Westdeutschland nur sieben Prozent aller Erwerbstätigen in Teilzeit, stieg ihr Anteil bis 2005 in Deutschland auf fast 17 Prozent an.[7] Mittlerweile ist auch ein kleiner Teil der Männer in Teilzeit tätig, aber drei Viertel der Teilzeitarbeitsplätze werden von Frauen besetzt.[8] Wie hoch wäre die Arbeitslosigkeit, wenn alle diese Personen Vollzeitstellen suchten? Die Frage allein macht klar, dass die gegenwärtige Arbeitslosigkeit das Ergebnis der Zeitaufteilung ist: Vielen, die bereits heute kürzere Arbeitszeiten vorziehen würden, wird die Möglichkeit dazu vorenthalten.[9]

15.2 Erwerbsarbeit fair teilen

Erwerbsarbeit und Wohlstand für die große Mehrheit der Bevölkerung war eine fundamentale Errungenschaft des 20. Jahrhunderts. Seitdem hängt das Wohlergehen unserer Gesellschaft davon ab, dass alle Gruppen teilhaben können an den Früchten dessen, was geschaffen wird. Eine Entwicklung, in der mehr und mehr Menschen vom Erwerbsarbeitsleben abgekoppelt werden und über ein nicht ausreichendes Einkommen verfügen, gefährdet langfristig die demokratische Teilhabe.

Inzwischen ist deutlich geworden, dass in Deutschland Arbeitslosigkeit allein durch eine Politik des Wirtschaftswachstums nicht dauerhaft überwunden werden kann. Auch weitere Jahre mit guter Konjunktur werden die Arbeitslosigkeit nicht beseitigen. Denn nicht in größeren Warenströmen, sondern in der gerechteren Verteilung der zur Verfügung stehenden Erwerbsarbeit liegt der Schlüssel zum effektiven Abbau der Arbeitslosigkeit. Gute Beispiele für eine positive Arbeitsmarktentwicklung bei durchschnittlich geringerer Arbeitszeit lassen sich etwa in den Niederlanden oder Dänemark studieren. Die Veränderungen bei den tariflichen Arbeitszeiten und bei der Teilzeitarbeit weisen darauf hin, dass die Verteilung von Erwerbsarbeit in Bewegung gekommen ist. Diese offenkundige Flexibilität kann für eine politische Gestaltung genutzt werden. Eine neue und faire Verteilung von Arbeit wird möglich. Dies umso mehr, da wir in einer historisch einmalig reichen Gesellschaft leben. Mit immer weniger Arbeitskraft und in immer kürzerer Zeit können immer mehr Güter hergestellt und Dienstleistungen erbracht werden. Musste man 1960 im Durchschnitt noch 20 Minuten arbeiten, um vom Arbeitslohn ein Kilogramm Brot kaufen zu können, bedarf es heute dafür nur noch der Hälfte der Arbeitszeit. Für andere wichtige Güter ist die notwendige Arbeitszeit noch stärker gesunken (▸ Tabelle 15.1).

Die produktiven Fähigkeiten unserer Gesellschaft können genutzt

Tab. 15.1 **Kaufkraft der Lohnminute**[10]

	1960 Arbeitszeit		1991 Arbeitszeit		2006 Arbeitszeit	
	Std.	min.	Std.	min.	Std.	min
Mischbrot (1 kg)	0	20	0	11	0	10
Markenbutter (250 g)	0	39	0	6	0	4
Zucker (1 kg)	0	30	0	6	0	5
Vollmilch (1 l)	0	11	0	4	0	3
Speisekartoffeln (2,5 kg)	0	17	0	10	0	10
Flaschenbier (0,5 l)	0	15	0	3	0	3
Fernseher	351	38	79	4	29	50
Kühlschrank	156	30	30	27	24	8
Waschmaschine	224	30	53	27	37	29

werden, um für alle in Deutschland lebenden Menschen, die an einem Arbeitsverhältnis interessiert sind, auskömmliche Beschäftigungsverhältnisse, materielle Sicherheiten und mehr Gerechtigkeit zu schaffen.

Ein Gedankenexperiment

Im historischen Rückblick lässt sich rechnerisch simulieren, welche andere Entwicklung bei anderen Grundentscheidungen möglich gewesen wäre. Wenn man zum Beispiel in einem Gedankenexperiment festlegt, dass das seit dem Jahre 1970 jeweils gegebene Arbeitsvolumen auf alle Erwerbstätigen gleich verteilt worden wäre, kann man zeigen, wie viel Zeit jeder und jede dann hätte arbeiten können und müssen. Das Ergebnis ist eindeutig: Bei einer gleichen Verteilung der Erwerbsarbeit auf alle potenziell erwerbstätigen Personen hätte die durchschnittliche individuelle Arbeitszeit – auch bei stetig wachsendem Bruttoinlandsprodukt – deutlich sinken können und zum Abbau von Arbeitslosigkeit beigetragen.

Dank der gestiegenen Arbeitsproduktivität und Erwerbsbeteiligung (► Abbildung 15.1) wäre bei einer gleichen Verteilung der Arbeit die durchschnittliche Jahresarbeitszeit von 1943 Arbeitsstunden (1970) auf 1300 Arbeitsstunden (2000) gesunken. Im Jahre 2005 wären bei der angenommenen Arbeitsumverteilung sogar nur noch 1250 Jahresarbeitsstunden pro Kopf notwendig gewesen – etwa drei Viertel der gegenwärtig als normal angesehenen Vollzeitbelastung von Beschäftigten. Ohne dass der Umfang der Güterproduktion und der Dienstleistungen eingeschränkt würde, müsste jeder Erwerbstätige heute nur noch etwa 30 Stunden in der Woche Erwerbsarbeit leisten.[11]

Arbeitszeit und demografischer Wandel

Bei unserem zunächst auf die Vergangenheit bezogenen Gedankenexperiment wurde von dem zum jeweiligen Zeitpunkt tatsächlich vorhandenen Erwerbspersonenpotenzial ausgegangen. Wenn mit den Daten des Institutes für Arbeitsmarkt- und Berufsforschung und der Rürup-Kommission weiter gerechnet wird[12], bleiben wichtige Trends der Vergangenheit bestehen: Arbeitsproduktivität und Wirtschaftsleistung

Abb. 15.1 Gedankenexperiment: Erwerbsarbeitszeit bei gleicher Verteilung des Arbeitsvolumens auf das Erwerbspersonenpotenzial 1970–2005 [13]

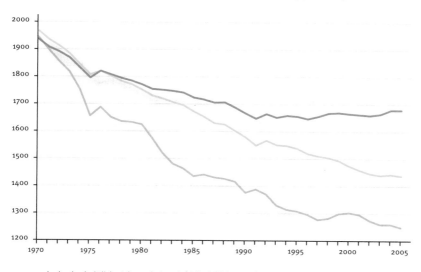

——— reale durchschnittliche Jahresarbeitszeit (Vollzeit/Abhängige)

——— reale durchschnittliche Jahresarbeitszeit (Voll- und Teilzeit / Abhängige und Selbständige)

——— durchschnittliche Jahresarbeitszeit bei Umverteilung (Voll- und Teilzeit / Abhängige und Selbständige)

werden weiter wachsen, und die insgesamt benötigten Arbeitsstunden werden weiter sinken (▸ Abbildung 15.2). Es gibt jedoch einen wesentlichen Unterschied: Während sich die Zahl der für Erwerbsarbeit zur Verfügung stehenden Männer und Frauen in der Vergangenheit stetig erhöht hat, wird das Erwerbspersonenpotenzial aus demografischen Gründen und bei gleich bleibender Migrationspolitik in Zukunft deutlich sinken. Anders als früher wird ein sinkendes Arbeitsvolumen also nicht mehr auf eine steigende, sondern eine sinkende Zahl von Erwerbspersonen aufzuteilen sein. Das heißt jedoch nicht, hieraus den Schluss zu ziehen, dass nun ein Zwang zu Arbeitszeitverlängerungen entstünde und in Zukunft jeder 40 Stunden oder mehr in der Woche erwerbstätig sein müsste oder könnte.

Denn selbst bei der von der Rürup-Kommission prognostizierten Steigerung des Bruttoinlandsprodukts zwischen 2000 und 2040 um

77 Prozent erhöht sich die erforderliche durchschnittliche Arbeitszeit eines Erwerbstätigen in den kommenden Jahrzehnten nur wenig. Wenn die beiden in ihrer Wirkung auf den Arbeitsmarkt gegensätzlichen Entwicklungen, das Sinken des Erwerbspotenzials und die Steigerung der Arbeitsproduktivität, berücksichtigt und eingerechnet werden, steigt – bei einer gleichen Verteilung des Arbeitsvolumens auf alle Arbeit suchenden Männer und Frauen – die durchschnittliche Arbeitszeit von 1300 Stunden (2000) nur auf 1380 im Jahre 2040 (vergleichbar einer 32-Stunden-Woche).[14]

Das Gedankenexperiment zeigt eines ganz deutlich: Die heute bei Vollzeitbeschäftigung übliche Arbeitszeit in der Größenordnung von etwa 1700 Jahresstunden – vergleichbar einer 40-Stunden-Woche – ist selbst bei starkem Wirtschaftswachstum nicht für alle Frauen und Männer, die eine Erwerbsarbeit anstreben, zu erreichen – weder heute noch in Zukunft.

Kurze Vollzeit für alle

Eine neue, an ausgleichender Gerechtigkeit orientierte Arbeitspolitik wird das Ziel verfolgen, Männern und Frauen Erwerbsarbeit in dem Umfang zu ermöglichen, der verallgemeinerungsfähig ist. Eine durchschnittliche Jahresarbeitszeit von etwa 1300 Stunden – vergleichbar einer 30-Stunden-Woche – für alle stellt daher eine ungefähre Zielmarke dar, an der sich Politik, Tarifparteien, Unternehmen und Personen orientieren können. Bei fairer Verteilung der Arbeit verliert ein Teil der Beschäftigten Einkommen, gewinnt aber freie Zeit. Für Geringverdiener ist dabei ein Einkommensausgleich erforderlich. Für die, die heute erwerbslos sind, steigen Beschäftigungschancen und Einkommen. Damit ist eine Perspektive für eine neue realistische Form der Vollbeschäftigung gegeben. Eine durchschnittliche 30-Stunden-Woche – oder eine entsprechende Jahres- oder Lebensarbeitszeit[15] – sind keine starre Norm, aber auch keine Ausnahme mehr und auch keine, oftmals negativ bewertete Teilzeitarbeit, sondern die Leitidee für eine »neue Vollzeit« als gesellschaftliche Normalität und eine Vollbeschäftigung neuen Typs.

»Kurze Vollzeit für alle« zielt also darauf, das nicht beliebig erweiter-

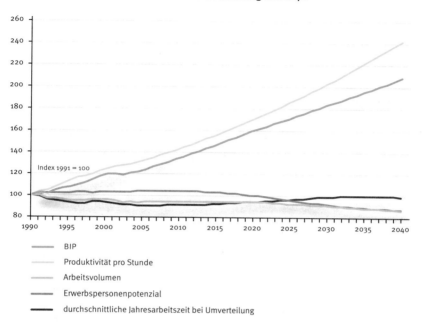

Abb. 15.2 **BIP, Arbeitsproduktivität, Arbeitsvolumen, Erwerbspersonenpotenzial und durchschnittliche Arbeitszeit bei Umverteilung bis 2040**

Index 1991 = 100

——— BIP
——— Produktivität pro Stunde
——— Arbeitsvolumen
——— Erwerbspersonenpotenzial
——— durchschnittliche Jahresarbeitszeit bei Umverteilung

bare Volumen an Erwerbsarbeit und Arbeitseinkommen möglichst gerecht zu verteilen.[16] Dabei kann diese Verteilung über eine Art Kontoführung sehr beweglich erfolgen. Wenn etwa Unternehmen bei Wirtschaftsaufschwüngen zeitweilig die Arbeitszeiten über diese neue Normalarbeitszeit anheben, kann diese Mehrarbeit in Zeitkonten angelegt werden, die sich in Phasen einer geringeren Nachfrage mit freier Zeit ausgleichen lassen. Auch wird es möglich sein, individuelle Zeitwünsche besser als bislang zu berücksichtigen. Wenn Kinder klein oder Alte pflegebedürftig sind, kann zeitweilig weniger, in anderen Lebensphasen dafür mehr gearbeitet werden. Wenn eine längere Auszeit erforderlich ist, um physisch und psychisch zu regenerieren, neue Orientierungen zu finden oder zeitintensive persönliche Projekte zu realisieren, können »Sabbatzeiten«[17] aus dem persönlichen Zeitkonto entnommen werden.

Halbtagsgesellschaft

Das Konzept der Halbtagsgesellschaft geht in gleicher Weise wie das Konzept der kurzen Vollzeit von dem Gedanken aus, dass Arbeitslosigkeit nicht durch das vergebliche Anklammern an Wachstumshoffnungen, sondern nur durch Teilen der (Erwerbs-)Arbeit unter alle erwerbsfähigen Menschen entscheidend reduziert werden kann.

In zweifacher Hinsicht geht das Konzept der Halbtagsgesellschaft über die Konzeption der kurzen Vollzeit hinaus: 1. Neben den Arbeitslosen und der stillen Reserve wird auch die »stillste Reserve« von Menschen einbezogen, die noch nicht Rente beziehen, aber sich nicht mehr aktiv um einen Arbeitsplatz bemühen. 2. Bezahlte und unbezahlte Arbeit sollten den gleichen Rang bekommen. Dies gilt insbesondere für alle Tätigkeiten des sozialen Engagements, zum Beispiel für Betreuung von Kindern, Altenpflege und Ehrenamt.

Die Reduktion der durchschnittlichen Jahresarbeitszeiten würde vor allem die männliche Erwerbsarbeit betreffen. Während die erwerbstätigen Männer ihre Erwerbszeiten von 1700 auf 1000 Jahresarbeitsstunden (Angaben für 2000) vermindern, wäre bei den Frauen nur eine Verringerung von 1150 auf 1000 Jahresarbeitsstunden anzupeilen. Da der Frauenanteil bei den zur Zeit nicht erwerbstätigen, aber erwerbsfähigen Personen besonders hoch ist, würde das gesamte Erwerbsarbeitsvolumen der Frauen sogar letztlich im Rechenmodell der Halbtagsgesellschaft um etwa ein Sechstel steigen, während dasjenige der Männer um etwa ein Drittel sinken würde. Die gewonnenen Zeiten könnten die Männer vor allem nutzen, um sich verstärkt bei der unbezahlten Arbeit zu engagieren. Ziel der Halbtagsgesellschaft ist es, dass sich Männer und Frauen gleichermaßen an beiden Lebensbereichen der bezahlten und unbezahlten Arbeit beteiligen.[18]

In Zukunft werden die Arbeitszeiten stärker als in der Vergangenheit im Lebenslauf schwanken und je nach den im Laufe einer Biografie wechselnden Bedürfnissen gewählt werden können.[19] Dabei sollen Erwerbstätige über ihre Biografie verteilt Rechte auf bezahlte oder unbezahlte Freistellungen erhalten, entweder ohne Zweckbindung oder gezielt für Bildung, Kinder- und Altenbetreuung oder ehrenamtliche Tätigkeiten. Einige dieser »Ziehungsrechte«[20] sind bereits realisiert: zum Beispiel Elternzeit, Bildungsurlaub oder die Freistellungen für politische Ämter. Noch weiter geht das seit dem Jahre 2001 in Deutschland geltende Teilzeitgesetz, das einen individuellen Rechtsanspruch vorsieht, die Arbeitszeiten mit entsprechenden Einkommensminderungen in einem selbst gewählten Umfang auf zum Beispiel 32, 28 oder auch weniger Stunden pro Woche – oder eine entsprechende Jahresarbeitszeit – abzusenken. Die Umsetzung dieses Gesetzes hat sich in der Praxis als wenig problematisch erwiesen.[21] Allerdings blockiert die Regelung, dass eine Verkürzung ohne die Zustimmung des Arbeitgebers nicht mehr rückgängig gemacht werden kann, eine größere Nutzung dieser gesetzlich gesicherten Wahlmöglichkeit. Es ist aber möglich, das gegenwärtige Teilzeitgesetz zu einem wirkungsvollen *Wahlarbeitszeitgesetz* weiterzuentwickeln, in dem die Entscheidungsmöglichkeiten jedes Einzelnen über die Dauer der für Erwerbsarbeit aufgewendeten Zeit weiter gestärkt werden.

15.3 Vorzüge der kurzen Vollzeit

Nicht nur beschäftigungspolitische Argumente sprechen für eine kurze Vollzeit. Kürzere Erwerbsarbeitszeiten können dazu beitragen, physische und psychische Belastungen in Grenzen zu halten und so die Gesundheit zu schützen. Wie empirische Forschungen zeigen, leiden Menschen mit langen Arbeitszeiten deutlich häufiger an Rücken- oder Kopfschmerzen, Nervosität, psychischer Erschöpfung, Schlafstörungen, Magenkrankheiten oder Herz-Kreislauf-Beschwerden.[22] Eine kürzere Arbeitszeit ist daher auch gesundheitspolitisch geboten.

Bessere Work-Life-Balance

Die kurze Vollzeit verändert die traditionelle Rollenteilung zwischen den Geschlechtern. Gegenwärtig werden die von Frauen geleisteten unbezahlten Tätigkeiten meist weniger geachtet als die Erwerbsarbeit.

Auch hat die mehrheitlich von Frauen geleistete Teilzeitarbeit häufig zur Folge, dass sie am Arbeitsplatz weniger geschätzt und in der beruflichen Entwicklung benachteiligt werden. Sie führt für die Frauen zu geringeren eigenen Rentenansprüchen und damit zu einer Gefährdung ihrer sozialen Sicherung im Alter. Dies läuft einer wirklichen Gleichstellung von Mann und Frau zuwider.

Das gegenwärtig häufigste Haushaltsarrangement ist nicht mehr das eines in Vollzeit erwerbstätigen männlichen Familienernährers mit einer Hausfrau, die sich ausschließlich um Kinder und Haushalt kümmert. Vorherrschend ist inzwischen das Familienmodell eines voll erwerbstätigen Mannes und einer Frau, die – meist in Teilzeit – ebenfalls erwerbstätig ist und zugleich bei Kinderbetreuung und Haushaltsführung die Haupt-, wenn nicht gar die Solorolle spielt. Gegenwärtig beteiligen sich Männer an der unbezahlten Arbeit – zeitlich gesehen – nur zu einem Drittel. Kurze Vollzeit für alle kann diese Rollenaufteilung zwischen Männern und Frauen verändern und Gerechtigkeit zwischen den Geschlechtern fördern.

Eine durchschnittliche Wochenarbeitszeit von etwa 30 Stunden (oder eine entsprechende Jahresarbeitszeit) für Männer und Frauen schafft Raum für eine neue Verteilung auch der familiären Aufgaben. Wenn beide 30 Wochenstunden Erwerbsarbeit leisten, erhalten beide neue Freiräume. Dabei gewinnen auch Männer, weil sie von dem Zwang befreit werden, allein die finanziellen Grundlagen für die Familie zu schaffen. Sie gewinnen ausreichend Zeit für die Familie und auch für andere Interessen.

Eine solche Regelung kommt deutlich geäußerten Bedürfnissen entgegen. Nicht wenige Menschen empfinden unter den gegenwärtigen Arbeits- und Lebensbedingungen eine chronische Zeitnot. Viele wollen kürzer arbeiten, als sie es derzeit tun. Anders als häufig angenommen, sind nicht wenige von ihnen dazu auch dann bereit, wenn kein Einkommensausgleich durchsetzbar ist. In einer europaweiten repräsentativen Untersuchung hieß die Frage: »Wie viele Stunden pro Woche möchten Sie arbeiten – vorausgesetzt, dass Sie (und Ihr Partner) Ihre Arbeitszeit frei wählen könnten, und wenn Sie daran denken, Ihren Lebensunterhalt verdienen zu müssen?« Das Ergebnis war, dass 35 Prozent der Befragten mit ihrer tatsächlichen Arbeitszeit zufrieden

Anstieg der familialen Erwerbsarbeitszeit

Anders als vielfach unterstellt, ist die von Mann und Frau insgesamt geleistete Erwerbsarbeit in den vergangenen Jahren in vielen Fällen nicht weniger, sondern mehr geworden. Ein Beispiel: Wenn 1960 der Mann 44 Stunden pro Woche erwerbstätig war und die Frau ihre Arbeit häufig auf Haushalt und Kinder konzentrierte, betrug die Erwerbsarbeitszeit von Mann und Frau zusammen 44 Wochenstunden. Eine Generation später hatten die Gewerkschaften eine Verkürzung der tariflichen Arbeitszeit auf durchschnittlich 38 Wochenstunden durchgesetzt. Gleichzeitig begannen viele Frauen parallel zu Haushalt und Kindererziehung erwerbstätig zu sein, überwiegend in Teilzeit. Die tarifliche Erwerbsarbeitszeit eines typischen Paares beträgt nun 38 + 19 = 57 Wochenstunden. Die Erwerbsarbeitszeit von Männern und Frauen liegt also oft deutlich höher als in der Vergangenheit. Falls beide voll berufstätig sind, werden daraus sogar 76 Wochenstunden. Nimmt man die Fahrtzeiten zum Arbeitsplatz hinzu, ist eine Bindung an Erwerbsarbeit von 100 und mehr Stunden pro Woche nicht selten.

sind und 11 Prozent gerne länger arbeiten würden; aber 49 Prozent möchten ihre Arbeitszeit verkürzen – auch mit Einkommensminderungen. Per Saldo wird eine im Durchschnitt fünf Stunden kürzere reale Arbeitszeit angestrebt.[23] Menschen mit Kindern oder betreuungsbedürftigen Alten können Pioniere für kürzere Erwerbsarbeitszeiten sein. Empirische Untersuchungen belegen, dass sie am liebsten 28 bis 30 Wochenstunden, also die hier vorgeschlagene Zeit, arbeiten würden.[24]

Entlastung vom Wachstumsdruck

Auch politische Entscheidungsträger werden durch eine faire Verteilung der vorhandenen Arbeit und die Verminderung von Arbeitslosigkeit entlastet. Schließlich versuchen sie seit nunmehr drei Jahrzehnten vergeblich, durch forciertes Wirtschaftswachstum Arbeitslosigkeit zu überwinden. Geht man jedoch davon aus, dass die Arbeitsproduktivität wie bislang um jährlich 1,5 bis zwei Prozent ansteigt, müsste das BIP über längere Zeiträume um drei, vier oder noch mehr Prozent pro Jahr wachsen, um die hohe Arbeitslosigkeit zu beseitigen. Auf solche Wachstumsraten zu setzen, hieße einer Fata Morgana nachzujagen. Gelingt es durch die gerechtere Verteilung der Erwerbsarbeit, die Arbeitslosenproblematik zu entschärfen, relativiert sich auch der von Politikern empfundene Zwang zur Förderung des Wirtschaftswachstums. Dies könnte sich bis zur kommunalen Wirtschaftspolitik ökologisch positiv bemerkbar machen. Investitionen beispielsweise in fragwürdige Gewerbeparks auf der grünen Wiese und problematischer Straßenbau könnten nicht mehr mit dem Zwang zur »Schaffung von Arbeitsplätzen« begründet und gegen jede ökologische Vernunft durchgesetzt werden.

Verschiedene Untersuchungen wie etwa zur »Halbtagsgesellschaft« deuten zudem darauf hin, dass Arbeitszeitverkürzungen auch das Konsumverhalten verändern und der Ressourcenverbrauch zurückgehen kann. In diesem über die kurze Vollzeit hinaus reichenden Modell der Halbtagsgesellschaft würde sich beispielsweise die Erwerbsarbeitszeit um neun Prozent verringern. Gleichzeitig kann man mit einer sinkenden Produktion aus der Erwerbsarbeit um ebenfalls neun Prozent und entsprechend weniger Schadstoffen rechnen. Bei einer geringeren Zahl von Fahrten zum Arbeitsplatz besteht auch die Möglichkeit, die verkehrsbezogenen CO_2-Emissionen zu reduzieren.[25]

Ein weiterer Hinweis ergibt sich durch die Gegenüberstellung von ökologischem Fußabdruck und durchschnittlichen Arbeitsstunden pro Erwerbstätigen verschiedener OECD-Staaten. Nach Überlegungen von Juliet Schor ist der Fußabdruck in der Tendenz umso kleiner, je weniger Arbeitsstunden geleistet werden.[26] Auch andere Autoren haben sich gefragt, ob weniger Arbeitsstunden gut für die Umwelt sind. Sie kommen zu dem Ergebnis, dass je mehr Arbeitsstunden geleistet werden, auch mehr Energie verbraucht und Umweltschäden verursacht werden.[27]

Solche Annahmen sind freilich vereinfacht, denn noch ist ungewiss, ob mehr freie Zeit bei gleichzeitig verringertem Einkommen zu einer Reduktion des Natureingriffs führt.[28] Möglicherweise werden kompensatorische Kaufentscheidungen weniger, wenn kürzere Arbeitszeiten das Wohlbefinden erhöhen. Vorstellbar ist auch, dass der Kauf des neuesten Fernsehgeräts um einige Jahre verschoben wird oder besonders haltbare Produkte angeschafft werden, weil kurzlebige Billigware letztlich teurer kommt (► Kapitel 20).

Bewegliche Arbeitszeitkultur

Auch für Betriebe haben kürzere Arbeitszeiten Vorzüge. In vielen deutschen Unternehmen gelten zwar lange Anwesenheit und Überstunden als Beweis für hohe Motivation und Leistung. Mehrarbeit ist häufig das Ticket für beruflichen Aufstieg. Doch die Mehrzahl der Unternehmen scheinen die Gestaltungsmöglichkeiten und Chancen, die sie sich – bei einem gleich bleibenden Volumen an Arbeitsstunden und Lohnkosten – mit einer größeren Zahl von Mitarbeitern und durchschnittlich kürzeren Arbeitszeiten erschließen können, noch nicht entdeckt zu haben. Innovative Personalplanung kann einen anderen Weg gehen: Mit jeweils kürzer arbeitenden Mitarbeitern sind Produktivitätsgewinne zu erzielen und können Unternehmen auch personalpolitisch besser atmen. Sie können – Lego statt Duplo – kleinere Zeitmodule einsetzen, um sich an wechselnde Marktbedingungen anzupassen.

Faires Teilen von Arbeit ist darum auch Teil einer neuen Unternehmenskultur. Es mag dem Ego von Führungskräften schmeicheln, wenn sie sich selbst oder andere sie für unverzichtbar erklären. Aber richtig ist auch, dass jeder Arbeitsplatz das Ergebnis von Arbeitsteilung und folglich auch wieder teilbar ist. Die in Unternehmen regelmäßig stattfindenden Umstrukturierungsprozesse zeigen deutlich, dass Funktionsteilungen und Aufgabenzuschnitte sehr wohl veränderbar sind. Wenn Führungskräfte diese Gestaltungsmöglichkeiten kreativ nutzen und sich am Leitbild der kurzen Vollzeit orientieren, werden sie entdecken, dass auch Führungsaufgaben anders geteilt und häufig auch delegierbar sind.

Ein Anfang für eine neue Arbeitszeitkultur wurde mit der Reform der Elternzeit gesetzt. Wenn es immer selbstverständlicher wird, dass Männer Elternzeit nehmen, werden sie neue Erfahrungen in ihnen unvertrauten Lebenssphären und mit außerberuflicher Arbeit sammeln. Daraus kann der Wunsch wachsen, Erwerbsarbeit zu begrenzen, um mehr Zeit für Kinder und Familie oder für andere Lebensziele zu haben.

15.4 Noch einmal: Die ganze Arbeit

Mehr als die Hälfte aller in Deutschland geleisteten Arbeit wird nicht als auf Gelderwerb gerichtete und bezahlte, sondern als unbezahlte Arbeit geleistet (▶ Abbildung 15.3). Ihre Bedeutung als Lebensweltwirtschaft behandelt ▶ Kapitel 10. Für die Zukunftsfähigkeit eines Gemeinwesens ist es daher entscheidend, nicht nur die gegen Geld geleistete Arbeit, sondern das »Ganze der Arbeit« zu betrachten und eine individuell und gesellschaftlich gute Mischung der Arbeitsformen zu fördern. [29]

Sorgearbeit

Ein Leben in Familien und mit Kindern wird von den meisten Menschen als erstrebenswert und bedeutsam für das eigene Lebensglück angesehen. Dabei passt die traditionelle Arbeitsteilung zwischen Männern und Frauen weder zu modernen Lebensentwürfen noch zu den Zielen von Geschlechtergerechtigkeit. Höhere Bildung von Frauen

Abb. 15.3 **Deutschland:**
Die ganze Arbeit – bezahlt und unbezahlt (2001)[30]

und ihre Unzufriedenheit mit der Rolle einer »Nur-Hausfrau«, aber auch die Notwendigkeit zu einem ausreichenden Familieneinkommen beizutragen, sind wesentliche Gründe für die wachsende Erwerbsneigung und -tätigkeit von Frauen.

Zugleich steigt die Zahl der Männer, die sich mit der Rolle des Geldbeschaffers nicht zufrieden geben. Sie suchen nach neuen Formen der Partnerschaft und wollen Erwerbsarbeit und Familienarbeit mit ihren Partnerinnen teilen.[31] Auch die Betreuung von Alten wird in Zukunft immer mehr an Bedeutung gewinnen und höhere Aufmerksamkeit und Zeiteinsatz erfordern. Wenn die Sorge für ältere Menschen nicht vollständig professionellen Dienstleistern übergeben werden soll, was weder bezahlbar noch wünschenswert ist, brauchen Frauen und Männer zeitliche Freiräume und materielle Unterstützung, um Angehörige, Nachbarn und Freunde im Falle von Pflegebedürftigkeit betreuen und begleiten zu können.

Eigenarbeit

Unter Eigenarbeit wird selbst gewählte, nicht über den Markt vermittelte, unentgeltliche Arbeit für sich selbst, die Familie, Nachbarn und Freunde verstanden. Eigenarbeit ist »lebenserhaltende Tätigkeit jenseits der Lohnarbeit«.[32] Sie birgt eine Fülle von vergessenen oder neu zu entdeckenden Potenzialen. Im Prozess der Eigenarbeit können Produkte entstehen, für deren Kauf Geld nicht zur Verfügung steht oder nicht eingesetzt werden soll. Es können eigenwillige Dinge geschaffen werden, die auf dem Markt gegen Geld nicht zu erwerben sind. Selbstgeschaffene und unverwechselbare Güter und Dienstleistungen geben nicht selten eine höhere Befriedigung als der Konsum von Massenprodukten (▸ Kapitel 20). Etwas selbst oder zusammen mit anderen herzustellen, instand zu setzen oder zu verbessern, ermöglicht Erfahrungen besonderer Art und entwickelt Fähigkeiten, die in fremdbestimmter Erwerbsarbeit verborgen bleiben oder verkümmern.

Gemeinwohlarbeit

Es gibt in unserer Gesellschaft eine große Bereitschaft, sich auch ohne entsprechende Bezahlung in der Gemeinschaft und für sie einzusetzen. Mehr als 36 Prozent der in Deutschland lebenden Menschen sind bürgerschaftlich engagiert.[33] Sie arbeiten, um nur einige Beispiele zu nennen, als Aktivisten für Menschenrechte, Gewerkschafter, Umweltschützer, Nachbarschaftshelfer, als ehrenamtliche Mitarbeiter in gemeinnützigen Organisationen, in Kirchen, in Selbsthilfegruppen für besondere Krankheiten, als Geschichtenerzähler in Kindergruppen, Übungsleiter in Sportvereinen, Dirigenten von Stadtteilchören oder unbezahlte Organisatoren von Straßenfesten. Sie tun es, weil sie einen Beitrag zum Gemeinwohl leisten möchten, und auch, um sich selbst darin zu verwirklichen. Während Erwerbsarbeit häufig in hierarchischen Strukturen zu leisten ist und fremdbestimmt bleibt, beruht zivilgesellschaftliches Engagement auf Freiwilligkeit und bietet Erfahrungen, wie eigene Ziele durch selbstbestimmtes Tun erreicht werden können. Dieses zivilgesellschaftliche Engagement trägt wesentlich zur Vielfalt und Stabilität der Gesellschaft bei und schafft sozialen und kulturellen Reichtum, auf den eine lebendige Gesellschaft nicht verzichten kann. Eine »Gesellschaft der Teilhabe« (▸ Kapitel 9) ist ohne das zivilgesellschaftliche Engagement möglichst vieler Menschen undenkbar. Diese Arbeit ist freilich vor Auszehrung nur zu schützen, wenn ihr mehr gesellschaftliche Anerkennung als bisher zuteil wird, wenn die sie leistenden Menschen genug Zeit für sie haben und wenn eine finanzielle Basissicherung ihnen diese Gemeinwohlarbeit ermöglicht.

15.5 Für eine Tätigkeitspolitik

Arbeitszeiten sind nicht allein von individuellen Entscheidungen abhängig. Vielmehr prägen gesellschaftliche Leitbilder und Regeln die Gestalt und Verteilung von formeller und nichtformeller Arbeit. Die Zukunft der Arbeit liegt in der Idee der »Mischarbeit«[34], also in der Leitvorstellung, dass die Normalarbeit beide Anteile umfassen wird, die Erwerbsarbeit wie die Sorge- und Gemeinwohlarbeit. Um eine solche neue Architektur der Arbeit zu realisieren, werden sich die politischen Randbedingungen in zwei Richtungen bewegen müssen. Zum einen geht es darum, die faire Verteilung und Entlohnung von Erwerbsarbeit sowie ein stabiles soziales Sicherungssystem zu gewährleisten. Zum anderen wird eine Tätigkeitspolitik die sozialen und finanziellen Voraussetzungen schaffen, um einen Aufschwung von Sorge- und Gemeinwohlarbeit ins Werk zu setzen.

Bildung und Qualifizierung

Nicht jede und jeder ist für jede Arbeit geeignet und qualifiziert. Arbeitslose oder Personen in der »stillen Reserve« verfügen häufig nicht über die zu einem bestimmten Zeitpunkt oder an einem bestimmten Ort von Unternehmen geforderten Qualifikationen. Weil aber Menschen lernfähig sind, ist die fehlende Übereinstimmung zwischen gesuchten Kompetenzen und vorhandenen Fähigkeiten durch intensive Bildungs- und Qualifizierungsangebote zu überwinden. Eine Bildungsoffensive wird schon in der gegenwärtigen Diskussion von allen Beteiligten beschworen und als Schlüssel zur Überwindung der Arbeitslosigkeit gesehen. Wenn Arbeit fair geteilt wird, werden Ausbildung und Fortbildung erst recht zu einer Kernaufgabe unternehmerischen, gewerkschaftlichen und auch staatlichen Handelns. Wenn gute Chancen bestehen, einen Arbeitsplatz zu finden, werden Motivation und Bereitschaft von Erwerbslosen wachsen, sich an Bildungs- und Qualifizierungsprozessen zu beteiligen. Bei vielen sind der Wille und die Bereitschaft dazu vorhanden; oft fehlt es ihnen jedoch an den finanziellen Möglichkeiten. Eine zukunftsgerichtete Arbeitspolitik wird sie schaffen. Sie wird auch ältere Arbeitslose einbeziehen und das große Potenzial von Frauen nutzen.

Innovative Tarifpolitik

In Deutschland wird die Länge der Arbeitszeit wesentlich durch Tarifverträge bestimmt, die zwischen Arbeitgeberverbänden und Gewerkschaften abgeschlossen werden. Mit ihrem Eintreten für eine Verkür-

Arbeit auf mehr Köpfe verteilen

Ausgehend vom Modell der Vier-Tage-Woche bei der Volkswagen AG hat sich seit 1994 Arbeitszeitabsenkung als Weg, Entlassungen zu vermeiden, fest etabliert. Wie eine vom Arbeitgeberverband veröffentlichte Untersuchung belegt, haben bereits mehr als 20 Prozent aller Unternehmen der deutschen Metall- und Elektroindustrie den entsprechenden Tarifvertrag zur Beschäftigungssicherung genutzt. Geschäftsleitungen und Betriebsräte bewerten ihre Erfahrungen mehrheitlich positiv.[35]

Verkürzung von Arbeitszeiten kann aber nicht nur in betrieblichen Notsituationen Arbeitsplätze sichern, sondern auch für Neueinstellungen genutzt werden. In einem in Niedersachsen 1998 abgeschlossenen Tarifvertrag zur Beschäftigungsförderung wurde die finanzielle Förderung von Arbeitszeitverkürzungen vereinbart. Erstmals in der deutschen Tarifgeschichte wurde Beschäftigten, die freiwillig ihre Arbeitszeit reduzierten, ein Teillohnausgleich aus einem speziell eingerichteten Tariffonds gezahlt. Voraussetzung hierfür war, dass die freiwerdende Arbeitszeit für Neueinstellungen genutzt wurde.[36]

zung der Arbeitszeiten verfolgen Gewerkschaften ein doppeltes Ziel: Durch kürzere Arbeitszeiten möchten sie das Überangebot an Arbeitskraft reduzieren, so dass Arbeitslosigkeit verringert wird oder gar nicht erst entsteht. Zum anderen zielen sie auf den Abbau von gesundheitlichen Belastungen und eine Vermehrung von Zeitwohlstand. Eine Strategie der Arbeitszeitverkürzung steht allerdings immer auch in Konkurrenz zu dem Ziel, Einkommenserhöhungen durchzusetzen. Die durchschnittlich kürzeren Arbeitszeiten konnten in der Vergangenheit nur erreicht werden, indem die Beschäftigten auf einen Teil der ansonsten möglichen Einkommenserhöhungen verzichteten. Eine Politik der Arbeitszeitverkürzung wird dann in Unternehmen und politisch breit unterstützt werden, wenn ihre positiven Wirkungen, wie oben gezeigt, deutlich gemacht und konkret erfahren werden können. Dies ist unmittelbar auch dann der Fall, wenn durch die Absenkung von Arbeitszeiten der eigene Arbeitsplatz oder der von Kollegen gesichert und ansonsten drohende Entlassungen abgewendet werden können. So etwa, wenn vier Beschäftigte jeweils ein Fünftel ihrer Arbeitszeit abgeben und eine fünfte, bislang arbeitslose Person das frei werdende Arbeitsvolumen übernimmt.[37]

Wichtig ist auch, dass kürzere Arbeitszeiten im Unternehmen und vom sozialen Umfeld nicht als (negativ bewertete) Teilzeit oder als Ausnahmen angesehen werden. Sie sollen eine neue Normalität schaffen. Die hohe Akzeptanz der Vier-Tage-Woche bei der Volkswagen AG beruhte nicht zuletzt auf der Tatsache, dass sie grundsätzlich für alle Beschäftigten galt. Viele Männer hätten Teilzeitarbeit nur schwer mit ihrem traditionellen Selbstbild vereinbaren können. Die zeitweise auf 29 Wochenstunden verkürzte Arbeitszeit wurde dagegen als normale (kürzere) Vollzeitarbeit verstanden.[38]

Ein ausreichendes Erwerbseinkommen

Arbeit fair teilen führt zu einer höheren Erwerbsbeteiligung und zu geringerer Arbeitslosigkeit. Damit würde schon gegenwärtig eine größere Zahl von Personen zur Finanzierung von Arbeitslosen-, Renten-, Kranken- und Pflegeversicherung beitragen. Zugleich entfiele ein Teil der gesellschaftlichen Kosten von Arbeitslosigkeit und der von der Bundesagentur für Arbeit aufzubringenden Lohnersatzleistungen. Darüber hinaus verringerten sich die Fehlzeiten und Aufwendungen für Krankheiten, die durch lange und überlange Arbeitszeiten verursacht werden. Kurze Vollzeit für alle entlastet also in vielfältiger Weise öffentliche Haushalte und Sozialversicherungssysteme.

Es ist daher gerechtfertigt, wenn eine Strategie des Arbeit fair teilens auch sozial- und finanzpolitisch flankiert wird. Bei Singles ohne Unterhaltspflichten oder Paaren mit zwei vollen Einkommen ist ein Tausch von Geld gegen freie Zeit in der Regel vertretbar, wenn nicht gar attraktiv. Denn in oberen Einkommensgruppen ist ein gutes Leben mit hohem Zeitwohlstand auch auf der Basis eines in kürzeren Arbeitszeiten erzielten geringeren Geldeinkommens möglich. Für Menschen mit geringen Einkommen, für Alleinerziehende sowie für Menschen mit Unterhaltspflichten wird es allerdings erforderlich sein, finanzielle Ausgleiche zu schaffen. Bei sinkenden Arbeitslosenzahlen kann die Bundesagentur für Arbeit frei werdende Mittel nutzen, um für Niedrigverdiener einen sozial gestaffelten Einkommensausgleich zu gewährleisten. Ähnliches gilt auch für die Personen, die bei fairer Verteilung der Arbeit nicht vermittelbar bleiben oder nicht arbeitsfähig sind. Sie brauchen ebenso wie die, die ihre Zeit einsetzen, um andere Menschen zu pflegen und zu betreuen, oder wie die, die sich bürgerschaftlich für das Gemeinwesen einsetzen, ein ausreichendes, von Erwerbsarbeit unabhängiges Einkommen.

Mindestlohn

Nicht alle in Deutschland gegenwärtig gezahlten Löhne sind existenzsichernd. Denn selbst innerhalb tariflicher Vergütungsstrukturen gibt es Bereiche, in denen die Löhne so niedrig sind, dass sie zum Leben nicht ausreichen. In vielen Fällen müssen sogar Friseure, Floristen, Arzthelfer, Wachmänner oder Verkäufer, die 40 Stunden in der Woche arbeiten, die Sozialbehörden um Unterstützung bitten. Dieser Skandal kann durch die gesetzliche Festlegung von Mindestlöhnen überwunden werden. Deutschland folgt damit 18 weiteren EU-Mitgliedstaaten, die seit langem erfolgreich Mindestlöhne eingeführt haben. Sinnvoll erscheint daher ein nomineller gesetzlicher Mindestlohn. Dieser hat keinen Branchenbezug und ergibt sich unabhängig von Tarifverträgen und nicht aus der Verallgemeinerung eines bestehenden Tarifvertrages. Ein Mindestlohnrat könnte wesentlichen Einfluss auf die Mindestlohngestaltung ausüben; er wäre unabhängig und wie in Großbritannien aus je drei Vertretern der Wirtschaft, der Wissenschaft und der Gewerkschaften zusammengesetzt.

Negative Einkommensteuer und Grundsicherung

Um die Fair-Teilung von Arbeit zu fördern und zugleich Sorge- und Gemeinschaftsarbeit zu stärken, ist es erforderlich, die soziale Sicherheit auszubauen. Sinnvoll erscheint eine negative Einkommensteuer. Nach diesem Modell erhebt der Staat vom Steuerpflichtigen eine Steuer erst oberhalb eines festgelegten und für alle gleichen Mindesteinkommens. Soweit die gesamten Einkünfte des Steuerpflichtigen darunter liegen, bleibt die Steuer negativ, das heißt, der Staat überweist den bis zur Höhe des Mindesteinkommens fehlenden Betrag in Form einer Gutschrift auf das Konto des Steuerpflichtigen.

Mindestlohn und negative Einkommensteuer gehören zusammen. Denn ein Mindestlohn schützt dann nicht vor menschenunwürdigen Beschäftigungsverhältnissen, wenn er unter dem Existenzminimum liegt. Negative Einkommensteuer ohne Mindestlohn kann ein Anreiz für Arbeitgeber sein, die Löhne zu drücken. Die Kombination von Mindestlohn und Steuergutschrift hält die Aufstockung von Niedrigeinkommen durch staatliche Transferleistungen in Grenzen. Zudem fördert sie die Verkürzung der Arbeitszeit, weil sie bewirkt, dass sich auch Arbeit mit verringerter Wochenstundenzahl lohnt. Experimente in den USA – Seattle und Denver – zeigten, dass am unteren Ende der Einkommenspyramide die Arbeitsanreize der Steuergutschrift positiv sind, sodass jene Personen ihren Arbeitsumfang erhöhen, die vorher nicht gearbeitet haben. Für Personen dagegen, die auch ohne Sozialtransfers schon einer Arbeit nachgehen, verursacht die Steuergutschrift eine Erhöhung des Einkommens, welche ihnen gestattet, den Arbeitsumfang zu reduzieren.

Wer keiner Erwerbsarbeit nachgeht oder weniger als eine bestimmte Mindestwochenstundenzahl arbeitet, sollte eine auskömmliche Grundsicherung[39] erhalten. Sie liegt deutlich über den gegenwärtigen Sätzen und wird zeitnah den steigenden Lebenshaltungskosten angepasst. Die Strom- und Heizkosten werden entsprechend den Preissteigerungen übernommen. Zugleich ist die Grundsicherung an die Bedingung geknüpft, für Beschäftigungs- und Qualifizierungsmaßnahmen oder Bürgerarbeit zur Verfügung zu stehen. Der Staat zieht sich nicht aus der Verantwortung zurück, die Teilhabe aller an der gesellschaftlich notwendigen Arbeit zu gewährleisten. Im Übrigen werden auch in Entwicklungsländern Grundsicherungsmodelle erörtert.[40]

Gemeinwohl und Sorgearbeit

Das Leitbild der kurzen Vollzeit verfolgt zwei Absichten. Auf der einen Seite möchte es über eine Verkürzung der Arbeitszeit die Erwerbsarbeit unter allen Männern und Frauen gleichmäßig aufteilen. Auf der

Stipendien für Bürgerarbeit: 20 000 mal 20 000

Warum sollen nur technologische und nicht auch soziale Innovationen gefördert werden? Ein Programm, das in einer Experimentierphase 20 000 Menschen überall in Deutschland erlaubt, sich mit einer bescheidenen, aber hinreichenden materiellen Absicherung zivilgesellschaftlich zu engagieren, könnte bislang verborgene Potenziale aufdecken und soziale Innovationen verwirklichen. In einem ersten Modellversuch wäre daher eine entsprechende Zahl von »Stipendien für Bürgerarbeit« auszuschreiben, für die sich sowohl erwerbslose Personen als auch Menschen, die sich für eine bestimmte Zeit teilweise oder ganz von ihrem Job freistellen lassen wollen, mit eigenen Ideen und Projekten bewerben können. Geht man von einem durchschnittlichen Finanzbedarf von 20 000 Euro pro Stipendium aus, wäre ein Budget von rund 400 Millionen Euro aufzubringen. Die Finanzierung könnte teils aus staatlichen Mitteln, teils von der Bundesagentur für Arbeit und teils durch Stiftungen erfolgen.

anderen Seite möchte es Zeit schaffen für die Lebensweltwirtschaft (▶ Kapitel 10), indem es Chancen eröffnet, die gewonnene Zeit verstärkt für Gemeinwohl- und Sorgearbeit einzusetzen. Wenn in langfristiger Perspektive – wie im verwandten Konzept der »Halbtagsgesellschaft«[41] – bezahlte und unbezahlte Arbeit gleichberechtigt werden, dann muss auch die Zeitorganisation der Gesellschaft dieser veränderten Work-Life-Balance entsprechen. Dafür sind neben größeren zeitlichen Spielräumen und engmaschigeren sozialen Netzwerken auch finanzielle Ressourcen nötig. Aus diesem Grund ist es an der Zeit, Gemeinwohl- und Sorgearbeit neben gesellschaftlicher Anerkennung auch – mehr als bisher – finanziell abzusichern.[42] Es könnte die Regel gelten, dass durch Gemeinwohl- und Sorgearbeit die Grundsicherung aufgebessert werden kann – oder der Verdienst aus Erwerbsarbeit.

Freilich wird es sich als notwendig erweisen, die Gemeinwohl- und Sorgearbeit von der Erwerbsarbeit abzugrenzen. Weil gerade für die Organisation der Bürgerarbeit[43] das räumliche Subsidiaritätsprinzip gilt, liegt es nahe, dafür kommunale Kommissionen vorzusehen. Sie könnten beispielsweise aus Vertretern des Gemeinderates, von Wohlfahrtsverbänden, Gewerkschaften und Kirchen bestehen und auch die lokal spezifische Höhe der Vergütung festlegen. Ferner kümmern sich die Kommissionen um mögliche Reibungspunkte an den Schnittstellen von Bürgerarbeit und Erwerbsarbeit. Überdies kann die Bürgerarbeit von Freiwilligenagenturen betreut werden. Sie informieren und beraten Menschen, die zu einem zivilgesellschaftlichen Engagement bereit sind, und helfen ihnen dabei, Tätigkeitsfelder und Einsatzorte zu finden. Auf der anderen Seite unterstützen sie gemeinnützige Organisationen, wenn diese Tätigkeitsfelder für Freiwillige schaffen.

Garantiertes Grundeinkommen

Auch wenn man in der »kurzen Vollzeit« das derzeit erfolgversprechendste arbeitsmarktpolitische Konzept sieht, sind Überlegungen berechtigt, das Recht auf eine gesicherte Existenz und gesellschaftliche Teilhabe nicht mehr von der Erwerbsarbeit abhängig zu machen (▸ Kapitel 9). Je mehr es gelingt, die Produktivitätsentwicklung in den Dienst einer nachhaltig wirtschaftenden und sozial integrierten Gesellschaft zu stellen, desto weiter nähert sie sich dem Bild einer Tätigkeitsgesellschaft an, in der auch die Erwerbsarbeit zunehmend intrinsisch motiviert ist. Die selbstbestimmte Tätigkeit in Erwerbs- und Lebenswelt aber braucht eine Basissicherung, die sie vor allem in beruflichen Anfängen und Umbrüchen von vorab erzieltem Erwerbseinkommen oder eigenem Vermögen unabhängig macht. Man muss deshalb die Idee ernst nehmen, dass die Weiterentwicklung der Sozialsysteme in den nächsten Jahrzehnten auf ein garantiertes Grundeinkommen zusteuern wird.[44] Sie wäre weniger revolutionär als es manchem vorkommt, stellt sie doch im Grunde das ausgezahlte Gegenstück zum Steuerfreibetrag dar.

Ein solches Grundeinkommen ist in seinem weitestgehenden Verständnis eine allen Staatsbürgern als Personen zustehende und von der öffentlichen Hand ausgezahlte Mindestsicherung, die in unterschiedlicher Höhe von Geburt bis Tod garantiert wird, ohne Bedarfsprüfung und ohne Arbeitsverpflichtung. Davon abweichende Verständnisse orientieren das Grundeinkommen an Haushalten statt an Personen, verbinden es mit der Verpflichtung zu gemeinnütziger beziehungsweise zu Erwerbsarbeit, reduzieren oder streichen es für Höherverdienende, begrenzen es auf das Erwachsenen- oder Rentenalter. Ein Grundeinkommen ist dafür gedacht, die elementaren Bedürfnisse eines jeden Menschen abzusichern. Es gibt gute Gründe, das Grundeinkommen als eine solche *Basissicherung* zu verstehen, als einen Sockel, auf dem ein vielgestaltiges Erwerbs- und Tätigkeitsleben aufgebaut werden kann. Darüber hinausgehende, deutlich höhere und auf ein in sich auskömmliches Einkommen gerichtete Vorstellungen sind unter den gegenwärtig vorhersehbaren Verhältnissen kaum zu finanzieren; sie bergen aber auch das Risiko, Eigenverantwortung und Initiative von Menschen zu schwächen und damit eine funktionierende Wirtschaft zu gefährden. Entscheidend ist, dass die Höhe des Grundeinkommens die Basisbedürfnisse absichert und dass es als staatsbürgerliches Anrecht unangreifbar ist.[45]

Für die Einführung eines garantierten, nicht an Bedingungen geknüpftes Grundeinkommens sprechen gute Argumente, doch scheint die Zeit politisch noch nicht reif dafür. Viel wissenschaftliche und politische Diskussion wird noch notwendig sein. Bis dahin hat eine Kombination von fair-teilter Erwerbsarbeit, Mindestlohn, negativer Einkommensteuer, geförderter Bürgerarbeit und bedingter Grundsicherung zunächst die bessere Chance.

Neue Balancen

In einer neu zu balancierenden Tätigkeitsgesellschaft wird Erwerbsarbeit nicht überflüssig. Sie wird aber neu verteilt und auf ein gesellschaftlich verallgemeinerungsfähiges Niveau begrenzt. Aber bereits damit werden tief sitzende Gewohnheiten und auch Interessen in Frage gestellt. Wer jahrzehntelang in einer Welt lebte, die sich im Wesentlichen um Erwerbsarbeit drehte, muss überkommene Denkweisen und Gewohnheiten überprüfen und Wertesysteme ändern. Eine an der fairen Verteilung von Erwerbsarbeit und Förderung der »ganzen Arbeit« orientierte Politik zielt auf gesellschaftliche Gerechtigkeit und die Überwindung der Spaltung zwischen Erwerbstätigen und Arbeitslosen, auf Geschlechtergerechtigkeit und soziale Sicherheit. In dem Maße, in dem es gelingt, dem Leitbild der »kurzen Vollzeit für alle«

näher zu kommen und eine hinreichende finanzielle Sicherung für alle zu schaffen, gewinnen Männer *und* Frauen vielfältige neue Optionen. Sie können dann neu und besser zwischen verschiedenen Tätigkeitsfeldern wählen und unterschiedliche Arbeitsformen in ihren Lebensentwürfen kombinieren. Die Verkürzung der durchschnittlichen individuellen Erwerbsarbeit schafft einen neuen Zeitwohlstand, über den jeder frei verfügen und für familiäre Ziele, für zivilgesellschaftliches Engagement und vieles andere einsetzen kann. In Verbindung mit einer befriedigenden finanziellen Absicherung für alle überwindet eine Politik des »Arbeit-fair-teilens« die überkommene Wachstumspolitik, gesellschaftliche Ungerechtigkeit und Desintegration. Das ist die sozioökonomische Basis für eine ökologisch und sozial zukunftsfähige Gesellschaft.

Anmerkungen

1 Die Abschnitte 15.1 bis 15.4 stützen sich teilweise auf Vorarbeiten von André Holtrup und Helmut Spitzley (ausführlich: Holtrup/Spitzley 2008).

2 Eine kritische Analyse der offiziellen Statistik ergibt, dass die Zahl der tatsächlich von Arbeitslosigkeit betroffenen Menschen weit über die »amtlich registrierten Arbeitslosen« hinausgeht. Für die Jahre 2005 bzw. 2006 werden offizielle und »verdeckte« Arbeitslosigkeit zu zusammen 6,5 bis 7 Millionen Menschen geschätzt (vgl. Melz et al. (2007); Weber et al. (2007)).

3 Erwerbspersonenpotenzial = Erwerbstätige + registrierte Erwerbslose + geschätzte stille Reserve. Zur »stillen Reserve« werden diejenigen Personen gerechnet, die zur Erwerbsarbeit geeignet und bereit sind, sich aber aus Mangel an Angeboten resigniert aus dem Erwerbssystem zurückgezogen haben oder ihre Erwerbswünsche von vornherein als nicht realisierbar betrachten; vgl. Fuchs (2002).

4 Alda (2005); Brinkmann et al. (2006)

5 Dörre et al. (2005)

6 Vgl. die Studie von Schildt (2006), die Datenmaterial seit 1882 berücksichtigt.

7 Werden geringfügige Beschäftigungsverhältnisse hinzugezählt, hat sich die Teilzeitquote von 12,1 % (Westdeutschland 1976) sogar auf 32,4 % (Gesamtdeutschland 2005) ausgeweitet.

8 Wanger (2006)

9 Grözinger et al. (2008)

10 Institut der Deutschen Wirtschaft

11 In diesem Modell des »Arbeit-fair-Teilens« wird keine Begrenzung von Produktivitätsentwicklung oder des Wirtschaftswachstums angenommen, sondern lediglich die Umverteilung der Erwerbsarbeit auf alle für Erwerbsarbeit bereiten Personen. Siehe auch Spitzley (2006); Bontrup et al. (2007); Grözinger et al. (2008); Holtrup et al. (2008)

12 Datengrundlage aus: Fuchs et al. (2005); Bundesministerium für Gesundheit und Soziale Sicherung (2003)

13 Datengrundlage: IAB, OECD, eigene Berechnungen

14 Vgl. Holtrup et al. (2008)

15 Vgl. Hildebrandt (2007)

16 Vgl. auch Bontrup et al. (2007)
17 Siemers (2005)
18 Stahmer (2006)
19 Deutsche Gesellschaft für Zeitpolitik (2005)
20 Mückenberger (2007)
21 Wanger (2004); das bestehende Teilzeitgesetz beinhaltet zwar das Recht für Beschäftigte, die Arbeitszeit zu reduzieren – wenn dem keine unüberwindlichen betrieblichen Gründe entgegenstehen –, seine Inanspruchnahme ist aber nicht immer frei von Diskriminierungen.
22 Bauer et al. (2004)
23 Bielenski et al. (2002); Grözinger et al. (2008)
24 Rürup et al. (2005)
25 Schaffer et al. (2005), S. 235
26 Schor (2005)
27 Rosnick et al. (2006)
28 Spitzley 1998
29 Biesecker (2000)
30 Statistisches Bundesamt 2003
31 Gesterkamp (2007)
32 Ullrich (1980); Ullrich (2001); Ullrich (2008)
33 Bundesministerium für Familie, Senioren, Frauen und Jugend (2005)

34 Brandl et al. (2002)
35 Richter et al. (2003)
36 Reinecke et al. (2001)
37 Aktuelle Modelle gelungener Arbeitszeitverkürzung finden sich in Arbeitnehmerkammer Bremen (2008)
38 Jürgens et al. (1998)
39 Eine Orientierungsmarke können die Berechnungen des Deutschen Paritätischen Wohlfahrtsverbandes (DPWV) sein, wonach eine Mindestsicherung bei 420 Euro zuzüglich Wohnkosten liegen müsste.
40 Loewe (2007)
41 Schaffer et al. (2005)
42 Erste Ansätze sind Freistellungen bei der Übernahme politischer Mandate oder Aufwandsentschädigungen für Übungsleiter in Sportvereinen oder für Mitglieder freiwilliger Feuerwehren.
43 Vgl. Beck (1999)
44 Vgl. exemplarisch: Borchard (Hg.) (2007); Dahrendorf (1986); Hamburgisches WeltWirtschaftsInstitut (2007); Opielka (2007); Straubhaar (2006); Vanderborght/Van Parijs (2005); Vobruba (2006); Werner (2007); Werner/Presse (Hg.) (2007)
45 Dahrendorf (1983)

E   Übereinkünfte global

16 Gemeingüter wertschätzen: Umwelt – Angelpunkt der Weltinnenpolitik

Welche Globalisierung ist zukunftsfähig? Das ist die Schlüsselfrage am Beginn des 21. Jahrhunderts. Noch ist nicht entschieden, ob die aufsteigende Weltgesellschaft von Gewalt oder von Gerechtigkeit geprägt sein wird. Die Krise der Biosphäre ist ein Prüfstand; an ihr wird sich, neben der Sicherheitspolitik, entscheiden, ob die Welt kooperativ regiert werden kann. In den multilateralen Verhandlungen um den Schutz des Klimas und der biologischen Vielfalt stellt sich heraus, welche Chancen multilaterale Übereinkünfte für Ökologie und Fairness haben werden.

Die drei großen Krisen – Klima, endliche Ressourcen und Biodiversität – sind Ausdruck eines fundamentalen Wachstumsdilemmas. Wie sich eine Schlange häutet, um der zu eng gewordenen Hülle zu entkommen, so wird auch die Menschheit die Grundlagen ihres Denkens, Handelns und Wirtschaftens ändern müssen, um eine Zukunft zu haben. Vor diesem Hintergrund steht auch das seit dem Zweiten Weltkrieg gewachsene Geflecht der internationalen Ordnung auf dem Prüfstand. Die internationale Politik beeinflusst in einer zunehmend vernetzten Welt über vielfältige Kanäle die nationale Politik, setzt Rahmenbedingungen, belohnt und bestraft. Es stellt sich demnach, wie in regelmäßigen Abständen seit Kants berühmter Schrift vom »Ewigen Frieden«, auch heute wieder die Frage nach einer zukunftsfähigen Weltordnung.[1]

Eine internationale Ordnung muss heute nicht nur eine Friedensordnung zwischen den Menschen und eine sozial gerechte Ordnung gewährleisten, sondern – als fundamental neue Herausforderung – auch das Verhältnis des Menschen zu seiner Umwelt und zu den Mitgeschöpfen auf diesem Planeten neu bestimmen. Dies ist das Grunddilemma des neuen Jahrhunderts: Die Endlichkeit der Biosphäre versperrt den traditionellen Wachstumspfad, der über die rücksichtslose Ausbeutung natürlicher Ressourcen in den vergangenen 200 Jahren das Versprechen von steigendem Wohlstand begründet hat – zunächst in den früh industrialisierten Staaten des Nordens, heute für den zu spät gekommenen Süden. Es muss deshalb im endlichen Umweltraum Erde Mechanismen des Ausgleichs zwischen den Ansprüchen der Arrivierten und der Aufsteigenden geben, es müssen die Wünsche der Reichen mit den Bedürfnissen der Armen abgeglichen werden.

Spätestens im Jahr 2007 ist die epochale Herausforderung des Klimawandels für alle erkennbar geworden. In diesem Jahr wurde der 4. Sachstandsbericht des IPCC, des Klimarats der Vereinten Nationen, vorgestellt. Danach konnte es keinen Zweifel mehr daran geben, dass der Mensch für den Klimawandel verantwortlich ist und dass im Höchstfalle zehn bis 15 Jahre bleiben, um eine Konzentration von Treibhausgasen mit katastrophalen Folgen zu vermeiden (▸ Kapitel 2). Einige Monate vorher war der Bericht von Sir Nicholas Stern an die britische Regierung erschienen, der die Kosten des Handelns gegen den Klimawandel auf etwa ein Prozent des globalen Bruttosozialprodukts bezifferte, die Kosten des Nicht-Handelns jedoch auf das Fünf- bis Zwanzigfache.[2] In der Folge war 2007 geprägt von einer Reihe bedeutender internationaler Konferenzen: Auf dem G8-Treffen im Juni 2007 in Heiligendamm öffneten sich die USA für eine multilaterale Strategie in der globalen Klimapolitik, der Sicherheitsrat der Vereinten Nationen diskutierte im September zum ersten Mal die Bedeutung des Klimawandels für die internationale Sicherheit, und im Dezember 2007 vereinbarte die UN-Klimakonferenz auf Bali einen Fahrplan für die Verhandlungen zu einem neuen Klimaabkommen.

Im Zentrum die Klimakrise

Die eigentliche Herausforderung ist jedoch noch nicht wirklich begriffen worden. Sie verlangt statt Einzelmaßnahmen systemische Reformen, weil sich die miteinander verschränkten Probleme nur gemeinsam lösen lassen (▶ Kapitel 2). Noch dominiert in der nationalen Politik eine Strategie des »grünen« Wachstums, ohne die Voraussetzungen einer solchen Politik zu überprüfen. Und in der internationalen Politik wird isoliert über den Klimawandel oder den Schutz der Biodiversität verhandelt, ohne einen systematischen Bezug zwischen beiden oder beider mit der Gerechtigkeitsfrage zwischen den Menschen und den Völkern herzustellen. So kann es passieren, dass eine scheinbare Lösung für das Klimaproblem zu einem Menetekel für den Urwald wird, wie im Falle der Abholzung des indonesischen Urwalds für Palmölplantagen.

Dennoch: Für die Lösung der zu Anfang genannten dreifachen Krise ist das Klimaproblem der entscheidende Ansatz. Die Bedrohung der lebenden Ressourcen wird zwar durch die Lösung des Klimaproblems nicht automatisch aufgehoben. Doch muss, erstens, alle Anstrengung zur Erhaltung der Biodiversität ohne Klimaschutz fruchtlos bleiben, weil in den sich verschiebenden Klimazonen alle Lebensformen massiv geschädigt werden, weil die veränderten Niederschlagsmuster Fauna und Flora weltweit dezimieren werden, und weil die Versauerung und Erwärmung der Meere die Nahrungskreisläufe in den Ozeanen zerstört. Und es wird, zweitens, durch eine ressourcenleichte und naturverträgliche Wirtschaft der schädliche Einfluss des Menschen auf die Ökosysteme insgesamt stark verringert (▶ Kapitel 11 und 12).

Ebenso zentral ist das Klima für die Gerechtigkeit; denn zum einen ist die Energiefrage untrennbar mit dem Wohlstand verbunden, und zum anderen haben die klimatischen Bedingungen eine entscheidende Bedeutung für das Leben und das Wohlergehen jedes einzelnen Menschen auf diesem Planeten. Der Klimawandel selbst und die Maßnahmen zu seiner Bekämpfung werden praktisch jeden Aspekt des gesellschaftlichen Lebens beeinflussen. Seit all dies erkennbar wird, bewegt sich die globale Klimapolitik allmählich von einem relativen Randthema in den Kernbereich der internationalen Ordnung im

21. Jahrhundert. Institutionen und Verfahren zur Lösung der Klimakrise müssen daher ein Grundbestandteil jeder zukunftsfähigen Weltinnenpolitik sein.

16.2 Klimapolitik: Wege aus der Verhandlungsfalle

Die Geschichte der internationalen Klimapolitik ist recht überschaubar, sie ist ja noch keine 20 Jahre alt. 1990 trafen sich zum ersten Mal Verhandlungsdelegationen, um eine völkerrechtliche Grundlage für die Zusammenarbeit bei der Bekämpfung des Klimawandels zu schaffen. Der fertig ausgehandelte Vertrag konnte dann im Juni 1992 auf dem Erdgipfel in Rio de Janeiro mit großer Geste von den versammelten 150 Staats- und Regierungschefs unterschrieben werden. Doch ist die Konvention nur ein Rahmenvertrag, und sobald sie Anfang 1994 in Kraft getreten war, begannen auch schon die Verhandlungen über einen Zusatzvertrag, in dem echte Pflichten zur Minderung von Treibhausgasemissionen verankert werden sollten. Ein diplomatischer Sitzungsmarathon führte im Herbst 1997 nach einer dramatischen Nachtsitzung zur Annahme des Kyoto-Protokolls.[3]

Die Einschätzung dieses Protokolls war und ist notwendigerweise zwiespältig: Einerseits kann es mit Fug und Recht als ein Meilenstein in der Geschichte der Umweltaußenpolitik bezeichnet werden, weil es zum ersten Mal verbindliche Obergrenzen für den Ausstoß klimaschädlicher Gase vorschreibt. Andererseits bleibt es weit hinter den Erfordernissen für die wirksame Bekämpfung des Klimawandels zurück, weil die angestrebten Minderungsziele zu niedrig sind, und weil große Schlupflöcher geschaffen wurden, beispielsweise durch die Einbeziehung von CO_2-Senken (Wälder), was den Druck auf eine Änderung der Energiesysteme vermindert. Dass die USA sich weigerten, dem Protokoll beizutreten, schwächte seine Wirkung zusätzlich – eine schwere Hypothek für die Zukunft des Klimaregimes.

An dieser ambivalenten Einschätzung hat sich auch nach dem Inkrafttreten des Kyoto-Protokolls Anfang 2005 nichts geändert. Zwar hat es seitdem schon drei Konferenzen der Vertragsparteien gegeben

(2005 in Montreal, 2006 in Nairobi und 2007 in Bali), doch noch immer sind die diplomatischen Bemühungen der Dringlichkeit der Situation nicht im Entferntesten angemessen. Im Gegenteil: Während die Notwendigkeit massiver Maßnahmen gegen den Klimawandel durch den vierten Sachstandsbericht des IPCC im Jahre 2007 auch dem letzten informierten Weltbürger deutlich geworden ist, bewegen sich die Verhandlungen auf dem Weg des diplomatischen Business-as-usual. Und sie fangen für die Zeit nach 2012 praktisch wieder bei Null an, weil das Kyoto-Protokoll die Verpflichtungen der Industrieländer auf die fünf Jahre zwischen 2008 und 2012 begrenzt hat und ein Zusatz »für die Zeit danach« unverständlicherweise nicht verankert worden war.

Die Verpflichtungen für die Zeit nach 2012 sollen demnach auf einer Klimakonferenz Ende 2009 in Kopenhagen festgezurrt werden. Bis dahin wird ein wahrer Verhandlungsmarathon die Belastungsfähigkeit der Diplomaten auf eine harte Probe stellen. Die wichtigsten Themen sind einmal die Vereinbarung weitergehender Minderungsziele für Industriestaaten und neuer Minderungsziele für Schwellenländer, dann die Verhandlungen über Form und Ausmaß finanzieller beziehungsweise technologischer Unterstützung der Entwicklungsländer, und ebenso die Verhandlungen über ein Ende der Urwaldzerstörung.

Doch jenseits aller Details wird die Hauptaufgabe der Regierungen und Klimadiplomaten darin liegen, die bisherige destruktive Verhandlungslogik zu überwinden, derzufolge sich wie in einem Grabenkrieg selbst progressive Industriestaaten aus der EU und große Entwicklungsländer unversöhnlich gegenüberstehen. Anstatt die gemeinsamen Interessen zu betonen, werden die Verhandlungen als Nullsummenspiel verstanden, bei dem eine Seite verliert, was die andere Seite gewinnt. Doch die Bekämpfung des Klimawandels ist kein Nullsummenspiel, hier gewinnen oder verlieren alle Parteien gemeinsam. Darum muss die gegenwärtige Verhandlungslogik überwunden werden. Das verlangt von manchen Politikern in Entwicklungsländern, nicht immer nur die Industriestaaten für ihre Misere verantwortlich zu machen. Und es verlangt von den Vertretern der Industriestaaten, ihre überwiegende historische Verantwortung für den Klimawandel anzuerkennen, sich nicht mehr hinter den Schwellenländern zu verstecken und diese Staaten vor allem als gleichberechtigte Partner zu behandeln, die zur Lösung der Klimakrise beitragen müssen, wenn es gelingen soll.

Der Schlüssel zur Überwindung dieser destruktiven Verhandlungslogik liegt in der Gerechtigkeit. Der Vorwurf, die alten Industriestaaten hätten ihre Industrialisierung nur durch die massive Ausbeutung fossiler Brennstoffe wie Kohle, Öl und Gas erreichen können, wird von den Schwellenländern zu Recht erhoben. Und was den Urwald angeht, ist auch in Europa, das einst ganz von Wald bedeckt war, ohne Rücksicht auf das Klima praktisch das gesamte urbare Land für den Ackerbau und für die Besiedlung entwaldet worden. Warum sollte das den später Industrialisierten im Süden nicht auch erlaubt sein? Trotz aller tatsächlich vorhandenen Einsicht gerade bei den großen Schwellenländern über die Gefahr des Klimawandels scheinen ihnen die ökonomische Entwicklung und die dadurch ermöglichte soziale Stabilität kurzfristig wichtiger zu sein als die Abwehr einer zukünftigen Klimakatastrophe (▸ Kapitel 3).

Bausteine für eine gerechte Klimapolitik

Soll die gegenwärtige Blockade überwunden werden, sind deshalb drei Bausteine erforderlich: Starke eigene Minderungsleistungen der Industriestaaten zusammen mit dem Umstieg auf eine solare Energiebasis, finanzielle und technologische Unterstützung der Entwicklungs- und besonders der Schwellenländer beim Sprung in das solare Zeitalter sowie die Unterstützung der ärmeren Staaten bei der Anpassung an den unvermeidlichen Klimawandel.

Zunächst: Der Norden muss »abrüsten«. Das heißt konkret, die Emissionen an Treibhausgasen in den Industriestaaten müssen bis 2050 auf zehn bis 20 Prozent des Wertes von 1990 gesenkt werden (▸ Kapitel 5). Nur das schafft Raum für die Entwicklung des Südens. Wenn Bundeskanzlerin Angela Merkel das Ziel formuliert, in längerer Perspektive seien die Pro-Kopf-Emissionen im Süden und im Norden einander anzugleichen, dann beginnt damit in der Tat eine gerechte Lösung und eine Gleichbehandlung der Entwicklungsländer. Dieser Schritt muss freilich durch eine (rechnerisch) gleiche Pro-Kopf-Verteilung und einen Finanzierungsmechanismus ergänzt werden, in dessen Rahmen Industriestaaten den Entwicklungsländern für ihre überzogenen Emissionen heute schon einen Ausgleich leisten. Ansonsten würde ein solcher Vorschlag nicht auf größere Gerechtigkeit hinauslaufen, sondern neue Ungerechtigkeit erzeugen.

Der Grund ist, dass es nur noch einen geringen Spielraum gibt, die Erhöhung der globalen Mitteltemperatur unter zwei Grad Celsius zu halten. Um dies an einem Beispiel auszuführen: Die Industriestaaten müssten ihre Emissionen bis 2020 um etwa 45 Prozent senken, um den Schwellenländern die Chance für eine leichte Erhöhung ihrer Emissionen zu geben und zugleich auf einem klimafreundlichen Pfad zu bleiben. Das ist allerdings illusorisch. Selbst wenn eine Reduktion um 30 Prozent bis zum Jahr 2020 gegenüber 1990 gelingen sollte, wie es die Europäische Union vorgeschlagen hat, müssten trotzdem die Emissionen in den großen Schwellenländern (also Brasilien, China, Indien, Mexiko, Südafrika und Südkorea) nach 2020 bereits sinken.

Ist das überhaupt möglich? Durchaus, selbst im Falle Chinas.[4] Doch erfordert dies eine massive finanzielle, technologische und operative Unterstützung durch die reichen Staaten des Nordens. Die Kosten dafür werden hoch sein – optimistische Schätzungen sprechen von Mehrkosten für den Wechsel zu kohlenstoffarmen Technologien in Entwicklungsländern in Höhe von 20 bis 30 Milliarden Euro jährlich.[5] Andere Schätzungen liegen deutlich darüber. Eine Analyse des Klimasekretariats der Vereinten Nationen kommt zu dem Schluss, im Jahr 2030 seien weltweit Finanzmittel in Höhe von rund 200 Milliarden Dollar pro Jahr erforderlich.[6] Mittel in einer derartigen Höhe können weder über die traditionellen Finanzierungsquellen erschlossen werden, noch können sie über die eingespielten Kanäle der Klimapolitik verteilt und eingesetzt werden – es sind deshalb im Rahmen einer erweiterten Klimapolitik neue Instrumente und Einrichtungen erforderlich.

Eine andere Art zu rechnen

Paul Baer, Tom Athanasiou und Sivan Kartha haben einen interessanten Ansatz, ein Greenhouse Development Rights Framework, für die Lösung der Verhandlungskrise in der Klimapolitik vorgestellt.[7] Angesichts des drohenden Klimawandels und der knappen Zeit möchten sie die Forderungen der Ökologie und der Gerechtigkeit miteinander vereinbaren. Sie haben darum nicht nur die Reduktionspfade für die Emissionen von Industrie- und Entwicklungsländern errechnet, sondern auch ein System der Kompensation und der Unterstützung, um den ärmeren Staaten und Gesellschaften einen Wohlstandszuwachs ohne gleichzeitigen Anstieg der Treibhausgasemissionen zu erlauben. Dabei heben sie nicht nur die scharfe Trennung in Industrie- und Entwicklungsländer auf, sondern nehmen erstmals die reicheren Schichten in den Entwicklungsländern mit in die Pflicht.

Zu diesem Zweck haben sie ein komplexes Rechenmodell entwickelt, in dem die Emissionen (»Verantwortung«) und der wirtschaftliche Wohlstand eines Landes (»Fähigkeit«) gewichtet werden. Alle Bevölkerungsanteile eines Landes oberhalb eines durchschnittlichen Jahreseinkommens von 9000 US-Dollar (zum Vergleich: der weltweite Durchschnitt liegt bei 8500 US-Dollar) definieren sie als globale Mittelklasse, die zur Minderung von Emissionen verpflichtet ist. Mit diesem Index, der sowohl die Pflichten wie die Fähigkeiten berücksichtigt, ermitteln sie die jeweilige Verantwortlichkeit eines Staates für die eigene Minderung von Treibhausgasen und/oder die Unterstützung anderer Staaten. Da es auch in vielen Schwellenländern eine relativ reiche Ober- und Mittelschicht gibt, und da einige Staaten (wie etwa China) schon einen relativ hohen Pro-Kopf-Ausstoß an Treibhausgasen haben, lautet das überraschende Ergebnis, dass auch diese Staaten durchaus Verpflichtungen zum Klimaschutz haben. Auf die USA würden nach ihren Berechnungen etwas mehr als ein Drittel der globalen klimapolitischen Lasten entfallen und auf die EU-Länder etwa ein Viertel, während China weniger als sieben Prozent und Indien weniger als drei Prozent tragen müsste.

Eine Technologie-Allianz zwischen Süden und Norden

Vorgeschlagen wird ein Pakt in Form einer Technologie-Allianz, die den Entwicklungsländern den Übergang zu einer kohlenstofffreien Wirtschaft erleichtert. Ein weit reichendes Angebot zur Technologie-Kooperation würde diesen Ländern den Übergang zu neuen, sauberen Technologien ermöglichen und diente damit gleichzeitig den Interessen der EU; denn sie ist auf substanzielle Beiträge gerade der Schwellenländer zum Klimaschutz und auf die Verbreitung klimafreundlicher Technologien vital angewiesen. Ein solches Angebot eröffnet wahrscheinlich erst die Chance, dass die Entwicklungsländer in konkrete Emissionsziele für Treibhausgase einwilligen.

Ein solcher Pakt sollte aus folgenden Teilen bestehen: (1) Kofinanzierung von Investitionen in erneuerbare Energien und Energieeffizienz durch Industriestaaten in Höhe von mindestens 20 Milliarden Euro pro Jahr, wobei die Kriterien für die Geldvergabe von den Gebern und Nehmern gemeinsam erarbeitet und angewendet werden; (2) Finanzierung und weitere Hilfen zur Eindämmung der Entwaldung; (3) leichter Zugang zu neuen Technologien, auch durch Lockerung der Eigentumsrechte an Patenten, durch Abbau von Zöllen und anderen Schranken im Norden; (4) Unterstützung des Aufbaus von technologischem Wissen und Können; und (5) Unterstützung von Technologien für eine »klimasichere« Entwicklung, die dem Klimawandel angepasst ist und die Anpassung des Südens unterstützt.

Zeitfenster 2022   Geschätzte IRENA ...

Mit dem tansanischen Industriellen John Mwuku begrüßte die Internationale Agentur für Erneuerbare Energien (IRENA) ihr 173. Mitglied und vereinigt nun genau 50 Nationen unter ihrem Dach. Dies nahm die Agentur zum Anlass, ein Resümee der vergangenen erfolgreichen Dekade zu ziehen.

Bereits 1980 hatte Willy Brandt als Vorsitzender der Nord-Süd-Kommission die Gründung einer internationalen, dezentral organisierten und nichtkommerziellen Institution zur Förderung der Verbreitung erneuerbarer Energien unter Schirmherrschaft der UN vorgeschlagen.

Die zentrale Bedeutung einer solchen Agentur wurde in den folgenden Jahrzehnten immer wieder hervorgehoben von Unterstützern wie EURO-SOLAR und später dem World Future Council. Im April 2008 organisierte Deutschland die erste Vorbereitungskonferenz für die Gründung der Organisation. Angesichts knapper werdender fossiler Energieträger, steigender Energienachfrage und der Zuspitzung der Klimakrise war eine Lösungsstrategie auf internationaler Ebene das Gebot der Stunde, um Frieden, Sicherheit, Menschenrechte und Gesundheit zu sichern.[8]

Heute ist IRENA das Kernstück eines global verwebten Netzes. Die Agentur greift ihren Mitgliedstaaten, wenn erwünscht, bei der Entwicklung nationaler Strategien für die Einführung erneuerbarer Energien unter die Arme und unterstützt sie mit Bildungsmaßnahmen und Informationskampagnen. Auf allen Kontinenten wurden Zentren für Forschung, Entwicklung und Technologiekooperation gegründet. Dadurch entstand ein internationales Netzwerk, das auch Entwicklungsländern die Chance eröffnet hat, sich am Innovationsprozess aktiv zu beteiligen und sicher zu stellen, dass diese Zugang zum neuesten Stand der Technik haben. Um den Integrationsprozess weiter zu unterstützen, bietet IRENA nicht nur Beratung an, sondern auch die Bereitstellung von Finanzierungsmöglichkeiten.[9]

Die Arbeit der Internationalen Agentur für Erneuerbare Energien zeigt ihren Erfolg sowohl im Großen als auch im Kleinen. So konnte beispielsweise durch eine gezielte Kooperation mit der Regierung Sri Lankas das große Windkraftpotenzial des Landes nutzbar werden. Der Inselstaat ist auf dem besten Wege, sich in naher Zukunft ausschließlich über erneuerbare Energien mit Elektrizität zu versorgen. Andererseits sind angestoßene positive Entwicklungen manchmal im Alltag des Menschen zu beobachten, wie die zahlreichen Initiativen in Zusammenarbeit mit Least Developed Countries (LDC) zeigen. Diese profitieren besonders von den Finanzierungsberatungen und -angeboten. So können mit Hilfe von günstigen Mikrokrediten Bevölkerungsgruppen erreicht werden, die weitab der Stromnetze leben. Durch den Zugang zu erneuerbarer Energie wird nicht nur ihr Lebensstandard erhöht, sondern gleichzeitig die Basis geschaffen für eine klimaverträgliche Stromproduktion.[10]

Bei der Finanzierung von Strategien für ein solares Zeitalter ist die Balance zwischen marktwirtschaftlichen und nicht-marktwirtschaftlichen Instrumenten sorgfältig auszutarieren. Märkte liefern in vielen Fällen gute Resultate. So sind etwa höhere Preise für fossile Brennstoffe eine Voraussetzung für den Übergang zu einer kohlenstoffarmen Wirtschaft. Doch gibt der Preis alleine noch nicht die richtigen Impulse: Die Vergasung von Kohle, um Öl zu ersetzen, würde sich ab einem bestimmten Ölpreis lohnen – würde aber gleichzeitig für eine Beschleunigung des Klimawandels sorgen, weil diese Technologie doppelt so hohe CO_2-Emissionen verursacht. Auch bedeuten hohe Preise, so erwünscht sie zur Verminderung des Verbrauchs sind, tendenziell ein soziales Ungleichgewicht, da sie die Armen benachteiligen. Ihre Mehrbelastung muss darum ausgeglichen werden. Energiearmut ist mittlerweile selbst in Deutschland ein großes Problem – viel stärker noch in den armen Ländern des Südens, wo schon jetzt die gestiegenen Ölpreise einen (zu) großen Teil des Bruttosozialprodukts aufbrauchen.

Um die nötigen Summen aufzubringen, ist neben marktwirtschaftlichen Anreizen zu kohlenstoffarmen Wirtschaften die Finanzierung durch internationale Fonds unverzichtbar. Deshalb sollte ein neuer Fonds nach dem Vorbild des Montrealer Protokolls für den Ozonschutz geschaffen werden. Damals erklärten sich die Industriestaaten bereit, den Entwicklungsländern die Mehrkosten beim Umstieg auf Ersatzstoffe (zum Beispiel für FCKW) zu erstatten. In den vergangenen 15 Jahren sind über zwei Milliarden US-Dollar in über 5000 Projekte zum Ersatz von Ozon zerstörenden Stoffen in Entwicklungsländer geflossen – ein beispielloser Erfolg, ohne den die Ozonschicht sich nicht auf dem Weg der Besserung befände.[11]

Wenn dieser Fonds den schnellen Technologiewandel im Süden befördern soll, muss er nicht nur mit angemessenen Geldmitteln ausgestattet werden, sondern auch feste Regeln für die Geldvergabe erhalten. Technologieausbau mit fossilen Brennstoffen darf nicht bedacht werden, nur erneuerbare Energien und Maßnahmen zur Verbesserung der Energieeffizienz sind zu fördern. Sie sollen ja fossile Brennstoffe ersetzen, nicht zusätzliche Energie bereitstellen. Darum ist auch die Finanzierung von verbesserten Kohletechnologien (»clean coal«) der falsche Weg.

Misserfolg des Clean Development Mechanism

Unter dem Clean Development Mechanism (CDM) des Kyoto-Protokolls können die Industriestaaten Emissionsreduktionen im Süden finanzieren und sich auf ihre Kyoto-Emissionsziele anrechnen. Dadurch soll es ihnen ermöglicht werden, auf kostengünstige Reduktionspotenziale in anderen Ländern zuzugreifen, um die Kosten für die Erreichung ihrer Kyoto-Ziele zu minimieren. Gleichzeitig sollen Anreize für die Verbreitung emissionsarmer Technologien in den südlichen Ländern gesetzt werden.

Der CDM hat sich als schwaches Instrument erwiesen, um eine kohlenstoffarme Entwicklung zu erreichen. Zwar wurden bis zum 1. April 2008 unter dem CDM 978 Projekte registriert und 319 Projekte haben ihre Certified Emission Reductions (CER) erhalten; weitere 188 Projekte haben die Registrierung beantragt und 2022 Projekte befinden sich in der Validierung, der letzten Stufe vor der endgültigen Registrierung.[12] Doch die meisten Zertifikate lassen sich durch simple Projekte zur Verminderung von Fluorchlorkohlenwasserstoffen (HFC$_{23}$) erzielen und der Mechanismus ist zu komplex für kleinere Projekte. In den meisten Projekten wird das Ziel der nachhaltigen Entwicklung verfehlt.[13] Neben diesen Strukturfehlern ist der CDM auch deshalb unzureichend, da er bestenfalls Mittel in der Höhe von Hunderten von Millionen Dollar aus der Privatwirtschaft aktivieren kann – nicht jedoch im Bereich von Dutzenden von Milliarden, wie sie eigentlich nötig wären.

Außerdem gibt es ein starkes geografisches Ungleichgewicht – lediglich drei Prozent der Investitionen fließen nach Afrika, da die Projekte meist den normalen wirtschaftlichen Investitionsströmen folgen. Indien, Brasilien, China und Mexiko vereinigen drei Viertel aller Projekte auf sich.

Und schließlich sollte auch nicht vergessen werden, dass die Reduktionen im CDM den Industriestaaten höhere Emissionen bei sich selber erlauben. Der Nettonutzen für das Klima ist also gleich null. Mehrere Studien haben zudem große Zweifel aufgeworfen, ob im CDM tatsächlich so viele Emissionen reduziert werden wie für die Projekte an Emissionsgutschriften ausgestellt werden. Im Ergebnis hieße dies, dass im Norden mehr ausgestoßen als im Süden reduziert wird, dass also die globalen Emissionen insgesamt höher liegen, als wenn es den CDM nicht gäbe.

Anpassung an das Unvermeidbare

Es gibt ein weiteres unverzichtbares Element der zukünftigen Klimapolitik – die Anpassung an den nicht mehr vermeidbaren Klimawandel. Selbst wenn jegliche Emissionen heute gestoppt würden, wäre die globale Erwärmung auf Jahre hin nicht aufzuhalten. Bereits jetzt stecken in der Atmosphäre genügend Treibhausgase für eine zusätzliche Erwärmung von 0,7 Grad Celsius in den nächsten 20 bis 30 Jahren (▸ Kapitel 2). Und schon heute sind in vielen Regionen der Welt die ersten Auswirkungen des Klimawandels spürbar. Was tun mit 100 Millionen Menschen in Bangladesch, wenn die Fluten steigen? Was tun mit den Menschen auf den flachen Inseln des Pazifik, wo ganze Staaten von der Landkarte verschwinden werden und – wie Tuvalu – schon Asyl bei Australien und Neuseeland beantragt haben? Wie reagieren auf die drohende globale Hungersnot, wenn das Klima aus den Fugen gerät?

Als ein wichtiger Schritt müssen deshalb die Projekte der Entwicklungszusammenarbeit durch die zuständigen Ministerien daraufhin überprüft werden, ob sie durch die Folgen des Klimawandels beeinträchtigt oder sogar sinnlos werden (Beispiel: ein geplanter Staudamm in einem Einzugsgebiet von schwindenden Gletschern), ob sie gar die Klimakrise befördern (weil sie die Emissionen erhöhen, wie bei der Kohlevergasung oder der Energiegewinnung aus Palmöl) oder ob sie wirklich einen Beitrag zur Bekämpfung des Klimawandels leisten (Beispiel: erneuerbare Energien). Perspektivisch muss die gesamte Entwicklungszusammenarbeit Deutschlands den Klimawandel in Rechnung stellen, denn dieser birgt die Gefahr, dass er alle ja auch unzweifelhaft vorhandenen Erfolge im Süden zunichte macht (▸ Kapitel 18).

Angesichts dieser Herausforderungen sind die bisherigen Schritte völlig unzureichend. Die Rahmenkonvention der UN zum Klimawandel erkennt zwar das Recht der armen Länder auf Unterstützung bei der Anpassung an den Klimawandel an (Artikel 4.8 und 9). Ihre Umsetzung geht jedoch nur langsam voran. Nach vielen Verhandlungsjahren haben die Parteien sich 2006 endlich auf ein Arbeitsprogramm geeinigt und Ende 2007 auf Bali den Anpassungsfonds des Kyoto-Protokolls arbeitsfähig gemacht. Die Fonds der Klimarahmenkonvention sind jedoch nur unzureichend ausgestattet. Die Weltbank schätzt die

Höhe der Mittel, die vermutlich durch diese Fonds bereitgestellt werden können, auf etwa 100 bis 500 Millionen US-Dollar bis 2012. Selbst wenn Mittel in dieser Höhe tatsächlich fließen sollten, wäre dies trotzdem nur ein Bruchteil der laut der gleichen Quelle jährlich benötigten zehn bis 40 Milliarden US-Dollar.

Damit wird noch einmal klar, dass eine wirksame Finanzierung gefunden werden muss. Ein Teil des Geldes könnte aus einem Fonds kommen, der im Rahmen des UN-Systems eingerichtet und durch Beiträge der Industriestaaten gefüllt wird – entsprechend ihrer Emissionen. Wenn beispielsweise eine Tonne CO_2 mit einem Euro belegt wird, ergibt dies bereits 40 Milliarden Euro pro Jahr. Auch andere Lösungen kommen in Frage, wie beispielsweise innovative Versicherungssysteme zur Handhabung von Klimarisiken auf der lokalen und internationalen Ebene. In den nationalen türkischen Katastrophen-Fonds zum Beispiel müssen alle Hausbesitzer einzahlen. Im Falle eines Erdbebens bietet der Fonds den Opfern eine Entschädigung. In ähnlicher Weise könnte ein weltweiter Versicherungsfonds den Betroffenen einer Umweltkatastrophe die Chance eines Neuanfangs bieten.

16.3 Biologische Vielfalt: Bewahrung der Gewebe des Lebens

Der Erdgipfel in Rio de Janeiro 1992 hat mit beinahe schon unheimlicher Weitsicht neben dem Klimawandel auch die zweite große Krise des 21. Jahrhunderts auf die internationale Tagesordnung gehoben: Die Krise der biologischen Vielfalt beziehungsweise Biodiversität. Schon vorher hatte es einzelne Verträge zum Schutz von Tieren und Pflanzen gegeben – doch erst gegen Ende des Jahrhunderts war die Krise um die Bedrohung der Vielfalt des Lebens so weit fortgeschritten, dass sie nicht mehr zu übersehen war und eine umfassende Regelung erforderte.

Denn zurzeit verhält sich der Mensch auf diesem Planeten wie eine suizidgefährdete Spezies: Im Millennium Ecosystem Assessment der Vereinten Nationen von 2005 wird festgestellt, dass bereits 15 der 24

»Dienstleistungen« von Ökosystemen für die Menschheit akut gefährdet sind. Das betrifft vor allem auch überlebenswichtige Ressourcen wie die Versorgung mit sauberem Trinkwasser.[14] 60 Prozent unserer weltweiten Ökosysteme sind bereits degradiert. Der Klimawandel droht diesen Prozess noch zu beschleunigen – 1,5 Millionen Tier- und Pflanzenarten sind von der Ausrottung bedroht, sollte die globale Mitteltemperatur über zwei Grad Celsius steigen (▸ Kapitel 2). Besonders die Armen in ländlichen Gebieten des Südens haben unter dem Verlust der Biodiversität zu leiden, da sie in hohem Maße vom Lande leben und unmittelbar von den ihnen zur Verfügung stehenden Ökosystemen abhängen.

Die Biodiversitätskonvention – zwischen Schutz- und Nutzinteressen

Inzwischen zählt die 1992 angenommene Biodiversitäts-Konvention (Convention on Biological Diversity, CBD) 192 Mitgliedstaaten und ist demnach fast universell in ihrer Geltung (allerdings haben die Vereinigten Staaten auch diesen Vertrag nicht ratifiziert). Aus den komplexen Interessenlagen zwischen Naturschutz (ökologische Interessen) und Naturnutzung (ökonomische und soziale Interessen) hat die Konvention eine Tugend gemacht und dieses Geflecht kunstvoll verschränkt. Neben der Erhaltung der biologischen Vielfalt soll eine nachhaltige Nutzung von biologischen Ressourcen ermöglicht werden – und sogar ein gerechter Interessenausgleich für die Nutzung der genetischen Ressourcen angestrebt werden (Artikel 2). Die Ziele der Konvention sind also nicht nur ökologisch und ökonomisch, sondern auch ethisch und sozial motiviert.

Noch eine wichtige Neuerung gegenüber früheren Verträgen: Die CBD legt ausdrücklich fest, dass die innerhalb eines staatlichen Hoheitsgebietes vorkommenden biologischen Ressourcen nationales Eigentum sind, über das die jeweiligen Staaten volle Regelungsgewalt haben. Insbesondere die ressourcenreichen Länder des Südens verteidigten ihre territoriale Souveränität und damit das Recht, die Nutzung der genetischen Ressourcen in ihrem Hoheitsbereich selbst zu regeln. Besonders bezüglich der Sicherheit beim Umgang mit genetischem Material weist die Konvention jedoch große Regelungslücken auf. Internationale Konzerne haben diese Lücken missbraucht und offene Ökosysteme in Ländern der Dritten Welt zum Experimentieren mit genetisch veränderten Organismen benutzt.

Um diesen Zustand zu beenden, wurde im Januar 2000, nach fünf Jahren quälender Verhandlungen, das Cartagena-Protokoll (Cartagena Protocol on Biosafety) verabschiedet. Es setzt international verbindliche Sicherheitsstandards beim grenzüberschreitenden Verkehr von genetisch modifizierten Organismen. Das Protokoll trat 2003 in Kraft und legt unter anderem fest, dass jeder Import genetisch veränderten Materials in ein Land eine Genehmigung und eine Analyse des sich daraus ergebenden Risikos erfordert. Weiterhin wurde das Biosafety Clearinghouse eingerichtet, eine Datenbank mit wissenschaftlichen, technischen, umweltrelevanten und juristischen Informationen zur biologischen Sicherheit.

Im Bereich der Sicherheit im Umgang mit genetisch verändertem Material ist das Biosafety-Protokoll also ein Fortschritt, da es das Vorsorgeprinzip in der internationalen Umweltpolitik stärkt und Regierungen die Möglichkeit gibt, die Einfuhr von gentechnisch veränderten Organismen (GMO) aus Vorsorgegründen zu unterbinden oder zu regulieren. Das steht im Gegensatz zur vorherrschenden Marktlogik der Welthandelsorganisation WTO (▸ Kapitel 18). Wie das Verhältnis zwischen WTO und Umweltverträgen aussieht, gehört zu den umstrittenen Themen im Völkerrecht. Insoweit das Biosafety-Protokoll der jüngere Vertrag ist, gebührt ihm der Vorrang vor den WTO-Verträgen. Insoweit es aber von einem kleineren Kreis von Vertragsparteien als die WTO getragen wird, kann letztere Vorrang beanspruchen. Diese Unsicherheit ist schädlich – es ist deshalb wichtige Bedingung einer zukunftsfähigen globalen Architektur, dass Umwelt- und Menschenrechtsverträge generell Vorrang haben vor Handelsabkommen.

Mag die Kontrolle und Überwachung gentechnisch veränderter Organismen einen Schritt vorangekommen sein – das große Versprechen, einen gerechten Vorteilsausgleich für die Nutzung genetischer Ressourcen zu schaffen, ist bislang nicht erreicht worden. Die vornehmlich im Süden gelegenen Ressourcen werden von den großen Arzneimittel-, Nahrungs- und Futtermittelkonzernen weiterhin wie zu Zeiten des Goldrauschs ausgeplündert. Von den illegal erworbenen Milliardeneinnahmen der Unternehmen kommen den Einwohnern und indigenen Nutzern dieser Schätze jedoch lediglich Bruchteile zugute.[15]

Andere internationale Einrichtungen wie der Internationale Verband zum Schutz von Pflanzenzüchtungen oder das WTO-Abkommen für handelsbezogene geistige Eigentumsrechte konkurrieren um die Vormachtstellung bei der rechtlichen Regelung von geistigem Eigentum an biologischen Ressourcen.[16] Die kommerziellen Nutznießer der genetischen Ressourcen, also die großen Unternehmen, verwenden diese Organisationen, um Forderungen der Menschen im Süden abzuwehren.

Viele Menschen haben erst durch die Biodiversitätskonvention eine Stimme erhalten, denn sie stärkt die Rechte indigener Völker und traditioneller Gemeinschaften zur Durchsetzung ihrer Interessen. Beide Gruppen zusammen werden auf 1,5 bis zwei Milliarden Menschen geschätzt, also ein Viertel bis ein Drittel der Weltbevölkerung. Artikel 8j der CBD erkennt die Rechte dieser Völker und Gemeinschaften auf die Erhaltung der biologischen Vielfalt explizit an. Die Konvention gewährt ihnen bei den internationalen Verhandlungen einen Beraterstatus, nicht nur einen Beobachterstatus, wie ihn nichtstaatliche Organisationen genießen. Angesichts der Übermacht internationaler Konzerne, die auf den Konferenzen jeweils mit Dutzenden hoch bezahlter Anwälte auftreten, ist die Durchsetzungskraft der indigenen Völker allerdings gering. Außerdem gilt der besondere Status nur für den Umgang mit biologischer Vielfalt; denn Fragen der Nutzung ihres Territoriums und Selbstbestimmungsrechte bleiben weitgehend außen vor. Diese Lücke schließt jetzt die UN-Deklaration für die Rechte indigener Völker aus dem Jahr 2007.

Bisher sind die Erfolge des Biodiversitätsregimes spärlich. Alle Indikatoren lassen erkennen: Die biologische Vielfalt nimmt weltweit ab. Während der vergangenen 20 Jahre sind die geschützten Gebiete zwar auf rund zwölf Prozent der weltweiten Landoberfläche gestiegen. Allerdings werden vor allem wirtschaftlich uninteressante Landflächen zu Schutzgebieten erklärt; artenreiche und wirtschaftlich günstige Küstengebiete sowie der größte Teil der maritimen Ökosysteme sind stark unterrepräsentiert.[17] Und die Aufnahme in die Liste bedeutet nicht, dass diese Flächen auch faktisch genügend geschützt werden.

Dem Schutz biologischer Vielfalt spricht es auch Hohn, wenn die Schutzgebietspolitik mit Vertreibungen und Menschenrechtsverletzungen einhergeht.[18] Im Jahr 2002 verabschiedeten die Vertragsparteien der CBD deshalb einen strategischen Plan, bis 2010 den Verlust der Biodiversität signifikant zu verringern, »als einen Beitrag zur Armutsreduzierung und zum Nutzen allen irdischen Lebens« (Decision VI/26, CBD Strategic Plan). Die Biodiversitätskonferenz vom Mai 2008 in Bonn hatte daher die Einrichtung eines weltweiten Netzes von Schutzgebieten auf dem Programm, ebenso wie das noch immer strittige Thema des Zugangs zu genetischen Ressourcen und der gerechten Aufteilung der Vorteile, die aus ihrer Nutzung entstehen. Hierzu soll bis 2010 ein globales Regime entstehen, von dem vor allem die Entwicklungsländer sich viel versprechen. Dazu muss es dem Welthandelsrecht unter der WTO Paroli bieten können.

Die Urwälder – Klammer für den Biodiversitäts- und Klimaschutz

Im Schutz der Urwälder verschränken sich der Schutz des Lebendigen und der Schutz des Klimas auf vielfältige Weise. Denn die Wälder sind nicht nur die Heimat von ungezählten Tier- und Pflanzenarten und deshalb sogenannte »hot spots« der Biodiversität. Sie sind auch für das Klima von entscheidender Bedeutung: Die Zerstörung der Wälder hat einen Anteil von fast 18 Prozent an den globalen Treibhausgasemissionen und setzt damit mehr CO_2 frei als der weltweite Verkehr.[19]

Aber auch bei den Problemlösungen sind Klima und Biodiversität (ebenso wie Peak Oil) untrennbar miteinander verknüpft. Die Nutzung von Biomasse etwa, zum Ersatz fossiler Brennstoffe, ist ein »Supergau für die Biodiversität«, wie Ernst Ulrich von Weizsäcker vor kurzem formulierte. Einmal, weil die sogenannten Energiepflanzen in riesigen Monokulturen angebaut werden – eine Wüste für die Biodiversität, unter Umständen auch noch genetisch modifiziert. Und dann muss für den Anbau dieser schnell wachsenden Pflanzen neues Land urbar gemacht werden – eine der Hauptursachen für die Abholzung der Wälder. Brasilien und Indonesien sind aufgrund der Urwaldzerstörung und den damit verbundenen Emissionen mittlerweile auf die Plätze drei und vier der weltweit stärksten CO_2-Verschmutzer aufgerückt (nach China und den USA).

Der Schutz der Wälder rückt damit an eine zentrale Stelle sowohl für die Erhaltung der Biodiversität als auch für die Abwehr des Klimawandels. Bisher ist es den großen Waldnationen – also Kanada, USA, Brasilien, Malaysia, Indonesien, Finnland und Russland – gelungen, die jahrzehntelangen Verhandlungen für den Waldschutz zu verschleppen und unverbindlich zu halten. Die »Walderklärung« von Rio war völkerrechtlich unverbindlich, ebenso die vielen früheren multilateralen Foren der Waldpolitik und jetzt das »UN-Waldforum«. Als Mitgliedstaaten der Biodiversitätskonvention setzen diese Staaten alles daran, völkerrechtlich verbindliche Beschlüsse zu verhindern und die Biodiversitätskonvention beim Waldschutz außen vor zu halten. Gelingt das, werden die Ziele für die Erhaltung der biologischen Vielfalt verfehlt werden.

Was die Speicherung von Kohlenstoff durch Aufforstung betrifft, so ist sie nach dem Kyoto-Protokoll in bestimmtem Rahmen anrechenbar. Papua-Neuguinea und andere waldreiche Staaten haben weitergehend in den Klimaverhandlungen vorgeschlagen, die vermiedene Entwaldung in den Emissionshandel einzubeziehen. Das wäre jedoch ein Irrweg. Auch die Kompensation von Emissionen der Industriestaaten durch Aufforstungen in Ländern des Südens ist nicht zukunftsfähig. Die verfügbare globale Landfläche würde nicht ausreichen, um die klimaschädlichen Emissionen aus dem Energiesektor auszugleichen. Nein, eine effektive Lösung des Klimaproblems kann nur durch die Reduzierung der Emissionen selbst erreicht werden, nicht durch faule Kompensationsgeschäfte.

Die beste Lösung für den Schutz der Wälder aus Gründen des Klimaschutzes und für die Erhaltung des Lebens in diesen Wäldern ist ein groß angelegtes Programm inklusive eines gut ausgestatteten Fonds, wie es zum Beispiel Brasilien vorgeschlagen hat. Nicholas Stern beschreibt in seinem Bericht den Waldschutz als die wirksamste Methode des Klimaschutzes und rechnet mit Kosten von rund fünf Milliarden US-Dollar jährlich, um die Waldzerstörung in den acht größten Waldländern zu stoppen.[20] Ein solches Programm sollte die Interessen des Klimaschutzes zwar vertreten und voranbringen, aber dennoch eher im Rahmen der Biodiversitätskonvention eingerichtet werden, weil dort die Expertise vorhanden ist und die Wälder nicht vorrangig als Kohlenstoffspeicher gesehen werden. Die CBD wäre auch der richtige Rahmen, um verbindliche internationale Standards für den Handel mit Holz-, Agrar- und Biomassegütern festzulegen. Nur im Rahmen der Biodiversitätskonvention können auch die Rechte von indigenen und lokalen Gemeinschaften gesichert werden, um mit ihnen ein dezentrales, nichtindustrielles und nachhaltiges Management von Wäldern zu ermöglichen. Um die Wälder effektiv schützen zu können und die beiden Ziele Klimaschutz und Schutz der biologischen Vielfalt nicht gegeneinander auszuspielen, ist schließlich insgesamt eine viel stärkere Kooperation der Experten und Organe aus beiden Bereichen notwendig.

16.4 Institutionen einer Erdpolitik

Ohne Zweifel: Die Verhandlungen im Rahmen der offiziellen Klimapolitik reichen nicht aus für die Lösung des Klimaproblems. Zukunftsfähigkeit und Klimafreundlichkeit müssen zu einem wesentlichen Gestaltungsprinzip für viele Politikfelder werden – von der Verkehrspolitik über den Wohnungsbau bis zur Landwirtschaft. Und dieses Postulat gilt ebenso für die Außenpolitik, die Entwicklungszusammenarbeit und auch die internationale Sicherheitspolitik, denn der Klimawandel wird praktisch jeden vorhandenen Konflikt verschärfen und neue Konflikte schaffen.

Entwicklungsbanken neu orientieren

Um die Herausforderungen der ökologischen Krise zu bestehen, steht an, die internationalen Wirtschaftsinstitutionen umzubauen; denn diese sind auf vielfältige Weise mit den ökologischen und sozialen Krisen des 21. Jahrhunderts verflochten. So hat der Internationale Währungsfonds (IWF) in vielen Fällen mit strikten Vorgaben die Armut in Entwicklungsländern massiv verschärft. Auf der ökologischen Seite wurden die Empfängerstaaten zur Begleichung von Schulden häufig gezwungen, ihre natürlichen Ressourcen auszubeuten und auf dem Weltmarkt zu verkaufen. Dies bedeutete im Falle Indonesiens und Brasiliens Ende der 1990er Jahre, die Regenwälder zum Kahlschlag für ausländische Unternehmen freizugeben.[21]

Ähnlich destruktiv wirkt in vielen Fällen die Unterstützung von Entwicklungsländern durch die Weltbank. Trotz vieler Anläufe zur Änderung der Vergabekriterien hat sich an der Ausrichtung auf die Ausbeutung fossiler Ressourcen nicht viel geändert.[22] Dabei hatte die Weltbank zu Beginn des neuen Jahrhunderts eine gut besetzte Kommission damit beauftragt, die Projektbedingungen im Bereich der Rohstoffe zu prüfen. Sie kam zu einer fast schon revolutionären Empfehlung: Die Förderung von Projekten in den Bereichen Öl, Bergbau und Erdgas solle innerhalb von fünf Jahren eingestellt und auf erneuerbare Energien ausgerichtet werden.[23]

Die Empfehlungen der Kommission verschwanden jedoch stillschweigend in der Versenkung. Stattdessen wird weiter in die Ausbeutung fossiler Ressourcen investiert und der Bau von Kohlekraftwerken unterstützt. Auch die neuen Planungen der Weltbank für ein Clean Energy for Development Investment Framework setzen stark auf die Förderung von Kohle und Kohlevergasung als Ersatz für Erdöl und Erdgas. Damit das Programm nicht zu klimaschädlich aussieht, soll die Speicherung von CO_2 ebenfalls unterstützt werden. Auf diese Weise investiert die Weltbank pro Jahr zwischen zwei und drei Milliarden Dollar in fossile Energieprojekte und lediglich fünf Prozent dieser Summe in erneuerbare Energien.[24]

Natürlich ist der ökologische Raubbau im Süden nicht allein diesen Einrichtungen anzulasten. Mindestens ebenso schädlich ist das Konzept von »nachholender Entwicklung« selbst, das bislang der multilateralen und staatlichen Entwicklungshilfe zugrunde liegt.[25] Schädlich für das Überleben der Ökosysteme im Süden ist auch die grundlegende Hypothese aller Entwicklungsbanken, dass es den Entwicklungsländern vor allem an einer ausreichenden Kapitalausstattung fehlt.[26] Schließlich ist nicht zu bestreiten, dass viele Herrschende in den Ländern des Südens nur zu gerne ihre eigenen Ressourcen »in Wert setzen«, um sich privat zu bereichern.

Die Hauptforderung lautet darum, die Förderpraxis von Grund auf zu verändern, sodass sie den Umbau zu einer solaren Gesellschaft unterstützt und nicht behindert. Es herrschen berechtigte Zweifel, ob die genannten Institutionen die erforderliche Reformfähigkeit aufweisen, oder nicht besser ihr Mandat auslaufen sollte. Aber der Klimaschutz kann, wie Susan George angemerkt hat, nicht warten, bis die soziale Revolution geglückt ist.[27] Es muss in den nächsten zehn bis 15 Jahren zu einer Trendwende in den Emissionen von Treibhausgasen kommen. Ungefähr derselbe Zeitraum steht zur Verfügung, um die biologische Vielfalt vor einem Debakel zu bewahren. Deshalb müssen der IWF und die Weltbank auf die neuen Aufgaben des 21. Jahrhunderts ausgerichtet werden.

Um die epochale Herausforderung des Klimawandels und der Ressourcenkrisen bestehen zu können, müssen Nord und Süd an einem Strang ziehen, denn es kann nur eine gemeinsame Zukunft geben. Für Weltbank und IWF bedeutet dies, dass eine gleichberechtigte Partizipation des Südens in den Entscheidungsgremien gewährleistet werden muss. Die vom neuen IWF-Chef Dominique Strauss-Kahn im April 2008 angestoßene, bescheidene Abtretung von Stimmrechten vom Norden an den Süden ist zwar ein symbolischer Schritt in die richtige Richtung. Sie reicht aber keinesfalls aus, um eine gleichberechtigte Mitwirkung zu erlangen, die aus Sicht des Südens als Voraussetzung für die Zukunftsfähigkeit von IWF und Weltbank unabdingbar ist.

Weitgehende Übereinstimmung besteht bei den meisten Kritikern darüber, dass die Transparenz und Rechenschaftspflicht der Weltbankgruppe und des IWF deutlich erhöht werden muss. Hierzu zählen eine Informationspflicht gegenüber der Öffentlichkeit, Mitwirkungsrechte für zivilgesellschaftliche Akteure (mindestens nach dem Vorbild von UN-Organisationen im Umweltbereich oder etwa der UN-Ernährungs- und Landwirtschaftsorganisation FAO), der Verpflichtung zur Kohärenz mit anderen UN-Abkommen, und der Einhaltung des internationalen Rechts. Hierzu zählt auch, dass Geschädigten der Rechtsweg offensteht, um IWF und Weltbank bei Beschwerdeinstanzen, Schiedsstellen oder gegebenenfalls gerichtlich auf Wiederherstellung ihrer Rechte sowie Schadensersatz verklagen zu können.

Die Umweltorganisationen der UN ...

Die mit dem Schutz der Umwelt betrauten internationalen Einrichtungen sind bisher nicht besonders schlagkräftig. Das Umweltprogramm der Vereinten Nationen (UNEP) mit Sitz in Nairobi ist klein, hat keine operativen Befugnisse und die Finanzierung steht auf wackligen Beinen. Es fehlt an einer starken Organisation mit Verantwortung für die globale Umwelt und Nachhaltigkeit – auch als Gegenspieler der starken Handels- oder Finanzinstitutionen. Die internationale Umweltpolitik findet hauptsächlich und zum Teil durchaus erfolgreich in den mehr als 100 globalen und in den über 140 regionalen multilateralen Umweltabkommen statt. Diese Vielzahl der Umweltabkommen hat jedoch ihre Schattenseiten: Die Umweltverträge sind nur unzureichend koordiniert und häufig finanziell dürftig ausgestattet. Obendrein fehlt es an effektiven Entscheidungsverfahren und Verfahren zur Durchsetzung völkerrechtlicher Verpflichtungen.

Perspektivisch muss über eine grundlegende Reform der institutionellen Struktur nachgedacht werden, so wie es der Wissenschaftliche Beirat der Bundesregierung Globale Umweltveränderungen (WBGU) mit dem Vorschlag einer Earth Alliance zu Beginn des neuen Jahrtausends gemacht hat.[28] Ende der 1980er Jahre gab es von Neuseeland den Vorschlag, einen »Environmental Protection Council« zu gründen, der bindende Entscheidungen fällen sollte. Deutschland hatte unter Helmut Kohl in der Mitte der 1990er Jahre ähnliche Vorstellungen. Bislang haben weder die soziale noch die ökologische Gerechtigkeit eine Stimme in der internationalen Arena. Dies ist die Schwachstelle des internationalen Systems, die sich für die friedliche und gerechte Zukunft unseres Planeten fatal auswirken könnte. Erforderlich ist deshalb eine Stärkung der Institutionen, um eine effektive und sozial gerechte Umwelt- und Menschenrechtspolitik durchsetzen zu können. Parallel sollte der Wirtschafts- und Sozialrat der Vereinten Nationen in seinen Kompetenzen gestärkt und erweitert werden.

... und ein globaler Klima-Fonds

Die Lufthülle der Erde, die für alles Leben unverzichtbar ist, aber sich gleichzeitig als begrenzt und hoch gefährdet erweist, kann nicht Einzelinteressen und dem Zugriff ökonomischer oder politischer Macht überlassen bleiben, weil dann unlösbare Konflikte unausweichlich sind. Die Erdatmosphäre muss darum in gemeinschaftliche Nutzung überführt werden. Das geschieht am besten durch eine globale Treuhandorganisation, einen Klimatrust. Er hat eine doppelte Aufgabe: Er muss die schon erfolgte und gegenwärtig weiter steigende Überlastung der Atmosphäre zurückführen auf das ökologisch vertretbare Maß, und er muss die in Zukunft zu vergebenden Verschmutzungsrechte auf faire Weise so verteilen, dass die berechtigten Wachstumsansprüche der Entwicklungsländer berücksichtigt werden. Er legt fest, wie viele Emissionen mit der Bewahrung des Klimas verträglich sind, und auf welche Weise eine gleichberechtigte Nutzung erfolgen kann. Er kann Sanktionen gegen missbräuchliche Nutzung verhängen. In den Kapiteln 10 und 13 wird beschrieben, wie er zu denken ist, wie er funktionieren kann, und wie Vorformen, vor allem der Emissionshandel, zu ihm hinführen können.

Weltinnenpolitik

Seit dem Aufkommen der Nationalstaaten war es die vornehmste Aufgabe der Außenpolitik, für die Selbstbehauptung eines Landes zu sorgen. Von außen kommende Gefahren für den Staat, sein Territorium und seine Bevölkerung waren abzuwehren, der von innen kommende Anspruch auf Geltung und Macht war wiederum im Außenraum durchzusetzen. Diesem Verständnis auswärtiger Politik hat die zunehmende ökologische, ökonomische und kulturelle Verflechtung der Weltgesellschaft den Boden entzogen. Die Trennung zwischen Innen und Außen löst sich zusehends auf.

Vor einem Vierteljahrhundert brachte ein deutscher Bundeskanzler die politische Konsequenz weltweit angewachsener Interdependenz auf den Punkt: Alle Außenpolitik, so Willy Brandt in Aufnahme eines von Carl Friedrich von Weizsäcker geprägten Begriffes, sei von nun an nichts anderes als Weltinnenpolitik. Und mit der Verflechtung wächst die Verwundbarkeit in Zeiten sozialer und ökologischer Krisen. Auf vielfache Weise sind zu Beginn des 21. Jahrhunderts die inneren Angelegenheiten eines Landes von transnationalen Kraftfeldern beeinflusst. So waren die USA nicht in der Lage, ihr Land gegen die Attentäter des 11. September 2001 zu schützen. Kein Ozean ist weit genug, keine Mauer hoch genug, um selbst mächtige Länder gegen Wirtschaftskrisen, Epidemien, ökologische Gefahren und staatenlose Gewalt abzuschirmen. Die Gedankenspiele zur Abschottung Europas gegen die Armuts- und Umweltflüchtlinge aus Afrika beweisen nur zu gut die Relevanz des Themas, aber auch die Unfähigkeit zum vorbeugenden Handeln.

In der Peak-Oil-Krise (▶ Kapitel 2) wird die gegenseitige Abhängigkeit der Innen- und Außenpolitik besonders deutlich: Ohne Verringerung der Ölabhängigkeit im Innern werden Deutschland und Europa weiter von einer störungsfreien Ölversorgung abhängig sein – und damit auch abhängig von den Öl produzierenden Staaten. Ein Ausstieg aus den fossilen Brennstoffen ist deshalb zentral für eine richtig verstandene Sicherheitspolitik. Umgekehrt wird die nationale Klimapolitik dadurch unterstützt, dass es ein auf Kooperation gegründetes internationales Regime gibt und die wirtschaftliche Konkurrenz unter Kontrolle gehalten wird. Und je besser die hoch industrialisierten Staaten den Süden beim Übergang in die solare Gesellschaft unterstützen, desto länger reicht das Öl. Außen-, Umwelt- und Entwicklungspolitik müssen Hand in Hand arbeiten – eben Weltinnenpolitik im Brandt'schen Sinne werden.

Mit zwingender Konsequenz stellt sich auch die gegenseitige Abhängigkeit von Innen- und Außenpolitik beim Klimawandel selbst dar: Sowohl die Industrie- als auch die Entwicklungsländer emittieren jeweils etwa 50 Prozent der Treibhausgase (mit stark steigender Tendenz in den Entwicklungsländern). Und alle zusammen produzieren wir das Vierfache dessen, was die Ökosysteme unseres Planeten (vor allem die Ozeane) ohne Schaden aufnehmen könnten. Sollten also, bildlich gesprochen, die Industriestaaten von heute auf morgen komplett verschwinden, müssten die Entwicklungsländer dennoch mit der Verringerung ihrer Emissionen beginnen, denn sie emittieren ungefähr das

Doppelte dessen, was klimaverträglich wäre. Das Gleiche gilt natürlich auch umgekehrt – gerade die verwundbarsten Entwicklungsländer sind in hohem Maße darauf angewiesen, dass der Norden sehr schnell seine Emissionen zurückfährt.

Es entsteht deshalb eine neue Art von Gleichgewicht des Schreckens zwischen Norden und Süden in der Fähigkeit, einander wechselseitig den Lebensraum zu zerstören.[29] Sowohl Entwicklungsländer als auch Industriestaaten müssten nur dem Weg der fossilen Energiesysteme weiter folgen, um die Erde unbewohnbar zu machen. Ein wichtiger Unterschied zum Kalten Krieg des 20. Jahrhunderts besteht jedoch: Damals musste lediglich nicht gehandelt, also auf den atomaren Schlagabtausch verzichtet werden. Heute jedoch ist Handeln erforderlich, und zwar gemeinsames Handeln.

Über die Krisenlagen der Biosphäre sind die Länder der Welt unentrinnbar miteinander verflochten; denn Umwelt- und Ressourcenkrisen bringen transnationale Gefährdungsketten hervor und werden ihrerseits über transnationale Wirkungsketten genährt. Das verändert die Koordinaten der Außenpolitik unwiderruflich. Konflikte werden nur dann erfolgreich vermieden oder aber gelöst werden können, wenn sich die Außenpolitik als Erdpolitik versteht. Und das richtig verstandene nationale Interesse, das natürlich weiterhin Leitlinie des außenpolitischen Handelns ist, umfasst heute über eine Vielzahl an Rückkopplungsmechanismen das Wohlergehen aller Menschen auf diesem Planeten. In diesem Sinne ist nicht mehr das nationale Interesse der hauptsächliche Bezugsrahmen der Außenpolitik, sondern das globale Gemeinwohl.

Anmerkungen

1 z. B. WBGU (2001)
2 Stern (2007)
3 Oberthür/Ott (2000); Yamin/Depledge (2004)
4 Ecofys/Wuppertal Institut (2008)
5 Stern (2007), S. 491–493
6 UNFCCC (2007)
7 Baer et al. (2007)
8 World Future Council/ Bianca Jagger (2008), S. 2
9 In Anlehnung an: Heinrich Böll Stiftung (2002), S. 75–76
10 WISIONS of Sustainability (2005), S. 3
11 ozone.unep.org
12 UNEP (2007)
13 Wittneben et al. 2006

14 Millennium Ecosystem Assessment (2005)
15 Frein/Meyer (2008)
16 Wuppertal Institut (2005)
17 UNEP (2007)
18 Geisler/de Sousa (2001); Schmidt-Soltau (2005)
19 Metz et al. (2007), S. 29
20 Stern (2007)

21 Hersel (2005)
22 Bank Information Center et al. (2006)
23 Weltbank (2003)
24 Bank Information Center et al. (2006)
25 Sachs (1993)
26 Hersel (2005), S. 53
27 George (2007)
28 WBGU (2001)
29 Ott (2008)

MehrWert schöpfen: Verantwortung entlang globaler Produktketten

Die Wirtschaft hat sich globalisiert. Komplexe Produktionsnetzwerke umspannen den Erdball, und die Waren in den Einkaufszentren haben oft lange Reisen hinter sich. Wird an den fernen Produktionsorten die Natur strapaziert, werden die Arbeiter geknebelt? Die Verantwortung für naturschonende und faire Produktionsbedingungen lässt sich nicht mehr auf einzelne Betriebe beschränken; sie ist zu einer globalen Gestaltungsaufgabe geworden. Doch die Welt hat keine Regierung: Welche Ansätze gibt es dennoch, mehr Ökologie und Fairness in transnationale Wertschöpfungsketten zu bringen?

M irja wacht auf und (…) schlüpft in ihre 30 Kilogramm schwere Jeans, macht sich Kaffee mit ihrer 52 Kilogramm schweren Maschine (…) Nachdem sie ihre 3,5 Kilogramm schweren Joggingtreter angezogen hat, radelt sie mit ihrem 400 Kilogramm schweren Fahrrad zum Büro. Dort angekommen, schaltet sie ihren tonnenschweren Computer ein und führt ihr erstes Gespräch mit ihrem 25 Kilogramm wiegenden Telefon.«[1]

Wie jeder Mensch verbraucht Mirja im Alltag Ressourcen. Aber genau betrachtet nutzt sie keineswegs nur die Materialien, aus denen die Produkte gemacht sind, sondern auch deren »ökologische Rucksäcke« (▸ Kapitel 5). An Gewicht sind sie meist viel schwerer als das Produkt selbst – unsichtbar für Mirja, aber dennoch real. Sie fassen zusammen, was entlang geografisch weitgespannter Produktionsketten an

Ressourcenverbrauch anfällt. Denn Jeans, Kaffeemaschine, Jogging-schuhe, Fahrrad, Computer und Telefon, also jedes Produkt aus Mir-jas Morgenwelt, sind das Ergebnis von Wertschöpfungsketten, die sich oftmals über viele Länder erstrecken.

17.1 Hohe Kosten tiefer Preise

Eine Wertschöpfungskette umfasst alle Aktivitäten, die notwendig sind, um ein Produkt von der Rohstoffgewinnung über die verschiede-nen Phasen der Produktion und Verarbeitung zu den Endkonsumen-ten zu bringen und schließlich nach seinem Gebrauch zu entsorgen. Unternehmen, Arbeiter und Konsumenten vernetzen sich dabei inter-national über Waren-, Finanz- und Informationsströme. Schiffe, Last-wagen und Flugzeuge transportieren Waren von einem Unternehmen zum nächsten, Geld fließt als Gegenleistung und Informationen wer-den zwischen den Akteuren ausgetauscht (▸ Abbildung 17.1).

Dabei schöpfen die Unternehmen entlang der Kette ökonomischen Wert, soweit es bei jeder Stufe gelingt, eine Gewinnmarge zwischen dem Beschaffungspreis von Vorprodukten, Arbeit und Kapital einer-seits und dem Verkaufspreis des Produktes andererseits zu realisie-ren. In Leistungsbeschreibungen wird festgelegt, wie das gewünschte (Vor-)Produkt aussehen und welche Qualität es haben muss, auf wel-che Weise es hergestellt werden soll und in welcher Stückmenge es wann geliefert werden muss. Bei sehr vielen Produkten kann das ein-kaufende Unternehmen – beispielsweise aus Deutschland – die Inhalte der Leistungsbeschreibungen bestimmen.

Allerdings sind die Akteure in der Wertschöpfungskette auch in loka-le und nationale Umfelder mit unterschiedlichen sozioökonomischen Kontexten eingebettet. So prägen nationale Institutionen wie Gesetze oder ethische Normen das Umfeld von Unternehmen oder auch die ge-sellschaftliche Haltung gegenüber Preisen oder Produktionsprozessen. Darüber hinaus sind alle Akteure mit globalen Strukturen umgeben, die ihr Handeln bestimmen, beispielsweise der globale Standort-wettbewerb, internationale Handelsregeln, Bedingungen der Kapital-

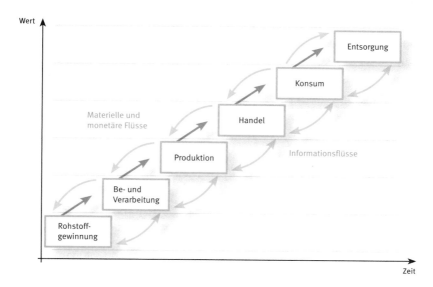

märkte und so weiter. Umgekehrt können Unternehmen ihre Umfelder in unterschiedlichem Maße beeinflussen, beispielsweise durch ihre politische Lobbyarbeit oder ihre soziale Vernetzung im kommunalen Umfeld.

Die Wertschöpfungsketten sind unterschiedlich einfach oder komplex strukturiert. Die Kette eines Apfels verbindet möglicherweise nur wenige Akteure miteinander. Andere Wertschöpfungsketten, wie die von Notebooks oder Jeans, umfassen viele einzelne Produktionsschritte, die oft über die ganze Welt verstreut von rechtlich voneinander unabhängigen Unternehmen durchgeführt werden. Im Bekleidungsbereich haben große deutsche Handelshäuser oder Markenunternehmen mehr als 1000 direkte Zulieferer, und diese haben zusammen oft über 10 000 bis 20 000 weitere Sublieferanten, wenn man alle Produktionsschritte von der Baumwolle bis zum fertigen T-Shirt berücksichtigt. Die Koordinierung der gesamten Kette inklusive der Sub- und Sub-Sub-Lieferanten wird in solchen Ketten logistisch und produktionstechnisch enorm aufwendig.

Weil aber komplexe Produktketten in ökologische und soziale Kontexte eingebettet sind, ist es unerlässlich, ihre vielfältigen Auswirkungen in den Blick zu nehmen. Keine Analyse von Produktketten ist vollständig, die nicht die Natur-, Human- und Sozialverträglichkeit dieser Wirkungen untersucht. Denn zur langfristigen Sicherung der menschlichen Existenz und Würde sind der Erhalt der Naturleistungen, die Achtung grundlegender Menschenrechtsabkommen und Chancengerechtigkeit für alle Beteiligten unentbehrlich.

Öko-faire Wertschöpfungsketten[3]

(I) erhalten die Lebensfähigkeit und Vielfalt der Ökosysteme mit ihren Funktionen dauerhaft, indem sie Schäden vermeiden und mit unvermeidbaren Umweltschäden den nachhaltig verfügbaren Umweltraum nicht übernutzen (Naturverträglichkeit),

(II) achten international vereinbarte Menschen- und Arbeiterrechte und tragen zur Armutsminderung und Sicherung der Grundbedürfnisse von beteiligten und betroffenen Menschen bei (Humanverträglichkeit),

(III) bieten den Beteiligten und Betroffenen die Möglichkeit einer sozialen, ökologischen und ökonomischen Teilhabe. Darunter wird die Chance aller verstanden, die eigene Position innerhalb der Wertschöpfungskette zu verbessern und das Leben eigenständig zu gestalten (Sozialverträglichkeit).

Hoher Ressourcenverbrauch und Umweltbelastungen

Ein zentrales Problem globaler Wertschöpfungsketten sind Ressourcenverbrauch und Umweltbelastung.[4] Stoffstromanalysen zeigen, dass in den vergangenen Jahren die Ressourcenentnahme innerhalb der industrialisierten Länder zwar rückläufig ist, dass aber die ökologischen Rucksäcke der eingeführten Rohstoffe, Halbwaren und Güter angestiegen sind. Entwicklungsländer dienen dabei der EU als stetige Rohstofflieferanten, während Schwellenländer in und außerhalb Europas zunehmend die Rolle der Rohstoff- und Halbwarenlieferanten übernehmen. So entsteht zwar mehr und wachsende Wertschöpfung in den rohstoffliefernden Ländern, häufig aber durch Waren mit höherer Intensität an Umweltbelastung.[5] Gründe hierfür liegen in der Qualität der Rohstoffe und Halbwaren, bei den geringeren Kosten ihrer Förderung und Produktion sowie in den niedrigeren Umweltschutzanforderungen in Entwicklungsländern.[6]

Am Beispiel der Jeans kann die Umweltbelastung entlang des Lebenszyklus illustriert werden: Für eine Jeans benötigt man gut 600 Gramm Baumwolle, die vor allem in China, den USA, Indien, Usbekistan und Kasachstan angebaut wird. Dafür werden pro Kilogramm Baumwolle – je nach Niederschlag, Boden und Bewässerung – bis zu 20 000 Liter Wasser zur Bewässerung der Felder verwendet, mit weitreichenden Folgen. In Usbekistan und Kasachstan hat insbesondere der intensiv betriebene Baumwollanbau etwa dazu geführt, dass das Wasservolumen des Aralsees binnen 35 Jahren sich auf zehn Prozent der ursprünglichen Menge reduzierte.[7] Durch den Wegfall des Tourismus und der Fischerei gingen viele Arbeitsplätze verloren, und 97 Prozent aller Frauen um den See leiden durch die Versalzung der Region an Blutarmut.[8] Auch die nachfolgenden Verarbeitungsprozesse wie das Färben und Bleichen der Stoffe hinterlassen ihre Spuren. In der südindischen Textilstadt Tirupur beispielsweise – wo Umweltgesetze nur unzureichend überprüft werden – lassen die 600 Färbereien und Bleichereien täglich 75 000 Kubikmeter Abwasser ungeklärt in den lokalen Fluss Noyyal. Die Verschmutzung des Wassers hat verheerende Auswirkungen auf Bevölkerung und Umwelt im Umkreis von mehreren Kilometern um die Stadt und um den Fluss. So erbrachte dort die Landwirtschaft keine Erträge mehr, worauf die lokalen Bauern Ende der 1990er Jahre begannen, gegen die Industrie zu protestieren. Nach mehreren Jahren erreichten sie einen Teilerfolg: das Landesgericht verurteilte die lokale Industrie dazu, sich zumindest an der Begleichung der für die Landwirtschaft verursachten Schäden mit rund zehn bis 20 Millionen Euro zu beteiligen und künftig Vorsorge zu betreiben.

Die materielle Seite der virtuellen Welt

Nach Untersuchungen am Wuppertal Institut[9] wiegt der ökologische Rucksack der Produktion eines 2,8 Kilogramm schweren Notebooks über 400 Kilogramm. Durch eine intensive Nutzung und den einhergehenden Stromverbrauch kann der Rucksack noch einmal über 600 Kilogramm an Gewicht zulegen. Insbesondere die hinter einem Computer stehende Infrastruktur (dazu gehören sogenannte Server, Router, Gateways, Repeater, Switches und Backbone Networks) und die Kühlung der ununterbrochen betriebenen Hardware sind hierfür verantwortlich. Nach Schätzungen werden für das deutsche Internet zwei Prozent des gesamten deutschen Stromverbrauchs benötigt, mit steigender Tendenz. Bis 2010 könnte der Anteil auf sieben Prozent ansteigen, was der Energieleistung von etwa vier Atomkraftwerken entspricht. Nicholas Carr, ehemaliger Executive Editor des Harvard Business Reviews, hat einmal die Energiebilanz der virtuellen Charaktere im Internetspiel Second Life (Avatare) aufgestellt. Danach hinterlässt ein nur virtuell existierender Avatar in Second Life einen CO_2-Fußabdruck wie ein Durchschnittsbrasilianer.[10]

Schließlich ist auch die Entsorgung von Computern und anderen elektronischen Geräten wegen der rasch wachsenden Mengen von Elektronikschrott problematisch. Allein nach China werden jährlich vier Millionen PC als Computerschrott transportiert. Der größte Teil des weltweit anfallenden Elektronikabfalls wird heute in ärmeren Ländern »entsorgt«. Gefährlich sind dabei einige toxische Inhaltsstoffe wie zum Beispiel die Schwermetalle und ihre Verbindungen sowie halogenierte Flammschutzmittel wie etwa Tetrabrombisphenol A (TBB) oder polybromierter Diphenylether (PBDE).[11]

Unwürdige Arbeitsbedingungen

Der Lebensweg eines Produktes betrifft nicht nur die Umwelt, sondern auch die beteiligten Menschen. Zunächst schaffen Konsum und Produktion in Deutschland über globale Wertschöpfungsketten für viele Menschen im Süden der Welt einen Arbeitsplatz. In Bangladesch beispielsweise arbeiten weit über eine Million Frauen in Bekleidungsfabriken und nähen Jeans, T-Shirts und anderes für den Export – fast 80 Prozent der Devisen Bangladeschs sind der Bekleidungsindustrie zuzuschreiben. Ebenso schafft die Computerindustrie eine Vielzahl von Arbeitsplätzen, vor allem in China, wo über 50000 Menschen ausschließlich Notebooks zusammenbauen.[12] Doch unter welchen Bedingungen wird dort gearbeitet?

In Deutschland sind Arbeitsstandards gesetzlich geregelt, und in der Regel werden sie auch zuverlässig kontrolliert. Auf dem Weltmarkt aber wird die Durchsetzung international festgelegter Arbeitsrichtlinien sehr viel komplizierter, vor allem weil die Kontrolle nationaler Gesetze in vielen Entwicklungsländern zu wünschen übrig lässt. In der Folge sind Unternehmen – gewollt oder ungewollt – durch Auslagerung der Produktion in andere Länder imstande, zu hohen sozialen und ökologischen Kosten zu produzieren, ohne für diese aufkommen zu müssen. Fehlende Rahmenbedingungen und der Druck des globalen Wettbewerbs führen dazu, dass nationale Arbeitsstandards verletzt werden oder gegen grundlegende Menschenrechte, wie die international anerkannten Kernarbeitsnormen der Internationalen Arbeitsorganisation (ILO), verstoßen wird. Bangladesch zum Beispiel hat, wie andere Niedriglohnländer auch, sogenannte Exportproduktionszonen zur Stärkung der nationalen Wettbewerbsposition eingerichtet. Hier sind Fabriken oft moderner und genügen höheren Standards als sonstige Produktionsstätten. Doch um im internationalen Wettbewerb um Zugang zu Wertschöpfungsketten Investoren attraktive Bedingungen anzubieten, setzen sich Regierungen auch über internationale Verträge hinweg: Bangladesch hat zwar die zwei zentralen ILO-Kernarbeitsnormen zur Versammlungsfreiheit unterzeichnet, aber faktisch verbietet die Regierung in den Exportproduktionszonen die Bildung von Gewerkschaften.

Obwohl sich in den vergangenen Jahren vor allem die Arbeitssicherheit in der Bekleidungsindustrie etwas verbessert hat, zeigen Studien, dass 90 Prozent von über 1000 Bekleidungslieferanten des deutschen Einzelhandels die von den Handelsunternehmen selbst verlangten Sozialstandards bei der Produktion der Waren nicht einhalten.[13] So hält die Regierung von Bangladesch den gesetzlichen Mindestlohn bewusst sehr niedrig, um im globalen Wettbewerb als attraktiver Standort beispielsweise gegenüber China zu gelten, welches sich durch Unterbewertung seiner Währung zusätzliche Wettbewerbsvorteile verschafft. Die Missachtung der international vereinbarten Kernarbeitsnormen der ILO sichert zugleich niedrige Einkaufspreise auch für deutsche Unternehmen.

Ungleiche Chancen

Es ist mittlerweile auch vom Internationalen Währungsfonds (IWF) dokumentiert, dass in den vergangenen zwei Dekaden die Einkommensungleichheit innerhalb der meisten Regionen und Länder zugenommen hat.[14] Zwar haben sich die Einkommen der Armen in absoluten Zahlen verbessert, doch im Vergleich mit den Reichen verschlechtert – die Schere wird größer. Dazu trugen – laut IWF – technologische Fortschritte, aber auch eine zunehmende Globalisierung der Finanzmärkte, insbesondere die Zunahme der Auslandsinvestitionen (Foreign Direct Investments, FDI) bei. Der IWF plädiert daher für eine breitere und gleichmäßigere Verteilung der Früchte der Globalisierung und des technologischen Fortschritts.

Problematisch in globalen Wertschöpfungsketten ist, dass meist der geringere Teil in den ärmeren Ländern verbleibt, der wesentliche Teil der Wertschöpfung, der auf wissensintensiven Verarbeitungsprozessen wie Innovationen oder symbolischen Werten, wie Markennamen oder geografischen Herkunftsbezeichnungen beruht, aber in den reichen Ländern stattfindet.[15] Länder, die vom Export primärer Rohstoffe abhängen, sind besonders den Schwankungen der Weltmarktpreise ausgesetzt.

Ein typisches Beispiel stellt die Kaffeekette dar: Die Verbraucher zahlen im Supermarkt einen relativ stabilen Preis für ein Pfund Kaffee, beim Konsum in Cafés oder Bars steigt der Preis aufgrund zunehmender Nebenkosten (wie Miete, Wasser, Strom) und nichtmaterieller Werte (wie Ambiente, Präsentation). Auf der anderen Seite erreichten Ende 2001 die Kaffeehandelspreise weltweit ein Jahrhunderttief, so dass der an der New Yorker Börse errechnete Preis sich durchschnittlich auf rund 0,45 US-Dollar pro Pfund Kaffee[16] belief, womit die Produktionskosten in vielen Kaffeeproduktionsländern nicht gedeckt wer-

Gefrorene Hühnerteile überschwemmen Kameruns Märkte

Frische Hühnchenbrust wird zu hohen Preisen von etwa fünf bis neun Euro/Kilogramm auf dem deutschen Markt verkauft; darüber »amortisiert« sich die Geflügelproduktion.[17] Die restlichen Teile wie Flügel oder Hälse werden gefroren und quasi als Abfallprodukte und zu Dumpingpreisen von nur 0,70 Euro/Kilogramm exportiert, zum Beispiel nach Kamerun. Dort hat der Beitritt Kameruns zur WTO im Jahr 1995 eine Senkung der Zölle auf Fleischimporte von 80 auf 20 Prozent bewirkt. In der Folge stiegen die Importe der Geflügelabfallprodukte binnen zehn Jahren um das Vierhundertfache an, drei Viertel davon stammten aus der EU. Die Importe haben inzwischen die Kameruner Geflügelproduktion vom Markt verdrängt. Rund 120 000 Arbeitsplätze gingen verloren, und viele Kleinproduzenten und ihre Familien kämpften um ihr Überleben. Die schwer kontrollierbare Kühlkette in den Tropen stellt zudem eine Gesundheitsbedrohung für die Bevölkerung dar; Stichprobenkontrollen zeigten, dass 84 Prozent der untersuchten Hähnchenteile für den menschlichen Verzehr ungeeignet waren. Doch 2004 gelang zum Glück die Wende: Die Kameruner Bürgerrechtsbewegung Association Citoyenne de Défense des Intérêts Collectifs (ACDIC) startete eine Kampagne gegen die »Hühner des Todes«, die von einem breiten Bündnis von Organisationen in Europa unterstützt wurde. Der Druck auf die Politiker in Kamerun stieg, bis schließlich die Regierung 2005 ein System von höheren Zöllen einführte und die Mehrwertsteuer für die einheimische Geflügelproduktion abschaffte. Heute wird der größte Teil des Kameruner Geflügelbedarfs wieder im eigenen Land erzeugt. Unsicherheit bleibt jedoch, denn die höheren Zölle sind nicht konform mit WTO-Regeln.[18]

den konnten.[19] Auch historisch gesehen hat die Ungleichverteilung der Einkommen entlang der Kette zugenommen: Während in den 1970er Jahren noch etwa 53 Prozent der Gesamteinnahmen bei den Produzenten und nur rund 20 Prozent bei der Kaffeeindustrie der Konsumentenländer verblieben, drehte sich dieses Verhältnis im Jahre 1989 nach dem Zusammenbruch des internationalen Kaffeeabkommens (ICA) um. Zwischen 1989 und 1995 erhielten die Produzenten nur noch einen Anteil von 13 Prozent am Gesamteinkommen aus dem Kaffee-handel und die Konsumentenländer etwa 78 Prozent.[20]

Der Grund für diese Entwicklung liegt offensichtlich nicht nur in der höheren Wertschöpfung durch die Weiterverarbeitung, sondern auch an der oft kurzfristigen Gewinnorientierung und der Markt-macht von Unternehmen. Insbesondere aktiennotierte Unternehmen stehen gegenüber ihren Shareholdern unter Druck, eine hohe Divi-dende zu erreichen. Sie zielen darauf ab, ihre Interessen in der Kette gewinnsteigernd durchzusetzen, beispielsweise durch niedrige Preise und kurze Lieferzeiten. Ein sozialer Ausgleich und die Berücksichti-gung von Interessen der negativ von dem Wertschöpfungsprozess Be-troffenen findet nicht statt.

Aber nicht nur die Verteilung von Gewinnen sowie sozialer und ökologischer Kosten entlang globaler Wertschöpfungsketten sind so-zial unausgeglichen, sondern auch die Ausgangsbedingungen der ver-schiedenen Akteure. So fördern finanzkräftige Staaten ihre eigene Wirtschaft durch Subventionen, wodurch die Preise in den konkur-rierenden Ländern unter die eigentlichen Entstehungskosten gedrückt werden. Beispielsweise subventioniert die Regierung der USA jährlich 25 000 Baumwollfarmer mit fast drei Milliarden US-Dollar, wodurch die afrikanische Baumwolle kaum mehr auf dem Weltmarkt konkur-rieren kann.[21]

17.2 Was ist öko-faire Wertschöpfung?

Betriebswirtschaftlich sind globale Wertschöpfungsketten oftmals profitabel; wenn ihre Produktivität aber durch hohe Sozial- und Um-weltkosten erkauft wird, dann ist ihr gesellschaftlicher Nutzen ent-scheidend gemindert. Daher steht ihre Umgestaltung im Sinne von Ökologie und Fairness an. Im Folgenden werden Kriterien für welt-gesellschaftlich vertretbare Wertschöpfungsketten umrissen, die den notwendigen Reformen eine Richtung geben können.

Qualität

In öko-fairen Wertschöpfungsketten wird eine umfassende Qualität der Produktion durch alle beteiligten Akteure gesichert. Dabei bezieht sich Qualität sowohl auf die Produkteigenschaften als auch auf die Prozesse, die zur Herstellung und zum Transport notwendig sind – von der Rohstoffextraktion bis zur Entsorgung. Unter Produktqualität können materielle (Haltbarkeit, Stabilität, Geschmack) oder nicht-materielle (geografische Herkunft, Ästhetik) Produkteigenschaften verstanden werden. Was die Qualität der Prozesse anlangt, so bezieht sie sich auf den gesamten Lebenszyklus des Produktes und schließt die in Anspruch genommenen Dienstleistungen der Natur und der Menschen sowie die positiven ökologischen und sozialen Wirkungen ein. Mindestumwelt- und Sozialstandards werden dabei selbstverständlich eingehalten, wie auch wertschöpfungskettenspezifische Produkt- und Prozessstandards zu beachten sind. Allgemein gültige Richtlinien sind international vereinbarte Normen, wie die ILO-Kernarbeitsnormen, Menschenrechte oder die Konvention über die biologische Vielfalt.

Faire Preise und Löhne

Kostenwahrheit verlangt Preise, welche die realen Kosten widerspiegeln. Ökologische Schäden, die bei der Entstehung eines Produktes anfallen, werden möglichst vermieden. Sind aber ökologische Kosten unvermeidbar, werden sie in die Preise integriert, um daraus keinen Konkurrenzvorteil für Einzelne erwachsen zu lassen. Am Wertschöpfungsprozess Beteiligte sollen so entlohnt werden, dass sie ihre Grundbedürfnisse und soziale Teilhabe sichern können. Ein fairer Preis bezieht sich daher auf die »Fairteilung« der Wertschöpfung entlang der Kette, das heißt alle am Wertschöpfungsprozess Beteiligten sollen unter Einhaltung der Mindestsozialstandards angemessen entlohnt werden. Öko-faire Preise und Löhne umfassen also die unvermeidbaren ökologischen und sozialen Kosten, die bei der Herstellung von Produkten entstehen.

Langfristige Entwicklungschancen

In öko-fairen Wertschöpfungsketten steht die langfristige und partnerschaftliche Kooperation im Vordergrund. Auf diese Weise können Produkt- und Prozessstandards Zug um Zug und unter Beteiligung der jeweiligen Akteure eingeführt und an die jeweiligen lokalen Bedingungen angepasst werden. Mögliche negative Effekte, die sich aus der Einführung von Standards für Entwicklungsländer ergeben können, sind auszugleichen beziehungsweise durch eine prozesshafte Einführung abzumildern. Produzenten oder Arbeiter sind nicht beliebig austauschbar, sondern gewissermaßen Teil des einkaufenden Unternehmens. Die Handelspartner sind an gemeinsamen Entwicklungs- und Lernprozessen interessiert, die auf einem partnerschaftlichen Umgang miteinander beruhen. Infolgedessen wird bei Entscheidungen auf die Balance der verschiedenen Interessengruppen geachtet. Entsprechend ihrer Möglichkeiten stehen stärkere Handelspartner (multinationale Konzerne oder der Großhandel) in einer höheren Pflicht, eine ökosoziale Wertschöpfung zu fördern und ihre schwächeren Partner auf diesem Weg zu unterstützen.

Öko-fairer Handlungsrahmen

Nachhaltige Wertschöpfungsketten kommen nicht ohne einen übergreifenden Handlungsrahmen aus. Er gibt Regeln für die Akteure der gesamten Wertschöpfungskette vor und schafft Transparenz. So garantieren multilaterale Institutionen die Grundfreiheiten des Wirtschaftens sowie die ökologischen und sozialen Mindeststandards. Solche Standards wie zum Beispiel die Menschenrechte müssen auf regionaler und lokaler Ebene für ihre Verwirklichung spezifiziert werden. Für alle Akteure der Wertschöpfungskette sind effektive und langfristig wirksame Anreizmechanismen zur Beachtung und Einhaltung des Ordnungsrahmens gegeben. Im Übrigen sind die Akteure der Wertschöpfungskette bei der Entwicklung des Ordnungsrahmens beteiligt; ihn zu definieren ist eine gemeinsame Aufgabe von staatlichen und nichtstaatlichen Akteuren.

17.3 Fairtrade – ein Modell?

Der faire Handel entwickelte sich in den 1970er und 1980er Jahren als Kritik an dem bestehenden Welthandelssystem. Politische Bildungs- und Informationsarbeit wurde mit dem Verkauf alternativ gehandelter Produkte wie Kaffee, Zucker und Tee verbunden. Die hauptsächlich von Entwicklungsverbänden und Kirchen getragene Bewegung unterstützte den Aufbau eines alternativen, fairen Handelssystems, das auf gegenseitigem Verständnis und Respekt zwischen Produzenten und Konsumenten beruht. Heute werden die Standards für die unter dem Fairhandels-Siegel vermarkteten Produkte vom weltweiten Dachverband Fairtrade-Labelling-Organizations International (FLO e. V.) entwickelt. Inzwischen werden 18 Produktgruppen durch die unabhängige Zertifizierungsorganisation FLO-Cert zertifiziert und über den Einzelhandel verkauft.

Was den fairen Handel ausmacht

Der faire Handel berücksichtigt bei der Gestaltung der Handelsbeziehungen explizit die Sichtweise benachteiligter Produzenten und Arbeiter. So entwickelt die FLO die produktspezifisch festgelegten Standards gemeinsam mit den am Handel beteiligten oder vom Handel betroffenen Akteuren in einem sogenannten Multi-Stakeholderprozess. Dazu gehören Repräsentanten der Produzenten-, Vermarktungs-, und Standardsetzungsorganisationen. Im Abstand von rund zwei Jahren werden die Standards überarbeitet. Es wird unterschieden zwischen verpflichtenden Basisstandards, die sich an UN- und ILO-Kriterien anlehnen und teilweise darüber hinausgehen, und Fortschrittskriterien, welche eine progressive Zielerreichung anstreben. Der im Rahmen eines Multi-Stakeholder-Dialogs entwickelte Metacode verbessert und evaluiert freiwillige Standards und demonstriert ihre Glaubwürdigkeit durch die genaue Darlegung ihres Entstehungsprozesses.

Darüber hinaus sind Mindestpreise, welche über die Deckung der Produktionskosten hinaus ein nachhaltiges Wirtschaften und die Existenzsicherung ermöglichen, ebenso wichtig wie langfristige Handelsbeziehungen und die Möglichkeit zur Vorfinanzierung der Pro-

Was ist ein »fairer« Preis?[22]

Zur Definition des Fairtrade-Preises orientiert sich FLO an den durchschnittlichen nachhaltigen Produktionskosten, die sich aus den reinen Produktionskosten, einschließlich der Arbeitskraft, den zur Produktion notwendigen Investitionen und Dienstleistungen sowie den Organisationskosten zusammensetzen. Die Organisationskosten enthalten unter anderem die direkten Fairtrade-Zertifizierungskosten sowie Gewinnmargen für die Produzenten. Für organische Produktion wird ein zusätzlicher Aufschlag gezahlt. Aufschläge für hohe Produktqualität gibt es bisher nur für bestimmte Produkte (etwa Honig). Schließlich wird auch noch die Fairhandels-Prämie addiert, die rund 15 Prozent der Produktionskosten ausmacht und der Unterstützung von Gemeinschaftsprojekten dient.

Allerdings gibt es nicht für alle Produkte Weltmarktpreise, was die Kalkulation von Mindestpreisen erschwert (etwa Kunsthandwerk). Aber auch für andere Produkte wie Kaffee, Honig oder Tee ist es nicht einfach, einen globalen fairen Preis festzusetzen, da sich die Produktionskosten zum Teil länder- oder regionalspezifisch unterscheiden. So sind alternative Importorganisationen dazu übergegangen, regionale und zum Teil individuelle Preise festzusetzen, was jedoch die Gefahr birgt, ineffiziente Produktionssysteme zu stützen und Wettbewerbschancen zu verfälschen.

duktions-, Ernte- und Verarbeitungsprozesse. Außerdem wird ein Preisaufschlag für gemeinschaftliche Aufgaben gezahlt, der für Verbesserungen der Arbeits- und Lebensbedingungen eingesetzt werden kann. In den Produktionsländern unterstützt der faire Handel den Organisationsentwicklungsprozess von kleinbäuerlichen Kooperativen, Dachverbänden und Arbeitergewerkschaften sowie den Aufbau basisdemokratischer Strukturen.[23]

Die positiven Wirkungen des fairen Handels sind inzwischen im Rahmen wissenschaftlicher Untersuchungen und interner Erfolgskontrollen nachgewiesen worden. Von Produzenten werden vor allem die Ökologisierung der Produktion, die Qualitätsverbesserung der Produkte, ein verbesserter Marktzugang, der Aufbau demokratischer Strukturen, stärkere Eigenständigkeit sowie bessere Arbeits- und Lebensverhältnisse genannt. Die Vernetzung zwischen Fairtrade-Akteuren auf unterschiedlichen Ebenen fördert darüber hinaus auch die politische Arbeit.[24] Doch seine Reichweite ist begrenzt. Denn für lange Zeit lief die Vermarktung über alternative Import- und Handelsorganisationen, und der Verkauf erfolgte in erster Linie in Weltläden. Damit wurde jedoch nur eine sehr begrenzte Marktnische bedient.[25]

Die Zerreißprobe der Fairtrade-Bewegung

Mit der Einführung des Fairtrade-Siegels zu Beginn der 1990er Jahre und mit der Professionalisierung der Vermarktungsstrategien gelang der Sprung aus der Nische der Dritte-Welt-Läden in die Supermärkte: In kurzer Zeit wurden sehr viel mehr Menschen mit fair gehandelten Produkten erreicht. Insgesamt konnte man im Jahr 2007 europaweit in 3100 Weltläden und 100000 Supermärkten fair gehandelte Produkte erwerben.[26] Seit 2000 wächst der Umsatz mit gesiegelten Produkten weltweit sehr schnell und stark an. Allein von 2006 auf 2007 konnten die 20 in FLO-Fairtrade Labelling Organizations International zusammengeschlossenen nationalen Zertifizierungsorganisationen das Einzelhandelsvolumen mit Fairtrade-Produkten von rund 1,62 auf 2,38 Milliarden Euro steigern, das sind plus 47 Prozent.[27] Dieser Zuwachs innerhalb nur eines einzigen Jahres macht mehr als das Doppelte des Gesamtumsatzes aller Weltläden europaweit aus. In manchen Ländern haben fair gehandelte Produkte heute einen beträchtlichen Marktanteil gewonnen, so Bananen mit 55 Prozent in der Schweiz und Kaffee mit 20 Prozent in Großbritannien. Während die Schweizer jährlich rund 21 Euro pro Kopf für Fairtrade ausgeben, liegen die Deutschen dagegen mit 1,72 Euro weit unter dem EU-weiten Durchschnitt von 4,06 Euro pro Kopf und Jahr.[28]

Doch der Erfolg hatte seinen Preis. Spätestens die Aufnahme Trans-Fair gesiegelter Produkte unter dem eigenen Label Fairglobe in rund 2700 deutschen Filialen des Discounters Lidl im Jahre 2006 erregte die Gemüter in der Fairtrade-Bewegung. Inzwischen sind transnationale Unternehmen wie Dole oder Nestlé Lizenznehmer des Fairtrade-Siegels und stehen gleichzeitig in der Kritik von Gewerkschaften und Nichtregierungsorganisationen, unter anderem wegen Verletzung der

Rechte auf Organisationsfreiheit – beispielsweise auf deren nicht zertifizierten Plantagen.

Mit der weiteren Professionalisierung des fairen Handels kommen indessen auch neue Fragen auf. Wie kann FLO die Einhaltung sogenannter weicher Standards – wie Möglichkeiten der Vorfinanzierung, Aufbau langfristiger Handelsbeziehungen – kontrollieren, wenn die Zuwächse so rasant sind? Kann die Fairtrade-Bewegung ihren Anspruch auf Unterstützung der Ärmsten aufrechterhalten, wenn von multinationalen Unternehmen zunehmend höhere Qualitätsstandards gefordert werden, die bei den Erzeugern kaum eingehalten werden können? Widerspricht die Ausweitung des Fairtrade-Sektors nicht der Vision von Nachhaltigkeit im Welthandel (▸ Kapitel 20)? Wo liegen die ökologischen Grenzen für fair gehandelte Produkte?

Ohne Zweifel weist der faire Handel trotz neuer Probleme einen Weg in die richtige Richtung. Um die Breitenwirksamkeit des Fairen Handels zu fördern, könnten seine Prinzipien auf ordnungspolitischer Ebene verankert werden, beispielsweise durch eine Minderung der Mehrwertsteuer für fair gehandelte Produkte. Damit würde auch weniger wohlhabenden Bevölkerungsschichten der Griff ins Fairtrade-Regal erleichtert. Jedoch widersprechen derartige Steuerbegünstigungen den derzeit geltenden WTO-Regeln – zumindest solange die WTO den international anerkannten Menschenrechten sowie Umweltstandards nicht Priorität einräumt.

Das alternative Modell des fairen Handels selbst sollte jedoch auch seine Strategien weiterentwickeln. Eine Stärkung des lokalen und regionalen Handels mit öko-fairen Produkten innerhalb und zwischen Entwicklungsländern könnte eine neue Möglichkeit bieten, die Prinzipien des fairen Handels auch auf der Südhalbkugel zu etablieren. Beispiele gibt es hierfür bereits in einigen Ländern Lateinamerikas. Ein Bündnis der Fairhandelsbewegung mit Bewegungen, die auf regionale Produkte sowie hohe Qualität und organischen Anbau setzen (wie die Slow-Food-Bewegung oder der Bund für ökologische Lebensmittelwirtschaft BÖLW), könnten außerdem innovativ und fruchtbar sein (▸ Kapitel 14). Zwischen den entwicklungspolitischen Zielen der Exportförderung für benachteiligte Gruppen sowie umweltpolitischen Zielen wäre jeweils abzuwägen.

17.4 Unternehmerische Eigenverantwortung

Mit Artikel 14 (2) ist bereits seit Langem die unternehmerische Verantwortung im Grundgesetz verankert: »Eigentum verpflichtet. Sein Gebrauch soll zugleich dem Wohle der Allgemeinheit dienen.« Mit der Globalisierung hat sich die Bezugsgröße verändert: Seit einigen Jahren wird in der Politik und von Unternehmen unter dem Begriff Corporate Social Responsibility (CSR) diskutiert, wie unternehmerische Eigenverantwortung in einer globalisierten Welt wahrgenommen werden kann. Die EU-Kommission zum Beispiel definiert CSR als freiwillige Aktivität von Unternehmen, um »soziale Belange und Umweltbelange in ihre Unternehmenstätigkeit und in die Wechselbeziehung mit ihren Stakeholdern zu integrieren«.[29]

Die Ambivalenz von Corporate Social Responsibility

Vor allem größere Unternehmen investieren heute viel Zeit und Geld in CSR-Aktivitäten. Beispielsweise arbeiten sie mit ihren Zulieferern in globalen Wertschöpfungsketten an der Einhaltung von Arbeitsstandards und überprüfen diese, oder sie veröffentlichen Nachhaltigkeitsberichte. Sie tun dies, weil sie die gestiegenen Ansprüche der Gesellschaft im Hinblick auf Ökologie und Fairness sowohl als Risiko als auch als Chance bewerten. Einerseits fürchten sie die Marktmacht der Verbraucher, wenn skandalöse Produktionsbedingungen öffentlich werden. Andererseits werden der Aufbau von Reputation und Imagegewinn als eindeutig positive Auswirkung von CSR gesehen. Es existieren auch zahlreiche Beispiele dafür, dass es sich für Unternehmen finanziell lohnt, Verantwortung in der Wertschöpfungskette zu übernehmen: Durch Zufriedenheit von Arbeitern und Zulieferern oder verbesserte Ressourceneffizienz lässt sich effizienter wirtschaften oder lassen sich auch »first-mover«-Vorteile nutzen, wenn sie Wissensvorsprünge im Hinblick auf umweltfreundliche Produkte nutzen, um Marktvorteile zu erlangen.

Bisher aber wurde eine weiterreichende unternehmerische Verantwortung nur vereinzelt umgesetzt.[30] Beispielsweise wird nur von etwa zwei Prozent aller international agierenden Konzerne ein Nachhaltigkeitsbericht herausgegeben.[31] Es wird geschätzt, dass von den mehreren Millionen Unternehmen, die in Wertschöpfungsketten miteinander verbunden sind, nur 50000 ein nach dem internationalen Standard ISO 14001 zertifiziertes Umweltmanagementsystem haben.[32] Oft sind es größere Firmen, die entsprechend ihrer öffentlichen Positionierung und ihrer Ressourcenausstattung eher Aktivitäten im Rahmen einer nachhaltigen Unternehmenspolitik aufgreifen. Sie können zudem oft schon auf bestehende Umwelt- oder Sozialmanagementsysteme aufbauen.

Allerdings wird auch an kleine und mittlere Unternehmen (KMU) herangetragen, eine größere Verantwortung für Umwelt und Gesellschaft zu übernehmen. Sie stellen in Deutschland 99,7 Prozent aller Unternehmen und bieten über 70 Prozent der Arbeitsplätze an.[33] Sie haben daher einen wesentlichen Einfluss auf die Realisierung einer nachhaltigen Wirtschaftsweise. Zwar sind Umweltauswirkungen oder Wertschöpfung einzelner Betriebe eher gering, aber in ihrer Gesamtheit sind KMU für einen erheblichen Anteil der Umweltbelastungen und Wertschöpfung der Wirtschaft verantwortlich.

Das Engagement von Unternehmen, die sich freiwillig für gesellschaftliche Belange einsetzen, hat ein Doppelgesicht. Auf der einen Seite wird ein Prozess sozialen Lernens in Gang gesetzt, in dem Wissen und Kompetenz darüber wachsen, was verantwortungsvolles Management bedeuten kann. Zudem wandelt sich die Unternehmenskultur und es formen sich Maßstäbe und Konzepte für unternehmerische Strategien, die mehr als den finanziellen Gewinn im Sinne haben. Auf der anderen Seite freilich kann durch freiwillige CSR-Initiativen eine weitergehende ordnungspolitische Regulierung verhindert werden, nämlich wenn Lobby- und Öffentlichkeitsarbeit von Unternehmen und Unternehmensverbänden strukturelle und diskursive Macht gegenüber strikterer Ordnungspolitik ausübt.[34] Auch zeigt sich, dass durch freiwillige Initiativen vor allem solche Probleme bearbeitet werden, welche das Interesse der Öffentlichkeit wecken. Unpopuläre und anhaltende Probleme – wie beispielsweise die fehlende Versammlungsfreiheit – werden durch freiwillige CSR-Aktivitäten wenig engagiert angegangen. Zu guter Letzt fehlt meistens eine glaubwürdige externe Kontrolle bei der Umsetzung freiwilliger Verpflichtungen.

Nachhaltigkeitsmanagement in KMU

Kleine und mittlere Unternehmen (KMU) sind hinsichtlich ihrer Größe und ihres Branchentyps ziemlich heterogen. Aber im Vergleich zu großen Unternehmen verfügen sie im Allgemeinen über direktere Kommunikation und Teamarbeit, flachere Hierarchien und größere Flexibilität gegenüber Markt- und Kundenanforderungen. Freilich fehlen ihnen häufig die finanziellen Mittel oder personelle Kapazitäten, um nachhaltiges Wirtschaften umzusetzen. Gerade KMU in Entwicklungsländern sind oft wesentlich kleiner und mit noch weniger Ressourcen ausgestattet als europäische KMU. Hier kommen aufgrund erschwerter Rahmenbedingungen weitere Probleme hinzu wie eine schlechte Infrastruktur, ein beschränkter Zugang zu Märkten, Dienstleistungen und Finanzierung sowie geringere Bildungs- und Fortbildungsmöglichkeiten.

Unter Berücksichtigung dieser Situation wurden eine Reihe von KMU-tauglichen Instrumenten entwickelt, die auf Nachhaltigkeit in der Wertschöpfungskette abzielen, zum Beispiel: produktionsintegrierter Umweltschutz (PIUS) (www.pius-info.de), Ökoradar (www.oekoradar.de), ein KMU-Kalender für effizientes Wirtschaften (www.efficient-entrepreneur. net), sektorspezifische Instrumente für die Ernährungsindustrie (www. kompaktnet.de), die Biotechnologie (www.sabento.de) oder die textile Wertschöpfungskette (www.e-textile.org). Inzwischen gibt es zahlreiche Pioniere bei den kleinen und mittleren Unternehmen, die es durch eine nachhaltige Wirtschaftsweise geschafft haben, sich Marktvorteile und damit ihre Zukunft zu sichern.

Multi-Stakeholder-Initiativen

Um die Glaubwürdigkeit der freiwilligen Initiativen von Unternehmen in globalen Wertschöpfungsketten zu verbessern, wurden in den vergangenen Jahren diverse Multi-Stakeholder-Initiativen ins Leben gerufen, beispielsweise das Forest Stewardship Council (FSC), die Fair Labor Association (FLA) oder die Global Reporting Initiative (GRI). Das Besondere an diesen Multi-Stakeholder-Initiativen ist, dass Umweltorganisationen, Gewerkschaften und andere Anspruchsgruppen gemeinsam mit Unternehmen und teilweise staatlichen Organisationen soziale beziehungsweise ökologische Standards setzen. Damit sollen die gesellschaftlichen Forderungen dieser Gruppen stärker berücksichtigt und die Legitimität und Effektivität der Standards gefördert werden.

Zum Beispiel entwickeln in der Global Reporting Initiative (GRI) diverse Stakeholder globale Standards für Nachhaltigkeitsberichte von Unternehmen und ihren Wertschöpfungsketten.[35] Inzwischen gibt es sektorspezifische Richtlinien für Finanzdienstleistungen, Transport, Bergbau und Metalle, Tourismus, Telekommunikation, Bekleidung und Textil und den Automobilsektor. Durch die GRI werden Berichte miteinander vergleichbar. Damit auch klein- und mittelständische Unternehmen die GRI-Nachhaltigkeitsberichterstattung verwenden können, wurde ein Handbuch entwickelt, das sowohl in Industrieländern als auch in Entwicklungs- und Schwellenländern erprobt wird.[36]

Die GRI ist ein Beispiel für eine Multi-Stakeholder-Initiative, wie sie für viele Standardsetzungsprozesse entstanden sind, nachdem zivilgesellschaftliche Organisationen an der Effektivität und Legitimität von CSR-Aktivitäten Kritik geübt hatten. Die zahlreichen mittlerweile existierenden Multi-Stakeholder-Initiativen unterscheiden sich sehr in Zielen und Organisationsstruktur und sind auch unterschiedlich effektiv und legitim.[37] So wird die GRI unter anderem wegen der Auswahl der teilnehmenden Stakeholder kritisiert, denn die aus dem Süden sind unterrepräsentiert.[38]

17.5 Ordnungsrahmen für verantwortliche Unternehmensführung

Vor dem Hintergrund der derzeit begrenzten staatlichen Möglichkeiten, auf globaler Ebene zu regulieren, stellen glaubwürdige und effektive CSR-Maßnahmen ein Stück wünschenswerter Einzelfälle dar. Jedoch besteht angesichts der Vielfalt und Beharrlichkeit einiger Probleme weiterhin die Notwendigkeit, einen verbindlichen Ordnungsrahmen für die Nachhaltigkeit globaler Wertschöpfungsketten zu entwickeln. Dabei erscheint es für den Staat im Sinne einer »smart regulation« sinnvoll, sowohl einen verbindlichen Ordnungsrahmen für Unternehmen zu schaffen und Nachteile schwächerer Akteure zu kompensieren, als auch darüber hinaus Anreize zu setzen, Unternehmen zu mehr freiwilliger Verantwortung zu motivieren.[39]

Nachhaltigkeitsziele setzen

Eine wichtige politische Funktion in diesem Kontext ist das Setzen von Zielen für die Nachhaltigkeit von globaler Wertschöpfung. Zum Beispiel erklärt das japanische Wirtschaftsministerium für einzelne Produkte die Energiesparleistung des jeweils effizientesten Unternehmens zum Toprunner und regt die übrigen Unternehmen an, diese Umweltleistung im Lauf der nächsten Jahre ebenfalls zu erreichen (▶ Kapitel 13). Ein europäischer Ansatz zur Produktregulierung ist beispielsweise die im Rahmen der integrierten Produktpolitik (IPP) entwickelte Ökodesign-Richtlinie, die eine verbesserte Energieeffizienz und allgemeine Umweltverträglichkeit von Elektrogeräten zum Ziel hat. Diese Richtlinie der Europäischen Union ist im August 2005 in Kraft getreten und wurde im August 2007 in nationales Recht umgesetzt. Die Übertragung auf nichtenergiebetriebene Produkte sowie der Bezug zur Umweltkennzeichnung wird derzeit im Kontext des EU-Aktionsplanes zur Förderung nachhaltiger Konsum- und Produktionsmuster diskutiert.[40]

Demokratische Institutionen schaffen

Bei der Entwicklung einer über die Ökodesign-Richtlinie hinausgehenden Gesetzgebung sollten allerdings die Interessengruppen einbezogen und ausgeglichen berücksichtigt werden, was in dem diesbezüglichen Entwicklungsprozess nicht immer gewährleistet war.[41] Mittels einer so demokratisch legitimierten Multi-Stakeholder-Initiative könnte eine Institution geschaffen werden, die für die Aktivitäten in der Kette für verschiedene Produktgruppen Standards festlegt. Sie hätte grundlegende Funktionen wie Standards zu vereinbaren, ein

Monitoring zu garantieren und, wenn nötig, Sanktionen zu verhängen. Eine World Fair Trade Organization[42] könnte als Dach für solche multilateralen Übereinkünfte dienen (▸ Kapitel 18). Standards können dann über lokale Partnernetzwerke und Auditoren – ähnlich wie bei der Fair Wear Foundation – an den Produktionsstandorten unabhängig kontrolliert werden. Eine solche Institution wird die jeweiligen sektorspezifischen Initiativen und bestehende internationale Abkommen aufgreifen und für alle Akteure in der Kette richtungweisend sein. Es liegt nahe, eine solche Institution auf der Basis einer multilateralen Konvention einzurichten. Für eine unabhängige Finanzierung könnte sie kofinanziert werden über neue Finanzierungsinstrumente wie eine internationale Kerosin- oder Tobinsteuer.[43]

Verbindliche Regeln vereinbaren

In Verbindung mit einem neuen Handelsregime wird ein politischer Ordnungsrahmen auch eine angemessene Verbindlichkeit der Umwelt- und Sozialziele von Unternehmen festlegen müssen (▸ Kapitel 10). Es ist nicht zu sehen, dass freiwillige Initiativen allein für ein verlässliches Niveau an Mindestqualität in den Wertschöpfungsketten sorgen können. Denn Pioniere benötigen einen rechtlichen Rahmen, um ihren Wettbewerbsvorteil gegenüber anderen Marktteilnehmern zu halten oder auszubauen. Auch sind oft nur jene Firmen dem wachen Auge der Öffentlichkeit ausgesetzt, die ein Produkt direkt an den Endverbraucher verkaufen, aber nicht jene, die weiter aufwärts in der Kette verschiedenste Komponenten beisteuern. Außerdem stößt Corporate Social Responsibility an Schranken, wenn Umwelt- und Fairnessziele auf Dauer einen größeren finanziellen Einsatz erfordern.

Auf der anderen Seite sind freiwillige Standards unverzichtbar, weil sie einen Such- und Experimentierprozess vorantreiben – nicht nur in einzelnen Unternehmen, sondern auch in Verbänden und Branchen –, ohne den weder die technischen noch die sozialen Innovationen reifen können, mit denen Gemeinwohlziele in Unternehmenspolitik umgesetzt werden können. So stehen Freiwilligkeit und Verbindlichkeit in einem Wechselverhältnis: Ohne Freiwilligkeit kann es keine Erkundungs- und Erforschungsphasen geben, die erst zutage fördern, was einmal verbindlich gemacht werden kann. Und ohne Verbindlichkeit entsteht keine gemeinsame Basis an Mindestnormen, von der aus auf höherem Niveau die weitere Erkundung von freiwilligen Zielen erfolgen kann.

Im Jahr 2006 wurde in Deutschland nach dem Vorbild anderer europäischer Länder ein Netzwerk zu Corporate Accountability (CORA)[44] gegründet. Dieses Netzwerk will die Rechenschaftspflicht von Unternehmen stärken und die Unternehmen zur Einhaltung der Menschenrechte sowie internationaler Sozial- und Umweltstandards verpflichten. Insbesondere wird gefordert, dass die Bundesregierung der Vereinbarung nachkommt, die sie im Jahre 2002 auf dem Weltgipfel für Nachhaltige Entwicklung in Johannesburg eingegangen ist (§ 45 im Plan of Implementation), nämlich einen verbindlichen Ordnungsrahmen für Unternehmen voranzubringen. Dazu gehört, auf internationaler politischer Ebene verpflichtende und sanktionierbare soziale und ökologische Standards für transnationale Unternehmen zu entwickeln. Ferner sollte es für Unternehmen eine Publizitätspflicht über soziale und ökologische Bedingungen in Wertschöpfungsketten wie auch über ihre Lobbyaktivitäten geben, damit Verbraucher informiert Konsumentscheidungen treffen können.[45] Darüber hinaus wird von der Bundesregierung erwartet, ihre Vorbildfunktion wahrzunehmen und durch ihre Beschaffungspolitik und Außenwirtschaftsförderung die Verbindlichkeit sozialer und ökologischer Standards zu fördern.

Bei der Umsetzung eines Ordnungsrahmens sollten die Chancen von Entwicklungsländern oder auch kleineren Unternehmen, an Wirtschaftsketten teilzunehmen, nicht geschmälert werden. Kleine und mittlere Unternehmen werden angesichts begrenzter Kapazitäten Unterstützung brauchen. Im internationalen Kontext indes betrachten Entwicklungsländer Standards mitunter als neue Handelsbarrieren. Daher empfiehlt sich, Standards unter Beachtung von Verfahrensregeln zu formulieren, welche die Interessen von Schwächeren – vor allem Produzenten und Arbeitskräfte in Entwicklungsländern – einzubeziehen suchen. Es ist obendrein angezeigt, schwächere Marktteilnehmer bei der Umsetzung der Standards auch technisch und finanziell unter die Arme zu greifen.

Standards aus der Südperspektive – oder wie man Wertschöpfungsketten entwicklungspolitisch gestalten kann

Welche Auswirkungen haben höhere Standards auf Produzenten in Entwicklungsländern?

Standards können Entwicklungsländer dabei unterstützen, die Fallstricke der Globalisierung (niedrige Löhne, Senkung von Arbeits- und Umweltstandards) zu vermeiden. Unter diesem Blickwinkel fördern sie die internationale Wettbewerbsfähigkeit sowie die Integration von Produzenten in sich zunehmend ausdifferenzierende Märkte.[46] Aus der Perspektive vieler Kleinbauern sowie Regierungen von Entwicklungsländern stellen diese neuen Anforderungen aber auch neue Barrieren für den Marktzugang dar. Denn Standards erfordern Wissen, Produktinnovationen und besseres Management. Dies ist nicht allen gleichermaßen möglich.

Wenn Kleinbauern und Unternehmen in Entwicklungsländern nicht imstande sind, Qualitätsnormen, Lieferzeiten, Mengen und Preise einzuhalten, droht ihnen nicht selten die Marginalisierung.[47] Obendrein belasten Mehrfachzertifizierungen als Folge der Zunahme privatwirtschaftlicher Standards kleinbäuerliche Betriebe besonders stark.[48] Aus diesen Gründen kommt man nicht umhin, benachteiligte Produzentengruppen in ihren unternehmerischen Fähigkeiten zu fördern und die gemeinschaftliche Wettbewerbsfähigkeit zu entwickeln. Dabei sind auch die Potenziale lokaler und nationaler Märkte zu beachten. Zum Beispiel sind Ziele der Ernährungssouveränität[49], die im Interesse von Frauen und indianischen Kleinbauern liegen, sorgfältig mit denen der rein auf Exportwirtschaft angelegten Ansätze abzuwägen bzw. zu ergänzen. Die jeweils zuständigen Ministerien können bei der Einhaltung von Öko- und Sozialstandards in Zusammenarbeit mit der Privatwirtschaft unterstützt werden. Zudem können Geberinitiativen Entwicklungsländer stärker darin unterstützen, sich besser an der Gestaltung der nationalen und internationalen Rahmenbedingungen beteiligen zu können.

Wie sich die Konsumenten im Markt bewegen, ist zugleich das Problem und ein Teil der Lösung. Auf der einen Seite löst Nachfrage einen überhöhten Fluss an Energien und Ressourcen aus. Auf der anderen Seite aber können Verbraucher, wie das Beispiel Fairtrade zeigt, eine treibende Kraft für die Gestaltung von nachhaltigen Wertschöpfungsketten sein (▸ Kapitel 20).

Produktkennzeichnung

Oft können Konsumenten keine überlegte Einkaufsentscheidung treffen, weil ihnen Informationen über die Wertschöpfungsketten fehlen. Produktkennzeichnungen können diesem Mangel abhelfen; sie versetzen Konsumenten in die Lage, zwischen den Produkten nach Vorgeschichte oder Qualität zu unterscheiden. So hat die Schweizer Einzelhandelskette Coop bereits ein Fly-Label entwickelt, mit dem eingeflogene Produkte gekennzeichnet werden. Und die englische Supermarktkette Tesco ist dabei, ein Maß für den Kohlendioxid-Fußabdruck aller verkauften Produkte zu erarbeiten, um CO_2-Belastungswerte ähnlich wie Preise oder Nährstoffwerte vergleichen zu können.[50]

Allerdings funktionieren Labels nur, wenn sie bekannt sind und ihnen Vertrauen entgegengebracht wird. So hat etwa der blaue Umweltengel laut Umweltbundesamt einen Bekanntheitsgrad von 79 Prozent. Überdies können zu viele Produktkennzeichnungen zur Verwirrung beitragen – die Konsumenten finden sich im »Label-Dschungel« nicht mehr zurecht. Bedauerlicherweise gibt es bislang kein Konsumindikatorensystem, das den Kriterien der Anschlussfähigkeit, Transparenz, Verständlichkeit, Umsetzbarkeit und Kommunizierbarkeit genügt.[51] Wichtig wäre die Einführung einer Rechenschaftspflicht, die Mitarbeit unabhängiger externer Verifizierer sowie die Möglichkeit der Sanktionierung, wie sie zum Beispiel die Stiftung Warentest durch die Vergabe schlechter Noten umsetzt. Einen guten Ansatz stellt auch die internetbasierte Datenbank der Verbraucher Initiative e. V.[52] dar, auf der etwa 300 Label einer Bewertung unterzogen werden. Insgesamt gesehen sind der Kauf von Produkten mit Bio- oder Fairtrade-Siegeln und die Mülltrennung, die sich in die Alltagsroutine der meisten deutschen Haushalte etablieren konnte, erste Schritte in Richtung auf ein zukunftsfähiges Konsumentenverhalten.[53] Es ist deutlich, dass die einschlägigen Marktsegmente gerade in jüngster Zeit in Bewegung begriffen sind. So ist die Rede von der Nachfragewelle der LOHAS, ein Kürzel, das für einen »Lifestyle Of Health And Sustainability« steht. Nach Angaben der Website www.lohas.com gehören in den USA 63 Millionen Amerikaner zu dieser Gruppe, die durch strategischen Konsum (▸ Kapitel 20) Gesundheit und Umweltschutz fördern wollen. Weltweit sollen 500 Millionen Menschen dazugehören, in Deutschland nach einer Studie des Zukunftsinstituts sogar etwa ein Drittel der Gesellschaft.[54]

Ansatzpunkt Lernen

Nachhaltigen Konsum und Gestaltungskompetenzen der Menschen für eine öko-faire Wertschöpfung langfristig zu fördern, erfordert eine angepasste Bildungspolitik und lebenslanges Lernen der Menschen. Das bedeutet auch, dass Lernkonzepte über den normalen Weg – Kindergarten, Schule, Berufsausbildung – hinaus gedacht werden sollten.[55] Verstärkt müssen milieuspezifische Ansätze eingesetzt und Lebens- und Arbeitssituationen gestaltet werden. So können Erkenntnisse über die für das jeweilige Milieu wichtigen Kommunikationskanäle (Printmedien, Internet, Fernsehformate, Bildungsinstitutionen, lokale Netzwerke) dazu beitragen, spezifische Bildungsangebote für die Stufen der Wertschöpfungskette zu entwickeln.[56] Somit kann auch den Beteiligten und Betroffenen die Möglichkeit einer sozialen und ökonomischen Teilhabe eröffnet werden, die eigene Situation im Prozess der Wertschöpfung zu verbessern.

Anreize

Ähnlich wie die Unternehmensverantwortung ist auch der individuelle verantwortliche Konsum in seinem Einfluss begrenzt. Ohne staatlich gesetzte Anreizstrukturen wie zum Beispiel die ökologische Steuerreform oder eine Angleichung der Transportpreise an die wahren

Kosten fehlt der privaten Konsumverantwortung der öffentliche Ordnungsrahmen. Im Jahr 2004 griffen das Bundesumweltministerium und das Umweltbundesamt den Auftrag des Weltgipfels für nachhaltige Entwicklung in Johannesburg auf und initiierten in Deutschland einen langfristigen »Nationalen Dialogprozess zur Weiterentwicklung nachhaltiger Konsum- und Produktionsmuster«, der Akteure aus Politik, Wirtschaft, Wissenschaft und Zivilgesellschaft ins Gespräch bringt.[57] Hier gilt es, die Ergebnisse des fortlaufenden Dialogprozesses in die Praxis umzusetzen. Dabei ist auch der Staat auf seinen verschiedenen Ebenen als institutioneller Konsument gefordert. Mit einer Beschaffungspolitik, die ein Augenmerk für Ökologie und Fairness entlang der Wertschöpfungsketten haben soll, kann eine Nachfrage entstehen, die ganzen Märkten eine neue Richtung gibt (▶ Kapitel 13).

Insgesamt tritt bei der Umsteuerung des Konsums jene Konstellation von Triebkräften hervor, welche auch die Steuerung der Produktion und der gesamten Wertschöpfungskette bestimmt: der Staat mit seinen Rahmenbedingungen, die selbstregulativen Kräfte des Marktes sowie der konfrontative und konstruktive Dialog mit der Zivilgesellschaft. Es liegt in der öffentlichen Verantwortung, Standards für Wertschöpfungsketten festzulegen. Es ist der Markt mit seiner Beweglichkeit und Innovationskraft, der öko-faire Produkte und Vertriebswege ermittelt. Und es ist Sache zivilgesellschaftlicher Organisationen, dem Anspruch auf ökologisch und entwicklungspolitisch verträgliche Produktketten Stimme und Gewicht zu verleihen.

Die Kräfte Staat, Markt und Zivilgesellschaft müssen gebündelt werden, um Produktion und Konsum mit Hilfe von sich ergänzenden Strategien im Sinne von Ökologie und sozialem Ausgleich umzugestalten und so globale Wertschöpfungsketten systemweit zu optimieren. Anders ist schwer vorstellbar, wie eine transnationale Ökonomie zum Gedeih und nicht zum Verderb der Weltgesellschaft wirken könnte.

Anmerkungen

1 Schmidt-Bleek (2007), S. 74
2 Geibler (2007) in Anlehnung an Powell (2000)
3 Vgl. Bode (2007), Geibler (2007), Starmanns (2007)
4 Schmidt-Bleek/Klüting (1994)
5 Schütz/Moll/Bringezu (2003)
6 Liedtke/Welfens (2007a)
7 Micklin/Aladin (2008)
8 Pearce (2006)
9 Geibler et al. (2003)
10 Carr in Strassmann (2007)
11 Greenpeace (2005)
12 Manhardt/Grießhammer (2006)
13 Deutscher Bundestag (2007)
14 International Monetary Fund (IMF) (2007)
15 Wuppertal Institut (2005), S. 71
16 ICO (International Coffee Organization) (2007)
17 Mari/Buntzel (2007), S. 58–59
18 Mari/Buntzel (2007)
19 Die Produktionskosten werden in Kolumbien beispielsweise – je nach Größe der Farm und Arbeitskräfteeinsatz – auf 0,45 bis 0,53 US-Dollar pro Pfund geschätzt. Sie enthalten i. d. R. nicht die Entlohnung der familiären Arbeitskraft (Giovannucci et al. 2002: 28.)
20 Daviron/Ponte (2005)
21 UNDP et al. (2005)
22 Kratz (2006)
23 Forum Fairer Handel (2005)
24 Auch wissenschaftliche Fallstudien erkennen die positiven Wirkungen des fairen Handels an, verweisen aber auch auf seine Grenzen (Taylor 2002) und hinterfragen seinen Anspruch auf grundsätzliche Veränderungen der Handelsbeziehungen (Raynolds/ Murray/Wilkinson 2007).
25 Krier (2005)
26 Krier (2008), S. 7–9
27 FLO (2008)
28 Krier (2008), S. 29–31
29 Europäische Kommission (2001)
30 Schaltegger et al. (2007); Kuhndt et al. (2004)
31 BMU (2007), S. 5
32 Utting (2005)
33 BMWI (2006)
34 BUND (2007); Fuchs (2007); Utting (2005a)
35 GRI (2006a)
36 GRI (2006b)
37 Fransen/Kolk (2007)
38 Dingwerth (2007)
39 Jänicke (2006)
40 CSCP/EEA/MOP (2007); Europäische Kommission (2007)
41 Reintjes/Jepsen (2008)
42 Nach einem Vorschlag von Monbiot (2003), S. 181–183
43 Die Tobinsteuer ist eine 1972 von James Tobin vorgeschlagene, aber bisher nicht eingeführte Steuer auf internationale Devisengeschäfte.
44 Mitglieder des Koordinationskreises sind von GermanWatch, Oxfam, Werkstatt Ökonomie, Greenpeace, Verbraucherinitiative, Global Policy Forum und ver.di. Zu den unterstützenden Organisationen gehören BUND und der EED.
45 Verbraucherinitiative et al. (2005)
46 Nadvi/Wältring (2002), S. 4
47 Gibbon/Ponte (2005), S. 125–160
48 León (2007)
49 Ernährungssouveränität meint das Recht der Menschen, ihre eigene Ernährung auf Grundlage einer sicheren, gesunden und ökologisch nachhaltigen Produktion zu bestimmen. Der durch die Bauernbewegung Via Campesina entwickelte Ansatz basiert auf dem Menschenrecht auf angemessene Nahrung (Art. 11 des Internationalen Paktes über wirtschaftliche, soziale und kulturelle Rechte WSKR); Windfuhr/ Jonsén (2005)

50 LME Aktuell (2007)
51 Baedecker et al. (2005)
52 www.label-online.de
53 Liedtke/Welfens (2007b)
54 Zukunftsinstitut GmbH (2007)

55 www.kurs-auf-zukunft.de
56 Liedtke et al. (2007)
57 Vgl. auf nationaler Ebene:
    BMU/UBA (2005);
    www.nachhaltiger-konsum.de

18 Regeln ändern: Fairness im Welthandel

Ein sozialer Ausgleich in der Weltgesellschaft wird hauptsächlich über die Handels- und Außenwirtschaftspolitik ins Werk zu setzen sein. Europa hat damit Erfahrung, es ist selbst ein internationaler Wirtschaftsraum wie auch ein Raum des sozialen Ausgleichs. Doch in der Handelspolitik mit Dritten bleibt Europa hinter seiner sozialen und menschenrechtlichen Tradition zurück. In auffälligem Kontrast zur Umweltpolitik kann es auf diesem Feld keine Pionierrolle beanspruchen. Doch eine Politik, die auf eine Globalisierung der öko-sozialen Marktwirtschaft zielt, wird die Handelspolitik nicht länger isolieren. Ganz im Gegenteil, sie wird die Handelspolitik zur Triebkraft für mehr Ökologie und Fairness in der Weltwirtschaft machen.

18.1 Die Welthandelsorganisation neu erfinden

Seit Ende der 1990er Jahre konzentriert sich die Debatte über die Zukunft der Globalisierung vor allem auf die Welthandelsorganisation (WTO). Als Nachfolgerin des Allgemeinen Zoll- und Handelsabkommens (GATT), das seit dem Zweiten Weltkrieg durch wechselseitig abgestimmte Zollsenkungen dem internationalen Handel beträchtlichen Auftrieb gegeben hatte, konnte die WTO sich als jene Organisation etablieren, welche weitgehend den Ordnungsrahmen für die transnationale Ökonomie festlegt. Die WTO ist als einzige internationale Institution mit einem Schiedsgericht und mit Sanktionsmacht ausgestattet, während es nicht annähernd vergleichbar starke internationale Institutionen gibt, die für Menschenrechte, soziale Rechte oder Umweltschutz eintreten. So kommt es, dass die Regeln der WTO auch wirtschaftsferne Politikbereiche durchdringen, und dass auf globaler Ebene letztlich die Wirtschaftsregeln die Gesellschaftsregeln dominieren.

Doch seit einigen Jahren steckt die WTO in der seit Jahrzehnten wohl tiefsten Krise des Handelssystems. Zwar treten nach wie vor Länder der WTO bei, und ihre Streitschlichtungsinstanz trägt laufend Handelskonflikte zwischen Mitgliedsländern aus. Doch die Verhandlungen über eine Weiterentwicklung der Handelsregeln sind durch einen grundlegenden Reformstau gekennzeichnet, der sich im Spiel einer Vielzahl widerstreitender Interessen immer wieder in Stillstand oder gar einem Scheitern der Verhandlungen niedergeschlagen hat.[1]

Die Krise der WTO entsteht aus einer doppelten Ursache: einem Mangel an Vertrauen und einer ideologischen Voreingenommenheit. Ein Mangel an Vertrauen deshalb, weil die Länder des Nordens, namentlich die Triade USA, EU, Japan, seit zu vielen Jahren den Handel mit zweierlei Maß messen: Sie fordern Freihandel mit den Ländern des Südens, und sie beharren auf Protektionismus und im Agrarbereich auf Subventionen für ihre eigene Wirtschaft. Dabei führen sie die Verhandlungen nicht ohne Heuchelei, da sie stets Armutsreduktion, Entwicklungschancen und Wohlstand für alle versprechen. Und einer ideologischen Voreingenommenheit deswegen, weil das übergeordnete Ziel der Handelsverhandlungen immer noch Freihandel und einfachhin Wirtschaftswachstum heißt. Dabei wird immer deutlicher erkennbar, wie Strategien eines unreflektierten Wirtschaftswachstums immense soziale und ökologische Probleme mit sich bringen, weil sie die Ausbeutung der natürlichen Umwelt und ebenso von lokalen Gemeinschaften in Kauf nehmen. Erst wenn die WTO aufhört, einer starren Freihandelsideologie zu folgen, und sich stattdessen den gegenwärtigen Problemen stellt, wird sie ihre Krise überwinden; erst wenn sie auf multilateraler Ebene Probleme löst, die dem Wohle der Gemeinschaft dienen und nicht von Staaten im Alleingang angegangen werden können, wird sie wieder einen Konsens der Staatengemeinschaft über ihren Nutzen erreichen.

Menschenrechte vor Marktzugang

Bisher haben die WTO, und vor ihr das GATT, aber auch bilaterale und regionale Freihandelsabkommen sowie die internationalen Finanzinstitutionen IWF und Weltbank mit ihren Strukturanpassungsprogrammen allein darauf abgezielt, Handelsbarrieren abzubauen und Märkte zu öffnen. Sie stützen sich dabei auf die ökonomische Theorie, der zufolge Zölle, Quoten und sonstige Marktzugangsbarrieren die Preise auf dem eigenen Markt hochhalten und damit auch ineffiziente Produzenten schützen. Die Liberalisierung des Handels dagegen soll helfen, dass sich auf allen Märkten stets die kostengünstigsten Anbieter durchsetzen können. Diese Freihandelsstrategie übersieht, dass jenseits aller ausgeschöpften Effizienzpotenziale ein »Verdrängungshandel«[2] einsetzen kann, der den davon betroffenen Menschen die Produktions-, wenn nicht gar Lebensgrundlage entzieht. Am deutlichsten wird dies beim Handel mit Agrarprodukten. In zahlreichen Ländern des Südens haben Billigimporte von Lebensmitteln die inländische Produktion aus Ackerbau und Viehwirtschaft vom Markt gedrängt und bäuerliche Betriebe in den Ruin getrieben (▸ Kapitel 7). Indonesien beispielsweise hatte vor rund einem Jahrzehnt noch ein gut funktionierendes Agrarwesen, das weitgehend die Selbstversorgung des Landes garantierte. Durch eine Handelsliberalisierung, die dem Land im Zuge der asiatischen Finanzkrise aufgenötigt wurde, stieg die Gesamteinfuhr von Lebensmitteln stark an, bei Sojabohnen sogar um 50 Prozent. Allein im Bereich der Sojaproduktion haben zwei Millionen Menschen den Sojaanbau aufgeben müssen.[3]

Es erscheint als selbstverständlich, dass eine dem Gemeinwohl verpflichtete Welthandelsorganisation die Menschenrechte schützt und die Armut bekämpft. Tatsächlich erkennt die WTO noch nicht einmal auf dem Papier den Menschenrechtskanon der Vereinten Nationen an, geschweige denn, dass sie sich seiner aktiven Umsetzung verpflichtet. Vielmehr müssen Regierungen wieder größeren Handlungsspielraum vis-à-vis den bestehenden internationalen Handelsregeln zurückerlangen, sodass sie Zuströme an Produkten, aber auch an Dienstleistungen und Direktinvestitionen kontrollieren können, wenn Existenzrechte und Entwicklungspotenzial auf dem Spiel stehen.[4] Deshalb muss den Ländern wieder mehr Flexibilität in der Anwendung von Zöllen, Quoten sowie preis- und mengenbasierten Schutzmechanismen eingeräumt werden. In der rasanten Globalisierung von heute ist die Importsteuerung für Länder wichtiger als die Exportförderung, wobei zu überwachen ist, dass Importe nicht ungerechtfertigt diskriminiert werden.

Den Wettbewerb qualifizieren

Gegenwärtig werden Handelsströme nur nach ihrem monetären Wert, nicht aber nach ihrer ökologischen und sozialen Qualität bewertet. Denn in der ökonomischen Theorie gilt, dass die Qualität eines Produkts oder einer Dienstleistung einzig durch den Preis abgebildet wird. Deswegen gilt in der WTO die Regel der »like products«: Gleichartige Produkte dürfen nicht aufgrund eines unterschiedlichen Produktionsverfahrens diskriminiert werden. Zwei T-Shirts beispielsweise dürfen nicht mit unterschiedlichen Zollsätzen oder Importquoten belegt werden, auch wenn eines von ihnen mit Kinderarbeit hergestellt worden ist oder aus einer Baumwolle, deren industrieller Anbau unter hohem Pestizideinsatz Feldarbeiter und Umwelt vergiftet hat. Solange das gilt, besteht der Anreiz für Unternehmen, ihre Herstellung in Länder zu verlagern, wo Löhne, Ressourcenpreise, Umwelt-, Gesundheits- und Sozialstandards am niedrigsten sind (► Kapitel 17).

Doch schon die gegenwärtige Praxis der WTO kennt Ausnahmen von dieser Regel: Diamanten aus Regionen mit Bürgerkriegen dürfen ebenso wenig gehandelt werden wie Kühlschränke mit die Ozonschicht zerstörendem FCKW. Was heute Ausnahme ist, muss zur Regel werden. In der Tat wird der Handel erst dann zum Motor für Ökologie und Gerechtigkeit, wenn eine Differenzierung der Produkte nach ihren Produktionsmethoden vorgenommen wird. Textilien aus Sweatshops, in denen die Rechte von Frauen verletzt werden, Fleisch aus Tierzuchtfabriken, die Wachstumshormone einsetzen, oder Strom aus fossil betriebenen Kraftwerken, die die Atmosphäre aufheizen – solange der Handel mit solchen Waren und Dienstleistungen nicht gänzlich unterbunden werden kann, muss er finanziell belastet und dafür der Handel mit sozial und ökologisch nachhaltigen Gütern begünstigt werden. Es muss Ländern gestattet sein, den Zugang zu ihren Märkten an Qualitätskriterien zu knüpfen. Ein solches System des »qualifizierten Marktzugangs«[5] wird ökologisch und sozial nachhaltig erzeugte Importe aktiv gegenüber konventioneller Ware begünstigen, wenn im eigenen Land die gleichen Standards gelten. Dann kann etwa ein Land, das den nachhaltigen Landbau fördert, den Import von Lebensmitteln aus agro-industrieller Erzeugung mit hohen Zöllen belegen; oder sparsame Autos günstiger importieren lassen. Der Zugang zu fremden Märkten wird als ein Privileg verstanden werden, das Exporteure erst durch die Einhaltung hoher Sozial- und Umweltstandards erringen. Doch sollte Unternehmen aus Entwicklungsländern in einer Übergangsphase geholfen werden, diese Standards zu erfüllen.

Einen Ausgleich der Handelsbilanzen fördern

Während im Jahr 2005 50 Länder, angeführt von Deutschland, China, Russland und Saudi-Arabien, teils enorme Handelsbilanzüberschüsse erwirtschaftet haben (▸ Kapitel 6), wiesen 114 Länder Handelsbilanzdefizite aus, die in den USA, Großbritannien, Spanien und der Türkei am stärksten ausfielen. Defizite wie Überschüsse sind strukturell zwar nicht zu vermeiden, und sie können sich durch frei flottierende Wechselkurse über die Jahre auch wieder ausgleichen. Geschieht das nicht, muss der Ausgleich durch entsprechende Maßnahmen angestrebt werden. Länder, die stets mehr exportieren als importieren, erwirtschaften Überschüsse an ausländischen Devisen, während Länder, die stets mehr importieren als exportieren, leicht in einen Devisenmangel geraten. Wenn dann nicht anderweitig Kapital ins Land fließt, etwa über Investitionen oder Geldanleihen, können diese Länder zu Schuldnerstaaten werden. Vor allem ärmere Länder haben mit chronisch negativen Handelsbilanzen zu kämpfen; einige von ihnen können nicht einmal ausreichend Devisen für lebenswichtige Importgüter wie Medikamente oder Nahrungsmittel aufbringen. Zudem haben die Finanzkrisen in Mexiko 1994, in mehreren Ländern Asiens 1997/98, in Argentinien nach 1999 und viele weitere größere und kleinere Finanzkrisen, bei denen ganze Länder ihren wirtschaftlichen Bankrott erklären mussten, vorgeführt, welche verheerenden Folgen ein

Handelssystem zeitigen kann, das keinen Ausgleich der Bilanzen anstrebt.

Schon John Maynard Keynes, der in den 1940er Jahren die Verhandlungen zur Gründung der Bretton-Woods-Institutionen leitete, hatte einen Mechanismus vorgeschlagen, bei dem eine international unabhängige Verrechnungsstelle, die International Clearing Union (ICU), einen Handelsbilanzausgleich zwischen den Nationen erwirken sollte.[6] Die ICU sollte eine neue Währung einführen, den Bancor, in der alle Im- und Exporte am Weltmarkt zu bezahlen wären. Jedem Land stünde beim Umtausch der eigenen Währung in den Bancor ein gewisser Überziehungskredit zu; wird dieser jedoch überschritten, würde die ICU einen Strafzins für das Land verhängen. Auch Ländern mit Zahlungsbilanzüberschüssen, wie etwa Deutschland, könnte ein Strafzins auferlegt werden, damit sie ihre Überschüsse im Zaum halten. Oder Überschüsse ab einer bestimmten Höhe könnten konfisziert und der Finanzierung von Aufgaben des internationalen Gemeinwohls zugeführt werden (etwa Programme zur Armutsreduktion, Finanzierung der UN-Institutionen). Obwohl der Vorschlag Keynes' heute wie damals phantastisch anmutet, könnten die wachsenden Bilanzdefizite vieler Länder, nicht zuletzt auch der USA, in nicht allzu weiter Ferne zu einer weltwirtschaftlichen Instabilität führen, die einen Ausgleich der Handelsbilanzen auch im Interesse der mächtigen Staaten und der Exportüberschuss-Länder erscheinen lassen wird.

Schwache Staaten begünstigen

Derzeit gleicht der Weltmarkt einer Fußballliga, in der ein Verein der Kreisliga gegen den vielfachen Meister FC Bayern München antreten müsste – und das auf einem Feld, bei dem die Hobbyfußballer bergauf gegen die Münchener Profis spielen müssen. Im Welthandel spielen tatsächlich starke und schwache Spieler in der gleichen Liga, und die Regeln begünstigen dazu noch die Starken. Denn die starken Länder haben die Regeln so gestaltet, dass doppelte Standards gelten. Zahlreiche Länder des Südens, von Kenia bis Kamerun, von Indonesien bis Chile, wurden gezwungen, ihre Märkte weit zu öffnen für die Industriegüter des Nordens, während die USA, Japan, die EU und andere

Industriestaaten weiterhin hohe Zölle auf Agrargüter erheben und obendrein mit massiven Subventionen die eigene landwirtschaftliche Produktion maximieren. Dieser Protektionismus auf dem Agrarmarkt bei gleichzeitiger wirtschaftlicher Übermacht auf dem Markt für Industriegüter und Dienstleistungen hat in der Vergangenheit viele Länder des Südens zu Verlierern des Welthandels gemacht.[7] Eine Studie zur Folgenabschätzung der gegenwärtigen Verhandlungsrunde der WTO in Doha prognostiziert, dass der Großteil der am wenigsten entwickelten Länder, insbesondere die Länder Afrikas südlich der Sahara, mit dem nächsten Liberalisierungsschub im Welthandel erneut zu Verlierern werden, während die größten volkswirtschaftlichen Gewinne von den Industriestaaten und einigen aufstrebenden Schwellenländern eingefahren werden.[8]

Auch Ökonomen, die der Theorie des Freihandels anhängen, vertreten mittlerweile die Ansicht, dass Entwicklungsländer im Wettbewerb mit wirtschaftlich starken Ländern eine hinreichend lange Übergangsphase benötigen, in der sie sowohl ihre Märkte schützen dürfen, als auch von den Industrieländern einseitig einen vergünstigten Marktzugang eingeräumt bekommen.[9] Fairness ist erst gegeben, wenn die Regeln der WTO – über die richtige Absicht hinaus, ein ebenes Spielfeld mit den mächtigen Ländern zu schaffen – schwache Staaten systematisch begünstigen. Aus der Sonder- und Vorzugsbehandlung müsste ein integrales Strukturmerkmal des Handelsregimes werden.[10] So können Länder nach verschiedenen Kriterien, wie Ausmaß der Armut, Pro-Kopf-Einkommen, Anteil am Welthandel und so weiter, in verschiedene Kategorien eingeteilt werden.[11] Ein Land mit mittlerem Einkommen wie Algerien würde dann eine Sonderbehandlung durch die EU erfahren, während es wiederum Niger gegenüber zur Sonderbehandlung verpflichtet wäre. Eine solche Bestimmung würde nicht nur helfen, die Kluft zwischen Nord und Süd zu überbrücken, sondern auch dazu beitragen, die rasch wachsenden Ungleichheiten zwischen den Entwicklungs- und Schwellenländern auszugleichen.[12]

Monopol- und Kartellbildung verhindern

Konzentrationsprozesse geschehen auch in nationalen oder lokalen Märkten, wenn die Politik nicht interveniert. Doch je größer der Markt, desto größer wird das Problem. Erst die weltweite Liberalisierung der Finanz- und Gütermärkte seit dem Ende der 1970er Jahre hat einer Konzentration von Unternehmen über Ländergrenzen hinweg Vorschub geleistet, wie sie bis dahin nicht möglich war. Im Ergebnis sind einige hundert transnationale Konzerne entstanden, deren jährlicher Umsatz das Bruttoinlandsprodukt ganzer Länder in den Schatten stellt. Der Weltkonzern Walmart beispielsweise machte im Jahr 2006 308 Milliarden US-Dollar Umsatz, während das Bruttoinlandsprodukt der 42 hoch verschuldeten Entwicklungsländer (HIPC) zusammen nur 262 Milliarden US-Dollar betrug.[13] Zum anderen steigt mit der »Zusammenlegung« von nationalen Märkten zu einem gemeinsamen globalen Markt gleichzeitig die Zahl der kleinen Unternehmen und verwundbaren Produzenten gegenüber den Marktriesen. Der weltgrößte Agrarhandelskonzern, das US-Unternehmen Cargill, muss sich das Handelsgeschäft für Weizen, Mais, Geflügel und viele andere Produkte nur mit einer Handvoll Konkurrenten teilen. Also können diese Unternehmen ihre Marktmacht und damit die Abhängigkeit der Millionen Bauern weltweit ausnutzen, um Preise zu manipulieren, Wertschöpfung aus den ländlichen Ökonomien abzuziehen und Standards zu diktieren, die es insbesondere den kleinen Produzenten unmöglich machen, mitzuhalten.[14] Im Bereich der Computerproduktion haben einige wenige transnationale Konzerne, die zusammen nahezu 90 Prozent des Herstellungsmarkts für Laptops kontrollieren, regelmäßig nach nur wenigen Jahren ihre Zulieferer gewechselt, um maximale Profitmargen zu erzielen, während die Zulieferer samt ihren Arbeitern in Malaysia, Indonesien oder Mexiko ohnmächtig und arbeitslos zurückblieben[15]. Im Welthandel mangelt es nicht nur an Fairness zwischen den Ländern, sondern mehr noch zwischen den Marktakteuren.

Während die WTO ihre Agenda der Liberalisierung und Deregulierung ausweitet, gibt es keine entsprechende Institution, die der Monopol- und Kartellbildung auf dem Weltmarkt Einhalt gebietet. Es ist darum eine Minimalforderung, dass eine unabhängige Institution internationale Fusionen und Aufkäufe kontrolliert und unlauteren Wettbewerb sanktioniert. Ein Welthandelsregime, das sich der Fairness und Nachhaltigkeit verschreibt, wird darüber hinaus eine ausgewogene Verteilung von Gewinnen entlang grenzüberschreitender Wertschöpfungsketten sichern. Dabei kann es von der Fairtrade-Bewegung lernen. Seit über drei Jahrzehnten zeigt sie, wie grenzüberschreitende Wertschöpfungsketten qualitativ hochwertige Produkte zu fairen Preisen für die Produzenten und mit hohen Sozialstandards im Produktionsprozess hervorbringen können (▸ Kapitel 17). Warum sollten Fairhandelsverträge, wie sie das Unternehmen The Body Shop und andere Firmen für ihre Zulieferer in fernen Ländern geschlossen haben, nicht für alle Unternehmen zur Bedingung gemacht werden, die am Welthandel teilnehmen möchten?[16]

Eine starke multilaterale Handelsorganisation ist unverzichtbar. Die WTO jedoch erfüllt in ihrer gegenwärtigen institutionellen Verfassung die genannten Anforderungen nicht. Sie muss sich darum neu erfinden oder ihren Platz anderen Organisationen überlassen, die nicht nur dem wirtschaftlichen Standortwettbewerb der Nationen dienen, sondern dem globalen Gemeinwohl.

Zeitfenster 2022   Eine Welt-Fairhandelsorganisation

Porto Alegre, 20. März 2022. Heute haben die Wirtschaftsminister von 176 Staaten in Porto Alegre, Brasilien, ihre Unterschrift unter ein historisch einmaliges Abkommen gesetzt. Nach knapp zehn Tagen intensiver Verhandlungen am Ort und einer insgesamt fünfjährigen Verhandlungsrunde haben sie mit dem Abkommen den Startschuss für die Gründung einer neuen »Internationalen Handelsorganisation« (ITO) unter dem Dach der Vereinten Nationen gegeben. Wieder in Brasilien, wird hiermit nach genau 30 Jahren das Versprechen der Erdkonferenz in Rio 1992 ein weiteres Stück umgesetzt: Handel, Entwicklung und Nachhaltigkeit miteinander in Einklang zu bringen.

Die neue ITO wird die bisherige Welthandelsorganisation (WTO) ablösen, welche nach ihrer Gründung 1994 einseitig die Liberalisierung des Handels vorangetrieben hatte. Die künftige ITO hingegen soll den

Handel weniger deregulieren, als vielmehr koordinieren. Sie wird aus den folgenden fünf Abteilungen bestehen:

Eine Abteilung für Koordinierung wird die Abwägung nationaler Präferenzen und internationaler Interessen zur zentralen Aufgabe haben. Sie wird vor allem dafür sorgen, dass der nationale politische Spielraum im Handel wiederhergestellt wird. Sie wird diesen Spielraum aber auch mit Blick auf mögliche schädliche Effekte für internationale und ausländische Märkte überwachen und gegebenenfalls eingrenzen.

Eine Abteilung für Qualitätssicherung wird darauf abzielen, auf globalen Märkten die Qualität von Handelsströmen zu garantieren. Dabei wird sie vor allem die Einführung von Menschenrechts-, Sozial- und Nachhaltigkeitsstandards auf nationaler Ebene sowie die Verhandlungen über Metastandards auf multilateraler Ebene unterstützen.

Eine Abteilung für Handelsbilanzausgleich wird dafür Sorge tragen, dass Handelsbilanzdefizite oder -überschüsse mittelfristig in einer Balance bleiben. Sie wird dazu in einer doppelten Buchführung einen Abgleich zwischen allen nationalen Handelsbilanzen und einer neuen internationalen Leitwährung vornehmen und Länder mit Bilanzdefiziten oder Überschüssen darin unterstützen, einen Bilanzausgleich zu erzielen.

Eine Abteilung für Kartellaufsicht wird dafür zuständig sein, Verhandlungen über die Wettbewerbspolitik auf globaler Ebene zu begleiten. Sie wird Informationen über Größe und Aktionsradius internationaler Unternehmen einschließlich der Fusionen und Aufkäufe veröffentlichen und im Falle einer schädlichen Marktkonzentration einschreiten.

Schließlich hat eine Abteilung für Streitschlichtung die Aufgabe, Konflikte zwischen Mitgliedstaaten zu schlichten sowie zwischen Mitgliedstaaten und Dritten, wie etwa Konzernen und Nichtregierungsorganisationen, zu vermitteln. Diese Abteilung wird auch weiterhin unabhängige Gremien zur Schlichtung einsetzen, wie dies gegenwärtig im Rahmen der WTO geschieht. Wenn aber die Entscheidung eines dieser Gremien nicht die Zustimmung aller Streitparteien findet, wird die darauf folgende Berufung an ein (Schieds-)Gericht außerhalb der ITO verlagert werden, um das Prinzip der Gewaltenteilung und die institutionelle Unparteilichkeit zu gewährleisten.[17]

18.2 Bilaterale Abkommen partnerschaftlich aushandeln

Grundständige Reformen der WTO sind aufgrund der starken Interessenunterschiede der 153 Mitgliedstaaten nicht leicht zu erreichen und brauchen ihre Zeit. Das erzeugt Ungeduld. Im September 2003, nachdem die 5. WTO-Ministerkonferenz in Cancún, Mexiko, abrupt und zur Überraschung vieler abgebrochen wurde, rief der damalige US-Handelsvertreter Robert Zoellick zu einem Paradigmenwechsel in der Handelspolitik auf. Es habe in Cancún zu viele unwillige Länder gegeben, die die Verhandlungen scheitern ließen. Jetzt werde sich sein Land mit den Willigen zusammentun und bilaterale Handelsverträge schließen.[18] Damit entsteht eine weitere Bedrohung eines fairen Welthandelssystems, wenn nämlich die großen Verhandlungsmächte abseits der öffentlichen Aufmerksamkeit ihre Agenda des Freihandels mit doppeltem Maßstab durchsetzen, ohne dass die Entwicklungsländer sich in Gruppen zusammenschließen und gemeinsam ihre Interessen vertreten können.

Von Freihandelsabkommen zu Entwicklungspartnerschaften

Tatsächlich sind bereits etliche Freihandelsabkommen entstanden, unter ihnen das nordamerikanische Freihandelsabkommen NAFTA als eines der bekanntesten Beispiele. Sie begünstigen einseitig die Interessen der Starken. Auch die Europäische Kommission, die für alle EU-Staaten die Handelspolitik bündelt, verfolgt bereits seit Längerem eine Strategie bilateraler Freihandelsverträge.[19] Und im Jahr 2006 hat die Generaldirektion Handel der EU in ihrem Strategiepapier »Global Europe — Competing in the World« unmissverständlich angekündigt, in Zukunft vermehrt bilaterale Freihandelsverträge abzuschließen, und zwar mit dem vorrangigen Ziel, die Stellung europäischer Unternehmen auf den Märkten der aufstrebenden Schwellenländer Asiens auszubauen.[20] Bisher hat die EU 14 bilaterale Freihandelsabkommen mit Entwicklungsländern abgeschlossen, und mehrere weitere Abkommen sind in Verhandlung, unter ihnen die »Wirtschaftspartnerschaftsabkommen« mit 77 Ländern Afrikas, der Karibik und des Pazifik, den sogenannten AKP-Staaten.[21] Sie verdienen besondere

Aufmerksamkeit, zumal Deutschland eine unmittelbare Mitverantwortung für die Handels- und Entwicklungspolitik der EU trägt.

Die Wirtschaftspartnerschaftsabkommen (Economic Partnership Agreements, EPA) reihen sich ein in eine lange Tradition von Handelsabkommen zwischen der EU und den AKP-Staaten, die nicht zuletzt auf die historische Verantwortung der europäischen Länder nach der Kolonialzeit zurückgeht. Doch die gegenwärtigen EPA-Verhandlungen bergen wenig Gutes und viele Risiken für die Partnerländer. Zwar wurden hehre Ziele formuliert, so die Reduzierung der Armut, eine verstärkte Industrialisierung, eine wirtschaftliche Diversifizierung, eine Stärkung der regionalen Integration, der Umweltschutz und die Förderung von Frauen. Zudem wurde vereinbart, dass parallel zu den Verhandlungen wissenschaftliche Folgenabschätzungen erstellt werden, die die Auswirkungen der geplanten Abkommen auf Wirtschaft, Gesellschaft und Umwelt untersuchen. Doch was in den gegenwärtigen Verhandlungen faktisch entsteht, entpuppt sich vor allem als ein Mehr an Freihandel zugunsten der EU. Die EPA stellen den AKP-Staaten keine Mechanismen der Preisstabilisierung oder Ausgleichsfonds mehr zur Verfügung. Und anstatt den einseitig begünstigten Marktzugang zur EU, den die AKP-Länder bisher genossen, fortzusetzen und wieder zu verbreitern, strebt die EU eine wechselseitige Marktöffnung an, die wenig Rücksicht auf die enormen ökonomischen Asymmetrien zwischen EU- und AKP-Staaten nimmt.[22]

Ende 2007 hat die EU mit hohem politischem Druck und fragwürdigen Verhandlungsmethoden einen Teil der AKP-Staaten dazu gedrängt, in Interimsabkommen einer weitreichenden Marktöffnung gegenüber der EU zuzustimmen. Die Kommission hatte dabei argumentiert, dass die wechselseitige Marktöffnung eine unausweichliche Bedingung der WTO sei. Tatsächlich hätte es aber eine ganze Reihe von Alternativen gegeben, bei denen die einseitigen Vergünstigungen für die Mehrheit der AKP-Länder hätten fortgesetzt werden können.[23] Nun müssen diese innerhalb von nur zehn bis 15 Jahren einen Großteil der Zölle auf Importe aus der EU abschaffen. Da im Durchschnitt zehn bis 15 Prozent der Staatseinnahmen der AKP-Länder von Zöllen abhängen, in einigen Ländern sogar 20 Prozent, bedeutet dies eine massive Einschränkung ihrer Handlungsspielräume. Darüber hinaus verpflichten die Interimsabkommen die AKP-Länder dazu, auch über eine weitere Öffnung ihrer Dienstleistungsmärkte, die Liberalisierung von Investitionen sowie den Schutz geistiger Eigentumsrechte zu verhandeln. Die EU hat obendrein angedeutet, finanzielle Zuwendungen von der Unterzeichnung solch umfassender EPA abhängig zu machen. Sie tut hingegen nichts dafür, dass kleinere Unternehmen aus den AKP-Ländern überhaupt auf dem Markt mit großen EU-Unternehmen mithalten können. Sie pocht im Gegenteil auf einen Investitionsschutz für ausländische Unternehmen. Das bedeutet, dass europäische Unternehmen Forderungen an die Regierungen der AKP-Länder stellen können, wenn ihre Gewinne durch die Einführung von umwelt-, gesundheits- oder sozialpolitischen Maßnahmen eingeschränkt werden.[24]

Bilaterale Verhandlungen können auch ganz anders geführt werden. Ein solches Beispiel ist die »Bolivarische Alternative für Amerika« (ALBA), die zwischen einer Gruppe von Ländern Lateinamerikas geschlossen wurde. Auch wenn sie noch keine abschließende Bilanz ermöglicht, stellt sie immerhin den Versuch einer wirtschaftlichen Kooperation dar, die sich nicht in erster Linie auf Handelsliberalisierung, sondern auf eine neue Vision von Wohlstand und sozialer Gerechtigkeit gründet.[25] Was immer man über den in dem Abkommen vereinbarten Austausch von venezolanischem Öl gegen kubanische Ärzte oder von bolivianischem Erdgas gegen venezolanisches Infrastruktur-Know-how denken mag, so liegt doch auf der Hand, dass hier das reine Profitstreben hinter einer anderen Logik zurücksteht, nämlich einer Mischung aus politischem Hegemonieinteresse und einem Ethos der Solidarität.[26] Nimmt man die EU in den Blick, dann ließe sich ein auf Selbstinteresse und Solidarität gebautes Abkommen als eine solare Energiepartnerschaft zwischen der EU und den sonnenreichen Staaten Nordafrikas denken (▸ Schlaglicht: Solare Energiepartnerschaften).

Bei Abkommen zwischen Ländern mit unterschiedlich entwickelten Ökonomien ist die regulierende Rolle der Politik unentbehrlich. Die EU selbst zeigt, wie unentbehrlich die Mitwirkung der politischen Instanzen ist. Beitrittsländer öffnen ihren Markt und erhalten freien Zugang zu den Märkten der anderen EU-Staaten, erfüllen im Gegenzug aber auch eine Vielzahl von Umwelt- und Sozialstandards. Und är-

Solare Energiepartnerschaften zwischen der EU und den Ländern Nordafrikas

Eine solare Vollversorgung der Länder der EU binnen weniger Jahrzehnte wird nur erreichbar sein, wenn ein Teil der Energie aus den sonnenreichen Regionen beispielsweise des südlichen Mittelmeers importiert wird. Ebenso gilt: Eine nachhaltige wirtschaftliche Entwicklung der Länder Nordafrikas kann nicht gelingen, wenn ungleiche Handelsbeziehungen mit der EU diese Ökonomien auf die Lieferung von Primärgütern (landwirtschaftliche Erzeugnisse, Rohstoffe) reduzieren. Eine bilaterale Energiepartnerschaft kann dagegen für beide Seiten Vorteile schaffen.

Im Jahr 2003 wurde vom Club of Rome, dem Hamburger Klimaschutz-Fonds und dem Jordanischen Nationalen Energieforschungszentrum die Initiative »Trans-Mediterranean Renewable Energy Cooperation« (TREC) gegründet, die sich für die Übertragung von in Wüstenregionen erzeugtem Solar- und Windstrom nach Europa einsetzt.[27] Die Chancen für Klimaschutz und Energiesicherheit hat diese Initative bereits gut herausgearbeitet. Jetzt sollte sie durch entwicklungsfreundliche Handels- und Investitionsregeln verstärkt werden, damit die Länder Nordafrikas nicht bloß zu Exporteuren von Solarstrom aus solarthermischen Großkraftwerken werden, die womöglich noch von europäischen Unternehmen betrieben werden. Vielmehr sollten die Länder Nordafrikas ein unabhängiges Industrie- und Dienstleistungsgewerbe für Erneuerbare Energien aufbauen, auf diese Weise ihre Wirtschaft diversifizieren und so mit Hilfe einer solaren Wirtschaftsstruktur Wohlstand schaffen. Um einen ausgeglichenen Mix aus größeren solarthermischen Kraftwerken, Windparks und kleineren, dezentralen Fotovoltaik- oder solarthermischen Anlagen für die heimische Nutzung in den Ländern Nordafrikas zu befördern, darf die Energiepartnerschaft nicht nur Stromimporte und -exporte regeln, sondern muss auch einen Transfer von Know-how über erneuerbare Technologien enthalten. Ferner sollte sie festschreiben, dass beim Bau der Kraftwerke, ihrem Betrieb und ihrer Wartung sowie auch bei der Vermarktung des Stroms die Wertschöpfung vor Ort optimiert wird. Im Anfangsstadium wird sie auch Hilfe für die Ausbildung von Technikern und Facharbeitern, für Universitäten und Forschungseinrichtungen umfassen.

mere und strukturschwache Regionen erhalten Geld über den EU-Ausgleichsfonds, um zu den wohlhabenden Regionen aufzuschließen. Die EU verbindet also den freien Handel mit Qualitätsstandards wie auch mit einem finanziellen Ausgleich für die schwächeren Partner. Es ist nicht einzusehen, dass diese wohl begründeten Prinzipien nicht auch die Abkommen mit den AKP-Staaten regieren sollten.

Rechte und Pflichten teilen

Während die EU-Kommission Verhandlungen für Handelsverträge aller Mitgliedstaaten bündelt, stehen bilaterale Investitionsabkommen (Bilateral Investment Treaty, BIT) immer noch in der Kompetenz der nationalen Regierungen. Deutschland ist Weltmeister im Schließen solcher BIT: Mit 125 Ländern des Südens waren sie Ende 2007 bereits in Kraft, mit weiteren 16 Ländern werden sie derzeit ratifiziert. Die Bundesrepublik möchte mit diesen Abkommen die Investitionen und Erträge deutscher Unternehmen sichern, während die Empfängerländer sich von den Abkommen versprechen, durch ein stabiles Investitionsklima vermehrt Investitionen anzulocken. Es geht also in erster Linie darum, Investitionsflüsse zu sichern und zu erhöhen.

Ob die geschützten Investitionen zur Armutsreduzierung oder zur sparsamen Ressourcennutzung beitragen, ist nicht Gegenstand der BIT. Sie machen keinen Unterschied zwischen Investitionen in die Solarwirtschaft oder in Kohleminen, in den biologischen Landbau oder die industrielle, chemie-intensive Blumenzucht. Egal, ob entwicklungsfördernd oder Arbeitskräfte ausbeutend, ob umweltfreundlich oder die Natur schädigend: Deutsche Investoren erhalten durch die BIT, die ihnen Klagemöglichkeiten einräumen, einen weit reichenden Schutz vor Gewinneinbußen und möglichen Enteignungen. Auch wenn sich deutsche Unternehmen bislang nicht übermäßig als Kläger hervorgetan haben, so belastet allein die Möglichkeit die Bereitschaft der Regierungen, Umwelt- oder Sozialstandards einzuführen. Auch ist nicht einzusehen, warum ausländische Unternehmen durch BIT so weitreichende Rechte eingeräumt bekommen, während diesen Rechten praktisch keinerlei Pflichten gegenüberstehen.

Stattdessen würden sich die BIT als Instrument anbieten, mit dem

Ein Musterabkommen für nachhaltige Investitionspolitik

Eine Balance zwischen Rechten und Pflichten suchend haben Wissenschaftler des International Institute for Sustainable Development (IISD) im Jahr 2005 mit einem eigenen Musterabkommen eine umfassende Alternative zu den weithin praktizierten bilateralen Investitionsabkommen vorgelegt. Ziel des Musterabkommens ist es, Rahmenbedingungen für Investitionen zu schaffen, die tatsächlich einer zukunftsfähigen Entwicklung dienen. Sie bauen auf drei Grundlinien auf. Erstens definiert das Abkommen einen Kodex von Praktiken, die Unternehmen in jedem Falle einhalten müssen. Es legt etwa fest, dass ausländische Unternehmen vor einer Niederlassung eine Umweltfolgenabschätzung durchführen müssen. Wenn Unsicherheit über große Umweltrisiken besteht, darf gegen die Interessen der Investoren entschieden werden. Zweitens stärkt das Musterabkommen den politischen Handlungsspielraum der Regierungen. So gilt die Einführung von sozial- oder umweltpolitischen Maßnahmen nicht mehr als Vertragsverletzung, auch wenn sie Gewinneinbußen eines ausländischen Unternehmens mit sich bringt. Und drittens legt das Musterabkommen fest, dass Investoren für ihre Handlungen verantwortlich zeichnen müssen – nicht nur in den Ländern des Südens, sondern auch in ihren Heimatländern. Denn in vielen Entwicklungsländern sind die Justizsysteme oft nicht in der Lage, Prozesse gegen transnationale Unternehmen anzustrengen – etwa weil institutionelle Kapazitäten fehlen, oder der politische Wille. Daher legt das Musterabkommen fest, dass Geschädigte auch vor die Gerichte der Heimatländer der Investoren ziehen können und sich dabei von Nichtregierungsorganisationen unterstützen lassen dürfen. Das Risiko der Unternehmen, spürbare Schadensersatzzahlungen leisten oder einen Imageverlust in ihrem Heimatland hinnehmen zu müssen, wird einen kräftigen Anreiz zu verantwortungsbewusster Unternehmensführung weltweit liefern.[28]

die Bundesrepublik ihre extraterritorialen Staatenpflichten umsetzen kann (▸ Kapitel 7). Zu den Pflichten deutscher Unternehmen im Ausland müssen mindestens die Einhaltung der UN-Menschenrechte, der ILO-Kernarbeitsnormen, der in völkerrechtlichen Abkommen verankerten Umweltstandards sowie der geltenden Anti-Korruptionsbestimmungen gehören. Nicht Unternehmen sollten gegen Regierungen klagen können, sondern Regierungen müssen das Recht haben, die Investorenrechte aufzuheben, wenn ein Unternehmen etwa gegen das Korruptionsverbot oder gegen geltendes Umweltrecht verstößt. Auch kann die Politik Anreize setzen, damit Unternehmen über die Einhaltung der Mindeststandards hinaus ein verantwortliches Management globaler Produktketten praktizieren (▶ Kapitel 17).

Der Beitrag Deutschlands und der EU zur globalisierten Welt wird sich nicht zuletzt an der Gestalt ihrer bilateralen Abkommen ablesen lassen. Sie werden glasklar offen legen, ob Europa bereit ist, den Menschenrechten und der Umwelt höchste Priorität einzuräumen.

18.3 Außenhandelspolitik revidieren

Es wird wesentlich leichter sein, die WTO-Regeln und auch die bilateralen Abkommen der EU zu erneuern, wenn einzelne Länder in ihrer nationalen Politik mit gutem Beispiel vorangehen. Es reicht auch nicht aus, multi- und bilaterale Handels- und Investitionsregeln zu reformieren, solange ungeachtet dieser Regeln konkrete Im- und Exporte öffentlich gefördert werden, die der Fairness und Ökologie zuwiderlaufen. Schließlich gilt in einer eng verflochtenen Welt, dass alle Außenwirtschaftspolitik letztlich Weltwirtschaftspolitik ist. Daher ist es die Grundbedingung aller Reformen, das eigene Haus in Ordnung zu bringen. Als Exportweltmeister hat gerade Deutschland eine besondere Verantwortung, seine Import- und Exportpolitik nach umweltverträglichen und sozialverträglichen Gesichtspunkten zu gestalten (▶ Kapitel 6).

Die öffentliche Beschaffung öko-fair ausrichten

Eine zukunftsfähige Außenwirtschaftspolitik wird sowohl die Förderung von Exporten betrachten, als auch die Steuerung von Importen einbeziehen. Eine zukunftsfähige Importpolitik wird vor allem ein

System des qualifizierten Marktzugangs umsetzen. Sie wird aber auch die öffentliche Beschaffung (▸ Kapitel 13) in den Blick nehmen, die Importe nach Deutschland generiert – vor allem, wenn es sich um Importe aus Ländern des Südens handelt. Aufgrund des beachtlichen Umfangs des öffentlichen Beschaffungsmarktes kann eine zukunftsfähige Ausrichtung der Beschaffungspolitik einen enormen Beitrag dazu leisten, die deutschen Außenwirtschaftsbeziehungen umweltverträglich und international gerecht zu gestalten.

Eine Liberalisierung der Beschaffungsmärkte wird gegenwärtig vor allem durch bilaterale Handelsverträge forciert, unter anderem auch durch die oben besprochenen Wirtschaftspartnerschaftsabkommen. Die sind jedoch weit davon entfernt, Beschaffungsmärkte nach Kriterien der Nachhaltigkeit zu gestalten. Da eine Liberalisierung des Handels die öffentliche Beschaffung zunehmend in undurchsichtige internationale Produktionsnetzwerke einbindet, erschwert sie die Einführung sozialer und ökologischer Anforderungen im Beschaffungswesen.

Eine Richtlinie für eine zukunftsfähige Beschaffungspolitik würde eine Prüfung der bietenden Unternehmen verlangen, ob sie zum Beispiel in ihren Produktionsstätten im Süden die Menschenrechte, die Kernarbeitsnormen der Internationalen Arbeitsorganisation sowie einschlägige Sozialstandards einhalten und diese ihrerseits von ihren Zulieferern einfordern. Sie würde von den Unternehmen Umweltbilanzen erwarten und eine Lebenszyklusanalyse der angebotenen Produkte und Dienstleistungen. Wo bereits ein Markt für Waren unter dem Fairtrade- oder einem der anderen Umwelt- und Sozialsiegel besteht, sollten Verwaltungen den Zuschlag von ihnen abhängig machen (▸ Kapitel 13).

Wirtschaft, Entwicklung und Umwelt zusammendenken

Als Exportweltmeister muss Deutschland nicht nur seine Importe, sondern vor allem auch seine Exporte nachhaltig gestalten. Die Politik bietet einen Strauß von Instrumenten und Maßnahmen zur Förderung von Exporten und Direktinvestitionen deutscher Unternehmen ins Ausland an: die Risikoabsicherung durch Hermesbürgschaften, die

Schritte der Stadt Bonn zu einer nachhaltigen öffentlichen Beschaffung

Etliche Städte und Kommunen in Europa und anderswo haben bereits Elemente einer verantwortungsbewussten öffentlichen Beschaffung in ihre Richtlinien aufgenommen. Die Stadt Bonn etwa verlangt eine Herkunftsangabe aller Hölzer, die von Behörden der Stadt gekauft werden. Wo immer möglich, sollen einheimische Hölzer erworben werden. Für die Beschaffung von Tropenhölzern gilt, dass sie zertifiziert sein müssen; als Referenzstandard dient etwa das Forest Stewardship Council. Beim Kauf von Kaffee gibt die Stadt Bonn einen extra Zuschlag für fair gehandelten Kaffee, und sie unterstützt Informationskampagnen zu fairem Handel. In der Stadt wird zudem der Verkauf der eigenen Marke »Bonn Kaffee« gefördert, ein mit dem Namen der Stadt bezeichneter Fairtrade-Kaffee. Beim traditionellen Karnevalszug werden Süßigkeiten aus fairem Handel verteilt. Dem Beispiel der Stadt München folgend kauft Bonn keine Artikel mehr, die durch ausbeuterische Kinderarbeit hergestellt wurden (ILO-Konvention Nr. 182). Lieferanten müssen das Herkunftsland der Güter angeben und ein Zertifikat oder eine Eigenverpflichtung erbringen, die Kinderarbeit ausschließt. Zur Beschaffung von Büromaterial entwickelte das Bonner Umweltamt umweltfreundliche Kriterien auf der Grundlage von Umweltsiegeln und zusätzlicher Marktforschung.[29]

Investitionsgarantien und die Export- und Projektförderung der Kreditanstalt für Wiederaufbau (KfW) und der KfW IPEX-Bank sowie die Tätigkeit der Wirtschaftsabteilungen der Botschaften, die deutschen Außenhandelskammern, das Informationssystem der Bundesagentur für Außenwirtschaft und noch manches mehr. Hermesbürgschaften versichern nicht die Exporte als solche; sie versichern die Kredite, die ein deutsches Unternehmen vor dem Export von Gütern aufnehmen muss, gegen politische Unwägbarkeiten wie Enteignung, Bürgerkrieg oder wirtschaftliche Zahlungsunfähigkeit des Käufers. Bleiben Zahlungen aus, springt die Bundesregierung ein.

Die Außenwirtschaftsförderung in Deutschland dient bisher vor allem dem Ziel, den Standort Deutschland im globalen Wettbewerb zu behaupten. Sie orientiert sich einseitig an innenpolitischen Zielen, wie der Sicherung von Arbeitsplätzen in der Exportwirtschaft und der Stärkung deutscher Unternehmen auf dem Weltmarkt. Folglich preist zum Beispiel das Bundeswirtschaftsministerium in seinem Jahresbericht 2005 über die öffentlichen Investitionsgarantien die erfolgreiche Beendigung des Baus eines Steinkohlekraftwerks durch die Steinkohle AG in Mindanao, Philippinen, obwohl lokale Umwelt- und Bürgerrechtsgruppen massiv gegen den Bau demonstriert und stattdessen den Ausbau erneuerbarer Energien gefordert hatten.[30] Und noch immer werden von der KfW IPEX-Bank Projektfinanzierungen getätigt, die aus menschenrechtlicher oder ökologischer Sicht bedenklich sind: in der Rohstoffgewinnung, der Öl- und Gasförderung, der Petrochemie, der Aluminium- und Stahlerzeugung oder in der Energiewirtschaft.[31] In der Praxis der deutschen Außenwirtschaftsförderung zeigt sich immer wieder, dass der Umwelt- und Menschenrechtsschutz wirtschaftlichen Erwägungen untergeordnet wird.[32]

Die Vergaberichtlinien für Hermes und KfW IPEX können von der Bundesregierung beeinflusst werden. Zwar hat die KfW seit 1995 mehrere Selbstverpflichtungen zum Umweltschutz verabschiedet und 2003 gar eine Orientierung sämtlicher KfW IPEX-Aktivitäten an der Nachhaltigkeitsstrategie der Bundesregierung angekündigt.[33] Im Jahr 2008 hat sie sich zudem den »Equator Principles« angeschlossen, einem international anerkannten Kodex erweiterter Umwelt- und Sozialstandards für die Geschäfte von Banken. Dennoch gehen Investitionshilfen und Bürgschaften etwa für Kohle- oder Zellstofffabriken oder für den Flugverkehr weiter, während zukunftsfähige Technologien nur marginal gefördert werden. Das steht in eklatantem Widerspruch zur Klimapolitik der Bundesregierung.

Auch aus entwicklungspolitischer Sicht ist die gegenwärtige Praxis der deutschen Außenwirtschaftsförderung problematisch, weil sie der Verschuldung von Ländern des Südens Vorschub leistet. Eine Hermes-Bürgschaft wird von der Bundesregierung häufig nur dann gewährt, wenn die Regierung des Empfängerlandes ihrerseits eine Staatsgarantie ausgesprochen hat. Wenn es zu einer Zahlungsunfähigkeit kommt, so fällt die Bringschuld auf die dortige Regierung zurück. Denn die Bundesregierung zahlt zwar das deutsche Unternehmen aus, stellt ihrerseits aber Forderungen an das Empfängerland. Aus einer Kreditbeziehung zweier Unternehmen wird so ein Schuldverhältnis zweier Länder. In der Summe stellen die Schulden, die auf diese Weise aus Exportkrediten und Staatsgarantien entstehen, für zahlreiche Entwicklungsländer den größeren Teil ihres Schuldenberges dar.[34] In den vergangenen Jahren hat die Bundesrepublik nach eigenen Angaben durch Rückflüsse aus Hermesbürgschaften jährlich über eine Milliarde Euro an Zinsen eingenommen, was die Ausgaben für die Förderung dieser Exporte um ein Mehrfaches überstieg.[35] Während die ökonomische Integration der Länder des Südens unter der Maßgabe vorangetrieben wird, dass sie sich durch verstärkten Welthandel aus ihrer Verschuldung befreien können, halten die Forderungen aus Staatsgarantien sie in neuen Abhängigkeiten gefangen.

Die Revision der deutschen Außenwirtschaftsförderung steht bereits seit mehreren Legislaturperioden auf der politischen Agenda. Zwar kann Außenwirtschaftsförderung kein Instrument reiner Entwicklungshilfe sein. Aber sie kann sehr wohl nationale Ziele wie Arbeitsplatzsicherung und Mittelstandsförderung mit den Zielen der Armutsreduktion und des Schutzes der Biosphäre in Einklang bringen. Dafür sollte sie deutsche Unternehmen darin unterstützen, durch den Export ressourcenschonender Produktionsweisen und Produkte zur wirtschaftlichen Diversifizierung der Länder des Südens beizutragen. Sie wird darum nicht nur Exporte fördern, sondern gleichzeitig einen Wissenstransfer organisieren, sodass neben deutschen Filteranlagen, Solarzellen, elektronischen Mautsystemen oder Ähnlichem auch das Know-how zu ihrer Herstellung und – noch wichtiger – zu ihrer Fortentwicklung vor Ort weitergegeben werden. Wo Technologietransfer über privatwirtschaftliche Projekte stattfindet, muss der internationale Patentschutz als Hemmnis beim Transfer von Know-how durch entsprechende Bedingungen bei der Projektförderung ausgeschlossen werden. Und insbesondere für kooperative Problemlösungen und die Stärkung institutioneller Kapazitäten bieten sich in bestimmten Sektoren Public-Public Partnerships an.

Um die Außenwirtschaftsförderung zukunftsfähig zu machen, müssen die Vergaberichtlinien für Hermesbürgschaften, Projektförderungskredite und Investitionsgarantien neu bedacht werden. Ebenso

Public-Public-Partnership im Wassersektor

In Deutschland ist die Wasserversorgung vor allem durch öffentliche Strukturen geprägt. Vorrangiges Ziel ist es, eine flächendeckende Versorgung der jeweiligen Stadt oder Gemeinde mit gutem Wasser sicherzustellen. Für die internationale Kooperation bieten sich insbesondere Städtepartnerschaften an. Die Public-Public-Partnership von Hamburg mit der nordchinesischen Stadt Tianjin, die im Mai 2007 geschlossen wurde, ist ein Beispiel hierfür. Hamburg Wasser und Tianjin Sewerage Management haben in unterschiedlichen Bereichen jeweils spezifische Stärken herausgebildet. Hamburg Wasser verfügt über langjährige Erfahrungen und leistungsfähige Systeme, auf die Tianjin nun zurückgreifen wird. Die chinesische Wasserwirtschaft ist speziell im Bereich einer kurzen Kreislaufführung, das heißt schnellen Aufbereitung von Wasser, innovativ. Die Kooperation soll dem Austausch theoretischer Kenntnisse sowie praxiserprobter Betriebsmethoden dienen. Zu den vereinbarten Schwerpunkten der Zusammenarbeit gehören unter anderem geografische Informationssysteme (GIS) für Abwassernetze sowie die thermische und stoffliche Verwertung von Klärschlamm. Weitere Gebiete der Zusammenarbeit sind Hochwasserschutz, Regenwassermanagement, Kanalinstandhaltung sowie die Verwertung und Distribution von Brauchwasser in regenarmen Regionen der Welt.[36]

wie Rüstungsexporte in Konfliktländer untersagt sind, müssen es auch Exporte werden, die massiv klima- und umweltschädlich sind. Die Außenwirtschaftsförderung muss sich von einem reaktiven zu einem proaktiven Instrument entwickeln, etwa durch eine Positivliste von zukunftsfähigen Wirtschaftssektoren, die gefördert werden. Verbindliche Prüfverfahren können dafür sorgen, dass Umwelt-, Menschrechts-, Arbeits- und Sozialstandards, wie sie die Weltbank und andere Entwicklungsbanken längst fordern, auch in der deutschen Wirtschaftsförderung zu Mindestanforderungen werden. Wenn ein Unternehmen diese Mindestpflichten nicht erfüllt, wird ihm die Investitionsgarantie entzogen. Die entsprechenden Organisationen in den USA, in Japan oder Australien haben längst erkannt, dass die Erfahrung umwelt- und entwicklungspolitischer Organisationen die Qualität der Folgenabschätzung erheblich verbessern kann. Die Bundesregierung hält dagegen an einer sehr restriktiven Informationspolitik fest. Bei Bürgschaften gibt sie nur wenige Informationen preis und diese erst nach der Vergabe. Im Fall von Investitionsgarantien und Projektkrediten gewährt sie sogar keinerlei Auskünfte.[37]

18.4 Die Handelspolitik demokratisieren

Die Intransparenz und Verschlossenheit der deutschen Außenwirtschaftsförderung ist ein Merkmal, das in der Handelspolitik auf allen politischen Ebenen zu beobachten ist. Und es ist der wichtigste Grund dafür, warum Vorschläge für mehr Fairness und Ökologie, wie sie von unzähligen Organisationen aus Süd und Nord seit langem erhoben werden, bisher völlig folgenlos bleiben. Wie kaum ein anderes Politikfeld wird die Handelspolitik durch ein eklatantes Demokratiedefizit geprägt – höchstens wird dies noch von der Sicherheitspolitik übertroffen. Zu ihr hat die Handelspolitik eine unrühmliche Affinität: Auch ihre Entscheidungen werden zumeist bei verschlossenen Türen getroffen, sie verfolgt in der Regel ohne große Rücksicht auf die Gegenseite die Interessen des eigenen Staates beziehungsweise bestimmter (meist großindustrieller) Interessengruppen im eigenen Land, und das Gemeinwohl oder gar der Schutz der Menschenrechte werden diesen Interessen allzu leicht geopfert.

Demokratiedefizite auf allen Ebenen

Das Demokratiedefizit in der Handelspolitik zeigt sich vor allem daran, dass Betroffene in Entscheidungsprozessen nicht angehört, geschweige denn eingebunden werden. Als die Bundesregierung Hermesbürgschaften für den Drei-Schluchten-Damm in China oder den Maheshwar-Staudamm in Indien vergab, wurden die Stimmen der Menschen nicht berücksichtigt, die für diese Projekte aus ihrer Heimat vertrieben und umgesiedelt werden mussten. Als die EU eine Marktöffnung für Agrargüter in den Verhandlungen der Wirtschaftspartnerschaftsabkommen gefordert hat, wurde dies über die Köpfe der Kleinbauern in Afrika und der Karibik, aber auch der bäuerlichen Produzenten in der EU hinweg verhandelt, obwohl sie es sind, die am meisten unter den Auswirkungen der Liberalisierung leiden werden. Meist mangelt es schon an Informationen und einer öffentlichen Diskussion über die Auswirkungen des Handels. So gibt es beispielsweise rund 2500 bilaterale Investitionsabkommen weltweit, doch die wenigsten selbst der interessierten Bürger werden schon davon gehört haben. Und sogar im Bundestag mangelt es insgesamt an der nötigen Aufmerksamkeit und an Debatten über handelspolitische Beschlüsse.

Im Schatten der öffentlichen Aufmerksamkeit haben es Interessengruppen leicht, die politischen Entscheidungsträger zu ihren Gunsten zu beeinflussen. Auf WTO-Konferenzen haben Unternehmensverbände und Vertreter großer Konzerne meist guten Zugang zu den Delegierten; im Fall des GATS-, des TRIPS- und einiger weiterer Abkommen der WTO ist gar bekannt, dass einzelne Unternehmensvertreter den Text der Abkommen vorformuliert hatten.[38] Im Bundeswirtschaftsministerium wie auch auf EU-Ebene und in den internationalen Organisationen lässt sich zudem das Phänomen der »revolving doors« beobachten: Mitarbeiter aus Unternehmen und Unternehmensverbänden wechseln zeitweise den Job und werden zu politischen Entscheidungsträgern in Wirtschaftsministerien oder der WTO, um anschließend wieder für die Industrie zu arbeiten. Gleichzeitig bleiben aber die Einwirkungsmöglichkeiten von entwicklungspolitischen, Umwelt- und Menschenrechtsorganisationen auf Proteste außerhalb der Entscheidungszentren beschränkt. Ihr Wissen und ihre Werte bleiben nicht nur ungenutzt, sondern werden in aller Regel systematisch übergangen.

Besonders gravierend wirkt sich das Demokratiedefizit zwischen Regierung und Parlament aus. Beschließungsanträge des Deutschen Bundestags zur Verhandlungsführung der deutschen Delegation im Vorfeld von WTO-Ministerkonferenzen haben sich bisher weder auf die handelspolitische Linie des Bundeswirtschaftsministeriums noch der EU-Kommission ausgewirkt. So mangelt es schon vor dem Verhandlungsstart an einem demokratisch legitimierten Mandat. Im weiteren Verhandlungsverlauf bleiben Bundestagsabgeordnete weitgehend vom Entscheidungsprozess ausgeschlossen. Auch das Bundesumweltministerium wie auch das Bundesministerium für wirtschaftliche Zusammenarbeit sind nicht adäquat in die Meinungsbildung des federführenden Wirtschaftsministeriums eingebunden. Bezüglich der deutschen Außenwirtschaftsförderung sieht es nicht viel besser aus. Bisher beschränkt sich der Einfluss von Bundestagsabgeordneten darauf, das Bundesfinanzministerium über die jährliche Außenwirtschaftsförderung bis zu einer bestimmten Obergrenze zu ermächtigen. Die Gewährung der einzelnen Hermesbürgschaften oder Projektanträge wird dann jedoch im sogenannten Interministeriellen Ausschuss vorgenommen. Menschenrechts-, Entwicklungs- und Umweltanliegen sind in diesem Ausschuss unterrepräsentiert, Bundestagsabgeordnete können keinen Einfluss nehmen – und die Zivilgesellschaft wie die Öffentlichkeit bleiben gänzlich ausgeschlossen.[39]

Auch innerhalb der EU weist die Handelspolitik ein gehöriges Demokratiedefizit auf. Die Handelspolitik der EU soll gemäß den Statuten von der EU-Kommission, dem Ministerrat und dem Europäischen Parlament beschlossen werden. Doch ein guter Teil der handelspolitischen Linie der EU wird in einem regelmäßig tagenden Gremium, dem sogenannten 133er Ausschuss festgelegt. Während er eigentlich nur die Sitzungen des Ministerrates vorbereiten soll, werden dort faktisch Beschlüsse gefasst, die weit reichende Folgen für die Verhandlungsführung in der WTO und in bilateralen Abkommen haben. Die Zusammensetzung des Ausschusses ist dabei keinesfalls repräsentativ; er umfasst in der Mehrheit Mitarbeiter der Generaldirektion Handel, der Wirtschaftsministerien der EU-Länder sowie unabhängige Handelsexperten, die ohne demokratische Legitimation für ihre Teilnahme mandatiert wurden.[40] Das Europäische Parlament wird dagegen meist erst spät in die Entscheidungsfindung eingebunden und kann lediglich Empfehlungen aussprechen.

Mehr Transparenz und Mitsprache

Die Zukunftsfähigkeit der Handelspolitik wird daher maßgeblich von drei Faktoren abhängen: Erstens davon, dass die Bundesregierung für sich selbst, aber ebenso die EU-Mitgliedstaaten als Gemeinschaft die Umwelt- und Entwicklungspolitik kohärent mit der Handelspolitik verbindet. Zweitens davon, dass die Mitsprache des Europäischen Parlaments und des Deutschen Bundestags verbessert wird – zum einen, indem der Bundestag definitiv ermächtigt wird, Handelspolitik nach dem öffentlichen Interesse zu mandatieren sowie auf laufende Verhandlungen in der WTO und in bilateralen Abkommen direkt Einfluss nehmen zu können, anstatt hinterher lediglich den fertig verhandelten Verträgen zuzustimmen; zum anderen, indem die parlamentarische Kontrolle der Außenwirtschaftsförderung verbessert wird, etwa indem die relevanten Bundestagsausschüsse über Hermes- und Projektanträge vorab informiert werden, um mögliche Einsprüche erheben zu können. Und drittens davon, dass die Entscheidungsprozesse in der WTO, auf EU-Ebene, in der deutschen Außenwirtschaftspolitik für zivilgesellschaftliche Organisationen und vor allem für die potenziell Betroffenen nicht nur einsichtiger werden, sondern ihnen wo immer möglich auch eine aktive Mitsprache einräumen. »Mehr Demokratie wagen!« muss der Ruf lauten, der grundständige Reformen der Handelspolitik auf allen politischen Ebenen anleitet.

Anmerkungen

1 EED/Forum Umwelt und Entwicklung (2008)
2 Jenner (1997)
3 Glipo/Ignacio (2005)
4 Gallagher (2005)
5 Lorenzen (2007)
6 Monbiot (2003); George (2007)
7 Khor (2001)
8 Polaski (2006)
9 Rodrik (1997); Stiglitz/Charlton (2005)
10 Sachs/Santarius (2007)
11 Fanjul (2006)
12 Stiglitz/Charlton (2005)
13 Walmart (2007); Weltbank (2008)
14 Murphy (2006)
15 Schipper/de Haan (2005); Manhart/Grießhammer (2006)
16 Sachs/Santarius (2007), S. 66–68
17 Sachs/Santarius (2007), S. 75–77
18 Weisbrot/Tucker (2004), S. 9
19 Dieter (2005), S. 197–199
20 EU-Kommission (2006)
21 EU-Kommission (2007), kritisch dazu EED/WEED (2005)
22 GAWU et al. (2004); Klever (2006)
23 IFPRI (2007)

24 Ochieng/Sharman (2004);
   Godfrey (2006)
25 Harris/Azzi (2006)
26 Sachs/Santarius (2007), S. 75
27 www.desertec.org/de
28 Mann et al. (2005); Fichtner (2006)
29 CARPE 2004
30 BMWi (2005a); Hatae (2004)
31 www.agaportal.de; www.dealogic.com
32 Urgewald (2004), S. 23

33 KfW (2003)
34 Strecker (1997); Kaiser/Queck (2004)
35 BMWi (2005b)
36 Hamburg Wasser (2007):
   Pressemitteilung vom 18. 12. 2007.
   www.hamburgwasser.de
37 Harries (1998); Urgewald (2004)
38 Dommen (2002)
39 Urgewald (2004)
40 WWF (2003)

F   Engagement vor Ort

19 Einfluss nehmen: Bürger gestalten Kommunen

Bürgerverkehrskonzept Prien: per Partizipation von der Verkehrsführung zur nachhaltigen Mobilitätsgestaltung. Ensdorfer Bürgerinitiative verhindert RWE-Steinkohle-Großkraftwerk. Der Grüne
Gockel: Die Evangelische Kirchengemeinde Neulußheim vermindert ihren Umweltverbrauch. Bürger planen, bauen und wohnen
autofrei in Hamburg-Barmbek. Solche Schlagzeilen machen deutlich: Die Zivilgesellschaft kann wirksam für mehr Nachhaltigkeit
lokal handeln. Städte und Gemeinden sind die Orte, an denen
Nachhaltigkeit und Bürgermitwirkung konkret werden. Bürgerinnen und Bürger sind deshalb am leichtesten im überschaubaren Bereich ihrer Kommune oder ihres Stadtteils zur Mitgestaltung einer nachhaltigen Entwicklung zu gewinnen und können
dafür ihre Einflussmöglichkeiten nutzen.

19.1 Strategien für lokale Handlungsfelder

Kommunen haben vielfältige Möglichkeiten, für eine nachhaltige
Entwicklung zu handeln. Artikel 28 des Grundgesetzes zur kommunalen Selbstverwaltung gewährleistet den Kommunen in Deutschland den dafür notwendigen Gestaltungsspielraum und viele Städte
nutzen ihn auch. Zum Beispiel waren die Kommunen viele Jahre Vorreiter bei den regenerativen Energien und der Energieeinsparung. Die
Gestaltung des lokalen Verkehrssystems hat großen Einfluss auf die
Stadtqualität. Und für die große Perspektive, den Einsatz für mehr
Gerechtigkeit und Solidarität mit den Ländern des Südens, sind nicht

allein die nationalen und globalen Organisationen zuständig. Vielerorts sind in Deutschland auch lokale bürgerschaftliche Gruppen aktiv, damit Menschen in anderen Teilen dieser Erde ihr Leben selbstbestimmter und nachhaltiger gestalten können.

Allerdings bestimmen auch die Vorgaben der Länder, des Bundes und der Europäischen Union den Handlungsrahmen der lokalen Ebene. Zum Beispiel werden Grenzwerte für Schadstoffe auf der nationalen Ebene und von der EU festgelegt. Dort wird auch über die Förderung entsprechender Technologien entschieden. Deshalb ist es sinnvoll, dass die Bürger ihre politischen Möglichkeiten nutzen, um auf die Nachhaltigkeitspolitik der Länder, des Bundes und der EU einzuwirken. Immerhin hat gerade die EU die Informationsrechte der Bürger gestärkt und damit ihre Möglichkeiten zur Einflussnahme in Beteiligungsverfahren wesentlich verbessert – während etwa die Verfahrensbeschleunigungsgesetze des Bundes sie verschlechtert haben.

Die Kommune hat indes beachtliche Gestaltungsspielräume. Es gibt darum genügend Beispiele für aktive Städte. Viele Städte und Gemeinden sind auch in kommunalen Netzwerken organisiert, um gemeinsam eine höhere Wirkung zu erzielen. Im Klima-Bündnis/Alianza del Clima e. V.[1] haben sich zum Beispiel etwa 1450 Städte, Gemeinden und Landkreise in Europa zusammengeschlossen, um in Partnerschaft mit indigenen Völkern der Regenwälder durch ein aktives Handeln auf der lokalen Ebene zum weltweiten Klimaschutz beizutragen. Ihr Ziel ist es, alle fünf Jahre die CO_2-Emissionen um zehn Prozent zu reduzieren. Der International Council for Local Environmental Initiatives (ICLEI) ist ein weiteres Bündnis aus Städten auf der ganzen Welt, die sich gemeinsam der nachhaltigen Entwicklung verpflichtet sehen und dazu vielfältige Programme und Kampagnen durchführen.

Energie

Im Energiebereich kommt es vor allem auf zwei Strategien an: einmal auf den Einsatz regenerativer Energien wie Windenergie, Wasserkraft, Solarenergie, Geothermie und die energetische Verwertung von Biomasse, und zweitens auf die Verbesserung der Energieeffizienz (▸ Kapitel 11 und 12). Zur Erzeugung von Windenergie können Kommunen

Vorrangflächen für entsprechende Anlagen ermitteln und im Flächennutzungsplan der Stadt darstellen. Der Bau von Solaranlagen bietet sich nicht nur auf privaten Dachflächen, sondern auch auf öffentlichen Gebäuden an. In den nächsten Jahren werden neben den regenerativen Energien auch konventionelle Kraftwerke einen Großteil der elektrischen Energie liefern. KWK-Kraftwerken, die neben Strom auch Wärme produzieren, ist es möglich, den Wirkungsgrad herkömmlicher Kraftwerke erheblich zu steigern. Kommunen können verstärkt Standorte für örtliche Blockheizkraftwerke (BHKW) ausweisen und Quartiere mit Nahwärme versorgen.

Viele Kommunen arbeiten daran, den Energieverbrauch der privaten Haushalte zu senken. Energieberatungen klären Hausbesitzer über mögliche Einsparmöglichkeiten im Rahmen von Renovierungsmaßnahmen auf, ebenso Bauherren über die Möglichkeiten der Niedrigenergie- und Passivhäuser. In den nächsten Jahren werden insbesondere für die Sanierung und Modernisierung des Wohnungsbestands hohe Investitionen erforderlich. Ein kommunales Energiemanagement ist bei der Sanierung und Instandhaltung kommunaler Liegenschaften von großer Bedeutung.

Verkehr

Die meisten Städte haben ihre Probleme mit dem Verkehr durchaus erkannt. Nur hat das noch nicht zu einer zukunftsfähigen Umgestaltung ihres Verkehrs- und Siedlungssystems geführt. Gerade hier werden die Konflikte zwischen wirtschaftlichen Interessen und denen der Allgemeinheit, aber auch zwischen unterschiedlichen individuellen Ansprüchen besonders deutlich. Auf der lokalen Ebene muss ausgehandelt werden, wie ein Verkehrssystem aussehen soll, das Mobilität ermöglicht und die Belastungen verringert.

Neben technischen Verbesserungen wie verbrauchs- und schadstoffärmeren Kraftfahrzeugen muss sich der Verkehr auch strukturell verändern. Eine Push & Pull-Strategie wird dabei helfen. Mobilität zu Fuß, mit dem Fahrrad und mit öffentlichen Verkehrsmitteln können gefördert und Beschränkungen des Pkw-Verkehrs durchgesetzt werden. Parkraumbewirtschaftung und flächenhafte Verkehrsberuhigung sind dabei wichtige Instrumente. Weil auch an Hauptverkehrsstraßen viele Menschen wohnen, haben manche Kommunen begonnen, sie in die Verkehrsberuhigung einzubeziehen. Zufahrtsgebühren oder Zufahrtsbeschränkungen für Teile der Stadt sind wirkungsvolle Mittel zur Reduzierung des Pkw-Verkehrs. Auch kann die städtische Planung die Siedlungs- und Verkehrsentwicklung aufeinander abstimmen. Kompakte Siedlungsstrukturen begünstigen Fußgänger und Fahrradfahrer. Und je höher die Einwohnerdichte ist, desto wirtschaftlicher kann ein liniengebundenes öffentliches Verkehrssystem betrieben werden.

Biodiversität

Die Umsetzung der Ziele der Biodiversitätskonvention aus dem Jahr 1992 ist eine der wichtigsten Aufgaben internationaler und nationaler Naturschutzpolitik. Die Bundesregierung hat deshalb Ende 2007 die nationale Strategie zur biologischen Vielfalt beschlossen.[2] Städtische Gebiete sind erst seit wenigen Jahren in den Blickpunkt des Naturschutzes gerückt. Neugeschaffene Naturerfahrungsräume in den Städten dienen dem Anliegen der Biodiversitätskonvention, den Verlust an biologischer Vielfalt zu stoppen. Mehr Grün erhöht die Attraktivität der Städte und hat positive Wirkungen auf das Stadtklima, die Luftqualität und den Wasserhaushalt. Deshalb gilt es, nicht nur die noch vorhandenen Freiflächen gegen die Umwandlung in Siedlungs- und Verkehrsflächen zu schützen und die privaten und öffentlichen Grünflächen einschließlich des wohnungsnahen Grüns zu erhalten, sondern auch den Grünanteil systematisch zu erhöhen. Das gelingt durch Entsiegelung von Flächen, Hof- und Gebäudebegrünung sowie den Rückbau und die Beruhigung von Straßen. Lebensräume für stadttypische Tiere und Pflanzen sind zu erhalten und zu erweitern.

Eine zentrale Aufgabe der Städte besteht darin, ihre bestehenden Grünflächen so miteinander zu verbinden, dass sie den Bedürfnissen der Bevölkerung wie der Pflanzen und Tiere gerecht werden. Für diese Aufgaben steht den Städten ein umfangreiches Instrumentarium der Landschafts-, Grünordnungs- und Bauleitplanung zur Verfügung.

Eine Welt

Eine-Welt-Aktivitäten, also Entwicklungspolitik von unten, entfalten viele Kommunen und Bürgergruppen in ganz Deutschland. Vor dem Hintergrund der Millenniumsentwicklungsziele[3] können auch die Kommunen ihre Möglichkeiten der Entwicklungszusammenarbeit nutzen und verstärken. Über 650 institutionalisierte Städte- und Projektpartnerschaften in Deutschland sind über lokale Aktivitäten mit Kommunen und Projekten in Entwicklungs- und Schwellenländern verbunden und folgen damit dem Motto »global denken – lokal handeln«[4].

Kirchengemeinden, lokale Aktionsgruppen und Eine-Welt-Vereine betreiben entwicklungspolitische Bildungsarbeit mit verschiedenen Zielgruppen, beteiligen sich an Kampagnen, wirken als Lobby für fairen Handel oder kümmern sich um die interkulturelle Arbeit mit Migranten. Weil das Thema Bildung oft im Vordergrund steht, sind auch viele Schulen beteiligt. Inhaltlich stehen Themen zum fairen Handel[5] (▸ Kapitel 17), zur politischen Bildung über Strukturen und Ursachen der weltweiten Armut, zu den Menschenrechten und zum Umweltschutz im Zentrum der Aktivitäten (▸ Kapitel 13 und 18). Ein wichtiges kommunales Aktionsfeld ist die öffentliche Beschaffung. Mit ökologischen und fair gehandelten Produkten und damit der Absage an Güter aus ausbeuterischer Kinderarbeit kann eine hohe Wirkung erzielt werden.[6] Durch Energiesparmaßnahmen eingesparte Betriebskosten der Kommunen bei öffentlichen Gebäuden können Gelder freimachen, um damit teurere, aber öko-faire Produkte einzukaufen. Die Kommunen können dabei mit Nichtregierungsorganisationen kooperieren, Einzelhandel und Gewerbe einbeziehen und durch Öffentlichkeitsarbeit Bürger für den fairen Handel gewinnen. Für die Kommunen ergeben sich durch die Förderung der Entwicklungszusammenarbeit nicht nur neue internationale Kontakte, sie entfalten auch eine neue kulturelle Identität in einer globalisierten Welt.

Politisch bewusste Menschen artikulieren sich nicht nur punktuell mit ihrer Stimmabgabe bei Wahlen, sondern können sich aktiv und kontinuierlich in die Nachhaltigkeitsdebatten einmischen. Sie können etwa den Abgeordneten im Europaparlament mit Mail-Aktionen ihre Meinung sagen, in einer Bürgerinititative gegen ein umweltzerstörendes Großinfrastrukturprojekt eintreten oder ihre Marktmacht als Konsumenten für koordinierte Boykottkampagnen gegen multinationale Großkonzerne in die Waagschale werfen, wenn diese die heimische Umwelt zerstören oder Entwicklungsländer am anderen Ende der Welt ausbeuten. Auf der lokalen Ebene aber kommen Betroffenheit, Vertrautheit und Einflussnahmemöglichkeiten besonders eng zusammen.

Mit ihrem Engagement in der Lokalen Agenda 21 haben viele Bürger seit den 1990er Jahren auf Mitwirkung bei der lokalen Planung bestanden, wie viele gute Beispiele aus ganz unterschiedlichen Kommunen belegen. Politik und Verwaltung erkennen vielerorts die Vorteile, die mehr und bessere Bürgerbeteiligung bringt.[7] Sie erhöht die demokratische Legitimität sowie die inhaltliche Qualität und Akzeptanz kommunaler Planung. Und schließlich können viele lokale Nachhaltigkeitsziele von der Kommune ohne die Bürgerschaft als kooperierende Partnerin schlichtweg nicht erreicht werden, weil ihre Umsetzung wesentlich vom Handeln der Menschen abhängt.

Oft gibt es aber auch enttäuschte Mienen. Wenn etwa die Aktiven in der Zivilgesellschaft merkten, dass als Ergebnis ihres ehrenamtlichen Engagements bislang öffentlich angebotene Leistungen zurückgefahren wurden. Gerne sollten die Leute die Schaufel in die Hand nehmen und Sportplätze oder Schwimmbäder ehrenamtlich unterhalten. Nur wirklich mitreden lassen wollte man sie nicht. Nach wie vor bleibt der Kritikpunkt, dass langfristig strategisch wichtige Belange und die Interessen zukünftiger Generationen oft einem kurzatmigen, tagesopportunistisch geprägten Politikstil zum Opfer fallen. Und allzuschnell gerieten die Ergebnisse aufwendiger Partizipationsprozesse der Lokalen Agenda 21 zur nachhaltigen Entwicklung vor Ort bei den politischen Entscheidungsträgern in Vergessenheit, während wirtschaftliche Lobbygruppen machtvoll am Verhandlungstisch sitzen.

Bei allen Verfahren der Bürgerbeteiligung ist es vornehmste Pflicht der Kommune, die demokratische Qualität der Beteiligungsverfahren, insbesondere Verfahrensrechtsschutz, Fairness und Transparenz zu garantieren. Notwendig ist, dass aktiv und umfassend informiert wird. Es geht darum, Ermöglichungsstrukturen für neue bürgerschaftliche Initiativen aufzubauen. Sodass auch die weniger Lautstarken wie Kinder und Jugendliche oder Migranten ermutigt werden, sich zu Wort zu melden. Die bereits aktive Bürgerschaft wäre ebenso in ihrem Engagement zu unterstützen. Zum Beispiel können institutionalisierte Geschäftsstellen in der Verwaltung, die manche Städte im Agendaprozess eingerichtet haben wie etwa die Agenda-21-Leitstelle in Augsburg oder das Agenda-Büro in Heidelberg als kontinuierliche Unterstützer dazu beitragen, die kommunalen Partizipationsprozesse für mehr Nachhaltigkeit dauerhaft zu sichern.

Bei Beteiligungsverfahren sollte das Mandat der mitwirkenden Bürgerschaft von den Verantwortlichen vor Beginn deutlich, öffentlich und möglichst schriftlich geklärt werden. Eine solche Klärung verhindert falsche Erwartungen der Teilnehmer, die später enttäuscht werden – was aufgrund des investierten Engagements zu großer Politikverdrossenheit führen kann. Gleichzeitig wird auf diese Weise sichergestellt, dass sich Politik und Verwaltung selbst über den Zweck des Verfahrens klar werden müssen, eine erste Selbstverpflichtung eingehen und die Bürgerbeteiligung nicht als Alibi einsetzen können.

Falls Bürgerempfehlungen nicht übernommen und umgesetzt werden, sollten die Entscheidungsträger verpflichtet werden, dies öffentlich zu begründen und den Beteiligten die Möglichkeit zur Stellungnahme einräumen. Eine Berichts- und Begründungspflicht könnte gewährleisten, dass sich die Entscheidungsträger ernsthaft und nachprüfbar mit den Ergebnissen auseinandersetzen und Abweichungen nicht nur wahltaktisch, sondern argumentativ begründen müssten. Das würde den Ergebnissen von Beteiligungsverfahren einen offizielleren Charakter und höheren Stellenwert geben.

Selbstverständlich ist gute Bürgerbeteiligung allein noch lange kein Garant für mehr Nachhaltigkeit – so mancher Straßenaus- und -neubau wurde erst durch die Unterstützung der Menschen vor Ort möglich. Aber mehr und bessere Partizipationsprozesse eröffnen den nachhaltigkeitsengagierten Bürgern größere Chancen, ihre Argumente für Zukunftsfähigkeit kraftvoll in die lokale Debatte einzubringen.

19.3 Mit-Streiten: Nachhaltigkeit einfordern

Bürger können zunächst um die langfristigen Ziele und Strategien ihrer Gemeinde mitstreiten. Was soll ihre Stadt, Gemeinde oder Kreis zur nachhaltigen Entwicklung der Gesellschaft beitragen?

Dazu ist zunächst die Zielebene zu klären. Welchen Beitrag will X-Stadt zum Schutz des Weltklimas leisten? Sollen zum Beispiel die CO_2-Emissionen des kommunalen Verkehrs oder des Gebäudebestandes im Vergleich zum Status quo um zehn Prozent, 20 Prozent oder 50 Prozent reduziert werden – und bis wann eigentlich? Erst langfristig bis zum Jahr 2050 oder mittelfristig bis 2020 oder schon sehr schnell bis 2010? Die Antworten, die eine Kommune sich auf solche Fragen gibt, markieren wie ein Kompass die Richtung und messen die Schrittgeschwindigkeit hin zur kommunalen Nachhaltigkeit. Die Ziele der Kommunen sollten sich an den Mindestzielen und Nachhaltigkeitsstrategien des Bundes und der Länder orientieren und operationale Nachhaltigkeitsindikatoren formulieren, um die Fortschritte in Sachen Nachhaltigkeit messbar zu machen. Lokale Bürgergruppen wie Bürgerinitiativen, Umweltverbände und Naturschutzorganisationen oder Kirchengemeinden können dabei für einen klaren Nachhaltigkeitskurs und für schnelle Schritte ihrer Gemeinde eintreten. In engem Zusammenhang mit der Zielebene steht der zweite Schritt: die Selbstverständigung in der Kommune, welche Strategien die Gemeinde mit welcher Intensität verfolgen will. Welches Verhältnis sollen zum Beispiel im Verkehrsbereich Restriktionsstrategien gegenüber dem motorisierten Individualverkehr im Verhältnis zu Förderungsstrategien für den Fuß- und Radverkehr sowie dem öffentlichen Personennahverkehr haben? Sollen zwei von vier Fahrspuren einer Hauptverkehrsstraße dem motorisierten Individualverkehr entzogen und als Vorrangspuren für Busse reserviert werden? Wo soll eine Umweltzone mit Fahrverboten für Feinstaub emittierende Kraftfahrzeuge eingerichtet werden?

Auch im Energiesektor ist zu entscheiden, wie das Verhältnis zwischen Zwangs- und Anreizstrategien austariert werden soll, wie Strategien zur Steigerung der Energieeffizienz mit denen zum Ausbau der erneuerbaren Energien zusammenwirken können, wie das Unternehmen Kommune mit seinen eigenen Gebäuden, seinem Fuhrpark und den Produktionsprozessen eine Vorreiterrolle übernehmen kann.

Die Antworten auf solche Fragen sind nicht objektiv zu ermitteln. Sie erfordern Wertsetzungen. Die Konkretisierung der Nachhaltigkeitsidee ist darum nur im demokratischen öffentlichen Streit um die angestrebten Ziele, die dazu verfolgten Strategien und die geeigneten Maßnahmen möglich. Dabei stoßen unterschiedliche Wertvorstellungen, Interessen und Machtverhältnisse der lokalen Akteure aus Politik, Verwaltung, Wirtschaft und Bürgerschaft oft konflikthaft aufeinander. Solche Debatten können gar nicht sachlich-neutral verlaufen, zumal der Streitwert häufig hoch ist. In diesem Ringen können lokale Bürgergruppen mitstreiten und für eine entschlossene nachhaltige Entwicklung eintreten. Sie können ihre Standpunkte über die lokalen Medien in die öffentliche Diskussion bringen; sie können Bürgerbeteiligungsverfahren fordern und nutzen. Sie werden darauf achten, dass die Ergebnisse solch aufwändiger Partizipationsprozesse nicht unbeachtet in den Schubladen der Stadtverwaltung verschwinden.

Gesamtstädtische Planungsverfahren, bei denen um die kommunale Entwicklung gerungen werden muss, sind die Aufstellung eines Flächennutzungsplanes, eines Stadtentwicklungskonzeptes, eines kommunalen Klimaschutzkonzeptes wie in Augsburg oder ein Verkehrsentwicklungsplan. Bei der Aufstellung von Verkehrsentwicklungsplänen haben etliche Städte erfolgreich extern moderierte Bürgerbeteiligungsverfahren angewandt.[8]

In Prien, einer Kleinstadt in Bayern, ringen Bürger und Politiker seit einigen Jahren miteinander um eine nachhaltigere Verkehrsentwicklung. Durch den Ortskern verläuft eine Hauptverkehrsstraße, die Autostaus, Lärm- und Luftbelastung sowie Unfallrisiken mit sich bringt. Die Kommunalpolitik setzte zur Entlastung des Stadtkerns jahrelang auf eine Umfahrungsstraße. Dafür reichten aber die öffentlichen Mit-

Klimaschutzkonzept Augsburg – Bürger bringen sich ein

Die Stadt Augsburg, mit etwa 256 000 Einwohnern die drittgrößte Stadt Bayerns und Mitglied im Klimabündnis europäischer Städte e. V., verfolgt ein ehrgeiziges Ziel: Die klimaschädlichen CO_2-Emmissionen der Stadt sollen bis zum Jahr 2010 (im Vergleich zu 1987) um 50 Prozent reduziert werden. Dazu wurde ein kommunales Klimaschutzkonzept entwickelt und im Jahr 2004 vom Stadtrat verabschiedet.

Im Zuge der lokalen Agenda 21-Prozesse entstand seit der Mitte der 1990er Jahre eine intensive Bürgerbeteiligung zu allen Themen der lokalen Nachhaltigkeit. Aus ihr hat sich ein kontinuierlicher Kommunikations- und Kooperationsprozess zwischen Bürgerschaft, Politik und Verwaltung entwickelt. Auch bei der Erarbeitung des Klimaschutzkonzeptes konnten sich die Bürger aktiv beteiligen und ein Jahr an sieben verschiedenen »KlimaAktionsTischen« mitwirken: Energiepass Schwaben, Nachhaltige Mobilität an Augsburger Schulen, Mobilitätsmanagement in Augsburg, Beratung Mietwohnungsbau, Erneuerbare Energien, Stromeffizienz im Gewerbe, Klimaschutz durch den einzelnen Bürger. In diesem Verfahren wurde ein Augsburger Maßnahmenkatalog entwickelt, der mehr als 70 konkrete Maßnahmen umfasst. Als Klimaschutzleitstelle begleitet eine Abteilung des Umweltamtes Augsburg fortlaufend die Umsetzung der Maßnahmen. Sie zeigt Verbesserungsmöglichkeiten, leitet Aktionen ein, koordiniert sie, vermittelt nötiges Know-how und fungiert als Schnittstelle zwischen den Bürgern und den lokalen Institutionen. Einige Projekte konnten bereits realisiert werden. So hat die Universität Augsburg die Kälteerzeugung für die Bibliotheksgebäude zentralisiert und von der veralteten Heizungsanlage auf Kraft-Wärme-Kopplung umgestellt.

Schon dreimal wurde Augsburg von der Deutschen Umwelthilfe e. V. als »Zukunftsfähige Kommune« ausgezeichnet. Die Jury überzeugten nicht nur die vorbildhafte Siedlungsgestaltung und die klimafreundliche Energieerzeugung der Stadt, sondern insbesondere die gute Kooperation zwischen der Kommune und ihren Bürgern.[9]

tel nicht. Weil die dann einsetzende Strategiedebatte keine Ergebnisse brachte, wurde ein Bürgerschaftsverfahren gestartet. Eine damit verbundene Verkehrsuntersuchung ergab, dass nicht der Durchgangsverkehr, sondern der Binnenverkehr das entscheidende Problem war. Ein Großteil des Priener Verkehrsproblems ist also »hausgemacht«. Deshalb würde eine räumliche Verlagerung des Verkehrs das Problem nicht lösen. Eine Patentlösung »Verkehrsführung« kann es demnach nicht geben – vielmehr müssen die Priener selbst ihr Mobilitätsverhalten ändern. Darüber gibt es einen bis heute andauernden Streit zwischen Bürgergruppen und einem Teil des Gemeinderates.

Mit lokalen Eine-Welt-Aktivitäten können Bürgergruppen dafür mitstreiten, das Bewusstsein für die Verbundenheit des nahen Alltags hier zu Lande mit den Entwicklungen in fernen Ländern zu schärfen. So beschäftigt sich zum Beispiel das ökumenische Forum Neukirchen-Vluyn im Rahmen der Aktion »Augen auf beim Kleiderkauf« mit den Arbeitsbedingungen bei der Textilproduktion in verschiedenen Ländern. Das Forum setzt sich dafür ein und regt die Beteiligten dazu an, beim Kleiderkauf nach Herkunft und Produktionsbedingungen zu fragen.

Das Heinrich-Böll-Haus in Lüneburg macht die Millenniumsentwicklungsziele in Lüneburg bekannt und gibt Impulse, sich in der eigenen Stadt für deren Verwirklichung einzusetzen. Die Handlungsmöglichkeiten reichen von der Beteiligung am fairen Handel, der Forderung nach ökofairer Beschaffung, der Beteiligung am Klimabündnis bis zur Forderung nach mehr Bildung.

Schulen in Mecklenburg-Vorpommern spüren der Frage nach, wo sich im Schulalltag Urwaldbäume »verbergen«: in Büchern, Heften, der Verpackung des Pausenbrotes und in Postern auf den Fluren. Papierdetektive sollen auf sparsamen Umgang mit Papier achten.

19.4 Mit-Verhindern: Zerstörerische Projekte bekämpfen

Bürgergruppen kämpfen vielerorts darum, Großprojekte zu verhindern, deren Realisierung für Jahrzehnte eine nichtnachhaltige Fehlentwicklung zementieren würde. Häufig geht es um zentrale Vorhaben der technischen Infrastruktur wie große Straßenbauprojekte, Flugplatzausbau oder neue Großkraftwerke. Für ihren Widerstand können Bürgergruppen die vielfältigen Möglichkeiten nutzen, die ihnen Demokratie und Rechtsstaat in Deutschland gewähren. Solche Auseinandersetzungen dauern manchmal jahrelang und werden von Bürgerinitiativen geführt, die sich anlässlich solcher Projekte bilden, sowie von Umweltgruppen und Kirchengemeinden oder von lokalen Bündnissen verschiedener Gruppen und Verbände der Zivilgesellschaft.

Manchmal scheitert der bürgerschaftliche Widerstand und das umstrittene Projekt wird doch realisiert. Dann bleibt den enttäuschten Engagierten nur die Gewissheit, dass sie den Kampf um eine nachhaltige Entwicklung wenigstens aufgenommen haben. Immer wieder gibt es aber auch Beispiele, bei denen der Bürgerprotest mit dazu beigetragen hat, dass strittige Großvorhaben von den Betreibern zurückgezogen wurden. Oft verbindet sich dann die Wirkung des bürgerschaftlichen Protestes mit einer geänderten Wirtschaftlichkeitseinschätzung der Projektbetreiber oder veränderten politischen Rahmenbedingungen.

Es gehört zur oft geübten Praxis von Bürgergruppen, ihren Widerspruch in die Projektplanungsverfahren einzubringen, mit Leserbriefen, Unterschriftenlisten oder Demonstrationen öffentlich zu machen und mit vielfältigen, oft sehr phantasievoll inszenierten Aktionen wie Menschen- und Lichterketten oder symbolischen Bauplatzbesetzungen zum Ausdruck zu bringen. Im Rechtsstaat nutzen engagierte Einzelne, oft mit organisatorischer und finanzieller Rückendeckung von Initiativen und Verbänden, ihre Rechtsmittel und ziehen vor die Gerichte, um auf dem Klageweg die Projekte zu stoppen. Dem deutschen Verwaltungsprozessrecht liegt das Prinzip des Individualrechtsschutzes zugrunde. Danach ist nur derjenige zur Klage befugt, der geltend machen kann, durch einen Verwaltungsakt zum Beispiel im Rahmen des Bundesimmissionsschutzgesetzes, des Baugesetzbuches oder eines

Planfeststellungsverfahrens in seinen eigenen Rechten verletzt zu sein. Wegen dieses Prinzips erwerben dann Umwelt- und Naturschutzgruppen in manchen Fällen sogenannte Sperrgrundstücke, sodass sie gestützt auf diesen Eigentumstitel den Klageweg beschreiten können.

Zum Beispiel hat der Bund für Umwelt und Naturschutz Deutschland (BUND) 1997 im Braunkohletagebaugebiet Garzweiler II in Nordrhein-Westfalen ein nur ein Hektar großes Sperrgrundstück erworben. Der juristische Kampf gegen die Enteignung dieses Eigentumsrechtes zieht sich vor den verschiedenen Gerichten inzwischen seit mehr als zehn Jahren hin und war im Frühjahr 2008 noch nicht endgültig entschieden. Trotz der anhängigen Berufung gegen die Enteignung wurde das Grundstück nach einer zehntägigen Besetzung der Streuobstwiese durch BUND-Aktivisten im Januar 2008 zwangsgeräumt und damit die »vorzeitige Besitzeinweisung« für das Unternehmen vollstreckt. Aber das juristische Tauziehen geht weiter, da der BUND bis zur endgültigen Entscheidung durch das Bundesverwaltungsgericht weiterhin Eigentümer des Grundstücks bleibt.

Zusätzlich eröffnet das Bundesnaturschutzgesetz den vom Bund oder den Ländern anerkannten Umwelt- und Naturschutzverbänden das Verbandsklagerecht. Damit können Naturschutzverbände die Rolle eines Anwaltes der Natur übernehmen und bei umwelt- und naturschutzrelevanten Verfahren nach dem Bundesnaturschutzgesetz oder bei Planfeststellungsbeschlüssen mit Eingriffen in Natur und Landschaft klagen, ohne selbst in eigenen Rechten verletzt zu sein. In Halle/Saale hat der Naturschutzbund Deutschland (NABU) zum Beispiel den geplanten Bau der Autobahn A 143 (Westumfahrung Halle) mit einer im Januar 2007 erfolgreichen Verbandsklage beim Bundesverwaltungsgericht in Leipzig einstweilig gestoppt.[10] Die Autobahn würde zwei nach der europäischen Fauna-Flora-Habitat-Richtlinie ausgewiesene einzigartige Schutzgebiete im »Naturpark Unteres Saaletal« zerstören. Nirgendwo in Deutschland gibt es einen derart reich ausgestatteten Lebensraum kontinentaler Prägung. Er zeichnet sich durch ein herausragend vielfältiges Vegetationsmosaik aus und beherbergt sehr seltene, hochgradig gefährdete und vom Aussterben bedrohte Pflanzen- und Tierarten.

Ensdorfer Bürgerinitiative verhindert RWE-Kohlekraftwerk

Das vom Energiegroßkonzern RWE in der saarländischen Gemeinde Ensdorf (7000 Einwohner) geplante Steinkohlegroßkraftwerk (1600 MW Leistung und 2,2 Milliarden Euro Investitionen) wurde im Herbst 2007 durch das Votum der Bürger gestoppt.

Nach Bekanntgabe der Kraftwerksplanungen formierte sich eine Initiative »Bürger für Klima- und Umweltschutz«. Unterstützt durch Umweltverbände und eine Ärzte-Initiative trommelte sie gegen das klima- und gesundheitsschädliche Kraftwerk. Die Stimmung im Saarland kippte, immer mehr Menschen sprachen sich gegen den Neubau aus – trotz einer aufwendigen Werbekampagne der RWE. Die Entscheidung lag allerdings bei den 27 Mitgliedern des Ensdorfer Gemeinderats. Um den Kraftwerksstandort zu sichern, hätten sie die Änderung des Flächennutzungsplanes ihrer Gemeinde beschließen müssen.

Im Oktober 2007 überreichte die örtliche Bürgerinitiative über 1500 Unterschriften für einen Einwohnerantrag. Er bewirkte, dass der Ensdorfer Gemeinderat darüber beraten musste, mit welchen Mitteln die Gemeinde den Neubau des Kraftwerkdoppelblocks verhindern kann. Notwendig wären lediglich rund 300 Unterschriften gewesen. Daraufhin entschied der Ensdorfer Gemeinderat einstimmig, den Bürgerwillen in einer Einwohnerbefragung zu ermitteln. Formaljuristisch ist das Ergebnis der Befragung nicht bindend. Doch beteuerten im Vorfeld sowohl der Gemeinderat als auch der Konzern RWE, sich an den Bürgerwillen zu halten, sollten mindestens zwei Drittel der Wahlberechtigten abstimmen. Dieses hohe Quorum wurde sogar noch übertroffen: 70,19 Prozent der Ensdorfer stimmten ab – und 70,03 Prozent stimmten dagegen. Der Gemeinderat Ensdorf wird deshalb den Flächennutzungsplan nicht ändern. RWE gab sich geschlagen und zog am 13. Dezember 2007 seinen Genehmigungsantrag zurück.[11]

Im Energiesektor entzündet sich aktueller Bürgerprotest an den potenziellen Standorten für den geplanten Bau von über 20 neuen Stein- und Braunkohlegroßkraftwerken in ganz Deutschland mit einer Installationsleistung von insgesamt rund 28 000 Megawatt (MW) – das wäre etwa ein Viertel der gegenwärtigen Kraftwerksleistung. Neben den Luftschadstoffemissionen, insbesondere den hohen Feinstaub-belastungen und der Erwärmung von Flüssen durch die Einleitung von Kühlwasser, wecken vor allen Dingen die Klimawirkung und der geringe Wirkungsgrad der Kohlekraftwerke den Widerstand der Bürger. Kohlekraftwerke produzieren mehr als doppelt soviel Kohlendioxid wie vergleichbare moderne Gaskraftwerke, haben einen geringeren Wirkungsgrad und erschweren deshalb das Erreichen der erforderlichen Klimaschutzziele. Und für Kraft-Wärme-Kopplung gibt es nicht genug Abnehmer der Wärme in der Nähe der Kraftwerksstandorte. Mit jedem dieser Großkraftwerke, das heute neu gebaut wird, wird die Zukunft der Energieversorgung für Jahrzehnte auf diese nicht nachhaltige Technologie festgeschrieben (▸ Kapitel 2 und 11).

Bundesweit haben sich deshalb zahlreiche Initiativen der lokalen Bürgerschaft gebildet, unterstützt von Kirchengemeinden und Umweltverbänden. Sie demonstrieren an den betroffenen Standorten gegen den Bau dieser Kohlekraftwerke. Diese Bewegung erreicht immer mehr Menschen und vermeldet auch erste Erfolge. In Bremen wird das geplante Kraftwerk der Stadtwerke Bremen nach massiven Bürgerprotesten, einem organisierten Wechsel der Stromkunden zu anderen Stromanbietern und als Resultat der Regierungsneubildung nach der Landtagswahl im Sommer 2007 nicht mehr geplant.

Gestützt auf ihr durch das Grundgesetz garantierte Recht auf körperliche Unversehrtheit können Bürger gesundheitsgefährdende Umweltbelastungen auch auf dem Klageweg bekämpfen. Das geschah in München (▸ Schlaglicht: Münchner Bürger). Über den konkreten Fall München hinaus dürfte das vor Gericht erstrittene Grundsatzurteil die Einführung wirksamer Maßnahmen zur Minderung der Feinstaubbelastung auch in vielen anderen Städten beschleunigen. Etwa 20 Städte in Deutschland planten Ende 2007 Umweltzonen.[12] Seit 1. Januar 2008 sind die ersten drei in Berlin, Hannover und Köln eingerichtet und weitere deutsche Städte werden ihrem Beispiel folgen. Umweltzonen zielen darauf ab, die Spitzenbelastung der Bevölkerung mit Feinstaub in der Atemluft zu verringern. Der Tagesmittelwert von 50 Mikrogramm PM10 pro Kubikmeter Luft darf im Jahr nur 35 Mal überschritten werden. Wenn diese Grenze überschritten wird, müssen die Behörden einen Luftreinhalteplan mit langfristigen Maßnahmen

Münchner Bürger klagt Maßnahmen zum Gesundheitsschutz ein

In München (1,3 Millionen Einwohner) hat die Klage eines Bürgers gezeigt, wie Einzelne mit der Durchsetzung ihres persönlichen Rechtsanspruches auf körperliche Unversehrtheit die Gesundheitsgefahren, die der Kraftfahrzeugverkehr mit seinen Feinstaubemissionen verursacht, mit-verhindern können. Das Bundesverwaltungsgericht in Leipzig hat nämlich am 27. September 2007 entschieden, dass ein einzelner Bürger seinen persönlichen Rechtsanspruch auf saubere Atemluft gegenüber der Stadt geltend machen kann. Es gab damit der Klage eines Bürgers recht, der an der Landshuter Allee wohnt, durch die täglich rund 140 000 Kraftfahrzeuge fahren. Die Messstation nahe seiner Wohnung meldete schon im März 2005 den 35. Tag mit Grenzwertüberschreitung. Der Anwohner hatte gegen die aus seiner Sicht zu untätige Stadt München auf die Ergreifung wirksamer Maßnahmen zu seinem Gesundheitsschutz geklagt. Nach zweieinhalbjährigem Rechtsstreit und unterschiedlichen vorinstanzlichen Urteilen hat nun das Bundesverwaltungsgericht den Anspruch des klagenden Bürgers auf schnell wirksame und angemessene Maßnahmen zu seinem Gesundheitsschutz höchstrichterlich bestätigt.

Damit können Anwohner in Gebieten mit Grenzwertüberschreitungen von den städtischen Behörden ihr Recht auf Sofortmaßnahmen zum Schutz vor gesundheitsgefährdender Feinstaubbelastung einklagen. Die Umweltzone in München soll nun zum 1. Oktober 2008 in Kraft treten.[13]

und einen Aktionsplan mit kurzfristigen Maßnahmen zur Reduzierung der Feinstaubbelastung erstellen.

Wie in München setzen sich auch in vielen anderen Städten der Welt Einzelne und bürgerschaftliche Organisationen für ihr Recht auf saubere Atemluft ein. In Indien zum Beispiel reichte der Anwalt Mahesh Chandra Mehta 1985 Klage beim Supreme Court ein und forderte von der Regierung die Umsetzung gesetzlich verankerter Schutzmaßnahmen gegen die Luftverschmutzung. Damit brachte er Bewegung in den indischen Staatsapparat. Die auf seine Initiative hin durch das Gericht eingeforderten Maßnahmen zur Luftreinhaltung im Raum Delhi wurden in der Öffentlichkeit intensiv diskutiert.[14] Ein Ergebnis dieses langfristigen Engagements für die »Right for Clean Air«-Kampagne, bei der besonders das Centre for Science and Environment[15] aktiv war, ist der forcierte Ausbau des öffentlichen Personennahverkehrs und die Umrüstung der gesamten Stadtbusflotte in Delhi ab Ende 2002 auf schadstoffarme Gasverbrennungsmotoren. Die Regierung konnte zudem von der Übernahme der Euro-II-Emissionsstandards für neue Fahrzeuge und die regelmäßige Überprüfung der Abgaswerte von Fahrzeugen überzeugt werden.

Ferner können Bürgerinitiativen strategische Einzelentscheidungen mittels der in den Länderverfassungen verankerten direktdemokratischen Mitwirkungsrechte Bürgerbegehren (erste Stufe) und Bürgerentscheid (zweite Stufe) mitentscheiden, auch gegen den Willen von kommunaler Politik und Verwaltung. Bürgerbegehren und Bürgerentscheid sind noch keine weit verbreiteten Verfahren der Bürgermitwirkung, aber ihre Bedeutung nahm in den vergangenen zehn Jahren zu. Sie ergänzen als Kernstück direkter Demokratie auf Gemeindeebene die repräsentativ-demokratische Entscheidungsgewalt der Bürger über Wahlen.[16] So entschied im November 2001 der Rat der Stadt Münster, die Stadtwerke Münster teilweise zu privatisieren. Aber schnell formierte sich breiter Widerstand gegen diese Pläne. Eine Bürgerinitiative gründete sich. Sie fürchtete, dass die Preise für Wasser, Strom und öffentlichen Nahverkehr steigen würden, dass die Gewinne nicht mehr vollständig an die Stadt Münster gehen würden und dass ohnehin deren Interessen nach der Privatisierung nur noch eine untergeordnete Bedeutung haben würden. Sie waren überzeugt, dass nur Stadtwerke in städtischer Hand einen funktionierenden und preiswerten öffentlichen Nahverkehr und eine umweltfreundliche Energieversorgung garantieren könnten. Für ihre Bedenken führte die Initiative Beispiele aus anderen Städten an, bei denen eine Privatisierung zu diesen Problemen geführt hatte. Zunächst ein Bürgerbegehren, danach ein Bürgerentscheid waren erfolgreich – mit dem Ergebnis, dass die Stadtwerke seinerzeit nicht verkauft wurden und bis heute vollständig in kommunaler Hand sind.[17]

Nicht nur in Deutschland kämpfen Bürgergruppen vielerorts gegen die Privatisierung öffentlicher Infrastrukturen und Stadtwerke. Genauso wehren sich Bürgerinitiativen in vielen Städten der Welt. In

Entwicklungs- und Schwellenländern sind oft Versuche zur Privatisierung der Wasserversorgung besonders umkämpft, weil angesichts vieler negativer Beispiele als Ergebnis der Marktöffnung überhöhte Wassergebühren und verschlechterte Versorgungsmöglichkeiten besonders für die Armen befürchtet werden. So hat die bolivianische Regierung unter dem massiven Druck des zivilgesellschaftlichen Protests der Menschen von Cochabamba die bereits privatisierte städtische Wasserversorgung im Frühjahr 2000 wieder unter öffentliche Kontrolle gestellt.[18] Die Menschen hatten für die Rekommunalisierung des Wassers demonstriert und gestreikt, weil der Verkauf des Trinkwassersystems an eine amerikanische Firma unter dem Druck der Weltbank in kurzer Zeit zu massiven Preissteigerungen geführt hatte. Eine normale Bauern- und Arbeiterfamilie musste danach ein Drittel ihres Einkommens für Trinkwasser ausgeben – mehr als für Nahrung. Ähnliche Wasserrevolten gab es 2005 in La Paz und El Alto, wonach die bolivianische Regierung Anfang 2007 das Tochterunternehmen Agua del Illimani des französischen Wasserkonzerns Suez aufkaufte, um den Weg für einen öffentlichen Wasserversorger in La Paz und El Alto frei zu machen.[19]

19.5 Mit-Optimieren: Sachkunde einbringen

Bürger können sich, vor allem in organisierten Gruppen wie Stadtteilinitiativen, Umwelt- und Naturschutzverbänden oder Kirchengemeinden in konkrete kommunale Planungen einmischen. Sie können dafür sorgen, die Quartiers- und Stadtteilentwicklungskonzepte, thematische Fachplanungen oder konkrete einzelne Projekte ihrer Kommune besser und nachhaltiger zu machen. Eine-Welt-Initiativen können mit ihrer Sachkenntnis die globalen Bezüge der lokalen Themen verdeutlichen. Viele Kommunen legen inzwischen auch großen Wert auf eine wirksame Bürgerbeteiligung und gestalten diese aktiv. Ohnehin sind in der kommunalen Bauleitplanung und in den sektoralen Planfeststellungsverfahren bestimmte Beteiligungsrechte gesetzlich verankert. Darüber hinaus hat sich in den vergangenen Jahrzehnten eine lebendige kommunale Partizipationskultur gerade in den nicht-formalisierten Beteiligungsverfahren entwickelt.

Auch die Umsetzung konkreter Einzelprojekte und den laufenden Betrieb kommunaler Angebote können Einzelne und Bürgergruppen mit-optimieren und dafür ihre bürgerschaftlichen Ressourcen einbringen: Motivation und Engagement, Zeit für eine ehrenamtliche Mitarbeit, Geld in Form von Bürgerkapital, ihr Know-how als Alltagsexperten. Sie verfügen über eine detaillierte Ortskenntnis und ein gutes Betriebswissen aus ihrer alltäglichen Nutzung der Infrastruktursysteme. Diese Kompetenz als Alltagsexperten ergänzt die professionelle Fachkompetenz. In Berlin wurden zum Beispiel die Nutzer des öffentlichen Verkehrs an der Planung zur kompletten Reorganisation des Nahverkehrsnetzes beteiligt (▸ Schlaglicht: Berliner Nahverkehrsnetz).

Die Bürger kennen als Fußgänger und Radfahrer die schlechten Verbindungen, die besonders gefährlichen Querungsstellen und die neuralgischen Knotenpunkte in ihrer Stadt gut aus eigener Anschauung. Kluge kommunale Stadt- und Verkehrsplaner wissen diese bürgerschaftliche Sachkunde für Verbesserungsprozesse zu nutzen. Sie arbeiten mit lokalen Verkehrsgruppen zusammen und analysieren gemeinsam die Defizite bei Ortsbegehungen oder Befahrungen per Rad. Sie fragen aktiv und zielgruppenspezifisch nach Verbesserungsmöglichkeiten: zum Beispiel Schüler, Eltern und Lehrer zu den besonders sensiblen Stellen im Schulumfeld und zur Schulwegsicherung. Sie hören auf Frauengruppen, die ihnen Angsträume wie Unterführungen oder schlecht einsehbare Verbindungswege aufzeigen. Sie nehmen die Wünsche von Anwohnern zur Verkehrsberuhigung und die Mängellisten des Kinderschutzbundes zur Unfallprävention auf und beziehen sie als wertvolle Verbesserungshinweise in ihre Planung ein.

Im öffentlichen Personennahverkehr hat sich in den vergangenen Jahren bei vielen Verkehrsunternehmen ein grundlegender Einstellungswandel vollzogen. Die Nutzer von Bussen und Bahnen werden immer weniger als Beförderungsfälle oder als Fahrgäste gesehen, von denen im Prinzip Anspruchslosigkeit und Dankbarkeit erwartet wird. Immer öfter werden sie als Kunden umworben. Dazu gehört auch ein systematisches Qualitätsmanagement, das aktiv auf die Kunden zugeht und ihre Erfahrungen als Nutzer über Kundenforen und Fahr-

Berliner entscheiden über die Gestaltung ihres Nahverkehrsnetzes mit

Im Dezember 2004 wurde das Nahverkehrsnetz Berlins (3,4 Millionen Einwohner) der größten Neugestaltung seit der Wiedervereinigung unterzogen. Durch eine Hierarchisierung des Bus- und Straßenbahnnetzes (»Metrolinienkonzept«) und einer damit einhergehenden Verringerung der Verkehrsleistung (Herabsetzung der Takte und Streichung ganzer Linien) sollten die Kosten gesenkt und die Berliner Verkehrsbetriebe (BVG) wirtschaftlicher gemacht werden.

Im Vorfeld wurde die Bürgerschaft frühzeitig in die Planung einbezogen. Via Internet und bei Straßenbefragungen konnten die Berliner für jedes der 14 zur Diskussion stehenden Gebiete über zwei Varianten der Linienführung abstimmen. Die Abstimmungsergebnisse waren teilweise sehr knapp und teilweise ganz eindeutig. Außerdem konnten sich die Bürger mit Anregungen und Kritik zum ÖPNV-Netz äußern. Rund 24 000 Bürger beteiligten sich an dem sieben Wochen dauernden Verfahren.

Der frühzeitige Dialog wurde positiv aufgenommen. Aber es gibt auch Kritikpunkte: Das Verfahren sei relativ intransparent, die Zeit zum Einarbeiten der vielen bürgerschaftlichen Anregungen sei zu kurz bemessen, und die spätere Umsetzung bleibe unklar. Die Kürzung der öffentlichen Mittel als Anlass für die Neugestaltung wurde erst gar nicht thematisiert. So mussten einige zum Fahrplanwechsel eingeführte Änderungen – insbesondere einige Reduzierungen – aufgrund starker Bürgerproteste nach wenigen Wochen wieder zurückgenommen werden.

Die Berliner Verkehrsbetriebe (BVG) führen ihren Weg der intensiven Kundenbeteiligung fort. Auch an den Planungen zum Fahrplanwechsel 2006 wurden die Bürger wieder beteiligt.[20]

gastbeiräte einbezieht.[21] Mit der Beteiligung an solchen organisierten Qualitätszirkeln können die Bürger als ehrenamtliche Bessermacher das ÖPNV-Angebot als Rückgrat einer nachhaltigen Mobilitätsgestaltung mitoptimieren. So eröffnete die Üstra Hannoversche Verkehrsbetriebe AG[22] schon 1995/96 rund 300 zufällig und repräsentativ ausgewählten Bürgern die Möglichkeit, in Planungszellen Verbesserungsvorschläge für den hannoverschen ÖPNV zu entwickeln und ein 200 Seiten starkes Bürgergutachten zu verfassen. Auch an der anschließenden Umsetzung der mehreren hundert Verbesserungsvorschläge wurden die Bürger beteiligt. Der Verkehrsverbund Rhein-Ruhr hat vor einiger Zeit sogenannte QualitätScouts eingeführt.[23] Das sind Kunden, die regelmäßig mit öffentlichen Verkehrsmitteln fahren und Interesse daran haben, den öffentlichen Personennahverkehr aktiv mitzugestalten. Sie achten bei ihren alltäglichen Fahrten mit Bus und Bahn darauf, dass an Stationen und in Fahrzeugen Qualitätsstandards eingehalten werden und melden Defizite.

Im Energiesektor haben Städte wie Augsburg, Berlin, Hannover und Heidelberg seit den 1990er Jahren gute Erfahrungen damit gesammelt, ihre Bürgerschaft aktiv an der Entwicklung kommunaler Energie- und Klimaschutzkonzepte zu beteiligen. Dafür haben einige Städte Energieforen, Energiebeiräte, zum Beispiel in Bremen und Lübeck, oder »Runde Tische Energie«, zum Beispiel in Dessau, Heidelberg, Lippstadt, Nürnberg, Offenburg und Stuttgart, eingerichtet und damit positive Erfahrungen gesammelt.[24] Bei Energietischen als lokalen Kooperationen zwischen Kommune, Wirtschaft und Bürgerschaft wird eine Selbstverpflichtung aller Beteiligten eingebracht, die an den eigenen Handlungsmöglichkeiten anknüpft. So können gemeinsame Lösungen entwickelt und umgesetzt werden.

Lokale Bürgergruppen können sich für eine an Nachhaltigkeit orientierte Energieversorgung einsetzen. Im Wohnungsbereich etwa gibt es inzwischen zahlreiche Beispiele für gemeinschaftlich gebaute und energetisch optimierte Wohnsiedlungen mit verstärkter Wärmedämmung und regenerativer Energieerzeugung mittels Solaranlagen, Windkraft oder Biomasse-Heizsystemen und ergänzenden Blockheizkraftwerken. Bürger können auch mittels »Bürger-Contracting« sogenannte Bürger-Solaranlagen bauen. In Lüneburg wurden zum Beispiel drei solcher Anlagen auf dem Dach einer Kindertagesstätte, einer Sporthalle und eines Feuerwehrhauses errichtet.[25] Beim Bürger-Contracting übernimmt ein Energieanbieter neben der Versorgung auch die Planung des energetischen Gesamtkonzeptes. Finanziert wird dieser Contractor mit den durch die Optimierung eingesparten Energie- und Wasserkosten. Damit lassen sich auch Schulen energetisch sanie-

Solar & Spar – Pilotprojekte zum Bürger-Contracting für Schulen

Im Jahr 2000 starteten unter dem Titel Solar & Spar an vier nordrhein-westfälischen Schulen (in Engelskirchen, Emmerich am Rhein, Gelsenkirchen und Köln) Pilotprojekte zur energetischen Sanierung. Am Aggertal-Gymnasium in Engelskirchen (20 000 Einwohner) konnten zum Beispiel durch die Kombination neuer Fotovoltaikanlagen mit gleichzeitigen Energieeinsparungen (bei der Raumbeleuchtung und durch eine neue Lüftungstechnik und Heizung) im Jahr 2002 insgesamt 83 000 kWh – rund 70 Prozent des ursprünglichen Strombedarfs der Schule – eingespart beziehungsweise mit regenerativer Solarenergie erzeugt werden. Zusätzlich produziert ein neu gebautes erdgasbetriebenes Blockheizkraftwerk im Schulkeller pro Jahr rund 198 000 kWh umweltfreundlichen Strom. Die Umwelt wird so jährlich um 200 Tonnen Kohlendioxid entlastet. Die Optimierungen wurden im laufenden Betrieb vorgenommen.

Die Gesamtinvestitionen der vier Schulprojekte betrugen zusammen rund drei Millionen Euro. Das als »grüne Kapitalanlage« konzipierte Projekt wurde finanziert durch Landesmittel aus dem Programm zur Förderung regenerativer Energieerzeugung, durch zinsgünstige Darlehen der Kreditanstalt für Wiederaufbau und vor allem durch das Bürger-Contracting. 350 Bürger haben dazu beigetragen. Das Bürgerkapital liegt bei rund zwei Millionen Euro. Eltern und Großeltern der Schüler sowie Lehrer der Schulen konnten sich mit einem Betrag ab 500 Euro als stille Teilhaber an dem Projekt beteiligen. Für alle übrigen Bürger waren Einlagen ab 2500 Euro möglich. Beim Aggertal-Gymnasium zum Beispiel kamen 35 der 60 dort beteiligten Anteilszeichner aus dem Umfeld der Schule und 25 Anteilseigner aus anderen Regionen. Die Laufzeit des Vertrages beträgt 20 Jahre; eine vorzeitige Ausstiegsmöglichkeit besteht. Die investierenden Bürger tragen damit aktiv zum Klimaschutz bei und können zudem mit Renditen von fünf bis sechs Prozent rechnen. Außerdem hat das Solar & Spar-Projekt allen Beteiligten, insbesondere der Schülerschaft, die Bedeutung des Energiethemas bewusst gemacht. Ähnlich positive Ergebnisse wurden auch in den drei anderen Schulen erzielt.

Der Grüne Gockel:
Eine Kirchengemeinde vermindert ihren Umweltverbrauch

Neulußheim (6600 Einwohner) liegt in Baden-Württemberg, die dortige evangelische Kirchengemeinde gehört zur badischen Landeskirche. Bereits 2002 traf die Gemeinde eine erste wichtige Entscheidung für den Umweltschutz. Das neu gebaute Gemeindezentrum wurde mit zwei Grundwasserwärmepumpen ausgestattet und verfügt zudem über 18 Fotovoltaikmodule sowie eine Regenwassernutzungsanlage. In nur zwei Jahren wurden so die Heizkosten um mehr als die Hälfte gesenkt. Die benötigte elektrische Energie wird von den Elektrizitätswerken Schönau bezogen.

Seit November 2005 arbeitet die Gemeinde im Rahmen des Programms »Grüner Gockel« am Aufbau eines Umweltmanagementsystems. Zwölf Männer und Frauen kümmern sich als Umweltteam in drei Arbeitskreisen um die Themen Verkehr/Wasser/Abfall/Energie, fairer Handel/Ernährung und Umweltbewusstsein/Öffentlichkeitsarbeit. Zunächst zeigte eine gründliche Bestandsaufnahme, wo es noch Schwachstellen gab, zum Beispiel bei der Einstellung der Wärmetechnik im Kirchenraum. Daraus wurde im Jahr 2007 ein Umweltprogramm mit konkreten Minderungszielen zum Beispiel zum Strom- und Papierverbrauch formuliert. Die Umwelterklärung wurde im Mai 2007 von einem unabhängigen externen Prüfer nach dem EU-EMAS-Standard zertifiziert. Die Aktivitäten strahlen inzwischen auch auf die Kommune aus. Dafür veranstaltet das Umweltteam Aktionen und Informationsangebote und gewährt interessierten Hausbesitzern Einblick in die Technik der Wärmepumpen und der Solaranlage. So haben sich schon einige Nachahmer gefunden. Das nächste große Projekt ist die Initiierung einer Bürgersolaranlage.[26]

ren, wie die Solar & Spar-Pilotprojekte des Wuppertal Instituts nachweisen (▸ Schlaglicht: Solar & Spar).

Das Konzept wurde mehrmals ausgezeichnet. Unter anderem erhielt es im Jahr 2003 die Auszeichnung »Best Practice Beispiel«, die vom nordrhein-westfälischen Ministerpräsidenten und dem Umweltministerium im Rahmen der Agenda 21 NRW verliehen wird.[27]

Inzwischen haben sich mehr als 250 Kirchengemeinden in ganz

Deutschland auf den Weg gemacht, um ihren Beitrag zur Bewahrung der Schöpfung zu leisten.[28.] Sie führen ein Umweltmanagementsystem ein, um in den Bereichen elektrische Energie, Heizung, Wasser, Gebäude, Beschaffung und Entsorgung, durch Schulung und Information der Haupt- und Ehrenamtlichen zu Umweltfragen und Öffentlichkeitsarbeit Umweltziele zu erarbeiten und zu verwirklichen. Vorreiter sind die evangelischen Landeskirchen Württemberg, Westfalen und Baden. Sie haben ihre Aktivitäten als Konzept für ein kirchliches Umweltmanagementsystem unter der Bezeichnung »Grüner Hahn« beziehungsweise »Grüner Gockel« vereint, das jetzt bundesweit vorangetrieben wird. Ein gutes Beispiel dafür ist die evangelische Kirchengemeinde Neulußheim (▸ Schlaglicht: Der Grüne Gockel).

19.6 Mit-Realisieren: Nachhaltigkeit selbst unternehmen

Bürgergruppen können auch selbst, gleichsam als bürgerschaftliche Koproduzenten der öffentlichen Hand, die Produktion kommunaler Leistungen übernehmen. Diese Form der Mitgestaltung kommunaler Nachhaltigkeitspolitik ist noch relativ neu. Die Bürger beteiligen sich dann nicht nur an den Plänen und Projekten ihrer Kommune. Vielmehr nehmen sie ausgewählte Bereiche der bisher öffentlichen Wohlfahrtsproduktion selbst in die Hand, um für eine nachhaltige Entwicklung zu sorgen. Bürgergruppen werden damit zu gemeinnützigen Unternehmern in Sachen Nachhaltigkeit.

Im Bereich der sozialen Infrastruktur und der kommunalen Wirtschaftsförderung hat diese Form der organisierten bürgerschaftlichen Leistungsbeteiligung schon eine gewisse Tradition entwickelt.[29] Diese neue Kultur des »Selbermachens der Bürgerschaft« eröffnet einerseits die Chance, dass mancherorts überhaupt noch kommunale Leistungen angeboten werden können – und dass Selbermachen dabei oft auch Andersmachen und Bessermachen bedeutet. Auf der anderen Seite steigt das Risiko, dass bürgerschaftliches Engagement von der öffentlichen Hand gerne aktiviert wird, um es als billige Ersatzlösung für zurückgefahrene öffentliche Leistungen auszunutzen. Hier gilt es, im konkreten Einzelfall die Chancen und Risiken nüchtern gegeneinander abzuwägen.

»Bürgerbusse« fahren zum Beispiel bundesweit in rund 90 Städten, Gemeinden und Kreisen als bürgerschaftlich produzierter öffentlicher Nahverkehr.[30] Sie werden von selbst organisierten Bürgerbusvereinen betrieben und von ehrenamtlich tätigen Fahrern gesteuert, um die öffentliche Mobilität auch dort zu ermöglichen, wo der normale öffentliche Personennahverkehr sonst aus Kostengründen kaum noch angeboten würde: in dünn besiedelten ländlichen Räumen, in Klein- und Mittelstädten und in abseits gelegenen Stadtteilen von Großstädten. Die Länder und Kommunen unterstützen die Bürgerbusvereine.

Das »Autofreie Wohnen« ist ebenfalls ein anschauliches Beispiel für selbstorganisierte Bürgerschaftsprojekte. Menschen, die ohne eigenes Auto leben, möchten in ihrem Stadtquartier die Vorzüge eines autofreien Wohnumfeldes mit mehr Ruhe, Verkehrssicherheit, Luftqualität, Raum für Grün und Aufenthaltsqualität genießen können. Solche Projekte gibt es in unterschiedlichen Varianten (als Betreiberkonzept oder als selbstverwaltetes Modell, als selbstverpflichtendes oder wahlfreies Modell und von autofrei über autoreduziert bis autoverkehrsfrei und stellplatzfrei) in mehreren deutschen Großstädten, etwa in Hamburg sowie zum Beispiel in Amsterdam, Edinburgh und Wien.

In vielen Städten Deutschlands gibt es Solarsiedlungen, bei denen die Eigentümer ihre Dachflächen nutzen, um selbst zu Energieproduzenten zu werden und die Sonneneinstrahlung für die Raum- und Brauchwassererwärmung und die Stromerzeugung zu nutzen. Andere generieren Energie aus Wind, Biomasse, Geothermie oder Wasserkraft. Die Idee des »Bürgerkraftwerks«, bei dem Bürger sich mit eigenem Kapital an der ökologischen Stromerzeugung durch ihr lokales Stadtwerk beteiligen, entwickelt diese Ansätze konzeptionell weiter, macht sie unabhängig vom eigenen Immobilienbesitz und öffnet sie für Mieter. Beispiele dafür sind das »Bürgerkraftwerk« in Herten oder die Fotovoltaikinitiative der Stadtwerke Karlsruhe, wo eine von Bürgern finanzierte Fotovoltaikanlage mit 800 Kilowatt Höchstleistung im Jahr 2006 in Betrieb gegangen ist und bereits weitere in Vorbereitung sind. Ein deutschlandweit bekanntes Beispiel, bei dem eine Bürgergruppe ihre Stromversorgung ökologisch umgeschaltet und in

Bürger planen, bauen und wohnen autofrei in Hamburg-Barmbek

Im Jahre 1992 schlossen sich in Hamburg (1,75 Millionen Einwohner) engagierte Bürger zusammen. Sie wollten sich eine innerstädtische autofreie Wohnsiedlung selbst schaffen, um dort frei von Beeinträchtigungen ihres Wohnumfeldes durch den Autoverkehr leben zu können. Eine Bürgerinitiative »Autofreies Wohnen e.V.« kaufte ein stadteigenes früheres Industriegrundstück an der Saarlandstraße im Stadtteil Barmbek, weniger als fünf Kilometer vom Stadtzentrum entfernt. Das Gebiet liegt in fußläufiger Entfernung von zwei U- bzw. S-Bahn-Stationen sowie von 17 Buslinien und einem größeren Einzelhandels- und Dienstleistungszentrum. Zum Bau der Siedlung gründete sich aus der Initiative heraus die Genossenschaft Wohnwarft e.G. und die Eigentümergemeinschaft Barmbeker Stich, die das Bürgerprojekt in Kooperation mit der Stadt Hamburg planten, realisierten und heute selbstverwaltet betreiben.

Jeder verpflichtet sich im Miet- bzw. Kaufvertrag, autofrei zu leben. Die wenigen Stellplätze (0,15 pro Wohnung) sind vorgesehen für den Lieferverkehr, Carsharing und Ausnahme-Autos für die Wechselfälle des Lebens – etwa bei Krankheit oder Behinderung.

Im Zuge des Projektes zum autofreien Wohnen entstehen in der Siedlung auch ein Blockheizkraftwerk und Niedrigenergiehäuser mit Fotovoltaikanlagen. Der erste Bauabschnitt mit 111 Wohnungen und mehreren Gemeinschaftseinrichtungen wurde im Jahr 2001 fertig gestellt. Der zweite Bauabschnitt mit 60 weiteren Wohneinheiten wurde Ende 2007 bezugsfertig. Ein dritter Bauabschnitt ist geplant.[31]

die eigenen Hände genommen hat, sind die »Schönauer Stromrebellen« (▸ Schlaglicht: Die Stromrebellen von Schönau).

Viele Bürgergruppen nutzen ihre Möglichkeiten, um auch in weit entfernten Ländern eine nachhaltige Entwicklung zu unterstützen. Dabei wird nicht durch einmalige und einseitige Güter- oder Geldtransfers geholfen. Vielmehr geht es um gegenseitige Lernprozesse und darum, die Eigeninitiative der Menschen in Entwicklungsländern zu unterstützen. Denn es wäre kontraproduktiv, wenn Hilfslieferungen aus Deutschland die Entwicklung einer eigenständigen lokalen

Die Stromrebellen von Schönau

Nach dem Supergau von Tschernobyl 1986 schlossen sich in Schönau, einer kleinen baden-württembergischen Gemeinde mit 2500 Einwohnern, einige Bürger zu einer Bürgerinitiative gegen Atomkraft zusammen. Ihr Anliegen: nur noch Ökostrom zu beziehen. Die einzige Möglichkeit für die Schönauer, an atomenergiefreien Strom zu gelangen, bestand im Kauf des heimischen Stromnetzes. Um das erworbene Ortsnetz selbst betreiben zu können, gründete die Initiative 1991 ihr eigenes Stromversorgungsunternehmen, die Elektrizitätswerke Schönau (EWS). Spendengelder und 750 private Gesellschafter, vor allem Schönauer, machten es möglich. Vorweg gingen ein Bürgerbegehren und ein kommunaler Bürgerentscheid, in dem sich die Schönauer mehrheitlich für diesen Weg entschieden. Das Motto der EWS lautet: »Nicht Jammern und Klagen, sondern Handeln!« Und ihr Slogan ist: »atomstromlos. klimafreundlich. bürgereigen.« Energie soll sparsam genutzt werden, die Tarife sollen stromsparfördernd gestaltet sein, die Energiegewinnung soll ressourcenschonend und regenerativ vonstatten gehen, Initiativen zur Entstehung ökologischer Neuanlagen sollen gefördert werden und lokale Wertschöpfung soll stattfinden. Der Strom der Elektrizitätswerke Schönau stammt aus Solaranlagen, Wasserkraft (Neuanlagen) und hocheffizienten klimaschonenden Kraft-Wärme-Kopplungs-Anlagen.

Nach der Liberalisierung des Strommarktes verkaufen die Schönauer seit 1999 ihren Ökostrom bundesweit. So versorgen die EWS im Juli 2007 rund 50 000 Stromkunden – darunter auch größere Unternehmen wie Ritter Sport – und verbuchen einen Jahresumsatz von 24 Millionen Euro. Aufgrund der Förderung von neuen ökologischen Stromerzeugungsanlagen durch die EWS sind schon annähernd 1000 »Rebellenkraftwerke« entstanden.[32]

Ökonomie im Süden gefährden würden – eine Gefahr, die zum Beispiel entsteht, wenn Kleiderspenden die Textilproduktion in den Empfängerländern behindern. Im Verkehrsbereich gibt es in einigen Städten, zum Beispiel in Aachen, Stuttgart und Heidelberg Bürgerinitiativen, die in Entwicklungsländern nachhaltige Mobilität mit Fahrrädern

Solarzellen erleuchten die Kirchenpartnerschaft in Schlüchtern und Maneromango

Der evangelische Kirchenkreis Schlüchtern, zu dem 16 Gemeinden im Main-Kinzig-Kreis in Hessen gehören, unterstützt den Bau einer Fotovoltaikanlage für die kirchliche Krankenstation seiner Partnerschaftsgemeinde im Distrikt Maneromango (ca. 9000 Einwohner) in Tansania.[33]

Die Klinik in Maneromango war seit Jahren ohne Stromversorgung. Entbindungen im Schein einer Petroleumlampe gerieten gerade bei unvorhergesehenen Komplikationen zu einer lebensgefährlichen Angelegenheit. Bei einer Besuchsreise des evangelischen Partnerschaftskreises aus Schlüchtern in Maneromango im Jahr 2004 machten die Mitarbeiter der Krankenstation auf diese desolate Lage aufmerksam.

Die Lösung bestand für die Diözese in Maneromango in einer Fotovoltaikanlage auf dem Dach der Klinik. Dabei ließ sie sich von einer lokalen Nichtregierungsorganisation, die auf die Verbreitung erneuerbarer Energien in Tansania spezialisiert ist, fachkompetent beraten. Der Kirchenkreis Schlüchtern organisierte als Partner die finanzielle Unterstützung aus Deutschland. Die Finanzierung wird je zur Hälfte von Gemeinden im Kirchenkreis Schlüchtern und aus dem Partnerschaftsprojektefonds des Evangelischen Entwicklungsdienstes (EED) sichergestellt.

Das Projekt hatte gleich mehrere positive Effekte: Die medizinische Versorgung in Maneromango wurde verbessert. Die kleine Klinik machte sich unabhängig von der seit Jahren nicht eingehaltenen Zusage der Kommunalverwaltung, das Gebiet zu elektrifizieren. Und: Sie übernimmt eine Vorreiterrolle bei der umweltfreundlichen Stromerzeugung im Distrikt.

Die Projektwirkung blieb jedoch nicht alleine auf Tansania beschränkt. Angeregt und motiviert durch die Zusammenarbeit mit den Partnern in Afrika prüften die Schlüchterner nun auch, wie in den eigenen Kirchengemeinden Energie und Ressourcen eingespart werden können. Die Partnerschaft mit Tansania gab Anstoß für den deutschen Kirchenkreis, eine Umweltzertifizierung der Kirchengemeinden anzustreben. So lernen Bürgergruppen in Tansania und Deutschland voneinander, wie sie sich – weltumspannend miteinander verbunden und lokal aktiv – erfolgreich für eine zukunftsfähige Entwicklung engagieren können.

aufbauen helfen und dabei die Ausbildung einheimischer Jugendlicher als Fahrradmechaniker unterstützen.

Im Projekt »Solarenergie für Afghanistan und Ibbenbüren« werden beispielsweise die mit einer Bürgersolaranlage in Ibbenbüren erwirtschafteten Gewinne in afghanische Projekte investiert, um auch dort eine Zukunft mit regenerativen Energien einzuleiten. Ein besonders anschauliches Beispiel ist das Solarlampenprojekt einer Schülerinitiative in Freilassing, das die Verbreitung regenerativer Energien in Entwicklungsländern fördert. Durch Arbeitseinsätze der Schüler und gefördert durch ihre Ausbildungsfirmen entstand eine Werkstatt für Solartechnik in Tansania. Für sie wurde eine eigene Solarlampe entwickelt, die besonders zuverlässig und erschwinglich ist. Vor Ort lernen Jugendliche, die Lampen zusammenzubauen und zu warten. Die Lampen werden vermietet. Sie ersetzen Petroleumlampen, die gesundheits- und klimaschädlich sind und im Betrieb deutlich mehr kosten.

Konkrete Hilfe für die Armen in Entwicklungsländern leisten – das ist das vordringliche Ziel der Partnerschaftsarbeit lokaler Gruppen und Kirchengemeinden. Aber es kommt noch auf etwas anderes an: Solche Entwicklungsprojekte sind keine Einbahnstraßen. Sie tragen auch zum globalen Lernen für die Menschen hier in Deutschland bei, wie etwa die Partnerschaft des Kirchenkreises Schlüchtern mit der tansanischen Gemeinde Maneromango (▸ Schlaglicht: Solarzellen erleuchten die Kirchenpartnerschaft).

Die geschilderten Projekte und viele weitere Beispiele in großen und kleinen Städten und Gemeinden zeigen, dass Bürger als Einzelne und vor allem organisiert in lokalen Bürgergruppen die kommunale Entwicklung zu Gunsten von mehr Nachhaltigkeit mitgestalten können. Sie können ihr Wissen, ihre Kraft und ihre Leidenschaft für mehr Nachhaltigkeit vor Ort einsetzen. Sie können lokal handeln: manchmal vergebens, oft erfolgreich – nie umsonst.

Anmerkungen

1 www.klimabuendnis.org/buendnis/ (19. Februar 2008)
2 BMU (2007)
3 www.bmz.de/de/zahlen/ millenniumsentwicklungsziele/ (18. Februar 2008) und Nuscheler (2004), S. 575–577
4 InWEnt gGmbH – Servicestelle Kommunen in der Einen Welt (2007), S. 22
5 Zum Beispiel wurde Dortmund 2005 zum zweiten Mal Sieger im bundesweiten Wettbewerb »Hauptstadt des Fairen Handelns«.
6 Die Stadt München hat im Jahr 2002 als erste deutsche Kommune Ausschreibungskriterien gegen ausbeuterische Kinderarbeit definiert. Diesem Beispiel sind deutschlandweit inzwischen zahlreiche Kommunen gefolgt.
7 Selle (1996), S. 25–26; Lüttringhaus (2000), S. 75–77; Kopatz/Troja (2003)
8 Zum Beispiel in Dortmund, Düsseldorf, Heidelberg, München, Salzburg und Tübingen
9 www2.augsburg.de (6. Juli 2007)
10 Pressemitteilung des Bundesverwaltungsgerichts Leipzig vom 17. Januar 2007
11 www.bi-kraftwerk.de (27. November 2007); www.aerztesyndikat-saarland.de (27. November 2007); www.rwe.com (27. November 2007)
12 www.env-it.de/luftdaten (26. November 2007); nadaktuell.ifl-leipzig.de (13. Dezember 2007)
13 Presseerklärung der Deutschen Umwelthilfe vom 27. September 2007; Presseerklärung des Kreisverwaltungsreferat München vom 27. September 2007
14 Bell et al. (2004), S. 22–39
15 www.cseindia.org
16 Paust (2000) und (2005) beschreibt ausführlich die wichtigsten Merkmale und Verfahrensschritte von Bürgerbegehren und Bürgerentscheid
17 www.muenster.de/stadt/ buergerentscheid/(4. Juli 2007); www.buergerbegehren-pro-stadtwerke. de (4. Juli 2007)
18 Abendroth (2004)
19 Horstmann (2007)
20 Schiefelbusch/Bodensteiner (2005)
21 Meyer-Liesenfeld (1997); Fliegel/ Schiefelbusch (2006)
22 Reinert (2001)
23 www.vrr.de/de/service/qualitaet_ und_sicherheit/qualitaetsscouts/ (9. Juli 2007)
24 Fischer/Hänisch (2000), S. 99–101 und Wüst (2003)
25 www.lueneburg.de (5. Juli 2007)
26 Umwelterklärung 2007 der evangelischen Kirchgemeinde Neulußheim; Telefoninterview am 15. November 2007 mit Herrn Rausch, dem Umweltbeauftragten der Kirchgemeinde Neulußheim
27 Berlo (2007)
28 BMU (2005)
29 In Nordrhein-Westfalen gibt es beispielsweise von Sportvereinen betriebene Bürgerbäder, Kultur- und Jugendzentren, Parks und Bürgerhäuser, Museen oder von Existenzgründern gemeinsam entwickelte Gewerbehöfe; vgl. zum Beispiel Dahlheimer (2007)
30 Pro Bürgerbus NRW e. V. (2005)
31 www.autofrei-wohnen.de/proj-d-saarlandstr.html (11. Juli 2007)
32 www.ews-schoenau.de (10. Juli 2007)
33 Telefoninterview mit Pfarrer Müller-Lorch am 11. 2. 2008 www.d-t-p-ev.de (11. 2. 2008) www.eed.de (11. 2. 2008)

20 Achtsam leben: Das Private ist politisch

Das historische Projekt, eine solar-solidarische Gesellschaft zu bauen, lebt von der Initiative einer Vielzahl von Menschen. Auch durch die eigene Lebensführung kann jeder Einfluss auf den Gang des Geschehens ausüben. Wer achtsam einkauft, wird über den Preis hinaus ein Augenmerk für die ökologische und soziale Qualität von Produkten haben. Als Konsument, der sich gleichermaßen als Bürger versteht, wird er darauf schauen, dass sein Kaufakt sowohl zur Umweltentlastung als auch zur Solidarität mit Schlechtergestellten beiträgt. Wer überdies seinen Kopf über der Warenschwemme halten möchte, wird die hohe Kunst der Einfachheit pflegen, ansonsten zerfasert sein Leben. Sparsam im Haben, aber großzügig im Sein, so lautet die Devise der Zukunftsfähigkeit für einen selbst wie für die Gesellschaft.

Es ist gewiss kein Zufall, dass die Tugend der Achtsamkeit in der buddhistischen Lebenslehre einen zentralen Stellenwert einnimmt. Wer nur seine eigenen Ziele verfolgt, tut sich selbst nichts Gutes. Mehr verspricht eine Haltung, die das Ganze einer Situation in sich aufnimmt. Achtsamkeit, der es auf Zukunftsfähigkeit ankommt, folgt, wie der Berliner Philosoph Wilhelm Schmid dies einmal genannt hat, dem »Umkehrgebot der ökologischen Klugheit«: Handle so, dass du die Konsequenzen deines Handelns für andere so berücksichtigst, wie du es selbst von Anderen erwartest.[1] Entscheidend ist dabei die Umkehr der Perspektive, nämlich über das eigene Wohlergehen hinaus auch dasjenige entfernter Menschen und Situationen mitzubedenken.

Freilich, nicht alle Leute sind in gleichem Maße imstande, Achtsamkeit für Ökologie und Fairness zu entwickeln. Sie ist in erster Linie eine Einladung – wie in der Weltgesellschaft so auch in der nationalen Gesellschaft – an die Bessergestellten im Lande, eben an jene, die nicht jeden Euro umdrehen müssen und einigermaßen beruhigt der Zukunft entgegensehen können. Wer sich jeden Tag durchkämpfen muss, oft mit Familie und Kindern, muss auf seine kurzfristigen und unmittelbaren Interessen achten. Die Bessergestellten hingegen müssen nicht mit Geldnot und Unsicherheit fertig werden, sondern mit Überangebot und Überreiz. Sie vor allem sind die Kandidaten für eine achtsame Lebensführung – auch wenn Schlechtergestellte ebenfalls gut beraten sind, einige ihrer Regeln zu beherzigen. Viele einfache, traditionsverhaftete Leute haben zwar mit komplizierten Umwelt- oder auch Entwicklungsfragen wenig im Sinn, verbrauchen mit ihrem Lebensstil aber vergleichsweise wenig Ressourcen (▸ Kapitel 5). Sie leben nachhaltig, aber ohne erklärte Absicht. Anders die Umweltbewegten: Während ein Bewusstsein für den Schutz der Umwelt und für Fairness zu ihrer Grundausstattung gehört, sind ihre faktischen Ressourcenverbräuche hoch und auch ihre Finanzanlagen profitieren vom Boom in den Schwellenländern. Sie wollen Nachhaltigkeit, aber ohne nachhaltig zu sein. Es ist hauptsächlich diese Gruppe, von der aus ein neues Verständnis von Konsum und Lebensführung in die Gesellschaft hineinwachsen muss.

20.1 Strategisch konsumieren

Empörung entsteht leicht, wenn in den Medien über unmenschliche Produktionsbedingungen in fernen Ländern berichtet wird. Doch verantwortlich sind nicht nur Unternehmen und Investoren, verwickelt sind auch die Verbraucher in den reichen Industrienationen (▸ Kapitel 17). Sie können beim Einkauf mitbestimmen, ob und inwieweit ökologische und soziale Missstände bestehen bleiben oder beseitigt werden. Lange Zeit geschah der Kauf von schadstofffreien Lebensmitteln, Textilien oder Baustoffen aus persönlichen Vorsorgemotiven. Inzwischen wächst das Gefühl, durch Kaufentscheidungen gemeinsam etwas bewirken zu können. Darauf deutet der sprunghafte Anstieg in der Nachfrage nach Biolebensmitteln oder Fairtrade-Produkten hin. Ökostromanbieter gewinnen täglich Tausende Neukunden.[2] Immer mehr Bürger informieren sich und konsumieren planvoll – wohl wissend, dass sie einen Einfluss darauf haben, welche Produkte verkauft werden.

Biosiegel, Fairtrade-Logo oder FSC-Kennzeichen für nachhaltige Holzprodukte ermöglichen einen strategischen Konsum.[3] Mit zertifizierten Blumen aus dem Flower Label-Programm lässt sich ungetrübte Freude verschenken. Nun stehen weitere Schritte in diese Richtung an, etwa die Kennzeichnung aller Textilien in Hinblick auf die Einhaltung sozialer Mindeststandards. Erst wenn den Produkten anzusehen ist, welche von ihnen Vertrauen verdienen, entstehen auch an den Wühltischen achtsame Kaufentscheidungen. Die können dann dazu führen, dass Näherinnen in China den doppelten Lohn bekommen.

Für manche Produkte gilt indes, dass sie gar nicht erst angeboten werden dürfen. Dafür kann der Gesetzgeber Sorge tragen, beispielsweise durch Höchstwerte für CO_2-Emissionen bei Pkw. Ebenso wichtig ist es, Wahlmöglichkeiten zu schaffen. Das Erneuerbare-Energien-Gesetz und der Bezug von Ökostrom erlauben den Verbrauchern, den Strommix zu verändern. Ein attraktiver öffentlicher Nahverkehr, Carsharing und Radstationen schaffen Spielräume, sich nachhaltig fortzubewegen.

Gutes Essen

Wie viele Monate mögen verstreichen bis zum nächsten Fleischskandal? Für alle spürbar, bringt die Massentierhaltung unvertretbare Probleme mit sich. Mit Recht fragt die Bildzeitung: »Ist unser Fleisch zu billig, um gut zu sein?« Sorgsame Kunden wählen Biofleisch oder zumindest solches aus artgerechter Tierhaltung. Sie greifen nach Lebensmitteln aus ökologischem Landbau, sie verwenden einen ausreichend großen Teil ihres Einkommens für gutes Essen und befördern so eine Abkehr von der Suche nach den billigsten Lebensmitteln. Anfang der 1960er Jahre haben die Deutschen noch durchschnittlich 40 Prozent ihrer Einkünfte für gutes und schmackhaftes Essen verwendet.[4] Inzwischen liegen die Ausgaben für Ernährung in Deutschland bei zwölf Prozent (ohne Alkohol und Tabak), während Spanier um die Hälfte und Franzosen jedenfalls um ein Drittel mehr für ihr Essen ausgeben – und dafür weniger für das Auto. Verantwortungsbewusstes Einkaufen von Lebensmitteln ist oft keine Frage des Geldes, sondern der Wertschätzung.

Bio boomt

Ausgerechnet die Discounter haben dazu beigetragen, dass die Menschen vermehrt nach Bioprodukten greifen[5] und durch strategischen Konsum das Marktgeschehen verändern können. Discounter haben sich von der Einkaufsstätte für Vorratskäufe zu Nahversorgern gewandelt und in der Produktvielfalt an Supermärkte angeglichen. Die alternativen Produkte stehen oft unmittelbar neben den konventionellen Offerten. Sie zielen auf gesundheits- und qualitätsbewusste Käufergruppen, und mit steigenden Ansprüchen nimmt die Preisorientierung ab. Für Discounter eröffnet sich so – neben dem klassischen Preiswettbewerb – nun mit Bioprodukten auch ein Qualitätswettbewerb.

Auch Biofleisch und Fleisch aus artgerechter Tierhaltung findet mehr Käufer als je zuvor. Es wird mit wachsenden Marktanteilen an der Ladentheke um einiges günstiger werden, jedoch immer etwas teurer bleiben als konventionelle Ware. Wenn dadurch der Fleischverzehr sinkt, ist das ein erwünschter Effekt (▸ Kapitel 5). Schließlich verursacht allein die weltweite Tierhaltung 18 Prozent der Treibhausgasemissionen, so die UN-Ernährungs- und Landwirtschaftsorganisation.[6] Düngerproduktion kostet viel Energie, Regenwälder werden für Weiden und Sojaanbau gerodet, in Tiermägen entsteht das Treibhausgas Methan.

Langfristig gilt es, die Landwirtschaft und Tierhaltung vollständig auf ökologisch tragfähige und artgerechte Verfahren umzustellen. Hier ist der Gesetzgeber gefordert. Doch zunächst ist zu vermeiden, dass sich ein »Bio 2. Klasse« etabliert. Ab 2009 soll ein neues EU-Bio-Siegel das bisherige deutsche Logo ergänzen und europaweit einheitlich Produkte kennzeichnen, die zu mindestens 95 Prozent biologisch erzeugt wurden. Wichtig ist, dass dabei die Standards nicht weiter aufgeweicht werden, und so die Erzeugnisse nicht einmal näherungsweise an die hochwertigen Bioprodukte (etwa von Bioland oder Demeter) heranreichen.

Um die starke Nachfrage von Produkten aus ökologischem Anbau bedienen zu können, werden zunehmend Produkte aus aller Welt nach Deutschland geschafft. Der Transport aus der Ferne setzt sehr viel CO_2 frei, besonders bei Flugtransporten. Land- und Seetransporte haben einen sehr geringen Anteil an den CO_2-Emissionen[7], auch wenn die Seetransporte andere erhebliche Verschmutzungen mit sich bringen. Doch schon der Lkw-Transporte wegen gebührt der regionalen Versorgung Vorrang (▸ Kapitel 14).

Zeitfenster 2022 **Deutsche essen weniger Fleisch**

Der heute veröffentlichte Jahresbericht des Deutschen Fleischerverbandes bestätigt, was wir eigentlich schon seit vielen Jahren wissen: Die einstige Fleischnation Deutschland isst immer weniger tierische Nahrungsmittel. Pro Kopf werden durchschnittlich 500 Gramm pro Woche verzehrt. So entspricht der heutige Fleischkonsum erstmals seit 1950 wieder den Empfehlungen der Deutschen Gesellschaft für Ernährung von 300 bis 600 Gramm Fleisch- und Wurstverzehr pro Woche.[8] Ein- bis zweimal pro Woche Fleisch auf den Tisch: Was für uns heute ganz normal klingt, war vor 15 Jahren noch für viele unvorstellbar. »Die Bundesbürger aßen 2006 durchschnittlich 1100 Gramm Fleisch pro Woche«, erinnert sich Sebastian Schnittiger vom Bundesforschungsinstitut für Ernährung und Lebensmittel.[9] Über 60 Prozent der insgesamt 17,4 Millionen Hektar landwirtschaftliche Nutzfläche in Deutschland waren damals durch den Futtermittelanbau besetzt – 1,5 Millionen zudem im Ausland; vor allem durch Importe von Ölkuchen und -schroten für Kraftfutter und Geflügel.[10]

Nach Schätzungen des Bundesministeriums für Ernährung, Landwirtschaft und Verbraucherschutz (BMELV) hat die Halbierung des Konsums tierischer Nahrungsmittel in Deutschland im Vergleich zu 2006 über fünf Millionen Hektar landwirtschaftliche Fläche für den ökologischen Landbau freigeräumt. Außerdem kann Deutschland nun alle noch benötigten Futtermittel im Inland anbauen.

Doch die Auseinandersetzung mit den eingefleischten Essgewohnheiten war kein einfacher Weg. Die Erfolgsstory begann mit einer Kampagne, initiiert von einer Allianz aus über 40 Akteuren aus den Bereichen Umwelt, Entwicklungszusammenarbeit, Gesundheit und Landbau, die für einen fleischärmeren Lebensstil warben. Plötzlich präsentierten sich beliebte Prominente als Anhänger eines fleischarmen Lebensstils. Dann sprangen Starköche wie Jamie Oliver und Tim Mälzer auf und machten in ihren Fernsehsendungen und Büchern vor, wie man mit wenig Fleisch ebenso schmackhafte Gerichte zubereiten kann. 2012 beschloss die Bundesregierung einen mutigen Aktionsplan Umwelt und Gesundheit. Statt industrieller Fleischproduktion wurden fortan ökologisch wirtschaftende Bauernhöfe gefördert, und die nichtartgerechte Massentierhaltung wurde Schritt für Schritt verboten. Das erhöhte zwar den Preis von Fleisch, die Mehrkosten ließen sich jedoch durch die verringerten Fleischverzehr ausgleichen.

Fairer Handel

Achtsame Kunden haben den Zusammenhang zwischen Welthandel und globaler Gerechtigkeit im Auge. Ob Kaffee, Tee, Orangensaft, Bananen oder Schokolade – fair gehandelte Lebensmittel schmecken gleich besser, wenn sich mit ihrem Einkauf die Position der kleinen Produzenten in Entwicklungsländern verbessern lässt. Studien haben gezeigt, wie Fairtrade den Lebensstandard der von ihm begünstigten Familien erhöht und die lokale Investitionsfähigkeit stärkt. Derzeit profitieren rund 4,5 Millionen Produzenten und ihre Familien in 45 Ländern vom fairen Handel (▸ Kapitel 17).[11] Seit einigen Jahren spielen auch ökologische Kriterien eine immer größere Rolle. Mittlerweile stammen Produkte mit dem Fairtrade-Siegel überwiegend aus ökologischem Anbau.[12]

Fair gehandelte, pestizidfrei hergestellte Kleidung aus Öko-Baumwolle mit gerechter Entlohnung der Arbeiter und dem Verbot für Kinderarbeit – immer mehr alteingesessene Konzerne wie auch Jungdesigner setzen auf diese Karte. Zahlreiche Marken und auch Fair Trade Fashion Label bieten Kleidung aus fair gehandelter Baumwolle

Blumen aus Kenia

Anfang der 1980er Jahre zogen Blumenzüchter mit ihrer Produktion in den Süden. Kenia war das erste afrikanische Land, in dem die Blumenzucht Erfolg hatte; Ruanda, Uganda, Äthiopien und Tansania folgten. Heute ist Kenia der größte Blumenexporteur der Welt: 40 Prozent der Schnittblumen weltweit stammen aus dem ostafrikanischen Staat, 52 Millionen Tonnen Blumen pro Jahr für die nordamerikanischen, japanischen und europäischen Märkte. Rund ein Drittel geht nach Europa, im Wert von etwa 177 Millionen Euro.[13]

Auch wenn der ertragreiche Export dringend gebrauchte Devisen in die kenianischen Kassen spült, ist der Massenanbau von Blumen nicht unumstritten. Blumen brauchen besonders viel Wasser; gleichzeitig leidet Kenia unter Wassermangel. Schon heute haben drei Millionen Kenianer nicht genug für ihren persönlichen Gebrauch. Wasserministerin Martha Karua befürchtet, dass bis 2025 jedem Einwohner nur noch halb so viel Wasser zur Verfügung steht, was massive Konflikte zwischen Haushalten, Industrie, Viehzüchtern und Ackerbauern erwarten lässt.[14] Das Wasser zur Bewässerung der Blumen im größten Anbaugebiet stammt hauptsächlich aus dem See Naivasha nordwestlich von Nairobi. Er beherbergt nicht nur viele seltene Tierarten, sondern wird auch von den Massai-Nomaden als Tiertränke genutzt. Ihre Existenzgrundlage wird bedroht durch Wasserknappheit und die Verschmutzung durch Dünger und Pflanzenschutzmittel.[15] Auf den Blumenplantagen, in denen zu zwei Dritteln Frauen arbeiten, sind die Arbeitsbedingungen oft nicht menschenwürdig: 16-Stunden-Arbeitstage, Niedrigstlöhne, ein die Gesundheit gefährdender Pestizideinsatz. Dem versucht das »Fair Flower Label Program« abzuhelfen. Wo es gilt, erhalten die Arbeitenden Festverträge, Gewerkschaftsfreiheit, Gesundheitsschutz und Mutterschutz, werden keine hochgiftigen Pestizide benutzt, wird mehr als der Mindestlohn gezahlt und auf Kinderarbeit verzichtet. Jedoch hat sich ihm erst ein kleiner Teil der Blumenfarmen angeschlossen.[16]

Doch sollten achtsame Kunden fair gehandelte Blumen aus Kenia in Anbetracht des klimaschädlichen Transports besser meiden? Einige britische Supermarktketten erwogen, Blumen aus Afrika zu boykottieren, um so Treibhausgase zu reduzieren.[17] Jedoch ergab eine Studie der Crawford

University, dass Rosensträucher in Kenia nur ein Drittel der CO_2-Emissionen verursachen, die in den Niederlanden dafür ausgestoßen würden. Die niederländischen Gewächshäusern verzehren nämlich durch Licht, Wärme und Düngermittel mehr Energie, als durch den Flug von Kenia nach Europa verbraucht wird.[18] Auch aus der Entwicklungsperspektive wird ein Boykott von Luftfrachtwaren kritisiert. Würde Europa aus Klimaschutzgründen Schnittblumen aus entfernten Ländern meiden, stehen schon in Kenia 135 000 Arbeitsplätze auf dem Spiel und die von ihnen abhängigen Familien sind von Armut und Hunger bedroht.[19]

an. So zum Beispiel Newcomer wie fairliebt[20]; doch auch Unternehmen wie C & A[21] und H & M[22] nehmen solche Produkte in ihre Kollektionen auf. Zugleich gibt es schon eine Ethical Fashion Show. Sie wurde 2004 ins Leben gerufen, hatte anfangs wenig Resonanz, doch inzwischen besuchen jedes Jahr 4000 Besucher die Schauräume der 70 Öko-Designer.

Freilich, nicht immer kann der Käufer nachvollziehen, ob und auf welchen Wertschöpfungsstufen ein Produkt solchen Standards Genüge leistet. So gibt es in der EU nur für den Rohstoff Baumwolle ein Zertifikat (Fairtrade Certified Cotton)[23], das sich zudem nur auf die Gewinnung, nicht auf die Verarbeitung bezieht. Eine internationale Arbeitsgruppe ist mit der Entwicklung von Global Organic Textile Standards beschäftigt. Sie sollen alle Produkte aus Naturfasern mit ihren Wertschöpfungsstufen unter Umwelt- und sozialen Aspekten erfassen und Auskunft geben über den Anteil an anorganischem Material, der 30 Prozent nicht überschreiten darf.[24]

»Zuhause – Kein Platz auf der Welt ist wichtiger«, wirbt ein großes Möbelhaus. Und in der Tat verwenden die Menschen viel Sorgfalt für die Gestaltung ihres Heims. Mit eben dieser Sorgfalt will auch der Energie- und Ressourcenaufwand für Haus oder Wohnung bedacht sein. In vielen Fällen entlastet die Sanierung das Portemonnaie und ist zugleich komfortabler und der eigenen Gesundheit zuträglich. Unvermeidbare Neubauten können indes emissionsfrei sein. Umsicht ist gefragt, nicht Anspruchslosigkeit.

Ernüchternd ist freilich der wachsende Wohnflächenbedarf und damit der fortschreitende Flächenverbrauch in Deutschland – 30 Hektar pro Tag allein für Wohnungsneubau. Von 1960 bis heute ist in den alten Bundesländern die Wohnfläche je Einwohner von 15 Quadratmeter auf über 40 Quadratmeter angestiegen. Über knapp 70 Quadratmeter Wohnfläche verfügen im früheren Bundesgebiet allein lebende Menschen im Durchschnitt.[25] Noch folgenreicher ist, dass mit dem erhöhten Flächenbedarf auch der Energiebedarf für Raumwärme stieg. Diese Entwicklung konnte auch die Effizienzverbesserung – der Energiebedarf pro Quadratmeter ging zwischen 1995 und 2005 um gut neun Prozent zurück – nicht auffangen. Da die Wohnfläche im selben Zeitraum um 13 Prozent stieg, erhöhte sich trotz der Einsparerfolge der Energieverbrauch um 2,8 Prozent.[26] Überproportional zugenommen haben Ein- und Zwei-Personen-Haushalte. Meist sind es Alleinlebende oder ältere Ehepaare, deren erwachsene Kinder den Haushalt verlassen haben, die nun in überdimensionierten Wohnungen oder Häusern leben.

Viele Menschen können sich durchaus vorstellen, im Alter die gewohnten vier Wände für eine geeignetere Wohnung zu verlassen. Notwendig ist dafür meist ein Impuls von außen. Ausgangspunkt könnten die Erfahrungen mit Wohnraumtauschbörsen sein. Während allerdings der einfache Wohnungstausch kaum angenommen wurde, bietet der Wechsel in ein Mehrgenerationenprojekt eine attraktive Alternative. Wie bei den Tauschbörsen ist die Ansprache der Zielgruppe in Seniorenbüros, Altenclubs und so weiter erforderlich. In Kooperation könnten etwa Architekturbüros, Stadtverwaltung, Seniorenverbände

Das Klima des Alltags

Gewöhnliche Gesten verbinden jeden unversehens mit dem Kohlenstoff-kreislauf, der die globale Erwärmung bewirkt. Im Alltag von Frau Müller fällt zum Beispiel bei den kleinsten Handlungen ein winziger, aber sich aufsummierender CO_2-Ausstoß an. Sie wacht auf mit Hilfe ihres netzbe-triebenen Radioweckers (CO_2-Ausstoß: 22 g/Tag). Sie schaltet das Licht an (286 g bei 60-Watt/Lampe) und begrüßt in gemütlicher Wärme den Wintertag (10 000 g). Sie putzt sich mit der elektrischen Bürste die Zähne (48 g), duscht (2885 g bei 54 l) und setzt das Teewasser auf (138 g beim Elektroherd). Sie fährt mit dem Auto acht Kilometer zur Arbeit (3600 g Hin und Rück mit 80 PS) und gönnt sich zum Mittag ein schönes Rindersteak (1300 g). Zum Nachtisch gibt es Erdbeeren aus Südafrika (11 670 g, einge-flogen). Wieder daheim, wird Wäsche gewaschen (500–1000 g) und mit der Maschine getrocknet (2300 g), die Geschirrspülmaschine eingeschal-tet (870 g), zehn Minuten Staub gesaugt (100 g) und zum Ausspannen ein Spielfilm angesehen (40 g/h). Das Gerät bleibt wie auch der DVD-Spieler im Standby-Betrieb (150 g). Wenn Frau Müller zu Bett geht, hat sie alles in allem 38 000 g/CO_2 emittiert. Ohne viel in ihrem Leben zu ändern, könnte Frau Müller ihren persönlichen CO_2-Ausstoß auf ein Drittel reduzieren, etwa durch regionales Schweinefleisch, Freilufttrocknen der Wäsche, saisonales Obst und Ökostrom.[27]

Interessierten den entscheidenden Impuls für das Umzugsprojekt ge-ben.

Die solare Warmwasserbereitung rentiert sich schon seit vielen Jah-ren, nicht zuletzt aufgrund staatlicher Förderprogramme. Nicht nur das Duschen und Baden wird durch die Entscheidung für Sonnenwas-ser günstiger, sondern auch der Betrieb von Geschirrspül- und Wasch-maschine. Für verantwortungsvolle Bauherren sind Kollektoren auf Neubauten ebenso eine Selbstverständlichkeit wie eine optimierte Wärmedämmung. Sie kalkulieren die Wirtschaftlichkeit mit Weit-sicht, schließlich wird für den Hauskauf meist eine 30-jährige Kredit-laufzeit veranschlagt. Da Investoren und auch Stadtplaner trotz ihrer Wirtschaftlichkeit eher selten Solarthermie einsetzen, hat es Sinn, ihrer Einsicht nicht nur mit Fördermitteln, sondern auch mit Gesetzen und Verordnungen nachzuhelfen. In Baden-Württemberg müssen ab 2008 Neubauten ein Fünftel ihrer Energie für Heizung und Warmwasser mit erneuerbaren Energien decken. Spanien genehmigt Neubauten nur noch, wenn mindestens ein Drittel der Gesamtenergie erneuerbar gewonnen wird.

In Wohnungsbeständen wird Eigentümern die energetische Sanierung durch das »KfW-CO_2-Gebäudesanierungsprogramm« erleichtert. Mieter sparen, indem sie einen Blick auf den Gebäudepass werfen und auf niedrigen Energieverbrauch achten.

Kaum macht sich der Klimawandel in Deutschland bemerkbar, boomt der Verkauf von Klimaanlagen. Setzt sich dieser Trend fort, werden klimatisierte Wohnungen bald zum Standard. Der Effekt von A++ Kühlgeräten und Energiesparlampen wird dann schnell überkompensiert. Umsichtige Bürger lassen die handlichen kleinen Stromfresser im Regal und erkennen das Paradox: Kühlanlagen beschleunigen die Erderwärmung. Sie sind hierzulande, von wenigen Ausnahmen abgesehen, genauso wenig erforderlich wie vor 15 Jahren. Auch im Auto galt die Klimatisierung noch vor zehn Jahren als unnötiger Luxus; heute mögen viele nicht mehr darauf verzichten. Werden Luxusartikel immer dann für notwendig erklärt, sobald sie finanzierbar sind?

Sorgsame Konsumenten achten beim Kauf von Kühl- und Gefrierschränken, Geschirrspülmaschinen, Waschmaschinen auf sparsamen Verbrauch. Die Europäische Union sollte dafür sorgen, dass umsichtige Käufer in sämtlichen Produktsparten energieeffiziente Geräte einfach erkennen können. Vorhandene Klasseneinteilungen (A–C) sind regelmäßig und in kürzeren Abständen zu aktualisieren. Hilfreich ist auch ein Effizienzwettlauf, in dem die jeweils effizientesten Geräte auf dem Markt nach einigen Jahren allen Anbietern rechtlich vorgegeben werden (► Kapitel 12). Würden alle Haushalte die effizientesten Geräte einsetzen, könnten jährlich über sieben Milliarden Kilowattstunden (etwa 5,8 Prozent des Stromverbrauchs der Haushalte) eingespart werden.[28]

Über Energie- und Rohstoffpreise wird viel geschrieben und diskutiert, doch viele wissen nicht, wieviel Strom oder Gas sie im Jahr verbrauchen und was sie für eine Kilowattstunde bezahlen. Hilfreich

Energiearmut in Deutschland

Immer mehr Menschen auch in Deutschland sind von »Energie- oder Brennstoffarmut« bedroht. Energy Poverty ist in anderen Ländern bereits ein weithin anerkanntes Problem. Im Zuge der weltweit zunehmenden Verknappung der Naturressourcen sind die Energiepreise in den vergangenen Jahren gestiegen und werden weiter steigen. Für viele Haushalte bedeutet auch in Deutschland bereits das gegenwärtige Preisniveau eine enorme Einschränkung. Besonders betroffen sind Menschen in prekären Beschäftigungsverhältnissen, vor allem, wenn sie knapp über der ALG-II-Grenze liegen, denn für Empfänger staatlicher Sozialtransfers übernehmen die öffentlichen Haushalte die Heizkosten. Doch auch die Empfänger dieser Leistungen kommen mit den Heizkosten- und Strompauschalen vielfach nicht aus, zumal die Energiepreiserhöhungen der vergangenen Jahre nicht durch die Anpassung der Regelsätze aufgefangen werden.[29] Jeder fünfte Haushalt in Nordrhein-Westfalen hat Schwierigkeiten, seine Stromrechnung zu bezahlen. Jedem fünfzigsten wurde deshalb im vergangenen Jahr der Strom abgestellt – das sind 59 000 Haushalte allein in Nordrhein-Westfalen, teilte die Verbraucherzentrale NRW anlässlich des Weltverbrauchertages 2008 mit.

Wesentliche Determinanten des Energieverbrauchs privater Haushalte liegen zwar außerhalb ihres individuellen Einflussbereichs, etwa der Zustand des Gebäudes oder die Art der Warmwasserbereitung. Gleichwohl verfügen auch Armutshaushalte über ein beträchtliches verhaltensbedingtes Einsparpotenzial. Der Caritasverband qualifiziert daher in Frankfurt seit Dezember 2006 technisch vorgebildete Langzeitarbeitslose zu Energieberatern. Die Teilnehmer der Ein-Euro-Fünfzig-Maßnahme informieren Frankfurter, die von Sozialhilfe oder Arbeitslosengeld II leben, wie sie ihre monatlichen Kosten für Strom und Wasser im eigenen Haushalt senken können. Die Projektkosten von 190 000 Euro teilen sich das Rhein-Main-Job-Center und das Sozialdezernat. Im Durchschnitt konnten die betreuten 33 Haushalte 142 Euro im Jahr an Strom- und Wasserkosten sparen.

und schon auf dem Markt sind sogenannte »Sparzähler« (Smart Metering).[30] Sie zeigen den aktuellen Verbrauch im Haushalt sekundengenau an und ermöglichen dadurch eine bessere Kontrolle der Stromkosten. Mit Hilfe dieser Daten haben Nutzer den Verbrauch um rund fünf Prozent senken können. Die Daten können über das Internet automatisch an den Versorger übermittelt werden. Zu Hause kann man den Stromverbrauch am Computer verfolgen, auch rückblickend.[31] Damit kann der Energieverbrauch ebenso transparent werden wie heute schon Telefonrechnungen durch den Einzelverbindungsnachweis oder der Benzinverbrauch durch die Kraftstoffverbrauchsanzeige im Auto. Die Anzeige im Internet oder über ein Display in der Wohnung hilft, Stromfresser ausfindig zu machen und erhöht die Bereitschaft, in Energieeffizienz zu investieren.[32]

Finanzieren

Durch die planvolle Finanzierung eines Eigenheims oder einer Mehrfamilienwohnung können achtsame Konsumenten einen wichtigen Beitrag zu einer ökologischen und sozial tragfähigen Entwicklung leisten. Umweltbanken vergeben Kredite nachhaltigkeitsfreundlich, indem sie einen verantwortungsvollen Umgang mit den Zinsgewinnen garantieren. Sie fördern ressourcensparende Baumethoden. Viele Menschen finanzieren über ihre Geldanlagen unwissentlich Produkte und Projekte, die sie aus Umweltgründen ablehnen würden. Wer nur auf die maximale Rendite achtet, beteiligt sich möglicherweise an Rüstungsunternehmen oder unterstützt die Entlassung von Arbeitnehmern aus gesunden Unternehmen. Diesen Widerspruch zwischen ihren ethischen Ansprüchen und der Finanzwirklichkeit wollen immer mehr Bürger überwinden. Sie möchten mit ihrem Geld nicht nur eine gute Rendite erzielen, sondern auch einen Beitrag zu Umweltschutz und Solidarität leisten. Nach einer vom Bundesumweltministerium in Auftrag gegebenen Emnid-Umfrage halten es 84 Prozent der Befragten für wichtig, über die Verwendung der eingezahlten Gelder aus Umweltsicht informiert zu werden.[33]

Zeitfenster 2022 Mein Geld kann mehr als Rendite

»Ich habe mein Depot gestern von meinem Anlageberater zugunsten erneuerbarer Energien und Initiativen gegen Kinderarbeit umschichten lassen«, so oder ähnlich berichten die kleinen und großen Investoren heute stolz ihren Familien, Freunden und Kollegen. Sie möchten mitbestimmen, wem durch ihre Einlagen die Aufnahme eines Kredites ermöglicht wird. Sie können vorab festlegen, ob ökologischer Landbau, Gesundheit, Kultur, Bildung oder artgerechte Tierhaltung Nutznießer sein sollen. Doch auch bei anderen Anlagemöglichkeiten orientieren sich private Kleinanleger wie auch große Finanzinvestoren und millionenschwere Fonds zunehmend nicht mehr nur an Risiko, Rendite und Liquidität, sondern beziehen in ihr Kalkül einen vierten Faktor mit ein: die Nachhaltigkeit.

Nachhaltigkeit als Prinzip der Geldanlage ist heute Standard. Es gibt nur noch wenige Geldanlagen, die gegen wesentliche Nachhaltigkeitskriterien verstoßen. Und dies nicht nur aus ethischen und ökologischen Gründen. Nichtnachhaltige Geldanlagen – insbesondere in Aktien – lohnen sich schlicht nicht mehr. Die Risiken der alten ressourcenintensiven Wirtschaftszweige wurden zu groß und die Zukunftsaussichten zu schlecht, als dass noch jemand viel in diese Unternehmen investieren wollte.

Bereits vor 15 Jahren standen Kunden in Deutschland, Österreich und der Schweiz mehr als 140 nachhaltige Fonds zur Auswahl. Zu Anfang krankte der Markt für nachhaltige Finanzdienstleistungen zu dieser Zeit vor allem an Unwissenheit: Meist wusste weder der Anlageberater noch der Kunde überhaupt von der Existenz dieser Möglichkeiten. Schnell aber erreichte das deutsche Gesamtvolumen dieser Fonds dreistellige Milliardenbeträge und etablierte sich als boomende Branche.

Das beharrliche Interesse von immer mehr Kunden, die gezielte Öffentlichkeitsarbeit der nachhaltigen Unternehmen und Finanzdienstleister sowie überdurchschnittliche Renditen haben den Markt für nachhaltige Geldanlagen aus seiner Nische herausgeholt. Besonders für den Kleinanleger hat sich die Suche nach vertrauenswürdigen Anlagemöglichkeiten seit 2017 stark vereinfacht. Heute gibt es eine standardisierte Berichterstattung zu den wesentlichen Nachhaltigkeitsaspekten sowohl in den Fondsprospekten als auch in den Jahresabschlüssen börsennotierter Unternehmen. Diese beinhalten Angaben zur Personalentwicklung, Klimaschutz, Kundenbeziehungen, der gesamten Zulieferkette, Menschenrechten, Korruption und sozialpolitischem Engagement. So können sich interessierte Anleger schnell ein Bild machen, wie mit ihrem Geld gearbeitet wird.

Selber und gemeinsam machen

Tätigkeiten zu Hause gelten oft dem Ausgleich zur täglichen und allgegenwärtigen Erwerbsarbeit. Kochen, Backen, Basteln, Gärtnern, Programmieren, Designen, Reparieren, Renovieren, kurz: Eigenarbeit kann Freude bereiten, wenn ausreichend Zeit zur Verfügung steht und die Tätigkeit freiwillig geschieht. Eigenarbeit aus der Not heraus, weil der Handwerker zu teuer ist, oder in Hektik kann unzufrieden machen. Vermindert sich der individuelle Anteil an Erwerbsarbeit, wird Potenzial für Eigenarbeit frei und erhöht sich die Chance, ein ausgeglicheneres Arbeitsleben zu führen. Zudem lässt sich ein Teil der Einnahmeausfälle kompensieren, indem man selbst Hand anlegt. Insgesamt macht der heimische Produktionsprozess einen großen Anteil der in einer Gesellschaft notwendigen Arbeit aus (▸ Kapitel 15).[34]

Vieles spricht dafür, die Arbeit zu Hause eher als wertvolle Zeit, denn lästige Pflicht wahrzunehmen. Eigenarbeit verschafft Selbstbewusstsein, weil sie das Gefühl von Unabhängigkeit und Sicherheit vermittelt. Sie ermöglicht viele positive Erfahrungen: tüfteln, lernen, Probleme lösen, Fortschritte machen, unmittelbare Ergebnisverantwortung, kreativ sein und durch die Auseinandersetzung mit Materialien und Techniken.[35] Mögliche Einseitigkeiten, monotone Arbeiten oder die Kopflastigkeit der erwerblichen Arbeit können ausgeglichen werden. Und: Manche Sachen gibt es nicht zu kaufen; ein mit den eigenen Händen hergestelltes Geschenk findet die höchste Anerkennung, denn der Beschenkte spürt sofort: Hier hat jemand kostbare Zeit investiert. Auch Online-Plattformen für Selbstgemachtes können zum Treffpunkt für neue Kreative und alte Bastler werden.

»Ich habe was, was du nicht hast«

Das Projekt » Attribuo« geht auf die Initiative einer Schülergruppe in Borghausen zurück und setzt im Unterschied zu anderen Tauschbörsen im eigenen Quartier an, einer überschaubaren Ein- bis Zweifamilienhaussiedlung mit vielen Gärten und hohem Verleihpotenzial. Das Referat Jugend und Familie, die Stadt Borghausen und das kommunale Abfallwirtschaftsunternehmen unterstützen das Projekt auch aus Gründen der kommunalen Daseinsvorsorge. Zunächst gingen die Jugendlichen von Haustür zu Haustür, informierten die Haushalte über das Vorhaben und inventarisierten bei vorhandener Mitwirkungsbereitschaft verleihbare Haushaltsgeräte. Rasenmäher, Handkreissäge und Mixer wurden fotografiert und – mit einer Kurzbeschreibung versehen – in eine stadtteilspezifische Website gestellt. Die verbreitete Befürchtung, auf möglichen Schäden sitzen zu bleiben, ließ sich entkräften, da eine »Versicherung« – zur Zeit noch vertreten durch den Projektträger – im Zweifelsfall einspringt. Zukünftig soll ein privater Anbieter auf Grundlage von geringen Gebühren für jeden Leihvorgang gewonnen werden.

Es zeigte sich, dass die Beteiligten ihre Gerätschaften überwiegend kostenlos verleihen oder geringe Gebühren verlangen. Auf der Website finden sich erwartungsgemäß diverse Bohrmaschinen, doch auch eher seltene Gerätschaften sind dabei. Sogar eine Parkettschleifmaschine wird zu einer günstigen Tagesgebühr angeboten. Die Hemmschwelle, auf Nachbarn zuzugehen, sank beträchtlich, schließlich muss sich niemand als Bittsteller fühlen. Wie gerufen kommt das Konzept insofern auch für Haushalte mit geringem verfügbaren Einkommen; zugleich bringt es auch mittelbare Nachbarn des Quartiers miteinander ins Gespräch.

Inzwischen sind Nachahmungsprojekte in anderen Stadtteilen und auch in anderen Städten in Planung. Die Erfahrungen aus Borghausen erleichtern die Übertragung. Beispielsweise entfällt die Konzeption einer weiteren Website. Nach drei Jahren Projektlaufzeit gibt es erste Hinweise auf vermiedene Anschaffungen, doch die wissenschaftliche Evaluation ist noch nicht abgeschlossen.

20.3 Auf vier oder zwei Rädern

Auto

Mehr Achtsamkeit und Gelassenheit im Straßenverkehr würde allen Beteiligten gut tun. Das haben die Menschen erkannt und stimmen in klarer Mehrheit einer allgemeinen Geschwindigkeitsbegrenzung zu.[36] »Freie Fahrt für freie Bürger« bedeutet heute, ohne Angst vor Rasern Deutschlands Straßen nutzen zu können. Der sorgsame Umgang im automobilen Miteinander lässt sich durch eine generelle innerörtliche Tempobegrenzung auf 30 Kilometer pro Stunde weiter befördern. Mit zunehmender Geschwindigkeit steigen die Unfälle und die Unfallfolgen, der Energieverbrauch und die Schadstoffemissionen überproportional an. Knapp 80 000 Schwerverletzte werden jährlich in Deutschlands Krankenhäuser eingeliefert.[37] Etwa 20 bis 30 Prozent der Unfallopfer könnten noch leben beziehungsweise gesund sein, die Stickoxid-Emissionen um etwa 23 Prozent gesenkt werden und mindestens elf Prozent des derzeitigen Treibstoffverbrauchs durch ein Tempolimit eingespart werden. Mit Tempo 100 auf Autobahnen kann außerdem der Ausstoß des Treibhausgases CO_2 im Straßenverkehr um rund acht Prozent gesenkt werden.[38] Auch unabhängig vom Tempo lässt sich der Treibstoffverbrauch vermindern. Vorausschauendes Fahren, rechtzeitiges Schalten und eine defensive Fahrweise ermöglichen erhebliche Einsparungen.

Zeitfenster 2022 Schilderwälder abgeholzt

Mit Mannheim-Sandhofen hat 2021 der 1000. deutsche Stadtteil nur noch ein einziges Verkehrsschild: »Hier gibt es keine Schilder.« Das berichtet das Nachrichtenmagazin Spiegel unter Berufung auf eine Erhebung des ADAC. Hintergrund ist die Erkenntnis, dass die immer größere Dichte an Verkehrsschildern die Bürger immer nachlässiger gegenüber unerwarteten Situationen im Stadtverkehr gemacht hat. »Wer das Gefühl hat, inmitten unzähliger Schilder und Ampeln sicher zu sein«, so Verkehrsforscher Guido Wolke (48), »spürt kein Risiko mehr«. Zuletzt hatte in Deutschland durchschnittlich alle 28 Meter ein Verkehrsschild an der Straße gestanden, über 20 Millionen Schilder bundesweit.

Schätzungen besagen, dass mindestens sechs Millionen davon überflüssig sind und den Bürgern das Leben nur unnötig schwer machen.
Der menschliche Alltag scheint dem Verkehr untergeordnet. Laut Ver-
kehrspsychologen werden bis zu 70 Prozent der Verkehrsschilder von
den Autofahrern gar nicht mehr wahrgenommen, weil sie ihre Aufmerksamkeit überfordern.

Daher haben immer mehr Städte und Gemeinden damit begonnen,
den Verkehr stärker in die Lebenswelt der Menschen zu integrieren und
in Versuchsgebieten probehalber ihren Schilderwald abzuholzen. Was
noch vor Jahren eng regulierte Kreuzungen waren, wandeln die Kommunen mehr und mehr in öffentliche Plätze um. Sie gestalten die Straßen
enger, verändern den Belag und flachen Borde, die den Bürgersteig markieren, ab. In den inzwischen 350 schilderlosen Städten deutschlandweit sind alle Verkehrsteilnehmer gleichberechtigt. Sie regeln ihr Vorankommen über Blickkontakt, weil überall »rechts vor links« gilt. Verkehrs-
regeln werden durch soziale Regeln ersetzt.

Das ursprüngliche Konzept dafür stammt aus Holland und geht beinahe 20 Jahre zurück. Der Verkehrsplaner Hans Mondermann hatte dort
eine Vision gemeinsamer Räume (»Shared Space«) entworfen: Städte
ohne Verkehrsschilder, Ampeln, Bordsteine und Fahrbahnmarkierungen.
2005 war seine Idee erstmals im holländischen Drachten verwirklicht
worden. Im Rahmen eines EU-Projektes folgten bis 2011 sieben andere
Städte europaweit, unter ihnen der deutsche Ort Bohmte nahe Osnabrück. Weil von diesen Modellstädten durchgehend positive Signale
ausgegangen waren, richtete die EU ein umfassendes Förderprogramm
ein. Inzwischen haben sich mehr als 800 Städte in Europa dem Vorbild
angeschlossen. Statt weniger, wie von Skeptikern anfangs vermutet,
können tatsächlich mehr Verkehrsteilnehmer pro Stunde die Städte passieren, weil der Verkehr zwar langsamer, aber dafür ohne Ampeln fließt.
Das Stadtbild gewinnt und dank der erhöhten Vorsicht sind die Unfälle
um die Hälfte zurückgegangen. Positiver Nebeneffekt: Schilderarme
Kommunen sparen viel Geld, denn jedes Schild kostet rund 350 Euro
und der Betrieb einer Ampelanlage jährlich etwa 15 000 Euro.

Wollen die Kunden nicht?

Warum können sich hocheffiziente Autos noch nicht am Markt durchsetzen? Gern wird auf das Beispiel des Drei-Liter-Lupo von VW verwiesen. Der Lupo kam 1999 auf den Markt, war mit innovativen Techniken wie elektrohydraulische Kupplung, Schwungnutzautomatik oder Start-Stopp-Funktion ausgestattet und wurde unter Verwendung von Leichtmetallen gebaut. Doch der Verkauf blieb gering, was in der Branche als ein Indiz für ein nur schwach ausgeprägtes Interesse an besonders sparsamen Fahrzeugen bewertet wurde. Tatsächlich richtete sich das Angebot jedoch nur an Idealisten. Der Anschaffungspreis war so hoch, dass eine Amortisation innerhalb der Lebenszeit zu den damaligen Kraftstoffpreisen nur schwer möglich war und sich der Preisvergleich zum konventionellen Fahrzeug gleichen Typs aufdrängte.[39] Der kühle Rechner lässt sich so nicht gewinnen, zumal nicht nur finanzielle, sondern auch funktionelle Einbußen hingenommen werden mussten (Dreitürer, kleiner Kofferraum, wenig Platz im Fond).

Zweifel sind berechtigt, ob die Käufer von Pkw tatsächlich nicht an effizienten Fahrzeugtypen interessiert sind und ausschließlich die Kriterien Fahrspaß, Leistung und Design die Entscheidung bestimmen. Beim Lupo scheint es so, dass der Hersteller nicht ernsthaft an einer Breitenwirkung interessiert war, wurde doch vergleichsweise wenig in Verkaufsanzeigen und Marketing investiert.[40] Man hat gezeigt, dass es geht. Mehr Geld verdienen kann man aber im Premiumsegment mit mächtigen Geländewagen, schnittigen Cabrios und schnellen Sportwagen. Insofern steht der Testfall für ein verbrauchsarmes Auto immer noch aus. Letztlich ist es bei weiter steigenden Benzinpreisen nur eine Frage der Zeit, bis Sparmobile zum Verkaufsschlager werden. Doch so lange muss man nicht warten. Ähnlich wie in China ließe sich der Benzinverbrauch gesetzlich reglementieren, um effizienzorientierter Fahrzeugtechnologie Vorschub zu leisten.

Oder wollen die Produzenten nicht?

In der Automobilproduktion verschlingen die fortlaufenden Verbesserungen von Komfort und Geschwindigkeit soviel Aufwand an Energie und Material, dass die Ökoeffizienz nur wenig erhöht wird. Dies zeigt etwa die Weiterentwicklung des Modells VW Käfer, Baujahr 1955, zum VW New Beetle, Baujahr 2005. Der Käfer leistete 46 PS und hatte eine Höchstgeschwindigkeit von 115 km/h; dafür wurden 760 kg Material (das Gewicht des Fahrzeugs) und 7,5 l/100 km Kraftstoff (der DIN-Verbrauch) aufgewandt. Der New Beetle leistet je nach Ausstattung 75 bis 150 PS mit einer Höchstgeschwindigkeit von 160 bis 200 km/h; dafür werden ein Gewicht von 1200 kg und ein Kraftstoffverbrauch von 7,1 l/100 km aufgewandt.

Im Vergleich der beiden Modelle wurde die PS-Leistung von 100 Prozent auf bis zu 435 Prozent und die Höchstgeschwindigkeit auf bis zu 174 Prozent gesteigert. Dafür musste das Fahrzeuggewicht auf 158 Prozent erhöht werden, wiederum mit der Folge, dass der Kraftstoffverbrauch nur um fünf Prozent sinken konnte. Ohne die Aufstockung der Leistung hätte die fortentwickelte Technik den Käfer zu einem relativ sparsamen Auto machen können. So aber bleibt die Klimabelastung mit rund 200 g CO_2/km viel zu hoch.[41]

Die fatale Macht der Symbole

Die Offroader oder auch Sport Utility Vehicle (SUV) genannten Fahrzeuge sind unter Klima- und Sicherheitsgesichtspunkten eine fatale Modeerscheinung. Wieder einmal ging auf dem Markt die Produktion der Nachfrage voraus. Wer hat sich schon nach den riesigen Spritfressern, nach Geländewagen auf Stadtstraßen gesehnt? Sinnvoll ist der Betrieb eines SUV ja nur im Falle besonderer Zweckmäßigkeit, etwa in einem forstwirtschaftlichen Betrieb. Dennoch witterten die ersten Hersteller Mitte der 1990er Jahre eine Marktlücke und zumindest ein kurzfristiges Alleinstellungsmerkmal. Die imposante Nachfrage zwang dann die Konkurrenz zur Nachahmung, und seitdem erscheint die Minderung der CO_2-Emission im Straßenverkehr weiter erschwert.

Aufwärtsspirale Auto

Neu ist die Entwicklung nicht, aber doch von Jahr zu Jahr frappierender: Die Haushalte werden immer kleiner, während die Autos immer größer werden. 2006 bestanden gerade noch 3,7 Prozent der Haushalte aus fünf oder mehr Personen, dagegen 72,5 Prozent aus maximal zwei Personen. Demgegenüber gehörten lediglich 5 Prozent der neuen Pkw des Jahrgangs 2007 zum Segment der Minis, die in der Regel auch schon über vier Sitzplätze verfügen, dagegen 76,1 Prozent zu den Segmenten ab der Kompaktklasse.

Mit der Sicherung persönlicher Mobilität hat das wenig zu tun, doch es hat Folgen für den Energieverbrauch: Ein größeres und schnelleres Auto heißt – ceteris paribus – auch mehr Masse und Querschnittsfläche, heißt mehr Roll- und Luftwiderstand, heißt mehr Energiebedarf. Und mehr Energiebedarf benötigt einen größeren Motor und Treibstofftank, das bedeutet mehr Masse ... und schon läuft die Aufwärtsspirale. Doch damit nicht genug: Seit vielen Jahren steigt die Leistungsauslegung der Fahrzeuge stärker als deren Größe. Heute erreichen schon 60 Prozent der Neuwagen Höchstgeschwindigkeiten über 180 km/h. So schnell darf man außerhalb Deutschlands fast nirgends unterwegs sein.

Hochgeschwindigkeitsfeste Fahrzeuge brauchen natürlich nicht nur einen starken Motor, sie müssen auch insgesamt zureichend stabil sein, mit aufwendigeren Getrieben, größeren Bremsen, kurzum: mehr Masse ... und die Aufwärtsspirale dreht sich weiter. Sicherlich: Durch verfeinerte Fahrzeugkonzeption, durch teils recht kostenaufwendige Materialwahl, durch Turboaufladung kann man hier in gewissem Umfang gegensteuern, soweit nicht wiederum zusätzliche Ausstattungen diese Erfolge auffressen.

Trotzdem: Für den Normalbetrieb sind die Fahrzeuge immer noch deutlich übermotorisiert, was zusätzlich zu erheblichen Verbrauchserhöhungen beiträgt. Die Effizienz der Motoren nimmt dramatisch ab, je weiter die abgefragte Leistung unter ein Viertel der Höchstleistung abfällt. Deswegen brauchen gerade die leistungsstarken Wunderwerke des gegenwärtigen Automobilbaus nicht nur bei hohen Geschwindigkeiten, sondern auch im Stadtverkehr unverschämt viel Treibstoff, obwohl sie dort allesamt kaum etwas leisten müssen.[42]

Möglicherweise ist nur wenigen klar, was sie mit ihrem 2,5-Tonnen Geländefahrzeug anrichten. Dem Kunden sollte die Information nicht vorenthalten werden, welche ökologischen (hoher Luftwiderstand und hohe CO_2-Emissionen), ökonomischen (hohe Betriebskosten) und sozialen Folgen (erhöhte Verletzungsgefahr von Fußgängern)[43] mit ihrem Betrieb verbunden sind. In der Schweiz gibt es aus diesen Gründen seit Februar 2007 eine Initiative der Jungen Grünen, SUV-Fahrzeugen eine Neuzulassung zu verwehren und bereits zugelassene SUV auf 100 km/h zu beschränken. Und ist es undenkbar, dass eines Tages Werbespots mit dem Hinweis »Die EU-Umweltminister: Dieses Fahrzeug emittiert 180 g CO_2/km. Zum Vergleich: Ein CO_2-armes Fahrzeug dieser Klasse emittiert nur 100 g« versehen werden, ähnlich wie seinerzeit in der Zigarettenwerbung?

Carsharing

Im Durchschnitt wird ein Auto rund 40 Minuten am Tag gefahren, mehr als 23 Stunden steht es ungenutzt herum und blockiert gerade in den Städten wertvolle Flächen. Da scheint es nahe liegend, mit mehreren Personen einen Wagen gemeinsam zu nutzen. Manch einer verkauft sein Auto oder seinen Zweitwagen und ändert sein Mobilitätsverhalten, meist in neuen Lebenssituationen. Was macht Carsharing interessant? Zunächst einmal ist es die finanzielle Ersparnis. Wer sein Auto nur gelegentlich nutzt und maximal 10 000 Kilometer im Jahr fährt, stellt sich mit einem gemeinsam genutzten Pkw besser. Die Nutzer von Carsharing machen eine Vollkostenrechnung. Die Fahrt zum günstigen Supermarkt auf der grünen Wiese macht den Einkauf schnell teurer als gedacht und den Markt in der Nähe konkurrenzfähig. Auch die Reise mit der Bahn ist bei transparenter Kalkulation für ein bis zwei[44] Erwachsene günstiger.[45]

Weiter: Die Fahrer brauchen sich um Steuern, Versicherung, Reparaturen und dergleichen nicht zu kümmern. Neben den Monatskosten zwischen fünf und 25 Euro wird nur dann gezahlt, wenn das Auto tatsächlich genutzt wird, und zwar nach Zeit und Kilometereinheiten. Der Anbieter verwaltet den Fuhrpark, wartet die Fahrzeuge und zahlt die Betankung. Buchen lassen sich verschiedene Fahrzeugtypen vom

Smart über einen Kombi bis zum Transporter rasch per Telefon oder Internet. Die Verwahrung des Fahrzeugschlüssels im Tresor oder die Dokumentierung der Fahrten per Hand ist in vielen Carsharing-Betrieben durch ein System von Chipkarten abgelöst worden. Diese halten die Nutzer vor die Windschutzscheibe, und schon kann die Fahrt losgehen. Für Bahnreisende ideal: Wer Mitglied einer Nutzergemeinschaft ist, dem stehen auch die Angebote in anderen Städten zur Verfügung.

Carsharing ist eine Reform von unten, und langsam verlässt es sein Nischendasein. Im Mai 2007 wurde der hunderttausendste Kunde in Deutschland begrüßt. In vielen Städten verliert Carsharing den Charakter eines zivilgesellschaftlichen Selbsthilfeprojektes der Ökobewegung und wird ein professionelles Unternehmen. Dann konkurrieren verschiedene Anbieter um neue Kunden. Schätzungen zufolge könnten mit einem erweiterten Carsharing-Angebot zwischen 1,5 und zwei Millionen Kunden gewonnen werden.[46] Spürbaren Rückenwind wird das Konzept erhalten, sobald Kommunen auch eigene Stellplätze für Carsharing-Fahrzeuge im öffentlichen Raum ausweisen dürfen – eine entsprechende Initiative zur Änderung der Straßenverkehrsordnung ist eingeleitet. Damit erhielte die Branche ein ähnliches Sonderrecht wie Taxen, denen Kommunen Halteplätze bereitstellen. Vor allem in Innenstädten, wo Parkraum knapp und teuer ist, könnten neue Nutzer für das umweltfreundliche Carsharing gewonnen werden.

Fahrrad

Wie in den meisten Industrieländern stimmt auch in Deutschland die Balance zwischen Ernährung und Bewegung nicht mehr. Sitzende berufliche Tätigkeiten, viele Stunden vor Fernseher oder Computer vertragen sich nicht mit fettreichen Ernährungsgewohnheiten. Viele Wege – auch Kurzstrecken – werden inzwischen mit dem Auto zurückgelegt. Menschen ohne eigenes Auto werden von den einen bestaunt und von den anderen bemitleidet. Wenn es nicht gerade Fahrradstädte wie Münster oder Oldenburg sind, haben Radfahrer im Straßenverkehr vielerorts Seltenheitswert. Wegstrecken zwischen zwei und vier Kilometern scheinen per Rad kaum akzeptabel. Hügel werden als Berge wahrgenommen, Regen gilt vielen als Ausschlussfaktor für die Zweiradnutzung. Solche Einstellungen und Gewohnheiten fördern nicht nur den Bewegungsmangel, sondern erhöhen auch Verkehrsaufkommen und Energieverbrauch. Etwas unorthodox mag es wirken, beiden Problemen durch Bewegungskampagnen entgegenzuwirken.

Aufmerksame Menschen erkennen schon beim Blick auf einen Supermarktparkplatz ein Kernproblem der automobilen Fortbewegung: Rund 1,5 Tonnen Material werden bewegt, um eine Person mit ihrem wenige Kilogramm schweren Einkauf zu transportieren. Gelegentlich ist noch ein Kind an Bord. Diesen Aberwitz kann umsichtsvoll vermeiden, wer Kind und Einkauf auf kurzen Strecken sportlich und ökologisch-wirtschaftlich sinnvoller mit dem Rad transportiert, beispielsweise im Anhänger; schwere Transporte wie Getränke werden dem Lieferanten überlassen. Statt mit dem Auto zum Fitnesscenter zu fahren, um sich dort auf einen Fahrradtrainer zu setzen, können durch die Bewältigung der täglichen Wege zur Arbeit, zum Einkauf oder zu Freunden mit dem Fahrrad Energiesparen und Bewegung miteinander verbunden werden. Gesundheitsfördernd wirkt sich zudem die Bewegung an der frischen Luft aus. Dänemark hat seinen Bürgern im Rahmen einer Gesundheitskampagne nahe gelegt, täglich eine Stunde spazieren zu gehen. Beispielsweise wird den Fahrgästen in den Bussen des ÖPNV vorgeschlagen, gelegentlich eine Station früher auszusteigen und den Rest zu Fuß zurückzulegen.[47] In Dänemark und den Niederlanden steht auch das Fahrrad höher im Kurs. Dort radeln die Bürger rund 1000 Kilometer im Jahr. Die Deutschen kommen auf lediglich 300 Kilometer. Würden sie etwas bewegungsfreudiger sein, ließe sich der CO_2-Ausstoß in nennenswertem Umfang reduzieren. Würden nur 30 Prozent der Pkw-Fahrten bis sechs Kilometer mit dem Fahrrad zurückgelegt, könnte damit jährlich bundesweit der Ausstoß von CO_2 um über 6,6 Millionen Tonnen reduziert werden.[48]

Städte wie Troisdorf, Münster oder Freiburg haben gezeigt, dass sich Radfahrer durch eine gezielte Verkehrspolitik sicherer und gleichberechtigter im Straßenverkehr bewegen können. In Troisdorf haben sich durch die Förderung der Fahrradnutzung die Pkw-Fahrten um zehn Prozent verringert. Auf Gesamtdeutschland hochgerechnet er-

Radfahren ist Geld wert

Neuere Studien aus Skandinavien zeigen, dass sich die positiven Gesundheitseffekte des Radfahrens auch quantifizieren lassen. Nach einer sorgfältigen Schätzung bringt Radfahren einen Netto-Gesundheitsnutzen von 0,15 Euro pro Kilometer. Ein finnisches Verkehrsplanungshandbuch beziffert den Gesundheitszuwachs durch jeden neuen Fahrradnutzer mit 1200 Euro pro Jahr. Erstmals wird hier der Gesundheitsnutzen des Radfahrens in eine offizielle Veröffentlichung von Kosten-Nutzen-Analysen für Verkehrsprojekte einbezogen.

Die finnische Bewertung stützt ihre Berechnungen auf eine norwegische Kosten-Nutzen-Analyse. Drei Städte in Norwegen hatten sie nach der Errichtung von Rad- und Gehwegen in ihren Kommunen durchgeführt. Die Studie kommt zu dem Schluss, dass die analysierten Projekte ein deutlich besseres Kosten-Nutzen-Verhältnis aufweisen als herkömmliche Straßenbauprojekte. Diese Ergebnisse nahmen die Norweger als wichtigstes Argument für einen wegweisenden Fahrradplan. Dieser ist integraler Bestandteil des norwegischen Verkehrsplans für die Dekade 2006 bis 2015. Bis dahin plant die Regierung, mehr als 300 Millionen Euro in die Fahrradinfrastruktur zu investieren – nicht wenig für ein Land mit nur 4,6 Millionen Einwohnern.[49]

gäbe dies ein Einsparpotenzial von rund drei Millionen Tonnen CO_2 pro Jahr. Als Klimaschützer kommt das Fahrrad in der öffentlichen Debatte jedoch kaum vor.[50]

Auch Busse und Bahnen sind oft zu Fuß oder mit dem Rad zu erreichen. Zugleich sinken die Ausgaben für die Pkw-Fortbewegung. Denjenigen, die über Zeitmangel klagen, lässt sich entgegenhalten, dass viele Nahziele von bis zu fünf Kilometern in der Stadt annähernd so schnell mit dem Rad erreicht werden können wie mit dem Auto, da Staus und Parkplatzsuche entfallen. Zudem kann man mit dem Rad direkt vor die Tür des Geschäfts fahren. Darüber hinaus müsste auch die Zeit angerechnet werden, die für den Erwerb (Erwerbsarbeitsstunden für die Erwirtschaftung der finanziellen Mittel) des Pkw sowie dessen Unterhaltung benötigt wird.[51]

Achtsamkeit kann im Alltag viele Ausdrucksformen finden, genau betrachtet läuft sie aber auf einen Lebensstil hinaus, der den Übergang vom Verbrauch zum Gebrauch vollzieht.[52] Die Definition des modernen Subjekts als Verbraucher ist ja vielsagend; vom Verbrauch zu sprechen, leistet der Illusion Vorschub, dass Produkte nach ihrer Verwendung ohne Spuren ins Nichts verschwinden. Dagegen braucht es nicht viel an ökologischer Alphabetisierung, um zu verstehen, dass jeder Konsument eigentlich ein Gebraucher von Stoffen und Energien ist, die vor ihrer Produktform in der Umwelt existiert haben und danach wieder an die Umwelt zurückgehen – zu oft freilich in einer nicht mehr nutzbaren Form. Wenn vor dem Handeln eine Stufe der Reflexion dazwischengeschaltet wird, die sich auf die Vor- und Nachgeschichte der Dinge besinnt, stellt sich fast von selbst ein achtsamer Gebrauch ein.

Rechtes Maß

Ein achtsamer Gebrauch der Dinge empfiehlt sich nicht nur um der Ressourcen, sondern auch um des eigenen Selbst willen. Konsum ist ja kein Selbstzweck, sondern soll die Voraussetzung für ein gelingendes Leben schaffen. Nimmt man diesen Blickwinkel ein, dann rückt neben das Motiv der Achtsamkeit für Ökologie und Fairness die Sorge für einen selbst. Wo es um persönliche Erfüllung geht, muss eher vom Weniger-Konsumieren als vom Anders-Konsumieren die Rede sein (▸ Kapitel 8). Nur noch für eine Minderheit steht – was vormals für die Mehrheit galt – der Mangel an Geld oder gar der Mangel an Nahrung im Mittelpunkt der persönlichen Unruhe. Die meisten haben vielmehr mit Überfluss und Überforderung zu kämpfen. Sie ächzen unter der Qual der Wahl und nicht unter dem Elend der Mittellosigkeit. In der »Multi-Optionsgesellschaft«[53] sind für jeden Bedarf ungleich mehr Produkte und Dienste im Angebot als der Einzelne zu überblicken, geschweige denn zu erwerben vermag. Deshalb hängt, mehr als je zuvor in der Geschichte der Waren, die Ausbildung der persönlichen Identität an der Fähigkeit, auswählen zu können. Ohne mir Rechenschaft darüber zu geben, woher ich komme und wohin ich möchte, also ohne

Absichten und Prioritäten, werde ich der Vielzahl von Wahlmöglichkeiten kaum gewachsen sein.

Auch gibt es keine Wahl ohne Abwahl – gerade in einer Zeit, die überfließt von verlockenden Möglichkeiten. Wahrscheinlich ist die Vervielfachung von Wahlsituationen der Grund dafür, dass allenthalben die Nachfrage nach Orientierung, ja nach Lebenskunst zunimmt. In jedem Fall aber erweist sich in einer Gesellschaft überbordender Möglichkeiten die Fähigkeit, Nein sagen zu können, als Herzstück gelingender Lebensführung. Vor diesem Hintergrund ist es nicht verwunderlich, dass zuviel Auswahl sogar demotivierend sein kann.

Zeitwohlstand

Jahr für Jahr werden die Deutschen im Durchschnitt reicher und wohlhabender, arbeiten sie effektiver und effizienter, und benötigen zur Produktion von Autos, Waschmaschinen, Lebensmitteln und Häusern immer weniger. Dennoch reduzieren nur wenige ihre Arbeitszeit. Wo man hinschaut, begegnen einem Stress, 14-Stunden-Tage, Doppel-Jobs, Hektik, überbuchte Wochenenden, kurz: Zeitarmut. Offenbar arbeiten viele Menschen viel zu lange, während gleichzeitig andere Menschen von der Beteiligung an Erwerbsarbeit und vom Erwerbsarbeitseinkommen ausgeschlossen sind. Es ist an der Zeit, dass Produktivitätsgewinne häufiger auch in Zeitgewinne und nicht nur in Produktionsausweitung umgesetzt werden (► Kapitel 15). Für nicht wenige der Bessergestellten gilt, dass eher ein Zuwachs an freier Zeit als ein Zuwachs an Kaufkraft ihre Lebensqualität erhöht.

Eine Bewegung, die sich einem erfüllten Leben mehr verbunden fühlt als der Karriere und dem materiellen Konsum, sind die sogenannten Downshifter – sie schalten einen Gang herunter. Sie haben erkannt, dass die Mehrung des materiellen Wohlstands nicht glücklicher macht, dass man zum guten Leben vor allem eines benötigt: frei verfügbare Zeit. Wer auf das neueste Handy, den aktuellen Plasmafernseher oder den letzten Geländewagen aus ist, hat wahrscheinlich nicht an Zufriedenheit gewonnen, aber eine Menge an Zeit verloren – die er für das zusätzliche Einkommen aufwenden muss.

Zeitwohlstand ist allerdings kein spontan positives Erlebnis, sondern ein Lernprozess der Wertschätzung. Wer plötzlich seine Arbeitszeit von 40 auf 30 oder 20 Stunden in der Woche reduziert, gewinnt möglicherweise den Eindruck, dass für die freie Zeit nicht mehr genügend Geld zur Verfügung steht. Das konsumlose Freizeiterlebnis gilt es ebenso zu erlernen wie die Wertschätzung kürzerer Erwerbsarbeitszeiten.

Menschen in prekären Beschäftigungsverhältnissen, die gerade genug Einkünfte abwerfen, um das Überleben zu sichern, werden in der reduzierten Arbeitszeit keine Perspektive sehen. Alleinerziehende benötigen dringend mehr freie Zeit für ihre Kinder, verfügen aber eher selten dafür über den finanziellen Spielraum. Ebenfalls lösen befristete Arbeitsverträge Unsicherheit aus und mindern die Bereitschaft zum Downshifting. Möglicherweise können sich nur Besserverdienende mehr Ruhe gönnen. Eine zukunftsfähige Arbeits- und Zeitpolitik wird daher dem Trend entgegenwirken, dass die Zahl der unsicheren beziehungsweise nicht auskömmlichen Arbeitsverhältnisse weiter zunimmt. Sinnvoll erscheint, dass Spitzenverdiener Arbeitszeit, Einkommen und damit wahrscheinlich auch ihren individuellen Ressourcenverbrauch reduzieren, während Mindestlohn und negative Einkommensteuer auch für Geringverdiener die Chance auf pflichtenfreie Zeit einräumen.

Innere Unabhängigkeit

Es gibt viele Bücher über nachhaltige Lebensstile. Sie erzählen davon, warum weniger zufrieden macht[55] und wie man ohne Geld reich wird.[56] Sie zeigen, was bereits jeder weiß: Geld allein macht nicht glücklich, und viel Geld nicht glücklicher. Es stellt sich nämlich immer wieder heraus, dass Lebenszufriedenheit, außer für eine kurze Zeitspanne, nicht von äußeren glücklichen Umständen herrührt, sondern von einer inneren Haltung. Gewiss, ein Gewinn im Lotto gibt Anlass zu momentanem Hochgefühl, doch über die Zeit zeigen sich solche Glückspilze nicht zufriedener als gewöhnliche Leute.[57]

Dem entsprechen auch Forschungsergebnisse, die deutlich machen, dass Menschen mit einer auf Außenwirkung bedachten Lebensorientierung, die etwa nach Reichtum, Ruhm oder Attraktivität streben, weniger Chancen auf Lebenszufriedenheit haben als jene, die auf die Pflege sozialer Beziehungen und die Vertiefung ihrer persönlichen Projekte setzen. Persönliche Pläne, Vorlieben und Ambitionen auszubilden, ist aufs Ganze gesehen wichtiger für das eigene Wohlbefinden als die Summe der Gratifikationen von außen, sei es Geld, Applaus oder Bewunderung. Gewiss, für den Moment fühlt man sich gut, wenn man derlei Belohnungen einstreichen kann, aber auf längere Sicht geben sie keine rechte Basis für Zufriedenheit ab. Dafür sind sie zu ungewiss und zu flüchtig, und zwar vor allem, wenn sie wenig mit der eigenen Leistung zu tun haben. Ungleich wichtiger für Zufriedenheit ist dagegen die Fähigkeit, sich Ziele zu stecken, sich für sie zu verausgaben und sie schließlich zu erreichen. Früchte der Anstrengung ernten zu können, das schafft ein Gefühl der Zufriedenheit. Deshalb trainiert so mancher für einen Marathonlauf, richtet seinen Garten oder malt Bilder. Schließlich ist es kaum ein Zufall, dass im Deutschen das Hauptwort »Glück« eng mit dem Verb »glücken« zusammenhängt: Erst wenn Wollen und Können zusammenfallen, stellt sich das Gefühl des Gelingens ein.

Diese Befunde korrespondieren in erstaunlicher Weise mit der Skepsis vieler Glückslehren seit der Antike gegenüber Reichtum und Ruhm. Für sie hat Glück weniger mit der Fähigkeit zu tun, zu bekommen, was man will, sondern zu wollen, was man haben kann. Diese

Zurückhaltung rührt vom Interesse an Unabhängigkeit. Denn das Glück kann man auf zweierlei Weise zu erlangen suchen: über die Maximierung der Befriedigung oder über die Minimierung der Bedürfnisse. Immer handelt es sich um einen Balanceakt, nämlich darum, die eigenen Ziele mit den eigenen Mitteln in Übereinstimmung zu bringen. Exzessives Wollen macht ebenso unglücklich wie fehlendes Können. Deshalb ist es nur vernünftig, sich um mehr Mittel – also Geld oder Macht – zu bemühen, wenn auch gleichzeitig nur Ziele ins Auge gefasst werden, die den eigenen Mitteln entsprechen. Aus diesem Grund sehen die klassischen Glückslehren in der behutsamen Zurückhaltung bei den Bedürfnissen den kürzesten und sichersten Weg zum Glück. Er liegt in der eigenen Macht und bedeutet einen Gewinn an Unabhängigkeit. Erst wenn man auch imstande ist, weniger zu wollen, kann man Herr über die eigenen Bedürfnisse bleiben. Wer möchte da nicht einen Fingerzeig auch für die Konsumgesellschaft entdecken? Es klingt paradox, aber ein Schuß Genügsamkeit ist die Grundlage der Freiheit. Auch in der Lebensführung stößt man immer wieder auf die wundersame Verwandtschaft von Reduktion und Perfektion, über die der schriftstellernde Berufspilot – seine Selbstbeschreibung – Antoine de Saint-Exupéry in seinem Buch »Terre des Hommes« gesagt hat: »Perfektion ist nicht dann erreicht, wenn man nichts mehr hinzufügen, sondern dann, wenn man nichts mehr wegnehmen kann.«

Anmerkungen

1 Schmid (2000), S. 426
2 www.energieportal24.de (30. Juli 2007)
3 Der Begriff wurde geprägt von www.utopia.de
4 Agrarmarkt und Ernährung (19. Februar 2007)
5 Hayn (2007)
6 FAO (2006), S. XXI
7 Eberle et al. (2007), S. 105
8 Deutsche Gesellschaft für Ernährung e. V. (2004)
9 Deutscher Fleischerverband (2007)
10 Busch, R. 2008; Grenz et al. (2007)
11 www.fair-feels-good.de (20. Mai 2008)
12 www.transfair.org (20. Mai 2008)
13 Rundell (2007), S. 14; Eveleens (2007)
14 Sachs/Santarius (2006), S. 110–111; www.menschen-recht-wasser.de/ wasser-krise (9. Januar 2008)
15 Sachs/Santarius (2006), S. 110–111
16 Netz (2005)
17 Eveleens (2007)
18 Williams (2007), S. 1–3
19 Müller (2007)
20 www.fairliebt.com
21 www.cunda.de
22 www.hm.com/de
23 www.fta.org.au/FLO/FT_cotton
24 www.global-standard.org
25 UBA (2006)

26 www.destatis.de

27 Vgl. Nadeschda Scharfenberg, Süddeutsche Zeitung vom 10. März 2007,
Deutsche Energie-Agentur (www.
stromeffizienz.de), BUND, Bayerisches
Umweltministerium, Münchner Ver-
kehrsgesellschaft, Volkswagen, Kettler;
beim Stromverbrauch wird ein Durch-
schnitts-Haushalt angenommen, bei
dessen Energiemix jede Kilowattstunde
Strom mit 530 g Kohlendioxid belastet ist. Dieser Wert lässt sich durch die
Verwendung von Ökostrom verringern.

28 UBA (2006)

29 Dünnhoff et al. (2006)

30 Art. 13 Abs. 1 der EU-Energieeffizienz-
richtlinie

31 Vgl. Handelsblatt, 18. April 2007

32 Luhmann (2007)

33 BMU (2001): Pressearchiv 004/01
(17. Januar 2001); Berlin

34 Pinl (2004): Laut Zeitbudgetstudien
des Statistischen Bundesamtes dau-
erte die unbezahlte Arbeit in Haushalten in Deutschland 2001 mit 96 Milliarden Stunden fast doppelt so lang,
wie mit Erwerbsarbeit verbrachte Zeit
der Haushaltsmitglieder (56 Milliarden Stunden). Mehr als 60 Prozent der
gesamtgesellschaftlichen Arbeit besteht gegenwärtig aus Haus-, Familien-
und ähnlicher Gratisarbeit; Baier et al.
(2007), S. 203

35 Baier et al. (2007), S. 204

36 Laut Forsa-Umfrage für den stern sind
60 Prozent von 1001 Befragten für
eine Geschwindigkeitsbegrenzung
(stern 07/2007)

37 Statistisches Bundesamt (2007)

38 www.umweltlexikon-online.de
(Stand 14. Februar 2007)

39 Bei 10 000 km Fahrleistung nach etwa
13 Jahren

40 Resch, Jürgen (2007); www.mdr.de/echt/
(3. September 2007)

41 Linz/Luhmann (2006)

42 Schallaböck (2007); Schallaböck (2008)

43 Allenbach (2005)

44 Abhängig von den möglichen Ermäßi-
gungen

45 Auch auf der Website www.geldsparen.
de wird mit dem Motto »geteiltes Auto
ist billiges Auto« für Carsharing ge-
worben.

46 Loose et al. (2004)

47 Norgard (2005)

48 Vgl. Umweltbundesamt:
CO_2-Minderung im Verkehr, S. 16

49 Fairkehr 2005, Nr. 3

50 ADFC-Pressemitteilung vom 5. Juni
2007

51 Norgard (2005)

52 Schmid (2000), S. 432

53 Gross (1994)

54 Berichtet bei Schwartz (2006)

55 Schwartz, Barry (2006)

56 Schönburg, Alexander von (2005)

57 Zusammenfassend auch für das Folgende: Hamilton (2004), S. 33–35

21 Ausblick

Wie kann geschehen, was geschehen muss? Zunächst einmal ist
festzuhalten: Der Wandel ist schon im Gange. Er wartet nicht auf
Regierungsbeschlüsse und EU-Richtlinien, er greift Platz durch große
und kleine Initiativen vielerorts in der Gesellschaft. Gewiss, die Mehrheit der Gesellschaft ist daran noch nicht beteiligt. Aber Geschichte
ist selten von Mehrheiten gemacht worden. Der Beitrag der Gruppen
und Organisationen der Zivilgesellschaft zur notwendigen Veränderung ist, wie dieses Buch zeigt, konstitutiv. Zwar haben Minderheiten
nicht die Macht, aber sie haben Einfluss. Sie reagieren früh auf sich
anbahnende Umbrüche, sie verkörpern neue Sensibilitäten, sie bringen dringende Forderungen zur Sprache und realisieren neue Lösungen. So hat in den letzten Jahrzehnten quer über den Globus eine »Bewegung ohne Namen« (Paul Hawken) Aufschwung genommen, vom
Biolandbau zum Fairhandel, von Null-Energie-Häusern zur Solarin-
dustrie, von Stadtteil-Initiativen zu globalen Forschungsnetzwerken.
Die Bewegung ohne Namen hat keinen Kopf und kein Zentrum, aber
sie ist vielgestaltig und global. Umweltschutz, soziale Gerechtigkeit
und – außerhalb Europas – die Rechte indigener Völker sind allenthalben ihre Leitmotive, und bei aller Verschiedenheit vereint sie ein
Grundgedanke: Die Rechte der Menschen und das Lebensnetz der Natur sind wichtiger als Güter und Geld.

Es ist kein Zufall, dass für diese Neue Internationale weder die Si-
chel noch der Hammer als Symbol in Frage kommen, sondern allenfalls das Internet. Im Gegensatz zu Bauern- oder Arbeiterbewegungen
rührt ihre Stärke weniger von der Mobilisierung der Massen, sondern
von den besseren Lösungen. Worauf es ankommt, ist Überzeugungskraft und Vernetzung quer durch die Gesellschaft, die Manifestation
auf der Straße kommt vor allem ins Spiel, wenn es gilt, Widerstand ge-

gen falsche Lösungen zu leisten. Der Konflikt um Zukunftsfähigkeit ist, wenigstens in den wohlhabenden Ländern, nicht klassenbildend, das heißt, die Auseinandersetzungen laufen nicht entlang der Grenzen von Klassen oder Institutionen, sondern durch sie hindurch. Er wird innerhalb der Firmen, Kirchen, Parteien, Verwaltungen ausgetragen und nicht zwischen ihnen, und es ist die Allianz von gleichgesinnten Minderheiten, die quer zu ihren jeweiligen Parteien, Institutionen, Nationen zusammenarbeiten, welche den Wandel voranschieben. Die Neue Internationale operiert mehr durch die Verbreitung konkreter Utopien als durch die Zusammenballung von Kräften; in ihrer Wirkungsweise folgt sie dem epidemiologischen Modell der Ansteckung und nicht dem mechanistischen der Kräftekonzentration.

Das kann auch nicht anders sein, steht doch vor allem ein Zivilisationswandel und nicht einfach ein Machtwechsel an. Aber die Vernetzung der Minderheiten allein bringt einen solchen Wandel nicht zum Durchbruch, dazu treten externe Krisen wie Ölknappheit, Sturmkatastrophen oder explodierende Nahrungsmittelpreise. Not macht auch hier erfinderisch: Zwangslagen können Antworten, die bislang nur an den Rändern der Gesellschaft praktiziert wurden, mit einem Mal überlebenswichtig werden lassen. Ohne die Windradbastler der 1970er Jahre stünde heute keine Windkraftindustrie bereit, ohne die frühen Ökobauern gäbe es heute keine Landwirtschaft, welche sowohl der Ernährungskrise als auch der Naturzerstörung Paroli bieten könnte. Manche Option, die zunächst von Minderheiten ausprobiert und praktiziert wurde, ist allmählich oder schubweise in den »mainstream« der Gesellschaft gerückt. Minderheiten sind oft Pioniere des Wandels, doch wenn die breite Gesellschaft davon profitieren soll, ist es an der Politik, zum Garant dieses Wandels zu werden.

Schritte zu einer solar-effizienten Wirtschaft

Dank der Umweltbewegung ist Deutschland – was man beileibe nicht von allen Industrieländern sagen kann – nicht schlecht für den Übergang zu einer solaren Effizienzwirtschaft bis zur Mitte des Jahrhunderts gerüstet. Eine solche Wirtschaft wird das Kunststück fertig bringen müssen, mit etwa 2000 Watt pro Person im Jahresdurchschnitt ein gedeihliches Leben für die Bürger zu ermöglichen. Da die heute abgefragte Leistung bei über 6500 Watt liegt, muss das verfügbare Heer der Energiesklaven um etwa zwei Drittel schrumpfen (▸ Kapitel 5), anders lässt sich der Energiebedarf nicht mit dem Erhalt der Ökosysteme vereinbaren. Und gleichzeitig steht auf breiter Front der Wechsel zu erneuerbaren Energiequellen an, um für die Bedürfnisse der Gesellschaft nach Raumwärme, Antriebskraft und Treibstoff aus dem fortlaufenden Einkommen der Sonne zu decken.

Eine 2000-Watt-Gesellschaft auf solarer Basis ist technisch möglich – realisiert werden kann sie nur durch Akte der Politik. Natürlich ist es richtig und wichtig, das eigene Verhalten den gewonnenen Einsichten anzugleichen, als Verbraucher einen maßvollen Lebensstil zu praktizieren (▸ Kapitel 20) oder als Produzent auch in sozialer und ökologischer Verantwortung zu investieren (▸ Kapitel 17). Aber allein bewirkt das nicht genug. Es bedarf auch institutioneller Leitplanken und systemischer Sperren. Deshalb sind die politischen Akteure wie kaum jemals zuvor aufgerufen, das Allgemeininteresse an Leben und Überleben gegen die Partikularinteressen an Komfort und Profit zur Geltung zu bringen (▸ Kapitel 13). Die Politik braucht ein neues Selbstbewusstsein, verbunden mit größerer Unabhängigkeit des Staates von der Industrie. Da ist insbesondere ein Schnitt gegenüber einer Wirtschaftslobby fällig, die darauf spezialisiert ist, den Widerstand gegen Renditeverlust und Kaufkrafteinbuße zu organisieren, auch ohne Rücksicht auf zukünftige Generationen oder ferne Mitbürger auf dem Globus.

Um die Richtung auf eine solareffiziente Wirtschaft hin einzuschlagen, sind die anstehenden Schritte klar erkennbar:

In der Energiepolitik führt zunächst nichts an konsequenten Einsparstrategien vorbei, insbesondere über Gebäudesanierung, Modernisierung von Industrieanlagen und Innovationen bei Geräten (▸ Kapitel 12). Sodann stehen sowohl die Dekarbonisierung der Energieträger als auch eine weitgehende Dezentralisierung der Energieproduktion auf der Tagesordnung (▸ Kapitel 11). Das bedeutet vor allem den intensiven Ausbau der erneuerbaren Energien sowie eine kapillare Produktionsstruktur, einschließlich der großflächigen Nutzung der Kraft-Wärme-Kopplung in Kleinkraftwerken und Nahwärmenetzen. Und da bei solarvernetzter Struktur der Energieerzeugung die Strom- und Gasnetze für eine Vielzahl von Kleinproduzenten zugänglich sein müssen, gehören sie als ein natürliches Monopol in die öffentliche Hand.

Im Verkehr, dem Sorgenkind aller Material- und Energiesparer, geht es um scharf herabgesetzte Verbrauchsstandards, die notfalls auch gegen den Widerstand der Autolobby, zu der neben der Industrie auch ein Gutteil der Autofahrer gehören, eingeführt werden. Leistung und Geschwindigkeit der Kraftwagen können nur noch deutlich bescheidenere Ansprüche erfüllen. Die öffentlichen Verkehrssysteme erhalten wieder Vorrang und werden strategisch ausgebaut. Im Luftverkehr wird neben einer substanziellen Kerosinsteuer eine Deckelung der Zahl der Starts und Landungen unumgänglich (▸ Kapitel 8).

Für die Landwirtschaft ist der Rückzug aus der energieintensiven Bewirtschaftung der Felder überfällig. Ökologische Landwirtschaft, die auf Mineraldünger und Pestizide verzichtet und damit der Gesundheit von Böden, Gewässern und biologischer Vielfalt gut tut, wird so gefördert, dass sie in wenigen Jahrzehnten die Intensivbewirtschaftung ablöst (▸ Kapitel 14). Ölknappheit und Klimachaos verlangen, was von der Gesundheit der Menschen und Natur her schon lange gefordert ist: den Übergang zu einer regenerativen Land- und Viehwirtschaft.

Allerdings ist nicht aus den Augen zu verlieren, dass ein konsequenter Kurswechsel zuallererst verlangt, die falschen Lösungen zu verhindern. Ganz im alten Geist der Angebotsexpansion werden derzeit neben der Atomenergie vor allem Kohlekraftwerke und Agrotreibstoffe aus Übersee zur Lösung ins Feld geführt. Doch diese Optionen laufen darauf hinaus, den Teufel mit Beelzebub auszutreiben. Sie produzieren mehr neue Probleme als sie alte lösen, aber vor allem blockieren sie den Umstieg auf eine solarvernetzte Struktur der Energieversorgung (▸ Kapitel 2).

Schritte zu einer öko-fairen Weltwirtschaft

Europa ist in seiner kosmopolitischen Verantwortung seltsam gespalten. Was den Erhalt der Biosphäre angeht, ist es ein Vorreiter und versteht sich als Anwalt ökologischer Kooperation und sozialen Ausgleichs. Was jedoch die gerechtere Gestaltung der weltwirtschaftlichen

Beziehungen angeht, tritt Europa eher als Bremser hervor und präsentiert sich als Vollstrecker der Freihandelsphilosophie, die auf weltweite Konkurrenz und Sieg der Stärkeren setzt. Doch Zukunftsfähigkeit ist nicht ohne Achtung der Existenzrechte der Armen und Machtlosen auf dem Globus zu haben, und diese Achtung lässt sich nicht anders realisieren, als auch in der Handelspolitik der Priorität für die Armen zum Durchbruch zu verhelfen. Menschenrechtsverträglichkeit und Umweltverträglichkeit sind als normative Grundlage für internationale Austauschbeziehungen durchzusetzen (► Kapitel 17), andernfalls wird die Globalisierung die Welt in einen Abwärtsstrudel ziehen.

Das ist eine Aufgabe fast jenseits jeder Vorstellungskraft. Doch ist nicht zu sehen, wie sich die Weltverhältnisse entschärfen lassen sollen, ohne unverzüglich wirksame Schritte in diese Richtung zu tun. Wo liegen Ansatzpunkte, um wenigstens der einfachsten transnationalen Anstandsregel »do no harm« – füge keinen Schaden zu – gerecht zu werden?

Ein erster Ansatzpunkt ist die Abschaffung von Exportsubventionen im Norden, welche Produktionen in ärmeren Ländern benachteiligen. Beihilfen für den Export von Agrargütern – die zwar im Gefolge der WTO-Verhandlungen schon stark abgebaut worden sind, aber immer noch mehr als eine Milliarde Euro im Jahr 2008 betragen – drücken nicht selten die Preise in ärmeren Ländern und haben den Ruin lokaler Bauern und Betriebe zur Folge. Wenn die Europäische Union in Ghana mit subventionierten Tomatenkonserven die einheimische Lebensmittelproduktion unterminiert, dann stehen elementare Überlebensrechte wie das Recht auf Ernährung auf dem Spiel. Es ist ungerecht, finanzielle Überlegenheit so wettbewerbsverzerrend auszuspielen.

Sodann sind bilaterale Handelsabkommen als die Nagelprobe für eine verantwortliche Handelspolitik anzusehen. Doch Europa versteift sich derzeit darauf, den freien Zugang europäischer Anbieter und Investoren in Entwicklungsländern zu erzwingen, ohne das Schicksal der einheimischen Wirtschaft zu berücksichtigen. Demgegenüber sind bilaterale Abkommen nicht als Freihandelsabkommen auszulegen, sie sind vielmehr Gelegenheiten, Handelsbeziehungen in den Dienst von Menschenrechten und Umweltschutz zu stellen (► Kapitel 18). Sie haben – im Gegensatz zur geltenden WTO-Logik – vom Recht der Entwicklungsländer auszugehen, Umfang und Qualität ihrer Importe zu steuern. Schließlich lässt sich an den neuerlichen Hungerkrisen ablesen, wie verhängnisvoll die Abhängigkeit von Nahrungsmittelimporten ist. Entwicklungsländer brauchen Ernährungssouveränität: Sie müssen ihre Kleinbauern schützen und ihre Ernährung in eigene Regie nehmen können, und diesem Ziel haben sich auch bilaterale Wirtschaftsabkommen unterzuordnen.

Und nicht zuletzt sind Schritte auf das Ziel hin fällig, die Tätigkeit transnationaler Unternehmen an die Beachtung sozialer und ökologischer Standards zu binden (▸ Kapitel 7, 10 und 17). Denn die Verpflichtung gegenüber den Anteilseignern zum Gewinn ist mit der Verpflichtung gegenüber der Gesellschaft zur ethischen Unternehmensführung in Einklang zu bringen. Bereits im Jahr 2000 haben die OECD-Staaten Leitsätze für multinationale Unternehmen verabschiedet, die immerhin Minimalerfordernisse in Sachen Transparenz sowie Menschen-, Arbeits- und Umweltrechten festlegen sowie nationale Kontaktstellen als Beschwerdeinstanzen vorsehen. Doch kaum ein Land hat seinen Worten Taten folgen lassen, weil viele Regierungen offenbar zu kleinmütig sind, die Interessen der Gesellschaft gegenüber dem Absolutismus der Unternehmen durchzusetzen.

Auch in Sachen internationaler Fairness ist freilich die erste Priorität, falsche Lösungen zu verhindern. Wie bei der Klimakrise, so präsentieren sich auch bei der Hungerkrise die Täter von gestern als die Retter von morgen: Freihändler verlangen noch mehr Nahrungsexporte, Agrarkonzerne wollen endlich die »Grüne Revolution« auch in Afrika sehen, und Gentechnikfreunde winken mit dicken Ernten auf ausgemergelten Böden.

Ein neuer Gesellschaftsvertrag

Es ist die Aufgabe dieser Generation, eine solar-solidarische Zivilisation zu schaffen, und die Zeit dafür drängt. Bereits die beiden nächsten Jahrzehnte entscheiden darüber, ob ein kaum mehr zu steuerndes Klimachaos mit unabsehbaren Auswirkungen für die Biosphäre und die Weltgesellschaft noch zu vermeiden ist (▸ Kapitel 2). Kaum je zuvor war die Fähigkeit des Gemeinwesens zur Selbstmobilisierung und Selbstorganisation in ähnlicher Weise gefordert. Vergleichbar ist die gegenwärtige Situation nur mit Kriegszeiten, geht es doch darum, Überleben in Anstand und Würde als die entscheidende Herausforderung für die globale Gesellschaft zu begreifen.

Zu Beginn der Neuzeit haben die Bürger um des Überlebens willen darin eingewilligt, auf private Gewaltausübung zu verzichten und dem Staat diese Macht zu übertragen. Im Gegenzug haben sie innere Sicherheit und die Herrschaft von Recht und Gesetz bekommen: Das war der erste Gesellschaftsvertrag. Für das angebrochene 21. Jahrhundert steht indes ein neuer Gesellschaftsvertrag an. Zu befrieden ist nicht mehr nur das Verhältnis zwischen den Bürgern, sondern das Verhältnis zwischen Menschheit und Natur – und dies in globaler Perspektive, was für die Weltgesellschaft erfordert, das Verhältnis zwischen den Ländern, dem ersten Gesellschaftsvertrag ähnlich, auf eine neue Grundlage zu stellen (▶ Kapitel 16). In den Reichtumszonen der Welt sind die Bürger als Investoren, Unternehmer und Konsumenten aufgerufen, einen Teil ihrer Kapital- und Komfortmacht an die Natur und die Schlechtergestellten auf dem Globus abzutreten. Geschieht das nicht, wird von dem, was jetzt ihre Position erstrebenswert macht, nicht viel erhalten bleiben.

Geburtshelfer des neuen Gesellschaftsvertrags kann nur der Nutznießer des alten sein, nämlich der Staat als der legitime Repräsentant des allgemeinen Wohls. Ohne einen neuen Vorrang der Politik wird es keine Wende zu mehr Ökologie und Gerechtigkeit geben. Aus diesem Grund muss die jahrzehntelange Demontage der staatlichen Autorität durch den Neoliberalismus ein Ende haben. Der Aufstieg der Wirtschaft zur weitgehenden Herrschaft über die Gesellschaft hat einen Staat zurückgelassen, der gefährlich hilflos agiert, wenn es um grundständige Veränderungen auf Zukunftsfähigkeit hin geht. Deshalb verlangt ein neuer Gesellschaftsvertrag zuallererst, das Übergewicht der Kapitalinteressen in der Meinungs- und Entscheidungsbildung zurückzudrängen, um den Interessen der Natur und den Interessen der Menschen, gleich welcher Herkunft, mehr Raum zu verschaffen.

Artikel 14, Absatz 2 des Grundgesetzes (»Eigentum verpflichtet. Sein Gebrauch soll zugleich dem Wohle der Allgemeinheit dienen.«)

gewinnt in diesem Zusammenhang eine unerwartete Brisanz. Während aus ihm lange nur die Sozialpflichtigkeit des Eigentums abgeleitet wurde, entsteht angesichts der Naturkrise ebenso eine Ökopflichtigkeit des Eigentums. Auf einen kurzen Nenner gebracht heißt das: Unternehmen dürfen weiterhin in einem vernünftigen Rahmen Gewinne machen, müssen sich jedoch die Produkte und die Verfahren der Herstellung stärker nach sozialen und ökologischen Maßgaben regulieren lassen.

Gewiss, auch mit den besten Absichten allein lässt sich das Gemeinwohl nicht durchsetzen. Da ist es ein Glück im Unglück, dass Klimakrise und Ressourcenknappheit zur selben Zeit auftreten. Würde nämlich die Knappheit von Öl und Gas und Anbauflächen sich erst hundert Jahre nach dem Beginn der Klimakrise einstellen, hätten Klimaschützer einen schweren Stand. Dank der Koinzidenz beider Ereignisse aber verändern sich die Interessenlagen aller Wirtschaftsakteure weltweit: Ökologische Klugheit wird mit jedem Jahr mehr zu einem wirtschaftlichen Erfolgsprinzip. Deshalb kann ein umweltorientierter Staat neben Unterstützung aus der Zivilgesellschaft auch mit Allianzen aus der Industrie rechnen. Da bedarf es dann gar nicht mehr des Hinweises, dass eine die Zivilisation bedrohende Krise, wie sie sich ankündigt, ohnehin auf Renditeerwartungen und sogar Eigentumsrechte der Unternehmen keine Rücksicht nehmen wird.

Auch das Verhältnis zwischen Staat und Bürger verändert der neue Gesellschaftsvertrag. Nach einer Studie des Management-Beraters Accenture vom November 2007 fordern 80 Prozent der Deutschen drastische Maßnahmen von der Politik zur Senkung des CO_2-Ausstoßes. Wie sich übrigens auch nach einer von Oxfam beauftragten Studie 71 % der Bundesbürgerinnen und -bürger sich 2007 dafür aussprachen, bis 2015 die Entwicklungshilfe zu verdoppeln. Wie es mit der Zustimmung aussieht, wenn eingreifende Maßnahmen verordnet werden, ist sicher noch offen; doch kann jede Regierung auf die Bereitschaft zu einigen Einschränkungen bauen. Erforderlich für die Akzeptanz ist jedoch, dass die Maßnahmen einleuchten, dass sie transparent gehandhabt werden, und dass sie alle treffen, und zwar entsprechend ihrer wirtschaftlichen Kraft.

Deshalb wird eine Umweltpolitik, die nicht gleichzeitig auch Sozialpolitik ist, keinen Erfolg haben. Es werden umfassende Mitarbeit und nicht wenige Opfer gefordert sein. Obendrein wird der notwendige Wandel die Kosten der alltäglichen Lebenshaltung erhöhen. Wenn die Preise die ökologische Wahrheit sagen, kann das nur heißen, dass Wasser, Strom, Heizöl, Treibstoff, Lebensmittel teurer werden. Ähnliches gilt, wenn Preise die soziale Wahrheit sprechen sollen; denn das wiederum kann nur heißen, für T-Shirts oder Laptops oder auch Kinderspielzeug aus Schwellenländern mehr zu bezahlen. Wenn damit die soziale Ungleichheit nicht weiter aufreißen soll, werden eine neue Arbeits- und Teilhabepolitik sowie Maßnahmen zur Umverteilung von Einkommen und Vermögen dringlich (▸ Kapitel 15). Insbesondere sind die Einkünfte, die sich daraus ergeben, dass Ressourcen über Steuern oder Zertifikate verteuert werden, als Mittel der Sozialpolitik zu nutzen; die Naturdividende wird zum Teil für eine Sozialdividende genutzt werden müssen.

Ein neuer Gesellschaftsvertrag bietet die Basis für den Ruck, der heute angesichts der Bedrohungen des Lebens und Überlebens durch die Gesellschaft gehen muss. Es geht darum, mit dem »business-as-usual« zu brechen und sich gemeinsam auf eine unabweisbare Priorität zu konzentrieren, nämlich die Zukunft zu verteidigen. Viel wird davon abhängen, ob die Neue Internationale für eine zukunftsfähige Welt rechtzeitig an Boden gewinnt und eine Wende im Gang der Industriezivilisation herbeiführen kann. Es wäre vermessen zu behaupten, die Aussichten dafür stünden gut, für Optimismus besteht wahrlich kein Anlass. Jedoch ist die Geschichte nicht berechenbar, sie zeigt immer wieder, zu welchen Überraschungen sie fähig ist – vom Zerfall des Kommunismus bis zum Sieg Nelson Mandelas. Deswegen ist die Haltung von Antonio Gramsci höchst rational, der in seinen Gefängnisbriefen aus dem faschistischen Kerker auf die Frage, wie er zur Zukunft stehe, antwortete: »Ich bin ein Pessimist im Verstand, doch ein Optimist im Willen.«

Anhang

Autorinnen und Autoren

Adelheid Biesecker, Prof. i. R. Dr., Universität Bremen (Kapitel 9)
Susanne Böhler, Wuppertal Institut (Kapitel 12, 19)
Reinhild Bode, Wuppertal Institut (Kapitel 17)
Claudia von Braunmühl, Prof. Dr., FU Berlin (Kapitel 9)
Manfred Fischedick, Dr., Wuppertal Institut (Kapitel 11)
Justus von Geibler, Wuppertal Institut (Kapitel 17)
Andre Holtrup, Dr., Universität Bremen (Kapitel 15)
Wolfgang Irrek, Dr., Wuppertal Institut (Beitrag zu Kapitel 12)
Kora Kristof, Dr., Wuppertal Institut (Beitrag zu Kapitel 12)
Michael Kopatz, Dr., Wuppertal Institut
    (Kapitel 12, 15, 19, 20, Koordination)
Manfred Linz, Dr., Wuppertal Institut (Kapitel 10, 15, Lektorat)
Rainer Lucas, Wuppertal Institut (Kapitel 14)
Fred Luks, Dr., Österreichisches Institut für Nachhaltige Entwicklung
    (Kapitel 4)
Hans-Jochen Luhmann, Dr., Wuppertal Institut
    (Kapitel 2, 10, 13)
Stephan Moll, Wuppertal Institut (Kapitel 5)
Thomas Orbach, Wuppertal Institut (Kapitel 13)
Hermann E. Ott, Dr., Wuppertal Institut (Kapitel 16, 21)
Birthe Paul, Wuppertal Institut (Schlaglichter/Zeitfenster)
Barbara Richard, Wuppertal Institut (Schlaglichter/Zeitfenster)
Oscar Reutter, Dr., Wuppertal Institut
    (Kapitel 12, 19 und Schlußabnahme)
Dorle Riechert, Wuppertal Institut (Kapitel 12, Lektorat)
Wolfgang Sachs, Prof. Dr., Wuppertal Institut
    (Kapitel 1, 3, 7, 8, 13, 21, Gesamtredaktion)
Isabel van de Sand, Wuppertal Institut (Kapitel 5)
Tilman Santarius, Wuppertal Institut (Kapitel 6, 18)

Gerhard Scherhorn, Prof. Dr., Wuppertal Institut,
    Emeritus Universität Hohenheim (Kapitel 10, 13)
Julia Schlüns, Wuppertal Institut (Schlaglichter/Zeitfenster)
Helmut Spitzley, Prof. Dr., Universität Bremen (Kapitel 15)
Mark Starmanns, Wuppertal Institut (Kapitel 17)
Nikolaus Supersberger, Dr., Wuppertal Institut (Kapitel 2)
Uta von Winterfeld, PD Dr., Wuppertal Institut (Kapitel 9)

Weitere Mitarbeit

Karin Arnold, Daniel Bongardt, Christine Chemnitz, Jette Delbeck,
Heribert Dieter, Martin Erren, Michael Frein, Hanno Groth,
Peter Hennicke, Ulrich Jansen, Melanie Krause, Thorsten Koska,
Jobst Kraus, Florian Mersmann, Lena Partzsch, Andreas Pastowski,
Tobias Reichert, Felix Reutter, Frederic Rudolph, Karl-Otto Schalla-
böck, Philipp Schepelmann, Ralf Schüle, Dieter Seifried, Klaus Seitz,
Carsten Stahmer, Sören Steger, Wolfgang Sterk, Henning Wilts

Steuerungsgruppe der Herausgeber

BUND: Dr. Angelika Zahrnt, Dr. Gerhard Timm
Brot für die Welt: Cornelia Füllkrug-Weitzel, Danuta Sacher
Evangelischer Entwicklungsdienst: Dr. Konrad von Bonin,
    Wilfried Steen

Geschäftsführung: Dr. Norbert Franck, BUND

Abkürzungsverzeichnis

ACDIC Association Citoyenne de Défense des Intérêts Collectifs, Bürgervereinigung zur Verteidigung kollektiver Interessen

ADB Asian Development Bank, Asiatische Entwicklungsbank

AGEE Arbeitsgruppe Erneuerbare Energien

AKP-Staaten Gruppe der afrikanischen, karibischen und pazifischen Staaten

ALBA Alternativa Bolivariana para los pueblos de Nuestra America, Bolivarische Alternative für Amerika

BHKW Blockheizkraftwerke

BimSchG Bundes-Immissionsschutzgesetz

BIP Bruttoinlandsprodukt

BIT Bilateral Investment Treaties, Bilaterale Investitionsabkommen

BMELV Bundesministerium für Ernährung, Landwirtschaft und Verbraucherschutz

BÖLW Bund Ökologischer Lebensmittelwirtschaft

BRIC-Länder Brasilien, Russland, Indien, China

BSP Bruttosozialprodukt

BTL Biomass to Liquid, aus fester Biomasse synthetisierter Kraftstoff

CBD Convention on Biological Diversity, Biodiversitäts-Konvention

CCS Carbon Capture and Storage, CO_2-Abscheidung und -Speicherung

CDM Clean Development Mechanism, Mechanismus für umweltverträgliche Entwicklung

CER Certified Emission Reduction, zertifizierte Emissionsreduktion

CFK Kohlefaserverstärkter Kunststoff

CSR Corporate Social Responsibility, Unternehmenssozialverantwortung

DMC Direct Material Consumption, direkter Materialkonsum

EfA Effizienzagentur

EKC Environmental Kuznets Curve

EKD Evangelische Kirche in Deutschland

ESF EnergieSparFonds

FAO Food and Agriculture Organisation, Ernährungs- und Landwirtschaftsorganisation der Vereinten Nationen

FCKW Fluorchlorkohlenwasserstoffe

FDI Foreign Direct Investment, (Auslands-)Direktinvestition

FLO Fairtrade Labelling Organizations International

FNR Fachagentur für Nachwachsende Rohstoffe

FSC Forest Stewardship Council

GAP Gemeinsame Agrarpolitik

GATS General Agreement on Trade in Services, Allgemeines Abkommen über den Handel in Dienstleistungen

GATT General Agreement on Tariffs and Trade, Allgemeines Zoll- und Handelsabkommen

GDP Gross Domestic Product, englisch für Bruttoinlandsprodukt (BIP)

GeNTG Gentechnikgesetz

Gha Globaler Hektar

GIS Geographisches Informations-
system
GMO Genetically Modified Organism,
englisch für Gentechnisch Verän-
derter Organismus (GVO)
GVO Gentechnisch Veränderter
Organismus
HDI Human Development Index, Index
der menschlichen Entwicklung
ICA International Coffee Agreement,
Internationales Kaffeeabkommen
ICCAT International Commission for the
Conservation of Atlantic Tunas,
Internationale Kommission zur
Erhaltung der atlantischen Thun-
fische
ICU International Clearing Union
IISD International Institute for Susta-
inable Development, Internati-
onales Institut für Nachhaltige
Entwicklung
ILO International Labour Organization,
Internationale Arbeitsorganisation
der Vereinten Nationen
IPP Integrated Product Policy, Integ-
rierte Produktpolitik
ISEW Index of Sustainable Economic
Welfare, Index für nachhaltigen
wirtschaftlichen Wohlstand
IWF Internationaler Währungsfonds
IZNE Interdisziplinäres Zentrum für
Nachhaltige Entwicklung
KKW Kernkraftwerk
KMU Kleine und mittlere Unternehmen
KWK Kraft-Wärme-Kopplung
LCA Life Cycle Assessment
LCC Low Cost Carrier, Billigfluglinien
MSC Marine Stewardship Council
MSCI Morgan Stanley Capital Inter-
national
MW Megawatt
NAFTA North American Free Trade
Association, Nordamerikanisches
Freihandelsabkommen
NAI Natur Aktien Index

NPP Nettoprimärproduktion
OECD Organisation for Economic
Co-operation and Development,
Organisation für wirtschaftliche
Zusammenarbeit und Entwicklung
OPEC Organization of the Petroleum
Exporting Countries, Organisation
Erdöl exportierender Länder
ÖPNV Öffentlicher Personennahverkehr
PIUS Produktionsintegrierter Umwelt-
schutz
SUV Sport Utility Vehicle, Sport-
nutzfahrzeug
TMR Total Material Requirement,
Globaler Materialaufwand
TREC Trans-Mediterranean Renewable
Energy Cooperation
TRIPS Agreement on Trade-Related
Aspects of Intellectual Property
Rights, Übereinkommen über
handelsbezogene Aspekte der
Rechte am geistigen Eigentum
UNDP United Nations Development
Programme, Entwicklungs-
programm der Vereinten
Nationen
UNEP United Nations Environment
Programme, Umweltprogramm
der Vereinten Nationen
UNESCO United Nations Educational,
Scientific and Cultural Organiza-
tion, Organisation der Vereinten
Nationen für Bildung, Wissen-
schaft und Kultur
UNFCCC United Nations Framework
Convention on Climate Change,
Klimarahmenkonvention der
Vereinten Nationen
WBGU Wissenschaftlicher Beirat der
Bundesregierung Globale Umwelt-
veränderungen
WHO World Health Organization,
Weltgesundheitsorganisation
WWF World Wide Fund for Nature
ZVV Zürcher Verkehrsverbund

Verzeichnis der Schlaglichter und Zeitfenster 2022

Literaturverzeichnis

Kapitel 2

BGR (Bundesanstalt für Geowissenschaften und Rohstoffe) (2006): Reserven, Ressourcen und Verfügbarkeit von Energierohstoffen 2006. Kurzstudie. Hannover

Birol, Fatih (2008): Die Sirenen schrillen. Interview mit Fatih Birol. In: Internationale Politik, April 2008. Berlin

BMU (Bundesministerium für Umwelt, Naturschutz und Reaktorsicherheit) (2007): RECCS – Strukturell-ökonomisch-ökologischer Vergleich regenerativer Energietechnologien (RE) mit Carbon Capture and Storage (CCS). Berlin

Braun, Joachim von (2007): The World Food Situation: New Driving Forces and Required Actions. Vorgestellt in Peking am 4. Dezember 2007. IFPRI (International Food Policy Research Institute). Washington

Braun, Joachim von (2008): Steigende Nahrungsmittelpreise. Was ist zu tun? IFPRI (International Food Policy Research Institute) Policy Brief, April 2008

Campbell, Colin (2008): ASPO (Association for the Study of Peak Oil & Gas) Newsletter, Nr. 87. März 2008, Cork

Cox, James (2004): Canada Drips with Oil, but It's Tough to Get At. In: USA Today. www.usataoday.com (10. März 2008)

Crutzen, Paul J. (2002): Geology of Mankind – the Anthropocene. In: Nature 415, S. 23

DLR/Ifeu/WI (Deutsches Zentrum für Luft- und Raumfahrt/Institut für Energie- und Umweltforschung/Wuppertal Institut für Klima, Umwelt, Energie) (2004): Ökologisch optimierter Ausbau der Nutzung erneuerbarer Energien in Deutschland. Berlin

EWG (Energy Watch Group) (2007): Crude Oil. The Supply Outlook. Berlin

FAO (Food and Agriculture Organization of the United Nations) (2008a): Crop Prospects and Food Situation. Nr. 2, April 2008

FAO (Food and Agriculture Organisation of the United Nations) (2008b): FAO-Newsroom, 11. April 2008

Graßl, Hartmut (2005): Das Klima der Erde und seine Änderungen. In: Münchener Rück: Wetterkatastrophen und Klimawandel. München, S. 18–23

Greenpeace/EREC (European Renewable Energy Council) (2007): Globale Energie [r]evolution. Ein Weg zu einer nachhaltigen Energiezukunft für die Welt

Hadely Centre (2005): Global Average Near-Surface Temperatures 1861–2004. www.metoffice.gov.uk/research/hadleycentre/(15. Mai 2008)

Hays, J. D./Imbrie, J./Shackleton, N. (1976): Variations in the Earth's Orbit: Pacemaker of the Ice Ages. In: Science, Vol. 194, Nr. 4270

Hennicke, Peter/Fischedick, Manfred (2007): Erneuerbare Energien. München

Hennicke, Peter/Supersberger, Nikolaus (2007): Krisenfaktor Öl. Abrüsten mit neuer Energie. München

IEA (Internationale Energieagentur) (2004): Analysis of the Impact of High Oil Prices on the Global Economy. Paris

IPCC (Intergovernmental Panel on Climate Change) (2007), Fourth Assessment Report, Working Group 1. Genf

IPCC (2001): Third Assessment Report, Working Group 2. Genf

Jochem, Eberhard (2004): A White Book of R & D of energy-efficient techologies. Zürich

Luhmann, Hans-Jochen (1999): Rezension von Engelbert Schramm: Im Namen des Kreislaufs. Ideengeschichte der Modelle vom ökologischen Kreislauf. In: Zeitschrift für Angewandte Umweltpolitik (ZAU), 12. Jg., Heft 3, 1999, S. 429–431

Luhmann, Hans-Jochen (2007): Klimapolitik auf »dünner Erdenhaut«. Editorial. In: Gaia (2007) Nr. 2, S. 81

McNeill, John R. (2003): Blue Planet. Die Geschichte der Umwelt im 20. Jahrhundert. Frankfurt

Mez, Lutz (2008): Der erfundene Boom. Interview mit Lutz Mez. In: Die Zeit, 16. Januar 2008. Hamburg

Millenium Ecosystem Assessment (2005): Ecosystems and Human Well-Being. Synthesis. Washington

Parry, Martin L. et al. (2004): Effects of climate change on global food production under SRES emissions and socio-economic scenarios. In: Global Environmental Change 14 (2004), S. 53–67

Rahmstorf, Stefan/Jaeger, Carlo C. (2005): Sea level rise as a defining feature of dangerous interference with the climate system. Einreichung im Rahmen der EU-Konsultation zur Vorbereitung ihres »Zwei-Grad-Obergrenze«-Beschlusses.

Rosenzweig, Cynthia et al. (2004): Water Resources for Agriculture in a Changing Climate: International Case Studies. In: Global Environmental Change 14 (2004), S. 345–360

Schmidhuber, Josef (2006): Impact of Increased Biomass Use on Agricultural Markets, Prices, and Food Fecurity. Contribution to Conference in Paris, 27.–29. November 2006. Rom

Schramm, Engelbert (1997): Ideengeschichte der Modelle vom ökologischen Kreislauf. IKO, Frankfurt am Main

Sieferle, Rolf Peter et al. (2006): Das Ende der Fläche. Zum gesellschaftlichen Stoffwechsel der Industrialisierung. Köln

Steffen, Will et al. (2005): Global Change and the Earth System. Heidelberg

Supersberger, Nikolaus/Esken, Andrea/Fischedick, Manfred et al. (2007): CO_2-Abscheidung und -Speicherung: Eine Lösung für das Klimaproblem? In: Ott und Heinrich-Böll-Stiftung: Wege aus der Klimafalle. München, S. 137–146

UNEP (United Nations Environment Programme) (2007): GEO 4 – Global Environment Outlook. Nairobi

Vallentin, Daniel (2007): Kohleverflüssigung: Kein klimagünstiger Ausweg aus der Treibstoffknappheit. E & M. 1. Juni 2007

WBGU (Wissenschaftlicher Beirat der Bundesregierung Globale Umweltveränderungen) (2007): Welt im Wandel: Sicherheitsrisiko Klimawandel. Berlin

Kapitel 3

Bentley, Matthew D. (2003): Sustainable Consumption: Ethics, National Indices, and International Relations. Dissertation: American Graduate School of International Relations and Diplomacy, Paris

Cornia, Giovanni Andrea/Court, Julius (2001): Inequality, Growth, and Poverty in the Era of Liberalization and Globalization, UNU/WIDER Policy Brief Nr. 4, Helsinki

Firebaugh, Glen (2003): The New Geography of Global Income Inequality. Cambridge.

Fraser, Nancy/Honneth, Axel (2003): Umverteilung oder Anerkennung? Frankfurt

Fulton, Lew (2004): Reducing Oil Consumption in Transport. Combining Three Approaches. Paris

Global Footprint Network (2008): Advancing the Science of Sustainability. www.footprintnetwork.org (8. Februar 2008)

Haller, Tobias/Blöchlinger, Annja/John, Markus et al. (2000): Fossile Ressourcen,

Erdölkonzerne und indigene Völker. Gießen

Kahn Ribeiro, Suzana/Kobayashi, M./ Beuthe, J. (2007): Transport and Its Infrastructure. In: Climate Change: Mitigation. Contribution of Working Group III to the Fourth Assessment Report of the IPCC. Cambridge et al.

Larraìn, Sara (2001): The Dignity Line as an Indicator of Socioenvironmental Sustainability: Advances from the Concept of Minimum Life towards the Concept of a Dignified Life. Instituto de Politica Ecologica. Santiago

Milanovic, Branko (2005): Worlds Apart: Global and International Inequality 1950–2000. Princeton

Milanovic, Branko (2006): Global Income Inequality: What It Is and Why It Matters? World Bank Policy Research Paper 3865. Washington

Myers, Norman/Kent, Jennifer (2004): The New Consumers. The Influence of Affluence on the Environment. Washington

Myers, Norman/Kent, Jennifer (2003): New Consumers: The Influence of Affluence on the Environment. In: PNAS Vol. 8, Nr. 100, S. 4963–4968

Pearce, Fred (2007): Wenn die Flüsse versiegen. München

Pomeranz, Kenneth (2000): The Great Divergence: China, Europe, and the Making of the Modern World Economy. Princeton

Rampini, Federico (2006): L'impero di Cindia. Milano

Sachs, Wolfgang (2003): Ökologie und Menschenrechte. Wuppertal Paper 131. Wuppertal

Sachs, Wolfgang (Hg.) (1993): Wie im Westen so auf Erden. Ein kritisches Handbuch zur Entwicklungspolitik. Reinbek

Schipper, Lee/Ng, Wei-Shiuen (2004): Rapid Motorisation in China: Environmental and Social Challenges. Ohne Ort

Scholz, Fred (2002): Die Theorie der »fragmentierten Entwicklung«. In: Geographische Rundschau, Jg. 54, Nr. 10, S. 6–11

Sperling, Daniel/Clausen, Eileen (2003): The Developing World's Motorization Challenge. Berkeley

Sutcliffe, Bob (2003): A More or Less Unequal World? World Income Distribution in the 20th Century. Political Economy Research Institute, Working Paper Series Nr. 54. Amherst

UNDP (United Nations Development Program) (2007): Human Development Report 2007/2008. New York

UNESCAP (United Nations Economic and Social Commission for Asia and the Pacific) (2007): Statistical Yearbook for Asia and the Pacific 2007. New York

World Bank (2005): World Development Report 2006: Equity and Development. Washington

World Bank (2006): World Development Report 2007: Development and the Next Generation. Washington

World Bank (2006a): World Development Indicator Data Query. devdata.worldbank. org/data-query (14. Mai 2008)

World Bank (2007): Understanding Global Poverty, worldbank.org (14. Mai 2008)

Wuppertal Institut (2005): Fair Future. Begrenzte Ressourcen und globale Gerechtigkeit. München

WWF (Worldwide Fund for Nature) (2006): Living Planet Report 2006. Cambridge

Kapitel 4

Afheldt, Horst (1994): Wohlstand für niemand? Die Marktwirtschaft entlässt ihre Kinder. München

Altvater, Elmar (2005): Das Ende des Kapitalismus, wie wir ihn kennen. Münster

Arndt, Heinz (1978): Rise and Fall of Economic Growth. Melbourne

Arrow, Kenneth/Bolin, Bert/Costanza, Robert et al. (1995): Economic Growth, Carrying Capacity, and the Enviroment. In: Science, Vol. 268, S. 520–521

Baykan, Baris Gencer (2007): From Limits to Growth to Degrowth Within French Green Politics. In: Environmental Politics, Vol. 16, Issue 3, S. 513–517

Becchetti, Leonardo (2007): Il denaro fa la felicità? Roma

Binswanger, Mathias (2000): Technological Progress and Sustainable Development: What About the Rebound Effect? In: Ecological Economics 36, S. 119–132

Binswanger, Mathias (2006): Geld allein macht immer noch nicht glücklich. In: Ökologisches Wirtschaften 2/2006, S. 22–24

Bontrup, Heinz-Josef (2005): Arbeit, Kapital und Staat. Plädoyer für eine demokratische Wirtschaft. Köln

BUWAL (Bundesamt für Umwelt, Wald und Landschaft) (Hg.) (2005): Wachstum und Umweltbelastung: Findet eine Entkopplung statt? Bern

BMBF (Bundesministerium für Bildung und Forschung) (2007): Die Hightech-Strategie zum Klimaschutz. Bonn/Berlin

BMU (Bundesministerium für Umwelt, Naturschutz und Reaktorsicherheit) (2006a): Ökologische Industriepolitik. Memorandum für einen »New Deal« von Wirtschaft, Umwelt und Beschäftigung. Berlin

BMU (Bundesministerium für Umwelt, Naturschutz und Reaktorsicherheit) (2006b): Ökologische Industriepolitik. Memorandum für einen »New Deal« von Wirtschaft, Umwelt und Beschäftigung. Berlin

Bundesregierung (2002): Perspektiven für Deutschland. Unsere Strategie für eine nachhaltige Entwicklung. Berlin, S. 110. www.dialog-nachhaltigkeit.de (14. März 2008)

Daly, Herman E./Cobb, John B. Jr. (1994): For the Common Good. Redirecting the Economy toward Community, the Environment, and a Sustainable Future. Second Edition. Boston

Daly, Herman E. (1996): Beyond Growth. The Economics of Sustainable Development. Boston

Daly, Herman, E. (2005): Economics in a Full World. In: Scientific American, September, S. 100–107

Easterlin, Richard A. (Hg.) (2002): Happiness in Economics. Cheltenham/Northampton

Eurostat/IFF (2004): Economy-wide Material Flow Accounts and Indicators of Resource Use for the EU-15: 1970–2001. Luxembourg, Wien

Frey, Bruno S./Stutzer, Alois (2002): Happiness and Economics. How the Economy and Institutions Affect Well-Being. Princeton/Oxford

Friends of the Earth/New Economics Foundation (2007): The European (un) Happy Planet Index. An Index of Carbon Efficiency and Well-being in the EU. London

Gabriel, Sigmar (2006): Vorwort. In: BMU (Bundesministerium für Umwelt, Naturschutz und Reaktorsicherheit) (2006): Ökologische Industriepolitik. Memorandum für einen »New Deal« von Wirtschaft, Umwelt und Beschäftigung. Berlin, S. 4–5

Giljum, Stefan/Eisenmenger, Nina (2004): North-South Trade and the Distribution of Environmental Goods and Burdens: A Biophysical Perspective. In: Journal of Environment and Development 13 (1), S. 73–100

Jevons, William Stanley (1865): The Coal Question. An Inquiry Concerning the Progress of the Nation, and the Probable Exhaustion of our Coal-mines. New York, S. 137–139

Latouche, Serge (2006): Le Pari della decroissance. Paris

Layard, Richard (2005): Die glückliche Gesellschaft. Kurswechsel für Politik und Wirtschaft. Frankfurt/New York

Linz, Manfred/Kristof, Kora (2007): Suffizienz, nicht Wachstum, ist der Schlüssel zu mehr Lebensqualität. In: Rudolph, S.

(Hg.): Wachstum, Wachstum über alles? Marburg, S. 177–191

Luks, Fred (1999): Throughput, Scale, Material Input. In: Köhn, J./Gowdy, J./Hinterberger, F./Straaten, J. van der (Hg.): Sustainability in Question: The Search for a Conceptual Framework. Aldershot, S. 119–134

Noll, Heinz-Herbert (2008): European Survey Data: Rich Sources for Quality of Life Research. In: Møller, V./Huschka, D./Michalos, A. (Hg.) (2008): Barometers of Quality of Life Around the Globe. Social Indicators Research Series, Vol. 33. Dordrecht

Paech, Niko (2005): Nachhaltigkeit zwischen ökologischer Konsistenz und Dematerialisierung: Hat sich die Wachstumsfrage erledigt? In: Natur und Kultur 6 (1)

Reuter, Norbert (2002): Die Wachstumsoption im Spannungsfeld von Ökonomie und Ökologie. In: Utopie kreativ, H. 136 (Februar 2002), S. 131–144

Sachs, Wolfgang (1993): Die vier E's. Merkposten für einen maß-vollen Wirtschaftsstil. In: Politische Ökologie Special September/Oktober, S. 69–72

Sieferle, Rolf Peter/Krausmann, Fridolin/Schandl, Heinz et al. (2006): Das Ende der Fläche. Zum gesellschaftlichen Stoffwechsel der Industrialisierung. Köln et al.

Statistisches Bundesamt (2008): www.destatis.de (15. März 2008)

Steger, Sören (2007): Analyse des Materialaufwandes und der Ressourceneffizienz industrieller Wirtschaftsräume und ihre Antriebsfaktoren – eine international vergleichende Untersuchung als Beitrag für ein nachhaltiges Ressourcenmanagement. Dissertation. Wuppertal

UNDP (United Nations Development Programme) (2007): Human Development Report 2007/2008. Fighting Climate Change: Human Solidarity in a Divided World. New York

Wrigley, E. A. (1987): People, Cities and Wealth. The Transformation of Traditional Society. Oxford/New York

Kapitel 5

Adriaanse, Albert et al. (1997): Resource Flows – The Material Basis of Industrial Economies. World Resources Institute Report. Washington, D. C.

Associated Press (2007): Rich Nations Accused of Green Imperialism. In: The Guardian. www.guardian.co.uk/ (25. Juni 2007)

BGR, DESTATIS und Bundesumweltamt (2007): Umweltdaten Deutschland 2007 – Nachhaltig wirtschaften – Natürliche Ressourcen und Umwelt schonen. Dessau-Roßlau

Bringezu, Stefan (2002): Towards Sustainable Resource Management in Europe. Wuppertal Paper Nr. 121. Wuppertal

Bringezu, Stefan (2004): Erdlandung – Navigation zu den Ressourcen der Zukunft. Leipzig

Bringezu, Stefan et al. (2004): International Comparison of Resource Use and its Relation to Economic Growth. The Development of Total Material Requirement, Direct Material Inputs and Hidden Flows and the Structure of TMR. In: Ecological Economics, Vol. 51, S. 97–124

Bringezu, Stefan et al. (2008): Nachhaltige Flächennutzung und nachwachsende Rohstoffe. UBA-Endbericht zum F+E-Vorhaben (vorläufige Version 14. Dezember 2007). Optionen einer nachhaltigen Flächennutzung und Ressourcenschutzstrategien unter besonderer Berücksichtigung der nachhaltigen Versorgung mit nachwachsenden Rohstoffen. Wuppertal et al.

BUND/Misereor (Hrsg.) (1996): Zukunftsfähiges Deutschland – Ein Beitrag zu einer global nachhaltigen Entwicklung. Basel et al.

Bundesministerium für Verkehr, Bau und Stadtentwicklung (2007): Verkehr in Zahlen 2007/2008. Hamburg

DESTATIS (2007): Personenbeförderung. Flug-Passagiere aus Deutschland nach Kontinenten. www.destatis.de

DESTATIS (2007a): Nachhaltige Entwicklung in Deutschland. Indikatorenbericht 2006. Wiesbaden.

DESTATIS (2007b): Umweltnutzung und Wirtschaft. Bericht zu den Umweltökonomischen Gesamtrechnungen 2007. Statistisches Bundesamt. Wiesbaden

Die Bundesregierung (2007): Elemente einer Rohstoffstrategie der Bundesregierung. Berlin

Die Verbraucher-Initiative e. V. (2007): Einkaufsführer. Klimafreundlich einkaufen. Berlin

European Environment Agency (1999): Environment in the European Union at the Turn of the Century. Kopenhagen

Eurostat – Statistical Office of the European Communities (2001): Economy-wide Material Flow Accounts and Derived Indicators. A Methodological Guide. Luxembourg

FAO (Food and Agriculture Organization of the United Nations) (2007): Tuna and Billfish Catches. www.fao.org (5. Juli 2007)

Field, Christopher et al. (1998): Primary Production of the Biosphere: Integrating Terrestrial and Oceanic Components. In: Science, Vol. 281, S. 237–240

FIZ (2007): Fischwirtschaft. Daten und Fakten 2006, S. 20

Fritsche, Uwe R./Eberle, Ulrike (2007): Treibhausgasemissionen durch Erzeugung und Verarbeitung von Lebensmitteln. Arbeitspapier Öko-Institut e. V. www.oeko.de

FSC (2007): Entwicklung FSC-zertifizierte Waldfläche in Hektar. www.fsc-deutschland.de (7. Dezember 2007)

Greenpeace (2006): Die Letzten ihrer Art – Das Verschwinden des Blauflossen Thunfischs aus dem Mittelmeer. Ein Greenpeace-Report (Zusammenfassung)

Haberl, Helmut et al. (2007): Quantifying and Mapping the Human Appropriation of Net Primary Production in Earth's Terrestrial Ecosystems. Proc. Natl. Acad. Sci. USA (online early edition)

Hahn, Bernd (2006): Billigfluglinien. Eine umweltwissenschaftliche Betrachtung, Wuppertal Paper Nr. 159, Wuppertal

Hille, John (1997): The Concept of Environmental Space. EEA Expert's Corner No. 1997/2. Kopenhagen

International Energy Agency (2007): World Energy Outlook 2007 – Executive Summary. Paris

Jungbluth, Niels (2006): Vergleich der Umweltbelastungen von Hahnenwasser und Mineralwasser, im Auftrag des Schweizerischen Vereins des Gas- und Wasserfaches SVGW. www.svgw.ch (9. Januar 2008)

Jungbluth, Niels/Faist Emmenegger, M. (2005): Ökobilanz Trinkwasser – Mineralwasser. ESU-services im Auftrag des Schweizerischen Vereins des Gas- und Wasserfachs SVGW. Uster

KBA (Kraftfahrbundesamt) (2007): Jährlicher Bestand. Zeitreihe. www.kba.de

Kleinhückelkotten, Silke (2005): Suffizienz und Lebensstile. Ansätze für eine milieuorientierte Nachhaltigkeitskommunikation. Berlin

Kornerup Bang, John/Hoff, Eivind/Peters, Glen (2008): EU Consumption, Global Pollution. Industrial Ecology Programme. Norwegian University of Science and Technology, Trondheim und WWF International, Gland

Liedtke, Christa/Welfens, Maria J./Stengel, Oliver (2007): Ressourcenschonung durch lebensstilorientierte Bildung. In: Udo Simonis (Hrsg.) Jahrbuch Ökologie 2008, München

Marland, Gregg/, Boden, Tom/Andres, Robert (2007): Global, Regional, and National CO_2 Emissions. In: Trends: A Compendium of Data on Global Change. Carbon Dioxide Information Analysis Center, Oak Ridge National Laboratory, U. S. Department of Energy, Oak Ridge

Millennium Ecosystem Assessment (2005): Ecosystems and Human Well-being: Synthesis. Washington, D. C.

MNP (Milieu- en Natuurplanbureau) (2007): Chinese CO_2 emissions in perspective – Country intercomparison of CO_2 emissions. Pressemitteilung. www.mnp.nl

Moll, Stephan et al. (2006): Environmental Input-Output Analyses Based on NAMEA Data – A Comparative European Study on Environmental Pressures Arising from Consumption and Production Patterns. ETC/RWM working paper 2007/2, Kopenhagen

Pötter, Bernhard (2006): König Kunde ruiniert sein Land. Wie der Verbraucherschutz am Verbraucher scheitert. Und was dagegen zu tun ist. München

Prognos AG (1999): Ökobilanz für PET- und Glasflaschen für Mineralwasser, Basel

Röhl, Klaus-Heiner (2007): Das System der deutschen Flughäfen – fit für die Zukunft? In: Institut der deutschen Wirtschaft Köln (Hg.), IW-Trends, 3/2007

Schallaböck, Karl-Otto/Hennicke, Peter (2008): Macht die EU-Kommission Industriepolitik gegen die deutsche Automobilwirtschaft? In: ifo-Schnelldienst 61 (2008) H. 3, S. 7–11

Schallaböck, Karl Otto (2008): Luftverkehrsstudie 2007 – Im Steigflug in die Klimakatastrophe? Mit einem Beitrag von Clemens Schneider. Wuppertal

Schmidt-Bleek, Friedrich (1998): Das MIPS-Konzept: Weniger Naturverbrauch – mehr Lebensqualität durch Faktor 10. München

Schmidt-Bleek, Friedrich (2004): Der ökologische Rucksack. Wirtschaft für eine Zukunft mit Zukunft. Stuttgart

Schoer, Karl et al. (2007): Environmental Pressures from German Imports and Exports. Statistisches Bundesamt, Wiesbaden. www.destatis.de

Schubert, Steffi (2004): »Über den Wolken ...« Lebensstile, Urlaub und Billigflieger. In: Klimakongress Hamburg 2004, 12.–14. November

Schütz, Helmut/Bringezu, Stefan (2008): Ressourcenverbrauch von Deutschland – aktuelle Kennzahlen und Begriffsbestimmungen. UBA-Texte 02/08. Berlin

Schütz, Helmut/Moll, Stephan/Bringezu, Stefan (2003): Globalisierung und die Verlagerung von Umweltbelastungen – Die Stoffströme des Handels der Europäischen Union. Wuppertal Paper Nr. 134, Wuppertal

Schütz, Helmutt/Bringezu, Stefan (2007): Ressourcenverbrauch von Deutschland – aktuelle Kennzahlen und Begriffsbestimmungen (Endbericht zum UBA-F+E-Vorhaben: Erstellung eines Glossars zum Ressourcenbegriff und Berechnung von fehlenden Kennzahlen des Ressourcenverbrauchs für die weitere politische Analyse). Wuppertal

Tanner (2006): Die Ökobilanz zeigt es deutlich: Trinkwasser ist sehr umweltschonend. Interview mit Urs Kamm. In: Wasserspiegel 01/2006

Tukker, Arnold et al. (2006): Environmental Impact of Products (EIPRO) – Analysis of the Life Cycle Environmental Impacts Related to the Final Consumption of the EU-25. Technical Report Series EUR 22284 EN. Sevilla

Türk, Volker et al. (2003): Internet-Ökologie-verträglich? Virtuell = umweltfreundlich? Der ökologische Rucksack des Internets. In: Jahrbuch Ökologie 2003, S. 110–123

Umweltbundesamt (2007): Umweltdaten Deutschland Online (7. Dezember 2007)

Wackernagel, Mathis/Rees, William (1997): Unser ökologischer Fußabdruck. Wie der Mensch Einfluß auf die Umwelt nimmt. Basel

Wang, Tao/Watson, Jim (2007): Who Owns China's Carbon Emissions? Tyndall Briefing Note, Nr. 23

WRAP (2007): Research Summary: Understanding Food Waste Banbury. Oxon

Kapitel 6

Asian Development Bank (2007): Key Indicators 2007. Vol. 38. Manila

Audi (2006): Geschäftsbericht 2006.
Ingoldstadt

Blinder, Alan S. (2007): How Many U. S. Jobs
Might Be Offshoreable? CEPS Working
Paper Nr. 142. www.princeton.edu

Deutsche Bundesbank (2007a): Bestands-
erhebung über Direktinvestitionen. Statistische Sonderveröffentlichung 10. April
2007. Frankfurt

Deutsche Bundesbank (2007b): Zahlungs-
bilanzstatistik November 2007. Statistisches Beiheft zum Monatsbericht 3.
Frankfurt

Dicken, Peter (2007): Global Shift: Mapping
the Changing Contours of the World
Economy. Fifth Edition. London

Dieter, Heribert (2008): Deutschland in
der Weltwirtschaft des 21. Jahrhunderts.
Hintergrundpapier für die Studie
Zukunftsfähiges Deutschland des
Wuppertal Instituts. Wuppertal

DIW (Deutsches Institut für Wirtschaftsforschung) (2008): Schrumpfende
Mittelschicht – Anzeichen einer dauer-
haften Polarisierung der verfügbaren
Einkommen? DIW-Wochenbericht Nr. 10,
75. Jg. Berlin

Europäisches Parlament (2007): Entwurf
eines Berichts über Handel und Klima-
änderung. Ausschuss für internationalen
Handel. 16. Juli 2007. Brüssel

European Federation for Transport and
Environment (2007): Reducing CO_2
Emissions from New Cars: A Study of
Major Car Manufacturers' Progress
in 2006. www.transportenvironment.org

Freeman, Richard B. (2005): Does Globalisa-
tion of the Scientific/Engeneering Work-
force Threaten U. S. Economic Leadership?
NBER Working Paper Nr. 11 457.
Cambridge

Hahlen, Johann (2006): Zum makroökono-
mischen Umfeld des deutschen Export-
booms – empirische Befunde der
amtlichen Statistik. In: IFO-Schnelldienst,
59. Jg., 1, S. 26–29

Hengsbach, Friedhelm (2007): Gerechtig-
keit und Solidarität im Schatten der
Globalisierung. Handlungsoptionen
reifer Volkswirtschaften. Policy Paper
Nr. 26, Stiftung Entwicklung und
Frieden. Bonn

IMF (International Monetary Fund) (2007):
World Economic Outlook Database. April
2007. www.imf.org.

International Council on Clean Transpor-
tation (2007): Air Pollution and Greenhouse Gas Emissions from Ocean-going
Ships: Impacts Mitigation Options and
Opportunities for Managing Growth.
www.theicct.org

Kaplinsky, Raphael (2005): Globalization,
Poverty and Ineuqality. Between a Rock
and a Hard Place: Cambridge

Kinkel, Steffen/Dachs, Bernhard/Ebers-
berger, Bernd (2007): Produktionsverlagerungen und Rückverlagerungen
im europäischen Vergleich. Industrie
Management, Vol. 23, Nr. 1, S. 47–51

Kunstler, James H. (2005): The Long Emer-
gency: Surviving the Converging Cata-
strophes of the Twenty-First Century.
Atlantic Monthly Press. Ohne Ort

Matthes, Jürgen (2007): Weltkrieg um Wohlstand und pathologischer Exportboom?
Warum Deutschland auch weiterhin von
der Globalisierung profitiert. Köln

Menzel, Ulrich (1998): Globalisierung
versus Fragmentierung. Frankfurt

Otto GmbH & Co KG (2007):
Unternehmen(s) Verantwortung. Bericht
2007. Hamburg

Samuelson, Paul A./Nordhaus, William D.
(2005): Economics. Yale

Samuelson, Paul A. (2004): Where Ricardo
and Mill Rebut and Confirm Arguments
of Mainstream Economists Supporting
Globalization. In: Journal of Economic
Perspectives, Vol. 18, Nr. 3, S. 135–146

Scheve, Kenneth F./Slaughter, Matthew J.
(2007): A New Deal for Globalization. In:
Foreign Affairs, Vol. 86, Nr. 4, Juli/August,
S. 34–47

Sinn, Hans-Werner (2006): Das deutsche
Rätsel: Warum wir Exportweltmeister und
Schlusslicht zugleich sind. In: Perspek-

tiven der Wirtschaftspolitik, 7. Jg., Nr. 1,
S. 1–18

Sinn, Hans-Werner (2005): Die Basar-
Ökonomie. Deutschland: Exportweltmeister oder Schlusslicht. Bonn

Statistisches Bundesamt (2007a): Außenhandel. Einfuhr und Ausfuhr (Spezial-
handel) nach den Güterabteilungen des
Güterverzeichnisses für Produktions-
statistiken 2006. www.destatis.de.

Statistisches Bundesamt (2006a) (Hrsg.):
Datenreport 2006. Zahlen und Fakten über
die Bundesrepublik Deutschland. Bonn

Statistisches Bundesamt (2006b): Konjunk-
turmotor Export. Materialienband zum
Pressegespräch am 30. Mai 2006 in Frank-
furt/Main. Wiesbaden

VENRO (2007): Ausländische Direktinvestitionen – Königsweg für die Entwicklung
des Südens? Bonn

Vidal, John (2008): Shipping Boom Fuels
Rising Tide of Global CO_2 Emissions. In:
The Guardian, 13. Februar 2008. London

VDA (Verband deutscher Automobilindustrie) (2007): Auto Jahresbericht 2007.
www.vda.de

Wuppertal Institut (2005): Fair Future.
Begrenzte Ressourcen und globale
Gerechtigkeit. Ein Report des Wuppertal
Instituts. München

Wuppertal Institut (2006): Schallaböck,
Karl Otto/Fischedick, Manfred/Brouns,
Bernd/Luhmann, Hans-Jochen/Merten,
Frank/Ott, Hermann E./Pastowski,
Andreas/Venjakob, Johannes: Klimawirk-
same Emissionen des Pkw-Verkehrs und
Bewertung von Minderungsstrategien.
Wuppertal

Zarsky, Lyuba (2005): International Investment for Sustainable Development.
Balancing Rights and Rewards. London

Kapitel 7

Brunkhorst, Hauke (2002): Die Politik der
Menschenrechte. Verfassungsfragen in
der fragmentierten Weltgesellschaft. In:

Blätter für deutsche und internationale
Politik, Nr. 8, S. 981–991

Chemnitz, Christine/Grethe, Harald (2005):
Preferential Entry Prices for Moroccan
Tomato exports to the EU – Who Gets the
Rent? Contributed paper at the XIth Inter-
national Congress of the European Asso-
ciation of Agricultural Economists, »The
Future of Rural Europe in the Global
Agri-Food-system«, 23–27 August 2005.
Kopenhagen

Davis, Mike (2007): Planet der Slums.
Berlin

Gadgil, Madhav/Ramachandra Guha
(1995): Ecology and Equity. The Use and
Abuse of Nature in Contemporary India.
London

Glipo, Arze (2006): Achieving Food and
Livelihood Security in Developing Countries. The Need for a Stronger Governance of Imports. EcoFair Trade Dialogue
Discussion Paper, Nr. 2. Aachen/Berlin

Greenpeace (2006): Aus Urwald wird Tier-
futter. Amazonas-Regenwald wird für
Appetit auf Fleisch zerstört. Hintergrundpapier. Hamburg

Hamm, Brigitte (2004): Wie kommen
die Armen zu ihren Rechten? Armutsbekämpfung und Menschenrechte.
Bonn/Berlin

Hausmann, Ute (2007): Deutschlands
menschenrechtliche Verpflichtungen
in multilateralen Entwicklungsbanken.
Stuttgart et al.

Hirsch, Klaus/Seitz, Klaus (Hrsg.) (2005):
Zwischen Sicherheitskalkül, Interesse
und Moral. Beiträge zur Ethik der
Entwicklungspolitik. Frankfurt

IPCC (2007): Fourth Assessment Report,
Working Group 2. Genf

Ignatieff, Michael (2001): Human Rights
as Politics and Idolatry. Princeton

Kreimer, Tim/Gerling, Michael (2007):
Status quo und Perspektiven im
deutschen Lebensmitteleinzelhandel 2006..
Herausgegeben von KPMG Deutsche
Treuhand-Gesellschaft Aktiengesell-
schaft

Lanje, Kerstin (2005): Perspektiven für einen nachhaltigen »Stoffstrom Soja« zwischen Brasilien und Deutschland. Loccumer Protokolle 33/03. Loccum

Müller-Plantenberg, Urs (2002): Rawls weltweit. In: Gabbert, Karin et al. (Hg.): Jahrbuch Lateinamerika. Analysen und Berichte. Münster, S. 611–626

Narayan, Deepa et al. (2000): Voices of the Poor: Crying Out for Change. New York/ Oxford

Nederlandse Sojacoalitie/AIDEnvironment (2006): Soja doorgelicht – de schaduwzijde van een wonderboon. Amsterdam

Nuscheler, Franz (2007): Wie geht es weiter mit der Entwicklungspolitik? In: Aus Politik und Zeitgeschichte, 48/2007, S. 3–10

OHCHR (Office of the UN High Commissioner on Human Rights) (2006): Principles and Guidelines for a Human Rights Approach to Poverty Reduction Strategies. Genf

O'Neill, Onora (2000): Bounds of Justice. Cambridge

Parry, Martin et al. (2001): Millions at Risk. Defining Critical Climate Change Threats and Targets. Global Environmental Change 11, 3, S. 181–183

Petersmann, Ernst-Ulrich (2003): Theories of Justice, Human Rights and the Constitution of International Markets. European University Institute Working Paper Law Nr. 2003/17. Florenz

Pogge, Thomas (2002): World Poverty and Human Rights. Cambridge

Robinson, Clive (2005): Whose Security? Integration and Integrity in EU Policies for Security and Development. Brüssel

Sachs, Jeffrey D. (2005): Das Ende der Armut. Ein ökonomisches Programm für eine gerechte Welt. Berlin

Sachs, Wolfgang (2002): Nach uns die Zukunft. Der globale Konflikt um Gerechtigkeit und Ökologie. Frankfurt

UN (United Nations) (2007): Millennium Development Goals Report. New York

UNDP (United Nations Development Programme) (2000): Human Development Report 2000, Oxford: Oxford University Press

USDA (2003): Morocco Retail Food Sector Report 2003, GAIN Report Number: MO3025

Van Gelder, J. W./Dros, J. M. (2005): Van Ourwoud tot Kippenbout. Effecten van sojateelt voor vervoer op mens en natuur in het Amazonasgebied – een ketenstudie. Studie für die Nederlandse Sojacoalitie im Auftrag von Milieudefensie und Cordaid.

Weibel, Peter (2007): Free Trade ist nicht Fair Trade. In: Christian Eigner/Michaela Ritter (Hrsg.), Un/Fair Trade. Die Kunst der Gerechtigkeit. S. 14–33

WCD (World Commission on Dams) (2000): Dams and Development. London

Wiggerthale, Marita (2008): Endstation Ladentheke, Einzelhandel – Macht – Einkauf: Unter welchen Bedingungen Ananas und Bananen produziert werden, die in Deutschland über die Ladentheke gehen. Studie im Auftrag von Oxfam Deutschland

Woodward, David/Simms, Andrew (2006): Growth isn't Working. The Unbalanced Distribution of Benefits and Costs from Economic Growth. London

Kapitel 8

Argyle, Michael (1998): Sources of Satisfaction. In: Ian Christie/Lindsay Nash (Hg.): The Good Life. London

Becchetti, Leonardo (2007): Il denaro fa la felicità? Bari

Birkeland, Janis (2002): Design for Sustainability. A Sourcebook for Integrated Solutions. London

BMU (Bundesministerium für Umwelt, Naturschutz, Reaktorsicherheit) (2008): Entwurf des Erneuerbare-Energien-Wärmegesetzes. Pressemitteilung

Braungart, Michael (2007): Cradle to

Cradle Production. In: Herbert Girardet (Hg.): Surviving the Century. London, S. 127–150

Bunting, Madeleine (2004): Willing Slaves. How the Overwork Culture is Ruling our Lives. London

Frey, Bruno S./Albert Stutzer (2002): Happiness and Economics. Princeton

Gleich, Arnim von (Hg.) (2001): Bionik. Ökologische Technik nach dem Vorbild der Natur? Stuttgart

Graedel, Thomas E./Allenby, Braden R. (2002): Industrial Ecology. Prentice-Hall

Gutteck, C. (2007): Konsens der Individualisten. Das öffentliche Fahrrad erobert Europa und verbindet die Idee des Allgemeinguts mit dem Traum der Unabhängigkeit. Süddeutsche Zeitung (6. November 2007)

Huber, Joseph (1995): Nachhaltige Entwicklung. Berlin

Jackson, Tim (2005): Live Better by Consuming Less? Is There a »Double Dividend« in Sustainable Consumption? In: Journal of Industrial Ecology, vol. 9, S. 19–36

Jochem, Eberhard (Hg.) (2004): Steps Towards a Sustainable Development. A White Book for R & D of Energy-Efficient Technologies. Zürich

Kraus, Jobst (2008): Mit Marktmacht Anschub für sparsame Fahrzeuge. Unveröffentlichtes Manuskript. Bad Boll

Layard, Richard (2005): Die glückliche Gesellschaft. Kurswechsel für Politik und Wirtschaft. Frankfurt/New York

Meyer-Abich, Klaus M. (1997): Ist biologisches Produzieren natürlich? – Leitbilder einer naturgemäßen Technik. In: GAIA, 6/4, S. 247–252

Monheim, Heiner (2006): Urbanität und Mobilität – Visionen einer besseren Verkehrswelt. In: Arbeitskreis Umwelt MitarbeiterInnen Daimler Chrysler, Visionen 2020, Stuttgart, S. 44–49.

Pauli, Gunter (1999): Upcycling. Wirtschaften nach dem Vorbild der Natur für mehr Arbeitsplätze und eine saubere Umwelt. München

Schallaböck, Karl-Otto/Fischedick, Manfred/Brouns, Bernd et al. (2006): Klimawirksame Emissionen des Pkw-Verkehrs und Bewertung von Minderungsstrategien. Wuppertal Spezial 34, Wuppertal

Scheer, Hermann (2005): Energieautonomie. München

Scherhorn, Gerhard (2008): Über Effizienz hinaus. In: Hartard/Schaffer/Giegrich (Hg.), Ressourceneffizienz im Kontext der Nachhaltigkeitsdebatte. Baden-Baden

Schmidt-Bleek, Friedrich (2007): Nutzen wir die Erde richtig? Die Leistungen der Natur und die Arbeit des Menschen. Frankfurt

Schweisfurth, Karl Ludwig (2006): Von der Landwirtschaft zur ökologischen Agrarkultur. Das schöne Beispiel der Hermannsdorfer Landwerkstätten. In: H. Glauber (Hg.): Langsamer, weniger, besser, schöner. 15 Jahre Toblacher Gespräche: Bausteine für die Zukunft. München, S. 201–206

Sieferle, Rolf-Peter et al. (2006): Das Ende der Fläche. Zum gesellschaftlichen Stoffwechsel der Industrialisierung. Köln

Stahel, Walter (2006): The Performance Economy. Houndmills: Palgrave-Macmillan

Thackera, John (2005): In the Bubble. Designing in a Complex World. Cambridge

Umweltbundesamt (2006): Wie private Haushalte die Umwelt nutzen – höherer Energieverbrauch trotz Effizienzsteigerungen (Hintergrundpapier). o. O.

Wanzeck, Markus (2007). Eine Rad-Revolution kommt ins Rollen. www.stern.de (20. Mai 2008)

Kapitel 9

Bach, Stefan/Steiner, Viktor (2007): Zunehmende Ungleichheit der Markteinkommen. Reale Zuwächse nur für Reiche. DIW Wochenbericht Nr. 13

Baier, Andrea/Müller, Christa/Werner, Karin (2007): Wovon Menschen leben. Arbeit, Engagement und Muße jenseits des Marktes. München

Benhabib, Seyla (2004): The Rights of Others, Residents and Citizens. Cambridge

Bierter, Willy/v. Winterfeld, Uta (Hg.) (1998): Zukunft der Arbeit – welcher Arbeit? Berlin, Basel, Boston

Biesecker, Adelheid (2000): Arbeitsteilung und das Ganze des Wirtschaftens – Die Produktivität sozio-ökonomischer Vielfalt. In: Nutzinger, Hans G./Held, Martin (Hg.): Geteilte Arbeit und ganzer Mensch. Perspektiven der Arbeitsgesellschaft. Frankfurt/New York, S. 204–225

Biesecker, Adelheid/Mathes, Maite/Schön, Susanne et al. (Hg.) (2000): »Vorsorgendes Wirtschaften«, Auf dem Weg zu einer Ökonomie des Guten Lebens dargelegt. Bielefeld

Biesecker, Adelheid (2001): Kooperative Vielfalt und Gleichwertigkeit. Das Ganze der Arbeit und seine (Neu-)Verteilung. In: Lenz, C./Waidelich, W./v. Bücker, E./Reichmann, A. (Hg.): Hauptsache Arbeit? Was wird … Maßstäbe. Modelle. Visionen. Hamburg, S. 188–200

Boos-Nünning, Ursula (2006): Berufliche Bildung von Migrantinnen und Migranten. Ein vernachlässigtes Potenzial für Wirtschaft und Gesellschaft. In: Friedrich-Ebert-Stiftung (Hg.): Kompetenzen stärken, Qualifikationen verbessern, Potenziale nutzen. Berufliche Bildung von Jugendlichen und Erwachsenen mit Migrationshintergrund. Bonn, S. 6–29

BMAS (Bundesministerium für Arbeit und Soziales) (2005): Lebenslagen in Deutschland. Der 2. Armuts- und Reichtumsbericht der Bundesregierung. Bonn

BMFSFJ (Bundesministerium für Familie, Senioren, Frauen und Jugend) (2006): 7. Familienbericht. Familien zwischen Flexibilität und Verlässlichkeit. Perspektiven für eine lebenslaufbezogene Familienpolitik. Deutscher Bundestag, Drucksache 16/1360

BMFSFJ (Bundesministerium für Familie, Senioren, Frauen und Jugend) (2008): Erfolgsbilanz nach einem Jahr: Das Elterngeld wirkt. Pressemitteilung vom 29. Februar 2008

BMU (Bundesministerium für Umwelt, Naturschutz und Reaktorsicherheit) (Hg.) (1997): Umweltpolitik Agenda 21. Konferenz der Vereinten Nationen für Umwelt und Entwicklung im Juni 1992 in Rio de Janeiro. Bonn

Butterwegge, Christoph (2005): Krise und Zukunft des Sozialstaates. Wiesbaden

Döge, Peter (2004): Auch Männer haben ein Vereinbarungsproblem. Ansätze zur Unterstützung familienorientierter Männer auf betrieblicher Ebene. Pilotstudie (Endbericht).

EKD (Evangelische Kirche in Deutschland) (1997): Für eine Zukunft in Solidarität und Gerechtigkeit. Wort des Rates der Evangelischen Kirche in Deutschland und der Deutschen Bischofskonferenz zur wirtschaftlichen und sozialen Lage in Deutschland. Hannover

Enquete-Kommission »Zukunft des Bürgerschaftlichen Engagements« (Hg.) (2002): Bürgerschaftliches Engagement auf dem Weg in eine zukunftsfähige Gesellschaft. Opladen

Frick, Joachim R./Goebel, Jan/Grabka, Markus M. (2005). Zur langfristigen Entwicklung von Einkommen und Armut in Deutschland: Starke Reduktion der arbeitsmarktbedingten Ungleichheit durch sozialstaatliche Maßnahmen. Wochenbericht des DIW, Nr. 4/2005, S. 59–68. Berlin

Gerhard, Ute (2008): Gesellschaftliche Rahmenbedingungen für *Care*. In: Senghaas-Knobloch, Eva/Krumbruck, Christel (Hg.): Vom Liebesdienst zur liebevollen Pflege. Rehburg-Loccum

Grözinger, Gerd/Maschke, Michael/Offe, Claus (2006): Die Teilhabegesellschaft. Modell eines neuen Wohlfahrtsstaates. Frankfurt/New York

Heitmeyer, Wilhelm (2007): Deutsche Zustände. Folge 5. Frankfurt

Hengsbach SJ, Friedhelm (2006): Gerechtigkeit und Solidarität im Schatten der

Globalisierung. Handlungsoptionen reifer Volkswirtschaften. Policy Paper 26 der Stiftung Entwicklung und Frieden (Hg.). Bonn

Hirsch, Joachim (2005): Eine Alternative zum lohnarbeitsbezogenen Sozialstaat: Das Konzept der »Sozialen Infrastruktur«. In: Widersprüche. Zeitschrift für sozialistische Politik, im Bildungs-, Gesundheits- und Sozialbereich. Heft 97, S. 32–49. Berlin

Holtkamp, Lars/Bogumil, Jörg/Kißler, Leo (2006): Kooperative Demokratie. Das politische Potenzial von Bürgerengagement. Frankfurt/New York

Klein, Ansgar/Schmalz-Bruns, Rainer (Hg.) (1997): Politische Beteiligung und Bürgerengagement in Deutschland. Möglichkeiten und Grenzen. Baden-Baden

König, Jens (2007). Deutschland ist ungerecht. tageszeitung, 14. September 2007

Künzler; J./Walter, W./Reichhard, F./Pfister, G. (2001): Gender Division of Labour in Unified Germany. Tillburg

Müller, Christa (2007): Interkulturelle Gärten – Urbane Orte des Subsistenzproduktion. In: Deutsche Zeitschrift für Kommunikationswissenschaften – Die »grüne« Stadt – urbane Qualitäten durch Freiraumentwicklung, 1/2007, S. 55–67

Nussbaum, Martha (2003): Frauen und Arbeit – Der Fähigkeitenansatz, in: Zeitschrift für Wirtschafts- und Unternehmensethik (zfwu), J. 4 (2003), Heft 1, S. 8–31

Pateman, Carole (1988): The Sexual Contract. Stanford

Rat der Evangelischen Kirche in Deutschland (2006): Gerechte Teilhabe. Befähigung zu Eigenverantwortung und Solidarität. Eine Denkschrift

Rat für Nachhaltige Entwicklung (Hg.) (2004): Momentaufnahme Nachhaltigkeit und Gesellschaft. Texte Nr. 8

Senghaas-Knobloch, Eva (2007): Die Bedeutung großer Veränderungslinien in der Erwerbsarbeit für soziale Nachhaltigkeit. Vortrag vor dem wiss. Beirat des Forschungszentrums Nachhaltigkeit (artec) der Universität Bremen am 28. Juni 2007 (Veröff. in Vorbereitung)

Statistisches Bundesamt (2003): Wo bleibt die Zeit? Die Zeitverwendung der Bevölkerung 2001/2002, Wiesbaden

Von Braunmühl, Claudia/von Winterfeld, Uta (2003): Global Governance. Eine begriffliche Erkundung im Spannungsfeld von Nachhaltigkeit, Globalisierung und Demokratie. Wuppertal Paper 135, Wuppertal

Wagner, Wolf (1982): Die nützliche Armut. Eine Einführung in die Sozialpolitik. Berlin

Werner, Karin (2008): Interkulturelle Gärten als Sozialräume der Mikro-Integration. Skripte zu Migration und Nachhaltigkeit Nr. 6, München

Wichterich, Christa (2003): Femme Global. Globalisierung ist nicht geschlechtsneutral. Hamburg

Kapitel 10

Bakan, Joel (2005): Das Ende der Konzerne. Die selbstzerstörerische Kraft der Unternehmen. Hamburg

Barnes, Peter (2001): Who Owns the Sky? Our Common Assets and the Future of Capitalism. Washington

Barnes, Peter (2006): Capitalism 3.0. A guide to reclaiming the commons. San Francisco

Bevilacqua, Piero (2000): Il concetto di risorsa: significati e prospettive. In: Meridiana. Rivista di storia e scienze sociali, Nr. 37, S. 13–31

Costanza, Robert/d'Arge, Ralph/de Groot, Rudolf/Farber, Stephen/Grasso, Monica/Hannon, Bruce/Limburg, Karin/Naeem, Shahid/O'Neill, Robert V./Paruelo, José/Raskin, Robert G./Sutton, Paul/van den Belt, Marjan (1997): The Value of the World's Ecosystem Services and Natural Capital. In: Nature, Vol. 387, S. 256

Dahm, J. Daniel/Scherhorn, Gerhard (2008): Urbane Subsistenz. München (in Vorbereitung)

Daily, Gretchen (1997): Nature's Services: Societal Dependence on Natural Ecosystems. Washington

Deutscher Corporate Governance Kodex (2005). In: Aktiengesetz – GmbH-Gesetz, 38. Aufl., S. 139–150. München

Diamond, Jared (2006): Kollaps. Warum Gesellschaften überleben oder untergehen. Frankfurt

Figge, Frank/Hahn, Tobias (2004): Sustainable Value Added: Ein neues Maß des Nachhaltigkeitsbeitrags von Unternehmen am Beispiel der Henkel KGaA. Vierteljahreshefte zur Wirtschaftsforschung, Nr. 73, S. 126–141

Frank, Robert H. (2007): Falling Behind. How Rising Inequality Harms the Middle Class. Berkeley

Frank, Robert H./Cook, Philip (1995): The-Winner-Take-All Society. New York

Haas, Jörg/Barnes, Peter (2008): Wer erhält die Mitnahmegewinne aus dem Emissionshandel? Oder: Warum das europäische Emissionshandelssystem in einen Sky Trust umgewandelt werden sollte. In: Ott, Hermann E./Heinrich-Böll-Stiftung: Wege aus der Klimafalle. München, S. 112–121

Jochimsen, Maren A./Kesting, Stefan/Knobloch, Ulrike (2004): Lebensweltökonomie. Bielefeld

Kaul, Inge/Grunberg, Isabelle/Stern, Marc (1999): Global Public Goods. International Cooperation in the 21st Century. New York

Kristof, Kora/Scherhorn, Gerhard (2003): Informelle Arbeit in der Dienstleistungsgesellschaft. In: Bosch, Gerhard/Hennicke, Peter/Hilbert, Josef/Kristof, Kora/Scherhorn, Gerhard, Die Zukunft von Dienstleistungen. Frankfurt, S. 513–537

Locke, John (1690): Two Treatises of Government. London

Meyer-Abich, Klaus Michael (1997): Praktische Naturphilosophie. München

Mill, John St. (1987): Principles of political economy. Fairfield/N. J.

Millennium Ecosystem Assessment (2005): Ecosystems and Human Wellbeing: Synthesis. Washington

Mitchell, Lawrence E. (2002): Der parasitäre Konzern. Shareholder Value und der Abschied von gesellschaftlicher Verantwortung. München

Polanyi, Karl (1941): The Great Transformation. New York

Public Citizen (2001): NAFTA. Chapter 11, investor-to-state Cases: Bankrupting democracy. Washington D. C.

Schaffer, Axel/Stahmer, Carsten (2006a): Erweitertes Gender-BIP – Eine geschlechtsspezifische Analyse des traditionellen Bruttoinlandproduktes und der Hauhaltproduktion in Deutschland. In: Jahrbücher für Nationalökonomie und Statistik, Bd. 226/3, S. 308–328

Scherhorn, Gerhard (2005b): Gleiche Chancen für das Kapital. In: Woltron, Klaus/Knoflacher, Hermann/Rosik-Kölbl, Agnieska. Wege in den Postkapitalismus, S. 79–94.

Ulrich, Peter (2005): Zivilisierte Marktgesellschaft. Eine wirtschaftsethische Orientierung. Freiburg

Kapitel 11

Bioenergiedorf (2007): www.bioenergiedorf.de (Juli 2007)

BMU (Bundesministerium für Umwelt, Naturschutz und Reaktorsicherheit) (2004). Ökologisch optimierter Ausbau erneuerbarer Energien (Studie von DLR, Wuppertal Institut, ifeu). Berlin

BMU (2006a): Erneuerbare Energien – Innovationen für die Zukunft. Berlin

BMU (2006b): Ökologisch optimierter Ausbau erneuerbarer Energien (Studie von DLR, Wuppertal Institut, ifeu). Berlin

BMU (2007): Das Integrierte Energie- und Klimaprogramm der Bundesregierung. Berlin

BMU (2008): Erneuerbare Energien in Zahlen. Berlin

BMWi/BMU (Bundesministerium für Wirtschaft/Bundesministerium für Umwelt, Naturschutz und Reaktorsicherheit) (2007): Integriertes Energie- und Klimaprogramm. Berlin

Brot für die Welt (Hg.) (2008), Entwicklungspolitische Folgen des Welthandels mit Agroenergie, Stuttgart

BUND (Bund für Umwelt und Naturschutz) (Hg.) (2007): Energetische Nutzung von Biomasse, Berlin, April 2007

FNR (Fachagentur für Nachwachsende Rohstoffe) (2006) (Hg.): Marktanalyse Nachwachsende Rohstoffe Teil II. Gülzow

FNR (2006) (Hg.): Marktanalyse Nachwachsende Rohstoffe Teil I, Fachagentur Nachwachsende Rohstoffe. Gülzow

Heidemann, W. (2005): Solare Nahwärme und saisonale Speicherung. FVS Jahresbericht, 2005, Berlin

NZZ (Neue Zürcher Zeitung) (2007): Mexiko in der Tortillakrise (21. Januar 2007)

SRU (Sachverständigenrat für Umweltfragen) (2007): Klimaschutz durch Biomasse – Sondergutachten, Erich Schmidt Verlag, Berlin

TAB (Büro für Technikfolgen-Abschätzung beim Deutschen Bundestag) (2007): Industrielle stoffliche Nutzung nachwachsender Rohstoffe. Arbeitsbericht Nr. 114, März

Wuppertal Institut/UMSICHT/Ifeu (2007): Nachhaltige Flächennutzung und nachwachsende Rohstoffe. F+E-Vorhaben »Optionen einer nachhaltigen Flächennutzung und Ressourcenschutzstrategien unter besonderer Berücksichtigung der nachhaltigen Versorgung mit nachwachsenden Rohstoffen«. Endbericht Dezember 2007. Wuppertal

Kapitel 12

Aachener Stiftung Kathy Beys (2007): Dematerialisierungs-Portal, www.dematerialisierung.de (12. September 2007)

Acosta-Fernández, José (2007): Identifikation prioritärer Handlungsfelder für die Erhöhung der gesamtwirtschaftlichen Ressourcenproduktivität in Deutschland. Paperreihe »Steigerung der Ressourcenproduktivität als Kernstrategie einer nachhaltigen Entwicklung«. Wuppertal

Arthur D. Little GmbH/Wuppertal Institut/ Fraunhofer-Institut für System- und Innovationsforschung (2005): Studie zur Konzeption eines Programms für die Steigerung der Materialeffizienz in Mittelständischen Unternehmen, Abschlussbericht. Düsseldorf et al.

Bahn-Walkowiak, Bettina/Bleischwitz, Raimund/Kristof, Kora/Türk, Volker (2007): Instrumentenbündel zur Erhöhung der Ressourcenproduktivität. Paperreihe »Steigerung der Ressourcenproduktivität als Kernstrategie einer nachhaltigen Entwicklung«. Wuppertal

Bertoldi, Paolo/Boza-Kiss, Benigna/Rezessy, Silvia (2007): Latest Development of Energy Service Companies across Europe. A European ESCO Update. JRC Scientific and Technical Reports. Ispra

BMVBS (Bundesministerium für Verkehr, Bau und Stadtentwicklung) (2006): Verkehr in Zahlen. Berlin

BMWi/BMU (Bundesministerium für Wirtschaft/Bundesministerium für Umwelt, Naturschutz und Reaktorsicherheit) (2007): Integriertes Energie- und Klimaprogramm. Berlin

Bringezu, Stefan/Schütz, Helmut/Steger, Sören/Baudisch, Jan (2004): International Comparison of Resource Use and Its Relation to Economic Growth: the Development of Total Material Requirment, Direct Material Inputs and Hidden Flows and the Structure of TMR. In: Ecological economics, 51 (2004), 1/2, S. 97–124

BUND (2007): Für eine große Klima-koalition. Der BUND-Klimaschutzplan: Jährliche Kontrolle statt vager Versprechen. Berlin

Bundesregierung (2002): Perspektiven für Deutschland: Unsere Strategie für eine nachhaltige Entwicklung. Berlin

Deutscher Bundestag (2002): Schlussbericht der Enquetekommission Globalisierung der Weltwirtschaft – Herausforderungen und Antworten. Drucksache 14/9200. Berlin

DIW (Deutsches Institut für Wirtschaftsforschung)/ISI (Fraunhofer Institut für System- und Innovationsforschung)/ Roland Berger Strategy Consultants (2007): Wirtschaftsfaktor Umweltschutz: Vertiefende Analyse zu Umweltschutz und Innovation. Berlin, Karlsruhe

Europäische Kommission (2005): Thematische Strategie für eine nachhaltige Nutzung natürlicher Ressourcen, KOM (2005) 670 endgültig. Brüssel

Europäische Kommission (2007): Results of the Review of the Community Strategy to Reduce CO_2 Emissions From Passangers Cars and Light-Commercial Vehicles. COM (2007) 19 final. Brüssel

Haag, Martin (2007): Integration der Verkehrsmittel des Umweltverbundes. Herausforderungen nachhaltiger Verkehrspolitik. Präsentation vom 13. November 2007. Berlin

Hennicke, Peter/Müller, Michael (2005): Weltmacht Energie. Herausforderung für Demokratie und Wohlstand. Stuttgart

IEA (International Energy Agency) (2007): Energy Use in the New Millenium. Trends in IEA countries. Paris

Infas/DIW (2004): Mobilität in Deutschland. Ergebnisbericht

Irrek, Wolfgang/Thomas, Stefan (2006): Der EnergieSparFonds für Deutschland. Düsseldorf

Kleemann, Manfred (2006): Verdoppelung des Modernisierungstempos bis 2020. Minderungsziel: 30 Prozent Energieeinsparung. Vorschlag für Leuchtturm-

projekte im Gebäude- und Heizungsbereich. Evaluierung der Energie- und CO_2-Einsparung im Auftrag des BDH. Jülich

Kristof, Kora/Türk, Volker (2006): Ressourceneffizienzsteigerungen durch unternehmensübergreifende Instrumente. Paperreihe »Steigerung der Ressourcenproduktivität als Kernstrategie einer nachhaltigen Entwicklung«. Wuppertal

Kristof, Kora/Liedtke, Christa/Lemken, Thomas/Baedeker, Carolin (2007): Erfolgsfaktoren für eine erfolgreiche Ressourcenpolitik: Kostensenkung, Rohstoffsicherheit, Arbeitsplätze und Umweltschutz; Hintergrundpaper für die zweite Innovationskonferenz des Bundesumweltministeriums »Ressourceneffizienz – Strategie für Umwelt und Wirtschaft«. Wuppertal

Liedtke, Christa/Busch, Timo (2005): Materialeffizienz: Potenziale bewerten, Innovationen fördern, Beschäftigung sichern. München

McKinsey & Company (2007): Kosten und Potenziale der Vermeidung von Treibhausgasemissionen in Deutschland. Studie im Auftrag von »BDI initiativ – Wirtschaft für Klimaschutz«. Berlin

Müller, Udo/Pasche, Markus/Irrek, Wolfgang (1992): Energiestrategien aus Sicht des Systemmanagements. Diskussionspapier Nr. 168 des Fachbereichs Wirtschaftswissenschaften der Universität Hannover. Hannover

Reutter, Oscar (2007): Resourceneffizienz – der neue Reichtum der Städte. München

Ritthoff, Michael/Merten, Thomas/Wallbaum, Holger/Liedtke, Christa (2004): Stahl im Vergleich – Verfahren, Ressourceneffizienz, Recycling, Umwelt. Stahl und Eisen 124, Nr. 7., S. 62–66

Schallböck, Karl-Otto/Fischedick, Manfred/ Brouns, Bernd/Luhmann, Hans-Jochen/ Merten, Frank/Ott, Hermann E./ Pastowski, Andreas/Venjakob, Johannes (2006): Klimawirksame Emissionen des Pkw-Verkehrs und Bewertung von Minderungsstrategien, Wuppertal Spezial 76. Wuppertal

Seifried, Dieter (2007): Klimaschutz als Kapitalanlage. ECO-Watt – Das Einsparkraftwerk mit Bürgerbeteiligung. Freiburg

Sony (2007a): Green Management 2010, www.ony.net (12. September 2007)

Sony (2007b): Results of Green Management 2005, www.sony.net (12. September 2007)

Sony (2007c): Social and Environmental Report 2002, www.sony.net (12. September 2007)

Stadt Wien (2007a): Technologieleitfaden Umwälzpumpen. Wien

Stadt Wien (2007b): Wie Sie bei der Heizung Strom sparen können. Umwälzpumpe: Der unbekannte Stromfresser im Keller. Wien

Thomas, Stefan (2007): Aktivitäten der Energiewirtschaft zur Förderung der Energieeffizienz auf der Nachfrageseite in liberalisierten Strom- und Gasmärkten europäischer Staaten: Kriteriengestützter Vergleich der politischen Rahmenbedingungen, Dissertation an der Freien Universität Berlin. Frankfurt

Wuppertal Institut (2005): Testing and Dissemination of Public Internal Performance Contracting Schemes with Pilot Projects for Energy-Efficient Lighting in Public Buildings (PICO-Light), Final Report of SAVE project Nr. 4.1031/Z/02-038/2002. Wuppertal

Wuppertal Institut/ASEW (Arbeitsgemeinschaft kommunaler Versorgungsunternehmen) (2003): Energieeffizienz im liberalisierten Strom- und Gasmarkt. Wie Energieunternehmen und andere Akteure Energieverbraucher beim Energiesparen unterstützen können und wie die Politik dies fördern kann. Wuppertal/Köln

Wuppertal Institut/CSCP (2007): Top Runner Approach, FKZ 20693100/06. Wuppertal

Kapitel 13

Altvater, Elmar (2005): Das Ende des Kapitalismus, wie wir ihn kennen. Münster

Augar, Philip (2005): The Greed Merchants. How the Investment Banks Played the Free Market Game. London

BMF (Bundesministerium für Finanzen) (2004): Fünf Jahre Ökologische Steuerreform. In: Monatsbericht 03/2004, S. 35–43

BMU (Bundesministerium für Umwelt, Naturschutz und Reaktorsicherheit) (2006): Ökologische Industriepolitik, Ein Memorandum für einen »New Deal« von Wirtschaft, Umwelt und Beschäftigung. Berlin

CARPE (Cities as REsponsible Purchasers in Europe (2004): CARPE-Leitfaden für verantwortungsbewusste Beschaffung. Brüssel

De Graaf, John/Wann, David/Naylor, Thomas (2002). Affluenza. Zeitkrankheit Konsum. München

Dorji, Kinley/Sian Pek, Siok (2008): The Bhutanese Media: In the Service of the Public. Rethinking Development, S. 78–96.

Europäische Kommission (2008): Accompanying Document to the Proposal for a Directive of the European Parliament and of the Council Amending Directive 2003/87/EC so as to Improve and Extend the EU Greenhouse Gas Emission Allowance Trading System, Impact Assessment. SEC (2008) 52, Brüssel, 23. Januar 2008

Haas, Jörg/Barnes, Peter (2008): Warum das europäische Emissionshandelssystem in einen Sky-Trust umgewandelt werden sollte. In: Ott, Hermann E./Heinrich-Böll-Stiftung (Hg.): Wege aus der Klimafalle. München, S. 112–121

Harvey, David (2007): Kleine Geschichte des Neoliberalismus. Zürich

Jänicke, Martin (2008): Megatrend Umweltinnovation. München

Kohlhaas, Michael (2005): Gesamtwirtschaftliche Effekte der ökologischen Steuerreform. Deutsches Institut für Wirtschaftsforschung. Berlin

Kraus, Jobst (2008): Mit Marktmacht Anschub für sparsame Fahrzeuge, unveröffentlichtes Manuskript. Bad Boll

Krugman, Paul (2007). Nach Bush. Das Ende der Neokonservativen und die Stunde der Demokraten. Frankfurt

Lehner, Franz/Schmidt-Bleek, Friedrich (1999): Die Wachstumsmaschine. Der ökonomische Charme der Ökologie. München

Luhmann, Jochen (2005): Nicht das Ende der Dienstfahrten, sondern das Ende ihrer Privilegierung tut not. Hintergrundtext für eine Pressemeldung des BUND am 5. November 2005

Machnig, Matthias (2006): Das China-Syndrom. In: Handelsblatt, 29. August 2006

McDonald, R. (2008): Selling Desire and Dissatisfaction: Why Advertising Should be Banned From Bhutanese Television. Journal of Bhutan Studies, S. 53–73

Müller, Michael/Troge, Andreas (2007), Beendet die Diktatur der kurzen Frist! In: Cicero, 4/2007, S. 2–3

Olson, Mancur (1965): The Logic of Collective Action. Public Goods and the Theory of Groups. Boston. Deutsch: Die Logik des kollektiven Handelns. Kollektivgüter und die Theorie der Gruppen (1986). Tübingen

Ostrom, Elinor (1990). Governing the commons. Cambridge

Pfriem, Reinhard (2005): Heranführung an die Betriebswirtschaftslehre. Marburg

Princen, Thomas (2005): The logic of sufficiency, S. 159–222. Cambridge

Princen, Thomas/Maniates, Michael/Conca, Ken (Hg.) (2002): Confronting consumption. London

Rat der Europäischen Union (2006): Finanzielle Vorausschau 2007–2013. Dokument 1691605, 19. Dezember 2006. Brüssel

Sachs, Wolfgang et al. (2007): Slow Trade – Sound Farming. Handelsregeln für eine global zukunftsfähige Landwirtschaft, hg. von Heinrich-Böll-Stiftung und Misereor. Berlin

Scherhorn, Gerhard (1983): Die Funktionsfähigkeit von Konsumgütermärkten. In: M. Irle (Hg.). Marktpsychologie als Sozialwissenschaft, S. 45–150. Göttingen

Scherhorn, Gerhard (2005): Markt und Wettbewerb unter dem Nachhaltigkeitsziel. Zeitschrift für Umweltpolitik & Umweltrecht, 28, S. 135–154

Scherhorn, Gerhard (2008): Das Finanzkapital zwischen Gier und Verantwortung. Zeitschrift für Sozialwissenschaft, Jg. 45, 156./157. Folge, S. 3–13

Schneider, Uwe H. (2006): »Systematisch geschwächt.« Interview in Der Spiegel 38/2006, S. 100

Schor, Juliet (1998): The Overspent American. New York

Schröder, Heike (2004): Der japanische Toprunneransatz im Klimaschutz. Ökologisches Wirtschaften, Heft 3–4, Juni 2004, S. 22–23

Solte, Dirk (2007): Weltfinanzsystem am Limit. Einblicke in den »heiligen Gral« der Globalisierung. Berlin

Stehr, Nico (2006): Die Moralisierung der Märkte. Frankfurt

Stern, Nicholas (2007): The Economics of Climate Change. The Stern Review. Cambridge

Udéhn, Lars (1993): Twenty-Five Years With the Logic of Collective Action. Acta Sociologica, 36 (3), S. 239–261

Wallerstein, Immanuel (2002): Utopistik. Historische Alternativen des 21. Jahrhunderts. Wien

Weizsäcker, Carl Christian (2006): Re-Regulierung der liberalisierten Energiemärkte in Europa. In: Wolfgang Franz, Hans Jürgen Ramser und Manfred Stadler (Hg.): Umwelt und Energie (Wirtschaftswissenschaftliches Seminar Ottobeuren, Band 35). Tübingen, S. 277–284.

Wolff, R. (2008): Kein Werbeverbot im Kinderprogramm. In: die tageszeitung (7. Januar 2008)

Wüstemann, Henry/Mann, Stefan/Müller, Klaus (Hg.) (2008): Multifunktionalität. Von der Wohlfahrtsökonomie zu neuen Ufern. München

WWF (Worldwide Fund for Nature) Deutschland (2006): Hintergrundinformation. Gewinne aus der Einpreisung von CO_2-Kosten im Verhältnis zu den angekündigten Investitionen von RWE, E.On, Vattenfall Europe, EnBW und STEAG, Berlin, 13. Februar 2006

Kapitel 14

AoeL e. V. (Assoziation ökologischer Lebensmittelhersteller) (2007): Stellungnahme zu nachhaltiger Agroenergie. Bad Brückenau

AoeL e. V. (2008): Stellungnahme zum Fortschrittsbericht 2008 der Bundesregierung. Bad Brückenau

BBR (Bundesamt für Bauwesen und Raumordnung) (2001): Leitfaden nachhaltiges Bauen. Anhang 7: Gebäudepass. Im Auftrag des Bundesministeriums für Verkehr, Bau und Wohnungswesen. Bonn

BBR (Hg.) (2006): Bericht zur Lage und Perspektive der Bauwirtschaft 2006. Bonn

BIngK (Bundesingenieurkammer) (2002): Bauwerkspass. http://bingk.skygate.de/1190.htm (20. Mai 2008)

BMBF (Bundesministerium für Bildung und Forschung) (2005): Von der Agrarwende zur Konsumwende. Berlin

BMWi (Bundesministerium für Wirtschaft und Technologie) (2006): Endenergieverbrauch nach Anwendungsbereichen. Deutschland. Energiedaten. Tabelle 7. Letzte Änderung am 30. Mai 2006. www.bmwi.de/BMWi/Redaktion/ (3. April 2007).

Boeckmann, Tina/Nölting, Benjamin (2005): Ökologische Land- und Ernährungswirtschaft in Berlin und Brandenburg. In: Ländlicher Raum, Jan./Feb., S. 16–20

Bringezu, Stefan (2000): Die Analyse der Materialintensität von Infrastrukturen. Wuppertal Paper Nr. 102. Wuppertal

BUND (Bund für Umwelt und Naturschutz Deutschland) (2008): Gentechnikfreie Regionen in Deutschland. www.gentechnikfreie-regionen.de (15. März 2008)

Dalkmann, Holger/Schäfer-Sparenberg, Carolin (2007): Innovative Projekte einer nachhaltigen Mobilität im öffentlichen Personennahverkehr. In: Reutter, Oscar (Hg.) (2007): Ressourceneffizienz – Der neue Reichtum der Städte. München, S. 177–188

Danielzyk, Rainer/Panebianco, Stefan (2006): Die Regionalen in NRW. In: Planerin, Heft 4/06, S. 25–27

Demmeler, Martin (2004): Ressourceneffizienz regionaler und ökologischer Lebensmittel – eine kombinierte Anwendung von Ökobilanzierung und ressourcenökonomischer Analyse. In: Schriften der Gesellschaft für Wirtschafts- und Sozialwissenschaften des Landbaues e. V., Bd. 39, S. 351–359

Enquetekommission »Schutz des Menschen und der Umwelt« des 13. Deutschen Bundestages« (1998): Konzept Nachhaltigkeit: Vom Leitbild zur Umsetzung. Abschlussbericht. BT-Drucksache 13/11200. Bonn

Fachinformationszentrum Karlsruhe (Hg.) (2002): Altbau. Fit für die Zukunft. Basis Energie 11. BINE Informationsdienst.

Friege, Kurt Henning (2005): Infrastruktur für eine moderne Abfallwirtschaft. In: Loske, Reinhard/Schaeffer, Roland: Die Zukunft der Infrastrukturen. Intelligente Netzwerke für eine nachhaltige Entwicklung. Marburg, S. 387–415

GdW (Bundesverband Deutscher Wohnungs- und Immobilienunternehmen) (Hg.) (2006): Bauen und Wohnen im Lebenszyklus. Dokumentation des Symposiums vom 17. Januar 2006 in Essen. GdW Information 116, Berlin

Gerlach, Sabine/Kropp, Cordula/Spiller, Achim/Ulmer, Harald (2005): Die Agrarwende – Neustrukturierung eines Politikfeldes. Göttingen/München

Harloff, Hans Joachim (Hg.) (2000): Psychologie des Wohnungs- und Siedlungsbaus. Göttingen

Hennicke, Peter (Hg.) (2002): Nachhaltigkeit – ein neues Geschäftsfeld? Stuttgart et al.

Herksröter, M. (2005): Mobilität in alle Richtungen. In: Mainviertel Offenbach GmbH & Co. KG (Hg.): Global Business: Was macht uns stark? S. 23–26. Offenbach

Herrmann, Muriel (2008): Regiogeld als Instrument der Solidarischen Ökonomie. In: Giegold, Sven/Embshoff, Dagmar (Hg.): Solidarische Ökonomie im globalisierten Kapitalismus. Hamburg, S. 42–45

Jörissen, Juliane/Coenen, Reinhard (2007): Sparsame und schonende Flächennutzung. Entwicklung und Steuerbarkeit des Flächenverbrauchs. Berlin

Jörissen, Juliane/Coenen, Reinhard/Stelzer, Volker (2005): Zukunftsfähiges Wohnen und Bauen. Herausforderungen, Defizite, Strategien. Berlin

Kennedy, Margrit/Lietaer, Bernard (2006): Regionalwährungen. Neue Wege zu nachhaltigem Wohlstand. München

Kleemann, M./Hansen, P. (2005): Evaluierung der CO_2-Minderungsmaßnahmen im Gebäudebereich. Kurzfassung des Endberichts. Bundesamt für Bauwesen und Raumordnung [Hrsg.]. BBR-Online-Publikation

Kluge, Thomas/Schramm, Engelbert (2002): Aktivierung durch Nähe – Regionalisierung nachhaltigen Wirtschaftens. Frankfurt

Kristof, Kora/Geibler, Justus von (Hg.) (2008): Zukunftsmärkte für das Bauen mit Holz. Leinfelden- Echterdingen

Kröhnert, Steffen/Klingholz, Reiner (2008): Not am Mann. Von Helden der Arbeit zur neuen Unterschicht? Berlin (www.berlin-institut.org/studien/not_am_mann.html, 20. Mai 2008)

Kullmann, Armin (2005): Erfolgsfaktoren-Analyse regionaler Vermarktungsprojekte. Methodik und Ergebnisse im Rahmen der Halbzeitbewertung des PLENUM-Programms Baden-Württemberg. Institut für Ländliche Strukturforschung. Frankfurt

Lichtensteiner, Thomas (Hrsg.) (2006): Bauwerke als Ressourcennutzer und Ressourcenspender in der langfristigen Entwicklung urbaner Systeme. Zürich.

Loske, Reinhard/Schaeffer, Roland (2005): Infrastrukturpolitik als ordnungspolitische Gestaltungsaufgabe. In: Loske, Reinhard/Schaeffer, Roland: Die Zukunft der Infrastrukturen. Marburg, S. 13–44

Lucas, Rainer (2007): Von der Daseinsvorsorge zur Nachhaltigkeit in der Abfallwirtschaft. In: Schug et al. (2007): Nachhaltigkeit, Kooperationen und die Zukünfte der Abfallwirtschaft. Düsseldorf, S. 11–28.

Maier, Gunther/Tödtling, Franz/Trippl, Michaela (2006): Regional- und Stadtökonomik 2. Regionalentwicklung und Regionalpolitik. 3. Auflage. Wien/New York

Maretzke, Steffen (2006): Regionale Disparitäten – eine bleibende Herausforderung. In: Informationen zur Raumentwicklung, Heft 9/2006, S. 473–483

Otterpohl, Ralf/Lanz, Klaus (2005): Wasserinfrastruktur im Jahre 2050. In: Loske, Reinhard/Schaeffer, Roland (Hg.): Die Zukunft der Infrastrukturen. Marburg, S. 369–384

Pfriem, Reinhard (2004): Landwirtschaft und Ernährungskultur. Regionalisierung bietet neue Chancen für die Landwirtschaft. In: Pfriem, Reinhard: Unternehmen, Nachhaltigkeit, Kultur. Marburg, S. 229–240

Popp, Dieter/Hage, Gottfried (2003): Großschutzgebiete als Träger einer naturverträglichen, nachhaltigen Regionalentwicklung. In: Natur und Landschaft, 78. Jhrg., H. 7, S. 311–316

Rat für Nachhaltige Entwicklung (2007): Erfolgsfaktoren zur Reduzierung des Flächenverbrauchs in Deutschland. Berlin

Reutter, Oscar (Hrsg.) (2007): Ressourceneffizienz – Der neue Reichtum der Städte. München

Schader-Stiftung (2005): Daten und Fakten zum Thema Wohnen. www.schaderstiftung.de (8. Juli 2007)

Schaller, Stephan/Wallbaum, Holger/ Merkel, Wolf (2007): Herausforderungen, Nachhaltigkeitsziele und Entwicklungspfade der kommunalen Wasserwirtschaft. In: Reutter, Oscar (Hg.) (2007): Ressourceneffizienz – Der neue Reichtum der Städte. München

UBA (Umweltbundesamt)/BMU (Bundesministerium für Umwelt, Naturschutz und Reaktorsicherheit) (2004): Wirtschaftsfaktor Umweltschutz. Vertiefende Analyse zu Umweltschutz und Innovation. Berlin

UBA (Umweltbundesamt) (2004): Flächenverbrauch, ein Umweltproblem mit wirtschaftlichen Folgen – Hintergrundpapier. Berlin, S. 10

Wagner, Oliver/Wübbels, Michael (2007): Gute Beispiele für kommunale Energiedienstleistungen. In: Reutter, Oscar (Hg.): Ressourceneffizienz. Der neue Reichtum der Städte. München, S. 121–133

Weber-Blaschke, Gabriele/Pacher, Christian/ Greiff, Kathrin et al. (2007): Ressourcenstrategien in Deutschland. In: Kranert, Martin (Hg.): Vom Abfall zur Ressource. 85. Abfallwirtschaftliches Kolloquium der Universität Stuttgart. München, S. 23–50

Zeltner, C. et al. (1999). Sustainable Metal Managemènt Exemplified by Copper in the USA. Regional Environmental Change 1 (1), S. 31–46

ZVV (Züricher Verkehrsverbund) (2006): Strategie 2009–2012. Grundsätze über die Entwicklung von Angebot und Tarif im öffentlichen Personenverkehr. Erläuternder Bericht. Zürich

Kapitel 15

Alda, Holger (2005): Beschäftigungsverhältnisse. In: Soziologisches Forschungsinstitut (SOFI)/Institut für Arbeitsmarkt- und Berufsforschung (IAB)/Institut für sozialwissenschaftliche Forschung (ISF)/Internationales Institut für empirische Sozialökonomie (INIFES) (Hg.): Berichterstattung zur sozioökonomischen Entwicklung in Deutschland. Arbeit und Lebensweisen. Erster Bericht. Wiesbaden, S. 245–269

Arbeitnehmerkammer Bremen (2008): »Weniger ist mehr!« 2 Aktuelle Modelle gelungener Arbeitszeitverkürzung. Bremen

Bauer, Frank et al. (2004): Arbeitszeit 2003. Arbeitszeitgestaltung, Arbeitsorganisation und Tätigkeitsprofile. Köln

Beck, Ulrich (1999): Schöne neue Arbeitswelt – Vision: Weltbürgergesellschaft. Frankfurt

Bielenski, Harald/Bosch, Gerhard/Wagner, Alexandra (2002): Wie die Europäer arbeiten wollen. Erwerbs- und Arbeitszeitwünsche in 16 Ländern. Frankfurt/ New York

Biesecker, Adelheid (2000): Kooperative Vielfalt und das »Ganze der Arbeit«. Wissenschaftszentrum Berlin für Sozialforschung, Discussion Paper 00-504. Berlin

Bontrup, Heinz-J./Niggemeyer, Lars/Melz, Jörg (2007): Arbeitfairteilen. AttacBasis-Texte 27. Hamburg

Borchard, Michael (Hg.) (2007): Das solidarische Bürgergeld – Analyse einer Reformidee. Stuttgart

Brandl, Sebastian/Hildebrandt, Eckart (2002): Zukunft der Arbeit und soziale Nachhaltigkeit. Zur Transformation der Arbeitsgesellschaft vor dem Hintergrund der Nachhaltigkeitsdebatte. Opladen

Brinkmann, Ulrich et al. (2006): Prekäre Arbeit. Ursachen, Ausmaß, soziale Folgen und subjektive Verarbeitungsformen

unsicherer Beschäftigungsverhältnisse.
Bonn

Bundesministerium für Familie, Senioren,
Frauen und Jugend (2005): Freiwilliges
Engagement in Deutschland 1999–2004.
Kurzfassung. München

Bundesministerium für Gesundheit und
Soziale Sicherung (BMGS) (2003): Bericht
der Kommission »Nachhaltigkeit in der
Finanzierung der Sozialen Sicherungssysteme«. Bonn/Berlin

Dahrendorf, Ralf (1983): Die Tätigkeitsgesellschaft. In: Dahrendorf, Ralf: Die
Chancen der Krise. Stuttgart, S. 88–100

Dahrendorf, Ralf (1986): Ein garantiertes
Mindesteinkommen als konstitutionelles
Anrecht. In: Schmid, Thomas (Hg.),
Befreiung von falscher Arbeit. Thesen
zum garantierten Mindesteinkommen.
Berlin

Deutsche Gesellschaft für Zeitpolitik (Eckart
Hildebrandt et al.) (2005): Zeit ist Leben.
Manifest der Deutschen Gesellschaft für
Zeitpolitik. Berlin

Dörre, Klaus/Fuchs, Tatjana (2005): Preka-
rität und soziale (Des-)Integration. In:
Z. Zeitschrift Marxistische Erneuerung,
S. 20–35

Fuchs, Johann (2002): Erwerbspersonenpotenzial und Stille Reserve – Konzeption
und Berechnungsweise. In: Kleinhenz,
Gerhard (Hg.): IAB-Kompendium
Arbeitsmarkt- und Berufsforschung.
Beiträge zur Arbeitsmarkt- und Berufsforschung, BeitrAB 250, S. 79–94.

Fuchs, Johann/Dörfler, Katrin (2005):
Projektion des Arbeitsangebots bis 2050:
Demografische Effekte sind nicht
mehr zu bremsen. In: IAB-Kurzbericht
11/2005

Gesterkamp, Thomas (2007): Die neuen
Väter zwischen Kind und Karriere.
Freiburg

Grözinger, Gerd/Matiaske, Wenzel/Tobsch,
Verena (2008): Arbeitszeitwünsche,
Arbeitslosigkeit und Arbeitszeitpolitik.
WSI-Mitteilungen 2/2008, S. 92–99

Hamburgisches WeltWirtschaftsInstitut

(2007): Bedingungsloses Grundeinkommen und Solidarisches Bürgergeld – mehr als sozialutopische Konzepte.
(Online)

Hildebrandt, Eckardt (Hg.) (2007): Lebens-
laufpolitik im Betrieb. Optionen zur
Gestaltung der Lebensarbeitszeit durch
Langzeitkonten. Berlin

Holtrup, André/Spitzley, Helmut (2008):
Arbeit fair teilen. Gedankenexperimente
zur Zukunft der Arbeit. Unveröffentlichtes Manuskript.
www.iaw.uni-bremen.de

Jürgens, Kerstin/Reinecke, Karsten (1998):
Zwischen Volks- und Kinderwagen.
Auswirkungen der 28,8-Stunden-Woche
bei der VW AG auf die familiale Lebensführung von Industriearbeitern. Berlin

Loewe, Markus (2007): Positionen wichtiger entwicklungspolitischer Akteure
zum Thema soziale Grundsicherung.
Gutachten. Stuttgart

Melz, Jörg/Niggemeyer, Lars (2007): Sieben
Millionen Menschen ohne Arbeit. In:
Blätter für deutsche und internationale
Politik, S. 1289–1292

Mückenberger, Ulrich (2007): Ziehungsrechte. Ein zeitpolitischer Weg zur
»Freiheit in der Arbeit«. In: WSI-Mitteilungen 4/2007, S. 195–201

Opielka, Michael (2007): Grundeinkommen
als Sozialreform. In: APuZ 51-52/2007,
S. 3–10

Reinecke, Karsten/Mehlis, Peter (2001):
Attraktive Teilzeitarbeit schafft neue
Arbeitsplätze In: WSI-Mitteilungen
10/2001, S. 622–625

Richter, Götz/Spitzley, Helmut (2003):
Unternehmenskrise = Arbeitsplatzabbau?
Es geht auch anders. Der Tarifvertrag
zur Beschäftigungssicherung in der Praxis.
Industriegewerkschaft Metall (Hg.):
Grüne Reihe Nr. 11. Frankfurt

Rosnick, David/Weisbrot, Mark (2006):
Are Shorter Work Hours Good for the
Environment? A Comparison of U. S.
and European Energy Consumption.
Washington

Rürup, Bert/Gruescu, Sandra (2005): Familienorientierte Arbeitszeitmuster – Neue Wege zu Wachstum und Beschäftigung. Berlin

Schaffer, Axel/Stahmer, Carsten (2005): Die Halbtagsgesellschaft – ein Konzept für nachhaltigere Produktions- und Konsummuster. In: GAIA 14/3, S. 229–239

Schildt, Georg (2006): Das Sinken des Arbeitsvolumens im Industriezeitalter. Geschichte und Gesellschaft 1/2006, S. 119–148

Schor, Juliet (2005): Sustainable Consumption and Worktime Reduction. In: Indusrial Ecology, Vol. 9, S. 37–50

Siemers, Barbara (2005): Sabbaticals – Optionen der Lebensgestaltung jenseits des Berufsalltags. Frankfurt

Spitzley, Helmut (2006): Solidarische Arbeitsverteilung und kurze Vollzeit. Beschäftigungs-, gesundheits- und geschlechterpolitische Perspektiven einer neuen Arbeitspolitik. In: Siller, Peter/ Dückert, Thea/Baumann, Arne (Hg.): Arbeit der Zukunft. Neue Wege einer gerechten und emanzipativen Arbeitspolitik. Baden-Baden, S. 357–365

Spitzley, Helmut 1998: Arbeitszeit und plurale Ökonomie – Handlungsorientierungen in einer solidarischen Gesellschaft. In: Bierter, Willy/von Winterfeld, Uta (Hg.): Zukunft der Arbeit – welcher Arbeit? Basel

Stahmer, Carsten (2006): Halbtagsgesellschaft Anregungen für ein sozial nachhaltiges Deutschland. Universität Bielefeld, Zentrum für interdisziplinäre Forschung, unveröffentlichter Forschungsbericht, im Internet unter dem angegebenen Titel verfügbar.

Straubhaar, Thomas (2006), Grundeinkommen: Nachhaltigkeit für den Sozialstaat Deutschland. In: Update. Wissens-Service des HWWI, 05/06, S. 1–3

Ullrich, Otto (1980): Weltniveau in der Sackgasse des Industriesystems. Berlin

Ullrich, Otto (2001): Forschung und Technik für eine zukunftsfähige Lebensweise. In: Fricke, Werner (Hg): Jahrbuch Arbeit und Technik 2001/2002. Bonn, S. 157–190

Ullrich, Otto (2008): Das produktivistische Weltbild. www.otto-ullrich.de

Vanderborght, Yannick/Van Parijs, Philippe (2005): Ein Grundeinkommen für alle? Geschichte und Zukunft eines radikalen Vorschlags. Frankfurt

Vobruba, Georg (2006): Entkoppelung von Arbeit und Einkommen. Das Grundeinkommen in der Arbeitsgesellschaft. Wiesbaden

Wanger, Susanne (2004): Teilzeitarbeit – Ein Gesetz liegt im Trend. IAB-Kurzbericht Nr. 18/2004

Wanger, Susanne (2006): Erwerbstätigkeit, Arbeitszeit und Arbeitsvolumen nach Geschlecht und Altersgruppen. Ergebnisse der IAB-Arbeitszeitrechnung nach Geschlecht und Alter für die Jahre 1991–2004, IAB-Forschungsbericht 2/2006

Weber, Brigitte/Fuchs, Johann 2007: Verdeckte Arbeitslosigkeit in Deutschland. Umfang, Struktur und Entwicklung. In: Gesundheits- und Sozialpolitik 9–10/2007, S. 43–53

Werner, Götz W. (2007): Einkommen für alle. Köln

Werner, Götz W./Presse, André (Hg.) (2007), Grundeinkommen und Konsumsteuer – Impulse für Unternimm die Zukunft. Karlsruhe

Kapitel 16

Baer, Paul/Athanasiou, Tom/Kartha, Sivan (2007): The Right to Development in a Climate Constrained World. The Greenhouse Development Rights Framework. Heinrich-Böll-Stiftung, Publication Series on Ecology. Berlin

Bank Information Center/Bretton Woods Project/Friends of the Earth International et al. (2006): How the World Bank's Energy Framework Sells the Climate and Poor People Short. A Civil Society Response to the World Bank's Investment Framework for Clean Energy and Development. Ohne Ort

Ecofys/Wuppertal Institut (2008): Proposals for Contributions of Emerging Economies to the Climate Regime under the UNFCCC post 2012. Projektbericht an das Umweltbundesamt. Köln/Wuppertal

Frein, Michael/Meyer, Hartmut (2008): Die Biopiraten, Milliardengeschäfte der Pharmaunternehmen mit dem Bauplan der Natur. Berlin

Geisler, Charles/de Sousa, Ragendra (2001): From Refugee to Refugee: the African Case. In: Public Administration and Development 21, S. 159–170

George, Susan (2007): Of Capitalism, Crisis, Conversion & Collapse: The Keynesian Alternative. Rede gehalten am 16. September 2007 am Institute for Policy Studies in Washington, D. C. www.tni.org/detail_page.phtml?&act_id=17306 (20. Mai 2008)

Heinrich Böll Stiftung (Hg.) (2002): Das Jo'burg-Memo. Ökologie – Die neue Farbe der Gerechtigkeit. Memorandum zum Weltgipfel für Nachhaltige Entwicklung. Berlin

Hersel, Philipp (2005): Das internationale Finanzsystem: Katalysator der Inwertsetzung, Zerstörung und Umverteilung der natürlichen Ressourcen des Südens. Wuppertal Paper Nr. 154. Wuppertal

Metz, Bert/Davidson, Ogunlade/Bosch, Peter (Hg.): Mitigation of Climate Change: Working Group III Contribution to the Fourth Assessment Report of the IPCC (Climate Change 2007). Cambridge

Millennium Ecosystem Assessment (2005): Ecosystems and Human Well-being: Biodiversity Synthesis. World Resources Institute. Washington

Oberthür, Sebastian/Ott, Hermann E. (2000): Das Kyoto-Protokoll. Internationale Klimapolitik für das 21. Jahrhundert. Opladen

Ott, Hermann E. (2008): Szenarien einer zukünftigen Klimapolitik und Elemente eines effektiven Klimaregimes nach 2012. In: Ott, Hermann E./Heinrich-Böll-Stiftung (Hg.): Wege aus der Klimafalle. Neue Ziele, neue Allianzen, neue Technologien – was eine zukünftige Klimapolitik leisten muss, S. 47–66

Ott, Hermann E./Sterk, Wolfgang/Watanabe, Rie (2008): The Bali Roadmap – New Horizons for Global Climate Policy? In: Climate Policy 8/2008, S. 91–95

Sachs, Wolfgang (Hg.) (1993): Wie im Westen so auf Erden. Ein polemisches Handbuch zur Entwicklungspolitik. Reinbek

Schumann, Harald/Grefe, Christiane (2008): Der globale Countdown. Gerechtigkeit oder Selbstzerstörung – Die Zukunft der Globalisierung

Stern, Nicholas (2007): The Economics of Climate Change. The Stern Review, Cambridge

UNEP (Hg.) (2007): Global Environmental Outlook (GEO-4): Environment for Development.

UNFCCC (United Nations Framework Convention on Climate Change) (2007): Background Paper on Analysis of Existing and Planned Investment and Financial Flows Relevant to the Development of Effective and Appropriate International Response to Climate Change. unfccc.int/files/cooperation_and_support/financial_mechanism/application/pdf/background_paper.pdf (20. Mai 2008)

WGBU (Wissenschaftlicher Beirat der Bundesregierung Globale Umweltveränderungen) (2001): Welt im Wandel. Neue Strukturen globaler Umweltpolitik. Berlin

WISIONS of Sustainability (2006): Microfinance and Renewable Energy. Investing in a sustainable future. Fünfte WISIONS Broschüre, Wuppertal

Wittneben, Bettina; Sterk, Wolfgang; Ott, Hermann E.; Brouns, Bernd: The Montreal Climate Summit: Starting the Kyoto Business and Preparing for post-2012 The Kyoto Protocol's First Meeting of the Parties (MOP 1) and COP 11 of the UNFCCC; in: Journal for European Environmental & Planning Law (JEEPL) 2 (2006), S. 90–100.

World Bank (2003): Striking a Better Balance. Extractive Industries Review

World Future Council/Bianca Jagger (2008): Dinner Speech at the Conference Toward the Establishment of an International Renewable Energy Agency (IRENA). 10. April 2008, Berlin

Wuppertal Institut (Hrsg.) (2005): Fair Future. Begrenzte Ressourcen und globale Gerechtigkeit. München

Yamin, Farhana/Depledge, Johanna: The International Climate Change Regime: A Guide to Rules, Institutions and Procedures; Cambridge University Press 2004

Kapitel 17

Baedeker, Carolin et al. (2005): Analyse vorhandener Konzepte zur Messung des nachhaltigen Konsums in Deutschland einschließlich der Grundzüge eines Entwicklungskonzeptes. Wuppertal

Bode, Reinhild (2007): Qualität statt Masse – Spezialkaffee als Ansatz für eine öko-faire Gestaltung der Wertschöpfungskette? Wuppertal Paper Nr. 165. Wuppertal

BMU (Bundesministerium für Umwelt, Naturschutz und Reaktorsicherheit) (2007): Nachhaltigkeitsberichterstattung von Unternehmen: Status Quo Report Deutschland 2007. Berlin

BMU/UBA (Bundesministerium für Umwelt, Naturschutz und Reaktorsicherung/Umweltbundesamt) (Hg.) (2005): Innovationen im Bereich Nachhaltiger Konsum: Energieeffizienz und Energieeinsparung. Fachgespräch am 13. Juli 2005. Hintergrundpapier

BMWI (Bundesministeriums für Wirtschaft

und Technologie) (2007): Entwurf zum Gesetz über die umweltgerechte Gestaltung energiebetriebener Produkte. Berlin

BUND (2007): Gesellschaftliche Verantwortung von Unternehmen. Freiwilligkeit oder Rechenschaftspflicht? BUND-Herbsttagung vom 14. bis 16. Dezember 2007. Bad Boll

CSCP/EEA/MOP (UNEP/Wuppertal Institute Collaborating Centre on Sustainable Consumption and Production/European Environment Agency/Ministry of the Environment and Spatial Planning of the Republic of Slovenia) (Hg.) (2007): Action Towards Sustainable Consumption and Production in Europe. Conference »Time for Action – Towards SCP in Europe«, 27. bis 29. September 2007. Ljubljana

Daviron, Benoit/Ponte, Stefano (2005): The coffee paradox. Global Markets, Commodity Trade and the Elusive Promise of Development. London, New York

Deutscher Bundestag (2007): Antwort der Bundesregierung auf die Große Anfrage der Abgeordneten Ulla Lötzer u. a. – Drucksache 16/3557 – Stärkung der sozialen und ökologischen Verantwortung von Unternehmen. 27. Juni 2007. Berlin

Dingwerth, Klaus (2007): The New Transnationalism. Transnational Governance and Democratic Legitimacy. Basingstoke

Europäische Kommission (2007): Background Document to the Consultation on The Action Plans on Sustainable Consumption and Production and Sustainable Industrial Policy, Brüssel

Europäische Kommission (2001): Europäische Rahmenbedingungen für die soziale Verantwortung der Unternehmen. Grünbuch. Brüssel

FLO (Fairtrade Labelling Organisations International) (2005): Generic Fairtrade Standards for Small Farmers' Organisations. Bonn

FLO (2008): An Inspiration for Change. Annual report 2007. Bonn

Forum Fairer Handel (2005): Die Wirkungen des Fairen Handels. Veranstaltungsdokumentation. Forum Fairer Handel/AK Monitoring. Frankfurt

Fransen, Luc/Ans, Kolk (2007): Global Rule-Setting for Business: A Critical Analysis of Multi-Stakeholder Standards Organization, 14(5), S. 667–684

Fuchs, Doris (2007): Business Power in Global Governance

Furn, Kristina (2004): Effects of Dyeing and Bleaching Industries on the Area Around the Orathupalayam Dam in Southern India. Examensarbeit, Tryckt hos Institutionen för geovetenskaper. Uppsala

Geibler, Justus von (2007): Biomassezertifizierung unter Wachstumsdruck: Wie wirksam sind Nachhaltigkeitsstandards bei steigender Nachfrage? Diskussion am Beispiel der Wertschöpfungskette Palmöl. Wuppertal Paper 168. Wuppertal

Geibler, Justus von et al. (2003): Environmental Impacts of Mobile Computing. A Case study with Hewlett Packard. Report to the European Community. Wuppertal

Gibbon, Peter/Stefano Ponte (2005): Trading Down. Africa, Value Chains, and the Global Economy. Philadelphia

Giovannucci, Daniele/Leibovich, José/Pizano, Diego et al. (2002): Colombia. Coffee Sector Study. Documento CEDE 2002–15, CEDE, S. 1–93

GRI (Global Reporting Initiative) (2006a): Sustainability Reporting Guidelines, Version 3.0, www.globalreporting.org (1. März 2008)

GRI (Global Reporting Initiative) (2006b): GRI Handbook for SME. www.globalreporting.org/WhoAreYou/SME (1. März 2008)

Greenpeace (2005): Toxic Tech: Recycling von Elektroschrott in China und Indien – Verseuchung von Arbeitsstätte und Umwelt. 17. August 2005

ICO (International Coffee Organization) (2007): Monthly Averages of ICO Indicator Prices in US cents per lb. www.ico.org/asp/display10.asp (6. Juni 2007)

International Monetary Fund (IMF) (2007): World Economic Outlook.

Chapter 4: Globalization and Inequalities. Washington D. C.

Jänicke, Martin (2006): Ecological Modernisation. New Perspectives. In: Jänicke, Martin/Jakob, Klaus (Hg.) (2006): Environmental Governance in Global Perspective. Forschungsstelle für Umweltpolitik, FU Berlin, Berlin, S. 9–29

Kratz, Andreas (2006): Standard Operating Procedure (»SOP« Summary: Development of Fairtrade Minimum Prices and Premiums). www.fairtrade.net (9. Dezember 2007)

Krier, Jean-Marie (2008): Fair Trade 2007: New Facts and Figures from an ongoing Success Story. Brüssel

Kuhndt, Michael et al. (2004): Responsible Corporate Governance: An Overview of Trends, Initiatives and State-of-the-art Elements. Wuppertal Paper 139. Wuppertal Institut, Wuppertal.

León, Gerardo de (2007): Mehrfachzertifizierungen und ein sich wandelnder Markt: Konsequenzen für Kaffeeproduzenten. Vortrag vom 11. November 2007, Bonn

Liedtke, Christa/Welfens, Maria/Stengel, Oliver (2007): Ressourcenschonung durch lebensstilorientierte Bildung. In: Simonis, Udo et al. (Hg.): Jahrbuch Ökologie 2008. München

Liedtke, Christa/Welfens, Maria (2007a): Checkpoint Zukunft: Energie und Ressourcen: Didaktische Module nachhaltige Enwicklung. Stiftung Forum für Verantwortung. Otzenhausen

Liedtke, Christa/Maria Welfens (2007b): Vom Wissen zum Handeln. Didaktisches Modul: Nachhaltiger Konsum. Otzenhausen

LME aktuell (2007): CO_2-Bilanz: Britische Supermärkte kennzeichnen eingeflogene Produkte. lme.agrar.de/20070309-00001/ (1. März 2008)

Manhardt, Andreas/Grießhammer, Rainer (2006): Soziale Auswirkungen der Produktion von Notebooks. Freiburg

Mari, Francisco/Buntzel, Rudolf (2007):
Das globale Huhn. Hühnerbrust und
Chicken Wings – wer isst den Rest?
Frankfurt
Micklin Philip/Aladin, Nikolay (2008):
Reclaiming the Aral Sea. Scientific
American, 3/2008
Monbiot, George (2003): The Age of
Consent. London
Nadvi, Khalid/Wältring, Frank (2002):
Making Sense of Global Standards.
INEF Report. Duisburg
Pearce, Fred (2006): When the Rivers Run
Dry. Boston
Powell, Alan (2000): Greening the Supply
Chain. In: Hillary, Ruth (2000): Small
and Medium-Sized Enterprises and the
Environment. Sheffield, UK
Raynolds, Laura/Murray, Douglas/
Wilkinson, John (2007): Fair Trade.
The Challenge of Transforming
Globalization. New York, Oxon
Reintjes, Norbert/Jepsen, Dirk (2008):
EuP-Directive: Lessons Learned from
a Stakeholder Dialogue. In: Ken,
Theo et al. (Hg.): Sustainable Consump-
tion and Production: Framework for
Action. Flemish Institute for Techno-
logical Research (VITO), Mol,
S. 263–272
Schaltegger, Stefan et al. (2007): Nachhaltig-
keitsmanagement in Unternehmen:
Von der Idee zur Praxis. BMU/econsense/
CSM. Berlin, Lüneburg
Schmidt-Bleek, Friedrich (2007): Nutzen wir
die Erde richtig? Frankfurt
Schmidt-Bleek, Friedrich/Klüting, Rainer
(1994): Wieviel Umwelt braucht der
Mensch? Berlin
Schütz, Helmut/Moll, Stephan/Bringezu,
Stefan (2003): Globalisierung und die
Verlagerung von Umweltbelastungen. Die
Stoffströme des Handels der Europäischen
Union. Wuppertal Paper 134. Wuppertal
Starmanns, Mark (2007): Fairness in
globalen Wertschöpfungeketten durch
Governance Netzwerke? Wuppertal Paper
Nr. 169. Wuppertal

Strassmann, Burkhard (2007): Der
Fußabdruck des Surfers. In: Die Zeit,
9. August 2007, Nr. 33
Taylor, Peter (2002): Poverty Alleviation
Through Participation in Fair Trade Coffee
Networks. Fort Collins
UNDP/UNEP/The World Bank/
WRI (United Nations Development
Programme/United Nations Environ-
ment Programme/The World Bank/
World Resources Institute) (2005): World
Resources 2005: The Wealth of the Poor:
Managing Ecosystems to Fight Poverty.
Washington
Utting, Peter (2005a): Rethinking business
regulation: From Self-Regulation to Social
Control. UNRISD Technology, Business
and Society Programme Paper Number
15. Genf
Utting, Peter (2005b): Corporate Responsibi-
lity and the Movement of Business. Deve-
lopment in Practice 15 (3 & 4). S. 375–388
Verbraucherinitiative e. V. et al. (2005):
Verantwortlich produzieren und konsu-
mieren. Memorandum zur Transparenz
der Unternehmensverantwortung. Berlin
Windfuhr, Michael/Jonsén, Jennie (2005):
Food Sovereignty. Towards Democracy in
Localized Food Systems. Chippenham
Wuppertal Institut (2005): Fair Future.
Begrenzte Ressourcen und globale
Gerechtigkeit. München
Zukunftsinstitut GmbH (Hg.) (2007):
Zielgruppe LOHAS: Wie der grüne Life-
style die Märkte erobert. Zukunftsinstitut.
Kelkheim

Kapitel 18

ActionAid International: Agreements
pose a threat to Africa's development.
www.actionaid.org
BMWi (2005a): Investitionsgarantien der
Bundesrepublik Deutschland – Direkt-
investitionen Ausland. Jahresbericht 2005.
Berlin
BMWi (2005b): Exportkreditgarantien der

Bundesrepublik Deutschland – Hermes-deckungen. Jahresbericht 2005. Berlin

CARPE (Cities As Responsible Purchasers in Europe) (2004): CARPE Leitfaden für verantwortungsbewusste Beschaffung. Brüssel

Dieter, Heribert (2005): Die Zukunft der Globalisierung. Zwischen Krise und Neugestaltung. Baden-Baden

Dommon, Caroline (2002): Raising Human Rights Concern in the World Trade Organization: Actors, Processes and Possible Strategies. In: Human Rights Quarterly 24, S. 1–50

EU-Kommission (2006): Global Europe: Competing in the World. Communication from the Commission to the Council, the European Parliament, the European Economic and Social Committee and the Committe of the Regions. COM (2006) 567 final. Brüssel

EU Kommission (2007): Trade Issues – Bilateral Trade Relations. www.ec.europa.eu/trade/issues

Fanjul, Gonzalo (2006): Agriculture and Trade in an Asymmetrie World. EcoFair Trade Dialogue Discussion Paper Nr. 3. www.ecofair-trade.org

Fichtner, Nikolai (2006): Investitionspolitik für zukunftsfähige Entwicklung. Der Vorschlag eines »Model International Agreement on Investment for Sustainable Development« des IISD. WEED-Arbeits-papier. Berlin

Gallagher, Kevin P. (Hg.) (2005): Putting Development First: The Importance of Policy Space in the WTO and IFIs. London.

GAWU/DHS/CIECA/ADEID/GRAPAD/ EUROSTEP (2004): New ACP-EU Trade Arrangements. New Barrier to Eradicating Poverty? Brüssel

George, Susan (2007): Zurück zu Keynes in die Zukunft. Vor 60 Jahren ersann der britische Ökonom ein faires Welthandels-system. In: Le Monde Diplomatique, deutsche Ausgabe, Januar, S. 18–19

Glipo, Arze/Ignacio, J. (2005): Public Sector Intervention in the Rice Sector in Indo-nesia: Implications on Food Security and Farmer's Livelihoods. In: State Intervention in the Rice Sector in Selected Countries: Implications for the Philippines. SEARICE und Rice Watch Action Network. Quezon City

Godfrey, Ciaire (2006): Ungleiche Partner: Wie Wirtschaftspartnerschafts-Abkommen (EPAs) zwischen der EU und den AKP-Ländern die Entwicklung vieler der ärmsten Länder der Welt schädigen könnten. Oxfam Briefing Note. www.oxfam.org

Harries, Heinrich (1998): Die KfW – eine Bank mit öffentlichem Auftrag. 1948–98. Frankfurt

Harris, David/Azzi, Diego (2006): ALBA. Venezuela's Answer to »Free Trade«: the Bolivarian Alternative for the Americas. Occasional Paper Nr. 3, Focus on the Global South/Allianza Social Continental. Sao Paolo/Bangkok

Hatae, Hozue (2004): Das Steinkohle-kraftwerk Mindanao – »Klimaschutz-vorreiter Deutschland« exportiert Kohlekraftwerk auf die Philippen. In: Urgewald (2004): Kein gutes Geschäft. Die Schattenseiten der KfW-Export- und Projektfinanzierung. Sassenberg, S. 54–55

IFPRI (Internatinoal Food Policy Research Institute) (2007): Searching for an Alternative to Economic Partnership Agreements. Research Brief Nr. 10. Washington D. C.

Jenner, Gero (1997): Die arbeitslose Gesellschaft. Gefährdet Globalisierung den Wohlstand? Frankfurt

Kaiser, Jürgen/Queck, Antje (2004): Odious Debts – Odious Creditors? International Claims on Iraq. Dialogue on Globalization Occasional Papers Nr. 12. Berlin

KfW (2003): Umweltbericht 2003. Investitionen für eine saubere Umwelt. Frankfurt

Khor, Martin (2001): Rethinking Globaliza-tion. Critical Issues and Policy Choices. London

Klever, Martin (2006): Die EU-Entwicklungspolitik zwischen Anspruch und Realität. Europas Verantwortung für den afrikanischen Kontinent. Dissertation an der RWTH Aachen. Aachen

Lorenzen, Hannes (2007): Qualified Market Access. How to Include Environmental and Social conditions in Trade Agreements. EcoFair Trade Dialogue Discussion Paper Nr. 5. www.ecofair-trade.org

Manhart, Andreas/Grießhammer, Rainer (2006): Soziale Auswirkungen der Produktion von Notebooks. Freiburg

Mann, Howard et al. (2005): IISD Model International Agreement on Investment for Sustainable Development. Winnipeg

Monbiot, George (2003): The Age of Consent: Manifesto for a New World Order. London

Murphy, Sophia (2006): Concentrated Market Power and Agricultural Trade. EcoFair Trade Dialogue Discussion Papers Nr. 1. www.ecofair-trade.org

Ochieng, Cosmas/Sharman, Tom (2004): Trade Traps. Why EU-ACP Economic Partnership

Polaski, Sandra (2006): Winners and Losers: Impact of the Doha Round on Developing Countries. Washington

Rodrik, Dani (1997): Has Globalization Gone Too Far? Washington

Sachs, Wolfgang/Santarius, Tilman (2007): Slow Trade – Sound Farming. Handelsregeln für eine global zukunftsfähige Landwirtschaft. Berlin/Aachen

Schipper, Irene/de Haan, Esther (2005): CSR Issues in the ICT Hardware Manufacturing Sector. SOMO ICT Sector Report. Amsterdam

Stiglitz, Joseph/Charlton, Andrew (2005): Fair Trade For All: How Trade Can Promote Development. Oxford

Strecker, Sebastian (1997): Hermes wohin? Argumente für eine Reform der Hermesbürgschaften. Berlin

Urgewald (2004): Kein gutes Geschäft. Die Schattenseiten der KfW-Export- und Projektfinanzierung. Sassenberg

Wal Mart (2007): Annual Report 2007. www.walmartstores.com

Weisbrot, Mark/Tocker, Todd (2004): The Cancun Ministerial and the U. S.: Public Perception, Reality, and Implications. In: Falk, Rainer: The Post-Cancun Debate: Options, Views, and Perspectives From South and North. Global Issues Paper Nr. 6. Berlin, S. 8–15

Weltbank (2008): World Development Indicators. www.worldbank.org/data

WWF (2003): A League of Gentlemen. Who Really Runs EU Trade Decision-Making? Brüssel

Kapitel 19

Abendroth, Hans Huber (2004): Der »Wasserkrieg« von Cochabamba. Zur Auseinandersetzung um die Privatisierung einer Wasserversorgung in Bolivien. Informationen zur Umweltpolitik Nr. 161 der Kammer für Arbeiter und Angestellte, Wien

Ackermann, Paul (2004): Bürgerhandbuch. Basisinformationen und 66 Tipps zum Tun. 3. neu überarbeitete Auflage, Schwalbach/Ts.

Agenda-Transfer Agentur für Nachhaltigkeit GmbH (Hg.) (2004): Neue Wege denken –»Planungs- und Entscheidungshilfe Zukunftsfähigkeit«. Ergebnisse des Modellprojektes & Empfehlungen für die Anwendung vor Ort, Bonn

Beckmann, Klaus (Hg.) (2005): Planungsprozesse und Bürgerbeteiligung in der Verkehrsplanung. Reihe: Stadt Region Land, Heft 79, Aachen

Bell, Ruth Greenspan/Mathur, Kuldeep/
Narain, Urvashi/Simpson, David (2004): Clearing the Air. How Delhi Broke the Logjam on Air Quality Reforms, In: Environment, Vol 46, Nr. 3, S. 22–39.

Berlo, Seifried (2007): Solar & Spar-Pilotprojekte zum Bürger-Contracting für Schulen. In: Reutter, Oscar (Hg.): Ressourceneffizienz. Der neue Reichtum der

Städte: Impulse für eine zukunftsfähige
Kommune. München
Breyer, Klaus/Hemkes, Barbara/Schlegel,
Werner et al. (2001): Lokale Agenda
21 – Acht Schritte zur zukunftsfähigen
Kommune. Düsseldorf
BMU (Bundesministerium für Umwelt,
Naturschutz und Reaktorsicherheit/UBA
(Umweltbundesamt) (2005): Schritt für
Schritt ins Umweltmanagementsystem,
Beispiel Grüner Gockel für Kirchen-
gemeinden. Berlin
BMU (Bundesministerium für Umwelt,
Naturschutz und Reaktorsicherheit (Hg.)
(2007): Nationale Strategie zur biologi-
schen Vielfalt. Berlin
BMZ (Bundesministerium für Wirtschaft-
liche Zusammenarbeit und Entwicklung)
(2004): Globalisierung gestalten –
Entwicklungspolitik konkret – Materia-
lien. Bonn
Bundesregierung (Hg.) (2002): Perspektiven
für Deutschland, Unsere Strategie für eine
nachhaltige Entwicklung (Nachhaltigkeitsstrategie). Berlin
Dahlheimer, Achim (2007): Initiative
ergreifen: Bürger machen Stadt. In:
Bundesamt für Bauwesen und Raumordnung (Hg.): Bürgermitwirkung in Stadt-
entwicklungsprozessen. Informationen
zur Raumentwicklung, Heft 1/2007,
S. 57–62. Bonn
DstGB (Deutscher Städte- und Gemeinde-
bund)/Deutsche Umwelthilfe (2006):
Intelligenter Energieeinsatz ist in Städten
und Gemeinden – Klimaschutz und
Kostensenkung: Gute Beispiele aus dem
Wettbewerb »Energiesparkommune«.
DStGB-Dokumentation Nr. 55, Berlin
DVWG (Deutsche Verkehrswissenschaft-
liche Gesellschaft e. V.) (Hg.) (2001):
Kommunikation und Beteiligung bei
Verkehrsprojekten – Beschleunigung oder
Behinderung? Bergisch Gladbach
Fischer, Annett/Hänisch, Dagmar (2000):
Energietische zur Gebäudesanierung –
Erfolg durch Zusammenarbeit. DIFU,
Berlin

Fliegel, Martin/Schiefelbusch, Martin
(2006): Fahrgastbeiräte als Ratgeber für
Verkehrsunternehmen. Konzepte und
Erfahrungen in Deutschland und Öster-
reich. In: Der Nahverkehr 7–8/06, S. 48–53
Graßl, Hartmut (1999): Wetter-
wende – Vision: Globaler Klimaschutz –
»Die Stromrebellen von Schönau«,
Seite 152–153, Frankfurt, New York
Horstmann, Britta (2007): Schlüssel Info
Bolivien. Ein Beitrag der Fundacíon
Pueblo/Dorfstiftung zur Armutsbekämp-
fung in Bolivien 02/2007
InWEnt gGmbH – Servicestelle Kommunen
in der Einen Welt (Hg.) (2004):
Global vernetzt – lokal aktiv. Der Wett-
bewerb 2004. Dialog Global Heft 8.
Bonn
InWEnt gGmbH – Servicestelle Kommunen
in der Einen Welt (Hg.) (2005): Haupt-
stadt des Fairen Handels 2005. Dokumen-
tation des Wettbewerbs. Dialog Global
Heft 13. Bonn
InWEnt gGmbH – Servicestelle Kommunen
in der EinenWelt (Hrsg.) (2007):
Globalisierung gestaltet Kommunen.
Kommunen gestalten Globalisierung.
Herausforderung für Partnerschaft
und Integration. Dialog Global. Heft 16.
Bonn
Kopatz, Michael/Troja, Markus (2003):
Partizipation und Nachhaltige Entwick-
lung als Herausforderung für die
»Bürgernahe Verwaltung«. In: Kopatz,
Michael (Hg.): Reformziel Nachhaltigkeit.
Kommunen als Mitgestalter einer nach-
haltigen Entwicklung. Berlin
Ley, Astrid/Weitz, Ludwig (Hrsg.) (2003):
Praxis Bürgerbeteiligung. Ein Methoden-
handbuch. Stiftung Mitarbeit und
Agenda-Transfer, Bonn
Lüttringhaus, Maria (2000): Stadtentwick-
lung und Partizipation – Fallstudien aus
Essen-Katernberg und der Dresdner
Äußeren Neustadt. Stiftung Mitarbeit –
Beiträge zur Demokratieentwicklung von
unten, Heft Nr. 17, Bonn
Meyer-Liesenfeld, Susanne (1997): Fahr-

gastbeiräte – Mitreden und Mitgestalten im Öffentlichen Verkehr?! In: Verkehrszeichen 1/1997, S. 19–22

Nuscheler, Franz (2004): Lern- und Arbeitsbuch Entwicklungspolitik. 5. völlig neu bearbeitete Auflage. Bonn

Paust, Andreas (2000): Vom Bürgerbegehren zur Bürgergesellschaft. In: Bundeszentrale für politische Bildung, B28/2000

Paust, Andreas (2005): Arbeitshilfe Bürgerbegehren und Bürgerentscheid. Ein Praxisleitfaden. Stiftung MITARBEIT. 2. überarbeitete Auflage. Bonn

Pro Bürgerbus NRW e. V. (Hg.) (2005): Ein Bus für alle Fälle – 20 Jahre Bürgerbus in NRW. Düsseldorf, www.pro-buergerbus-nrw.de/BB_Heft_WEB_2005.pdf (11. Juli 2007)

Reinert, Adrian (2001): Bürgergutachten »Attraktiver ÖPNV in Hannover«. Das Verfahren. DVWG (Deutsche Verkehrswissenschaftliche Gesellschaft e. V.), Berlin

Reutter, Oscar (Hrsg.) (2007): Ressourceneffizienz. Der neue Reichtum der Städte: Impulse für eine zukunftsfähige Kommune. München

Richter, Thomas (2007): Kommunale Energiewirtschaft und moderne Daseinsvorsorge, S. 118. In: Reutter, Oscar (Hg.): Ressourceneffizienz. Der neue Reichtum der Städte: Impulse für eine zukunftsfähige Kommune. München

Schiefelbusch, Martin/Bodensteiner, Christian (2005): Bürgerbeteiligung bei der Netz- und Fahrplangestaltung des öffentlichen Verkehrs. In: Institut für Stadtbauwesen und Stadtverkehr der RWTH Aachen (Hg.): Tagungsband AMUS 2005. Schriftenreihe »Stadt Region Land«, Heft 79, Aachen

Selle, Klaus (1996): Erzählungen vom alten Hut, oder: über Bürgerbeteiligung neu nachdenken. Vermittlungsarbeit bei Aufgaben der Quartiers- und Stadtentwicklung. In: Bühler, Theo (Hg.): Bürgerbeteiligung und lokale Klimaschutzpolitik. Bonn

Selle, Klaus (2007): Stadtentwicklung und Bürgerbeteiligung – Auf dem Weg zu einer kommunikativen Planungskultur? Alltägliche Probleme, neue Herausforderungen. In: Bundesamt für Bauwesen und Raumordnung (Hg.): Bürgermitwirkung in Stadtentwicklungsprozessen. Informationen zur Raumentwicklung, Heft 1/2007, S. 63–71. Bonn

SRU (Sachverständigenrat für Umweltfragen) (2005): Umwelt und Straßenverkehr. Hohe Mobilität – Umweltverträglicher Verkehr. Sondergutachten

UBA (Umweltbundesamt) (2005): Hintergrundpapier zum Thema Staub/Feinstaub. Berlin

Wüst, Jürgen (2003): Runder Tisch. In: Ley, Astrit/Weitz, Ludwig: Praxis Bürgerbeteiligung. Ein Methodenhandbuch. Bonn, S. 249–252

Kapitel 20

Allenbach, Roland (2005): Sport Utility Vehicles. Analyse der Verkehrssicherheitsaspekte und Ableitung von Maßnahmen, hg. v. Schweizerische Beratungsstelle für Unfallverhütung. Bern

Baier, Andrea/Müller, Christa/Werner, Karin (2007): Wovon Menschen leben. Arbeit, Engagement und Muße jenseits des Marktes. München

Busch, R. (2008): Globale Flächenbelegung Deutschlands für Produktion und Konsum tierischer Nahrungsmittel. Diplomarbeit an der HU Berlin.

Deutsche Gesellschaft für Ernährung e. V. (2004). Der neue DGE-Ernährungskreis. www.dge.de

Deutscher Fleischerverband (2007). Geschäftsbericht 2006/2007. www.fleischerhandwerk.de (2. März 2008)

Dünnhoff, Elke/Stieß, Immanuel/Hoppenbruck, Cord (2006): Energiekostenanstieg, soziale Folgen und Klimaschutz. Düsseldorf

Eberle, Ulrike et al. (2007): Ernährungs-
wende. Eine Herausforderung für Politik,
Unternehmen und Gesellschaft.
München
Eveleens, Ilona (2007): Streit durch die
Blume. www.taz.de (27. November 2007)
FAO (Food and Agriculture Organization
of the United Nations) (2006): Livestock's
Long Shadow. Rom
Grenz, Jan et al. (2007): Umweltwirkungen
der globalen Sojawirtschaft. In GAIA 16/3,
S. 208–214
Gross, Peter (1994): Die Multi-Options-
gesellschaft. Frankfurt
Hamilton, Clive (2004): Growth Fetish.
London
Hayn, Doris (2007): Bio im Discounter.
Chance für eine Ernährungswende im
Alltag? Vortrag im Rahmen einer Tagung
des Umweltbundesamtes »Ernährung
sichern – Risiken meiden, nachhaltig
handeln«, 4.–5. Mai 2007. Gießen
Linz, Manfred/Luhmann, Hans-Jochen
(2006): Wie der Fortschritt in Energie-
effizienz regelmäßig abprallt. In: E & M,
1. November 2006
Loose, Willi/Mohr, Marion/Nobis, Claudia
(2004): Bestandsaufnahme und Möglich-
keiten der Weiterentwicklung von Car-
Sharing. Schlussbericht. RE 77.461/2001.
Freiburg
Luhmann, Jochen (2007): Smart Metering
als neue Energie(effizienz)quelle. Bild
des Monats Nr. 6 des Wuppertal Instituts.
Wuppertal
Müller, Benito. (2007). Food Miles or
Poverty Eradication? The Moral Duty to
Eat African Strawberries at Christmas.
Oxford
Netz, Hartmut (2005): Faire Rosen für
Verliebte. NABU Magazin Naturschutz
heute, 1/05

Norgard, Jorgen S. (2005): Under-Use of
Body Energy and Over-Use of External
Energy. Ohne Ort
Pinl, Claudia (2004): Wo bleibt die Zeit?
Die Zeitbudgeterhebung 2001/02
des Statistischen Bundesamtes.
In: Aus Politik und Zeitgeschichte
Band 31–32, S. 19–25
Rundell, Sarah (2007): Opportunities Bloom
and Wilt. In: Africa investor, November/
Dezember 2007, S. 14–16
Sachs, Wolfgang/Santarius, Tilman (2006):
Fair Future. Begrenzte Ressourcen und
globale Gerechtigkeit. Herausgegeben
vom Wuppertal Institut für Klima,
Umwelt, Energie. München
Schallaböck, Karl Otto (2007): Klimaschutz
und Pkw-Verkehr – Einordnung aktuell
diskutierter Ansätze. Wuppertal
Schallaböck, Karl Otto/Peter Hennicke
(2008): EU-Vorgaben zur CO_2-Minderung
für die Automobilindustrie: Klimaschutz
oder Industriepolitik?
In: ifo Schnelldienst 3/2008
Schmid, Wilhelm (2000): Philosophie der
Lebenskunst. Frankfurt
Schönburg, Alexander von (2005):
Die Kunst des stilvollen Verarmens.
Berlin
Schwartz, Barry (2006): Anleitung zur
Unzufriedenheit. Warum weniger glück-
licher macht. Berlin
UBA (Umweltbundesamt) (2006): Wie
private Haushalte die Umwelt nutzen –
höherer Energieverbrauch trotz Effi-
zienzsteigerungen. Hintergrundpapier
November 2006
Williams, Adrian (2007). Comparative
Study of Cut Roses for the British
Market Produced in Kenya and the
Netherlands. Précis Report for World
Flowers. Cranfield

Register

Agenda 21 15
Agrokraftstoffe
  49, 54, 55, 311–315
  – deutsches Ausbauziel
  312, 314
  – Vorgabe der EU 312
AKP-Staaten 523–526
Aktion, kollektive 366 f., 383
Altfett 407 f.
Altöl 407 f.
Arbeitsbedingungen
  488–490
Arbeitsgruppe Erneuerbare
  Energien (AGEE) 321
Arbeitslosigkeit
  109, 169 f., 234, 428 f., 430,
  432, 439 f., 447
Arbeitsproduktivität
  109 f., 429, 434, 439 f.
Arbeitsrichtlinien 489, 499
Arbeitszeit 253–256, 267–269,
  427–454, 596 f.
Armut 22, 78, 82 f., 186, 187,
  191–198, 253, 571
  – extreme 192, 195, 207
  – als Geldmangel 192 f., 195 f.
  – als Machtlosigkeit 193
Armutsbekämpfung
  194, 195 f., 198, 213, 536
Artenvielfalt 47 f., 230
Autoindustrie 179, 240 f.

Beschaffung, öffentliche
  385 ff., 529 f., 544
Beschleunigung 239 f.
Bildungspolitik 445
Biodiesel 408
Biodiversität
  37, 46–48, 120, 287, 409, 456,
  458, 469–475, 543
Biodiversitäts-Konvention
  (CBD) 543, 470–473

Bioenergiedorf (Jühnde)
  322 f.
Biogasanlagen 228, 409
Biokapazität 121, 122 f.
Biokraftstoffe
  s. Agrokraftstoffe
Biokunststoffe 231, 317 f.
Biomass-to-Liquid (BTL)
  312
Biomasse 58, 118–120,
  121, 142, 311, 316, 319 f.,
  327, 409, 473
Bionik 231
Biosphäre 46, 72 f., 117 f.,
  121–123, 217, 456 f., 481
Blockheizkraftwerk
  59, 243, 542, 561
Bolivarische Alternative
  für Amerika (ALBA) 524
Braunkohletagebau 552
Brennstoffzelle 228
Bruttoinlandsprodukt
  92, 94, 96 f., 101, 110, 112,
  340, 429, 433 f.
Bürgerbegehren
  260, 271, 273, 556, 566
Bürgerbeteiligung
  259 f., 273, 545–568
Bürgerbusse 564
Bürger-Contracting
  354, 560–562
Bürgerentscheid
  260, 273, 556, 566
Bürgerprotest 551–557
Bürger-Solaranlagen
  560, 564 f.

Cap & Trade
  288–290, 373–376
Carbon Disclosure Project
  301
Carsharing 224 f., 415, 591 f.

Cartagena-Protokoll 471
Chemieindustrie 318 f.
Clean Development
  Mechanism (CDM) 467
CO_2 36 f., 39, 55, 81,
  124–129, 131 f., 136–139,
  141 f., 176–178, 238, 292,
  311, 330 f., 407, 466, 468,
  473, 541, 549, 593, 608
  – Abscheidetechnologien
  (CCS) 56 f., 181, 328, 476
  – Gehalt der Erdatmosphäre
  36
  – individueller Ausstoß 579
Contracting 353 f., 560–562
Corporate Accountability
  (CORA) 505
Corporate Social
  Responsibility (CSR)
  499 f., 502 f., 504

Daseinsvorsorge, öffentliche
  272
Deglobalisierung 173 f.
Dematerialisierung
  103, 216, 217–225
Denationalisierung 162–164
Deutschland
  – Exporte 158–161, 170 f.,
  172 f., 175, 178, 179 f.,
  181–183, 528–534
  – Importe 159, 161, 170 f.,
  172 f., 528–534, 574
  – Investitionen 162–166
  – Nachhaltigkeitsstrategie
  16, 92, 100, 129, 132,
  135 f., 358, 531
Dienstleistungen,
  öko-effiziente
  113 f., 223–225, 339 f., 353 f.
Direktinvestitionen (FDI)
  162–166